Windows PowerShell 3.0
Das Praxisbuch

Für Heidi, Felix und Maja

HS

Für Andrea

PM

Holger Schwichtenberg
Peter Monadjemi

Windows PowerShell 3.0

Das Praxisbuch

ADDISON-WESLEY

An imprint of Pearson Education

München • Boston • San Francisco • Harlow, England
Don Mills, Ontario • Sydney • Mexico City
Madrid • Amsterdam

Bibliografische Information der Deutschen Nationalbibliothek

Die Deutsche Nationalbibliothek verzeichnet diese Publikation in der Deutschen Nationalbibliografie;
detaillierte bibliografische Daten sind im Internet über *http://dnb.d-nb.de* abrufbar.

Die Informationen in diesem Produkt werden ohne Rücksicht auf einen eventuellen Patentschutz
veröffentlicht. Warennamen werden ohne Gewährleistung der freien Verwendbarkeit benutzt.
Bei der Zusammenstellung von Texten und Abbildungen wurde mit größter Sorgfalt vorgegangen.
Trotzdem können Fehler nicht vollständig ausgeschlossen werden. Verlag, Herausgeber und Autoren
können für fehlerhafte Angaben und deren Folgen weder eine juristische Verantwortung noch
irgendeine Haftung übernehmen.
Für Verbesserungsvorschläge und Hinweise auf Fehler sind Verlag und Herausgeber dankbar.

Alle Rechte vorbehalten, auch die der fotomechanischen Wiedergabe und der Speicherung in
elektronischen Medien. Die gewerbliche Nutzung der in diesem Produkt gezeigten Modelle und
Arbeiten ist nicht zulässig.

Fast alle Hard- und Softwarebezeichnungen und weitere Stichworte und sonstige Angaben,
die in diesem Buch verwendet werden, sind als eingetragene Marken geschützt.
Da es nicht möglich ist, in allen Fällen zeitnah zu ermitteln, ob ein Markenschutz besteht,
wird das ®-Symbol in diesem Buch nicht verwendet.

10 9 8 7 6 5 4 3 2 1

15 14 13

ISBN 978-3-8273-3175-5

© 2013 by Addison-Wesley Verlag, ein Imprint der Pearson Deutschland GmbH,
Martin-Kollar-Straße 10–12, D-81829 München/Germany
Alle Rechte vorbehalten

Einbandgestaltung: Kochan & Partner, München
Lektorat: Thomas Pohlmann
Korrektorat: Petra Kienle
Herstellung: Claudia Bäurle, cbaeurle@pearson.de
Satz: Nadine Krumm, mediaService, Siegen, www.mediaservice.tv
Druck und Verarbeitung: Drukarnia Dimograf, Bielsko-Biala
Printed in Poland

Inhaltsverzeichnis

Vorwort zur dritten Auflage		29
Über den Autor Dr. Holger Schwichtenberg		33
Über den Autor Peter Monadjemi		34

Teil I PowerShell-Basiswissen 35

1 Erste Schritte mit der Windows PowerShell 37

1.1	Was ist die Windows PowerShell?	37
1.2	Geschichte	38
1.3	Betriebssysteme mit PowerShell	42
1.4	PowerShell herunterladen und installieren auf anderen Betriebssystemen	43
1.5	Die Windows PowerShell testen	45
	PowerShell im interaktiven Modus	45
	PowerShell im Skriptmodus	47
1.6	PowerShell Community Extensions herunterladen und installieren	50
1.7	Die ISE verwenden	52

2 Architektur der Windows PowerShell 55

3 Einzelbefehle der PowerShell 59

3.1	Commandlets	59
	Commandlet-Parameter	60
	Allgemeine Parameter	63
	Module	64
	Prozessmodell	65
	Namenskonventionen	65

Inhaltsverzeichnis

3.2	Aliase	65
	Aliase auflisten	66
	Neue Aliase anlegen	70
3.3	Ausdrücke	72
3.4	Externe Befehle	74
3.5	Dateinamen	75

4 Hilfefunktionen 77

4.1	Auflisten der verfügbare Befehle	77
4.2	Erläuterungen zu den Befehlen	79
4.3	Hilfe zu Parametern	80
4.4	Hilfe mit Show-Command	80
4.5	Hilfefenster	81
4.6	Aktualisieren der Hilfedateien	83
4.7	Online-Hilfe	84
4.8	Dokumentation der .NET-Klassen	85

5 Objektorientiertes Pipelining 87

5.1	Pipeline-Operator	87
5.2	.NET-Objekte in der Pipeline	88
5.3	Pipeline Processor	89
5.4	Pipelining von Parametern	91
5.5	Pipelining von klassischen Befehlen	93
5.6	Anzahl der Objekte in der Pipeline	93
5.7	Zugriff auf einzelne Objekte aus einer Menge	94
5.8	Zugriff auf einzelne Werte in einem Objekt	95
5.9	Methoden ausführen	97
5.10	Analyse des Pipeline-Inhalts	99
	Methode GetType()	99
	Get-PipelineInfo	100
	Get-Member	102
	Methoden (Mitgliedsart Method)	104
	Eigenschaften (Mitgliedsart Property)	104

		Eigenschaftssätze (PropertySet)	106
		Notizeigenschaften (NoteProperty)	107
		Skripteigenschaften (ScriptProperty)	107
		Codeeigenschaften (Code Property)	108
		Aliaseigenschaft (AliasProperty)	109
		Hintergrundwissen: Extended Type System (ETS)	109
	5.11	**Filtern**	**110**
	5.12	**Zusammenfassung von Pipeline-Inhalten**	**112**
	5.13	**„Kastrierung" von Objekten in der Pipeline**	**113**
	5.14	**Sortieren**	**114**
	5.15	**Duplikate entfernen**	**114**
	5.16	**Gruppierung**	**115**
	5.17	**Berechnungen**	**116**
	5.18	**Zwischenschritte in der Pipeline mit Variablen**	**117**
	5.19	**Verzweigungen in der Pipeline**	**118**
	5.20	**Vergleiche zwischen Objekten**	**119**
	5.21	**Praxisbeispiele**	**119**

6 PowerShell-Skripte — 121

	6.1	Skriptdateien	121
	6.2	Start eines Skripts	122
	6.3	Aliase für Skripte verwenden	124
	6.4	Parameter für Skripte	124
	6.5	Skripte dauerhaft einbinden (Dot Sourcing)	126
	6.6	Sicherheitsfunktionen für PowerShell-Skripte	126
		Sicherheitsrichtlinien	127
		Skripte signieren	128
	6.7	Skripte anhalten	130

7 PowerShell-Skriptsprache — 131

	7.1	Hilfe zur PowerShell-Skriptsprache	131
	7.2	Befehlstrennung	131
	7.3	Kommentare	132

Inhaltsverzeichnis

7.4	**Variablen**	**133**
	Typisierung	134
	Typisierungszwang	137
	Gültigkeitsbereiche	137
	Vordefinierte Variablen	138
7.5	**Variablenbedingungen**	**140**
7.6	**Zahlen**	**141**
	Zufallszahlen	143
7.7	**Zeichenketten**	**143**
	Bearbeitungsmöglichkeiten	144
	Zeichenketten trennen und verbinden	145
7.8	**Reguläre Ausdrücke**	**146**
	Beispiel: Prüfung einer E-Mail-Adresse	147
	Allgemeiner Aufbau von regulären Ausdrücken	148
	Die Elemente der Sprache für reguläre Ausdrücke	149
	Beispiele	153
7.9	**Datum und Uhrzeit**	**153**
7.10	**Arrays und assoziative Arrays (Hash-Tabelle)**	**154**
7.11	**Operatoren**	**157**
7.12	**Überblick über die Kontrollkonstrukte**	**159**
7.13	**Schleifen**	**160**
	Die For-Schleife	161
	Die Do/While/Until-Schleifenfamilie	162
	Die ForEach-Schleife	163
7.14	**Bedingungen**	**165**
	If...Else-Bedingung	166
	Switch-Bedingung	167
7.15	**Unterroutinen (Prozedur/Funktionen)**	**167**
	Prozedur versus Funktion	168
	Prozeduren	168
	Der Umgang mit Rückgabewerten	169
	Art der Rückgabewerte	171
	Parameterübergabe	172
7.16	**Eingebaute Funktionen**	**174**

7.17	Fehlerbehandlung	**174**
	Fehlerbehandlung mit Trap	174
	Konfiguration des Fehlerverhaltens	177
	Fehlerbehandlung mit Try-Catch-Finally	179

8 Ausgaben — 181

8.1	Ausgabe-Commandlets	**181**
8.2	Out-GridView	**183**
8.3	Standardausgabe	**184**
8.4	Einschränkung der Ausgabe	**187**
8.5	Seitenweise Ausgabe	**187**
8.6	Ausgabe einzelner Werte	**188**
8.7	Benutzerdefinierte Tabellenformatierung	**189**
8.8	Ausgabe von Methodenergebnissen und Unterobjekten in Pipelines	**190**
8.9	Ausgabe von Methodenergebnissen und Unterobjekten in Zeichenketten	**191**
8.10	Details zum Ausgabeoperator	**192**
8.11	Unterdrückung der Ausgabe	**195**
8.12	Ausgaben an Drucker	**196**
8.13	Ausgaben in Dateien	**196**
8.14	Umleitungen (Redirection)	**197**

9 Benutzereingaben — 199

10 Das PowerShell-Navigationsmodell — 201

10.1	Navigation in der Registrierungsdatenbank	**201**
10.2	Provider und Laufwerke	**202**
10.3	Navigationsbefehle	**204**
10.4	Pfadangaben	**205**
10.5	Beispiel	**206**
10.6	Eigene Laufwerke definieren	**207**

11 PowerShell-Werkzeuge 209

11.1 PowerShell-Standardkonsole 209
Funktionsumfang der Standardkonsole 209
Tabulatorvervollständigung 211
Kommandomodus versus Interpretermodus 211
Benutzerkontensteuerung/Administratorrechte 212

11.2 PowerShell Integrated Scripting Environment (ISE) 214
Start der ISE 214
Konsolenbereich 215
Skriptbereich 216
ISE-Debugger 217
Unterschiede zur normalen PowerShell-Konsole 218

11.3 PowerShell Web Access (PSWA) 220
Installation von PSWA 220
Anmelden an PSWA 223
Verwenden der PSWA 224

11.4 PowerShellPlus 225
11.5 PoshConsole 227
11.6 PowerGUI 228
11.7 PowerShell Analyzer 228
11.8 PrimalScript 229
11.9 PowerShell Help 230
11.10 PowerShell Help Reader 231
11.11 PowerTab 231
11.12 NuGet Package Manager 232
11.13 PowerShell Remoting 232
11.14 Vergleich der Skripteditoren 233

Teil II PowerShell-Aufbauwissen 235

12 Fernausführung (Remoting) 237

12.1 Fernabfrage ohne WS-Management 238
12.2 Anforderungen 239
12.3 Rechte für Fernaufrufe 240

12.4	Einrichten von WinRM	**240**
12.5	Überblick über die Commandlets	**243**
12.6	Interaktive Fernverbindungen im Telnet-Stil	**243**
12.7	Fernausführung von Befehlen	**244**
12.8	Fernausführung von Skripten	**247**
12.9	Ausführung auf mehreren Computern	**248**
12.10	Sitzungen	**249**
	Commandlets zur Sitzungsverwaltung	250
	Sitzungen erstellen	250
	Schließen von Sitzungen	251
	Sitzungskonfigurationen	251
	Zugriffsrechte für Fernaufrufe	252
12.11	Zugriff auf entfernte Computer außerhalb der eigenen Domäne	**254**
	Herleitung des Problems	254
	Eintrag in die Liste vertrauter Systeme	256
12.12	Verwaltung des WS-Management-Dienstes	**257**

13 Verwendung von .NET-Klassen **259**

13.1	Microsoft Developer Network (MSDN)	**259**
13.2	Erzeugen von Instanzen	**260**
13.3	Parameterbehaftete Konstruktoren	**261**
13.4	Initialisierung von Objekten	**262**
13.5	Nutzung von Attributen und Methoden	**263**
13.6	Statische Mitglieder in .NET-Klassen und statische .NET-Klassen	**265**
13.7	Zugriff auf bestehende Objekte	**268**
13.8	Laden von Assemblies	**268**
13.9	Objektanalyse	**269**
13.10	Auflistungen (Enumerationen)	**270**
13.11	Verknüpfen von Aufzählungswerten	**271**

14 Verwendung von COM-Klassen — 273

14.1 Erzeugen von Instanzen — 273
14.2 Nutzung von Attributen und Methoden — 274
14.3 Holen bestehender Instanzen — 275

15 Zugriff auf die Windows Management Instrumentation (WMI) — 277

15.1 Einführung in WMI — 277
  Was ist WMI? — 277
  Versionszählung — 278
  WMI-Funktionsumfang — 278
  WMI-Klassen und WMI-Objekte — 280
  Besondere Klassenformen — 281
  Klassenmitglieder — 282
  Schlüsselattribute — 282
  Systemattribute — 282
  Datentypen — 283
  Metadaten mit Qualifizierer (Qualifier) — 284
  Objektassoziationen — 284
  WMI-Namensräume (Namespaces) — 285
  Lokalisierung — 286
  WMI-Pfade — 286
  WMI-Schema — 288
  WMI-Repository — 288
  WMI-Systemdienst — 289
  WMI-Netzwerkprotokoll — 289
  WMI-Provider — 289
  Managed Object Format (MOF) — 290
  WMI-Sicherheit — 293
  WMI-Ereignissystem — 294
  WMI-Ereigniskonsumenten — 295
  WMI Query Language (WQL) — 297
  Typen von WQL-Anfragen — 297
  Datenabfragen (Data Queries) — 297
  Schemaabfragen (Schema Queries) — 298
  Ereignisabfragen (Event Queries) — 298
  WMI-Werkzeuge — 300
  WMI-Programmierschnittstellen — 303

		System.Management	303
		Weitere Neuerungen in WMI Version 2	304
	15.2	WMI in der Windows PowerShell	305
	15.3	Abruf von WMI-Objektmengen	306
	15.4	Fernzugriffe	307
	15.5	Filtern und Abfragen	308
		Filtern mit Get-WmiObject	308
		Zugriff auf einzelne WMI-Objekte	308
		WQL-Abfragen	310
	15.6	Liste aller WMI-Klassen	311
	15.7	Hintergrundwissen: WMI-Klassenprojektion mit dem PowerShell-WMI-Objektadapter	312
	15.8	Beschränkung der Ausgabeliste bei WMI-Objekten	315
	15.9	Zugriff auf einzelne Mitglieder von WMI-Klassen	316
	15.10	Werte setzen in WMI-Objekten	317
	15.11	Umgang mit WMI-Datumsangaben	319
	15.12	Methodenaufrufe mit Invoke-WmiMethod	320
	15.13	Neue WMI-Instanzen erzeugen	320
	15.14	Instanzen entfernen	321
	15.15	Commandlet Definition XML-Datei (CDXML)	322

16 Dynamische Objekte — 325

16.1	Erweitern bestehender Objekte	325
16.2	Komplett dynamische Objekte	327

17 Einbinden von C# und VB.NET — 329

18 Win32-API-Aufrufe — 331

19 Fehlersuche — 335

19.1	Detailinformationen	335
19.2	Einzelschrittmodus	336
19.3	Zeitmessung	337
19.4	Ablaufverfolgung	337

20 Transaktionen — 339

- 20.1 Commandlets für Transaktionen — 339
- 20.2 Start und Ende einer Transaktion — 339
- 20.3 Zurücksetzen der Transaktion — 341
- 20.4 Mehrere Transaktionen — 342

21 Hintergrundaufträge („Jobs") — 343

- 21.1 Voraussetzungen — 343
- 21.2 Architektur — 344
- 21.3 Starten eines Hintergrundauftrags — 344
- 21.4 Hintergrundaufträge abfragen — 345
- 21.5 Warten auf einen Hintergrundauftrag — 346
- 21.6 Abbrechen und Löschen von Aufträgen — 346
- 21.7 Analyse von Fehlermeldungen — 346
- 21.8 Fernausführung von Hintergrundaufträgen — 347

22 Geplante Aufgaben und zeitgesteuerte Jobs — 349

- 22.1 Geplante Aufgaben (Scheduled Tasks) — 350
  - Geplante Aufgaben anlegen — 350
  - Spezielle Einstellungen festlegen — 352
  - Vorhandene geplante Aufgaben verwalten — 352
  - Geplante Aufgaben auf einem ausfallsicheren Rechnerverbund („fail over cluster") ausführen — 353
- 22.2 Zeitgesteuerte Jobs — 353
  - Die Rolle der Job-Trigger — 354
  - Zeitgesteuerte Jobs anlegen — 355
  - Spezielle Optionen bei zeitgesteuerten Jobs — 358

23 PowerShell-Workflows — 361

- 23.1 Ein erstes Beispiel — 361
  - Die Rolle der Aktivitäten — 365
  - Ein Blick hinter die Kulissen — 366
- 23.2 Unterschiede zu einer Function bzw. einem Skript — 367
- 23.3 Einschränkungen bei Workflows — 368

23.4	Workflows in der Praxis	**369**
	Workflows mit Parametern	369
	Workflow mit Rückgabewerten	370
	Gültigkeitsbereich von Variablen innerhalb eines Workflows	370
	Zugriff auf Variablen außerhalb des Workflows	372
	Verschachtelte Workflows	373
	Parallele Aktivitäten	374
	Spezialfall foreach-Befehl	375
	Die Speicherung des Workflow-Zustands (Persistenz)	376
	Workflows unterbrechen und fortsetzen	377
	Fehlersuche in Workflows (Debugging)	378
23.5	Workflows in Visual Studio erstellen	**378**

24 Ereignissystem — 397

24.1	WMI-Ereignisse	**397**
24.2	WMI-Ereignisabfragen	**397**
24.3	WMI-Ereignisse mit PowerShell 1.0	**399**
24.4	Registrieren von WMI-Ereignisquellen seit PowerShell 2.0	**400**
24.5	Auslesen der Ereignisliste	**401**
24.6	Reagieren auf Ereignisse	**403**
24.7	WMI-Ereignisse ab PowerShell 3.0	**404**
24.8	Registrieren von .NET-Ereignissen	**405**
24.9	Erzeugen von Ereignissen	**406**

25 Datenbereiche und Datendateien — 407

25.1	Datenbereiche	**407**
25.2	Datendateien	**408**
25.3	Mehrsprachigkeit/Lokalisierung	**408**

26 PowerShell-Snap-Ins — 413

26.1	Einbinden von Snap-Ins	**413**
	Registrieren der DLL	413
	Hinzufügen des Snap-In zur PowerShell-Konsole	414
	Laden des Snap-In	415
	Liste der Snap-Ins	416

	26.2	Liste der Commandlets	417
	26.3	Doppeldeutige Namen	418

27 PowerShell-Module — 419

	27.1	Überblick über die Commandlets	419
	27.2	Modularchitektur	420
	27.3	Module installieren	421
	27.4	Auflisten der verfügbaren Module	421
	27.5	Importieren von Modulen	422
	27.6	Entfernen von Modulen	425

28 Ausgewählte PowerShell-Erweiterungen — 427

	28.1	PowerShell-Module in Windows 7 und Windows Server 2008 R2	427
	28.2	PowerShell-Module in Windows 8 und Windows Server 2012	429
	28.3	BITSTransfer	433
	28.4	Windows Server Backup	434
	28.5	PowerShell Diagnostics	435
	28.6	Windows PowerShell Community Extensions	435
	28.7	PowerShellPack	439
	28.8	www.IT-Visions.de PowerShell Extensions	441
	28.9	Quest Management Shell for Active Directory	441
	28.10	Microsoft Exchange Server	442
	28.11	System Center Virtual Machine Manager	443
	28.12	PowerShell Management Library for Hyper-V (pshyperv)	444
	28.13	PowerShell Outlook Account Manager	445
	28.14	PowerShell Configurator (PSConfig)	446
	28.15	Weitere Erweiterungen	447

29 Tipps und Tricks zur PowerShell — 449

	29.1	Befehlsgeschichte	449
	29.2	System- und Hostinformationen	450

29.3	Alle Anzeigen löschen	**451**
29.4	Anpassen der Eingabeaufforderung (Prompt)	**451**
29.5	Profileinstellungen für die PowerShell-Konsole	**452**
29.6	Einblicke in die Interna der Pipeline-Verarbeitung	**458**

Teil III PowerShell im Praxiseinsatz 461

30 Dateisystem 463

30.1	**Laufwerke**	**464**
	Auflisten der Laufwerke	464
	Laufwerk anlegen	465
	Füllstand	466
	Laufwerksbezeichnungen	468
	Netzlaufwerke	468
30.2	**Ordnerinhalte**	**468**
30.3	**Dateisystemoperationen**	**470**
30.4	**Dateieigenschaften lesen**	**470**
30.5	**Datei-Hash**	**471**
30.6	**Finden von Duplikaten**	**471**
30.7	**Dateieigenschaften verändern**	**474**
	Eigenschaften ausführbarer Dateien	475
30.8	**Verknüpfungen im Dateisystem**	**476**
	Explorer-Verknüpfungen	476
	URL-Verknüpfungen	476
	Hardlinks	477
	Junction Points	478
	Symbolische Verknüpfungen ab Windows Vista	479
30.9	**Komprimierung**	**479**
30.10	**Dateisystemfreigaben**	**481**
	WMI-Klassen	481
	Freigaben auflisten	482
	Freigaben anlegen (ältere Form)	483
	Freigaben anlegen (Windows 8/Windows Server 2012)	488
30.11	**Überwachung des Dateisystems**	**490**

Inhaltsverzeichnis

31 Festplattenverschlüsselung mit Bitlocker — 493

- 31.1 Übersicht über das BitLocker-Modul — 494
- 31.2 Verschlüsseln eines Laufwerks — 495

32 Dokumente — 497

- 32.1 Textdateien — 497
- 32.2 Binärdateien — 498
- 32.3 CSV-Dateien — 498
- 32.4 INI-Dateien — 500
- 32.5 XML-Dateien — 500
  - Prüfung von XML-Dokumenten — 501
  - Formatierte Ausgabe — 502
  - XPath-Anweisungen — 503
  - XML-Dateien aus Pipeline exportieren — 505
  - XML-Dateien transformieren — 507
- 32.6 HTML-Dateien — 509

33 Datenbanken — 511

- 33.1 ADO.NET-Grundlagen — 511
  - Providerarchitektur — 511
  - Datenprovider von Microsoft — 512
  - Datenprovider von anderen Herstellern — 513
  - Ermittlung der installierten Datenprovider — 513
  - Liste der verfügbaren SQL Server — 514
  - Datenwege — 514
  - Datareader versus Dataset — 515
- 33.2 Beispieldatenbank — 517
- 33.3 Datenzugriff mit den Bordmitteln der PowerShell — 518
  - Datenbankverbindungen (Connection) — 518
  - Providerunabhängiger Zugriff — 519
  - Befehle ausführen — 520
  - Datenzugriff mit dem Datareader — 522
  - Datenzugriff mit dem Datareader auf MySQL — 523
  - Datenzugriff mit dem Dataset — 525

		Objektmodell	525
		Datenadapter	526
		Providerspezifisches Beispiel	527
	33.4	Datenzugriff mit den PowerShell-Erweiterungen	**530**
	33.5	Datenbankzugriff mit SQLPSX	**533**

34 Microsoft SQL Server-Administration — 535

	34.1	**Allgemeine Abfragen (ohne Hilfsmittel)**	**536**
		Auflisten der SQL-Server-Instanzen	536
		Ausführen von SQL-Befehlen	536
	34.2	**PowerShell-Integration bei Microsoft SQL Server**	**536**
	34.3	**SQL Server-Laufwerk**	**539**
	34.4	**Die SQL Server Management Objects (SMO)**	**540**
		Die SMO in einem PowerShell-Skript laden	541
		Die SMO kennenlernen	542
		Anmelden an einen SQL Server	543
		SQL-Skripte ausführen	543
		Direkter Aufruf von SQLCMD	545
	34.5	**SQLPSX**	**545**
		Installation und Überblick	546
		Die ersten Schritte	547
		Zugriff auf einen SQL Server und seine Datenbanken	548
		SQL-Abfragen und Änderungen an einer Datenbank durchführen und gespeicherte Prozeduren ausführen	548
		SQL-Abfragen direkt in der PowerShell ISE ausführen	553
	34.6	**Microsoft SQL Server-Administration mit der PowerShell in der Praxis**	**555**
		Umgang mit Agenten	555
		Datenbankdateien sichern	557
		Datenbankdateien anhängen und entfernen	558
		SQL-Server-Datenbanken kopieren	559

35 ODBC-Datenquellen — 561

	35.1	**ODBC-Treiber und -Datenquellen auflisten**	**562**
	35.2	**Anlegen einer ODBC-Datenquelle**	**563**
	35.3	**Zugriff auf eine ODBC-Datenquelle**	**564**

36 Registrierungsdatenbank (Registry) — 567

- 36.1 Schlüssel auslesen — 567
- 36.2 Schlüssel anlegen und löschen — 567
- 36.3 Laufwerke definieren — 568
- 36.4 Werte anlegen und löschen — 568
- 36.5 Werte auslesen — 570
- 36.6 Praxisbeispiel — 570

37 Computerverwaltung — 573

- 37.1 Computerinformationen — 573
- 37.2 Computername und Domäne — 575
- 37.3 Herunterfahren und Neustarten — 575
- 37.4 Wiederherstellungspunkte verwalten — 576

38 Hardwareverwaltung — 577

- 38.1 Hardwarebausteine — 577
  - Prozessor — 578
  - Anzeige — 578
  - Batterien und USV — 579
- 38.2 Druckerverwaltung (ältere Betriebssysteme) — 579
- 38.3 Druckerverwaltung (Windows 8 und Windows Server 2012) — 580

39 Softwareverwaltung — 583

- 39.1 Softwareinventarisierung — 583
- 39.2 Installation von Anwendungen — 586
- 39.3 Deinstallation von Anwendungen — 587
- 39.4 Praxisbeispiel: Installationstest — 587
- 39.5 Versionsnummer ermitteln — 588
- 39.6 Servermanager — 589
  - Get-WindowsFeature — 590
  - Ausschnitt aus Feature.format.ps1xml — 593
  - Add-WindowsFeature — 593

	Remove-WindowsFeature	595
	Umgang mit Neustarts	595
	Ausgabe des Befehls Get-WindowsFeature auf einem Beispielsystem	595
39.7	**Softwareeinschränkungen mit dem PowerShell-Modul „AppLocker"**	**600**
	Auflisten von Regeln	602
	Prüfen der Regelwirkung	603
	Erstellen neuer Regeln	603

40 Prozessverwaltung — 605

40.1	**Prozesse auflisten**	**605**
40.2	**Prozesse starten**	**606**
40.3	**Prozesse beenden**	**607**
40.4	**Warten auf das Beenden einer Anwendung**	**608**

41 Systemdienste — 609

41.1	**Dienste auflisten**	**609**
41.2	**Dienstzustand ändern**	**611**
41.3	**Diensteigenschaften ändern**	**612**

42 Netzwerk — 613

42.1	**Netzwerkkonfiguration (ältere Betriebssysteme)**	**613**
42.2	**Netzwerkkonfiguration (ab Windows 8 und Windows Server 2012)**	**614**
42.3	**Windows Firewall**	**618**
	Ein erster Überblick	618
	Firewall-Regeln abfragen, anlegen und ändern	620
	Firewall-Einstellungen im Netzwerk abfragen	624
	Das Netzwerkkartenprofil setzen	624
42.4	**Erreichbarkeit prüfen (Ping)**	**625**
	Ping über WMI	625
	Ping über Test-Connection	626
	Namensauflösung	626

Inhaltsverzeichnis

42.5	E-Mails senden (SMTP)	**627**
	E-Mail senden mit System.Net.Mail	627
	E-Mail senden mit Send-SmtpMail	628
	E-Mail senden mit Send-MailMessage	628
42.6	Abruf von Daten von einem HTTP-Server	**629**
42.7	Aufrufe von SOAP-Webdiensten	**630**

43 Ereignisprotokolle 633

43.1	Protokolleinträge auslesen	**633**
43.2	Ereignisprotokolle erzeugen	**635**
43.3	Protokolleinträge erzeugen	**635**
43.4	Protokollgröße festlegen	**635**
43.5	Protokolleinträge löschen	**635**

44 Leistungsdaten 637

44.1	Zugriff auf Leistungsindikatoren über WMI	**637**
44.2	Get-Counter	**637**
	Sicherheitseinstellungen	639
44.3	Grundlagen	**639**
	Programmierschnittstellen	643
	Kontenname und SID	644
44.4	Zugriffsrechtelisten auslesen	**644**
44.5	Einzelne Rechteeinträge auslesen	**646**
44.6	Besitzer auslesen	**647**
44.7	Benutzer und SID	**648**
	Umwandeln zwischen Benutzername und SID	648
	Well-Known Security Identifier verwenden	648
	SDDL verwenden	650
44.8	Hinzufügen eines Rechteeintrags zu einer Zugriffsrechteliste	**651**
44.9	Entfernen eines Rechteeintrags aus einer Zugriffsrechteliste	**653**
44.10	Zugriffsrechteliste übertragen	**655**
44.11	Zugriffsrechteliste über SDDL setzen	**656**

45 Active Directory — 657

45.1	Benutzer- und Gruppenverwaltung mit WMI	658
45.2	Einführung in System.DirectoryServices	659
	Architektur	659
	Weiterreichen an ADSI	661
	Objektmodell	661
	Allgemeine Klassen	661
	Klasse „DirectoryEntry"	661
	Klasse „DirectoryEntries"	663
	Klassen für die Ausführung von Suchanfragen	663
	Vergleich zwischen System.DirectoryServices und ADSI	664
	Unzulänglichkeiten der Implementierung	664
	Objektidentifikation in Verzeichnisdiensten (Verzeichnisdienstpfade)	666
	Objektidentifikation im Active Directory	667
	Überblick über die Programmiermechanismen	668
	Bindung an einen Verzeichniseintrag	668
	Impersonifizierung	669
	Prüfung auf Existenz eines Verzeichniseintrags	670
	Verzeichnisattribute lesen	670
	ADSI Property Cache	671
	Verzeichnisattribute schreiben	671
45.3	Basiseigenschaften	672
	Zugriff auf Containerobjekte	672
	Verzeichnisobjekt anlegen	673
	Verzeichnisobjekt löschen	673
45.4	Benutzer- und Gruppenverwaltung im Active Directory	674
	Die Active-Directory-Verzeichnisklasse „user"	674
	Benutzerkonto anlegen	677
	Kennwort des Benutzers setzen	678
	Benutzerauthentifizierung	678
	Benutzerkonto löschen	679
	Benutzerkonto umbenennen	679
	Benutzerkonto verschieben	680
	Gruppenverwaltung	680
	Anlegen und Befüllen einer Gruppe	681
	Testen der Gruppenmitgliedschaft	682

Inhaltsverzeichnis

45.5	Verwaltung der Organisationseinheiten	682
45.6	Suche im Active Directory	683
	LDAP-Suchanfragen	683
	Programmierschnittstellen für die Suche	684
	Ausführung einer Abfrage in der PowerShell	684
	Beispiel	685
	Suche nach einem Benutzer mit seinem Anmeldenamen	686
	Tipps und Tricks zur Suche	687
45.7	Navigation im Active Directory mit den PowerShell Extensions	690
45.8	Verwendung der Active-Directory-Erweiterungen von www.IT-Visions.de	691
45.9	PowerShell-Modul „Active Directory" (ADPowerShell)	693
	Architektur und Installation	693
	Aktivieren des Active-Directory-Moduls	696
	Active-Directory-Navigationsprovider	696
	Objektmodell	698
	Überblick über die Commandlets	700
	Allgemeine Verwaltungs-Commandlets	702
	Filtern und Suchen	703
	Verwaltung von Organisationseinheiten	705
	Verwaltung von Benutzerkonten	706
	Verwaltung von Benutzergruppen	709
45.10	PowerShell-Modul „ADDSDeployment"	710
45.11	Informationen über die Active-Directory-Struktur	713
	Informationen über die Domäne durch die .NET-Klassenbibliothek	713
	Informationen über die Domäne durch das Modul ADPowerShell	714

46 Gruppenrichtlinien 717

46.1	Verwaltung der Gruppenrichtlinien	717
46.2	Verknüpfung der Gruppenrichtlinien	719
46.3	Berichte	720
46.4	Gruppenrichtlinienvererbung	721
46.5	Weitere Möglichkeiten	722

47 Virtuelle Systeme mit Hyper-V — 723

- **47.1 Das Hyper-V-Modul von Microsoft** — 724
- **47.2 Die ersten Schritte mit dem Hyper-V-Modul** — 726
  - Abfragen aller virtuellen Maschinen — 727
  - Abfragen von Details zu einer virtuellen Maschine — 728
  - Änderungen an einer virtuellen Maschine durchführen — 728
  - Konfiguration der Integrationsdienste — 729
  - Die Hyper-V-Manager-Konsole zur besseren Orientierung — 730
- **47.3 Virtuelle Maschinen anlegen** — 731
  - Anlegen einer neuen virtuellen Maschine — 731
  - Löschen „verwaister" Verzeichnisse — 732
  - Anlegen von virtuellen Maschinen mit einer VHDX-Datei — 733
  - Einrichten einer virtuellen Maschine mit einer vorbereiteten ISO-Datei — 735
  - Entfernen von virtuellen Maschinen — 737
- **47.4 Umgang mit virtuellen Festplatten** — 737
  - Virtuelle Festplatten auflisten — 738
  - Virtuelle Festplatten neu anlegen — 738
  - Virtuelle Festplatten hinzufügen — 739
  - Virtuelle Festplatten einrichten — 739
  - Virtuelle Festplatten konvertieren — 741
- **47.5 Konfiguration virtueller Maschinen** — 741
  - Einrichten einer Netzwerkverbindung — 741
  - Umgang mit Snapshots — 742
  - Virtuelle Maschinen exportieren und importieren — 743
  - Anlegen eines Kompatibilitätsreports — 744
  - Nicht benötigte ISO-Dateien auflisten — 744
- **47.6 PowerShell Management Library for Hyper-V (für ältere Betriebssysteme)** — 745
  - Ein paar Beispiele — 747

48 Internet Information Server (IIS) — 749

- **48.1 Überblick** — 749
- **48.2 Navigationsprovider** — 751
- **48.3 Anlegen von Websites** — 753
- **48.4 Massenanlegen von Websites** — 754

48.5	Ändern von Eigenschaften von Websites	756
48.6	Anwendungspool anlegen	756
48.7	Virtuelle Verzeichnisse und IIS-Anwendungen	757
48.8	Website-Zustand ändern	757
48.9	Anwendungspools starten und stoppen	758
48.10	Löschen von Websites	758

49 Microsoft Exchange Server 759

49.1	Daten abrufen	759
49.2	Postfächer verwalten	759
49.3	Öffentliche Ordner verwalten	760

50 Optimierungen und Problemlösungen 761

50.1	PowerShell-Modul „TroubleshootingPack"	761
50.2	PowerShell-Modul „Best Practices"	764

51 Grafische Benutzeroberflächen 767

51.1	Eingabemasken	767
51.2	Universelle Objektdarstellung	769
51.3	Zwischenablage	770
51.4	WPF PowerShell Kit (WPK)	770
	Hello World mit WPF	771
	Unzureichende Dokumentation	771
	Schaltflächen und Ereignisse	774
	Panel-Elemente zum Anordnen von Steuerelementen	776
	Weitere Möglichkeiten	778

Teil IV Profiwissen – Erweitern der PowerShell 781

52 Entwicklung von Commandlets in der PowerShell-Sprache 783

52.1	Aufbau eines skriptbasierten Commandlets	783
52.2	Parameterfestlegung	786

52.3	Auszeichnung der Parameterdefinitionen	792
52.4	Dokumentation	795

53 Entwicklung eigener Commandlets mit C# — 799

53.1	Technische Voraussetzungen	799
53.2	Grundkonzept der .NET-basierten Commandlets	801
	Commandlet-Klassen	801
	Methoden	801
	Ausgabe des Commandlets	802
	Snap-In-Klasse	802
53.3	Schrittweise Erstellung eines minimalen Commandlets	803
	Anlegen eines Visual-Studio-Projekts	803
	Anlegen des Commandlets	804
	Implementierung des Commandlets	806
	Kompilieren des Commandlets	807
	Installation des Commandlets	808
	Verwendung des Commandlets	810
	Weiterentwicklung der Commandlet-Erweiterungen	811
53.4	Erstellung eines Commandlets mit einem Rückgabeobjekt	811
53.5	Erstellung eines Commandlets mit mehreren Rückgabeobjekten	813
53.6	Erstellen eines Commandlets mit Parametern	817
53.7	Verarbeiten von Pipeline-Eingaben	819
53.8	Verkettung von Commandlets	821
	Kopplung auf Basis elementarer Datentypen	822
	Kopplung auf Basis von typisierten Objekten	823
	Generische Kopplung	826
53.9	Fehlersuche in Commandlets	826
53.10	Statusinformationen	829
53.11	Unterstützung für Sicherheitsabfragen	833
53.12	Festlegung der Hilfeinformationen	836
53.13	Erstellung von Commandlets für den Zugriff auf eine Geschäftsanwendung	840
53.14	Konventionen für Commandlets	841
53.15	Weitere Möglichkeiten	843

54 Hosting der Windows PowerShell — 845

- 54.1 Voraussetzungen für das Hosting — 846
- 54.2 Hosting mit PSHost — 846
- 54.3 Vereinfachtes Hosting seit PowerShell 2.0 — 850

55 PowerShell-Module erstellen — 853

- 55.1 Erstellen eines Skriptmoduls — 853
- 55.2 Erstellen eines Moduls mit Binärdateien — 854
- 55.3 Erstellen eines Moduls mit Manifest — 855

Teil V Anhang — 865

A Crashkurs „Objektorientierung" — 867

- Was ist ein Objekt? — 867
- Was ist eine Klasse? — 868
- Kapselung — 870
- Objektbeziehungen — 871
- Vererbung — 872
- Weitere Konzepte — 874

B Crashkurs „.NET Framework" — 875

- Was ist das .NET Framework? — 876
- Eigenschaften des .NET Frameworks — 878
- .NET-Klassen — 879

C Literatur — 885

D Weitere Informationen im Internet — 889

- Websites zur PowerShell — 889
- Weblogs zur PowerShell — 889

Stichwortverzeichnis — 891

Vorwort zur dritten Auflage

Liebe Leserin, lieber Leser,

willkommen zur dritten Auflage dieses PowerShell-Buches! Das vor Ihnen liegende Buch behandelt die Windows-PowerShell-Version 3.0 von Microsoft sowie ergänzende Werkzeuge von Microsoft und Drittanbietern (z.B. PowerShell Community Extensions, PowerShellPack, PowerShellPlus). Gegenüber der vorherigen Auflage zur PowerShell 2.0 wurde das Buch um rund 200 Seiten mit den neuen Funktionen in PowerShell 3.0 erweitert.

Wer bin ich?

Mein Name ist Holger Schwichtenberg, ich bin derzeit 40 Jahre alt und habe im Fachgebiet Wirtschaftsinformatik promoviert. Ich lebe (in Essen, der europäischen Kulturhauptstadt 2010) davon, dass mein Team und ich im Rahmen unserer Firma *www.IT-Visions.de* andere Unternehmen bei der Entwicklung von .NET- und PowerShell-Anwendungen beratend und schulend zur Seite stehen. Zudem entwickeln wir im Rahmen der 5minds IT-Solutions GmbH & Co. KG Software im Auftrag von Unternehmen.

Es ist mein Hobby und „Nebenberuf", IT-Fachbücher zu schreiben. Dieses Buch ist, unter Mitzählung aller nennenswerten Neuauflagen, das 59. Buch, das ich allein oder mit Co-Autoren geschrieben habe. Meine weiteren Hobbys sind Mountain Biking, Fotografie und Reisen.

Natürlich verstehe ich das Bücherschreiben auch ein wenig als Werbung für die Arbeit unseres Unternehmens und wir hoffen, dass der ein oder andere von Ihnen uns beauftragen wird, Sie durch Beratung, Schulung und Auftragsentwicklung zu unterstützen.

Wer sind Sie?

Damit Sie den optimalen Nutzen aus diesem Buch ziehen können, möchte ich – so genau es mir möglich ist – beschreiben, an wen sich dieses Buch richtet. Hierzu habe ich einen Fragebogen ausgearbeitet, mit dem Sie schnell erkennen können, ob das Buch für Sie geeignet ist.

Vorwort zur dritten Auflage

Sind Sie Systemadministrator in einem **homogenen** Windows-Netzwerk?	O Ja O Nein
Laufen die für Sie relevanten Computer mit den von PowerShell 3.0 unterstützten Betriebssystemen? (Windows 7, Windows 8, Windows Server 2008/2008 R2/2012)	O Ja O Nein
Sie besitzen zumindest rudimentäre Grundkenntnisse im Bereich des (objektorientierten) Programmierens?	O Ja O Nein
Wünschen Sie einen kompakten Überblick über die Architektur, Konzepte und Anwendungsfälle der PowerShell?	O Ja O Nein
Sie können auf Schritt-für-Schritt-Anleitungen verzichten?	O Ja O Nein
Sie können auf formale Syntaxbeschreibungen verzichten und lernen lieber an aussagekräftigen Beispielen?	O Ja O Nein
Sie erwarten nicht, dass in diesem Buch alle Möglichkeiten der PowerShell detailliert beschrieben werden?	O Ja O Nein
Sind Sie, nachdem Sie ein Grundverständnis durch dieses Buch gewonnen haben, bereit, Detailfragen in der Dokumentation der PowerShell, von .NET und WMI nachzuschlagen, da das Buch auf 900 Seiten nicht alle Details erläutern kann?	O Ja O Nein

Wenn Sie alle obigen Fragen mit „Ja" beantwortet haben, ist das Buch richtig für Sie. In anderen Fällen sollten Sie sich erst mit einführender Literatur beschäftigen.

Was ist neu in diesem Buch?

Das Buch wurde komplett auf PowerShell 3.0 aktualisiert. Insbesondere wurden dabei berücksichtigt:

- Neue Syntaxmöglichkeiten in PowerShell 3.0
- Erhebliche Verbesserung der PowerShell ISE
- Windows PowerShell Web Access (PSWA)
- Verbesserte Hilfe
- Neue WMI-Commandlets
- Workflows mit PowerShell
- Scheduled Jobs/geplante Vorgänge

Im Buchteil „PowerShell im Praxiseinsatz" wurden sowohl die neue Commandlets, die in PowerShell 3.0, als auch ausgewählte PowerShell-Module aus Windows 8 und Windows Server 2012 sowie Microsoft SQL Server 2013 berücksichtigt. So gibt es in dem Buch nun neue Einsatzbeispiele für die scriptbasierte Administration von:

Vorwort zur dritten Auflage

- Netzwerkkarten und die Netzwerkkonfiguration
- DNS-Client-Einstellungen
- Druckerverwaltung
- ODBC-Einstellungen
- Windows Firewall
- Netzwerkfreigabe und offene Sitzungen/Dateien
- Festplattenverschlüsselung mit Bitlocker
- HyperV-Administration
- Microsoft SQL Server-Datenbankverwaltung

Entfallen ist in dieser Auflage die Commandlet-Referenz am Ende des Buchs. Diese wäre mittlerweile zu umfangreich geworden und den Platz im Buch (der Verlag gibt ja eine Seitenobergrenze vor) konnte besser für mehr Beispiele verwendet werden.

Wem ist zu danken?

Folgenden Personen möchte ich meinen Dank für ihre Mitwirkung an diesem Buch aussprechen:

- zu allererst meinem Kollegen und Freund Peter Monadjemi, der rund 110 Seiten inklusive Beispielen zu diesem Buch beigetragen hat (Themen: Workflows, Bitlocker, ODBC, Hyper-V, Firewall und SQL Server-Administration),
- Herrn Thomas Pohlmann, der dieses Buchprojekt für Addison-Wesley koordiniert und betreut hat,
- Frau Petra Kienle, die meine Tippfehler gefunden und sprachliche Ungenauigkeiten eliminiert hat,
- allen Lesern, die mit ihrem Feedback zu früheren Auflagen dazu beigetragen haben, dass dieses Buch noch besser wurde,
- meiner Frau und meinen Kindern dafür, dass Sie mir das Umfeld geben, um neben meinem Hauptberuf an Büchern wie diesem zu arbeiten.

Vorwort zur dritten Auflage

Wie können Sie mit mir in Kontakt treten?

Unter *http://www.PowerShell-Doktor.de/leser* biete ich ein Webportal für Leser meiner Bücher an. In diesem Portal können Sie Feedback zu diesem Buch geben (Bewertung abgeben und Fehler melden), technische Fragen in einem Webforum stellen und ergänzende Beispiele herunterladen. Alle registrierten Leser erhalten auch Einladungen zu kostenlosen Community-Veranstaltungen sowie Vergünstigungen bei unseren öffentlichen Seminaren zu .NET und zur PowerShell. Bei der Registrierung müssen Sie das Kennwort *FRINGE* angeben.

Unter der E-Mail-Adresse *buero@IT-Visions.de* stehen mein Team und ich für Anfragen bezüglich Schulung, Beratung und Entwicklungstätigkeiten zur Verfügung.

Wie geht es weiter mit diesem Buch?

Pearson Deutschland hat beschlossen, zukünftig keine EDV-Fachbücher mehr zu produzieren und damit seine Computerbuchmarken Addison-Wesley und Markt+Technik auslaufen zu lassen. Das stimmt mich ein wenig traurig, denn bei Addison-Wesley habe ich im Jahr 2000 mein allererstes Computerbuch und in den folgenden Jahren viele weitere Bestseller veröffentlicht. Da ich aber in den letzten Jahren auch noch für andere Verlage gearbeitet habe, werde ich dieses Buch dann zur nächsten PowerShell-Version bei einem anderen renommierten Verlag weiterführen.

Viel Spaß und Erfolg mit der PowerShell 3.0 wünscht Ihnen

Dr. Holger Schwichtenberg

Essen/Ruhr im Februar 2013

Über den Autor
Dr. Holger Schwichtenberg

- Studienabschluss Diplom-Wirtschaftsinformatik an der Universität Essen
- Promotion an der Universität Essen im Gebiet komponentenbasierter Softwareentwicklung
- Seit 1996 selbstständig als unabhängiger Berater, Dozent, Softwarearchitekt und Fachjournalist
- Leiter des Berater- und Dozententeams bei *www.IT-Visions.de*
- Leitung der Softwareentwicklung im Bereich Microsoft / .NET bei der 5minds IT-Solutions GmbH & Co. KG (*www.5minds.de*)

- 59 Fachbücher bei Microsoft Press, Addison-Wesley und dem Carl Hanser-Verlag und mehr als 700 Beiträge in Fachzeitschriften
- Gutachter in den Wettbewerbsverfahren der EU gegen Microsoft (2006-2009)
- Ständiger Mitarbeiter der Zeitschriften iX (seit 1999), dotnetpro (seit 2000) und Windows Developer (seit 2010) sowie beim Online-Portal heise.de (seit 2008).
- Regelmäßiger Sprecher auf nationalen und internationalen Fachkonferenzen (z.B. TechEd, Microsoft IT Forum, BASTA, BASTA-on-Tour, Advanced Developers Conference, .NET-Entwicklerkonferenz, OOP, VS One, Wirtschaftsinformatik, Net.Object Days, Windows Forum, DOTNET-Konferenz, XML-in-Action)
- Zertifikate und Auszeichnungen von Microsoft:
  - Microsoft Most Valuable Professional (MVP)
  - Microsoft Certified Solution Developer (MCSD)
- Thematische Schwerpunkte:
  - Microsoft .NET Framework, Visual Studio, C#, Visual Basic
  - .NET-Architektur / Auswahl von .NET-Technologien
  - Einführung von .NET Framework und Visual Studio / Migration auf .NET
  - Webanwendungsentwicklung mit IIS, ASP.NET und AJAX
  - Enterprise .NET, verteilte Systeme/Webservices mit .NET
  - Relationale Datenbanken, XML, Datenzugriffsstrategien
  - Objektrelationales Mapping (ORM), insbesondere ADO.NET Entity Framework
  - Windows PowerShell (WPS) und Windows Management Instrumentation (WMI)
- Ehrenamtliche Community-Tätigkeiten:
  - Vortragender für die International .NET Association (INETA)
  - Betrieb der diverser Community-Websites *www.dotnetframework.de*, *www.entwickler-lexikon.de*, *www.windows-scripting.de*, *www.aspnetdev.de*, u.a.
- Firmenwebsites: *http://www.IT-Visions.de* und *http://www.5minds.de*
- Weblog: *http://www.dotnet-doktor.de*
- Kontakt: *hs@IT-Visions.de sowie Telefon 0201 7490-700*

Über den Autor
Peter Monadjemi

Peter Monadjemi ist freiberuflicher Trainer und Autor mit den Schwerpunkten PowerShell, Windows Server-Administration und Software-Entwicklung auf der Grundlage des .NET Framework. Er kennt die PowerShell bereits seit der Zeit, in der die als Vorabversion noch unter dem Projektnamen „Monad" lief – ein Codename, der für ihn eine Art „Wink des Schicksals" war. Seit dem hat er viel Zeit mit der PowerShell verbracht und Hunderte von Skripten geschrieben. Er lebt in Esslingen am Neckar.

Teil I

PowerShell-Basiswissen

Dieser Buchteil informiert über die Basiskonzepte der PowerShell, insbesondere Commandlets, Pipelines, Navigation und Skripte. Außerdem werden am Ende dieses Teils Werkzeuge vorgestellt.

1 Erste Schritte mit der Windows PowerShell

Das DOS-ähnliche Kommandozeilenfenster hat viele Windows-Versionen in beinahe unveränderter Form überlebt. Mit der Windows PowerShell (WPS) besitzt Microsoft nun endlich einen Nachfolger, der es mit den Unix-Shells aufnehmen kann und diese in Hinblick auf Eleganz und Robustheit in einigen Punkten auch überbieten kann. Die PowerShell ist eine Adaption des Konzepts von Unix-Shells auf Windows unter Verwendung des .NET Frameworks und mit Anbindung an die Windows Management Instrumentation (WMI).

1.1 Was ist die Windows PowerShell?

In einem Satz: Die Windows PowerShell (WPS) ist eine neue, .NET-basierte Umgebung für interaktive Systemadministration und Scripting auf der Windows-Plattform.

Die Kernfunktionen der PowerShell sind: **Kernfunktionen**

- Zahlreiche eingebaute Befehle, die „Commandlets" genannt werden
- Zugang zu allen Systemobjekten, die durch COM-Bibliotheken, das .NET Framework und die Windows Management Instrumentation (WMI) bereitgestellt werden
- Robuster Datenaustausch zwischen Commandlets durch Pipelines basierend auf typisierten Objekten
- Ein einheitliches Navigationsparadigma für verschiedene Speicher (z.B. Dateisystem, Registrierungsdatenbank, Zertifikatsspeicher, Active Directory und Umgebungsvariablen)
- Eine einfach zu erlernende, aber mächtige Skriptsprache mit wahlweise schwacher oder starker Typisierung
- Ein Sicherheitsmodell, das die Ausführung unerwünschter Skripte unterbindet
- Integrierte Funktionen für Ablaufverfolgung und Debugging
- Die PowerShell kann um eigene Befehle erweitert werden.
- Die PowerShell kann in eigene Anwendungen integriert werden (Hosting).

1.2 Geschichte

Von Active Scripting zu PowerShell

Das Active Scripting ist einigen Administratoren zu komplex, weil es viel Wissen über objektorientiertes Programmieren und das Component Object Model (COM) voraussetzt. Die vielen Ausnahmen und Ungereimtheiten im Active Scripting erschweren das Erlernen von Windows Script Host (WSH) und den zugehörigen Komponentenbibliotheken.

Schon im Zuge der Entwicklung des Windows Server 2003 gab Microsoft zu, dass man Unix-Administratoren zum Interview über ihr tägliches Handwerkszeug gebeten hatte. Das kurzfristige Ergebnis war eine große Menge zusätzlicher Kommandozeilenwerkzeuge. Langfristig setzt Microsoft jedoch auf eine Ablösung des DOS-ähnlichen Konsolenfensters durch eine neue Scripting-Umgebung.

Mit dem Erscheinen des .NET Frameworks im Jahre 2002 wurde lange über einen WSH.NET spekuliert. Microsoft stellte jedoch die Neuentwicklung des WSH für das .NET Framework ein, als abzusehen war, dass die Verwendung von .NET-basierten Programmiersprachen wie C# und Visual Basic .NET dem Administrator nur noch mehr Kenntnisse über objektorientierte Softwareentwicklung abverlangen würde.

Microsoft beobachtete in der Unix-Welt eine hohe Zufriedenheit mit den dortigen Kommandozeilen-Shells und entschloss sich daher, das Konzept der Unix-Shells, insbesondere das Pipelining, mit dem .NET Framework zusammenzubringen und daraus eine .NET-basierte Windows Shell zu entwickeln. Diese ist so einfach wie eine Unix-Shell, aber kann so mächtig wie das .NET Framework sein.

In einer ersten Beta-Version wurde die neue Shell schon unter dem Codenamen „Monad" auf der Professional Developer Conference (PDC) im Oktober 2003 in Los Angeles vorgestellt. Nach den Zwischenstufen „Microsoft Shell (MSH)" und „Microsoft Command Shell" trägt die neue Skriptumgebung seit Mai 2006 den Namen „Windows PowerShell".

Softwareinventarisierung

Falls Sie eine Motivation brauchen, sich mit der PowerShell zu beschäftigen, wird dieses Kapitel Ihnen diese liefern. Es stellt die Lösung für eine typische Scripting-Aufgabe sowohl im „alten" Windows Script Host (WSH) als auch in der „neuen" Windows PowerShell vor.

Zur Motivation, sich mit der Windows PowerShell zu beschäftigen, soll folgendes Beispiel aus der Praxis dienen. Es soll ein Inventarisierungsskript für Software erstellt werden, das die installierten MSI-Pakete mit Hilfe der Windows Management Instrumentation (WMI) von mehreren Computern ausliest und die Ergebnisse in einer CSV-Datei (*softwareinventar.csv*) zusammenfasst. Die Namen (oder IP-Adressen) der abzufragenden Computer sollen in einer Textdatei (*computernamen.txt*) stehen.

Die Lösung mit dem WSH benötigt 90 Codezeilen (inklusive Kommentare und Parametrisierungen). In der Windows PowerShell lässt sich das Gleiche in nur 13 Zeilen ausdrücken. Wenn man auf die Kommentare und die Parametrisierung verzichtet, dann reicht sogar genau eine Zeile.

```
' -----------------------------------------
' Skriptname: Software_inventar.vbs
' Autor: Dr. Holger Schwichtenberg 2004-2007
' -----------------------------------------
' Dieses Skript erstellt eine Liste
' der installierten Software
' Version 1.02 (28.1.2007)
' -----------------------------------------
Option Explicit

' --- Vorgabewerte
Const Trennzeichen = ";" ' Trennzeichen für Spalten in der
Ausgabedatei
Const Eingabedateiname = "computernamen.txt"
Const Ausgabedateiname = "softwareinventar.csv"
Const Bedingung = "SELECT * FROM Win32_Product where not Vendor
like '%Microsoft%'"

Dim objFSO' Dateisystem-Objekt
Dim objTX    ' Textdatei-Objekt für die Liste der zu durchsuchenden
computer
Dim i ' Zähler für Computer
Dim computer ' Name des aktuellen computers
Dim Eingabedatei' Name und Pfad der Eingabedatei
Dim Ausgabedatei' Name und Pfad der Ausgabedatei

' --- Startmeldung
WScript.Echo "Softwareinventar.vbs"
WScript.Echo "(C) Dr. Holger Schwichtenberg, http://www.Windows-
Scripting.de"

' --- Global benötigtes Objekt
Set objFSO = CreateObject("Scripting.FileSystemObject")

' --- Ermittlung der Pfade
Eingabedatei = GetCurrentPfad & "\" & Eingabedateiname
Ausgabedatei = GetCurrentPfad & "\" & Ausgabedateiname

' --- Auslesen der computerliste
Set objTX = objFSO.OpenTextFile(Eingabedatei)

' --- Meldungen
WScript.Echo "Eingabedatei: " & Eingabedatei
```

Listing 1.1
Softwareinventarisierung – Lösung 1 mit dem WSH [Einsatzgebiete/Software/Software_Inventory.vbs]

```
WScript.Echo "Ausgabedatei: " & Ausgabedatei

' --- Überschriften einfügen
Ausgabe _
"computer" & Trennzeichen & _
"Name" & Trennzeichen & _
    "Beschreibung" & Trennzeichen & _
    "Identifikationsnummer" & Trennzeichen & _
    "Installationsdatum" & Trennzeichen & _
    "Installationsverzeichnis" & Trennzeichen & _
    "Zustand der Installation" & Trennzeichen & _
    "Paketzwischenspeicher" & Trennzeichen & _
    "SKU Nummer" & Trennzeichen & _
    "Hersteller" & Trennzeichen & _
    "Version"

' --- Schleife über alle computer
Do While Not objTX.AtEndOfStream
    computer = objTX.ReadLine
    i = i + 1
    WScript.Echo "=== Computer #" & i & ": " & computer

GetInventar computer

Loop

' --- Eingabedatei schließen
objTX.Close
' --- Abschlußmeldung
WScript.echo "Softwareinventarisierung beendet!"

' === Softwareliste für einen computer erstellen
Sub GetInventar(computer)

Dim objProduktMenge
Dim objProdukt
Dim objWMIDienst

' --- Zugriff auf WMI
Set objWMIDienst = GetObject("winmgmts:" &_
    "{impersonationLevel=impersonate}!\\" & computer &_
    "\root\cimv2")
' --- Liste anfordern
Set objProduktMenge = objWMIDienst.ExecQuery _
    (Bedingung)
' --- Liste ausgeben
WScript.echo "Auf " & computer & " sind " & _
objProduktMenge.Count & " Produkte installiert."
For Each objProdukt In objProduktMenge
```

```
    Ausgabe _
    computer & Trennzeichen & _
    objProdukt.Name & Trennzeichen & _
    objProdukt.Description & Trennzeichen & _
    objProdukt.IdentifyingNumber & Trennzeichen & _
    objProdukt.InstallDate & Trennzeichen & _
    objProdukt.InstallLocation & Trennzeichen & _
    objProdukt.InstallState & Trennzeichen & _
    objProdukt.PackageCache & Trennzeichen & _
    objProdukt.SKUNumber & Trennzeichen & _
    objProdukt.Vendor & Trennzeichen & _
    objProdukt.Version
WScript.Echo      objProdukt.Name
Next
End Sub

' === Ausgabe
Sub Ausgabe(s)
Dim objTextFile
' Ausgabedatei öffnen
Set objTextFile = objFSO.OpenTextFile(Ausgabedatei, 8, True)
objTextFile.WriteLine s
objTextFile.Close
'WScript.Echo s
End Sub

' === Pfad ermitteln. in dem das Skript liegt
Function GetCurrentPfad
GetCurrentPfad = objFSO.GetFile
(WScript.ScriptFullName).ParentFolder
End Function

# Settings
$InputFileName = "computers.txt"
$OutputFileName = "softwareinventory.csv"
$Query = "SELECT * FROM Win32_Product where not Vendor like
'%Microsoft%'"

# Read computer list
$Computers = Get-Content $InputFileName

# Loop over all computers and read WMI information
$Software = $Computers | foreach { Get-CimInstance -query $Query -
computername $_ }
# Export to CSV
$Software | select Name, Description, IdentifyingNumber,
InstallDate, InstallLocation, InstallState, SKUNumber, Vendor,
Version | export-csv $OutputFileName -notypeinformation
```

Listing 1.2
Softwareinventarisierung – Lösung 2 als Windows PowerShell-Skript [Einsatzgebiete/Software/SoftwareInventory_WMI_Script.ps1]

Kapitel 1   Erste Schritte mit der Windows PowerShell

*Listing 1.3
Softwareinventarisierung – Lösung 3
als Windows PowerShell-Pipeline-Befehl [Einsatzgebiete/Software/SoftwareInventory_WMI_Pipeline.ps1]*

```
Get-Content "computers.txt" | foreach {Get-CimInstance -
computername $_ -query "SELECT * FROM Win32_Product where not
Vendor like '%Microsoft%'" } | export-csv "Softwareinventory.csv" -
notypeinformation
```

1.3   Betriebssysteme mit PowerShell

Die folgende Tabelle zeigt, in welchen Betriebssystemen welche Version der PowerShell mitgeliefert wird bzw. wo sie nachträglich installierbar ist.

*Tabelle 1.1
Verfügbarkeit der Windows PowerShell auf verschiedenen Windows-Betriebssystemen*

Betriebssystem	Mitgelieferte PowerShell	Nachträglich installierbare PowerShell
Windows 2000, Windows 9x, Windows ME, Windows NT 4.0	PowerShell nicht enthalten	Nachträgliche Installation nicht von Microsoft unterstützt
Windows XP	PowerShell nicht enthalten	PowerShell 1.0 und PowerShell 2.0
Windows Server 2003	PowerShell nicht enthalten	PowerShell 1.0 und PowerShell 2.0
Windows Server 2003 R2	PowerShell nicht enthalten	PowerShell 1.0 und PowerShell 2.0
Windows Vista	PowerShell nicht enthalten	PowerShell 1.0 und PowerShell 2.0
Windows Vista	PowerShell 1.0 enthalten	PowerShell 2.0
Windows Server 2008	PowerShell 1.0 enthalten als optionales Features	PowerShell 2.0, PowerShell 3.0
Windows Server 2008	PowerShell 1.0 enthalten	PowerShell 2.0, PowerShell 3.0
Windows 7	PowerShell 2.0 enthalten	PowerShell 3.0
Windows Server 2008 R2	PowerShell 2.0 enthalten	PowerShell 3.0
Windows Server 2008 Core	PowerShell nicht enthalten	PowerShell 3.0
Windows Server 2008 R2 Core	PowerShell 2.0 enthalten als optionales Feature	

Betriebssystem	Mitgelieferte PowerShell	Nachträglich installierbare PowerShell
Windows 8	PowerShell 3.0 enthalten	
Windows Server 2012 Core	PowerShell 3.0 enthalten	
Windows Server 2012 Core	PowerShell 3.0 enthalten als optionales Feature	

Tabelle 1.1
Verfügbarkeit der Windows PowerShell auf verschiedenen Windows-Betriebssystemen (Forts.)

1.4 PowerShell herunterladen und installieren auf anderen Betriebssystemen

Die PowerShell 3.0 ist in Windows 8 oder Window Server 2012 bereits im Standard installiert. In Windows Server 2012 Core ist sie ein optionales Installationsfeature.

Wenn Sie nicht Windows 8 oder Window Server 2012 benutzen, müssen Sie die PowerShell 3.0 erst installieren.

Die PowerShell 3.0 wird auf Windows 7 und Windows Server 2008 (inkl. R2) installiert als Teil des Windows Management Framework 3.0 (WMF) – [http://www.microsoft.com/en-us/download/details.aspx?id=34595].

Bei der Installation auf Windows 7 und Windows Server 2008 (R2) ist zu beachten, dass jeweils das .NET Framework 4.0 (oder .NET Framework 4.5) vorhanden sein muss, sonst erscheint die lapidare, wenig hilfreiche Meldung „Dieses Update ist nicht für Ihren Computer geeignet.".

Das Installationspaket betrachtet sich als Update für Windows (KB2506143). Falls man die PowerShell 3.0 deinstallieren möchte, muss man dies in der Systemsteuerung unter "Programme und Funktionen/Installierte Updates anzeigen" tun.

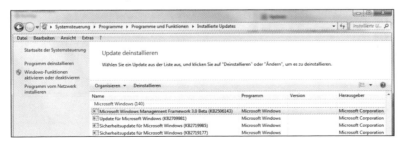

Abbildung 1.1
Deinstallation des WMF

Kapitel 1 Erste Schritte mit der Windows PowerShell

Installationsvoraussetzungen

Betriebssystem Die nachträgliche Installation der PowerShell 3.0 ist möglich auf folgenden Betriebssystemen:

- Windows 7 Service Pack 1
- Windows Server 2008 R2 SP1
- Windows Server 2008 Service Pack 2
- Windows XP mit Servicepack 3

.NET Folgende .NET-Versionen sind schon auf den Betriebssystemen vorhanden:

- Windows 7: .NET 3.5.1
- Windows Server 2008 R2: .NET 3.5.1
- Windows Server 2008: .NET 3.5
- Windows 8: .NET 4.5
- Windows Server 2012: .NET 4.5

Installationsordner Die PowerShell 3.0 installiert sich in folgendes Verzeichnis: *%systemroot%\system32\WindowsPowerShell\V1.0* (für 32-Bit-Systeme). Auf 64-Bit-Systemen gibt es die PowerShell 3.0 zweimal, einmal als 64-Bit-Version in *%systemroot%\system32\WindowsPowerShell\V1.0* und einmal als 32-Bit-Version. Letztere findet man unter *%systemroot%\Syswow64\WindowsPowerShell\V1.0*. Die 32-Bit-Version braucht man, wenn man eine Bibliothek nutzen will, für die es keine 64-Bit-Version gibt, z.B. den Zugriff auf Microsoft-Access-Datenbanken.

> Es handelt sich dabei nicht um einen Tippfehler: Die 64-Bit-Version ist in einem Verzeichnis, das „32" im Namen trägt, und die 32-Bit-Version in einem Verzeichnis mit „64" im Namen!
>
> Die 32-Bit-Version der PowerShell und die 64-Bit-Version der PowerShell sieht man im Startmenü: Die 32-Bit-Version hat den Zusatz „(x86)". Die 64-Bit-Version hat keinen Zusatz. Auch den Editor „ISE" gibt es in einer 32- und einer 64-Bit-Version.
>
>
>
> *Abbildung 1.2: PowerShell-Einträge im Windows-Startmenü*

Im obigen Screenshot kommt mit Classic Shell eine kostenlose Erweiterung zum Einsatz, die das klassische Startmenü in Windows 8 zurückbringt. Der Rückgriff auf ein Startmenü hat nicht nur mit Nostalgie zu tun, sondern auch ganz handfeste praktische Gründe: Der kachelbasierte Startbildschirm von Windows 8 findet leider zum Suchbegriff „PowerShell" weder die ISE noch die 32-Bit-Variante der PowerShell.

Abbildung 1.3: Versagen auf ganzer Linie: Der kachelbasierte Startbildschirm von Windows 8 findet leider zum Suchbegriff „PowerShell" weder die ISE noch die 32-Bit-Variante der PowerShell.

Durch die Installation der PowerShell wird in Windows auch ein neues Ereignisprotokoll „PowerShell" angelegt, in dem die PowerShell wichtige Zustandsänderungen der PowerShell protokolliert.

Ereignisprotokoll „PowerShell"

1.5 Die Windows PowerShell testen

Dieses Kapitel stellt einige Befehle vor, mit denen Sie die PowerShell-Funktionalität ausprobieren können. Die PowerShell verfügt über zwei Modi (interaktiver Modus und Skriptmodus), die hier getrennt behandelt werden.

PowerShell im interaktiven Modus

Der erste Test verwendet die PowerShell im interaktiven Modus.

Starten Sie bitte die Windows PowerShell. Es erscheint ein leeres PowerShell-Konsolenfenster. Auf den ersten Blick ist kein großer Unterschied zur herkömmlichen Windows-Konsole zu erkennen. Allerdings steckt in der PowerShell mehr Kraft im wahrsten Sinne des Wortes.

Abbildung 1.4
Leeres PowerShell-Konsolenfenster

Kapitel 1 Erste Schritte mit der Windows PowerShell

Geben Sie an der Eingabeaufforderung „Get-Process" ein und drücken Sie dann die ⏎-Taste. Es erscheint eine Liste aller Prozesse, die auf dem lokalen Computer laufen. Dies war Ihre erste Verwendung eines einfachen PowerShell-Commandlets.

Abbildung 1.5
Die Liste der Prozesse ist das Ergebnis nach Ausführung des Commandlets „Get-Process".

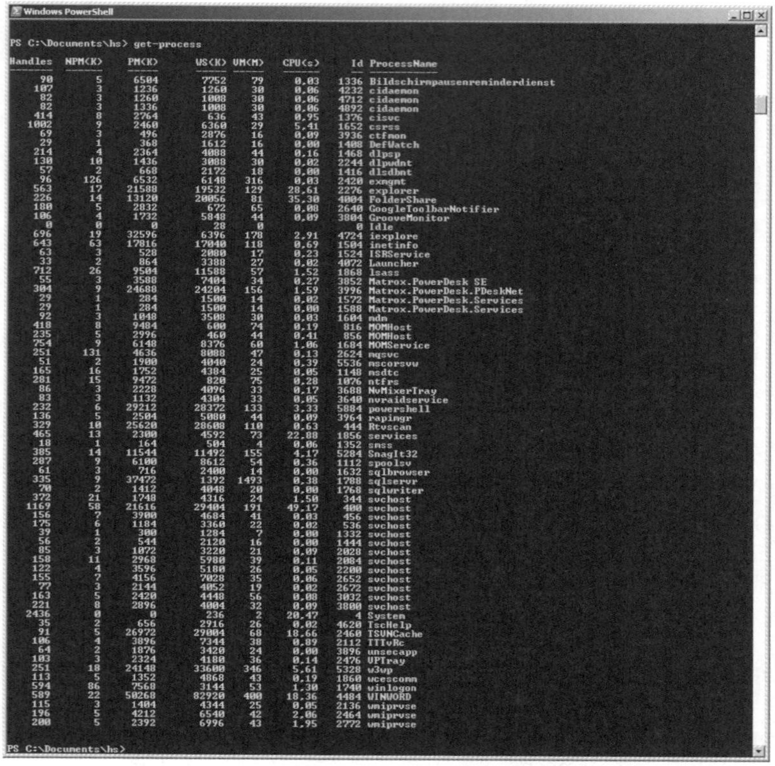

Beachten Sie bitte, dass die Groß-/Kleinschreibung keine Rolle spielt, da PowerShell keine Unterschiede zwischen groß- und kleingeschriebenen Commandlet-Namen macht.

Geben Sie an der Eingabeaufforderung „Get-service i*" ein. Jetzt erscheint eine Liste aller installierten Dienste auf Ihrem Computer, deren Namen mit dem Buchstaben „i" beginnen. Hier haben Sie ein Commandlet mit Parametern verwendet.

Abbildung 1.6
Eine gefilterte Liste der Windows-Dienste

Geben Sie „Get-" ein und drücken Sie dann mehrmals die ⇆-Taste. **TAB-Taste**
Die PowerShell zeigt nacheinander alle Commandlets an, die mit dem
Verb „get" beginnen. Microsoft bezeichnet diese Funktionalität als
„Tabulatorvervollständigung". Halten Sie bei „Get-Eventlog" an. Wenn
Sie ↵ drücken, fordert die PowerShell einen Parameter namens „Log-
Name" an. Bei „LogName" handelt es sich um einen erforderlichen
Parameter (Pflichtparameter). Nachdem Sie „Application" eingetippt
und die ↵-Taste gedrückt haben, erscheint eine lange Liste der aktu-
ellen Einträge in Ihrem Anwendungsereignisprotokoll.

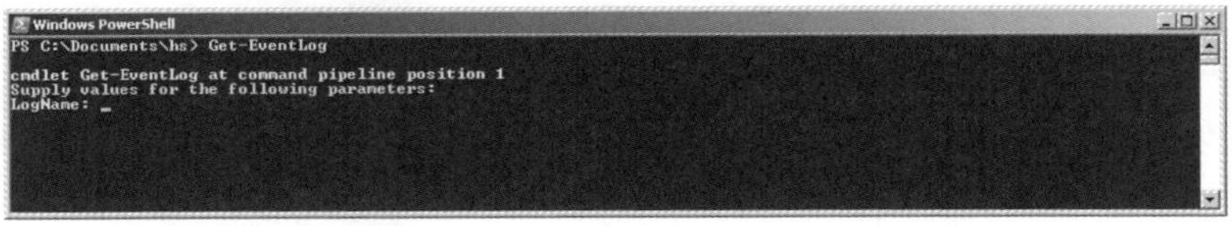

Abbildung 1.7
Die PowerShell
fragt einen erforder-
lichen Parameter ab.

Der letzte Test bezieht sich auf die Pipeline-Funktionalität der Power- **Pipelining**
Shell. Auch geht es darum, die Listeneinträge aus dem Windows-
Ereignisprotokoll aufzulisten, doch dieses Mal sind nur bestimmte
Einträge interessant. Die Aufgabe besteht darin, die letzten zehn
Ereignisse abzurufen, die sich auf das Drucken beziehen. Geben Sie
den folgenden Befehl ein, der aus drei Commandlets besteht, die über
Pipes miteinander verbunden sind:

```
Get-EventLog system | Where-Object { $_.source -eq "print" } |
Select-Object -first 10
```

Die PowerShell scheint einige Sekunden zu hängen, nachdem die ersten zehn Einträge ausgegeben wurden. Dieses Verhalten ist korrekt,
da das erste Commandlet (Get-EventLog) alle Einträge empfängt. Dieses Filtern geschieht durch aufeinanderfolgende Commandlets
(Where-Object und Select-Object). Leider besitzt Get-EventLog keinen
integrierten Filtermechanismus.

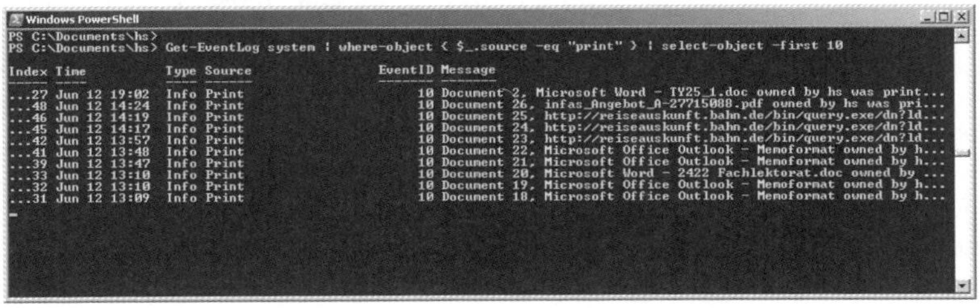

Abbildung 1.8
Die Einträge des
Ereignisprotokolls
filtern

PowerShell im Skriptmodus

Die zweite Serie von PowerShell-Beispielen beinhaltet ein Power- **Skripte**
Shell-Skript. Bei einem PowerShell-Skript handelt es sich um eine
Textdatei, die Commandlets und/oder Elemente der PowerShell-
Skriptsprache (PSL) umfasst. Das Skript erstellt ein neues Benutzer-
konto auf Ihrem lokalen Computer.

Kapitel 1 Erste Schritte mit der Windows PowerShell

Öffnen Sie den Windows-Editor „Notepad" (oder einen anderen Texteditor) und geben Sie die folgenden Skriptcodezeilen ein, die aus Kommentaren, Variablendeklarationen, COM-Bibliotheksaufrufen und Shell-Ausgabe bestehen:

Listing 1.4
Ein Benutzerkonto erstellen [Einsatzgebiete/Benutzer/ LocalUser_ Create.ps1]

```
### PowerShell-Script
### Create local User Acount

# Variables
$Name = "Dr. Holger Schwichtenberg"
$Accountname = "HolgerSchwichtenberg"
$Description = "Author of this book / Website: www.PowerShell24.com"
$Password = "secret+123"
$Computer = "localhost"

"Creating User on Computer $Computer"

# Access to Container using the COM library "Active Directory Service Interface"
$Container = [ADSI] "WinNT://$Computer"

# Create User
$objUser = $Container.Create("user", $Accountname)
$objUser.Put("Fullname", $Name)
$objUser.Put("Description", $Description)
# Set Password
$objUser.SetPassword($Password)
# Save Changes
$objUser.SetInfo()

"User created: $Name"
```

Speichern Sie die Textdatei unter dem Namen „createuser.ps1" im Ordner *c:\temp*. Beachten Sie, dass die Dateierweiterung „.ps1" lauten muss.

Starten Sie die Windows PowerShell. Versuchen Sie, das Skript zu starten. Geben Sie dazu „c:\temp\createuser.ps1" ein. (Für die Ordner- und Dateinamen können Sie die Tabulatorvervollständigung verwenden!) Der Versuch scheitert eventuell, da die Skriptausführung – standardmäßig – in der PowerShell nicht zulässig ist. Dies ist kein Fehler, sondern eine Sicherheitsfunktionalität. (Denken Sie an den „Love Letter"-Wurm für den Windows Script Host!)

Eventuell benötigt Ihr Konto aber auch administrative Rechte, um diese Aktion durchzuführen. Starten Sie dazu die PowerShell als Administrator. Ab Windows Vista wählen Sie dazu aus dem Startmenü die PowerShell mit der rechten Maustaste aus und klicken auf „Als Administrator ausführen".

Die Windows PowerShell testen

Abbildung 1.9
Die Skriptausführung ist standardmäßig verboten.

Für den ersten Test wird die Sicherheit ein wenig abgeschwächt. Aber wirklich nur ein wenig. Man lässt die Ausführung von Skripten zu, die sich auf dem lokalen System befinden. Allerdings braucht man für Skripte, die von Netzwerkressourcen (das Internet eingeschlossen) kommen, eine digitale Signatur von einem vertrauenswürdigen Skriptautor. Später in diesem Buch lernen Sie, wie Sie PowerShell-Skripte digital signieren. Außerdem erfahren Sie, wie Sie Ihr System auf Skripte beschränken, die Sie oder Ihre Kollegen signiert haben.

Um die Ausführung des Skripts zuzulassen, geben Sie folgenden Befehl ein:

Set-ExecutionPolicy remotesigned

Überprüfen Sie die vorgenommenen Änderungen mit dem Commandlet Get-ExecutionPolicy.

Starten Sie nun das Skript erneut. Jetzt sollte die Nachricht erscheinen, dass das Benutzerkonto erstellt worden ist.

Abbildung 1.10
Führen Sie Ihr erstes Skript aus, um ein Benutzerkonto zu erstellen.

Abbildung 1.11
Das neu erstellte Benutzerkonto

1.6 PowerShell Community Extensions herunterladen und installieren

PSCX Die Windows PowerShell umfasste in der Version 1.0 nur 129 Commandlets. In PowerShell 2.0 waren es 236, in PowerShell 3.0 sind auch „nur" 481. Was heißt hier „nur", werden Sie fragen. Die wichtigsten Commandlets sind die, die mit den Verben „get" und „set" beginnen. Und die Anzahl dieser Commandlets ist sehr klein im Vergleich zu der riesigen Anzahl von Objekten, die das Windows-Betriebssystem zu bieten hat. Alle anderen Commandlets beziehen sich – mehr oder weniger – auf die PowerShell-Infrastruktur, z.B. Filtern, Formatieren und Exportieren. Erst in Windows 8 und Windows Server 2012 gibt es dann 945 bzw. 2189 Commandlets, die viele wesentlichen Betriebssystemfunktionen abdecken. Aber: diese Commandlet gehören zu den neueren Betriebssystemen; man kann sie nicht auf älteren Betriebssystemen nutzen.

Bei „PowerShell Community Extensions" (kurz PSCX) handelt es sich um ein OpenSource-Projekt, das zusätzliche Funktionalität mit Commandlets für alle Betriebssysteme realisiert, wie zum Beispiel `Get-Dhcp-Server`, `Get-DomainController`, `Get-MountPoint`, `Get-TerminalSession`, `Ping-Host`, `Write-GZip` und viele weitere. Das Projekt steht unter Führung von Microsoft, aber jeder .NET-Softwareentwickler ist eingeladen, daran mitzuwirken. In regelmäßigen Abständen werden neue Versionen veröffentlicht. Mittlerweile ist die Version 3.0 für PowerShell 3.0 als aktuelles stabiles Release erschienen.

Die PowerShell Community Extensions finden Sie unter *http://pscx.codeplex.com/*.

Die PowerShell Community Extensions werden als Setup-Routine bereitgestellt, die Sie installieren sollten, nachdem Sie die Windows PowerShell erfolgreich installiert haben.

PowerShell Community Extensions herunterladen und installieren

Abbildung 1.12
Website für die PowerShell Community Extensions

Starten Sie die PowerShell und geben Sie `Get-DomainController` ein (wenn Ihr Computer Mitglied eines Active Directory ist) oder testen Sie die PSCX mit dem Befehl `Ping-Host`, der auf jedem Computer im Netzwerk funktioniert. Wie Sie in der Bildschirmabbildung am Beispiel Ping-Host lesen können: Für einige der dort mitgelieferten Commandlets gibt es mittlerweile in der PowerShell eigene festeingebaut Commandlets (hier: `Test-Connection`). Als die PSCX zu Zeiten von PowerShell 1.0 begonnen wurden, gab es Test-Connection noch nicht!

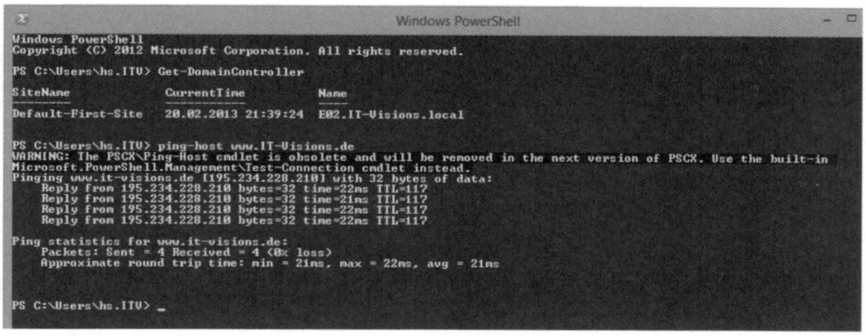

Get-Domain-Controller

Abbildung 1.13
Die PSCX-Befehle Get-DomainController und Ping-Host testen

Kapitel 1 Erste Schritte mit der Windows PowerShell

1.7 Die ISE verwenden

PowerShell ISE Integrated Scripting Environment (ISE) ist der Name des Skripteditors, den Microsoft seit der PowerShell 2.0 mitliefert und der in PowerShell 3.0 erheblich verbessert wurde. Die ISE startet man mit dem Symbol „PowerShell ISE" im oder indem man in der PowerShell den Befehl „ise" ausführt.

Die ISE verfügt über zwei Fenster: ein Skript Fenster (im Standard oben, alternativ über „View"-Menü einstellbar rechts) und ein interaktives Befehlseingabefenster (unten bzw. links). Optional kann man ein drittes Fenster einblenden, dass „Command Add-On", in dem man Befehle suchen kann und eine Eingabehilfe für Befehlsparameter erhält.

Interaktiver Bereich Geben Sie unten im Befehlseingabefenster in der ISE ein:

```
Get-Process
```

Nachdem Sie mindestens einen Buchstaben eingegeben haben, können Sie die Eingabe mit der Tabulatortaste vervollständigen. Alternativ können Sie STRG+Leertaste drücken für eine Eingabehilfe mit Auswahlfenster (Intellisence). Die Ausgaben des interaktiven Bereichs erscheinen dann direkt unter den Befehlen, wie bei der PowerShell-Konsole. Einen dedizierten Ausgabebereich wie in der ISE in PowerShell 2.0 gibt es nicht mehr.

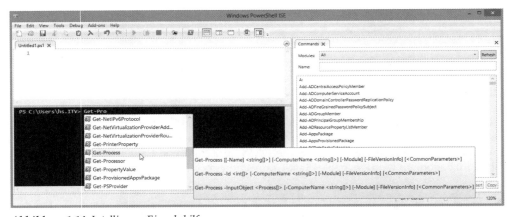

Abbildung 1.14: Intellisence-Eingabehilfe

Script Editor Um die ISE im Skriptmodus zu verwenden, erstellen Sie eine neue Skriptdatei (Menü „File/New") oder öffnen Sie eine vorhandene *.ps1*-Datei (Menü „File/Open"). Öffnen Sie als Beispiel die Skriptdatei *CreateUser.ps1*, die Sie zuvor erstellt haben. Es sind Zeilennummern zu sehen. Die verschiedenen Bestandteile des Skripts sind in unter-

Die ISE verwenden

schiedlichen Farben dargestellt. Auch hier funktioniert die Eingabeunterstützung mit der Tabulatortaste und Intellisence.

Um das Skript auszuführen, klicken Sie auf das Start-Symbol in der Symbolleiste (siehe die Screenshots) oder drücken Sie F5. Auch hier wird das Ergebnis im interaktiven Bereich angezeigt.

> Stellen Sie sicher, dass Sie die ISE als Administrator ausführen und das dass das Benutzerkonto noch nicht existiert, bevor Sie das Skript ausführen.

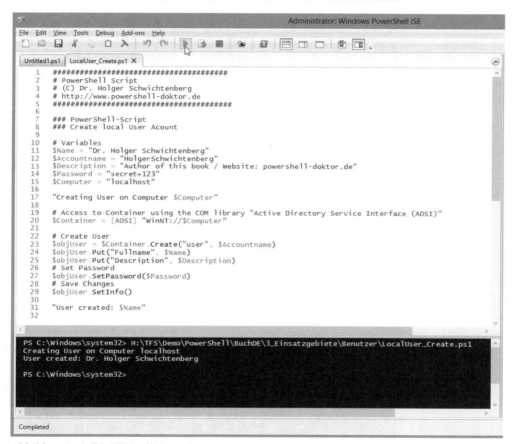

Abbildung 1.15: Die ISE im Skriptmodus

Ein interessantes Feature ist das Debugging, mit dem Sie ein Skript Zeile für Zeile durchlaufen können und währenddessen den Zustand der Variablen betrachten können.

Debugging

Kapitel 1 Erste Schritte mit der Windows PowerShell

Setzen Sie dazu den Cursor auf eine beliebige Zeile in Ihrem Skript und tippen Sie dann auf [F9] (oder wählen Sie „Toogle Breakpoint" im Kontextmenü oder im Menü „Debug"). Daraufhin erscheint die Zeile in rot – ein sogenannter „Haltepunkt".

Starten Sie das Skript nun mit [F5]. Die ISE stoppt in der Zeile mit dem Haltepunkt und diese wird orange. Mit der Taste [F10]. springen Sie zum nächsten Befehl. Diese wird dann gelb und die Zeile mit dem Haltepunkt wird wieder rot.

Die gelbe Zeile ist immer die nächste Zeile, die ausgeführt wird.

Im interaktiven Bereich können Sie im Haltemodus den aktuellen Zustand der Variablen abfragen, indem Sie dort z.B. eingeben

$Computer oder

$Container

Man kann auch Werte interaktiv ändern. Um das Skript fortzusetzen, drücken Sie wieder [F5]. Über das Menü „Debug" sind weitere Steuerbefehle möglich.

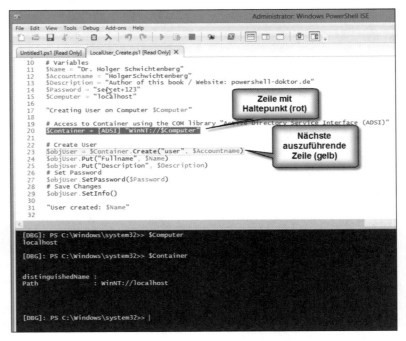

Abbildung 1.16
Skript-Debugging mit der ISE

Sie müssen den Debugger beenden („Debug/Stop Debugger"), wenn Sie das Skript ändern möchten.

54

2 Architektur der Windows PowerShell

Die Windows PowerShell ist eine Symbiose aus:
- dem DOS-Kommandozeilenfenster,
- den bekannten Skript- und Shell-Sprachen wie Perl, Ruby, ksh und bash,
- dem .NET Framework und
- der Windows Management Instrumentation (WMI).

Die PowerShell ist implementiert auf dem .NET Framework. Sie ist jedoch kein .NET Runtime Host mit der Möglichkeit, Befehle der Common Intermediate Language (CIL) auf der Common Language Runtime (CLR) auszuführen.

Basis ist .NET

Die PowerShell verwendet ein völlig anderes Host-Konzept mit Commandlets, Objekt-Pipelines und einer neuen Sprache, die von Microsoft als PowerShell Language (PSL) bezeichnet wird. Sie ist Perl, Ruby, C# und einigen Unix-Shell-Sprachen sehr ähnlich, aber mit keiner Unix-Shell kompatibel. Nutzer der WMI Command Shell (*wmic.exe*), die mit Windows XP eingeführt wurde, werden sich in der PowerShell schnell zurechtfinden.

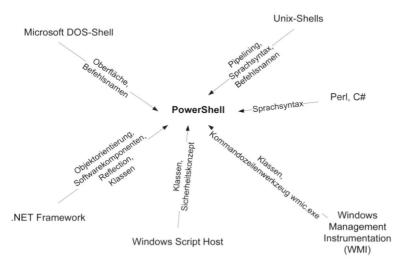

Abbildung 2.1
Einflussfaktoren auf die Architektur und die Umsetzung der PowerShell

Kapitel 2 Architektur der Windows PowerShell

Die PowerShell ist angetreten, vom Administrator weniger Kenntnisse in Objektorientierung und über Softwarekomponenten zu verlangen, als dies der Vorgänger Windows Script Host (WSH) tat. Tatsächlich kann man in der PowerShell viel erreichen, ohne sich mit dem zu Grunde liegenden .NET Framework zu beschäftigen. Dennoch: Wer alle Möglichkeiten der PowerShell nutzen will, braucht dann aber doch etwas Verständnis für objektorientiertes Programmieren und Erfahrung mit dem .NET Framework.

Wenn Sie sich hier noch nicht auskennen, lesen Sie bitte zuerst im Anhang dieses Buchs *Anhang A „Crashkurs „Objektorientierung""* und *Anhang B „Crashkurs .NET Framework"*.

Anbindung an Klassenbibliotheken

Nutzung von Klassen

Die Version 1.0 der PowerShell enthielt sehr viele Commandlets für die Pipelining-Infrastruktur, aber nur sehr wenige Befehle, die tatsächlich Bausteine des Betriebssystems in die Pipeline werfen. Prozesse, Systemdienste, Dateien, Zertifikate und Registrierungsdatenbankeinträge sind die magere Ausbeute beim ersten Blick in die Commandlet-Liste. Drei Commandlets eröffnen der PowerShell aber neue Dimensionen: `New-Object` (für .NET- und COM-Objekte) und `Get-WmiObject` bzw. `Get-CimInstance` (für WMI-Objekte). Seit Version 2.0 gibt es – zumindest in Verbindung mit neueren Betriebssystemen mehr PowerShell-Befehle, die tatsächlich auf das Betriebssystem zugreifen.

Die Option, nicht nur alle WMI-Klassen, sondern auch alle .NET-Klassen direkt benutzen zu können, ist Segen und Fluch zugleich. Ein Segen, weil dem Skriptentwickler damit mehr Möglichkeiten als jemals zuvor zur Verfügung stehen. Ein Fluch, weil nur der Skriptentwickler die PowerShell-Entwicklung richtig beherrschen kann, der auch das .NET Framework kennt. Um die Ausmaße von .NET zu beschreiben, sei die Menge der Klassen genannt. In .NET 2.0 waren es 6358, in .NET 3.5 sind es rund 10.758, in .NET 4.5 sind es rund 13.524.

PowerShell versus WSH

Administratoren fragen sich oft, wie sich die PowerShell im Vergleich zum Windows Script Host (WSH) positioniert, womit man neue Scripting-Projekte beginnen sollte und ob der WSH bald aus Windows verschwinden wird. Die folgende Tabelle trägt Fakten zusammen und bewertet auch die beiden Scripting-Plattformen.

	Windows Script Host (WSH)	Windows PowerShell (WPS)
Erstmals erschienen	1998	2006
Aktueller Versionsstand	5.8	3.0
Basisplattform	COM	.NET
Derzeitiger Funktionsumfang	Sehr umfangreich	Direkter Funktionsumfang in Form von Commandlets noch spärlich; über Interoperabilität zu COM und .NET sehr umfangreiche Funktionen; Zahl der Commandlets wächst aber rasch. Erst in einigen Jahren ist eine breite Unterstützung durch die Produktteams von Microsoft zu erwarten.
Weiterentwicklung der Laufzeitumgebung	Nein, nicht mehr geplant	Ja
Weiterentwicklung der Bibliotheken	Ja, umfangreich (COM wird auch in Zukunft noch eine wichtige Rolle spielen)	Ja, zahlreiche Commandlet-Erweiterungen erscheinen mit kommenden Microsoft-Produkten.
Weiterentwicklung der Werkzeuge	Nein	Ja
Plattformen	Alle Windows-Betriebssysteme ab Windows 95/NT 4.0	Windows 7, Windows 8, Windows Server 2008, 2008 R2, 2012 (ältere PowerShell-Versionen laufen auch ab Windows XP!)
Basissyntax	Mächtig	Sehr mächtig
Direkte Scripting-Möglichkeiten	Alle COM-Komponenten mit IDispatch-Schnittstelle	Alle .NET-Komponenten, alle COM-Komponenten
Scripting-Möglichkeiten über Wrapper	Alle Betriebssystemfunktionen	Alle Betriebssystemfunktionen
Werkzeuge von Microsoft	Scriptgeneratoren, Debugger	Bislang keine (*)
Werkzeuge von Drittanbietern	Editoren, Debugger, Scriptgeneratoren	Editoren, Debugger, Scriptgeneratoren
Erfahrung der Nutzer	Einige Administratoren kennen sich gut aus, es gibt aber immer noch viele, die jetzt erst mit WSH beginnen, was sich daran zeigt, dass der WSH immer noch ständig unter den 20 meistgeladenen Downloads bei MSDN ist.	Bisher kaum Erfahrung im Markt vorhanden

Tabelle 2.1: Vergleich WSH und PowerShell

	Windows Script Host (WSH)	Windows PowerShell (WPS)
Einarbeitungsaufwand	Hoch	Mittel bis hoch (je nach Art der PowerShell-Nutzung)
Migrationsoptionen	Gering	Keine
Informationsverfügbarkeit	Hoch zur Laufzeitumgebung, gering zu spezielleren Themen	Gering, aber wachsend
Zu erwartender Zeitraum mit breitem Einsatz des Produkts	ca. 2015	Mindestens 2030 (vgl. DOS-Shell)

Tabelle 2.1: Vergleich WSH und PowerShell (Forts.)

 Hinweise zur Umstellung von WSH/VBScript auf die PowerShell finden Sie unter [TNET03].

3 Einzelbefehle der PowerShell

Die PowerShell kennt folgende Arten von Einzelbefehlen:
- Commandlets (inkl. Funktionen)
- Aliase
- Ausdrücke
- Externe Befehle
- Dateinamen

3.1 Commandlets

Ein „normaler" PowerShell-Befehl heißt *Commandlet* (kurz: *Cmdlet*) oder *Funktion* (*Function*). Eine Funktion ist eine Möglichkeit, in der PowerShell selbst wieder einen Befehl zu erstellen, der funktioniert wie ein Commandlet. Da die Unterscheidung zwischen Commandlets und Funktionen aus Nutzersicht zum Teil akademischer Art ist, erfolgt hier zunächst keine Differenzierung: Das Kapitel spricht allgemein von Commandlets und meinte damit auch Funktionen.

Commandlet

Ein Commandlet besteht typischerweise aus drei Teilen:
- einem Verb,
- einem Substantiv und
- einer (optionalen) Parameterliste.

Verb und Substantiv werden durch einen Bindestrich „–" voneinander getrennt, die optionalen Parameter durch Leerzeichen. Daraus ergibt sich der folgende Aufbau:

```
Verb-Substantiv [-Parameterliste]
```

Die Groß- und Kleinschreibung ist bei den Commandlet-Namen nicht relevant.

Ein einfaches Beispiel ohne Parameter lautet:

```
Get-Process
```

Dieser Befehl liefert eine Liste aller laufenden Prozesse im System.

Ein zweites Beispiel ist:

```
Get-ChildItem
```

Dieser Befehl liefert Unterelemente des aktuellen Standorts auf. Meist ist der aktuelle Standort ein Dateisystempfad. In der PowerShell kann der aktuelle Standort aber auch in der Registrierungsdatenbank, dem Active Directory und vielen anderen (persistenten) Speichern liegen.

Ein drittes Beispiel ist

`Get-Service`

Dieser Befehl liefert alle Windows-Systemdienste.

Das waren alles Dienste, die Informationen liefern. Dienste, die Aktionen ausführen (z.B. Prozesse beenden, Dateien löschen, Dienste anhalten) kommen in der Regel nicht ohne Parameter aus, da sie sonst ja global alle Dateien löschen würden. Das ist absichtlich nicht implementiert. Solche Befehle kommen daher erst im nächsten Unterkapitel vor.

> Die Tabulatorvervollständigung in der PowerShell-Konsole funktioniert bei Commandlets, wenn man das Verb und den Strich bereits eingegeben hat, z.B. Export-. Auch Platzhalter kann man dabei verwenden. Die Eingabe `Get-?e*` liefert `Get-Help` `Get-Member` `Get-Service`. Andere Editoren wie das ISE bieten auch IntelliSense-Eingabeunterstützung für Commandlet-Namen an.

Commandlet-Parameter

Parameter Durch Angabe eines Parameters können die Commandlets Informationen für die Befehlsausführung erhalten, z.B. ist bei `Get-Process` ein Filtern über den Prozessnamen möglich.

Durch

`Get-Process i*`

werden nur diejenigen Prozesse angezeigt, deren Name auf das angegebene Muster (Name beginnt mit dem Buchstaben „i") zutrifft:

Ein weiteres Beispiel für einen Befehl mit Parameter ist:

`Get-ChildItem c:\daten`

`Get-ChildItem` listet alle Unterobjekte des angegebenen Dateisystempfads (*c:\daten*) auf, also alle Dateien und Ordner unterhalb dieses Dateiordners.

Ein drittes Beispiel ist

`Stop-Service BITS`

Dieser Befehl führt eine Aktion aus: Der Windows-Hintergrundübertragungsdienst (BITS) wird angehalten.

Ein viertes Beispiel ist:

`Remove-Item c:\temp\*.log`

Dieser Befehl löscht alle Dateien mit der Dateinamenserweiterung „log" aus dem Ordner c:\temp.

Parameter werden als Zeichenkette aufgefasst – auch wenn sie nicht explizit in Anführungszeichen stehen. Die Anführungszeichen sind optional. Man muss Anführungszeichen um den Parameterwert nur dann verwenden, wenn Leerzeichen vorkommen, denn das Leerzeichen dient als Trennzeichen zwischen Parametern: — **Anführungszeichen**

`Get-ChildItem "C:\Program Files"`

Commandlets haben aber in der Regel nicht nur einen, sondern zahlreiche Parameter, die durch Position oder einen Parameternamen voneinander unterschieden werden. Ohne die Verwendung von Parameternamen werden vordefinierte Standardattribute belegt, d.h., die Reihenfolge ist entscheidend. — **Parameterreihenfolge und -namen**

Beispiel: Auflisten von Dateien in einem Dateisystempfad, die eine bestimmt Datennamenserweiterung besitzen. Dies erfüllt der Befehl:

`Get-ChildItem C:\temp *.doc`

Wenn ein Commandlet mehrere Parameter besitzt, ist die Reihenfolge der Parameter entscheidend oder der Nutzer muss die Namen der Parameter mit angeben. Bei der Angabe von Parameternamen kann man die Reihenfolge der Parameter ändern:

`Get-ChildItem -Filter *.doc -Path C:\temp`

Alle folgenden Befehle sind daher gleichbedeutend:

`Get-ChildItem C:\temp *.doc`
`Get-ChildItem -Path C:\temp -Filter *.doc`
`Get-ChildItem -Filter *.doc -Path C:\temp`

Hingegen ist Folgendes falsch und funktioniert nicht wie gewünscht, weil die Parameter nicht benannt sind und die Reihenfolge falsch ist:

`Get-ChildItem *.doc C:\temp`

Diesen Versuch beantwortet die PowerShell mit einer Fehlermeldung („Das zweite Pfadfragment darf kein Laufwerk oder UNC-Name sein.") in roter Schrift (siehe Abbildung).

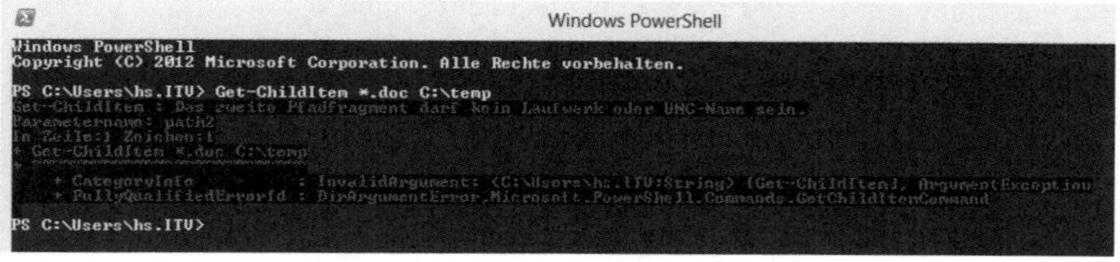

Abbildung 3.1
Fehlermeldung bei falscher Parameterreihenfolge

Kapitel 3 Einzelbefehle der PowerShell

Schalter-Parameter Schalter-Parameter (engl. Switch) sind Parameter, die keinen Wert haben. Durch die Verwendung des Parameternamens wird die Funktion aktiviert, z.B. das rekursive Durchlaufen durch einen Dateisystembaum mit -recurse:

Get-ChildItem h:\demo\PowerShell -recurse

> Wenn man einen Schalter deaktivieren möchte, weil er im Standard aktiv ist oder weil man sehr explizit darauf hinweisen möchte, dass er nicht aktiv sein soll, kann man $false mit Doppelpunkt getrennt angeben, z.B.
> Get-ChildItem h:\demo\PowerShell -recurse:$false

Berechnungen in Parametern Parameter können berechnet, d.h. aus Teilzeichenketten zusammengesetzt sein, die mit einem Pluszeichen verbunden werden. (Dies macht insbesondere Sinn in Zusammenhang mit Variablen, die aber erst später in diesem Buch eingeführt werden.)

Der folgende Ausdruck führt jedoch nicht zum gewünschten Ergebnis, da auch hier das Trennzeichen vor und nach dem + ein Parametertrenner ist.

Get-ChildItem "c:\" + "Windows" *.dll -Recurse

Auch ohne die beiden Leerzeichen vor und nach dem + geht es nicht. In diesem Fall muss man durch eine runde Klammer dafür sorgen, dass die Berechnung erst ausgeführt wird:

Get-ChildItem ("c:\" + "Windows") *.dll -Recurse

Es folgt dazu noch ein Beispiel, bei dem Zahlen berechnet werden. Der folgende Befehl liefert den Prozess mit der ID 2900:

Get-Process -id (2800+100)

Weitere Beispiele Get-Service -exclude "[k-z]*"

zeigt nur diejenigen Systemdienste an, deren Name nicht mit den Buchstaben „k" bis „z" beginnt.

Auch mehrere Parameter können der Einschränkung dienen. Der folgende Befehl liefert nur die Benutzereinträge aus einem bestimmten Active-Directory-Pfad. (Das Beispiel setzt die Installation der PSCX voraus.)

Get-ADObject -dis "LDAP://E02/ou=Geschäftsführung,
OU=www.IT-Visions.de,dc=IT-Visions,dc=local" -class user

> Tabulatorvervollständigung klappt auch bei Parametern. Versuchen Sie einmal folgende Eingabe an der PowerShell-Konsole: Get-ChildItem -[⇆]

Commandlets

An vielen Stellen sind Platzhalter bei den Parameterwerten erlaubt. **Platzhalter**
Eine Liste aller Prozesse, die mit einem „i" anfangen, erhält man so:
`Get-Process i*`

Allgemeine Parameter

Es gibt einige Parameter, die in vielen (aber nicht allen) Commandlets vorkommen:

- `-Verbose`: Das Commandlet liefert eine detaillierte Bildschirmausgabe.
- `-Force`: Eine Aktion wird erzwungen, z.B. eine Datei wird mit Remove-Item gelöscht, obwohl die Datei einen Schreibschutz gesetzt hat. Ein weiteres Beispiel: `Remove-SmbShare` frag immer vor dem Löschen nach, wenn `-force` nicht gesetzt ist.
- `-Whatif` („Was wäre wenn"): Die Aktion wird nicht ausgeführt, es wird nur ausgegeben, was passieren würde, wenn man die Aktion ausführt. Das ist z.B. in einem Befehl mit Platzhaltern wie dem Folgenden sinnvoll, damit man weiß, welche Dienste nun gestoppt würden:
  ```
  get-service | where {$_.servicename -like "A*"}
  | foreach {stop-service $_.servicename -whatif}
  ```

Abbildung 3.2 Operationen mit Platzhaltern können schlimme Konsequenzen haben – whatif zeigt, welche Dienste betroffen wären.

- `-Confirm`: Der Benutzer erhält eine Nachfrage für jede Änderungsaktion (siehe Bildschirmabbildung), z.B.
  ```
  get-service | where {$_.servicename -like "A*"}
  | foreach { stop-service $_.servicename -confirm }
  ```
  Innerhalb der Nachfrage kann der Benutzer in einen Suspend-Modus gehen, in dem er andere Befehle eingeben kann, z.B. um zu prüfen, ob er nun ja oder nein antworten will. Der Suspend-Modus wird mit drei Pfeilen >>> angezeigt und ist durch exit zu verlassen (siehe Bildschirmabbildung).

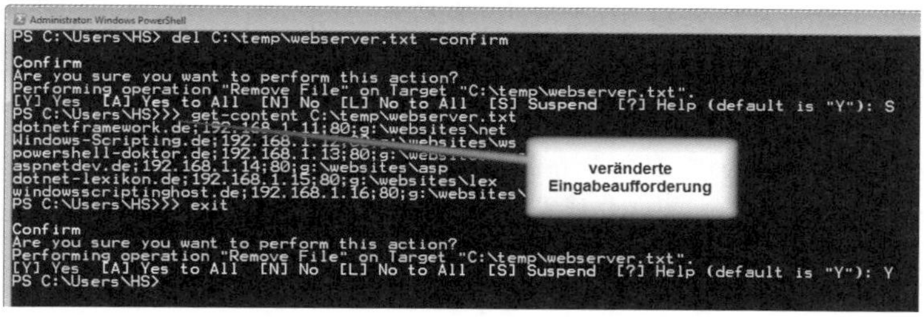

Abbildung 3.3 Confirm und Suspend

Kapitel 3 Einzelbefehle der PowerShell

▶ -ErrorAction (abgekürzt -ea) und –WarningAction (-wa): Festlegung, wie ein Skript sich verhalten soll, wenn es auf einen Fehler trifft. Diese Parameter werden im *Kapitel 7 „PowerShell-Skriptsprache"* näher erklärt.

Leider gibt es bei den PowerShell-Commandlets, die gravierende Aktionen ausführen, einige Unterschiede im Grundverhalten und in der Verwendung der obigen Commandlets. Einige Commandlets führen im Standard die Aktion aus (z.B. Remove-Item). Andere Commandlets (z.B. Remove-ADUser und Remove-SmbShare) fragen immer nach vor dem Löschen. Das ist bei automatisierten Skripten natürlich unsinnig und daher gibt es auch eine Möglichkeit, diesen Commandlets das abzugewöhnen. Diese sieht jedoch oftmals verschieden aus. Bei Remove-ADUser muss man –confirm:$false als Parameter angeben; bei Remove-SmbShare ist es hingegen ein -force. Schade, dass Microsoft hier nicht einheitlich sein konnte.

Module

Import-Module Schon seit PowerShell 2.0 sind die Commandlets und Funktionen in Modulen organisiert. Während der Benutzer in PowerShell 2.0 ein Modul noch explizit mit Import-Module aktivieren musste, bevor man die Befehle aus dem Modul nutzen konnte, erledigt dies die PowerShell 3.0 bei Bedarf automatisch (Module Auto-Loading). Sowohl Konsole als auch ISE zeigen alle verfügbaren Commandlets und Funktionen aller vorhandenen Module in der Vorschlagsliste und beim Aufruf von Get-Command bereits an. Der eigentliche Import des Moduls erfolgt dann beim ersten Aufruf eines Befehls aus einem Modul.

In PowerShell 3.0 sind auch alle Kernbefehle der PowerShell in Modulen organisiert, diese zeigt die folgende Tabelle.

Tabelle 3.1
Die vier wichtigsten Module der PowerShell 3.0 mit Beispielen für Commandlets in diesem Modul

Modul	Beispiele für Commandlets in diesem Modul
Microsoft.PowerShell.Diagnostics	Get-WinEvent, Get-Counter, Import-Counter, Export-Counter ...
Microsoft.PowerShell.Management	Add-Content, Clear-Content, Clear-ItemProperty, Join-Path, Get-Process, Get-Service ...
Microsoft.PowerShell.Security	Get-Acl, Set-Acl, Get-PfxCertificate, Get-Credential ...
Microsoft.PowerShell.Utility	Format-List, Format-Custom, Format-Table, Format-Wide, Where-Object ...

Prozessmodell

Die PowerShell erzeugt beim Start einen einzigen Prozess. In diesem Prozess laufen alle Commandlets. Dies ist ein Unterschied zum DOS-ähnlichen Windows-Kommandozeilenfenster, bei dem die ausführbaren Dateien (*.exe*) in eigenen Prozessen laufen.

> Mit [STRG]+[C] kann man einen laufenden Befehl abbrechen.

Namenskonventionen

Beachten Sie, dass bei den Commandlets das Substantiv im Singular steht, auch wenn eine Menge von Objekten abgerufen wird. Das Ergebnis muss nicht immer eine Objektmenge sein. Beispielsweise liefert

`Get-Location`

nur ein Objekt mit dem aktuellen Pfad.

Mit

`Set-Location c:\windows`

wechselt man den aktuellen Pfad. Diese Operation liefert gar kein Ergebnis.

> Die Groß- und Kleinschreibung der Commandlet-Namen und der Parameternamen ist irrelevant.

Gemäß der PowerShell-Konventionen soll es nur eine begrenzte Menge wiederkehrender Verben geben: `Get`, `Set`, `Add`, `New`, `Remove`, `Clear`, `Push`, `Pop`, `Write`, `Export`, `Select`, `Sort`, `Update`, `Start`, `Stop`, `Invoke` usw. Außer diesen Basisoperationen gibt es auch Ausgabekommandos wie `Out` und `Format`. Auch Bedingungen werden durch diese Syntax abgebildet (`Where-Object`).

Verben

3.2 Aliase

Durch sogenannte Aliase kann die Eingabe von Commandlets verkürzt werden. So ist `ps` als Alias für `Get-Process` oder `help` für `Get-Help` vordefiniert. Statt `Get-Process i*` kann also auch geschrieben werden: `ps i*`.

Namensersetzungen

Aliase auflisten

Durch `Get-Alias` (oder den entsprechenden Alias `aliases`) erhält man eine Liste aller vordefinierten Abkürzungen in Form von Instanzen der Klasse `System.Management.Automation.AliasInfo`.

Durch Angabe eines Namens bei `Get-Alias` erhält man die Bedeutung eines Alias:

`Get-Alias pgs`

Möchte man zu einem Commandlet alle Aliase wissen, muss man allerdings schreiben:

`Get-Alias | Where-Object { $_.definition -eq "Get-Process " }`

Dies erfordert schon den Einsatz einer Pipeline, die erst im nächsten Kapitel besprochen wird.

Tabelle 3.2 Vordefinierte Aliase in der PowerShell 3.0

Alias	Commandlet
%	ForEach-Object
?	Where-Object
ac	Add-Content
asnp	Add-PSSnapIn
cat	Get-Content
cd	Set-Location
chdir	Set-Location
clc	Clear-Content
clear	Clear-Host
clhy	Clear-History
cli	Clear-Item
clp	Clear-ItemProperty
cls	Clear-Host
clv	Clear-Variable
cnsn	Connect-PSSession
compare	Compare-Object
copy	Copy-Item
cp	Copy-Item
cpi	Copy-Item
cpp	Copy-ItemProperty
cvpa	Convert-Path
dbp	Disable-PSBreakpoint
del	Remove-Item
diff	Compare-Object

Tabelle 3.2 Vordefinierte Aliase in der PowerShell 3.0 (Forts.)

Alias	Commandlet
dir	Get-ChildItem
dnsn	Disconnect-PSSession
ebp	Enable-PSBreakpoint
echo	Write-Output
epal	Export-Alias
epcsv	Export-Csv
epsn	Export-PSSession
erase	Remove-Item
etsn	Enter-PSSession
exsn	Exit-PSSession
fc	Format-Custom
fl	Format-List
foreach	ForEach-Object
ft	Format-Table
fw	Format-Wide
gal	Get-Alias
gbp	Get-PSBreakpoint
gc	Get-Content
gci	Get-ChildItem
gcm	Get-Command
gcs	Get-PSCallStack
gdr	Get-PSDrive
ghy	Get-History
gi	Get-Item
gjb	Get-Job
gl	Get-Location
gm	Get-Member
gmo	Get-Module
gp	Get-ItemProperty
gps	Get-Process
group	Group-Object
gsn	Get-PSSession
gsnp	Get-PSSnapIn
gsv	Get-Service
gu	Get-Unique
gv	Get-Variable
gwmi	Get-WmiObject

Tabelle 3.2 Vordefinierte Aliase in der PowerShell 3.0 (Forts.)

Alias	Commandlet
h	Get-History
history	Get-History
icm	Invoke-Command
iex	Invoke-Expression
ihy	Invoke-History
ii	Invoke-Item
ipal	Import-Alias
ipcsv	Import-Csv
ipmo	Import-Module
ipsn	Import-PSSession
irm	Invoke-RestMethod
ise	PowerShell_ise.exe
iwmi	Invoke-WMIMethod
iwr	Invoke-WebRequest
kill	Stop-Process
lp	Out-Printer
ls	Get-ChildItem
man	help
md	mkdir
measure	Measure-Object
mi	Move-Item
mount	New-PSDrive
move	Move-Item
mp	Move-ItemProperty
mv	Move-Item
nal	New-Alias
ndr	New-PSDrive
ni	New-Item
nmo	New-Module
npssc	New-PSSessionConfigurationFile
nsn	New-PSSession
nv	New-Variable
ogv	Out-GridView
oh	Out-Host
popd	Pop-Location
ps	Get-Process
pushd	Push-Location

Alias	Commandlet
pwd	Get-Location
r	Invoke-History
rbp	Remove-PSBreakpoint
rcjb	Receive-Job
rcsn	Receive-PSSession
rd	Remove-Item
rdr	Remove-PSDrive
ren	Rename-Item
ri	Remove-Item
rjb	Remove-Job
rm	Remove-Item
rmdir	Remove-Item
rmo	Remove-Module
rni	Rename-Item
rnp	Rename-ItemProperty
rp	Remove-ItemProperty
rsn	Remove-PSSession
rsnp	Remove-PSSnapin
rujb	Resume-Job
rv	Remove-Variable
rvpa	Resolve-Path
rwmi	Remove-WMIObject
sajb	Start-Job
sal	Set-Alias
saps	Start-Process
sasv	Start-Service
sbp	Set-PSBreakpoint
sc	Set-Content
select	Select-Object
set	Set-Variable
shcm	Show-Command
si	Set-Item
sl	Set-Location
sleep	Start-Sleep
sls	Select-String
sort	Sort-Object
sp	Set-ItemProperty

Tabelle 3.2
Vordefinierte Aliase in der PowerShell 3.0 (Forts.)

Tabelle 3.2 Vordefinierte Aliase in der PowerShell 3.0 (Forts.)

Alias	Commandlet
spjb	Stop-Job
spps	Stop-Process
spsv	Stop-Service
start	Start-Process
sujb	Suspend-Job
sv	Set-Variable
swmi	Set-WMIInstance
tee	Tee-Object
trcm	Trace-Command
type	Get-Content
where	Where-Object
wjb	Wait-Job
write	Write-Output

Neue Aliase anlegen

Set-Alias, New-Aliase Einen neuen Alias definiert der Nutzer mit Set-Alias oder New-Alias, z.B.:

```
Set-Alias procs Get-Process
New-Alias procs Get-Process
```

Der Unterschied zwischen Set-Alias und New-Alias ist marginal: New-Alias erstellt einen neuen Alias und liefert einen Fehler, wenn der zu vergebende Alias schon existiert. Set-Alias erstellt einen neuen Alias oder überschreibt einen Alias, wenn der zu vergebende Alias schon existiert. Mit dem Parameter -description kann man jeweils auch einen Beschreibungstext setzen.

Man kann einen Alias nicht nur für Commandlets, sondern auch für klassische Anwendungen vergeben, z.B.:

```
Set-Alias np notepad.exe
```

Beim Anlegen eines Alias wird nicht geprüft, ob das zugehörige Commandlet bzw. die Anwendung überhaupt existiert. Der Fehler würde erst beim Aufruf des Alias auftreten.

Man kann in Aliasdefinitionen keinen Parameter mit Werten vorbelegen. Möchten Sie zum Beispiel definieren, dass die Eingabe von „Temp" die Aktion „Get-ChildItem c:\Temp" ausführt, brauchen Sie dafür eine Funktion. Mit einem Alias geht das nicht.

```
Function Temp { Get-Childitem c:\temp }
```

Funktionen werden später (siehe *Kapitel 6 „PowerShell-Skripte"*) noch ausführlich besprochen. Die Windows PowerShell enthält zahlreiche vordefinierte Funktionen, z.B. `c:`, `d:`, `e:` sowie `mkdir` und `help`.

Die neu definierten Aliase gelten jeweils nur für die aktuelle Instanz der PowerShell-Konsole. Man kann die eigenen Alias-Definitionen exportieren mit `Export-Alias` und später wieder importieren mit `Import-Alias`. Als Speicherformate stehen das CSV-Format und das PowerShell-Skriptdateiformat (*.ps1* – siehe spätere Kapitel) zur Verfügung. Bei dem PS1-Format ist zum späteren Reimport der Datei das Skript mit dem Punktoperator (engl. „Dot Sourcing") aufzurufen.

	Dateiformat CSV	**Dateiformat .ps1**
Speichern	`Export-Alias c:\meinealias.csv`	`Export-Alias c:\meinealias.ps1 -as script`
Laden	`Import-Alias c:\meinealias.csv`	`. c:\meinealias.ps1`

Die Anzahl der Aliase ist im Standard auf 4096 beschränkt. Dies kann durch die Variable `$MaximumAliasCount` geändert werden.

Aliase sind auch auf Ebene von Eigenschaften definiert. So kann man statt

Aliase für Eigenschaften

`Get-Process processname, workingset`

auch schreiben:

`Get-Process name, ws`

Diese Aliase der Attribute sind definiert in der Datei *types.ps1xml* im Installationsordner der PowerShell.

Kapitel 3 Einzelbefehle der PowerShell

Abbildung 3.4
types.ps1xml

3.3 Ausdrücke

Mathematik Ebenfalls als Befehl direkt in die PowerShell eingeben kann man Ausdrücke, z.B. mathematische Ausdrücke wie

```
10* (8 + 6)
```

oder Zeichenkettenausdrücke wie

```
"Hello "+ " " + "World"
```

Microsoft spricht hier vom Expression Mode der PowerShell im Kontrast zum Command Mode, der verwendet wird, wenn man

```
Write-Output 10* (8 + 6)
```
aufruft.

Die PowerShell kennt zwei Verarbeitungsmodi für Befehle: einen Befehlsmodus (Command Mode) und einen Ausdrucksmodus (Expression Mode). Im Befehlsmodus werden alle Eingaben als Zeichenketten behandelt. Im Ausdrucksmodus werden Zahlen und Operationen verarbeitet. Als Faustregel gilt: Wenn eine Zeile mit einem Buchstaben oder den Sonderzeichen kaufmännisches Und (&), Punkt (.) oder Schrägstrich ("\") beginnt, dann ist die Zeile im Befehlsmodus. Wenn die Zeile mit einer Zahl, einem Anführungszeichen (" oder '), einer Klammer ("(") oder dem @-Zeichen („Klammeraffe") beginnt, dann ist die Zeile im Ausdrucksmodus.

Command Mode versus Expression Mode

Befehls- und Ausdrucksmodus können gemischt werden. Dabei muss man in der Regel runde Klammern zur Abgrenzung verwenden. In einen Befehl kann ein Ausdruck durch Klammern eingebaut werden. Außerdem kann eine Pipeline mit einem Ausdruck beginnen. Die folgende Tabelle zeigt verschiedene Beispiele zur Erläuterung.

Beispiel	Bedeutung
2+3	Ein Ausdruck – die PowerShell führt die Berechnung aus und liefert 5.
echo 2+3	Ein reiner Befehl. „2+3" wird als Zeichenkette angesehen und ohne Auswertung auf dem Bildschirm ausgegeben.
echo (2+3)	Ein Befehl mit integriertem Ausdruck. Auf dem Bildschirm erscheint 5.
2+3 | echo	Eine Pipeline, die mit einem Ausdruck beginnt. Auf dem Bildschirm erscheint 5.
echo 2+3 | 7+6	Eine unerlaubte Eingabe. Ausdrücke dürfen in der Pipeline nur als erstes Element auftauchen.
$a = Get-Process	Ein Ausdruck mit integriertem Befehl. Das Ergebnis wird einer Variablen zugewiesen.
$a | Get-Process	Eine Pipeline, die mit einem Ausdruck beginnt. Der Inhalt von $a wird als Parameter an Get-Process übergeben.
Get-Process | $a	Eine unerlaubte Eingabe. Ausdrücke dürfen in der Pipeline nur als erstes Element auftauchen.
"Anzahl der laufenden Prozesse: (Get-Process).Count"	Es ist wohl nicht das, was gewünscht ist, denn die Ausgabe ist: Anzahl der laufenden Prozesse: (Get-Process).Count
"Anzahl der laufenden Prozesse: $((Get-Process).Count)"	Jetzt ist die Ausgabe "Anzahl der laufenden Prozesse: 95", weil $(...) einen Unterausdruck (Subexpression) einleitet und dafür sorgt, dass Get-Process ausgeführt wird.

Tabelle 3.3 Ausdrücke in der Windows PowerShell

Kapitel 3 Einzelbefehle der PowerShell

3.4 Externe Befehle

Windows-Anwendungen, DOS-Befehle, WSH-Skripte

Alle Eingaben, die nicht als Commandlets oder mathematische Formeln erkannt werden, werden als externe Anwendungen behandelt. Es können sowohl klassische Kommandozeilenbefehle (wie *ping.exe*, *ipconfig.exe* und *netstat.exe*) als auch Windows-Anwendungen ausgeführt werden.

Die Eingabe c:\Windows\Notepad.exe ist daher möglich, um den „beliebten" Windows-Editor zu starten. Auf gleiche Weise können auch WSH-Skripte aus der PowerShell heraus gestartet werden.

Die folgende Bildschirmabbildung zeigt den Aufruf von *netstat.exe*. Zuerst wird die Ausgabe nicht gefiltert. Im zweiten Beispiel kommt zusätzlich das Commandlet Select-String zum Einsatz, das nur die Zeilen ausgibt, die das Wort „LDAP" enthalten.

Abbildung 3.5
Ausführung von netstat

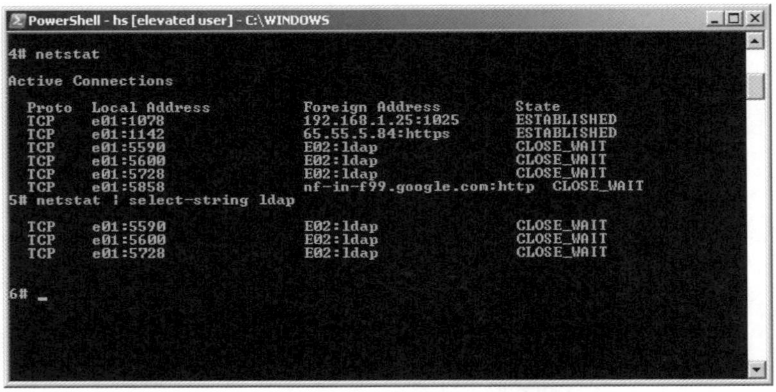

Wenn ein Leerzeichen im Pfad zu einer .exe-Datei vorkommt, dann kann man die Datei so nicht aufrufen (hier wird nach einem Befehl „T:\data\software\Windows" gesucht):

T:\data\software\Windows Tools\ImageEditor.exe

Auch die naheliegende Lösung der Verwendung von Anführungszeichen funktioniert nicht (hier wird die Zeichenkette ausgegeben):

"T:\data\software\Windows Tools\ImageEditor.exe"

Korrekt ist die Verwendung des kaufmännischen Und (&), das dafür sorgt, dass der Inhalt der Zeichenkette als Befehl betrachtet und ausgeführt wird:

& "T:\data\software\Windows Tools\ImageEditor.exe"

Dateinamen

Grundsätzlich könnte es passieren, dass ein interner Befehl der PowerShell (Commandlet, Alias oder Function) genauso heißt wie ein externer Befehl. Die PowerShell warnt in einem solchen Fall nicht vor der Doppeldeutigkeit, sondern die Ausführung erfolgt nach folgender Präferenzliste:

- Aliase
- Funktionen
- Commandlets
- Externe Befehle

3.5 Dateinamen

Beim direkten Aufruf von Datendateien (z.B. .doc-Dateien) wird entsprechend den Windows-Einstellungen in der Registrierungsdatenbank die Standardanwendung gestartet und damit das Dokument geladen.

Dateinamen und Ordnerpfade müssen nur in Anführungszeichen (einfache oder doppelte) gesetzt werden, wenn sie Leerzeichen enthalten.

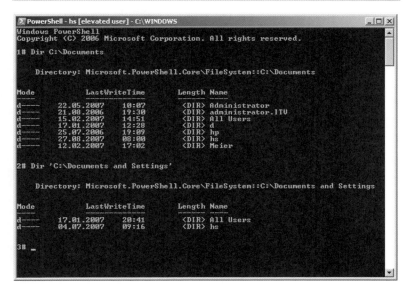

Abbildung 3.6
Anführungszeichen bei Pfadangaben

4 Hilfefunktionen

Dieses Kapitel beschreibt die Hilfefunktionen der Windows PowerShell.

4.1 Auflisten der verfügbare Befehle

Die Liste aller verfügbaren Befehle (PowerShell-Commandlets, PowerShell-Funktionen, Aliase und klassische ausführbare Dateien) erhält man in der PowerShell auch durch

Liste der Commandlets

`Get-Command`

Dabei sind auch Muster erlaubt.

- `Get-Command Get-*` liefert alle Befehle, die mit „get" anfangen.
- `Get-Command [gs]et-*` liefert alle Befehle, die mit „get" oder „set" anfangen.
- `Get-Command *-Service` liefert alle Befehle, die das Substantiv „Service" besitzen.
- `Get-Command -noun Service` liefert ebenfalls alle Befehle, die das Substantiv „Service" besitzen.
- `Get-Command *wmi*` liefert alle Befehle, die die Buchstabenfolge „wmi" enthalten (und mutmaßlich mit der Windows Management Instrumentation zu tun haben).
- `Get-Command | Where-Object { $_.name -like "*cim*" -or $_.name -like "*wmi*" }` liefert alle Befehle, die die Buchstabenfolge „wmi" oder „cmi" enthalten. Ohne ein weiteres Commandlet `Where-Object`, das erst im nächsten Kapitel näher erläutert wird, ist diese Abfrage nicht machbar.

Das Commandlet `Get-Command` kann auch verwendet werden, um die Information zu erhalten, was die PowerShell unter einem Befehl versteht. `Get-Command` sucht nach angegebenen Namen in Commandlets, Aliasen, Funktionen, Skriptdateien und ausführbaren Dateien (siehe *Abbildung 4.1*).

Kapitel 4 Hilfefunktionen

Abbildung 4.1
Beispiele zum Einsatz von Get-Command

Gibt man nach `Get-Command` den Namen einer *.exe*-Datei an, zeigt die PowerShell, in welchem Pfad die ausführbare Datei gefunden werden kann. Gesucht wird dabei nur in den Pfaden gemäß der Umgebungsvariablen `%Path%`.

`Get-Command *.exe`

zeigt eine Liste aller direkt aufrufbaren ausführbaren Dateien.

Vergleich PowerShell 1.0, 2.0 und 3.0 Die PowerShell 3.0 enthält in der Grundausstattung 481 Commandlets und Funktionen (gemessen auf Windows 7; auf Windows 8 sind es 945). Zum Vergleich: In PowerShell 2.0 umfasste die Grundausstattung 236 Commandlets sowie 37 eingebaute Funktionen. In Windows PowerShell 1.0 waren es 129 Commandlets und 34 eingebaute Funktionen.

Ermitteln kann man diese Zahlen mit:

`(Get-Command) | group commandtype`

`Get-Command` liefert unter Windows PowerShell ab 2.0 sowohl Commandlets als auch eingebaute Funktionen (deren Handhabung oft der von Commandlets entspricht, nur die Art der Implementierung ist anders). Unter PowerShell 1.0 muss man die Funktionen separat zählen mit:

`(dir function:).count`

Wenn Sie wissen möchten,

- welche Commandlets zwischen zwei Versionen hinzugekommen sind oder
- hinsichtlich welcher Commandlets sich zwei Systeme unterscheiden,

können Sie dies wie folgt ermitteln.

Auf dem einen System exportieren Sie eine Liste der Commandlets in eine Textdatei.

Auf einem System mit PowerShell 2.0 führen Sie folgende Befehle aus, um Commandlets und Funktionen zu exportieren:

`Get-Command | ft name -hide | out-file h:\wps2_commandlets.txt`

`dir function: | ft Name -hide | out-file h:\wps2_commandlets.txt -Append`

Auf einem System mit PowerShell 3.0 brauchen Sie nur einen Befehl (dieser exportiert Commandlets und Funktionen):

`Get-Command | ft name -hide | out-file h:\wps\wps3_commandlets.txt`

Dann führt man beide Textdateien auf einem System zusammen und führt dort aus:

```
$wps1 = Get-content H:\wps2_Commandlets.txt | sort
$wps2 = Get-content H:\wps3_Commandlets.txt | sort
compare-object $wps2 $wps3  -syncwindow 2000 | foreach {
[string]$_.Inputobject).Trim() } | out-file h:\wps3_Commandlets_
neu.txt
```

4.2   Erläuterungen zu den Befehlen

Einen Hilfetext zu einem Commandlet bekommt man über `Get-Help commandletname`, z.B.:

Get-Help

`Get-Help Get-Process`

Dabei kann man durch die Parameter `-detailed` und `-full` mehr Hilfe erhalten.

Hingegen listet `Get-Help get` alle Commandlets auf, die das Verb `Get` verwenden.

Die Hilfe erscheint abhängig von der installierten Sprachversion der Windows PowerShell. Der Autor dieses Buchs verwendet jedoch primär englische Betriebssysteme und Anwendungen.

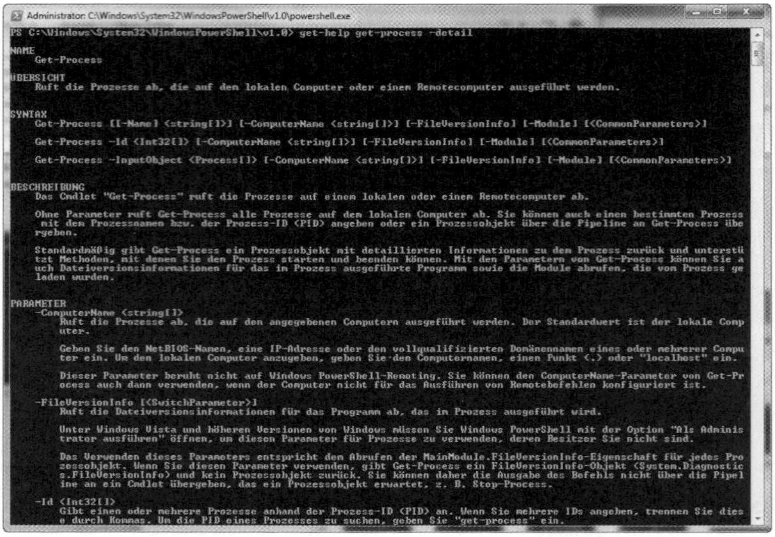

Kapitel 4 Hilfefunktionen

Abbildung 4.2
Ausschnitt aus dem Hilfetext zum Commandlet Get-Process

Alternativ zum Aufruf von Get-Help kann man auch den allgemeinen Parameter -? an das Commandlet anhängen, z.B. Get-Process -?. Dann erhält man die Kurzversion der Hilfe, hat aber keine Option für die ausführlicheren Versionen.

4.3 Hilfe zu Parametern

Um zu sehen, welche Parameter ein Befehl bietet, kann man Get-Help mit dem Parameter -Parameter verwenden:

```
Get-Help Get-Process -parameter "*" | ft name, type
```

Einige Commandlets (z.B. New-Button aus dem WPK (Windows Presentation Foundation (WPF) PowerShell Kit), siehe *Kapitel 51 „Grafische Benutzeroberflächen"*) haben sehr viele Parameter (in diesem Fall 180!). Hier kann man auch filtern:

```
Get-Help New-Button -parameter "on_*" | ft name, type
```

4.4 Hilfe mit Show-Command

Show-Command Die Windows PowerShell ist kommandozeilenorientiert. Vor der PowerShell 3.0 gab es in der Windows PowerShell nur zwei Befehle, die eine grafische Benutzeroberfläche zeigten: Out-GridView zur Ausgabe (von Objekten in einer filter- und sortierbaren Tabelle) und Get-Credential (zur Abfrage von Benutzername und Kennwort). Seit PowerShell 3.0 kann sich der PowerShell-Nutzer mit dem Commandlet Show-Command für jedes PowerShell-Commandlet und jede Function eine grafische Eingabemaske zeigen lassen.

Die folgende Abbildung zeigt dies für das Commandlet Stop-Service. Ziel von Show-Command ist es, insbesondere Einsteigern die Erfassung der Parameter zu erleichtern. Pflichtparameter sind mit einem Stern gekennzeichnet. Ein Klick auf die „Copy"-Schaltfläche legt den erzeugten Befehl in die Zwischenablage, ohne ihn auszuführen.

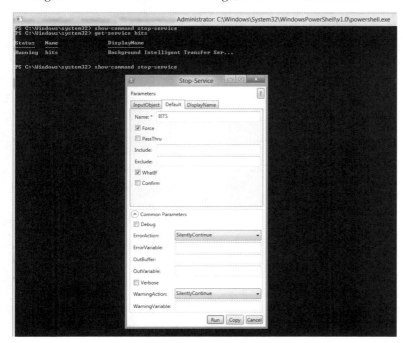

Abbildung 4.3
Show-Command bietet Eingabehilfen für Einsteiger.

> Das Fenster „Befehls-Add-On" in dem ISE ist eine modifizierte Version von Show-Command.

4.5 Hilfefenster

Seit PowerShell 3.0 kann man auch aus der PowerShell-Konsole heraus ein eigenständiges Hilfefenster starten, indem man bei Get-Help den Parameter -ShowWindow verwendet.

Get-Help "Set-PrintConfiguration" -ShowWindow

Das Hilfefenster nutzt zur Hervorhebung fette Schrift, bietet eine Zoomfunktion und eine Volltextsuche an (vgl. *Abbildung 4.4*).

Eine grafische Hilfedatei im *.chm*-Dateiformat zur PowerShell gibt es für die PowerShell 1.0 und 2.0 nur als Zusatz.

Kapitel 4 Hilfefunktionen

Abbildung 4.4
Hilfefenster, das Get-Help durch dem Parameter -ShowWindow startet

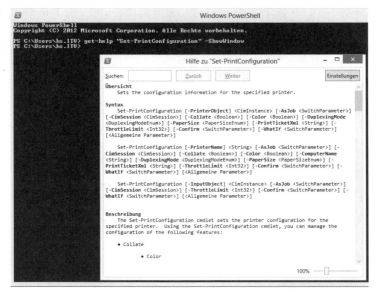

Die PowerShell-1.0-Hilfedatei [MS01] ist für einige Nutzer weiterhin relevant, denn sie enthält im Gegensatz zu ihrem Nachfolger auch Hinweise zur manuellen Übersetzung von VBScript in Windows PowerShell.

Abbildung 4.5
Hilfe zum Transfer von VBScript nach PowerShell

4.6 Aktualisieren der Hilfedateien

MAML

Die Hilfeinformationen, die durch `Get-Help` ausgelesen werden können, sind in XML-Dateien gespeichert. Das verwendete XML-Format heißt Microsoft Assistance Markup Language (MAML). Die Hilfe-Dateien sind den einzelnen Modulen zugeordnet.

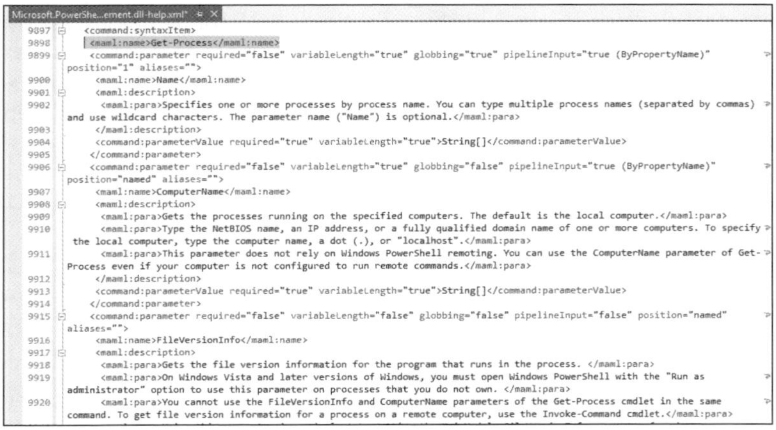

```
<command:syntaxItem>
  <maml:name>Get-Process</maml:name>
  <command:parameter required="false" variableLength="true" globbing="true" pipelineInput="true (ByPropertyName)" position="1" aliases="">
    <maml:name>Name</maml:name>
    <maml:description>
      <maml:para>Specifies one or more processes by process name. You can type multiple process names (separated by commas) and use wildcard characters. The parameter name ("Name") is optional.</maml:para>
    </maml:description>
    <command:parameterValue required="true" variableLength="true">String[]</command:parameterValue>
  </command:parameter>
  <command:parameter required="false" variableLength="true" globbing="false" pipelineInput="true (ByPropertyName)" position="named" aliases="">
    <maml:name>ComputerName</maml:name>
    <maml:description>
      <maml:para>Gets the processes running on the specified computers. The default is the local computer.</maml:para>
      <maml:para>Type the NetBIOS name, an IP address, or a fully qualified domain name of one or more computers. To specify the local computer, type the computer name, a dot (.), or "localhost".</maml:para>
      <maml:para>This parameter does not rely on Windows PowerShell remoting. You can use the ComputerName parameter of Get-Process even if your computer is not configured to run remote commands.</maml:para>
    </maml:description>
    <command:parameterValue required="true" variableLength="true">String[]</command:parameterValue>
  </command:parameter>
  <command:parameter required="false" variableLength="false" globbing="false" pipelineInput="false" position="named" aliases="">
    <maml:name>FileVersionInfo</maml:name>
    <maml:description>
      <maml:para>Gets the file version information for the program that runs in the process. </maml:para>
      <maml:para>On Windows Vista and later versions of Windows, you must open Windows PowerShell with the "Run as administrator" option to use this parameter on processes that you do not own. </maml:para>
      <maml:para>You cannot use the FileVersionInfo and ComputerName parameters of the Get-Process cmdlet in the same command. To get file version information for a process on a remote computer, use the Invoke-Command cmdlet.</maml:para>
```

Abbildung 4.6 Ausschnitt aus der Hilfedatei Microsoft.PowerShell.Commands.Management.dll-help.xml

Update-Help

Mit PowerShell 3.0 hat Microsoft die Möglichkeit eingeführt, die Hilfe-Dateien aus der laufenden PowerShell heraus zu aktualisieren („Updatable Help System"). Die Ausführung des Commandlets `Update-Help` kontaktiert den Microsoft-Downloadserver (download.microsoft.com) und aktualisiert im laufenden Betrieb die Hilfedateien. Auch wenn es sich um relativ kleine Dateien handelt (aktuell insgesamt nur rund 10 MB), dauert der Download über eine 50-MBit-Leitung zwei bis drei Minuten. Der Download besteht für jedes PowerShell-Modul aus einer sogenannten Help-Info-Datei, die als wesentliche Information die Sprache und die Versionsnummer enthält, sowie einer komprimierten Datei (ZIP-Format, Dateinamenserweiterung ist aber CAB), die nur heruntergeladen wird, wenn die lokalen Hilfeinformationen nicht auf dem aktuellen Stand sind.

> Die Aktualisierung der Hilfedateien für alle Standardmodule, die sich im c:\Windows\System32\WindowsPowerShell-Verzeichnis befinden, ist nur mit administrativen Rechten möglich.

Listing 4.1 Beispiel für eine Help-Info-Datei

```
<?xml version="1.0" encoding="utf-8"?>
<HelpInfo xmlns="http://schemas.microsoft.com/PowerShell/help/2010/05">
<HelpContentURI>http://go.microsoft.com/fwlink/?linkid=210601</
HelpContentURI>
  <SupportedUICultures>
    <UICulture>
      <UICultureName>en-US</UICultureName>
```

```
        <UICultureVersion>3.1.0.0</UICultureVersion>
    </UICulture>
  </SupportedUICultures>
</HelpInfo>
```

`Update-Help` kann durch Angabe eines Modulnamens im Parameter `-Module` die Hilfe für ein einzelnes Modul aktualisieren.

`Update-Help` kann durch Angabe eines Pfads im Parameter `-SourcePath` die Hilfedateien von einem lokalen Dateisystempfad oder Netzwerkpfad laden. Zu diesem Zweck kann man mit `Save-Help` die Help-Info-Dateien und die CAB-Dateien herunterladen. Größere Unternehmen können so die Hilfedateien zentral für alle Nutzer im Unternehmensnetzwerk bereitstellen.

> Die Aktualisierung der Hilfedateien kann auch im Editor „ISE" im Menü „Hilfe" ausgelöst werden.

4.7 Online-Hilfe

Die Dokumentation der PowerShell 3.0 findet man hier:

http://technet.microsoft.com/en-us/library/bb978526.aspx

Die zusätzlichen PowerShell-Module in Windows 8 und Windows Server 2012 sind hier dokumentiert:

http://technet.microsoft.com/en-us/library/hh801904.aspx

Sie werden aber feststellen, dass dort jedes Commandlet einzeln beschrieben ist. Es gibt keine Dokumente, die das komplexere Zusammenspiel von Commandlets erklären oder die Vorgehensweise anhand von Praxisgebieten beschreiben wie in diesem Buch.

> Neu seit PowerShell 3.0 ist auch der Parameter `-Online` beim Commandlet `Get-Help`, der für ein Commandlet direkt die passende Seite in der Online-Hilfe öffnet. Allerdings funktioniert dies nur für die Kern-Commandlets der PowerShell 3.0, die sich in der Hilfe unterhalb des Eintrags *http://technet.microsoft.com/en-us/library/ bb978526.aspx* befinden. Für Befehle aus Zusatzmodulen, die nur in Windows 8 und Windows Server 2012 verfügbar sind (dokumentiert unter *http://technet.microsoft.com/en-us/library/hh801904.aspx*), findet `Get-Help` nicht die passende Seite. Beispiel: `get-help get-smbshare -Online` führt zur allgemeinen Startseite der PowerShell-Hilfe, nicht zur Seite über das Commandlet `Get-SmbShare`.

4.8 Dokumentation der .NET-Klassen

Informationen zu den .NET-Klassen, mit denen die Windows Power-Shell arbeitet, finden Sie an folgenden Stellen:

.NET-SDK

- PowerShell-Dokumentation für den Namensraum `System.Management.Automation`
- Dokumentation der .NET-Framework-Klassenbibliothek in der Microsoft Developer Network Library (MSDN Library). Diese gibt es offline in Verbindung mit Microsoft Visual Studio oder online unter [*http://msdn.microsoft.com/en-us/library/gg145045.aspx*].
- Produktspezifische Dokumentationen, z.B. Exchange-Server-Dokumentation oder System Center-Dokumentation

Die Dokumentation zeigt die verfügbaren Klassenmitglieder (Attribut, Methoden, Ereignisse, Konstruktoren) (siehe Abbildung 4.7).

Die folgenden Abbildungen zeigen die Dokumentation der Klasse `Process` im Namensraum `System.Diagnostics`. In dem Baum links erkennt man die verschiedenen Arten von Mitgliedern: *Methoden* (Methods), *Eigenschaften* (Properties) und *Ereignisse* (Events).

Abbildung 4.7
Ausschnitt aus der Dokumentation der .NET-Klasse System.Diagnostics.Process (hier in der Online-Variante)

Kapitel 4 Hilfefunktionen

*Abbildung 4.8
Ausschnitt aus
der Dokumentation
der .NET-Klasse
System.Diagnostics.
Process (hier in der
Offline-Variante, die
mit Visual Studio
mitgeliefert wird)*

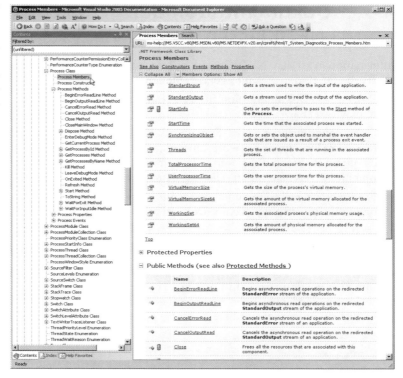

Da die Dokumentation der .NET-Klassen für Entwickler geschrieben wurde, ist sie häufig zu detailliert für PowerShell-Entwickler. Leider ist derzeit noch keine für die Bedürfnisse von Administratoren angepasste Version absehbar.

Die englische Dokumentation ist der deutschen vorzuziehen, weil es in den deutschen Übersetzungen viele Übersetzungsfehler gibt, die das Verständnis erschweren.

5 Objektorientiertes Pipelining

Ihre Mächtigkeit entfaltet die PowerShell erst durch das objektorientierte Pipelining, also durch die Weitergabe von strukturierten Daten von einem Commandlet zum anderen.

Dieses Kapitel setzt ein Grundverständnis des Konzepts der Objektorientierung voraus. Wenn Sie diese Grundkenntnisse nicht besitzen, lesen Sie bitte zuvor im Anhang den Crashkurs „Objektorientierung" sowie den Crashkurs „.NET Framework" oder vertiefende Literatur.

5.1 Pipeline-Operator

Pipelines

Für eine Pipeline wird – wie auch in Unix-Shells üblich und in der normalen Windows-Konsole möglich – der vertikale Strich „|" (genannt „Pipe" oder „Pipeline Operator") verwendet.

```
Get-Process | Format-List
```

bedeutet, dass das Ergebnis des `Get-Process`-Commandlets an `Format-List` weitergegeben werden soll. Die Standardausgabeform von `Get-Process` ist eine Tabelle. Durch `Format-List` werden die einzelnen Attribute der aufzulistenden Prozesse untereinander statt in Spalten ausgegeben.

Die Pipeline kann beliebig lang sein, d.h., die Anzahl der Commandlets in einer einzigen Pipeline ist nicht begrenzt. Man muss aber jedes Mal den Pipeline-Operator nutzen, um die Commandlets zu trennen.

Ein Beispiel für eine komplexere Pipeline lautet:

```
Get-ChildItem h:\daten -r -filter *.doc
| Where-Object { $_.Length -gt 40000 }
| Select-Object Name, Length
| Sort-Object Length
| Format-List
```

`Get-ChildItem` ermittelt alle Microsoft-Word-Dateien im Ordner *h:\Daten* und in seinen Unterordnern. Durch das zweite Commandlet (`Where-Object`) wird die Ergebnismenge auf diejenigen Objekte beschränkt, bei denen das Attribut `Length` größer ist als 40000. `Select-Object` beschneidet alle Attribute aus `Name` und `Length`. Durch das vierte Commandlet in der Pipeline wird die Ausgabe nach dem Attribut `Length` sortiert. Das letzte Commandlet schließlich erzwingt eine Listendarstellung.

Reihenfolge Die Reihenfolge der einzelnen Befehle in der Pipeline ist dabei nicht beliebig. Keineswegs kann man im obigen Befehl die Sortierung hinter die Formatierung setzen, weil nach dem Formatieren zwar noch ein Objekt existiert, dieses aber einen Textstrom repräsentiert. `Where-Object` und `Sort-Object` könnte man vertauschen; aus Gründen des Ressourcenverbrauchs sollte man aber erst einschränken und dann die verringerte Liste sortieren. Eine automatische Optimierung des Befehls wie in der Datenbankabfrage SQL gibt es bei PowerShell nicht.

> Nicht alle Aneinanderreihungen von Commandlets ergeben einen Sinn. Einige Aneinanderreihungen sind auch gar nicht erlaubt. Ein Commandlet kann erwarten, dass es bestimmte Arten von Eingabeobjekten gibt. Am besten sind aber Commandlets, die jede Art von Eingabeobjekt verarbeiten können.

Hinweis: Mit PowerShell 3.0 hat Microsoft für den Zugriff auf das aktuelle Objekt der Pipeline zusätzlich zum Ausdruck `$_` den Ausdruck `$PSItem` eingeführt. `$_` und `$PSItem` sind synonym. Microsoft hat `$PSItem` eingeführt, weil einige Benutzer das Feedback gaben, dass `$_` zu (Zitat) „magisch" sei.

5.2 .NET-Objekte in der Pipeline

Typisierte Objekte Objektorientierung ist die herausragende Eigenschaft der Windows PowerShell: Commandlets können durch Pipelines mit anderen Commandlets verbunden werden. Anders als Pipelines in Unix-Shells tauschen die Commandlets der PowerShell keine Zeichenketten, sondern typisierte .NET-Objekte aus. Das objektorientierte Pipelining ist im Gegensatz zum in den Unix-Shells und in der normalen Windows-Shell (*cmd.exe*) verwendeten zeichenkettenbasierten Pipelining nicht abhängig von der Position der Informationen in der Pipeline.

Ein Commandlet kann auf alle Attribute und Methoden der .NET-Objekte, die das vorhergehende Commandlet in die Pipeline gelegt hat, zugreifen. Die Mitglieder der Objekte können entweder durch Parameter der Commandlets (z.B. in `Sort-Object Length`) oder durch den expliziten Verweis auf das aktuelle Pipeline-Objekt (`$_`) in einer Schleife oder Bedingung (z.B. `Where-Object { $_.Length -gt 40000 }`) genutzt werden.

Typisierte Datenweitergabe In einer Pipeline wie

```
Get-Process | Where-Object {$_.name -eq "iexplore"} | Format-Table ProcessName, WorkingSet64
```

ist das dritte Commandlet daher nicht auf eine bestimmte Anordnung und Formatierung der Ausgabe von vorherigen Commandlets angewiesen, sondern es greift über den sogenannten Reflection-Mechanismus (den eingebauten Komponentenerforschungsmechanismus des

.NET Frameworks) direkt auf die Eigenschaften der Objekte in der Pipeline zu.

> Genau genommen bezeichnet Microsoft das Verfahren als „Extended Reflection" bzw. „Extended Type System (ETS)", weil die PowerShell in der Lage ist, Objekte um zusätzliche Eigenschaften anzureichern, die in der Klassendefinition gar nicht existieren.

.NET-Objekte

Im obigen Beispiel legt `Get-Process` ein .NET-Objekt der Klasse `System.Diagnostics.Process` für jeden laufenden Prozess in die Pipeline. `System.Diagnostics.Process` ist eine Klasse aus der .NET-Klassenbibliothek. Commandlets können aber jedes beliebige .NET-Objekt in die Pipeline legen, also auch einfache Zahlen oder Zeichenketten, da es in .NET keine Unterscheidung zwischen elementaren Datentypen und Klassen gibt. Eine Zeichenkette in die Pipeline zu legen, wird aber in der PowerShell die Ausnahme bleiben, denn der typisierte Zugriff auf Objekte ist wesentlich robuster gegenüber möglichen Änderungen als die Zeichenkettenauswertung mit regulären Ausdrücken.

Deutlicher wird der objektorientierte Ansatz, wenn man als Attribut keine Zeichenkette heranzieht, sondern eine Zahl. `WorkingSet64` ist ein 64 Bit langer Zahlenwert, der den aktuellen Speicherverbrauch eines Prozesses repräsentiert. Der folgende Befehl liefert alle Prozesse, die aktuell mehr als 20 Megabyte verbrauchen:

```
Get-Process | Where-Object {$_.WorkingSet64 -gt 20*1024*1024 }
```

Anstelle von 20*1024*1024 hätte man auch das Kürzel „20MB" einsetzen können. Außerdem kann man `Where-Object` mit einem Fragezeichen abkürzen. Die kurze Variante des Befehls wäre dann also:

```
ps | ? {$_.ws -gt 20MB }
```

Wenn nur ein einziges Commandlet angegeben ist, dann wird das Ergebnis auf dem Bildschirm ausgegeben. Auch wenn mehrere Commandlets in einer Pipeline zusammengeschaltet sind, wird das Ergebnis des letzten Commandlets auf dem Bildschirm ausgegeben. Wenn das letzte Commandlet keine Daten in die Pipeline wirft, erfolgt keine Ausgabe.

Standardausgabe

5.3 Pipeline Processor

Für die Übergabe der .NET-Objekte zwischen den Commandlets sorgt der *PowerShell Pipeline Processor* (siehe folgende Grafik). Die Commandlets selbst müssen sich weder um die Objektweitergabe noch um die Parameterauswertung kümmern.

PowerShell Pipeline Processor

Kapitel 5 Objektorientiertes Pipelining

Abbildung 5.1
Der Pipeline Prozessor befördert die Objekte vom Downstream-Commandlet zum Upstream-Commandlet. Die Verarbeitung ist in der Regel asynchron.

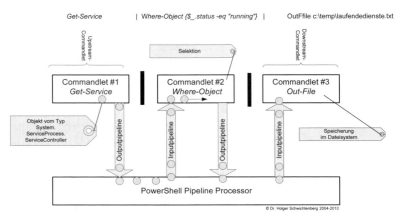

Streaming Wie das obige Bild schon zeigt, beginnt ein nachfolgendes Commandlet mit seiner Arbeit, sobald es ein erstes Objekt aus der Pipeline erhält. Es kann also sein, dass das erste Commandlet noch gar nicht alle Objekte erzeugt hat, bevor die folgenden Commandlets schon die ersten Objekte asynchron weiterverarbeiten. Ein Commandlet wird sofort aufgerufen, sobald das erste Objekt bereitsteht. Man nennt dies „Streaming-Verarbeitung". Streaming-Verarbeitung ist viel schneller als die klassische sequentielle Verarbeitung, weil die folgenden Commandlets in der Pipeline nicht auf vorhergehende warten müssen.

Blockierende Verarbeitung Aber nicht alle Commandlets beherrschen die asynchrone Streaming-Verarbeitung. Commandlets, die alle Objekte naturgemäß erst mal kennen müssen, bevor sie überhaupt ihren Zweck erfüllen können (z.B. `Sort-Object` zum Sortieren und `Group -Object` zum Gruppieren), blockieren die asynchrone Verarbeitung.

Abbildung 5.2
Sort-Object blockiert die direkte Weitergabe. Erst wenn alle Objekte angekommen sind, kann das Commandlet sortieren.

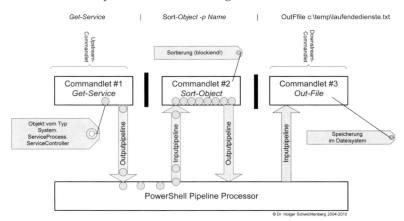

Es gibt auch einige Commandlets, die zwar asynchron arbeiten könnten, aber leider nicht so programmiert wurden, um dies zu unterstützen.

5.4 Pipelining von Parametern

Die Pipeline kann jegliche Art von Information befördern, auch einzelne elementare Daten. Einige Commandlets unterstützen es, dass auch die Parameter aus der Pipeline ausgelesen werden. Der folgende Pipeline-Befehl führt zu einer Auflistung aller Windows-Systemdienste, die mit dem Buchstaben „I" beginnen.

Parameter aus der Pipeline

```
"i*" | Get-Service
```

Die folgende Bildschirmabbildung zeigt einige Parameter des Commandlets Get-Service. Diese Liste erhält man durch den Befehl Get-Help Get-Service -Parameter *.

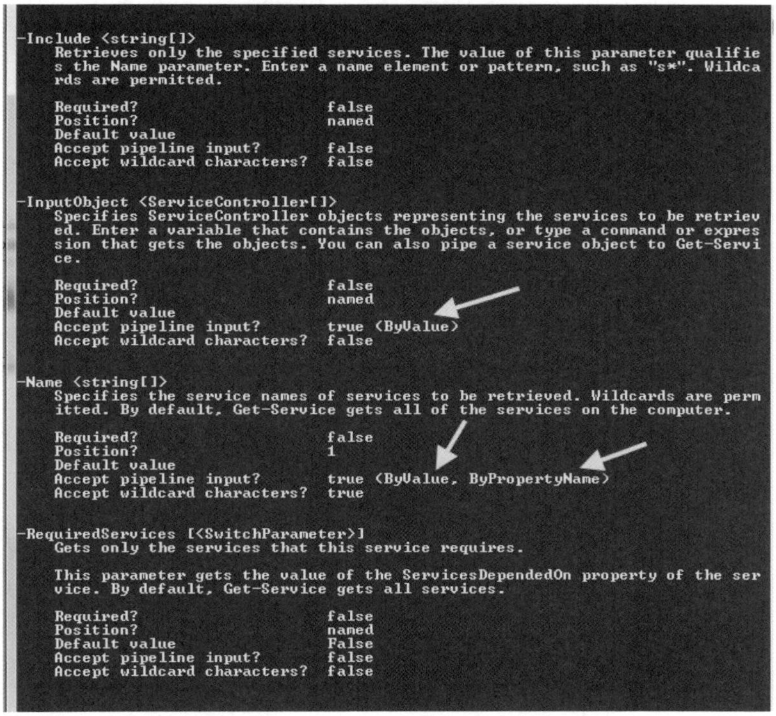

Abbildung 5.3
Hilfe zu den Parametern des Commandlets Get-Service

Kapitel 5 Objektorientiertes Pipelining

Interessant sind die mit gelbem Pfeil markierten Stellen. Nach „Accept pipeline Input" kann man jeweils nachlesen, ob der Parameter des Commandlets aus den vorhergehenden Objekten in der Pipeline „befüttert" werden kann.

Bei „-Name" steht `ByValue` und `ByPropertyName`. Dies bedeutet, dass der Name sowohl das ganze Objekt in der Pipeline sein darf als auch Teil eines Objekts.

ByPropertyName Im Fall von

```
"BITS" | Get-Service
```

ist der Pipeline-Inhalt eine Zeichenkette (ein Objekt vom Typ `String`), die als Ganzes auf `Name` abgebildet werden kann.

ByValue Es funktioniert aber auch folgender Befehl, der alle Dienste ermittelt, deren Name genauso lautet wie der Name eines laufenden Prozesses:

```
Get-Process | Get-Service -ea silentlycontinue | ft name
```

Dies funktioniert über die zweite Option (`ByPropertyName`), denn `Get-Process` liefert Objekte des Typs `Process`, die ein Attribut namens `Name` haben. Der Parameter `Name` von `Get-Service` wird auf dieses `Name`-Attribut abgebildet.

InputObject Beim Parameter `-InputObject` ist hingegen nur „ByValue" angegeben. Hier erwartet `Get-Service` gerne Instanzen der Klasse `ServiceController`. Es gibt aber keine Objekte, die ein Attribut namens `InputObject` haben, in dem dann `ServiceController`-Objekte stecken.

Zahlreiche Commandlets besitzen einen Parameter `-InputObject`, insbesondere die allgemeinen Verarbeitungs-Commandlets wie `Where-Object`, `Select-Object` und `Measure-Object`, die Sie im nächten Kapitel kennenlernen werden. Der Name `-InputObject` ist eine Konvention.

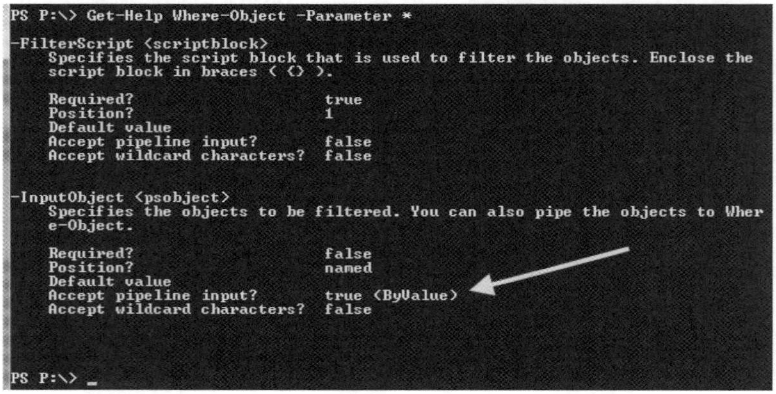

Abbildung 5.4
Parameter des Commandlets Where-Object

```
PS P:\> Get-Help Where-Object -Parameter *
-FilterScript <scriptblock>
    Specifies the script block that is used to filter the objects. Enclose the
    script block in braces ( {} ).

    Required?                    true
    Position?                    1
    Default value
    Accept pipeline input?       false
    Accept wildcard characters?  false

-InputObject <psobject>
    Specifies the objects to be filtered. You can also pipe the objects to Wher
    e-Object.

    Required?                    false
    Position?                    named
    Default value
    Accept pipeline input?       true (ByValue)
    Accept wildcard characters?  false


PS P:\> _
```

5.5 Pipelining von klassischen Befehlen

Grundsätzlich dürfen auch klassische Kommandozeilenanwendungen in der PowerShell verwendet werden. Wenn man einen Befehl wie *netstat.exe* oder *ping.exe* ausführt, dann legen diese eine Menge von Zeichenketten in die Pipeline: Jede Ausgabezeile ist eine Zeichenkette.

Diese Zeichenketten kann man sehr gut mit dem Commandlet Select-String auswerten. Select-String lässt nur diejenigen Zeilen die Pipeline passieren, die auf den angegebenen regulären Ausdruck zutreffen.

Select-String

In dem folgenden Beispiel werden nur diejenigen Zeilen der Ausgabe von *netstat.exe* gefiltert, die ein großes „E" gefolgt von zwei Ziffern enthalten.

> Die Syntax der regulären Ausdrücke in .NET wird in *Kapitel 7 „PowerShell-Skriptsprache"* noch etwas näher beschrieben werden.

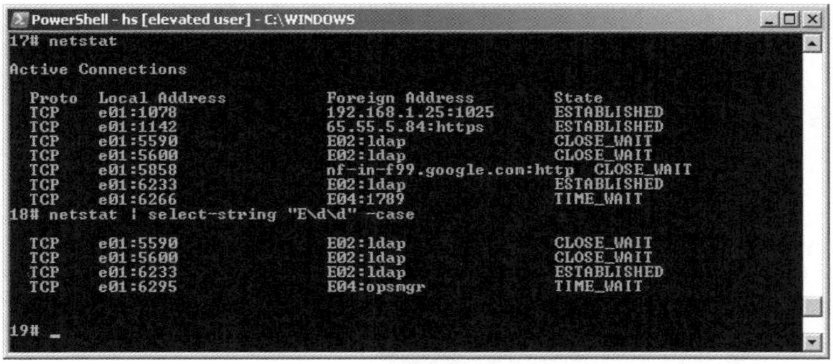

Abbildung 5.5
Einsatz von Select-String zur Filterung von Ausgaben klassischer Kommandozeilenwerkzeuge

5.6 Anzahl der Objekte in der Pipeline

Die meisten Commandlets legen ganze Mengen von Objekten in die Pipeline (z.B. Get-Process eine Liste der Prozesse und Get-Service eine Liste der Dienste). Einige Commandlets legen aber nur einzelne Objekte in die Pipeline. Ein Beispiel dafür ist Get-Date, das ein einziges Objekt des Typs System.DateTime in die Pipeline legt. Es kann aber auch sein, dass ein Commandlet, das normalerweise eine Liste von Objekten liefert, im konkreten Fall nur ein einzelnes Objekt liefert (z.B. Get-Process idle). In diesem Fall liefert die PowerShell dem Benutzer nicht eine Liste mit einem Objekt, sondern direkt das ausgepackte Objekt.

Kapitel 5 Objektorientiertes Pipelining

Count und Length Bis Version 2.0 war es so, dass man eine Liste durch Zugriff auf `Count` oder `Length` nach der Anzahl der Elemente fragen konnte, nicht aber ein einzelnes Objekt.

Das war also erlaubt:

`(Get-Process).count`

Das führte aber zu keinem Ergebnis:

`(Get-Process idle).count`

`(Get-Date).count`

Nun in PowerShell 3.0 ist dieser Unterschied aufgehoben, man kann immer `Count` und `Length` abfragen und die PowerShell liefert dann eben bei Einzelobjekten eine "1" zurück. Allerdings schlägt die Eingabehilfe der PowerShell-Konsole und der PowerShell ISE weiterhin weder `Count` noch `Length` als Möglichkeit vor!

Praxisbeispiel Praxisbeispiel: Wie viele Prozesse gibt es, die mehr als 20 MB Speicher verbrauchen?

`(Get-Process | where-object { $_.WorkingSet64 -gt 20mb }).Count`

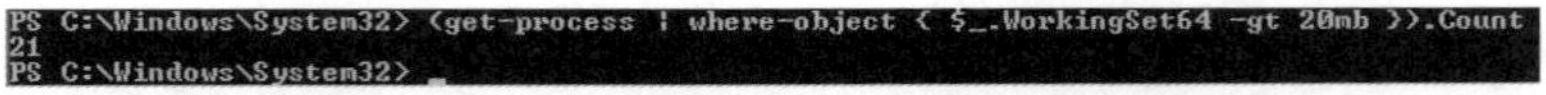

Abbildung 5.6 Aufruf von Count für eine Pipeline

```
PS C:\Windows\System32> (get-process | where-object { $_.WorkingSet64 -gt 20mb }).Count
21
PS C:\Windows\System32>
```

5.7 Zugriff auf einzelne Objekte aus einer Menge

Ruft man ein Commandlet auf, das ein einzelnes Objekt liefert, hat man direkt dieses Objekt in Händen. Ruft man z.B. `Get-Date` ohne Weiteres auf, werden das aktuelle Datum und die aktuelle Zeit ausgegeben.

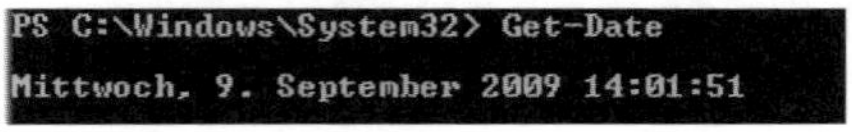

Abbildung 5.7 Das aktuelle Datum mit Zeit

```
PS C:\Windows\System32> Get-Date
Mittwoch, 9. September 2009 14:01:51
```

Index Bei einer Objektmenge kann man, wie oben bereits gezeigt, mit `Where-Object` filtern. Es ist aber auch möglich, gezielt einzelne Objekte über ihre Position (Index) in der Pipeline anzusprechen. Die Positionsangabe ist in eckige Klammern zu setzen und die Zählung beginnt bei 0. Der Pipeline-Ausdruck ist in runde Klammern zu setzen.

Beispiele:

Der erste Prozess:

`(Get-Process)[0]`

Der dreizehnte Prozess:

`(Get-Process)[12]`

> Während (Get-Date)[0] in PowerShell 1.0/2.0 zu einem Fehler führt ("Unable to index into an object of type System.DateTime."), weil Get-Date keine Menge liefert, ist der Befehl in PowerShell 3.0 in Ordnung und liefert das gleiche Ergebnis wie Get-Date, da die PowerShell 3.0 ja aus Benutzersicht ein einzelnes Objekt und eine Menge von Objekten gleich behandelt. (Get-Date)[1] liefert dann natürlich kein Ergebnis, weil es kein zweites Objekt in der Pipeline gibt.

Der dreizehnte Prozess in der Liste der Prozesse, die mehr als 20 MB Hauptspeicher brauchen:

(Get-Process | where-object { $_.WorkingSet64 -gt 20mb })[12]

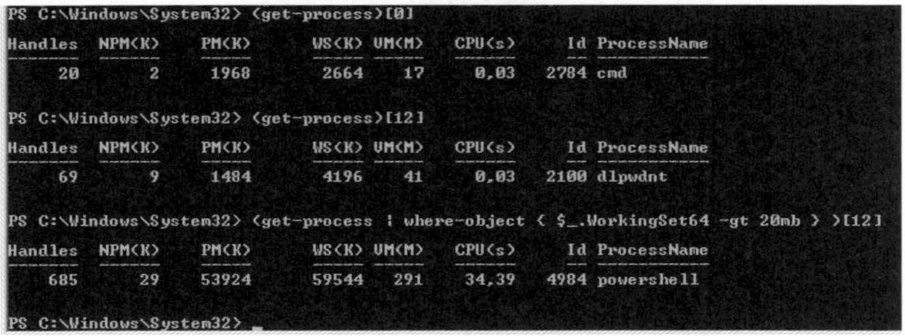

*Abbildung 5.8
Zugriff auf einzelne Prozessobjekte*

5.8 Zugriff auf einzelne Werte in einem Objekt

Manchmal möchte man nicht ein komplettes Objekt bzw. eine komplette Objektmenge verarbeiten, sondern nur eine einzelne Eigenschaft.

Oben wurde bereits gezeigt, wie man mit Format-Table auf einzelne Eigenschaften zugreifen kann:

Get-Process | Format-Table ProcessName, WorkingSet64

Hat man nur ein einzelnes Objekt in Händen, geht das ebenfalls:

(Get-Process)[0] | Format-Table ProcessName, WorkingSet64

Format-Table liefert aber immer eine bestimmte Ausgabe, eben in Tabellenform mit Kopfzeile. Wenn man wirklich nur einen bestimmten Inhalt einer Eigenschaft eines Objekts haben möchte, so verwendet man die in objektorientierten Sprachen übliche Punktnotation, d.h., man trennt das Objekt und die abzurufende Eigenschaft durch einen Punkt (Punktnotation).

Punktnotation

Beispiele:

(Get-Process)[0].Processname

Die Ausgabe ist eine einzelne Zeichenkette mit dem Namen des Prozesses.

`(Get-Process)[0].WorkingSet64`

Die Ausgabe ist eine einzelne Zahl mit der Speichernutzung des Prozesses.

Mit den Einzelwerten kann man weiterrechnen, z.B. errechnet man so die Speichernutzung in Megabyte:

`(Get-Process)[0].WorkingSet64 / 1MB`

Abbildung 5.9
Ausgabe zu den obigen Beispielen

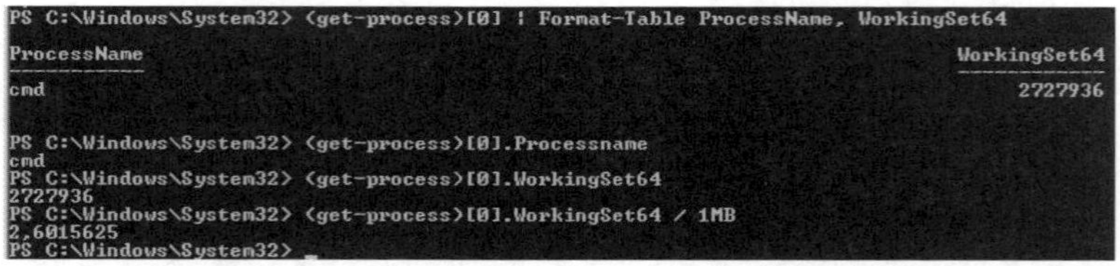

Weitere Anwendungsfälle seien am Beispiel `Get-Date` gezeigt (siehe *Abbildung 5.10*). `Year`, `Day`, `Month`, `Hour` und `Minute` sind einige der zahlreichen Eigenschaften der Klasse `DateTime`, die `Get-Date` liefert.

Abbildung 5.10
Zugriff auf einzelne Werte aus dem aktuellen Datum/der aktuellen Zeit

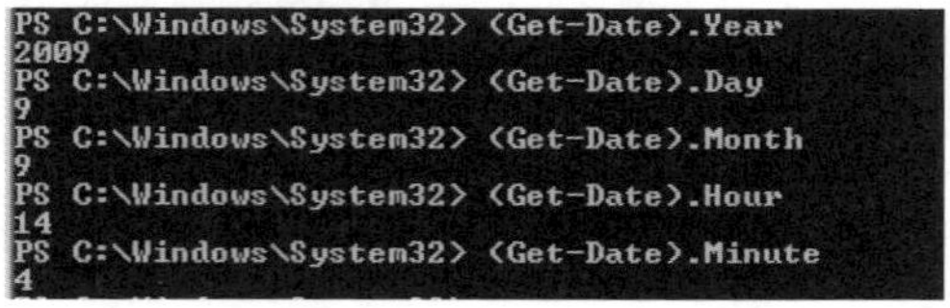

Verzicht auf ForEach-Object

Einzelne Werte aus allen Objekten einer Objektmenge Wenn man einen einzelnen Wert aus allen Objekten aus einer Objektmenge ausgeben wollte, so konnte man das bis PowerShell 2.0 nur über ein nachgeschaltetes `Foreach-Object` lösen, wobei innerhalb von `Foreach-Object` mit `$_` auf das aktuelle Objekt der Pipeline zu verweisen war:

`Get-Process | foreach-object {$_.Name }`

Das geht seit PowerShell 3.0 wesentlich prägnanter und eleganter:

`(Get-Process).Name`

Oder

`(Get-Process).WorkingSet`

Weiterhin `Foreach-Object` anwenden muss man für eine kombinierte Ausgabe:

`Get-Process | foreach-object {$_.Name + ": " + $_.Workingset }`

> Mancher könnte denken, dass
>
> `(Get-Process).Name + ":" + (Get-Process).WorkingSet`
>
> auch als Schreibweise möglich wäre. Das liefert aber weder optisch noch inhaltlich ein korrektes Ergebnis, denn die Prozessliste wird zweimal abgerufen und könnte sich in der Zwischenzeit geändert haben!

5.9 Methoden ausführen

Der folgende PowerShell-Pipeline-Befehl beendet alle Instanzen des Internet Explorers auf dem lokalen System, indem das Commandlet `Stop-Process` die Instanzen des betreffenden Prozesses von `Get-Process` empfängt.

Stop-Process

```
Get-Process iexplore | Stop-Process
```

Die Objekt-Pipeline der PowerShell hat noch weitere Möglichkeiten: Gemäß dem objektorientierten Paradigma haben .NET-Objekte nicht nur Attribute, sondern auch Methoden. In einer Pipeline kann der Administrator daher auch die Methoden der Objekte aufrufen. Objekte des Typs `System.Diagnostics.Process` besitzen zum Beispiel eine Methode `Kill()`. Der Aufruf dieser Methode ist in der PowerShell gekapselt in der Methode `Stop-Process`.

Kill()

Wer sich mit dem .NET Framework gut auskennt, könnte die `Kill()`-Methode auch direkt aufrufen. Dann ist aber eine explizite `ForEach`-Schleife notwendig. Die Commandlets iterieren automatisch über alle Objekte der Pipeline, die Methodenaufrufe aber nicht.

```
Get-Process iexplore | Foreach-Object { $_.Kill() }
```

Durch den Einsatz von Aliasen geht das auch kürzer:

```
ps | ? { $_.name -eq "iexplore" } | % { $_.Kill() }
```

Und seit PowerShell 3.0 kann man auf das `Foreach-Object` bzw. `%` verzichten, also

```
(Get-Process iexplore).Kill()
```

oder

```
(ps iexplore).Kill()
```

schreiben.

Der Einsatz der Methode `Kill()` diente hier nur zur Demonstration, dass die Pipeline tatsächlich Objekte befördert. Eigentlich ist die gleiche Aufgabe besser mit dem eingebauten Commandlet `Stop-Process` zu lösen.

Vergessen Sie beim Aufruf von Methoden nicht die runden Klammern, auch wenn die Methoden keine Parameter besitzen. Ohne die Klammern erhalten Sie Informationen über die Methode, es erfolgt aber kein Aufruf.

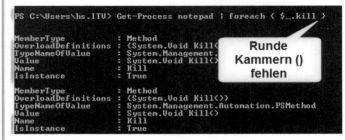

Abbildung 5.11: *Folgen des vergessenen Klammernpaars*

Dies funktioniert aber nur dann gut, wenn es auch Instanzen des Internet Explorers gibt. Wenn alle beendet sind, meldet `Get-Process` einen Fehler. Dies kann das gewünschte Verhalten sein. Mit einer etwas anderen Pipeline wird dieser Fehler jedoch unterbunden:

```
Get-Process | Where-Object { $_.Name -eq "iexplore" } |
Stop-Process
```

Die zweite Pipeline unterscheidet sich von der ersten dadurch, dass das Filtern der Prozesse aus der Prozessliste nun nicht mehr von `Get-Process` erledigt wird, sondern durch ein eigenes Commandlet mit Namen `Where-Object` in der Pipeline selbst durchgeführt wird. `Where-Object` ist toleranter als `Get-Process` in Hinblick auf die Möglichkeit, dass es kein passendes Objekt gibt.

`ps` ist ein Alias für `Get-Process`, `Kill` für `Stop-Process`. Außerdem hat `Get-Process` eine eingebaute Filterfunktion. Um alle Instanzen des Internet Explorers zu beenden, kann man also statt

```
Get-Process | Where-Object { $_.Name -eq "iexplore" } |
Stop-Process
```

auch schreiben:

```
ps -p "iexplore" | Kill
```

Weitere Beispiele für die Aufrufe von Methoden seien am Beispiel von `Get-Date` gezeigt, das ja nur ein Objekt der Klasse `DateTime` liefert. Die Klasse `DateTime` bietet zahlreiche Methoden an, um Datum und Zeit auf bestimmte Weise darzustellen, z.B. `GetShortDateString()`, `GetLongDateString()`, `GetShortTimeString()` und `GetLongTimeString()`. Die Ausgaben zeigt die Bildschirmabbildung.

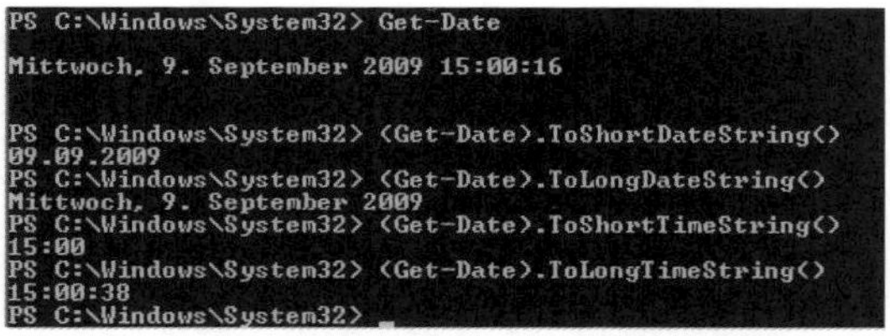

Abbildung 5.12
Ausgaben der Methoden der Klasse DateTime

5.10 Analyse des Pipeline-Inhalts

Zwei der größten Fragestellungen bei der praktischen Arbeit mit der PowerShell sind:

- Welchen Typ haben die Objekte, die ein Commandlet in die Pipeline legt?
- Welche Attribute und Methoden haben diese Objekte?

Die Hilfe der Commandlets ist hier nicht immer hilfreich. Bei `Get-Service` kann man lesen:

```
RETURN TYPE
    System.ServiceProcess.ServiceController
```

Aber bei `Get-Process` heißt es nur wenig hilfreich:

```
RETURN TYPE
    Object
```

In keinem Fall sind in der PowerShell-Benutzerdokumentation ([MS01] und [MS02]) die Attribute und die Methoden der resultierenden Objekte genannt. Diese findet man nur in der MSDN-Dokumentation des .NET Frameworks.

Im Folgenden werden zwei hilfreiche Commandlets sowie eine Methode aus dem .NET Framework vorgestellt, die im Alltag helfen, zu erforschen, was man in der Pipeline hat:

- `GetType()`
- `Get-PipelineInfo`
- `Get-Member`

Methode GetType()

Da jede PowerShell-Variable eine Instanz einer .NET-Klasse ist, besitzt jedes Objekt in der Pipeline die Methode `GetType()`, die es von der Mutter aller .NET-Klassen (`System.Object`) erbt. `GetType()` liefert ein `System.Type`-Objekt mit zahlreichen Informationen. Meistens interessiert man sich nur für den Klassennamen, den man aus `Fullname` (mit Namensraum) oder `Name` (ohne Namensraum) auslesen kann. `GetType()` ist eine Methode und daher muss der Pipeline-Inhalt in runden Klammern stehen.

System.Type

Beispiele zeigt die folgende Bildschirmabbildung.

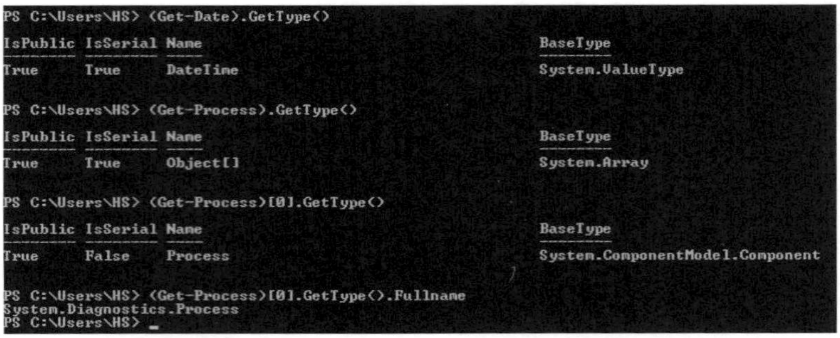

Kapitel 5 Objektorientiertes Pipelining

Abbildung 5.13
Einsatz von GetType()

```
PS C:\Users\HS> (Get-Date).GetType()

IsPublic IsSerial Name                                     BaseType
True     True     DateTime                                 System.ValueType

PS C:\Users\HS> (Get-Process).GetType()

IsPublic IsSerial Name                                     BaseType
True     True     Object[]                                 System.Array

PS C:\Users\HS> (Get-Process)[0].GetType()

IsPublic IsSerial Name                                     BaseType
True     False    Process                                  System.ComponentModel.Component

PS C:\Users\HS> (Get-Process)[0].GetType().Fullname
System.Diagnostics.Process
PS C:\Users\HS> _
```

Erläuterung: „Name" ist der Name der Klasse, zu der die Objekte in der Pipeline gehören. „BaseType" ist der Name der Oberklasse. .NET unterstützt Vererbung, d.h., eine Klasse kann von einer anderen erben (höchstens von einer anderen Klasse; Mehrfachvererbung gibt es nicht!). Dies ist für die PowerShell meist aber irrelevant und Sie können diese Information ignorieren.

Bei `Get-Date()` ist ein `DateTime`-Objekt in der Pipeline. Der zweite Aufruf liefert nur die Information, dass eine Menge von Objekten in der Pipeline ist. Bei der Anwendung von `GetType()` auf eine Objektmenge in der Pipeline kann man leider noch nicht den Typ erkennen. Hintergrund ist, dass in einer Pipeline Objekte verschiedener Klassen sein können. Der dritte Aufruf, bei dem gezielt ein Objekt (das erste) herausgenommen wird, zeigt dann wieder an, dass es sich um `Process`-Objekte handelt. Den ganzen Klassennamen inklusive des Namensraums bekommt man nur, wenn man explizit die Eigenschaft `FullName` abfragt.

Get-PipelineInfo

Get-PipelineInfo Das Commandlet `Get-PipelineInfo` aus den PowerShell Extensions von *www.IT-Visions.de* liefert drei wichtige Informationen über die Pipeline-Inhalte:

- Anzahl der Objekte in der Pipeline (die Objekte werden durchnummeriert)
- Typ der Objekte in der Pipeline (ganzer Name der .NET-Klasse)
- Zeichenkettenrepräsentation der Objekte in der Pipeline

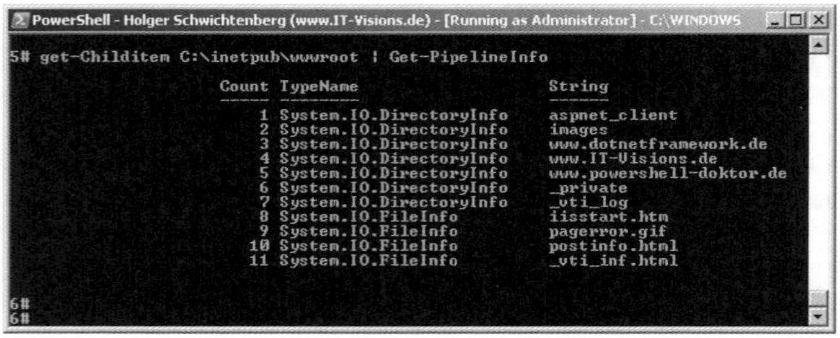

Abbildung 5.14
Get-PipelineInfo liefert Informationen, dass sich in dem Dateisystemordner elf Objekte befinden. Davon sind sieben Unterordner (Klasse DirectoryInfo) und vier Dateien (Klasse FileInfo).

```
5# get-childitem C:\inetpub\wwwroot | Get-PipelineInfo

   Count TypeName                        String
   ----- --------                        ------
       1 System.IO.DirectoryInfo         aspnet_client
       2 System.IO.DirectoryInfo         images
       3 System.IO.DirectoryInfo         www.dotnetframework.de
       4 System.IO.DirectoryInfo         www.IT-Visions.de
       5 System.IO.DirectoryInfo         www.powershell-doktor.de
       6 System.IO.DirectoryInfo         _private
       7 System.IO.DirectoryInfo         _vti_log
       8 System.IO.FileInfo              iisstart.htm
       9 System.IO.FileInfo              pagerror.gif
      10 System.IO.FileInfo              postinfo.html
      11 System.IO.FileInfo              _vti_inf.html
6#
6#
```

Analyse des Pipeline-Inhalts

Das Stichwort Zeichenkettenrepräsentation (Spalte „String" in der Bildschirmabbildung) ist erklärungsbedürftig: Jedes .NET-Objekt besitzt eine Methode `ToString()`, die das Objekt in eine Zeichenkette umwandelt, denn `ToString()` ist in der „Mutter aller .NET-Klassen" `System.Object` implementiert und wird an alle .NET-Klassen und somit auch deren Instanzen weitergegeben. Ob `ToString()` eine sinnvolle Ausgabe liefert, hängt von der jeweiligen Klasse ab. Im Fall von `System.Diagnostics.Process` werden der Klassenname und der Prozessname ausgegeben. Dies kann man leicht mit `gps | foreach { $_.ToString () }` ermitteln (siehe nächste Abbildung). Bei der Klasse `System.ServiceProcess.ServiceController`, deren Instanzen von `Get-Service` geliefert werden, ist die Konvertierung hingegen nicht so gut, denn die Zeichenkette enthält nur den Klassennamen, so dass die einzelnen Instanzen gar nicht unterschieden werden können.

> Die Konvertierung in den Klassennamen ist das Standardverhalten, das von `System.Object` geerbt wird, und dieses Standardverhalten ist leider auch üblich, da sich die Entwickler der meisten .NET-Klassen bei Microsoft nicht die „Mühe" gemacht haben, eine sinnvolle Zeichenkettenrepräsentanz zu definieren.
>
> `ToString()` ist üblicherweise keine Serialisierung des kompletten Objektinhalts, sondern im besten Fall nur der „Primärschlüssel" des Objekts. Theoretisch kann eine .NET-Klasse bei `ToString()` alle Werte liefern. Das macht aber keine Klasse im .NET Framework. Bei vielen .NET-Klassen liefert `ToString()` nur den Klassennamen.

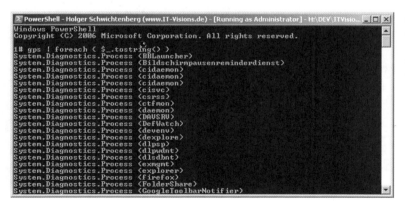

Abbildung 5.15
Anwendung von ToString() auf Instanzen der Klasse System.Diagnostics.Process

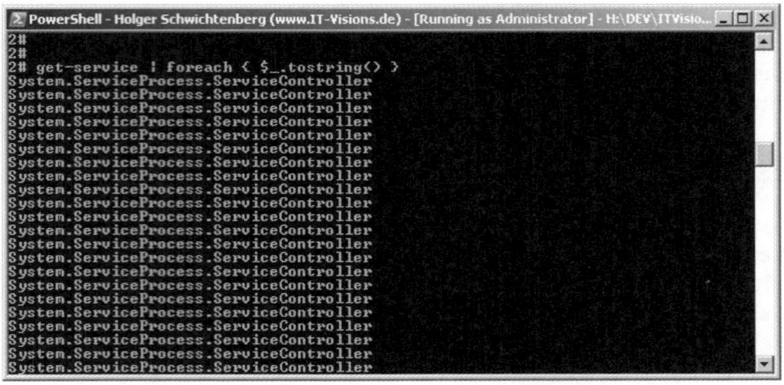

Kapitel 5 Objektorientiertes Pipelining

Abbildung 5.16
Anwendung von ToString() auf Instanzen der Klasse System.Service Process.Service-Controller

Get-Member

Get-Member Das eingebaute Commandlet `Get-Member` (Alias: `gm`) ist sehr hilfreich: Es zeigt den .NET-Klassennamen für die Objekte in der Pipeline sowie die Attribute und Methoden dieser Klasse. Für `Get-Process | Get-Member` ist die Ausgabe so lang, dass man dazu zwei Bildschirmabbildungen braucht.

Abbildung 5.17
Teil 1 der Ausgabe von Get-Process | Get-Member

Analyse des Pipeline-Inhalts

Abbildung 5.18
Teil 2 der Ausgabe von Get-Process | Get-Member

Wenn sich mehrere verschiedene Objekttypen in der Pipeline befinden, werden die Mitglieder aller Typen ausgegeben, gruppiert durch die Kopfsektion, die mit „TypeName:" beginnt.

Die Ausgabe zeigt, dass aus der Sicht der PowerShell eine .NET-Klasse sieben Arten von Mitgliedern hat:

1. Method (Methode)
2. Property (Eigenschaft)
3. PropertySet (Eigenschaftssatz)
4. NoteProperty (Notizeigenschaft)
5. ScriptProperty (Skripteigenschaft)
6. CodeProperty (Codeeigenschaft)
7. AliasProperty (Aliaseigenschaft)

Von den oben genannten Mitgliedsarten sind nur „Method" und „Property" tatsächliche Mitglieder der .NET-Klasse. Alle anderen Mitgliedsarten sind Zusätze, welche die PowerShell mittels des bereits erwähnten Extended Type System (ETS) dem .NET-Objekt hinzugefügt hat.

Kapitel 5 Objektorientiertes Pipelining

Weitere Informationen zu Get-Member
Die Ausgabe von Get-Member kann man verkürzen, indem man nur eine bestimmte Art von Mitgliedern ausgeben lässt. Diese erreicht man über den Parameter -Membertype (kurz: -m). Der folgende Befehl listet nur die Properties auf:

Get-Process | Get-Member -Membertype Properties

Außerdem ist eine Filterung beim Namen möglich:

Get-Process | Get-Member *set*

Der obige Befehl listet nur solche Mitglieder der Klasse Process auf, deren Name das Wort „set" enthält.

Methoden (Mitgliedsart Method)

Method Methoden (Mitgliedsart Method) sind Operationen, die man auf dem Objekt aufrufen kann und die eine Aktion auslösen, z.B. beendet Kill() den Prozess. Methoden können aber auch Daten liefern oder Daten in dem Objekt verändern.

> Beim Aufruf von Methoden sind immer runde Klammern anzugeben, auch wenn es keine Parameter gibt. Ohne die runden Klammern erhält man Informationen über die Methode, man ruft aber nicht die Methode selbst auf.

Eigenschaften (Mitgliedsart Property)

Property Eigenschaften (Mitgliedsart Property) sind Datenelemente, die Informationen aus dem Objekt enthalten oder mit denen man Informationen an das Objekt übergeben kann, z.B. MaxWorkingSet.

> In PowerShell 1.0 sah die Aussage von Get-Member noch etwas anders aus (siehe nächste Bildschirmabbildung). Man sieht dort, dass es zu jedem Property zwei Methoden gibt, z.B. get_MaxWorkingSet() und set_MaxWorkingSet(). Die Ursache dafür liegt in den Interna des .NET Frameworks: Dort werden Properties (nicht aber sogenannte Fields, eine andere Art von Eigenschaften) durch ein Methodenpaar abgebildet: eine Methode zum Auslesen der Daten (genannt „Get-Methode" oder „Getter"), eine andere Methode zum Setzen der Daten (genannt „Set-Methode" oder „Setter"). Einige Anfänger störte die „Aufblähung" der Liste durch diese Optionen. Seit PowerShell 2.0 zeigte Get-Member die Getter-Methoden (get_) und Setter-Methoden (set_) nur noch an, wenn man den Parameter -force verwendet.

104

Analyse des Pipeline-Inhalts

Abbildung 5.19
Anzeige der Getter und Setter in PowerShell 1.0

Fortgeschrittene Benutzer bevorzugen die Auflistung der Getter und Setter. Man kann erkennen, welche Aktionen auf einem Property möglich sind. Fehlt der Setter, kann die Eigenschaft nicht verändert werden (z.B. StartTime bei der Klasse Process). Fehlt der Getter, kann man die Eigenschaft nur setzen. Dafür gibt es kein Beispiel in der Klasse Process. Dieser Fall kommt auch viel seltener vor, wird aber z.B. bei Kennwörtern eingesetzt, die man nicht wiedergewinnen kann, weil sie nicht im Klartext, sondern nur als Hash-Wert abgespeichert werden.

Für den PowerShell-Nutzer bedeutet die Existenz von Gettern und Settern, dass er zwei Möglichkeiten hat, Daten abzurufen. Über die Eigenschaft (Property):

```
Get-Process | Where-Object { $_.name -eq "iexplore" } | Foreach-Object { $_.PriorityClass }
```

oder die entsprechende "Get"-Methode:

```
Get-Process | Where-Object { $_.name -eq "iexplore" } | Foreach-Object { $_.get_PriorityClass() }
```

Analog gibt es für das Schreiben die Option über die Eigenschaft:

```
Get-Process | Where-Object { $_.name -eq "iexplore" } | Foreach-Object { $_.PriorityClass = "High" }
```

oder die entsprechende "Set"-Methode:

```
Get-Process | Where-Object { $_.name -eq "iexplore" } | Foreach-Object { $_.set_PriorityClass("High") }
```

Kapitel 5 Objektorientiertes Pipelining

> Auch hier kann man wieder grundsätzlich die verkürzte Schreibweise seit PowerShell 3.0 anwenden, also:
>
> (Get-Process | Where-Object { $_.name -eq "iexplore" }).PriorityClass
>
> (Get-Process | Where-Object { $_.name -eq "iexplore" }).get_PriorityClass()
>
> (Get-Process | Where-Object { $_.name -eq "iexplore" }).set_PriorityClass("High")
>
> Syntaktisch nicht erlaubt ist aber:
>
> (Get-Process | Where-Object { $_.name -eq "iexplore" }).PriorityClass = "High"
>
> Hier geht nur die o.g. Schreibweise mit Foreach-Object.

Eigenschaftssätze (PropertySet)

PropertySet   Eigenschaftssätze (PropertySet) sind eine Zusammenfassung einer Menge von Eigenschaften unter einem gemeinsamen Dach. Beispielsweise umfasst der Eigenschaftssatz psRessources alle Eigenschaften, die sich auf den Ressourcenverbrauch eines Prozesses beziehen. Dies ermöglicht es, dass man nicht alle diesbezüglichen Eigenschaften einzeln nennen muss, sondern schreiben kann:

Get-Process | Select-Object psResources | Format-Table

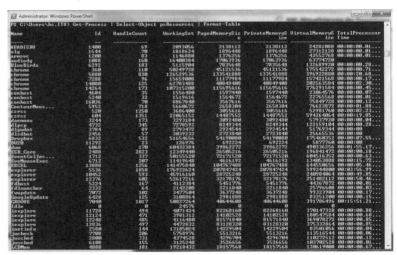

Abbildung 5.20 Verwendung des Eigenschaftssatzes "psRessources"

Die Eigenschaftssätze gibt es nicht im .NET Framework; sie sind eine Eigenart der PowerShell und definiert in der Datei *types.ps1xml* im Installationsordner der PowerShell.

Analyse des Pipeline-Inhalts

```
<PropertySet>
    <Name>PSConfiguration</Name>
    <ReferencedProperties>
        <Name>Name</Name>
        <Name>Id</Name>
        <Name>PriorityClass</Name>
        <Name>FileVersion</Name>
    </ReferencedProperties>
</PropertySet>
<PropertySet>
    <Name>PSResources</Name>
    <ReferencedProperties>
        <Name>Name</Name>
        <Name>Id</Name>
        <Name>Handlecount</Name>
        <Name>WorkingSet</Name>
        <Name>NonPagedMemorySize</Name>
        <Name>PagedMemorySize</Name>
        <Name>PrivateMemorySize</Name>
        <Name>VirtualMemorySize</Name>
        <Name>Threads.Count</Name>
        <Name>TotalProcessorTime</Name>
    </ReferencedProperties>
</PropertySet>
```

Abbildung 5.21
Definition der Eigenschaftssätze für die Klasse System.Diagnostics.Process in types.ps1ml

Notizeigenschaften (NoteProperty)

Notizeigenschaften (NoteProperties) sind zusätzliche Datenelemente, die nicht dem .NET-Objekt entstammen, sondern welche die PowerShell-Infrastruktur hinzugefügt hat. Im Beispiel der Ergebnismenge des Commandlets `Get-Process` ist dies `__NounName`, der einen Kurznamen der Klasse liefert. Andere Klassen haben zahlreiche Notizeigenschaften. Notizeigenschaften gibt es nicht im .NET Framework; sie sind eine Eigenart der PowerShell.

NoteProperties

> Man kann einem Objekt zur Laufzeit eine Notizeigenschaft hinzufügen, siehe *Kapitel 16 „Dynamische Objekte"*.

Skripteigenschaften (ScriptProperty)

Eine **Skripteigenschaft (ScriptProperty)** ist eine berechnete Eigenschaft, also eine Information, die nicht im .NET-Objekt selbst gespeichert ist. Dabei muss die Berechnung nicht notwendigerweise eine mathematische Berechnung sein; es kann sich auch um den Zugriff auf die Eigenschaften eines untergeordneten Objekts handeln. Der Befehl

ScriptProperty

```
Get-Process | Select-Object name, product
```

listet alle Prozesse mit den Produkten auf, zu denen der Prozess gehört (siehe *Abbildung 5.22*). Dies ist gut zu wissen, wenn man auf seinem System einen Prozess sieht, den man nicht kennt und von dem man befürchtet, dass es sich um einen Schädling handeln könnte.

Kapitel 5 Objektorientiertes Pipelining

Abbildung 5.22
Auflistung der berechneten Eigenschaft „Product"

Die Information über das Produkt steht nicht in dem Prozess (Windows listet diese Information im Taskmanager ja auch nicht auf), aber in der Datei, die den Programmcode für den Prozess enthält. Das .NET Framework bietet über die `MainModule.FileversionInfo.ProductName` einen Zugang zu dieser Information. Anstelle des Befehls

```
Get-Process | Select-Object name,
Mainmodule.FileVersionInfo.ProductName
```

bietet Microsoft durch die Skripteigenschaft eine Abkürzung an. Diese Abkürzung ist definiert in der Datei *types.ps1xml* im Installationsordner der PowerShell.

Abbildung 5.23
Definition einer Skripteigenschaft in der types.ps1xml

```
<ScriptProperty>
    <Name>Product</Name>
    <GetScriptBlock>$this.Mainmodule.FileversionInfo.ProductName</GetScriptBlock>
</ScriptProperty>
```

Skripteigenschaften gibt es nicht im .NET Framework; sie sind eine Eigenart der PowerShell.

Man kann einem Objekt zur Laufzeit eine Skripteigenschaft hinzufügen, siehe *Kapitel 16 „Dynamische Objekte"*.

Codeeigenschaften (Code Property)

CodeProperty Eine **Codeeigenschaft (CodeProperty)** entspricht einer Script Property, allerdings ist der Programmcode nicht als Skript in der PowerShell-Sprache, sondern als .NET-Programmcode hinterlegt.

Aliaseigenschaft (AliasProperty)

Eine **Aliaseigenschaft** (AliasProperty) ist eine verkürzte Schreibweise für ein Property. Dahinter steckt keine Berechnung, sondern nur eine Verkürzung des Namens. Beispielsweise ist WS eine Abkürzung für WorkingSet. Auch die Aliaseigenschaften sind in der Datei *types.ps1xml* im Installationsordner der PowerShell definiert. Aliaseigenschaften sind ebenfalls eine PowerShell-Eigenart.

AliasProperty

Hintergrundwissen: Extended Type System (ETS)

Wie bereits dargestellt, zeigt die PowerShell für viele .NET-Objekte mehr Mitglieder an, als eigentlich in der .NET-Klasse definiert sind. In einigen Fällen werden aber auch Mitglieder ausgeblendet. In beiden Fällen kommt das Extended Type System (ETS) zum Einsatz.

Die Ergänzung von Mitgliedern per ETS wird verwendet, um bei einigen .NET-Klassen, die Metaklassen für die eigentlichen Daten sind (z.B. ManagementObject für WMI-Objekte, ManagementClass für WMI-Klassen, DirectoryEntry für Einträge in Verzeichnisdiensten und DataRow für Datenbankzeilen), die Daten direkt ohne Umweg dem PowerShell-Nutzer zur Verfügung zu stellen.

ETS

Mitglieder werden ausgeblendet, wenn sie in der PowerShell nicht nutzbar sind oder es bessere Alternativen durch die Ergänzungen gibt.

In der Dokumentation nimmt das PowerShell-Entwicklungsteam dazu wie folgt Stellung: „Some .NET Object members are inconsistently named, provide an insufficient set of public members, or provide insufficient capability. ETS resolves this issue by introducing the ability to extend the .NET object with additional members." [MSDN54] Dies heißt im Klartext, dass das PowerShell-Team mit der Arbeit des Entwicklungsteams der .NET-Klassenbibliothek nicht ganz zufrieden ist.

Das Extended Type System (ETS) verpackt grundsätzlich jedes Objekt, das von einem Commandlet in die Pipeline gelegt wird, in ein PowerShell-Objekt des Typs PSObject. Die Implementierung der Klasse PSObject entscheidet dann, was für die folgenden Commandlets und Befehle sichtbar ist.

PSObject

Diese Entscheidung wird beeinflusst durch verschiedene Instrumente:

- PowerShell-Objektadapter, die für bestimmte Typen wie ManagementObject, ManagementClass, DirectoryEntry und DataRow implementiert wurden,
- die Deklarationen in der *types.ps1xml*-Datei,
- in den Commandlets hinzugefügte Mitglieder,
- mit dem Commandlet Add-Member hinzugefügte Mitglieder.

5.11 Filtern

Where-Object Nicht immer will man alle Objekte weiterverarbeiten, die ein Commandlet liefert. Einschränkungskriterien sind Bedingungen (z.B. nur Prozesse, bei denen der Speicherbedarf größer ist als 10000000 Byte) oder die Position (z.B. nur die fünf Prozesse mit dem größten Speicherbedarf). Zur wertabhängigen Einschränkung verwendet man das Commandlet Where-Object (Alias where).

```
Get-Process | Where-Object {$_.ws -gt 10000000 }
```

Select-Object Einschränkungen über die Position definiert man mit dem Select-Object (in dem nachfolgenden Befehl für das oben genannte Beispiel ist zusätzlich noch eine Sortierung eingebaut, damit die Ausgabe einen Sinn ergibt):

```
Get-Process | Sort-Object ws -desc | Select-Object -first 5
```

Analog dazu sind die kleinsten Speicherfresser zu ermitteln mit:

```
Get-Process | Sort-Object ws -desc | Select-Object -last 5
```

Vergleiche Etwas gewöhnungsbedürftig ist die Schreibweise der Vergleichsoperatoren: Statt >= schreibt man -ge (siehe Tabelle). Die Nutzung regulärer Ausdrücke ist möglich mit dem Operator -Match.

Dazu zwei Beispiele:

1. Der folgende Ausdruck listet alle Systemdienste, deren Beschreibung aus zwei durch ein Leerzeichen getrennten Wörtern besteht.

```
Get-Service | Where-Object { $_.DisplayName -match "^\w* \w*$" }
```

Abbildung 5.24
Ausgabe zu obigem Beispiel

2. Der folgende Ausdruck listet alle Prozesse, deren Namen mit einem "i" starten und danach aus drei Buchstaben bestehen.

```
Get-Process | Where-Object { $_.ProcessName -match "^i\w{3}$" }
```

Abbildung 5.25
Ausgabe zu obigem Beispiel

Vergleich unter Berücksichtigung der Groß-/Kleinschreibung	Vergleich unter Ignorierung der Groß-/Kleinschreibung	Bedeutung
-lt	-ilt	Kleiner
-le	-ile	Kleiner oder gleich
-gt	-igt	Größer
-ge	-ige	Größer oder gleich
-eq	-ieq	Gleich
-ne	-ine	Nicht gleich
-like	-ilike	Ähnlichkeit zwischen Zeichenketten, Einsatz von Platzhaltern (* und ?) möglich
-notlike	-inotlike	Keine Ähnlichkeit zwischen Zeichenketten, Einsatz von Platzhaltern (* und ?) möglich
-match		Vergleich mit regulärem Ausdruck
-notmatch		Stimmt nicht mit regulärem Ausdruck überein
-is		Typvergleich
-in -contains		Ist enthalten in
-notin -notcontains		Ist nicht enthalten in

Tabelle 5.1
Vergleichsoperatoren der PowerShell

Logischer Operator	Bedeutung
-not oder !	Nicht
-and	Und
-or	Oder

Tabelle 5.2
Logische Operatoren in der PowerShell-Sprache

Vereinfachte Schreibweise von Bedingungen seit PowerShell 3.0 Microsoft hat versucht, die Schreibweise von Bedingungen nach Where-Object in PowerShell 3.0 zu vereinfachen.

Ohne geschweifte Klammer

Die Bedingung

`Get-Service | where-object { $_.status -eq "running" }`

kann der Nutzer in PowerShell 3.0 vereinfacht schreiben als

`Get-Service | where-object status -eq "running"`.

Dass auch

`Get-Service | where-object -eq status "running"` und

`Get-Service | where-object status "running" -eq`

zum gleichen Ergebnis führen, wirkt befremdlich.

Allerdings funktioniert die neue Syntaxform nur in den einfachsten Fällen. Bei der Verwendung von `-and` und `-or` ist die Verkürzung nicht möglich.

So sind folgende Befehl **nicht** erlaubt:

`Get-Process | Where-Object Name -eq "iexplore" -or name -eq "Chrome" -or name -eq "Firefox" | Stop-Process`

`Get-Service | where-object status -eq running -and name -like "a*"`

Korrekt muss es heißen:

`Get-Process | Where-Object { $_.Name -eq "iexplore" -or $_.name -eq "Chrome" -or $_.name -eq "Firefox" } | Stop-Process`

`Get-Service | where-object { $_.status -eq "running" -and $_.name -like "a*" }`

Grund für das Versagen bei komplexeren Ausdrücken ist, dass Microsoft die Syntaxvereinfachung über die Parameter abgebildet hat. So wird in der einfachsten Form `-eq` als Parameter von `where-object` betrachtet. Microsoft hätte da lieber den Parser grundsätzlich überarbeiten sollen.

5.12 Zusammenfassung von Pipeline-Inhalten

$ Die Menge der Objekte in der Pipeline kann heterogen sein, d.h. verschiedenen .NET-Klassen angehören. Dies ist zum Beispiel automatisch der Fall, wenn man `Get-ChildItem` im Dateisystem ausführt: Die Ergebnismenge enthält sowohl `FileInfo`- als auch `DirectoryInfo`-Objekte.

Man kann auch zwei Befehle, die beide Objekte in die Pipeline senden, zusammenfassen, so dass der Inhalt in einer Pipeline wie folgt aussieht:

`$( Get-Process ; Get-Service )`

„Kastrierung" von Objekten in der Pipeline

Dies ist aber nur sinnvoll, wenn die nachfolgenden Befehle in der Pipeline korrekt mit heterogenen Pipeline-Inhalten umgehen können. Die Standardausgabe der PowerShell kann dies. In anderen Fällen bedingt der Typ des ersten Objekts in der Pipeline die Art der Weiterverarbeitung (z.B. bei Export-Csv).

Abbildung 5.26
Anwendung von Get-PipelineInfo auf eine heterogene Pipeline

5.13 „Kastrierung" von Objekten in der Pipeline

Die Analyse des Pipeline-Inhalts zeigt, dass es oftmals sehr viele Mitglieder in den Objekten in der Pipeline gibt. In der Regel braucht man aber nur wenige. Nicht nur aus Gründen der Leistung und Speicherschonung, sondern auch in Bezug auf die Übersichtlichkeit lohnt es sich, die Objekte in der Pipeline hinsichtlich ihrer Datenmenge zu beschränken.

Mit dem Befehl Select-Object (Alias: Select) kann ein Objekt in der Pipeline „kastriert" werden, d.h., (fast) alle Mitglieder des Objekts werden aus der Pipeline entfernt, mit Ausnahme der hinter Select-Object genannten Mitglieder.

Select-Object

Beispiel:

Get-Process | Select-Object processname, get_minworkingset, ws | Get-Member

lässt von den Process-Objekten in der Pipeline nur die Mitglieder processname (Eigenschaft), get_minworkingset (Methode) und workingset (Alias) übrig (siehe *Abbildung 5.27*). Wie die Abbildung zeigt, ist das „Kastrieren" mit drei Wermutstropfen verbunden:

- Get-Member zeigt nicht mehr den tatsächlichen Klassennamen an, sondern PSCustomObject, eine universelle Klasse der PowerShell.
- Alle Mitglieder sind zu Notizeigenschaften degradiert.

Abbildung 5.27
Wirkung der Anwendung von Select-Object

Mit dem Parameter -exclude kann man in Select-Object auch Mitglieder einzeln ausschließen.

Dass es neben den drei gewünschten Mitgliedern noch vier weitere in der Liste gibt, ist auch einfach erklärbar: Jedes, wirklich jedes .NET-Objekt hat diese vier Methoden, weil diese von der Basisklasse System.Object an jede .NET-Klasse vererbt und damit an jedes .NET-Objekt weitergegeben werden.

5.14 Sortieren

Sort-Object   Mit Sort-Object (Alias Sort) sortiert man die Objekte in der Pipeline nach den anzugebenden Eigenschaften. Die Standardsortierrichtung ist aufsteigend. Mit dem Parameter -descending (kurz: -desc) legt man die absteigende Sortierung fest.

Der folgende Befehl sortiert die Prozesse absteigend nach ihrem Speicherverbrauch:

```
Get-Process | Sort-Object ws -desc
```

Mit Komma getrennt kann man mehrere Eigenschaften aufführen, nach denen sortiert werden soll. In folgendem Beispiel werden die Systemdienste erst nach Status und innerhalb eines Status dann nach Displayname sortiert.

```
Get-Service | Sort-Object Status, Displayname
```

5.15 Duplikate entfernen

Get-Unique   Get-Unique entfernt Duplikate aus einer Liste.

Achtung: Die Liste muss vorher sortiert sein!

Richtig ist daher:

```
1,5,7,8,5,7 | Sort-Object | Get-Unique
```

Falsch wäre:

```
1,5,7,8,5,7 | Get-Unique
```

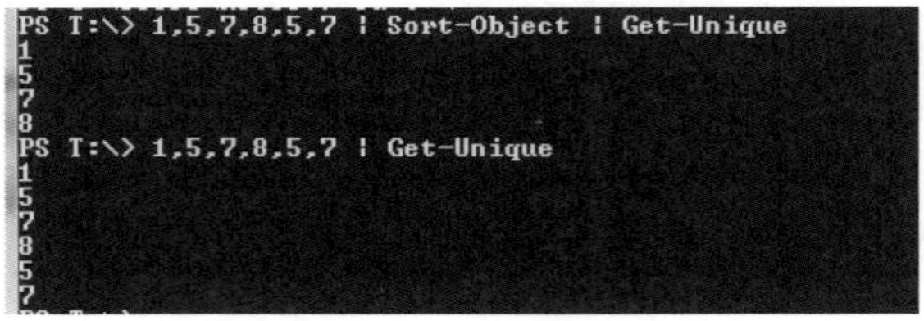

Abbildung 5.28
Richtiger und falscher Einsatz von Get-Unique

```
PS T:\> 1,5,7,8,5,7 | Sort-Object | Get-Unique
1
5
7
8
PS T:\> 1,5,7,8,5,7 | Get-Unique
1
5
7
8
5
7
```

Gruppierung

> Get-Unique arbeitet nicht nur auf elementaren Datentypen wie Zahlen und Zeichenketten, sondern auch auf komplexen Objekten, z.B. Get-process | Sort-Object | Get-Unique.

Praxisbeispiel: Microsoft-Office-Wörterbücher zusammenfassen

Wer auf mehreren Rechnern arbeitet und kein Roaming-Profile nutzen kann oder will, kennt das Problem: Auf jedem PC gibt es ein eigenes benutzerdefiniertes Wörterbuch für Microsoft Word, Outlook etc. (.dic-Datei mit Namen benutzer.dic bzw. custom.dic). .Dic-Dateien sind einfache ASCII-Dateien und man kann natürlich mit jedem beliebigen Texteditor oder einem Merge-Werkzeug die Wörterbücher zusammenführen. Ganz elegant ist die Zusammenführung aber mit einem Windows-PowerShell-Einzeiler möglich. Der Befehl geht davon aus, dass sich im Ordner d:\Woerterbuecher mehrere .dic-Dateien befinden. Die Ausgabe ist ein konsolidiertes Wörterbuch MeinWoerterbuch.dic. Doppelte Einträge werden natürlich mit Get-Unique eliminiert.

.dic

```
Dir "T:\Woerterbuecher" -Filter *.dic | Get-Content | Sort-Object |
Get-Unique | Set-Content "T:\Woerterbuecher\MeinWoerterbuch.dic"
```

5.16 Gruppierung

Mit Group-Object (Alias: Group) kann man Objekte in der Pipeline nach Eigenschaften gruppieren.

Group-Object

Mit dem folgenden Befehl ermittelt man, wie viele Systemdienste laufen und wie viele gestoppt sind:

```
PS B:\Scripte> Get-Service | Group-Object status

Count Name                      Group
----- ----                      -----
   64 Running                   {AeLookupSvc, ALG, AppMgmt, appmgr...}
   54 Stopped                   {Alerter, aspnet_state, ClipSrv, clr_optimiz...
```

Das zweite Beispiel gruppiert die Dateien im *System32*-Verzeichnis nach Dateierweiterung und sortiert die Gruppierung dann absteigend nach Anzahl der Dateien in jeder Gruppe.

```
Get-ChildItem c:\windows\system32 | Group-Object extension |
Sort-Object count -desc
```

Kapitel 5 Objektorientiertes Pipelining

Abbildung 5.29
Einsatz von Group-Object und Sort-Object

> Wenn es nur darum geht, die Gruppen zu ermitteln und nicht die Häufigkeit der Gruppenelemente, dann kann man auch Select-Object mit dem Parameter -unique zum Gruppieren einsetzen:
>
> Get-ChildItem | Select-Object extension -Unique

> Man kann bei Group-Object auch einen Ausdruck angeben, der wahr oder falsch liefert, und dadurch zwei Gruppen bilden. Beispiel:
>
> Get-Childitem c:\Windows | Where { !$_.PsIsContainer } | Group-Object { $_.Length -gt 1MB}
>
> teilt alle Dateien im aktuellen Verzeichnis in zwei Gruppen ein: solche, die größer als 1 MByte sind, und solche, die es nicht sind (Verzeichnisse werden bereits vorher ausgeschlossen, auch wenn dies nicht erforderlich wäre, da sie die Größe 0 besitzen).

Abbildung 5.30: Ergebnis des obigen Befehls (Zahlen können in Abhängigkeit vom Betriebssystem abweichen)

5.17 Berechnungen

Measure-Object Measure-Object (Alias: measure) führt verschiedene Berechnungen (Anzahl, Durchschnitt, Summe, Minimum, Maximum) für Objekte in der Pipeline aus. Dabei sollte man die Eigenschaft nennen, über welche die Berechnung ausgeführt werden soll. Sonst wird die erste

Eigenschaft verwendet, die aber häufig ein Text ist, den man nicht mathematisch verarbeiten kann.

Measure-Object liefert im Standard nur die Anzahl. Mit den Parametern -sum, -min, -max und -average muss man weitere Berechnungen explizit anstoßen.

Beispiel: Informationen über die Dateien in *c:\Windows*

```
Get-ChildItem c:\windows | Measure-Object -Property length -min -max -average -sum
```

Abbildung 5.31
Beispiel für den Einsatz von Measure-Object

5.18 Zwischenschritte in der Pipeline mit Variablen

Ein Befehl mit Pipeline kann beliebig lang und damit auch beliebig komplex werden. Wenn der Befehl unübersichtlich wird oder man Zwischenschritte genauer betrachten möchte, bietet es sich an, den Inhalt der Pipeline zwischenzuspeichern. Die PowerShell ermöglicht es, den Inhalt der Pipeline in Variablen abzulegen. Variablen werden durch ein vorangestelltes Dollarzeichen ($) gekennzeichnet. Anstelle von

PowerShell-Variablen

```
Get-Process | Where-Object {$_.name -eq "iexplore"} | Foreach-Object { $_.ws }
```

kann man die folgenden Befehle nacheinander in getrennte Zeilen eingeben:

```
$x = Get-Process
$y = $x | Where-Object {$_.name -eq "iexplore"}
$y | Foreach-Object { $_.ws }
```

Das Ergebnis ist in beiden Fällen gleich.

Der Zugriff auf Variablen, die keinen Inhalt haben, führt so lange nicht zum Fehler, wie man später in der Pipeline keine Commandlets verwendet, die unbedingt Objekte in der Pipeline erwarten.

Abbildung 5.32
Zugriff auf Variablen ohne Inhalt

> Wenn ein Pipeline-Befehl keinen Inhalt liefert, dann erhält die Variable den Wert $null, der für „kein Wert" steht.
>
> Beispiel:
>
> $x = Get-Service x*
>
> Die Ausgabe für $null ist nichts.

5.19 Verzweigungen in der Pipeline

Tee-Object Manchmal möchte man innerhalb einer Pipeline das Ergebnis nicht nur in der Pipeline weiterreichen, sondern auch in einer Variablen oder im Dateisystem zwischenspeichern. Der Verzweigung innerhalb der Pipeline dient das Commandlet Tee-Object, wobei hier das „Tee" für „verzweigen" steht. Tee-Object reicht den Inhalt der Pipeline unverändert zum nächsten Commandlet weiter, bietet aber an, den Inhalt der Pipeline wahlweise zusätzlich in einer Variablen oder im Dateisystem abzulegen.

Der folgende Pipeline-Befehl verwendet Tee-Object gleich zweimal für beide Anwendungsfälle:

Get-Service | Tee-Object -var a | Where-Object { $_.Status -eq "Running" } | Tee-Object -filepath g:\dienste.txt

Die erste Verwendung von Tee-Object speichert die Liste der Dienste-Objekte in der Variablen $a und gibt die Objekte aber gleichzeitig weiter in die Pipeline.

Die zweite Verwendung speichert die Liste der laufenden Dienste in der Textdatei g:\dienste.txt und gibt sie zusätzlich an die Standardausgabe aus.

Nach der Ausführung des Befehls steht in der Variablen $a eine Liste aller Dienste und in der Textdatei *dienste.txt* eine Liste der laufenden Dienste.

> Bitte beachten Sie, dass man bei Tee-Object beim Parameter -variable den Namen der Variablen ohne den üblichen Variablenkennzeichner "$" angeben muss.

5.20 Vergleiche zwischen Objekten

Mit Compare-Object kann man den Inhalt von zwei Pipelines vergleichen.

Compare-Object

Mit der folgenden Befehlsfolge werden alle zwischenzeitlich neu gestarteten Prozesse ausgegeben:

```
$ProzesseVorher = Get-Process
# Hier einen Prozess starten
$ProzesseNacher = Get-Process
Compare-Object $ProzesseVorher $ProzesseNacher
```

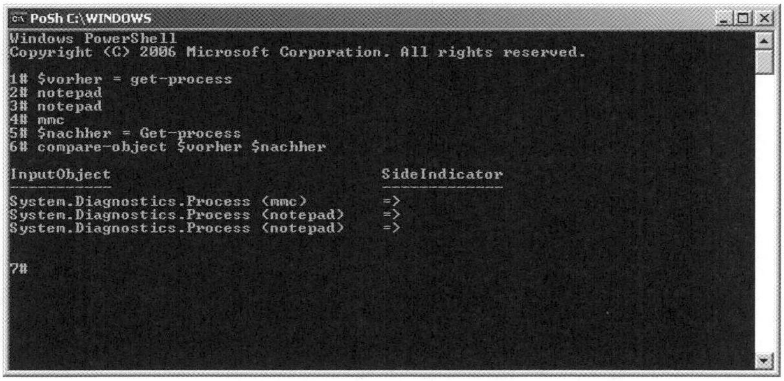

Abbildung 5.33
Vergleich von zwei Pipelines

5.21 Praxisbeispiele

Dieses Kapitel enthält einige Beispiele für die Anwendung von Pipelining und Ausgabebefehlen:

- Beende alle Prozesse durch Aufruf der Methode Kill(), die „iexplore" heißen, wobei die Groß-/Kleinschreibung des Prozessnamens irrelevant ist.

    Pipelining-Beispiele

    ```
    Get-Process | where { $_.processname -ieq "iexplore" } |
    foreach { $_.Kill() }
    ```

- Sortiere die Prozesse, die das Wort „iexplore" im Namen tragen, gemäß ihrer CPU-Nutzung und beende den Prozess, der in der aufsteigenden Liste der CPU-Nutzung am weitesten unten steht (also am meisten Rechenleistung verbraucht).

    ```
    Get-Process  | where { $_.processname -ilike "*iexplore*" } |
    Sort-Object -p cpu | Select-Object -last 1 | foreach { $_.Kill() }
    ```

- Gib die Summe der Speichernutzung aller Prozesse aus.

    ```
    ps | Measure-Object workingset
    ```

▶ Gruppiere die Einträge im System-Ereignisprotokoll nach Benutzernamen.

`Get-EventLog -logname system | Group-Object username`

▶ Zeige die letzten zehn Einträge im System-Ereignisprotokoll.

`Get-EventLog -logname system | Select-Object -last 10`

▶ Zeige für die letzten zehn Einträge im System-Ereignisprotokoll die Quelle an.

`Get-EventLog -logname system | Select-Object -first 10 | Select-Object -p source`

▶ Importiere die Textdatei test.txt, wobei die Textdatei als eine CSV-Datei mit dem Semikolon als Trennzeichen zu interpretieren ist und die erste Zeile die Spaltennamen enthalten muss. Zeige daraus die Spalten *ID* und *Url*.

`Import-Csv d:\_work\test.txt -delimiter ";" | Select-Object -p ID,Url`

▶ Ermittle aus dem Verzeichnis System32 alle Dateien, die mit dem Buchstaben „a" beginnen. Beschränke die Menge auf diejenigen Dateien, die größer als 40.000 Byte sind, und gruppiere die Ergebnismenge nach Dateinamenerweiterungen. Sortiere die gruppierte Menge nach dem Namen der Dateierweiterung.

`Get-ChildItem c:\windows\system32 -filter a*.* | Where-Object {$_.Length -gt 40000} | Group-Object Extension | Sort-Object name | Format-Table`

▶ Ermittle aus dem Verzeichnis System32 alle Dateien, die mit dem Buchstaben „b" beginnen. Beschränke die Menge auf diejenigen Dateien, die größer als 40.000 Byte sind, und gruppiere die Ergebnismenge nach Dateierweiterungen. Sortiere die Gruppen nach der Anzahl der Einträge absteigend und beschränke die Menge auf das oberste Element. Gib für alle Mitglieder dieser Gruppe die Attribute Name und Length aus und passe die Spaltenbreite automatisch an.

`Get-ChildItem c:\windows\system32 -filter b*.* | Where-Object {$_.Length -gt 40000} | Group-Object Extension | Sort-Object count -desc | Select-Object -first 1 | Select-Object group | foreach {$_.group} | Select-Object name,length | Format-Table -autosize`

6 PowerShell-Skripte

Dieses Kapitel behandelt die Erstellung von PowerShell-Skripten aus Commandlets und der PowerShell-Skriptsprache. Beide Formen können in einem Skript beliebig gemischt werden. Zunächst werden der allgemeine Aufbau und der Start der Skripte erläutert. Die Befehle der Skriptsprache folgen im nächsten Kapitel.

6.1 Skriptdateien

Befehlsabfolgen (Commandlets und/oder Elemente der Skriptsprache) können als PowerShell-Skripte im Dateisystem abgelegt und später (unbeaufsichtigt) ausgeführt werden. Diese Skripte sind reine Textdateien und haben die Dateinamenerweiterung *.ps1*. Die Zahl 1 steht dabei ursprünglich für die Version 1.0 der PowerShell. Microsoft hat in Hinblick auf die Langlebigkeit vieler Skripte vorgesehen, dass verschiedene Versionen der PowerShell auf einem System koexistieren können.

.ps1

> .ps1 gilt auch noch für PowerShell 3.0. Man kann .ps1 nun also als „erste Version des PowerShell-Dateiformats" verstehen.

Beispiel

Das folgende Listing zeigt ein Skript, das verschiedene Informationen über den Computer ausgibt. Die Informationen werden aus den Commandlets `Get-Date`, `Get-Service` und `Get-Process` ermittelt. Dabei werden nur jeweils einzelne Werte durch den Aufruf von Methoden `ToShortDateString()` bzw. `ToLongTimeString()` sowie dem `Property Count` extrahiert. Zudem gibt es statische Ausgaben (Zeichenkettenliterale), die durch das Pluszeichen (+) mit den Ergebnissen der Commandlets verbunden werden. Die Raute (#) leitet Kommentare ein, die nicht ausgegeben werden.

Die einzelnen Befehle sind jeweils durch Zeilenumbrüche getrennt. Alternative Möglichkeiten der Befehlstrennung lernen Sie in *Kapitel 7 „PowerShell-Skriptsprache"* kennen.

```
# Mein erstes Skript
# Beispiel aus dem Buch "Windows PowerShell 3.0 - Das Praxishandbuch"
"Informationen über diesen Computer:"
```

Kapitel 6 PowerShell-Skripte

```
"Datum:" + (Get-Date).ToShortDateString()
"Zeit:" + (Get-Date).ToLongTimeString()
"Anzahl laufender Prozesse: " + (Get-Process).Count
"Anzahl gestarteter Dienste: " + (Get-Service | where { $_.Status -eq "running" } ).Count
```

Editoren Das Skript können Sie in einem beliebigen Texteditor (z.B. Notepad, Textpad) oder einem speziellen PowerShell-Editor (z.B. ISE, PowerShellPlus, PowerGUI) erfassen und im Dateisystem speichern. Details über die Editoren erfahren Sie in *Kapitel 11 „PowerShell-Werkzeuge"*.

Abbildung 6.1
Das Skript im Notepad

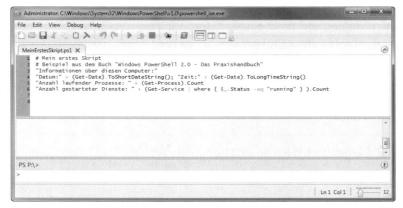

Abbildung 6.2
Das Skript im „Integrated Scripting Environment" (ISE), das Microsoft bei PowerShell mitliefert

6.2 Start eines Skripts

Skriptaufruf Jeffrey Snover, der maßgebliche Architekt der Windows PowerShell, nannte als „Top-Sicherheitsfunktion" der Windows PowerShell die Tatsache, dass man ein PowerShell-Skript nicht durch Doppelklick auf das Symbol in Windows starten kann. Grundsätzlich könnte man diese Startart definieren, sie ist aber nicht im Standardumfang der PowerShell-Installation enthalten. Ein PowerShell-Skript wird gestartet durch Eingabe des Namens mit oder ohne Dateierweiterung bzw. mit oder ohne ein vorangestelltes Commandlet in der PowerShell-Konsole.

`.\MeinErstesSkript.ps1` oder

`&.\MeinErstesSkript.ps1` oder

`Invoke-Expression .\MeinErstesSkript.ps1`

Start eines Skripts

Wichtig ist, dass ein Skript immer eine Pfadangabe braucht, selbst wenn es nur ein „.\" für den lokalen Pfad ist. Das „.ps1" ist jeweils optional.

Bereits in *Kapitel 1 „Erste Schritte mit der Windows PowerShell"* haben Sie gelernt, dass die PowerShell im Standard gar keine Skriptausführung erlaubt. Wenn Sie den dort genannten Befehl `Set-ExecutionPolicy remotesigned` noch nicht ausgeführt haben, führen Sie ihn jetzt aus, um die Skriptausführung auf Ihrem System zu erlauben. Details dazu erfahren Sie in *Kapitel 6.6 „Sicherheitsfunktionen für PowerShell-Skripte"*.

Die folgende Bildschirmabbildung zeigt den Start des Skripts an der PowerShell-Konsole mit absolutem Pfad („P:\...") und relativem Pfad („.\").

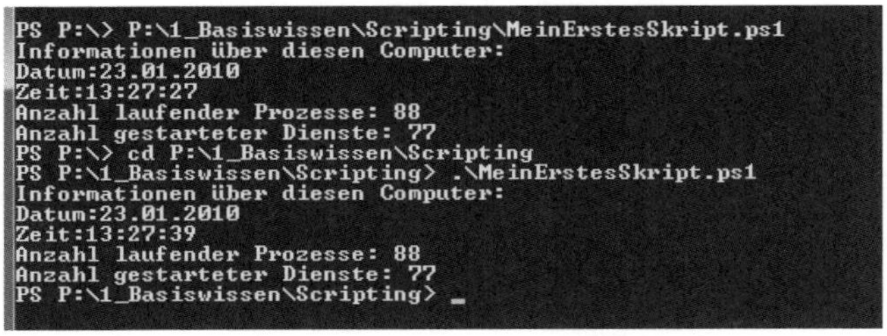

Abbildung 6.3
Start des Skripts an der PowerShell-Konsole mit absolutem Pfad und relativem Pfad

Abbildung 6.4
Start des Skripts in der ISE mit dem Symbolleistenbefehl „Run Script" oder der Taste F5

Alternativ kann man ein PowerShell-Skript aus dem normalen Windows-Kommandozeilenfenster (cmd.exe) durch eine Verknüpfung

123

aus dem Windows-Desktop oder als Anmeldeskript starten, indem man `PowerShell.exe` voranstellt:

```
PowerShell.exe p:\Skripte\MeinErstesSkript.ps1
```

> Für PowerShell-Skripte gelten ab Windows Vista hinsichtlich der Benutzerkontensteuerung (User Account Control – UAC) die gleichen Einschränkungen und Lösungen wie für WSH-Skripte. Bitte lesen Sie für weitere Informationen das Kapitel über den Windows Script Host (WSH).

6.3 Aliase für Skripte verwenden

Set-Alias Man kann Aliase auch für Skriptdateien inklusive Pfadangabe vergeben, z.B.

```
Set-Alias Get-ComputerInfo P:\1_Basiswissen\Scripting\
MeinErstesSkript.ps1
```

Danach kann man dieses Skript über `Get-ComputerInfo` aufrufen, als wäre es ein Commandlet.

Abbildung 6.5
Setzen eines Alias
für ein Skript

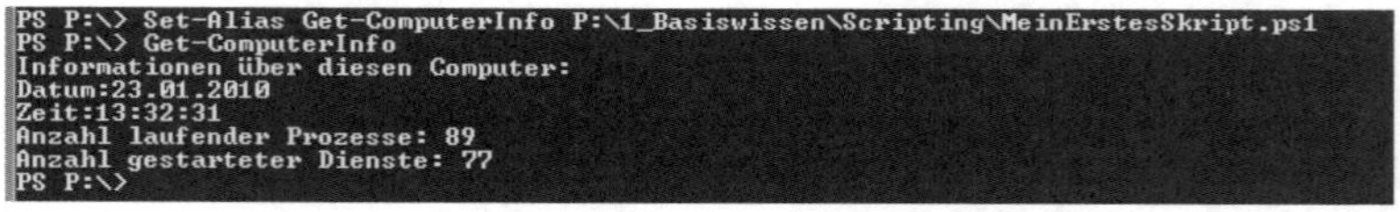

```
PS P:\> Set-Alias Get-ComputerInfo P:\1_Basiswissen\Scripting\MeinErstesSkript.ps1
PS P:\> Get-ComputerInfo
Informationen über diesen Computer:
Datum:23.01.2010
Zeit:13:32:31
Anzahl laufender Prozesse: 89
Anzahl gestarteter Dienste: 77
PS P:\>
```

6.4 Parameter für Skripte

Das oben gezeigte „MeinErstesSkript" fragt immer die Dienste und Prozesse des lokalen Systems ab. Schön wäre es, wenn man auch entfernte Computersysteme abfragen könnte. Sowohl `Get-Process` als auch `Get-Service` bieten dazu einen Parameter `-ComputerName`, bei dem man ein entferntes System angeben kann. Details zur Fernausführung (Remoting) erfahren Sie in *Teil II „PowerShell-Aufbauwissen"*. An dieser Stelle soll der Computername ein Parameter des Skripts werden.

Beim Aufruf eines Skripts kann man Parameter genauso übergeben wie beim Aufruf von Commandlets, d.h. ohne Klammern und getrennt durch Leerzeichen:

```
.\Skriptname.ps1 Parameter1 Parameter2 Parameter3
```

Ein Skript kann Parameter auf zwei Weisen verarbeiten:

▶ Über die Variable `$args`, die ein Array (Liste) der Parameter enthält. Die Zählung beginnt bei 0. Der erste Parameter steht in `$args[0]`, der zweite in `$args[1]`, der dritte in `$args[2]` usw.

Parameter für Skripte

▶ Durch eine explizite Deklaration einer Parameterliste mit Zuweisung von Variablennamen und optional Datentypen. Die Parameterliste definiert man am Beginn des Skripts mit param($name1, $name2, $name3, usw.) oder param([Typ] $name1,[Typ] $name2,[Typ] $name3, usw.). Im Skript kann man dann über $name1 etc. Bezug auf die Werte nehmen.

Die folgenden Listings zeigen beide Varianten am Beispiel von Get-ComputerInfo.ps1, einer modifizierten Form von MeinErstesSkript.ps1. Der Aufruf erfolgt mit:

.\Get-ComputerInfo.ps1 E21

Wenn Sie den Computernamen vergessen sollten, beschwert sich das Skript selbst nicht. Es findet keinen Parameter und setzt den Wert $null. $null (nicht zu verwechseln mit der Zahl 0!) steht für „kein Wert". Das ist in Ordnung für das Skript, aber die Commandlets Get-Process und Get-Service mögen es nicht, wenn man als -ComputerName $null übergibt, und beschweren sich: „The argument is null or empty.".

```
# Get-ComputerInfo
# Skript mit Parametern
# Beispiel aus dem Buch „Windows PowerShell 3.0 - Das
Praxishandbuch"
"Informationen über den Computer: " + $args[0]
"Datum:" + (Get-Date).ToShortDateString(); "Zeit:" + (Get-
Date).ToLongTimeString()
"Anzahl laufender Prozesse: " + (Get-Process -computername
$args[0]).Count
"Anzahl gestarteter Dienste: " + (Get-Service -computername
$args[0]| where { $_.Status -eq "running" } ).Count
```

Listing 6.1: Get-ComputerInfo.ps1 Variante 1 unter Verwendung von args[x]

```
# Get-ComputerInfo
# Skript mit Parametern
# Beispiel aus dem Buch „Windows PowerShell 3.0 - Das
Praxishandbuch"
param([string] $Computer)
"Informationen über den Computer: " + $Computer
"Datum:" + (Get-Date).ToShortDateString(); "Zeit:" + (Get-
Date).ToLongTimeString()
"Anzahl laufender Prozesse: " + (Get-Process -computername
$Computer).Count
"Anzahl gestarteter Dienste: " + (Get-Service -computername
$Computer| where { $_.Status -eq "running" } ).Count
```

Listing 6.2: Get-ComputerInfo.ps1 Variante 2 unter Verwendung von param[$x]

Kapitel 6 PowerShell-Skripte

6.5 Skripte dauerhaft einbinden (Dot Sourcing)

Dot Sourcing   Als „Dot Sourcing" wird eine Möglichkeit bezeichnet, eine Skriptdatei aufzurufen und permanent in die aktuelle Instanz der PowerShell einzubinden. Der Unterschied zu den oben genannten Möglichkeiten ist, dass nach dem „Dot Sourcing" alle in dem Skript deklarierten Variablen und alle dort enthaltenen Funktionen der PowerShell-Konsole sowie alle nachfolgend aufgerufenen Skripte zur Verfügung stehen. „Dot Sourcing" ist also eine Möglichkeit, die Funktionalität der PowerShell zu erweitern.

„Dot Sourcing" wird durch einen vorangestellten Punkt mit Leerzeichen aktiviert:

. Softwareinventar.ps1

Es kann ein relativer oder ein absoluter Pfad angegeben werden.

> Wenn in dem eingebundenen Skript „freie" Befehle enthalten sind, also Befehle, die nicht Teil einer Funktion sind, dann werden diese Befehle sofort ausgeführt. Deklarierte Funktionen werden nicht ausgeführt, stehen aber dem einbindenden Skript und den folgenden eingebundenen Skripten zur Verfügung.

Man kann mit „Dot Sourcing" auch Skripte in andere einbinden. Die Einbindung erfolgt auch hier mit dem Punktoperator (.).

Listing 6.3
Beispiel für ein PowerShell-Skript, das nur besteht, um andere Skripte einzubinden und aufzurufen [Einsatzgebiete/ Benutzer/Run Demos.ps1]

```
# Demo User Management
. ("H:\demo\PowerShell\Benutzer\Localuser_Create.ps1")
. ("H:\demo\PowerShell\Benutzer\LocalGroup.ps1")
. ("H:\demo\PowerShell\Benutzer\Localuser_Delete.ps1")
```

6.6 Sicherheitsfunktionen für PowerShell-Skripte

Ausführungsrichtlinie   Die bisherige Active-Scripting-Architektur im Internet Explorer, in Outlook und im Windows Script Host (WSH) hatte mit Sicherheitsproblemen zu kämpfen. Laut der Dokumentation ist die PowerShell „in der Grundeinstellung eine sichere Umgebung" [MS02]. Dass nicht jedes beliebige Skript zur Ausführung gebracht werden kann, zeigt sich, wenn man versucht, die PowerShell-Konsole nicht nur interaktiv, sondern zum Start eines Skripts zu verwenden. Die Standardausführungsrichtlinie (Execution Policy) lässt überhaupt keine Skripte zu.

Sicherheitsfunktionen für PowerShell-Skripte

*Abbildung 6.6
Die Skriptausführung muss man in der PowerShell erst explizit aktivieren.*

Sicherheitsrichtlinien

Ein Benutzer kann die Shell zunächst nur interaktiv verwenden, bis er die Ausführungsrichtlinie mit dem Commandlet Set-Execution-policy auf eine niedrigere Sicherheitsstufe herabsetzt:

Set-Execution-policy

- Modus „Restricted": Es werden keine Konfigurationsdateien geladen und keine Skripts ausgeführt. „Restricted" ist der Standardwert.
- Modus „AllSigned": Nur signierte Skripte starten und signierte Skripte von nichtvertrauten Quellen starten auf Nachfrage.
- Modus „RemoteSigned: Eine vertraute Signatur ist nur für Skripte aus dem Internet (via Browser, Outlook, Messenger) erforderlich; lokale Skripte starten auch ohne Signatur.
- Modus „Unrestricted": Alle Skripte laufen.
- Modus „Bypass": Keine Blockierung findet statt und es werden keine Warnungen oder Eingabeaufforderungen ausgegeben.
- Modus „Undefined": Entfernt die gerade zugewiesene Ausführungsrichtlinie aus dem aktuellen Bereich. Mit diesem Parameter wird aber keine Ausführungsrichtlinie entfernt, die in einer Gruppenrichtlinie festgelegt wurde.

Neu in der PowerShell Version 2 ist die Möglichkeit, einen Gültigkeitsbereich für die Ausführungsrichtlinie festzulegen. Der Standardwert ist „LocalMachine".

Gültige Werte sind:

- „Process": Die Ausführungsrichtlinie wirkt sich nur auf den aktuellen Windows-PowerShell-Prozess aus.
- „CurrentUser": Die Ausführungsrichtlinie wirkt sich nur auf den aktuellen Benutzer aus.
- „LocalMachine": Die Ausführungsrichtlinie wirkt sich auf alle Benutzer des Computers aus.

Zum Entfernen einer Ausführungsrichtlinie aus einem bestimmten Bereich legen Sie die Ausführungsrichtlinie für diesen Bereich auf „Undefined" fest. Hinweis: „Unrestricted" sollte man nicht wählen,

Kapitel 6 PowerShell-Skripte

weil dies „bösen" Skripten, die z.B. als E-Mail-Anhänge übermittelt werden, die Tür öffnen würde. Wenn man sich nicht die Arbeit mit digitalen Signaturen machen will, ist die Option „RemoteSigned" ein Kompromiss. Noch vor dem endgültigen Erscheinen der PowerShell gab es die ersten angeblichen PowerShell-Viren. Diese waren aber nur eine Bedrohung, wenn man sie explizit gestartet hat (siehe [MSSec01]).

Die Sicherheitsrichtlinie wird in der Registrierungsdatenbank auf System- oder Benutzerebene abgespeichert im Schlüssel: *HKEY_CURRENT_USER\Software\Microsoft\PowerShell\1\ShellIds\Microsoft.PowerShell\ExecutionPolicy* bzw. *HKEY_LOCAL_MACHINE\SOFTWARE\Microsoft\PowerShell\1\ShellIds\Microsoft.PowerShell\ExecutionPolicy*.

> Bitte beachten Sie, dass durch die Speicherung in der Registrierungsdatenbank die Sicherheitsrichtlinie bei aktivierter Windows-Benutzerkontensteuerung (User Account Control) nur geändert werden kann, wenn die PowerShell-Konsole unter vollen Rechten läuft.
>
> Bitte beachten Sie, dass die Ausführungsrichtlinie für die 64- und die 32-Bit-PowerShell getrennt gesetzt werden muss.

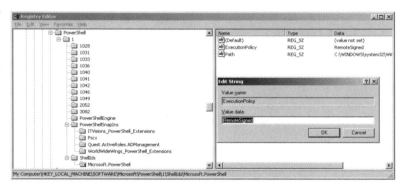

Abbildung 6.7
Persistierung der Sicherheitsrichtlinien in der Registrierungsdatenbank

Skripte signieren

Set-AuthenticodeSignature

Im Unternehmenseinsatz sollte man digitale Signaturen verwenden. Zum Signieren von Skripten bietet die Shell das Commandlet Set-AuthenticodeSignature. Um ein Skript zu signieren, müssen Sie die folgenden Schritte ausführen:

- Wenn Sie kein digitales Zertifikat zum Signieren von Code besitzen, legen Sie sich ein Zertifikat an (z.B. mit dem Kommandozeilenwerkzeug *makecert.exe*).
- Lassen Sie sich Ihre eigenen Windows-Zertifikate in der PowerShell-Konsole auflisten:

    ```
    dir cert:/currentuser/my
    ```

Sicherheitsfunktionen für PowerShell-Skripte

▸ Ermitteln Sie die Position des Zertifikats, das Sie verwenden wollen, und speichern Sie dieses Zertifikat in einer Variablen (Achtung: Die Zählung beginnt bei 0!):

```
$cert = @(dir "cert:/currentuser/my/")[1]
```

▸ Signieren Sie das Skript:

```
Set-AuthenticodeSignature Softwareinventar3.ps1 $cert
```

Abbildung 6.8
Signieren eines PowerShell-Skripts

Wenn Sie nun `Set-AuthenticodeSignature AllSigned` eingeben, sollte das von Ihnen signierte PowerShell-Skript laufen, alle anderen Skripte aber nicht.

> Falls die PowerShell beim Start des Skripts noch einmal nachfragt, ob Sie das Skript wirklich laufen lassen wollen, dann bedeutet dies, dass das Skript zwar von jemandem signiert ist und Sie die Zertifizierungsstelle, die das Zertifikat ausgestellt hat, in Ihrer Stammzertifizierungsstelle kennen, aber dass Sie diesem Skriptautor noch nicht explizit vertrauen. Durch die Option „Always Run" würde der Skriptautor unter die „Vertrauenswürdigen Herausgeber" in die Zertifikatsverwaltung aufgenommen werden.

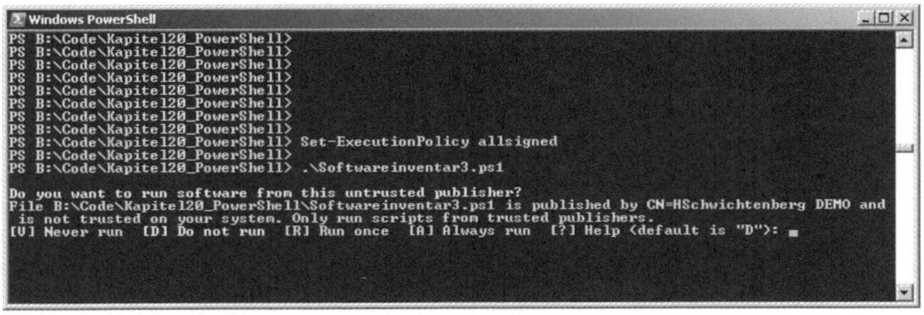

Abbildung 6.9
Nachfrage beim Skriptstart

6.7 Skripte anhalten

Start-Sleep Ein PowerShell-Skript kann man eine Zeitlang anhalten. Die Zeit bemisst sich in Millisekunden oder Sekunden.

So wartet das Skript 10 Millisekunden:

```
Start-Sleep -m 10
```

So wartet das Skript 10 Sekunden:

```
Start-Sleep -s 10
```

7 PowerShell-Skriptsprache

Neben der Commandlet-Infrastruktur bietet die PowerShell auch eine eigene Skriptsprache zur Erstellung von Befehlsabfolgen im klassischen imperativen Programmierstil. Die PowerShell Language (PSL) kennt nicht nur Variablen, sondern auch übliche Programmkonstrukte wie Schleifen und Bedingungen. In der PSL kann man komplexe Befehlsabfolgen definieren und diese zu Skripten zusammenfassen.

PSL

Microsoft greift dabei nicht auf eine bestehende Skriptsprache zurück, sondern hat sich für die Neuschöpfung nach eigenen Worten „inspirieren lassen" von Unix-Shell-Sprachen, PERL, PHP, Python und C#. Folglich verwendet die Sprache auch geschweifte Klammern; Semikola braucht man jedoch als Befehlstrenner nicht.

Inspiration durch andere Sprachen

7.1 Hilfe zur PowerShell-Skriptsprache

Die Sprachkonstrukte der PowerShell sind genauso wie die PowerShell-Commandlets in einfachen, rein textbasierten Hilfedokumenten erklärt, die mit der PowerShell installiert werden. Die Hilfedokumente zu den Sprachkonstrukten beginnen mit dem Wort „About", z.B. liefert der Befehl

Get-Help

```
Get-Help About_for
```

Hilfe zur for-Schleife.

Der Befehl

```
Get-Help About
```

zeigt eine Liste aller „About"-Dokumente.

7.2 Befehlstrennung

Jede Zeile ist ein Befehl. Ein Befehl kann aus mehreren Commandlets bestehen, die durch das „Pipe-Symbol" (|) getrennt sind. Man kann mehrere Befehle durch ein Semikolon (;) getrennt in eine Zeile setzen.

Pipe und Semikolon

Man kann Semikola auch wie in C++ und C# am Ende jeder Zeile verwenden – man muss es aber nicht.

```
Get-Process ; Get-Service
```

Wenn sich ein Befehl über mehrere Zeilen erstrecken soll, kann man am Ende einer Zeile mit einem Hochkomma (`) bewirken, dass die nächste Zeile mit zum Befehl hinzugerechnet wird.

```
Get-Process | `
Format-List
```

7.3 Kommentare

Grundsätzlich sollte man bei der Programmierung dem eigentlichen Programmcode zusätzliche Kommentare hinzufügen, um das Programm für sich selbst und andere verständlich zu machen. Ein gutes Skript zeichnet sich dadurch aus, dass es gut lesbar ist, dass der Code also entsprechend kommentiert wurde. Zwar kann man anhand des Programmcodes oft schon sehen, was innerhalb eines Skripts geschieht, allerdings wird diese Lesbarkeit durch Kommentare wesentlich verbessert.

Kommentare werden in der PowerShell-Skriptsprache durch eine Raute # gekennzeichnet. Kommentare werden von der PowerShell komplett ignoriert. Hier kann jeder beliebige Text stehen.

```
# Ein beliebiger Kommentar
```

> Die Raute gilt immer nur für den Rest der Zeile. Man kann nach einem Befehl einen Kommentar schreiben, z.B.
>
> ```
> $s = Get-Service | where { $_.Status -eq "running" } # holt die gestarteten Dienste
> ```
>
> Aber man kann nicht in die gleiche Zeile nach der Raute noch einen Befehl schreiben, der ausgeführt werden soll.
>
> ```
> $s = Get-Service # holt die gestarten Dienste Get-Process
> ```
>
> Hier wird „Get-Process" ignoriert.

Seit der PowerShell 2.0 gibt es auch mehrzeilige Kommentare. Hier ist alles, was zwischen <# und #> steht, ein Kommentar, auch wenn es Zeilenumbrüche gibt.

```
<#
-----------------------------------
PowerShell Script
HTTP-Download und Ausgabe am Bildschirm
(C) Dr. Holger Schwichtenberg
http://www.PowerShell-doktor.de
-----------------------------------
#>

# Instanz erzeugen
$wc = new-object System.Net.WebClient # Es werden keine Parameter benötigt
# HTML herunterladen aus ausgeben
$wc.DownloadString("http://www.PowerShell-doktor.de")
# Zusätzliche Ausgaben
"Zusätzliche Header-Informationen:"
$wc.ResponseHeaders.ToString() # Liefert eine Liste aller HTTP-Header
```

*Listing 7.1
Ein- und mehrzeilige Kommentare im Einsatz*

7.4 Variablen

Variablen sind Speicher für einzelne Werte, für ganze Objekte oder für Objektmengen. Variablen beginnen mit dem Variablenkennzeichner $. Ein Variablenbezeichner (der Name der Variable) kann aus Buchstaben und Zahlen sowie einem Unterstrich bestehen. Nicht erlaubt sind Namen, die bereits vordefinierten Variablen zugewiesen wurden, insbesondere nicht der Name "$_".

Untypisierte Variablen

Die Zuweisung des Inhalts an Variablen erfolgt mit dem Gleichheitszeichen:

```
$x = 5 # Zuweisung der Zahl 5 an die Variable $x
```

Bei der Verwendung (Auslesen des Inhalts) ist nichts weiter zu beachten:

```
"Die Zahl ist " + $x # Verwendung der Variablen
```

Man kann einer Variablen den Inhalt einer Pipeline zuweisen:

```
$laufendeDienste = Get-Service | where { $_.Status -eq "running" }
```

Und dann später darauf zugreifen, z.B.:

```
"Anzahl der laufenden Dienste: " + $laufendeDienste.Count
"Liste der Dienste: "
$laufendeDienste | ft Name, Status
```

Kapitel 7 PowerShell-Skriptsprache

Die Zuweisung an Variablen und das Auslesen kann alternativ mit den Commandlets Set-Variable bzw. Get-Variable erfolgen. Dabei ist jeweils zu beachten, dass in diesem Fall der Variablenname ohne „$" anzugeben ist. Ebenso ist bei der Zuweisung kein Gleichheitszeichen zu verwenden. Die Verwendung dieser Commandlets ist jedoch umständlicher als der direkte Zugriff, da zusätzliche Klammerungen notwendig sind, um Set-Variable bzw. Get-Variable in Ausdrücken zu verwenden. Ebenso muss man bei Get-Variable immer noch auf .Value zugreifen, da Get-Variable nicht den Wert liefert, sondern ein Objekt vom Typ PSVariable, das den Wert verpackt.

```
Set-Variable x 5
"Die Zahl ist " + (Get-Variable x).Value # Verwendung der Variablen

Set-Variable laufendeDienste $(Get-Service | where { $_.Status -eq
"running" })
"Anzahl der laufenden Dienste: " + (Get-Variable
laufendeDienste).Value.Count
"Liste der Dienste: "
(Get-Variable laufendeDienste).Value | ft Name, Status
```

Eine befüllte Variable kann man wieder leeren mit dem Commandlet Clear-Variable. Dabei ist aber der Name der Variablen ohne $ anzugeben, z.B.:

```
Clear-Variable x
```

Typisierung

Variablen sind entweder untypisiert

```
$a = 5
```

Typisierte Variablen oder typisiert auf einen PowerShell-Datentyp oder eine beliebige .NET-Klasse

```
$a = [int] 5
$a = [System.DateTime] "1.8.1972"
```

Als Typbezeichner können alle .NET-Klassennamen verwendet werden sowie einige vordefinierte Typbezeichner (sogenannte „Accelerators") der PowerShell. Beispielsweise sind [int], [System.Int32] und [int32] völlig gleichbedeutend. [int] ist der eingebaute PowerShell-Typbezeichner für Ganzzahlen mit 32 Bit Länge. Dieser Typ wird abgebildet auf die .NET-Klassen [System.Int32]. Dieser Name kann wiederum mit [int32] abgekürzt werden. Wie viel man tippen möchte, ist also Geschmackssache.

Variablen

> Das Voranstellen des Typnamens
>
> `[int] $a = 5`
>
> bewirkt, dass die Variable nur Daten dieses Typs aufnehmen kann, und entspricht damit der klassischen Typisierung in Hochsprachen wie C++, Java und C#.
>
> Es ist nicht möglich, eine Variablentypisierung ohne Wertinitialisierung durchzuführen. Der Ausdruck
>
> `[int] $a`
>
> typisiert nicht die Variable, sondern ruft den Wert ab und konvertiert ihn in eine Ganzzahlvariable.

Die Tabelle zeigt die wichtigsten Datentypen.

PowerShell-Typ (Accelerator)	Äquivalente .NET-Klasse	Bedeutung
[byte]	[System.Byte]	Ganzzahl mit Länge 8 Bit, nur negative Werte (0 bis 255)
[byte[]]	[System.Byte[]]	Liste von Ganzzahlen mit Länge 8 Bit, nur negative Werte (0 bis 255)
[int]	[System.Int32]	Ganzzahl mit Länge 32 Bit, negative und positive Werte
[int[]]	[System.Int32[]]	Liste von Ganzzahlen mit Länge 32 Bit, negative und positive Werte
[long]	[System.Int64]	Ganzzahl mit Länge 64 Bit, negative und positive Werte
[long[]]	[System.Int64[]	Liste von Ganzzahlen mit Länge 64 Bit, negative und positive Werte
[string]	[System.String]	Zeichenkette, beliebige Länge
[string[]]	[System.String[]]	Liste beliebiger Länge von Zeichenketten beliebiger Länge
[char]	[System.Char]	Ein Zeichen
[char[]]	[System.Char[]]	Eine Liste von Zeichen
[bool]	[System.Boolean]	Ja-Nein-Wert ($true oder $false)
[bool[]]	[System.Boolean[]]	Liste von Ja-Nein-Werten
[float] und [single]	[System.Single]	Zahl mit Nachkommastellen, Länge 32 Bit
[double]	[System.Double]	Zahl mit Nachkommastellen, Länge 64 Bit

Tabelle 7.1
Die wichtigsten Datentypen der PowerShell

Tabelle 7.1 Die wichtigsten Datentypen der PowerShell (Forts.)

PowerShell-Typ (Accelerator)	Äquivalente .NET-Klasse	Bedeutung
[double[]]	[System.Double[]]	Liste von Double-Werten
[decimal]	[System.Decimal]	Zahl mit Nachkommastellen, Länge 86 Bit
[decimal[]]	[System.Decimal[]]	Liste von Decimal-Werten
[regex]	[System.Text.RegularExpression.Regex]	Regulärer Ausdruck
[array]	[System.Array]	Array von beliebigen Objekten
[xml]	[System.Xml.XmlDocument]	XML-Dokument
[scriptblock]	[System.Management.Automation.ScriptBlock]	PowerShell-Skriptblock
[hashtable]	[System.Collections.Hashtable]	Hash-Tabelle (Name-Wert-Paare) von beliebigen Objekten
[psobject]	[System.Management.Automation.PSObject]	PowerShell-Objekt. Ein PowerShell ist ein .NET-Objekt mit Erweiterungen wie NoteProperties, ScriptProperties etc.
[type]	[System.Type]	Metadaten zu einer Klasse
[type[]]	[System.Type[]]	Liste von Metadaten zu Klassen
[wmi]	[System.Mangement.ManagementObject]	WMI-Objekt
[wmiclass]	[System.Management.ManagementClass]	WMI-Klasse
[wmisearcher]	[System.Management.ManagementObjectSearcher]	WMI-Suchabfrage
[adsi]	[System.DirectoryService.DirectoryEntry]	Verzeichnisdienstobjekt
[adsisearcher]	[System.DirectoryServices.DirectorySearcher]	LDAP-Suchanfrage in einem Verzeichnisdienst

Typisierungszwang

Variablen müssen nicht explizit deklariert werden und es besteht bei Schreibfehlern die Gefahr, dass es unerwünschte Effekte gibt. Mit der Anweisung Set-PSDebug -Strict können Sie erreichen, dass die PowerShell einen Fehler meldet, wenn man eine Variable ausliest, der man zuvor keinen Wert zugewiesen hat. Seit PowerShell 2.0 gibt es zusätzlich Set-StrictMode. Im Gegensatz zu Set-PSDebug wirkt sich Set-StrictMode nur auf den aktuellen Gültigkeitsbereich einschließlich der untergeordneten Bereiche aus und kann deshalb in einem Skript oder in einer Funktion verwendet werden, ohne globalen Einfluss zu haben.

Set-StrictMode hat einen Pflichtparameter -Version, der sich auf die PowerShell-Version bezieht und unterschiedliche Regeln mit sich bringt:

1.0	Verhindert Verweise auf nicht initialisierte Variablen, mit Ausnahme nicht initialisierter Variablen in Zeichenfolgen
2.0/3.0	• Verhindert Verweise auf nicht initialisierte Variablen (einschließlich nicht initialisierter Variablen in Zeichenfolgen) • Verhindert Verweise auf nicht vorhandene Eigenschaften eines Objekts • Verhindert Funktionsaufrufe mit der Syntax für aufrufende Methoden • Verhindert eine Variable ohne Namen (${})

Die Angabe des Parameters -Latest bewirkt, dass der jeweils aktuelle Regelsatz verwendet wird.

Gültigkeitsbereiche

Eine Variable wird durch eine Zuweisung auch direkt deklariert und gilt dann innerhalb des entsprechenden Gültigkeitsraums, in dem sie deklariert wurde (z.B. einem Block, einer Unterroutine oder dem ganzen Skript). Mit Remove-Variable kann man eine Variablendeklaration wieder aufheben.

In dem folgenden Beispiel meldet die PowerShell beim letzten Befehl einen Fehler, weil $y nur innerhalb des durch die geschweiften Klammern deklarierten Blocks gültig ist:

```
Set-PSDebug -Strict
$x = 5
{
$y = 5
$x
}
$y
```

Kapitel 7 PowerShell-Skriptsprache

Ermittlung des Typs Unabhängig davon, ob eine Variable typisiert wurde oder nicht, kann man den Datentyp jederzeit ermitteln. Bei untypisierten Variablen hat die Variable automatisch den Datentyp des zuletzt zugewiesenen Typs.

Den Datentyp liefert die Methode GetType() in Form eines .NET-Objekts vom Typ System.Type. Da jede PowerShell-Variable eine Instanz einer .NET-Klasse ist, besitzt jede PowerShell-Variable die Methode GetType(), die jedes .NET-Objekt von der Mutter aller .NET-Klassen (System.Object) erbt. Meistens interessiert man sich nur für den Klassennamen, den man aus Fullname (mit Namensraum) oder Name (ohne Namensraum) auslesen kann.

```
$b = [System.DateTime] "1.8.1972"
"$b hat den Typ: " + $b.GetType().Fullname
```

Vordefinierte Variablen

Vordefinierte Variablen Die PowerShell kennt zahlreiche vordefinierte Variablen (alias eingebaute Variablen alias interne Variablen). Die nachstehende Tabelle zeigt nur eine Auswahl dieser Variablen.

Tabelle 7.2 Vordefinierte PowerShell-Variablen (Auswahl)

Variable	Bedeutung
$true	Wert „wahr"
$false	Wert „falsch"
$OFS	Trennzeichen für die Ausgabe von Objektmengen
$Home	Heimatordner des angemeldeten Benutzers
$PSHome	Installationsordner des PowerShell-Hosts
$Args	Parameter (zur Verwendung in Funktionen)
$Input	Aktueller Inhalt der Pipeline (zur Verwendung in Funktionen)
$_	Aktuelles Objekt der Pipeline (zur Verwendung in Schleifen)
$StackTrace	Aktuelle Aufrufreihenfolge
$Host	Informationen über den PowerShell-Host und Einstellmöglichkeiten, z.B. Farbe
$LastExitCode	Rückgabewert der zuletzt ausgeführten externen Windows- oder Konsolenanwendung
$Error	Komplette Liste aller aufgetretenen Fehler seit Start der PowerShell (die maximal gespeicherte Anzahl ist durch $MaximumErrorCount festgelegt)

Beispiele $Host Mit $host kann man die Farben der PowerShell-Konsole für die ganze aktuelle Sitzung verändern, z.B.:

```
$host.UI.RawUI.BackgroundColor = "darkgreen"
```

Variablen

Das Trennzeichen für Objektmengen kann man mit $OFS verändern: **$OFS**

Der Befehl

`$OFS="/" ; [string] ("a","b","c")`

liefert die Ausgabe:

`a/b/c`

> Alle deklarierten Variablen, sowohl die eingebauten als auch die selbst definierten, erhält man durch den Befehl `Get-ChildItem Variable:` alias `Dir Variable:`.
>
> `Dir Variable:p*` listet alle Variablen auf, die mit „p" oder „P" beginnen. `Get-Variable p*` hat den gleichen Effekt.

Einige der eingebauten Variablen können nicht geändert werden. Für eigene Variablen kann man diesen Zustand erreichen mit: **Konstanten**

`Set-Variable variablenname -Option readonly`

> Dabei ist der Variablenname ohne das Dollarzeichen zu verwenden!

Variablen werden nicht nur in Ausdrücken, sondern auch innerhalb von Zeichenketten aufgelöst. **Variablen-auflösung**

Wenn Folgendes deklariert ist

```
[int] $count = 1
[string] $Computer = "E01"
```

dann kann man statt

`$count.ToString() +". Zugriff auf Computer " + $Computer`

auch einfacher schreiben:

`"$count. Zugriff auf Computer $Computer"`

In beiden Fällen ist das Ergebnis gleich:

`"1. Zugriff auf Computer E01"`

Die Variablenauflösung funktioniert auch in Parametern von Commandlets. Auch die beiden folgenden Befehle sind gleichbedeutend, d.h., in beiden Fällen wird der Verzeichnispfad `WinNT://E01` angesprochen:

```
Get-DirectoryEntry ("WinNT://" + $Computer)
Get-DirectoryEntry "WinNT://$Computer"
```

139

Die Variablenauflösung ist genau genommen keine Variablenauflösung, sondern eine Ausdruckauflösung. Das Dollarzeichen kann auch einen beliebigen Ausdruck einleiten, z.B.:

„1+3=$(1+3)"

```
"Aktuelle Uhrzeit: $((Get-Date).ToShortTimeString())"
```

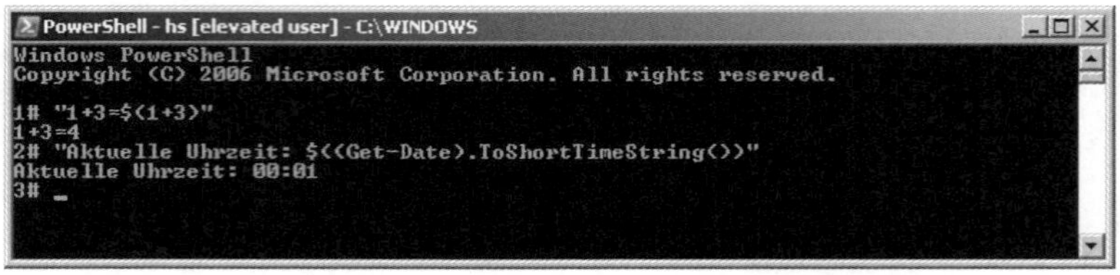

Abbildung 7.1
Ausgabe der obigen Beispiele

Eine Variablenauflösung findet nicht statt, wenn die Zeichenkette in einfachen Anführungszeichen steht:

```
'$count. Zugriff auf Computer $Computer'.
```

7.5 Variablenbedingungen

Variablen-annotationen

Seit PowerShell 3.0 erlaubt es Microsoft, zu einer Variablen Bedingungen abzulegen, die diese erfüllen muss. Die Bedingung wird bei jeder Zuweisung geprüft. Fehlerhafte Zuweisungen werden mit Fehlerausgaben von der PowerShell quittiert; die PowerShell bricht in der Standardeinstellung das Skript aber nicht ab.

Achtung: Wichtig ist, dass schon bei der Initialisierung Werte gesetzt werden, da sonst die Variable nicht korrekt typisiert wird und auch die Annotationen nicht wirken.

Mögliche Bedingungen sind:

- der Länge einer Zeichenkette: [ValidateLength(1,5)]
- der Aufbau einer Zeichenkette, beschrieben durch einen regulären Ausdruck: [ValidatePattern("[0-9A-F]*")]
- ein Ausdruck, der wahr sein muss: [ValidateScript({$_.StartsWith("A")})]
- dass ein Zahlenwert aus einem Wertebereich stammen muss: [ValidateRange(0,100)]

Hinweis: In .NET heißen die Ausdrücke in eckigen Klammern „Attribute", wobei dies kein guter Begriff ist, weil Attribute in anderen objektorientierten Programmiersprachen/-frameworks die Eigenschaften eines Objekts sind. Besser wäre „Annotation" (vgl. Java). Die genannten Annotationen wurden schon mit PowerShell 2.0 eingeführt, konnten dort aber zunächst nur auf Parameter einer Funktion angewendet werden. Neu seit PowerShell 3.0 ist die Anwendung auf jede beliebige Variable.

In dem folgenden Beispiel werden zunächst gültige Werte zugewiesen, dann aber ungültige.

Praxisbeispiel

```
"gültige Zuweisungen bei Initialisierung"
[ValidateRange(0,1000)] [int] $BenuterAnzahl = 0
[ValidateLength(1,15)] [string] $benutzername = "HSchwichtenberg"
[ValidateScript({$_.StartsWith("I")})] [string] $Domain = "ITV"
[ValidatePattern("(\w[-._\w]*\w@\w[-._\w]*\w\.\w{2,3})")] [string]
$BenutzerEMail = "hs@IT-Visions.de"

"weitere gültige Zuweisungen"
$benutzername = "HolgerS"
$BenuterAnzahl = 1
$BenutzerEMail = "H.Schwichtenberg@IT-Visions.de"
$Domain = "ITV-Schulungen"

"ungültige Zuweisungen"
$benutzername = "HolgerSchwichtenberg"
$BenuterAnzahl = -1
$BenutzerEMail = "Unsinn"
$Domain = "unsinn"
```

7.6 Zahlen

Zahlen können in der PowerShell entweder als einfache Zahlen, als Formeln oder als Wertebereiche angegeben werden. Hexadezimalzahlen können durch ein vorangestelltes 0x ausgedrückt (z.B. 0Xff = 255) und dann verwendet werden wie Dezimalzahlen (z.B. 0Xff+1 = 256).

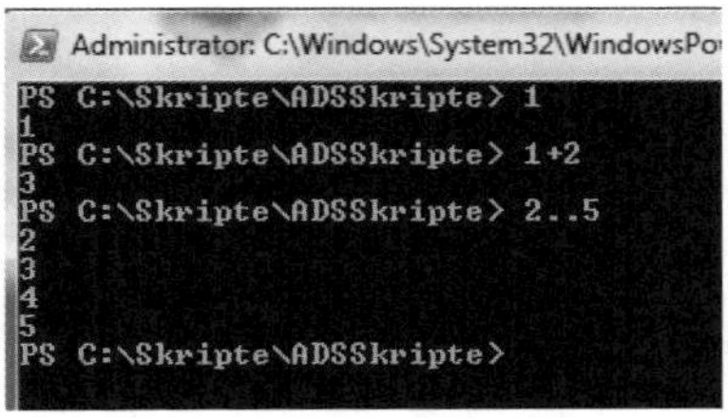

*Abbildung 7.2
Zahlen in der
PowerShell*

Bei der Zuweisung eines Zahlenliterals zu einer untypisierten Variablen erzeugt die PowerShell im Standard eine Instanz des Typs System.Int32. Reicht der Wertebereich von Int32 nicht aus, werden Int64 oder Decimal erzeugt. Wenn das Zahlenliteral eine gebrochene Zahl ist (mit einem Punkt zur Trennung der Nachkommastellen), dann erzeugt die PowerShell Double oder Decimal.

Möchte man Kontrolle über den Datentyp der Variablen, muss man die Variable explizit typisieren, z.B. mit [Byte] oder [Decimal]. Für Decimal gibt es eine weitere Möglichkeit, indem man ein „d" an das Literal anhängt (z.B. 5.1d).

```
# Implicit Integer
$i = 5
$i.GetType().Name

# Implicit Long
$i = 5368888888888888
$i.GetType().Name

# Implicit Decimal
$i = 53688888888888888888888888888
$i.GetType().Name

# Explicit Long
[Int64] $l = 5
$l.GetType().Name

# Explicit Byte
[Byte] $b = 5
$b.GetType().Name

# Implicit Double
$d = 5.1
$d.GetType().Name

# Implicit Decimal
$d = 5.1d
$d.GetType().Name

# Explicit Decimal
[Decimal] $d = 5.1
$d.GetType().Name
```

Beim expliziten Typisieren kann man wahlweise die PowerShell-Typen [int] und [long] oder die korrespondierenden .NET-Klassennamen [int32] und [int64] verwenden.

Mit den Kürzeln KB, MB und GB können die Maßeinheiten Kilobyte, Megabyte und Gigabyte zugewiesen werden, z.B. steht 5MB für die Zahl 5242880 (5 * 1024 * 1024).

Diese Maßeinheiten gelten seit PowerShell 1.0 RC2. Vorher wurden die Kürzel M, K und G verwendet.

Zufallszahlen

Eine Zufallszahl kann man mit dem Commandlet Get-Random (seit PowerShell 2.0) oder in PowerShell 1.0 in den PowerShell Community Extensions [CODEPLEX01] erzeugen. Get-Random liefert eine Zahl zwischen 0 und 1. Mit den Parametern -Min und -Max kann man den Wertebereich beeinflussen (siehe *Abbildung 7.3*).

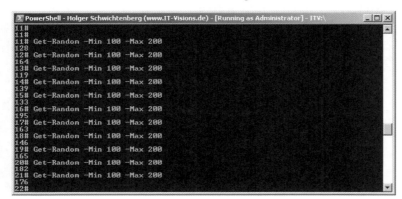

*Abbildung 7.3
Einsatz von
Get-Random zur
Erzeugung von
Zufallszahlen
zwischen 100
und 200*

7.7 Zeichenketten

Zeichenketten sind in der PowerShell Instanzen der .NET-Klasse System.String. Sie werden begrenzt durch Anführungszeichen oder '@ @'. Die letzte Variante, die auch Zeilenumbrüche erlaubt, nennt Microsoft „Here-String".

Here-String

```
#Here-String
@'
Eine lange Zeile
kann in spezielle
Begrenzer
verpackt werden
'@
```

*Listing 7.2
Beispiel für einen
Here-String
[Basiswissen/
PowerShell
Language/
strings.ps1]*

In beiden Fällen dürfen die Zeichenketten Variablen enthalten, die automatisch aufgelöst werden.

```
$a = 10
$b= "Der aktuelle Wert ist $a!"
Write-Warn $b
```

*Listing 7.3
Beispiel für eine
Variablenauflösung
in einer Zeichenkette
[Basiswissen/
PowerShell
Language/
strings.ps1*

Bei der Parameterübergabe an Commandlets sind Zeichenketten nur in Anführungszeichen zu schreiben, wenn die Parameterabgrenzung sonst nicht mehr klar wäre, also wenn ein Leerzeichen darin vorkommt.

Bearbeitungsmöglichkeiten

Zeichenketten-bearbeitung Für Zeichenketten in der PowerShell stehen alle Bearbeitungsmöglichkeiten der Klasse System.String in der PowerShell zur Verfügung.

Folgende Methoden stehen zur Verfügung (siehe auch *Abbildung 7.4*):
- Clone()
- CompareTo()
- Contains()
- CopyTo()
- EndsWith()
- Equals()
- IndexOf()
- IndexOfAny()
- Insert()
- LastIndexOf()
- LastIndexOfAny()
- Length()
- PadLeft()
- PadRight()
- Remove()
- Replace()
- Split()
- StartsWith()
- Substring()
- ToCharArray()
- ToLower()
- ToLowerInvariant()
- ToString()
- ToUpper()
- ToUpperInvariant()
- Trim()
- TrimEnd()
- TrimStart()

Zeichenketten

Abbildung 7.4
Methoden der Klasse System.String

Das nächste Beispiel zeigt folgende Zeichenkettenoperationen:

▶ Umwandlung in Großbuchstaben
▶ Einfügen eines Textes
▶ Extrahieren eines Textteils als einzelne Zeichen

Beispiel

```
# Umwandlung in Großbuchstaben
$a = "Dr. Schwichtenberg"
$a.ToUpper()

# Einfügen eines Textes
$a = $a.Insert(4, "Holger ")
$a

# Extrahieren eines Textteils
$c = $a[4..9]
$c
```

Listing 7.4
Beispiel für die Veränderung von Zeichenketten [Basiswissen/ PowerShell Language/ strings.ps1]

```
PS J:\demo\Dokumente>
DR. SCHWICHTENBERG
Dr. Holger Schwichtenberg
H
o
l
g
e
r
```

Abbildung 7.5
Ausgabe des obigen Skripts

Zeichenketten trennen und verbinden

Manchmal muss man eine Zeichenkette trennen, z.B.:

Trennen

"Holger;Schwichtenberg;Essen;Germany;www.IT-Visions.de"

Das .NET Framework stellt dazu die Methode Split() in der Klasse System.String bereit.

Kapitel 7   PowerShell-Skriptsprache

Listing 7.5
Einsatz der Methode Split() [Basiswissen/ PowerShell Language/Strings.ps1]

```
[String] $CSVString = "Holger;Schwichtenberg;Essen;Germany;www.IT-Visions.de"
$CSVArray = $CSVString.Split(";")
$Surname = $CSVArray[1]
$Surname
```

Alternativ kann man das Commandlet Split-String aus den PSCX verwenden. Das macht es ein wenig kürzer:

Listing 7.6
Einsatz des Commandlets Split-String [Basiswissen/ PowerShell Language/Strings.ps1]

```
[String] $CSVString = "Holger;Schwichtenberg;Essen;Germany;www.IT-Visions.de"
$CSVArray = Split-String $CSVString -Separator ";"
$Surname = $CSVArray[1]
$Surname
```

Verbinden   Das Gegenstück zum Verbinden von Zeichenketten sind die Methoden Join() und das Commandlet Join-String. Bei Join() ist zu beachten, dass dies eine statische Methode der Klasse System.String ist.

Listing 7.7
Einsatz der statischen Methode Join() [Basiswissen/ PowerShell Language/Strings.ps1]

```
$Array = "Holger", "Schwichtenberg", "Essen", "Germany", "www.IT-Visions.de"
$CSVString = [System.String]::Join(";", $Array)
$CSVString
```

Listing 7.8
Einsatz des Commandlets Join-String [Basiswissen/ PowerShell Language/Strings.ps1]

```
$Array = "Holger", "Schwichtenberg", "Essen", "Germany", "www.IT-Visions.de"
$CSVString = Join-String $Array -Separator ";"
$CSVString
```

7.8   Reguläre Ausdrücke

Das Microsoft .NET Framework und die PowerShell enthalten eine gute Unterstützung für Mustererkennung in Texten durch reguläre Ausdrücke. Reguläre Ausdrücke sind eine komplexe Sprache, die hier nicht vollständig beschrieben werden kann. Dazu gibt es komplette Bücher. Sie finden eine gute Dokumentation dazu auch im WWW unter [MSDN58].

Ein regulärer Ausdruck ist eine Zeichenkette, die mit Platzhaltern ein Muster beschreibt. Man kann nach dieser Musterdefinition eine Zeichenkette mit dem Muster vergleichen und erhält als Ergebnis, ob die Zeichenkette auf das Muster passt. Dabei kann das Muster auch auf einen Teil der Zeichenkette zutreffen. Mit regulären Ausdrücken kann man auch Teile von Zeichenketten durch andere Zeichenketten ersetzen (Austauschfunktion).

Reguläre Ausdrücke

In der PowerShell prüft man mit folgenden Operatoren auf ein Muster:

PowerShell-Operatoren

- Mustervergleich ohne Unterscheidung zwischen Groß- und Kleinschrift: `-match` und `-imatch`
- Mustervergleich mit Unterscheidung zwischen Groß- und Kleinschrift: `-cmatch`
- Prüfung, ob ein Muster NICHT enthalten ist, ohne Unterscheidung zwischen Groß- und Kleinschrift: `-notmatch` und `-inotmacht`
- Prüfung, ob ein Muster NICHT enthalten ist, ohne Unterscheidung zwischen Groß- und Kleinschrift: `-cnotmatch`

Die Anwendung sieht so aus:

```
$Ergebnis = $Zeichenkette -match $Muster
```

Das Ergebnis ist `$true` oder `$false`.

Beispiel: Prüfung einer E-Mail-Adresse

Ein erstes Beispiel dient der Verdeutlichung. Geprüft werden soll, ob die eingegebenen Zeichenketten den Aufbau einer E-Mail-Adresse haben. Die Zeichenketten werden in diesem Fall im Quellcode des Skripts hinterlegt. Die Entgegennahme der Eingabe mit `Read-Host` wird in *Kapitel 9 „Benutzereingaben"* später behandelt.

```
$Muster = "^[A-Z0-9._%+-]+@[A-Z0-9.-]+\.[A-Z]{2,6}$"
$Eingabe1 = "hs@IT-Visions.de"
$Eingabe2 = "hsIT-Visions.de"

$Ergebnis1 = $Eingabe1 -match $Muster
$Ergebnis2 = $Eingabe2 -match $Muster
"Auswertung: {0} ist eine E-Mail-Adresse: {1}" -f $Eingabe1,
$Ergebnis1
"Auswertung: {0} ist eine E-Mail-Adresse: {1}" -f $Eingabe2,
$Ergebnis2
```

Listing 7.9
RegEx.ps1

Die Ausgabe sieht so aus:

```
Auswertung: hs@IT-Visions.de ist eine E-Mail-Adresse: True
Auswertung: hsIT-Visions.de ist eine E-Mail-Adresse: False
```

Die Interpretation von „^[A-Z0-9._%+-]+@[A-Z0-9.-]+\.[A-Z]{2,6}$" sieht so aus:

Interpretation

- ^ steht für den Anfang und $ für das Ende der Zeichenkette.
- Eine eckige Klammer beschreibt eine Menge von Zeichen, wobei Abkürzungen erlaubt sind, also A-Z steht für A, B, C, D usw. bis Z. [A-Z0-9._%+-] umfasst alle Buchstaben, alle Zahlen sowie die Sonderzeichen Punkt, Unterstrich, Prozentzeichen, Plus und Minus. Wichtig ist, dass eine eckige Klammer nicht für eine Zeichenfolge steht, sondern nur für ein einzelnes Zeichen. Es darf also nur ein Zeichen aus der Liste vorkommen.

- Ein „+" außerhalb von eckigen Klammern steht für „ein oder mehrmalige Wiederholung" und bezieht sich auf die eckige Klammer davor.
- „@" ist ein Literal. Es steht tatsächlich für den „Klammeraffen".
- [A-Z0-9.-]+ beschreibt die Second-Level-Domäne und bedeutet dann also mindestens einmaliges Vorkommen eines der Zeichen aus der Liste in eckigen Klammern.
- \. steht für einen Punkt, der vorkommen muss. „\" ist das „Escape"-Zeichen. Ein Punkt in regulären Ausdrücken steht eigentlich für „beliebiges Zeichen". In diesem Fall geht es aber darum, dass wirklich nur ein Punkt vorkommen darf, daher \.
- [A-Z]{2,6} beschreibt die Top-Level-Domäne. Diese besteht nur aus Buchstaben (daher: [A-Z]) und ist immer mindestens zwei Zeichen lang. Es gibt aber auch längere Top-Level-Domänes (z.B. „museum"). Hier wird erlaubt, dass die Top-Level-Domäne zwischen 2 und 6 Zeichen lang ist.

> Der oben genannte reguläre Ausdruck ist noch nicht perfekt, denn er trifft auch auf Fälle zu, in denen die E-Mail-Adresse unsinnig ist, z.B. abc@abc.unsinn. Es gibt hier zahlreiche Möglichkeiten, genauer zu prüfen, z.B. ^[a-z0-9!#$%&'*+/=?^_`{|}~-]+(?:\.[a-z0-9!#$%&'*+/=?^_`{|}~-]+)*@(?:[a-z0-9](?:[a-z0-9-]*[a-z0-9])?\.)+(?:[A-Z]{2}|com|org|net|gov|mil|biz|info|mobi|name|aero|jobs|museum)$.
>
> Dieser Ausdruck ist aber schwerer verständlich.

Allgemeiner Aufbau von regulären Ausdrücken

Reguläre Ausdrücke sind Zeichenketten, in denen sowohl übliche Buchstaben als auch viele Sonderzeichen zur Musterbeschreibung eingesetzt werden. Allgemein besteht ein regulärer Ausdruck aus fünf Arten von Musterelementen:

Musterelemente
- Zeichenklasse: zum Beispiel Buchstaben oder Zahlen
- Quantifizierer (alias Quantoren): beschreibt, wie oft sich eine Zeichenklasse wiederholen muss oder darf, z.B. dreimal oder beliebig oft oder zwischen zwei- und sechsmal
- Ankerelemente (Positionselemente): z.B. Anfang und Ende einer Zeichenkette
- Runde Klammern: dienen der Gruppierung von Elementen
- Das Escape-Zeichen „\", das einem Sonderzeichen wieder zu seiner ursprünglichen Bedeutung verhilft, z.B. „\." oder „\$"

Die Elemente der Sprache für reguläre Ausdrücke

Die folgenden Tabellen geben die wichtigsten Sprachelemente für reguläre Ausdrücke wieder.

Zeichenklasse	Erläuterung
[character_group]	(Positive Zeichengruppe) Entspricht einem beliebigen Zeichen in der angegebenen Zeichengruppe. Die Zeichengruppe besteht aus einem oder mehreren Literalzeichen, Escapezeichen, Zeichenbereichen oder Zeichenklassen, die miteinander verkettet sind. Zur Angabe aller Vokale verwenden Sie z.B. [aeiou]. Wenn Sie die gesamte Interpunktion und alle Dezimalziffern angeben möchten, codieren Sie [\p{P}\d].
[^character_group]	(Negative Zeichengruppe) Entspricht einem beliebigen Zeichen, das sich nicht in der angegebenen Zeichengruppe befindet. Die Zeichengruppe besteht aus einem oder mehreren Literalzeichen, Escapezeichen, Zeichenbereichen oder Zeichenklassen, die miteinander verkettet sind. Das führende Zirkumflexzeichen (^) ist obligatorisch und gibt an, dass es sich bei der Zeichengruppe um eine negative und nicht um eine positive Zeichengruppe handelt. Zur Angabe aller Zeichen mit Ausnahme von Vokalen verwenden Sie z.B. [^aeiou]. Wenn Sie alle Zeichen außer Interpunktion und Dezimalziffern angeben möchten, verwenden Sie [^\p{P}\d].
[firstCharacter-lastCharacter]	(Zeichenbereich) Entspricht einem beliebigen Zeichen in einem Zeichenbereich. Ein Zeichenbereich ist eine Folge zusammenhängender Zeichen, die definiert wird, indem das erste Zeichen in der Folge, ein Bindestrich (-) und das letzte Zeichen in der Folge angegeben werden. Zwei Zeichen sind zusammenhängend, wenn sie benachbarte Unicode-Codepunkte haben. Es können zwei oder mehr Zeichenbereiche miteinander verkettet werden. Wenn Sie beispielsweise den Bereich der Dezimalziffern von '0' bis '9', den Bereich der Kleinbuchstaben von 'a' bis 'f' und den Bereich der Großbuchstaben von 'A' bis 'F' angeben möchten, verwenden Sie [0-9a-fA-F].
.	(Punkt) Entspricht allen Zeichen mit Ausnahme von \n. Bei Modifikation durch die Singleline-Option entspricht ein Punkt einem beliebigen Zeichen. Beachten Sie, dass ein Punkt in einer positiven oder negativen Zeichengruppe (Punkt in eckigen Klammern) als Literalzeichen und nicht als Zeichenklasse behandelt wird.
\p{name}	Entspricht einem beliebigen Zeichen in der allgemeinen Unicode-Kategorie oder einem durch name angegebenen benannten Block (z.B. Ll, Nd, Z, IsGreek und IsBoxDrawing).
\P{name}	Entspricht einem beliebigen Zeichen, das sich nicht in der allgemeinen Unicode-Kategorie oder einem in name angegebenen benannten Block befindet.

Tabelle 7.3 *Zeichenklassen. Diese Tabelle ist aus der MSDN-Entwicklerbibliothek entnommen. Quelle: http://msdn.microsoft.com/de-de/library/3206d374.aspx*

Kapitel 7 PowerShell-Skriptsprache

Zeichenklasse	Erläuterung
\w	Entspricht einem beliebigen Wortzeichen. Entspricht den allgemeinen Unicode-Kategorien [\p{Ll}\p{Lu}\p{Lt}\p{Lo}\p{Nd}\p{Pc}\p{Lm}]. Wenn mit der ECMAScript-Option ECMAScript-konformes Verhalten angegeben wurde, ist \w gleichbedeutend mit [a-zA-Z_0-9].
\W	Entspricht einem beliebigen Nichtwortzeichen. Entspricht den allgemeinen Unicode-Kategorien [^ \p{Ll}\p{Lu}\p{Lt}\p{Lo}\p{Nd}\p{Pc}\p{Lm}]. Wenn mit der ECMAScript-Option ECMAScript-konformes Verhalten angegeben wurde, ist \W gleichbedeutend mit [^ a-zA-Z_0-9].
\s	Entspricht einem beliebigen Leerraumzeichen. Entspricht den Escapesequenzen und den allgemeinen Unicode-Kategorien [\f\n\r\t\v\x85\p{Z}]. Wenn mit der ECMAScript-Option ECMAScript-konformes Verhalten angegeben wurde, ist \s gleichbedeutend mit [\f\n\r\t\v].
\S	Entspricht einem beliebigen Nicht-Leerraumzeichen. Entspricht den Escapesequenzen und den allgemeinen Unicode-Kategorien [^ \f\n\r\t\v\x85\p{Z}]. Wenn mit der ECMAScript-Option ECMAScript-konformes Verhalten angegeben wurde, ist \S gleichbedeutend mit [^ \f\n\r\t\v].
\d	Entspricht einer beliebigen Dezimalziffer. Entspricht \p{Nd} für Unicode und [0-9] für Nicht-Unicode mit ECMAScript-Verhalten.
\D	Entspricht einer beliebigen Nichtziffer. Entspricht \P{Nd} für Unicode und [^ 0-9] für Nicht-Unicode mit ECMAScript-Verhalten.

Tabelle 7.3 Zeichenklassen. Diese Tabelle ist aus der MSDN-Entwicklerbibliothek entnommen. Quelle: http://msdn.microsoft.com/de-de/library/3206d374.aspx (Forts.)

Quantifizierer	Erläuterung
*	Stimmt mit dem vorangehenden Element nicht oder mehrmals überein. Ist äquivalent zu {0,}. * ist ein gieriger Quantifizierer, dessen nicht gieriges Äquivalent *? ist. Der reguläre Ausdruck \b91*9*\b sucht beispielsweise nach Entsprechungen der Ziffer 9, die auf eine Wortgrenze folgen. Auf die 9 können keine oder mehrere Instanzen der Ziffer 1 folgen, auf die ihrerseits keine oder mehrere Instanzen der Ziffer 9 folgen können. Im folgenden Beispiel wird dieser reguläre Ausdruck veranschaulicht. Von den neun Ziffern in der Eingabezeichenfolge stimmen fünf mit dem Muster überein und vier nicht (95, 929, 9129 und 9919).
+	Stimmt mit dem vorangehenden Element mindestens einmal überein. Ist äquivalent zu {1,}. + ist ein gieriger Quantifizierer, dessen nicht gieriges Äquivalent +? ist. Der reguläre Ausdruck \ba(n)+\w*?\b sucht beispielsweise nach ganzen Wörtern, die mit dem Buchstaben a beginnen, auf den mindestens eine Instanz des Buchstabens n folgt. Im folgenden Beispiel wird dieser reguläre Ausdruck veranschaulicht. Der reguläre Ausdruck liefert die Wörter an, annual, announcement und antique als Ergebnis und erkennt erwartungsgemäß keine Übereinstimmung bei den Wörtern autumn und all.

Tabelle 7.4 Quantifizierer. Diese Tabelle ist aus der MSDN-Entwicklerbibliothek entnommen. Quelle: http://msdn.microsoft.com/de-de/library/3206d374.aspx

?	Stimmt mit dem vorangehenden Element nicht oder einmal überein. Ist äquivalent zu {0,1}. ? ist ein gieriger Quantifizierer, dessen nicht gieriges Äquivalent ?? ist. Der reguläre Ausdruck \ban?\b sucht beispielsweise nach ganzen Wörtern, die mit dem Buchstaben a beginnen, auf den keine oder eine Instanz des Buchstabens n folgt. Er sucht also nach den Wörtern a und an. Im folgenden Beispiel wird dieser reguläre Ausdruck veranschaulicht.
{n}	Stimmt mit dem vorangehenden Element genau n-mal überein. {n} ist ein gieriger Quantifizierer, dessen nicht gieriges Äquivalent {n}? ist. Der reguläre Ausdruck \b\d+\,\d{3}\b sucht beispielsweise nach Übereinstimmungen einer Wortgrenze, auf die mindestens eine Dezimalziffer, drei Dezimalziffern und eine weitere Wortgrenze folgen. Im folgenden Beispiel wird dieser reguläre Ausdruck veranschaulicht.
{n,}	Stimmt mit dem vorangehenden Element mindestens n-mal überein. {n,} ist ein gieriger Quantifizierer, dessen nicht gieriges Äquivalent {n}? ist. Der reguläre Ausdruck \b\d{2,}\b\D+ sucht beispielsweise nach Übereinstimmungen einer Wortgrenze, auf die mindestens zwei Ziffern, eine Wortgrenze und ein weiteres Zeichen folgen, bei dem es sich nicht um eine Ziffer handelt. Im folgenden Beispiel wird dieser reguläre Ausdruck veranschaulicht. Der reguläre Ausdruck liefert kein Ergebnis für den Ausdruck 7 days, da dieser nur eine Dezimalziffer enthält, er erkennt jedoch erfolgreich Übereinstimmungen mit den Ausdrücken 10 weeks und 300 years.
{n,m}	Stimmt mit dem vorangehenden Element mindestens n-mal, jedoch nicht mehr als m-mal überein. {n,m} ist ein gieriger Quantifizierer, dessen nicht gieriges Äquivalent {n,m}? ist. Der reguläre Ausdruck (00\s){2,4} sucht beispielsweise nach zwei bis vier Vorkommen zweier 0-Ziffern, auf die ein Leerzeichen folgt. Im folgenden Beispiel wird dieser reguläre Ausdruck veranschaulicht. Beachten Sie, dass der letzte Abschnitt der Eingabezeichenfolge dieses Muster fünf Mal und nicht maximal vier Mal enthält. Der Anfangsabschnitt dieser Teilzeichenfolge (bis zum Leerzeichen und dem fünften Nullenpaar) stimmt mit dem regulären Ausdrucksmuster jedoch überein.
*?	Stimmt mit dem vorangehenden Element nicht oder mehrmals, jedoch so wenige Male wie möglich überein. Dies ist ein träger Quantifizierer, der das Gegenstück zum gierigen Quantifizierer * darstellt. Der reguläre Ausdruck \b\w*?oo\w*?\b sucht beispielsweise alle Wörter, die die Zeichenfolge oo enthalten. Im folgenden Beispiel wird dieser reguläre Ausdruck veranschaulicht.
+?	Stimmt mit dem vorangehenden Element einmal oder mehrmals, jedoch so wenige Male wie möglich überein. Dies ist ein träger Quantifizierer, der das Gegenstück zum gierigen Quantifizierer + darstellt. Der reguläre Ausdruck \b\w+?\b sucht beispielsweise ein oder mehrere durch Wortgrenzen getrennte Zeichen. Im folgenden Beispiel wird dieser reguläre Ausdruck veranschaulicht.

Tabelle 7.4 Quantifizierer. Diese Tabelle ist aus der MSDN-Entwicklerbibliothek entnommen. Quelle: http://msdn.microsoft.com/de-de/library/3206d374.aspx (Forts.)

Kapitel 7 PowerShell-Skriptsprache

??	Stimmt mit dem vorangehenden Element nicht oder mehrmals, jedoch so wenige Male wie möglich überein. Dies ist ein träger Quantifizierer, der das Gegenstück zum gierigen Quantifizierer ? darstellt. Beispielsweise sucht der reguläre Ausdruck ^(\s)*(System.)??Console.Write(Line)??\(?? nach Übereinstimmungen mit den Zeichenfolgen Console.Write oder Console.WriteLine. Die Zeichenfolge kann auch System. vor Console enthalten und eine öffnende Klammer kann auf sie folgen. Die Zeichenfolge muss am Anfang einer Zeile stehen, ihr kann jedoch ein Leerzeichen vorangehen. Im folgenden Beispiel wird dieser reguläre Ausdruck veranschaulicht.
{n}?	Stimmt genau n-mal mit dem vorangehenden Element überein. Dies ist ein träger Quantifizierer, der das Gegenstück zum gierigen Quantifizierer {n}+ darstellt. Der reguläre Ausdruck \b(\w{3,}?\.){2}?\w{3,}?\b sucht beispielsweise nach genau zwei Sätzen von Zeichen, auf die ein Punkt an einer Wortgrenze folgt. Auf diesen folgen dann ein weiterer Satz von Zeichen und eine Wortgrenze. Dieser reguläre Ausdruck soll eine Website-Adresse identifizieren. Im folgenden Beispiel wird der reguläre Ausdruck veranschaulicht. Beachten Sie, dass Übereinstimmungen mit *www.microsoft.com* und mdsn.microsoft.com erkannt werden, jedoch nicht mit mywebsite oder mycompany.com.
{n,}?	Stimmt mit dem vorangehenden Element mindestens n-mal, jedoch so wenige Male wie möglich überein. Dies ist ein träger Quantifizierer, der das Gegenstück zum gierigen Quantifizierer {n,} darstellt. Beachten Sie zur Veranschaulichung das Beispiel für den {n}?-Quantifizierer. Der reguläre Ausdruck in diesem Beispiel verwendet den {n,}-Quantifizierer, um nach einer Zeichenfolge zu suchen, die mindestens drei Zeichen enthält, auf die ein Punkt folgt.
{n,m}?	Stimmt mit dem vorangehenden Element n-mal bis m-mal, jedoch so wenige Male wie möglich, überein. Dies ist ein träger Quantifizierer, der das Gegenstück zum gierigen Quantifizierer {n,m} darstellt. Der reguläre Ausdruck \b[A-Z](\w*?\s*?){1,10}[.!?] sucht beispielsweise nach Sätzen, die zwischen einem und zehn Wörtern enthalten. Er sucht nach einer Wortgrenze gefolgt von einem Großbuchstaben, auf den ein bis zehn Wiederholungen von keinen oder mehreren Wortzeichen und optional ein Leerzeichen folgen. Die Übereinstimmung wird dann von einem Punkt, einem Ausrufezeichen oder einem Fragezeichen beendet. Im folgenden Beispiel wird dieser reguläre Ausdruck veranschaulicht. Er liefert alle Sätze der Eingabezeichenfolge als Ergebnis mit Ausnahme eines einzigen Satzes, der 18 Wörter enthält.

Tabelle 7.4 Quantifizierer. Diese Tabelle ist aus der MSDN-Entwicklerbibliothek entnommen. Quelle: http://msdn.microsoft.com/de-de/library/3206d374.aspx (Forts.)

Tabelle 7.5 Wichtige Ankerelemente für reguläre Ausdrücke

Sonstige Zeichen	Erläuterung
^	Anfang der Zeichenfolge
$	Ende der Zeichenfolge
\b	Ende eines Worts
\Z	Satzende

Beispiele

Die folgende Tabelle nennt noch weitere Beispiele für reguläre Ausdrücke.

Beispiel	Bedeutung
\{[0-9a-fA-F]{8}-[0-9a-fA-F]{4}-[0-9a-fA-F]{4}-[0-9a-fA-F]{4}-[0-9|a-f|A-F]{12}\}	GUID (Global Unique Identifier)
(25[0-5]|2[0-4][0-9]|[01]?[0-9][0-9]?)\.(25[0-5]|2[0-4][0-9]|[01]?[0-9][0-9]?)\.(25[0-5]|2[0-4][0-9]|[01]?[0-9][0-9]?)\.(25[0-5]|2[0-4][0-9]|[01]?[0-9][0-9]?)	IP-Adresse
href\s*=\s*(?:""(?<1>[^""]*)""|(?<1>\S+))	HREF=-Parameter in HTML-Seiten

Tabelle 7.6 Beispiele für reguläre Ausdrücke

Es gibt im Internet Websites, die reguläre Ausdrücke zur Wiederverwendung sammeln, z.B. *www.regexlib.com/* und *www.regular-expressions.info/*.

7.9 Datum und Uhrzeit

Das Commandlet Get-Date liefert eine Instanz der .NET-Klasse System.DateTime, die das aktuelle Datum und die aktuelle Uhrzeit enthält.

Get-Date

```
Get-Date
```

Die Anzeige reduziert man wie folgt auf das Datum:

```
Get-Date -displayhint date
```

Die Anzeige reduziert man so auf die Zeit:

```
Get-Date -displayhint time
```

Get-Date kann auch dazu genutzt werden, ein spezielles Datum zu erzeugen und dieses in einer Variablen zu speichern:

```
$a = Get-Date "8/1/1972 12:11:10"
```

Die Differenz zwischen dem aktuellen Datum und einem in einer Variablen gespeicherten Datum errechnet man durch den Aufruf der Methode Subtract():

```
(Get-Date).Subtract((Get-Date "8/1/1972 12:11:10"))
```

oder durch die einfache Verwendung des Minuszeichens:

```
(Get-Date) - (Get-Date "8/1/1972 12:11:10")
```

Dies führt zu folgender Ausgabe:

```
Days            : 12662
Hours           : 11
Minutes         : 56
Seconds         : 57
Milliseconds    : 927
Ticks           : 10940398179276185
TotalDays       : 12662,4978926808
TotalHours      : 303899,949424338
TotalMinutes    : 18233996,9654603
TotalSeconds    : 1094039817,92762
TotalMilliseconds : 1094039817927,62
```

Intern verarbeitet die PowerShell Zeiträume als Instanzen der Klasse System.TimeSpan. Man kann auch selbst Zeiträume mit dem Commandlet New-TimeSpan anlegen und mit diesen rechnen, z.B.:

```
$Dauer = New-TimeSpan -Days 10 -hours 4 -minutes 3 -seconds 50
$jetzt = Get-Date
$zukunft = $jetzt + $Dauer
```

Bei New-TimeSpan kann man die Dauer nur in Tagen, Stunden, Minuten und Sekunden angeben. Eine Angabe in Monaten oder Jahren ist nicht möglich.

Die Zeit von einem entfernten System kann man nicht mit dem Commandlet Get-Date abfragen, sondern nur unter Zuhilfenahme der WMI-Klasse Win32_Currenttime.

`Get-CimInstance Win32_currenttime -computername E02`

System.DateTime Das Ergebnis der Operation ist dann aber kein .NET-Objekt vom Typ System.DateTime, sondern ein .NET-Objekt vom Typ System.Management.ManagementObject, das ein WMI-Objekt vom Typ root\cimv2\Win32_LocalTime enthält.

Die aktuelle Systemzeit kann man mit Set-Date setzen.

7.10 Arrays und assoziative Arrays (Hash-Tabelle)

Datenfelder Arrays sind Mengen von Variablen, die eine frei wählbare Anzahl von Werten aufnehmen können. Ein Array deklariert man durch die Zuweisung einer durch Kommata getrennten Wertemenge:

`$a = 01,08,72,13,04,76`

Das Array kann auch explizit mit [array] deklariert werden:

```
[array] $b
$b = 01,08,72,13,04,76
```

Arrays und assoziative Arrays (Hash-Tabelle)

> Eine Zahlenreihe kann man auch abkürzen: $b = 1..10 ist gleichbedeutend mit $b = 1,2,3,4,5,7,8,9,10.

Um auf die Elemente zuzugreifen, hat man drei Möglichkeiten:
- Zugriff auf ein einzelnes Element mit dem Index in eckigen Klammern (bei 0 beginnend), z.B. ist $b[3] das vierte Element.
- Zugriff auf mehrere Elemente, hier wird der Index durch ein Komma getrennt, z.B. bedeutet $b[1,3,5] das zweite, vierte und sechste Element.
- Zugriff auf einen Indexbereich. Der Indexbereich ist durch zwei Punkte zu trennen, z.B. $a[1..5]. Dies bedeutet das zweite bis sechste Element.

Der Operator += ergänzt ein Element am Ende eines Arrays (siehe *Abbildung 7.6*). Das Entfernen von Elementen ist nicht möglich (nur das Umkopieren in ein anderes Array).

Möchte man ein Array mit nur einem Element definieren, muss man die Liste mit einem Komma beginnen oder das Array explizit deklarieren:

```
$a = ,"Nur ein Element"
[Array] $a = "Nur ein Element"
```

Zum Auflisten eines Arrays ist `Foreach-Object` nicht zwingend notwendig. Wenn ein Array am Ende der Pipeline steht, wird das Array ausgegeben. Das Attribut `Count` liefert die Anzahl der Elemente im Array.

```
[array] $b
$b = 1,2,3
$b.Count
```

Abbildung 7.6
Arbeit mit Arrays

Kapitel 7 PowerShell-Skriptsprache

Zwei Arrays kann man durch den Plus-Operator verbinden:

```
$DomainControllers = "E01", "E02", "E03"
$MemberServers = "E04", "E05", "E06"
$AllServers = $DomainControllers + $MemberServers
$AllServers.Count # Ergebnis: 6 !
```

Mehrdimensionale Arrays sind möglich, indem man die Elemente mit runden Klammern zusammenfasst. In dem folgenden Beispiel entsteht ein zweidimensionales Array. Die Elemente der ersten Dimension enthalten jeweils Arrays mit drei Elementen. Auch hier kann man mit dem Plus-Operator die Menge ergänzen.

```
$DomainControllers = ("E01", "192.168.1.10", "Building 1"), ("E02",
"192.168.1.20", "Building 2"), ("E03", "192.168.1.30", "Building 3")
"Number of Computers: " + $DomainControllers.Count
"IP Address of Computer 2: " + $DomainControllers[1][1] #
192.168.1.20
"Building of Computer 2: " + $DomainControllers[1][2] # Building 3
$DomainControllers += ("E04", "192.168.1.40", "Building 4")
"Building of Computer 4: " + $DomainControllers[3][2] # Building 4
```

Assoziative Arrays (Hash-Tabelle)

Neben den Arrays unterstützt die PowerShell auch benannte (assoziative) Elementmengen in Form sogenannter Hash-Tabellen. In einer Hash-Tabelle werden die Elemente nicht durch die Position, sondern durch einen eindeutigen Bezeichner identifiziert. Dieses Konzept existiert auch in anderen Sprachen und wird dort oft „assoziatives Array" genannt. Das zu Grunde liegende Basiskonzept ist die .NET-Klasse System.Collections.Hashtable.

Bei der Definition einer Hash-Tabelle ist das @-Zeichen zu verwenden, gefolgt von der Elementmenge in geschweiften Klammern. Die einzelnen Elemente sind durch Semikola zu trennen. Jedes Element besteht aus einem Elementnamen und einem Elementwert, wobei Elementname und Elementwert durch ein Gleichheitszeichen zu trennen sind. Der Elementname darf nicht in Anführungszeichen stehen. Möchte man den Datentyp explizit angeben, ist [Hashtable] zu verwenden.

```
# Implicit Hashtable
$Computers = @{ E01 = "192.168.1.10"; E02 = "192.168.1.20"; E03 =
"192.168.1.30"; }

# Explicit Hashtable
[Hashtable] $Computers = @{ E01 = "192.168.1.10"; E02 =
"192.168.1.20"; E03 = "192.168.1.30"; }
```

Auf eine solche Hash-Tabelle kann man nicht nur wie bei den einfachen Arrays über die Notation mit eckigen Klammern zugreifen, sondern auch direkt über den Punkt-Operator. Dies macht die Arbeit mit Hash-Tabellen sehr elegant:

```
# Get IP Address of Computer E02
$Computers["E02"]
$Computers.E02
```

Man kann die Elemente auch direkt beschreiben.

```
# Change on Element
$Computers.E02 = "192.168.1.21"
```

Sehr komfortabel ist, dass beim Beschreiben eines bisher nicht existierenden Elements das Element neu angelegt wird. Auf diese Weise kann man auch eine Hash-Tabelle schrittweise anlegen, d.h. mit einer leeren Liste starten. Eine leere Hash-Tabelle wird ausgedrückt durch @{ }.

```
# Add a new Element
$Computers.E04 = "192.168.1.40"

# Start with an empty list
$MoreComputers = @{ }
$MoreComputers.E05 = "192.168.1.50"
$MoreComputers.E06 = "192.168.1.60"
$MoreComputers.Count # Result = 2
```

Zwei Hash-Tabellen kann man verbinden wie zwei Arrays. Dies funktioniert aber nur, wenn in beiden Listen zusammen jeder Elementname nur einmal vorkommt. Falls es Duplikate gibt, wird ein Fehler erzeugt und das Ergebnis ist eine leere Menge.

```
# Add two Hashtables
$AllComputers = $Computers + $MoreComputers
$AllComputers.Count # Result = 6
```

Hash-Tabellen kann man nicht nur für echte Listen, sondern auch zur einfachen Definition eigener Datenstrukturen verwenden, z.B. um Informationen über eine Person zu speichern.

```
# Use a Hashtable as a custom data structure
$Author = @{ Name="Dr.Holger Schwichtenberg"; Age=40; Country="Germany" }
$Author.Name
$Author.Age
$Author.Country
```

7.11 Operatoren

Die Windows PowerShell unterstützt die elementaren arithmetischen Operatoren +, -, *, / und % (Modulo-Operation alias Divisionsrest). Das Pluszeichen verwendet man sowohl zur Addition von Zahlen als auch zur Verkettung von Zeichenketten. Sogar Mengen (Arrays und Hash-Tabellens) kann man verbinden. Auch der Stern (*) für die Multiplikation hat noch andere Bedeutung: Sowohl eine Zeichenkette als

Mathematische Operationen

Kapitel 7 PowerShell-Skriptsprache

auch ein Array kann man damit multiplizieren. Dadurch werden die Zeichen bzw. Elemente so oft wiederholt wie angegeben. In der Natur einer Hash-Tabelle liegt, dass man die Elemente nicht vervielfachen kann, da dies zu doppelten Elementnamen führen würde, was nicht erlaubt ist.

```
# Multiply a string
$String = "abcdefghijklmnopqrstuvwxyz"
$LongString = $String * 20
"Count: " + $LongString.Length # = 520

# Multiply an Array
$a = 1,2,3,4,5
$b = $a * 10
"Count: " + $b.Count # = 50
```

= Als Zuweisungsoperator wird das Gleichheitszeichen verwendet. Interessant sind Kreuzzuweisungen, mit denen auf elegante Weise die Inhalte zweier Variablen vertauscht werden können. Normalerweise braucht man dafür eine Zwischenvariable. In der PowerShell kann man aber einfach schreiben: $x, $y = $y, $x (siehe *Abbildung 7.7*).

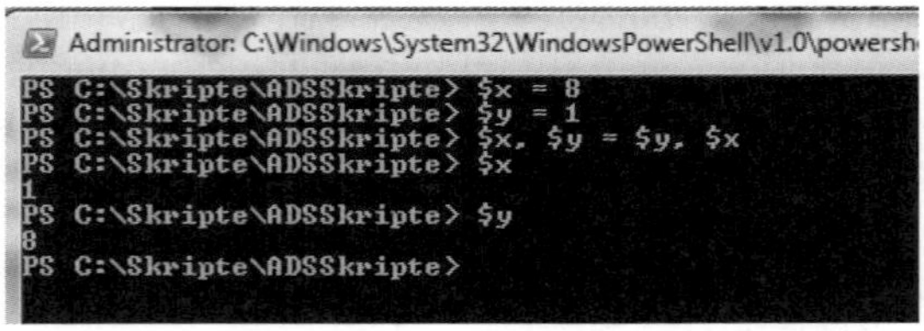

*Abbildung 7.7
Kreuzzuweisung
zur Variablen-
inhaltsvertauschung
in der PowerShell*

& Ein interessanter Operator ist auch das kaufmännische Und ("&"). Damit kann man eine Zeichenkette als einen Befehl ausführen. Dies ist eine Möglichkeit, dynamischen und selbst modifizierenden Programmcode zu schreiben. Dazu ein Beispiel:

```
$What = "Process"
& ("Get-"+$What)
```

Die obige Befehlsabfolge führt zur Ausführung des Commandlets "Get-Process ". Nun könnte man den Inhalt der Variablen $What auch aus einer anderen Quelle, z.B. einer Benutzereingabe, bekommen. Alternativ kann man statt des Operators & auch das Commandlet Invoke-Expression verwenden:

```
$What = "Process"
invoke-expression("Get-"+$What)
```

> Unbedingt zu beachten ist, dass dynamische Codeausführung ein Sicherheitsrisiko birgt, wenn man Benutzereingaben direkt in den Befehlen verarbeitet. Man könnte meinen, dass in dem obigen Beispiel das Risiko beschränkt ist, weil immer der „Get"-Befehl ausgeführt wird.
>
> ```
> $What = "Process; Get-Service"
> invoke-expression("Get-"+$What)
> ```

Bei den PowerShell-Operatoren gibt es seit PowerShell 2.0 die Operatoren -split und -join. Mit -split trennt man Zeichenketten anhand eines Trennzeichens, mit -join verbindet man Zeichenketten in einer Liste zu einer Zeichenkette mit einem wählbaren Trennzeichen.

Teilen und Verbinden

```
$CSV = "www.PowerShell-doktor.de;Dr. Holger Schwichtenberg;Essen"

$Einzelwerte = $CSV -split ";"
$Name = $Einzelwerte[1]
$Name # liefert "Dr. Holger Schwichtenberg"

$Einzelwerte = $Einzelwerte | Sort-Object
$AlleWerteGetrenntDurchKomma = $Einzelwerte -join ","
$AlleWerteGetrenntDurchKomma # liefert "Dr. Holger
Schwichtenberg,Essen,www.PowerShell-doktor.de"
```

Listing 7.10
Beispiele zum Einsatz der Operatoren -split und -join

7.12 Überblick über die Kontrollkonstrukte

Als Kontrollstrukturen kennt die PowerShell-Skriptsprache die folgenden Konstrukte:

Schleifen, Bedingungen und Unterroutinen

- if (Bedingung) {...} else {...}
- switch ($var) {Wert {...} Wert {...} default {..} } }
- for(Initialisierung;Bedingung;Schrittweite) { ... }
- while (Bedingung) { ... }
- do { ... } while (Bedingung)
- do { ... } until (Bedingung)
- foreach ($var in $menge) {...}
- function name {...}
- break
- continue
- return
- exit
- trap Fehlerklasse { ... } else { ... }
- throw "Fehlertext"
- throw Fehlerklasse

Details zu den Befehlen finden Sie in der Hilfe zur PowerShell. Hier wird zu Gunsten anderer Inhalte auf eine detaillierte Darstellung dieser Grundkonstrukte verzichtet – zumal ihre Funktionsweise anderen Programmiersprachen sehr ähnlich ist. Throw und Trap werden in *Kapitel 7.17 „Fehlerbehandlung"* separat behandelt.

7.13 Schleifen

Bei Schleifen handelt es sich um Konstrukte zur wiederholten Verarbeitung eines oder mehrerer Befehle. Wenn ein bestimmter Befehl beispielsweise fünfmal aufgerufen werden soll, so könnte man natürlich rein theoretisch den Befehl fünfmal nacheinander in das Skript schreiben. Der PowerShell ist das egal (sie macht brav, was ihr befohlen wird), aber guter Stil wäre das nicht und bei einer großen Anzahl von Wiederholungen wäre das sehr aufwändig. Und diese Vorgehensweise versagt natürlich dann, wenn die Anzahl der Wiederholungen nicht konstant ist, sondern sich aus dem Programmablauf variabel ergibt. Eine Schleife dagegen kann an eine bestimmte Bedingung gebunden werden. Im Fall einer konstanten Menge von Schleifendurchläufen setzt man den Befehl in eine Schleife und lässt diese alle Werte zwischen einem unteren Wert (z.B. 1) und einem oberen Wert (z.B. 5) durchlaufen. Dadurch wird der gewünschte Befehl fünfmal aufgerufen. Allerdings sind Schleifen noch viel flexibler und es existieren unterschiedliche Formen für verschiedene Ansprüche.

Die PowerShell kennt folgende Formen von Schleifen:

- zählergesteuerte Schleifen,
- bedingungsgesteuerte Schleifen.

Zählergesteuerte Schleifen Im einfachen Fall der zählergesteuerten Schleifen gibt es eine genau definierte Anzahl von Durchläufen und somit wird der enthaltene Code entsprechend oft ausgeführt. Diese Form von Schleifen ist relativ einfach zu handhaben. Man definiert einen Start- und einen Endwert. Alle Werte einschließlich der beiden angegebenen Werte werden durchlaufen. Zusätzlich ist es möglich, eine bestimmte Schrittweite anzugeben, z.B. eine Schrittweite von zwei. Dadurch wird nur jeder zweite Wert der Schleife durchlaufen.

Bedingungsgesteuerte Schleifen Im Gegensatz dazu gibt es Schleifen, deren Fortsetzung bzw. Abbruch von einer ganz bestimmten Bedingung abhängig ist. Eine genaue Anzahl von Durchläufen ist deshalb nicht von vornherein steuerbar. Eine solche Bedingung könnte beispielsweise eine bestimmte Zahl innerhalb einer Variablen sein, z.B. „Die Schleife wird so lange durchlaufen, bis der Inhalt der Variablen eingegebeneZahl kleiner als 100 ist". Somit kann beispielsweise eine Benutzereingabe so lange wiederholt werden, bis der Benutzer einen korrekten Wert eingegeben hat.

Die For-Schleife

Diese Schleife beginnt bei einem bestimmten Startwert und endet bei einem Endwert. Bei jedem Durchlaufen der Schleife wird der Zähler um einen bestimmten Wert hochgezählt, bis die gewünschte Obergrenze erreicht ist. In der Regel wird der Zähler bei jedem Durchlauf um eins erhöht. Allerdings ist es auch möglich, jede andere ganzzahlige Schrittweite zu verwenden.

```
for(Initialisierung;Bedingung;Schrittweite) { ... }
```

Die Konfiguration der Schleife steht in runden Klammern, die pro Durchlauf auszuführenden Anweisungen stehen in geschweiften Klammern. Im Konfigurationsteil „Initialisierung" belegt man die Laufvariable mit einem Anfangswert. Die Bedingung vergleicht die Laufvariable mit einem Endwert. Im Teil „Schrittweite" wird die Laufvariable hochgezählt (oder heruntergezählt). Jeweils eine Zahl vor oder zurück kommt man mit $i++ bzw. $i--. Andere Schrittweisen kann man anstelle des zweiten Operators angeben. So zählt $i+5 um jeweils fünf hoch und $+-5 um fünf herunter.

Das erste Beispiel gibt die Zahlen von 1 bis 5 aus, unter Verwendung der Laufvariablen i und einer Schrittweite von 1:

```
# Schleife von 1 bis 5
for ($i = 1; $i -lt 6; $i++) { $i }
```

Abbildung 7.8
Ausgabe der ersten For-Schleife

Das folgende Beispiel fragt eine Zahl ab und berechnet daraus deren Fakultät. Dies geschieht durch eine Schleife, die von eins bis zur eingegebenen Zahl durchlaufen wird und alle auftretenden Werte dieser Schleife multipliziert.

```
"Bitte eine Zahl eingeben:"
$Fakultaet = Read-Host
$FakultaetErgebnis = 1
for ($i = 1; $i -lt $Fakultaet; $i++)
{
$FakultaetErgebnis = $FakultaetErgebnis * $i
}
"Die Fakultät von " + $Fakultaet + " ist " + $FakultaetErgebnis
```

Listing 7.11
Fakultätsberechnung mit einer For-Schleife

Eine For-Schleife kann man mit der Anweisung continue vorzeitig fortsetzen und mit break vorzeitig verlassen. Das folgende Beispiel zeigt, wie man „zu aufwendige" Berechnungen (die hier mehr als 32-Bit-Zahlen benötigen) unterbinden kann.

Listing 7.12
Fakultätsberechnung mit einer For-Schleife und vorzeitiger Abbruchbedingung

```
"Bitte eine Zahl eingeben:"
$Fakultaet = Read-Host
$FakultaetErgebnis = 1
$Abbruch = $false
for ($i = 1; $i -lt $Fakultaet; $i++)
{
$FakultaetErgebnis = $FakultaetErgebnis * $i
if ($FakultaetErgebnis -gt [System.Int32]::MaxValue) { $Abbruch =
$true; break; }
}
if ($Abbruch) { "Werteüberlauf!" }
else { "Die Fakultät von " + $Fakultaet + " ist " +
$FakultaetErgebnis }
```

Die Do/While/Until-Schleifenfamilie

Rund um die Schlüsselwörter Do/While/Until gibt es drei Arten von Schleifen, die jeweils über Bedingungen gesteuert werden. In Abhängigkeit davon, ob die Bedingung erfüllt ist oder nicht, wird die Schleife abgebrochen oder fortgesetzt.

Die Bedingung kann entweder vor dem ersten Durchlauf der Befehle zum ersten Mal ausgeführt werden (eine sogenannte kopfgesteuerte Schleife) oder nach dem ersten Durchlauf (eine sogenannte fußgeprüfte Schleife).

> Im Vergleich zur For-Schleife hat man bei der Do/While/Until-Schleifenfamilie mehr Flexibilität.

Kopfgeprüfte Schleife

Eine kopfgeprüfte Schleife beginnt man mit While. Die Bedingung steht hier vor dem Anweisungsblock, man prüft also eine Bedingung vor dem ersten Durchlaufen ab. Die Bedingung steht in runden Klammern, der Anweisungsblock in geschweiften Klammern. Die Initialisierung erfolgt vor der Schleife. Die Schrittweite steht im Anweisungsblock.

Listing 7.13
Einfaches Zählen bis fünf mit der While-Schleife

```
"While:"
$i = 0 # Initialisierung
while($i -lt 5) # Bedingung
{
$i++ # Schrittweite
$i # Aktion
}
```

Fußgeprüfte Schleife

Bei der fußgeprüften Schleife steht die Bedingung erst am Ende. Das hat zur Folge, dass die Schleife mindestens einmal durchlaufen wird, bevor die Bedingung überprüft wird.

Schleifen

Die PowerShell-Skriptsprache kennt hier zwei Varianten, die äquivalent zueinander verwendet werden können.

- Die Do...While-Schleife: Tue etwas, solange etwas gilt.
- Die Do...Until-Schleife: Tue etwas, bis etwas gilt.

Das folgende Listing zeigt das Zählen von 1 bis 5 mit beiden Schleifenformen. Zu beachten ist der Unterschied bei der Bedingung. Würde man auch bei Do...Until statt $i -eq 5 $i -lt 5 schreiben, würde die Schleife schon bei der Zahl 4 enden.

```
"Do While:"
$i = 0
do
{ $i++
$i
}while($i -lt 5)

"Do Until:"
$i = 0
do
{ $i++
$i
}until($i -eq 5)
```

Listing 7.14
Einfaches Zählen bis fünf mit der Do...-Schleife

Die ForEach-Schleife

Die ForEach-Schleife ähnelt zwar der For-Schleife, allerdings werden bei dieser kein Start- und Endwert benötigt. Diese Schleife verwendet man zum Durchlaufen von Objektmengen. Für jedes Element in einer bestimmten Menge wird die Schleife einmal durchlaufen. Bei einer solchen Menge kann es sich beispielsweise um alle Dateien eines bestimmten Verzeichnisses handeln. Grundsätzlich kann man jede Menge in der PowerShell mit ForEach durchlaufen.

Die ForEach-Schleife ist kaum geeignet, um damit zu zählen, denn man muss die zu durchlaufenden Zahlen zunächst in einem Array ablegen.

```
# Schleife von 1 bis 5
"Foreach:"
$menge = 1,2,3,4,5
foreach ($i in $menge)
{ $i }
```

Listing 7.15
Einfaches Zählen bis fünf mit der ForEach...-Schleife

> Das obige Skript könnte man noch etwas optimieren, indem man $menge = 1,2,3,4,5 mit $menge = 1...5 abkürzt.

Wirklich interessant ist die ForEach-Schleife, wenn man die Anzahl der zu durchlaufenden Objekte zur Entwicklungszeit noch nicht kennt. Jede PowerShell-Pipeline kann mit ForEach durchlaufen werden.

Listing 7.16 Durchlaufen des Pipeline-Ergebnisses mit ForEach-Schleife

```
$dienste = Get-Service -ComputerName F111
foreach ($dienst in $dienste)
{
"{0,-20}: {1}" -f $dienst.Name , $dienst.Status
}
```

Es stellt sich die Frage, wie sich das Commandlet Foreach-Object und die ForEach-Schleife voneinander unterscheiden. Zunächst einmal kann man mit beiden eine jede Objektmenge durchlaufen. Die ForEach-Schleife orientiert sich syntaktisch an den Konzepten der prozeduralen Programmierung, während sich das Commandlet Foreach-Object in das Pipeline-Konzept einreiht. Unter der Haube gibt es einen wesentlichen Unterschied, den man bei größeren Objektmengen auch bemerkt. Die Pipelines arbeiten asynchron, d.h., Foreach-Object beginnt schon mit der Arbeit, sobald das erste Objekt vorliegt. Die ForEach-Schleife beginnt hingegen erst, wenn alle Objekte vorliegen.

Wenn man den Pipeline-basierten Befehl

```
Get-ChildItem c:\Windows -Recurse -Filter "*.txt" |
ForEach-Object { "{0,-20}: {1}" -f $_.Name , $_.length }
```

mit der skriptbasierten Befehlsfolge

```
$Dateien = Get-ChildItem c:\Windows -Recurse -Filter "*.txt"
foreach ($datei in $Dateien)
{
"{0,-20}: {1}" -f $datei.Name , $dienst.length
}
```

vergleicht, wird man zwei Konsequenzen feststellen:

▶ Der Pipeline-Befehl beginnt sofort mit der Ausgabe der Dateiliste. Die skriptbasierte Lösung braucht einige Zeit vor der ersten Ausgabe.

▶ Der Pipeline-Befehl meldet zwischen den Ausgaben Fehler über Pfade, für die es kein Zutrittsrecht gibt. Die skriptbasierte Lösung zeigt erst alle Fehlermeldungen, die ja von Get-ChildItem kommen, und dann erst die Dateiausgabe, die aus der ForEach-Schleife stammt.

> Ein Kuriosum bei der ForEach-Schleife war in PowerShell 1.0 und 2.0 zu beachten: Wenn an Stelle der zu durchlaufenden Objektmenge $null steht, wird die Schleife dennoch einmal durchlaufen.
>
> ```
> "Foreach über $null"
> foreach ($x in $null) {  "Versuch 1: $x" }
> "Foreach über eine leere Menge"
> $dienste = (Get-Service x*)
> foreach ($x in $dienste) {  "Versuch 2: $x" }
> foreach ($x in (Get-Service x*)) {  "Versuch 3: $x" }
> ```
>
> In den obigen Beispielen wird die Schleife in Versuch 1 und 2 jeweils einmal durchlaufen. Get-Service x* liefert auf den meisten Systemen kein Ergebnis, weshalb die Variable $null erhält. Daher sind Versuch 1 und 2 aus Sicht der Schleife gleichbedeutend. In Versuch 3 wird die Schleife aber keinmal durchlaufen, denn Get-Service x* liefert eine leere Menge und die behandelt ForEach tatsächlich so, wie man es auch von $null erwarten würde.
>
> Als Verbesserung seit PowerShell 3.0 wird eine Schleife nicht mehr durchlaufen, wenn die Menge $null ist. Dies kann aber zu überraschenden Verhaltensänderungen führen, wenn man ein PowerShell-2.0-Skript, das diesen Seiteneffekt genutzt hat, nun in PowerShell 3.0 laufen lässt.

Kein Problem für die ForEach-Schleife und das Foreach-Object-Commandlet ist übrigens die Frage, ob die Pipeline ein einzelnes Objekt oder eine Menge enthält. Auch im Fall des einzelnen Objekts wird die Schleife genau einmal durchlaufen.

7.14 Bedingungen

Die PowerShell-Skriptsprache beherrscht, wie fast alle anderen Programmiersprachen auch, die bedingte Programmausführung. Von einer bedingten Programmausführung spricht man, wenn in Abhängigkeit von bestimmten Bedingungen nicht alle Befehle in einem Skript ausgeführt, sondern ein oder mehrere Befehle übersprungen werden. Genau genommen heißt dies für das Skript, dass abhängig davon, ob eine bestimmte Bedingung erfüllt ist oder nicht, ein bestimmter Codeabschnitt verarbeitet bzw. nicht verarbeitet wird.

Innerhalb der PowerShell-Skriptsprache gibt es zwei grundsätzliche Formen für die bedingte Programmausführung. Durch eine Fallunterscheidung wird es ermöglicht, den Programmablauf abhängig von bestimmten Bedingungen zu steuern:

Formen von Bedingungen

- if (Bedingung) {...} else {...}
- switch ($var) {Wert {...} Wert {...} default {..} } }

If...Else-Bedingung

Das Basiskonstrukt für eine Bedingung ist If...Else. Die Bedingung steht in runden Klammern, der Anweisungsblock in geschweiften Klammern. Eine „Else"-Anweisung ist optional.

Man darf weder die geschweiften noch die runden Klammern weglassen.

Das erste Beispiel zeigt drei einfache If-Anweisungen ohne Else.

Listing 7.17
Drei Bedingungen unter Einsatz von If
```
"Bitte geben Sie eine Zahl ein"
$Wert1 = Read-Host
"Bitte geben Sie noch eine Zahl ein"
$Wert2 = Read-Host

if ($Wert1 -gt $Wert2) { "Der erste Wert ist größer als der zweite." }
if ($Wert1 -lt $Wert2) { "Der zweite Wert ist kleiner als der erste." }
if ($Wert1 -eq $Wert2) { "Beide Werte sind gleich groß." }
```

Diese Bedingungen könnte man alternativ mit Else schreiben, um dann zwei If-Bedingungen zu verschachteln.

Listing 7.18
Drei Bedingungen unter Einsatz von If und Else
```
if ($Wert1 -gt $Wert2)
{ "Der erste Wert ist größer als der zweite." }
else
{
if ($Wert1 -lt $Wert2) { "Der zweite Wert ist kleiner als der erste." }
else { "Beide Werte sind gleich groß." }
}
```

Noch etwas prägnanter geht es mit ElseIf. Hinter ElseIf kann man eine weitere Bedingung angeben.

Listing 7.19
Drei Bedingungen unter Einsatz von If, ElseIf und Else
```
if ($Wert1 -gt $Wert2)
{ "Der erste Wert ist größer als der zweite." }
elseif ($Wert1 -lt $Wert2)
{ "Der zweite Wert ist kleiner als der erste." }
else { "Beide Werte sind gleich groß." }
```

Statt für eine Aktion (bisher immer: eine Ausgabe) kann man If...Else auch für Wertzuweisungen nutzen. In dem folgenden Beispiel erhält $Anzeige abhängig von der Bedingung einen anderen Wert:

```
[DateTime]::Now.Second
$Bedingung = [DateTime]::Now.Second % 2 -eq 0
$Bedingung
$Anzeige = if ($Bedingung) { "gerade" }  else { "ungerade" }
$Anzeige
```

Switch-Bedingung

Mit einer `Switch`-Bedingung kann man auf elegante Weise viele Fälle unterscheiden, weil man übersichtlich Bedingungen und Anweisungsblöcke aneinanderreihen kann.

```
switch ()
{
 {$Wert1 -gt $Wert2} { "Der erste Wert ist größer als der zweite." }
 {$Wert1 -lt $Wert2} { "Der erste Wert ist kleiner als der zweite." }
 default { "Beide Werte sind gleich groß." }
}
```

Listing 7.20
Drei Bedingungen unter Einsatz von Switch

Das runde Klammernpaar hinter `Switch` deutet schon an, dass hier noch mehr Potenzial ist. Man kann auch eine Variable mit einer festen Wertemenge vergleichen.

```
"Welche Note geben Sie diesem Buch?"
$note = Read-Host
switch ($note)
{
    1 {"sehr gut"}
    2 {"gut"}
    3 {"befriedigend"}
    4 {"ausreichend"}
    5 {"ungenügend"}
    default { "Ungültige Note" }
}
```

Listing 7.21
Viele Bedingungen mit Switch

7.15 Unterroutinen (Prozedur/Funktionen)

Um die Übersichtlichkeit eines Skripts zu verbessern und Wiederholungen von Programmcode an mehreren Stellen im Skript zu vermeiden, besteht die Möglichkeit, wiederkehrende Programmzeilen in sogenannte Unterroutinen zu kapseln und anstelle der wiederkehrenden Befehle nur noch die Unterroutinen aufzurufen. Dadurch erhöht sich einerseits die Lesbarkeit; es werden nicht mehr alle Befehle, sondern nur noch eine Funktion aufgerufen. Des Weiteren schlägt sich eine Änderung an der Funktion sofort im gesamten Skript nieder.

Prozedur versus Funktion

Eine Unterroutine, die keinen Wert als Ergebnis ihrer Ausführung zurückliefert, wird oft auch als „Prozedur" bezeichnet. Im Kontrast dazu heißen Unterroutinen mit Rückgabewert „Funktion".

function Die PowerShell macht keinen großen Unterschied. In beiden Fällen wird die Unterroutine definiert durch:

```
function Name { Anweisungsblock }
```

Es gibt in der PowerShell-Skriptsprache, wie in vielen anderen Sprachen, das Schlüsselwort return, um eine Unterroutine vorzeitig zu verlassen. Dabei kann man einen Wert übergeben, der dem Aufruf zurückgesendet werden soll.

```
function Name { Anweisungsblock ... return xy }
```

> Anders als in vielen anderen Programmiersprachen ist return aber nicht die einzige Möglichkeit, einen Rückgabewert zu liefern. Vielmehr wird alles zum Rückgabewert, was nicht explizit mit Write-Host, Write-Debug oder Write-Warning (sowie direkt über die Standardausgabe, z.B. von klassischen Konsolenanwendungen) ausgegeben wird.

Prozeduren

$null Das erste Beispiel zeigt eine Prozedur. Die Prozedur macht zwei Ausgaben und eine Berechnung. Die Rückgabe an den Aufrufer ist $null (repräsentiert „Kein Wert").

```
function Get-AltersProzedur()
{
Write-Host "Dieser Funktion wurde übergeben: $($args[0]) und
$($args[1])"
$Tage = [int] ([System.DateTime]::now -
[DateTime]$Args[1]).TotalDays
Write-Host "$($args[0]) ist $Tage Tage alt!"
}
```

Listing 7.22
Dies ist eine echte Prozedur.

Der Aufruf würde so aussehen:

```
# Normaler Aufruf
Get-AltersProzedur "Max Müller" 08.09.1970
# Test, ob wirklich $null zurückkommt --> Erfüllt!
if ((Get-AltersProzedur "Max Müller" 08.09.1970) -eq $null) { "$null!"
}
```

Unterroutinen (Prozedur/Funktionen)

> Beim Aufruf einer PowerShell-Funktion verwendet man keine runden Klammern und kein Komma zur Parametertrennung. Hier ist ein Unterschied zum Aufruf von Methoden in Objekten (siehe *Anhang A.1 „Crashkurs „Objektorientierung""*). Der Aufruf von Funktionen unterscheidet sich nicht vom Aufruf von Commandlets. Dies ist auch das Ziel: Man will Commandlets und Funktionen äquivalent benutzen können. Tatsächlich sind einige Commandlets in Form von Funktionen implementiert. Es ist durchaus guter Stil, Funktionen nach denselben Namenskonventionen wie Commandlets (Verb-Substantiv) aufzubauen.

Der Umgang mit Rückgabewerten

Bei der nachstehenden PowerShell-Unterroutine könnte man auf den ersten Blick geneigt sein zu sagen, dass es sich auch um eine Prozedur ohne Rückgabewert handelt.

Keine Prozedur

```
function Get-AltersFunktion1()
{
"Dieser Funktion wurde übergeben: $($args[0]) und $($args[1])"
$Tage = [int] ([System.DateTime]::now -
[DateTime]$Args[1]).TotalDays
"$($args[0]) ist $Tage Tage alt!"
}
```

Listing 7.23
Dies ist eine Funktion mit zwei Rückgabewerten.

Das ist aber nicht korrekt, denn

```
if ((Get-Altersfunktion1 "Max Müller" 08.09.1970) -eq $null) {
"null!" } else { "nicht null!"}
```

liefert „nicht null!". Die obige Unterroutine ist eine Funktion, die zwei Zeichenketten zurückliefert. In *Kapitel 8 „Ausgaben"* steht zwar, dass „lose" Literale und Variablen ausgegeben werden, aber wenn solch ein „loser" Ausdruck in einer Unterroutine steht, dann wird der Wert des Ausdrucks **zusätzlich** zum Rückgabewert der Methode. Die Ausgabe wird unterdrückt, wenn der Aufrufer den Rückgabewert weiterverarbeitet. Die Ausgabe findet nur statt, wenn der Aufrufer den Rückgabewert ignoriert. Gleiches gilt für Pipelines.

Eine Testfunktion hilft dem Verständnis. Diese Routine erzeugt zwei Ausgaben direkt mit `Write-Host` zu Beginn und zum Ende der Verarbeitung. Dazwischen gibt es vier Zeilen, die eine Ausgabe erzeugen, die zum Rückgabewert wird.

Kapitel 7 PowerShell-Skriptsprache

Listing 7.24
Testfunktion für die
folgende Tabelle

```
function TestFunktion()
{
Write-Host "Beginn der Funktion..."
Get-Service d*
Get-Date | foreach { $_.ToShortDateString() }
2+2
$name="Holger"
$name
Write-Host "Ende der Funktion!"
}
```

Art des Aufrufs	Ausgabe
TestFunktion	Beginn der Funktion... Status Name DisplayName Running DcomLaunch DCOM Server Process Launcher Stopped defragsvc Disk Defragmenter Running Dhcp DHCP Client Running Dnscache DNS Client Stopped dot3svc Wired AutoConfig Running DPS Diagnostic Policy Service 22.01.2010 4 Holger Ende der Funktion! Erläuterung: Der Aufrufer verwendet die Rückgabewerte nicht. Daher gibt die Funktion sie direkt aus, was man daran erkennt, dass die Werte zwischen „Beginn" und „Ende" stehen.
$x = TestFunktion	Beginn der Funktion... Ende der Funktion! Erläuterung: Der Aufrufer verwendet die Rückgabewerte, indem er sie in einer Variablen speichert. Daher gibt die Funktion nichts aus.
TestFunktion | foreach { $_.GetType() }	Beginn der Funktion... IsPublic IsSerial Name True False ServiceController True False ServiceController True False ServiceController True False ServiceController True False ServiceController True False ServiceController True True String True True Int32 True True String Ende der Funktion! Erläuterung: Der Aufrufer sendet die Objekte über die Pipeline an Foreach-Object. Nun mag überraschen, dass die Ausgaben zwischen „Beginn" und „Ende" stehen, was darauf hindeuten würde, dass die Funktion die Ausgaben macht. Das ist aber nicht so, weil der Aufrufer das Ergebnis ja verarbeitet. Der Grund dafür, dass die Werte zwischen „Beginn" und „Ende" stehen, liegt an der asynchronen Verarbeitung der Pipeline. Foreach-Object verarbeitet die von der Unterroutine gelieferten Objekte schon, bevor diese überhaupt fertig ist. An der Ausgabe sieht man genau, dass die Unterroutine eine heterogene Menge von Werten liefert.

Tabelle 7.7: Verschiedene Aufrufformen und deren Ausgabe

Unterroutinen (Prozedur/Funktionen)

Art des Aufrufs	Ausgabe
| TestFunktion \| sort \| foreach { $_.GetType() } | ```
Beginn der Funktion...
Ende der Funktion!
IsPublic IsSerial Name
-------- -------- ----
True     False    ServiceController
True     False    ServiceController
True     False    ServiceController
True     False    ServiceController
True     False    ServiceController
True     False    ServiceController
False    False    FormatStartData
False    False    GroupStartData
False    False    FormatEntryData
False    False    GroupEndData
False    False    FormatEndData
True     True     Int32
True     True     String
```<br><br>Erläuterung: Nun steht die Ausgabe nach dem „Ende", denn das `Sort-Object` verhindert die asynchrone Verarbeitung. |
| $x = TestFunktion<br><br>$x \| foreach { $_.GetType() } | ```
Beginn der Funktion...
Ende der Funktion!
IsPublic IsSerial Name
-------- -------- ----
True     True     String
True     True     Int32
True     True     String
True     False    ServiceController
True     False    ServiceController
True     False    ServiceController
True     False    ServiceController
True     False    ServiceController
True     False    ServiceController
```<br><br>Erläuterung: Die Ausgabe steht nach dem „Ende", weil der Aufrufer die Werte erst in einer Variablen speichert und dann an die Pipeline sendet. Zwischen zwei Zeilen findet keine asynchrone Verarbeitung statt. |

Tabelle 7.7: Verschiedene Aufrufformen und deren Ausgabe (Forts.)

> „Return xy" ist äquivalent zu xy; return.

Art der Rückgabewerte

Bei der PowerShell sind alle Datentypen als Rückgabewerte erlaubt. Anders als in anderen Programmiersprachen ist eine beliebige Anzahl von Rückgabewerten erlaubt, die in eine Liste (vom Typ `Array` von `Object`, in der PowerShell-Notation: `Object[]`) geliefert werden. Eine Unterscheidung gibt es noch, ob ein oder mehrere Werte zurückgegeben werden. Wenn nur ein Wert zurückgegeben wird, dann ist der Rückgabewert keine Liste mit einem Element, sondern genau dieser eine Wert. Dies beweist das folgende Skript. Zu bedenken ist, dass `Count` kein Ergebnis liefert, wenn $x keine Liste ist.

Ein Wert und eine Liste von Werten

Kapitel 7 PowerShell-Skriptsprache

```
function Get-ReturnValues([int] $Anz) # Anz legt die Anzahl der
Rückgabewerte fest
{
for([int] $i=0;$i -lt $Anz;$i++) { $i }
}

$x = (Get-ReturnValues 1)
"Get-ReturnValues 1 --> Typ: {0}, Anzahl {1}" -f $x.GetType(),
$x.Count
$x = (Get-ReturnValues 2)
"Get-ReturnValues 2 --> Typ: {0}, Anzahl {1}" -f $x.GetType(),
$x.Count
$x = (Get-ReturnValues 1000000)
"Get-ReturnValues 1000000 --> Typ: {0}, Anzahl {1}" -f
$x.GetType(), $x.Count

Testskript zum Prüfen der Art der Rückgabewerte
```

Abbildung 7.9
Ausgabe des obigen Skripts

```
PS P:\> . 'h:\demo\powershell\1_basiswissen\powershell language\functions_returnvalues.ps1'
Get-ReturnValues 1 --> Typ: System.Int32, Anzahl
Get-ReturnValues 2 --> Typ: System.Object[], Anzahl 2
Get-ReturnValues 1000000 --> Typ: System.Object[], Anzahl 1000000
```

Parameterübergabe

Parameter für Funktionen

Zwischen Funktion und Prozedur gibt es also in der PowerShell nur einen marginalen Unterschied. Ein interessanterer Unterschied sind die verschiedenen Formen der Parameterübergabe. Im Beispiel Get-AltersFunktion1()waren die Parameter weder explizit benannt noch typisiert. Dies hat den Vorteil, dass man leicht beliebig viele Parameter in beliebiger Form übergeben kann. Der Nachteil ist jedoch, dass die PowerShell nicht prüfen kann, ob Anzahl und Art der Parameter stimmen. Folgender Aufruf führt zu einem Abbruch in dem Moment, wo eine Rechenoperation mit dem Datum stattfinden soll:

Get-Altersfunktion1 "Max Müller" "unsinn"

Es gibt drei andere Formen der Parameterübergabe (siehe auch Listing):

▶ Benannte Parameter: Get-Altersfunktion2($Name, $Geb) { ... }

▶ Benannte und typisierte Parameter im Funktionskopf: Get-Altersfunktion3([string] $Name, [DateTime] $Geb) { ... }

▶ Benannte und typisierte Parameter im Funktionsrumpf: Get-Altersfunktion4{ param([string] $Name, [DateTime] $Geb) ... }

Listing 7.25
Vergleich der verschiedenen Parameterformen

```
# Parameter unbenannt
function Get-Altersfunktion1()
{
"Dieser Funktion wurde übergeben: $($args[0]) und $($args[1])"
$Tage = [int] ([System.DateTime]::now -
[DateTime]$Args[1]).TotalDays
return   "$($args[0]) ist $Tage Tage alt!"
}
```

Unterroutinen (Prozedur/Funktionen)

```
# Parameter benannt
function Get-Altersfunktion2($Name, $Geb)
{
"Dieser Funktion wurde übergeben: $name und $geb"
$Tage = [int] ([System.DateTime]::now - [DateTime]$Geb).TotalDays
return  "$Name ist $Tage Tage alt!"
}

# Parameter benannt und typisiert
function Get-Altersfunktion3([string] $Name, [DateTime] $Geb)
{
"Dieser Funktion wurde übergeben: $name und $geb"
$Tage = [int] ([System.DateTime]::now - $Geb).TotalDays
return  "$Name ist $Tage Tage alt!"
}

# Parameter benannt und typisiert - andere Syntaxform
function Get-Altersfunktion4
{
param([string] $Name, [DateTime] $Geb)
"Dieser Funktion wurde übergeben: $name und $geb"
$Tage = [int] ([System.DateTime]::now - $Geb).TotalDays
return  "$Name ist $Tage Tage alt!"
}
```

Der Aufruf ist in allen vier Fällen gleich. Der Unterschied ist nur, dass im Fall der typisierten Parameter der Fehler schon beim Aufruf der Unterroutine auffällt (cannot process argument transformation on parameter 'Geb'. Cannot convert value "unsinn" to type "System.DateTime"), so dass die Routine gar nicht erst gestartet wird.

Eine falsche Anzahl von Parametern moniert die PowerShell in keinem Fall. $args[x] kann man immer zum Zugriff auf die übergebenen Parameter verwenden.

Dies bedeutet auch, dass es in der PowerShell keine Überladung von Unterroutinen geben kann. Überladung bedeutet in anderen Sprachen, dass es mehrere gleichnamige Unterroutinen geben darf, die sich nur hinsichtlich der Parameterzahl oder Parameterart unterscheiden. Beim Aufruf wird anhand der übergebenen Parameter entschieden, welche Unterroutine aufgerufen wird. In der PowerShell hingegen wird – falls es mehrere gleichnamige gibt – immer die erste verfügbare Unterroutine mit allen Parametern aufgerufen.

Es gibt aber Überladungen in der .NET-Klassenbibliothek und bei Aufrufen von Methoden in .NET-Klassen berücksichtigt die PowerShell dies und ruft die passende Methode auf.

7.16 Eingebaute Funktionen

Wie schon erwähnt sind einige Commandlets als PowerShell-Funktion realisiert (z.B. `Clear-Host`). Die Ausführung des Befehls `dir function:` listet alle Funktionen auf und zeigt, dass auch einige als Kompatibilität zur klassischen Windows-Konsole erhalten gebliebene Anweisungen wie `C:` und `more` als eingebaute Funktionen der PowerShell realisiert sind.

Abbildung 7.10 *Eingebaute Funktionen der PowerShell 3.0*

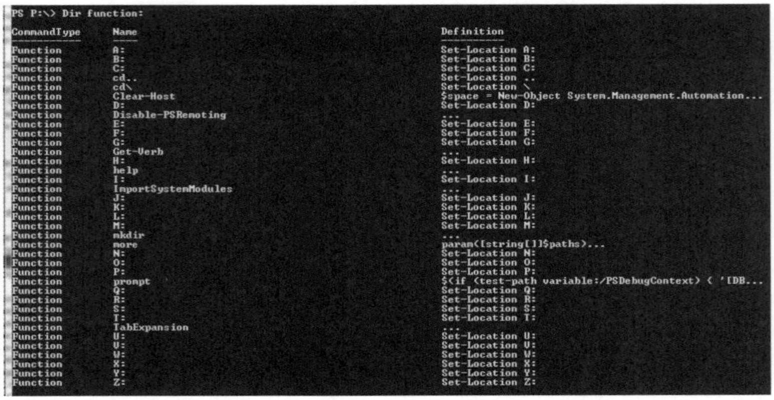

```
PS P:\> Dir function:

CommandType     Name                                Definition
-----------     ----                                ----------
Function        A:                                  Set-Location A:
Function        B:                                  Set-Location B:
Function        C:                                  Set-Location C:
Function        cd..                                Set-Location ..
Function        cd\                                 Set-Location \
Function        Clear-Host                          $space = New-Object System.Management.Automation...
Function        D:                                  Set-Location D:
Function        Disable-PSRemoting                  ...
Function        E:                                  Set-Location E:
Function        F:                                  Set-Location F:
Function        G:                                  Set-Location G:
Function        Get-Verb                            ...
Function        H:                                  Set-Location H:
Function        help                                ...
Function        I:                                  Set-Location I:
Function        ImportSystemModules                 ...
Function        J:                                  Set-Location J:
Function        K:                                  Set-Location K:
Function        L:                                  Set-Location L:
Function        M:                                  Set-Location M:
Function        mkdir                               ...
Function        more                                param([string[]]$paths)...
Function        N:                                  Set-Location N:
Function        O:                                  Set-Location O:
Function        P:                                  Set-Location P:
Function        prompt                              $(if (test-path variable:/PSDebugContext) { '[DB...
Function        Q:                                  Set-Location Q:
Function        R:                                  Set-Location R:
Function        S:                                  Set-Location S:
Function        T:                                  Set-Location T:
Function        TabExpansion                        ...
Function        U:                                  Set-Location U:
Function        V:                                  Set-Location V:
Function        W:                                  Set-Location W:
Function        X:                                  Set-Location X:
Function        Y:                                  Set-Location Y:
Function        Z:                                  Set-Location Z:
```

7.17 Fehlerbehandlung

Die PowerShell bietet zwei Arten der Fehlerbehandlung im Skriptcode:

- `Trap` (seit PowerShell 1.0)
- `Try-Catch-Finally` (seit PowerShell 2.0)

Fehlerbehandlung mit Trap

Trap

Die Windows PowerShell unterscheidet zwischen Fehlern, die unbedingt ein Ende der Ausführung des Befehls/des Skripts erfordern (Terminating Error), und Fehlern, die es erlauben, dass die Ausführung beim nächsten Befehl fortgesetzt wird (Non-Terminating Error). Abbrechende Fehler können durch `Trap`-Anweisungen abgefangen werden. Nichtabbrechende Fehler können zu abbrechenden Fehlern gemacht werden.

`Trap` fängt aufgetretene abbrechende Fehler ab und führt den angegebenen Code aus. `$_` enthält dann Informationen zu dem Fehler in Form einer Instanz von `System.Management.Automation.ErrorRecord`. Das Unterobjekt `$_.Exception` ist der eigentliche Fehler in Form einer Instanz einer Klasse, die von `System.Exception` erbt. Über `$_.Excep-`

tion.GetType().FullName erhält man den Fehlertyp, durch $_.Exception.Message den Fehlertext.

Break oder Continue entscheiden, ob das Skript nach dem Fehler fortgesetzt wird. Das Standardverhalten ist Continue. Mit Exit kann ein definitives sofortiges Skriptende herbeigeführt werden.

Break oder Continue

Mit dem folgenden Beispiel können Sie selbst das Fehlerverhalten der PowerShell testen und mit den verschiedenen Reaktionsmöglichkeiten experimentieren. Der Fehler wird aufgelöst durch den Aufruf Copy-Item mit falschem Pfad (ein nichtabbrechender Fehler) und „Get-Dir" (das Commandlet gibt es nicht, ein abbrechender Fehler).

Beispiel

```
# Beispiel zum Testen von Fehlerabfangen
trap {
Write-Host ("### ABGEFANGENER FEHLER: " + $_.Exception.Message)
#Write-Error ("Fehler: " + $_.Exception.Message)
#continue
#break
#exit
#throw "test"
}


"Beispiel zum Testen von Fehlerabfangen"
"Erst geht alles gut..."
copy g:\daten\lieferanten c:\temo\Daten
"Dann läuft es nicht mehr so gut (falscher Pfad)"
copy g:\daten\lieferanten k:\daten\lieferanten
"Und dann folgt Unsinn (falsches Commandlet)"
Get-Dir k:\daten\lieferanten
"Ende des Scripts"
```

Listing 7.26
Trap5_Copy.ps1
[Basiswissen/
PowerShell
*Language/Trap5_*
Copy.ps1]

Trap	Reaktion
Nicht vorhanden	PowerShell zeigt Fehlermeldungen für Copy-Item („drive does not exists") und Get-Dir („not recognized as a cmdlet, function, program oder script file") und setzt die Ausführung bis zum Ende fort.
	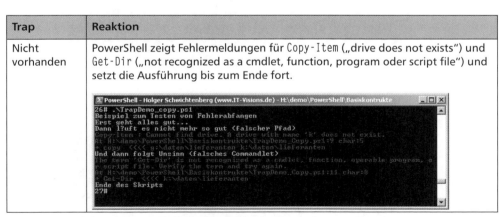

Tabelle 7.8: Verhalten der PowerShell im Fehlerfall bei der Verwendung von Trap

Kapitel 7 PowerShell-Skriptsprache

Trap	Reaktion
Vorhanden, nur mit Write-Host	Es erscheint für den abbrechenden Fehler zusätzlich zu der PowerShell-Fehlermeldung auch der eigene Fehlertext aus dem Trap-Block.
Vorhanden, mit continue	Es erscheint für den abbrechenden Fehler nur der eigene Fehlertext aus dem Trap-Block.
Vorhanden, mit break	Nach dem abbrechenden Fehler erscheinen der eigene Fehlertext und dann die Fehlermeldung der PowerShell. Danach bricht das Skript ab (d.h., die Ausgabe „Ende des Skripts" wird nicht mehr erzeugt).
Vorhanden, mit exit	Nach dem abbrechenden Fehler erscheint der eigene Fehlertext. Dann bricht die Ausführung sofort ab.

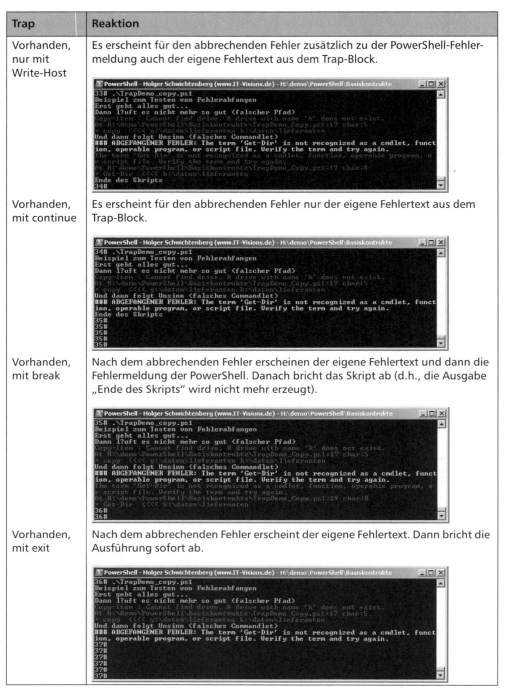

Tabelle 7.8: Verhalten der PowerShell im Fehlerfall bei der Verwendung von Trap (Forts.)

Konfiguration des Fehlerverhaltens

Die Möglichkeiten werden noch vielfältiger, weil jedes einzelne Commandlet über die Parameter -ErrorAction (kurz -ea) und -WarningAction (-wa) zudem bestimmen kann, wie mit Fehlern (oder Warnungen) umgegangen werden soll:

ErrorAction

- Stop: Der Fehler wird ausgegeben und die Ausführung bricht ab. (Alle Non-Terminating-Fehler werden damit zu Terminating-Fehlern.)
- Continue: Der Fehler wird ausgegeben und die Ausführung wird fortgesetzt.
- SilentlyContinue: Der Fehler wird nicht ausgegeben und die Ausführung wird fortgesetzt.
- Inquire: Der Benutzer wird gefragt, ob er die Ausführung trotz des Fehlers fortsetzen möchte.

Alle möglichen Kombinationen von -ErrorAction und Trap durchzuspielen, würde den Rahmen dieses Buchs sprengen. Daher werden im Folgenden nur einige ausgewählte Fälle beschrieben.

Die Anwendung von -ErrorAction hat nur Auswirkung auf existierende Commandlets. Das in dem Beispiel verwendete, nicht vorhandene Commandlet „Get-Dir" kann darauf nicht reagieren.

Trap	ErrorAction	Reaktion
Nicht vorhanden	-ErrorAction silentlycontinue	Es erscheint keine Fehlermeldung mehr für den Pfadfehler bei Copy-Item. Weiterhin wird das Problem mit Get-Dir gemeldet.
Vorhanden, mit continue	-ErrorAction silentlycontinue	Es erscheinen überhaupt keine Standardfehlermeldungen der Power-Shell mehr, sondern nur noch die benutzerdefinierte Meldung aus dem Trap-Block für das nicht existierende Commandlet.

Tabelle 7.9: Verhalten der PowerShell im Fehlerfall bei der Verwendung von Trap und -ErrorAction

Kapitel 7 PowerShell-Skriptsprache

Trap	ErrorAction	Reaktion
Nicht vorhanden	-ErrorAction stop	Die Ausführung bricht mit einer PowerShell-Fehlermeldung nach dem ersten nicht ausführbaren Copy-Befehl ab.
Vorhanden, mit continue	-ErrorAction stop	Für beide Fehler erscheint nur der eigene Fehlertext aus dem Trap-Block.

Tabelle 7.9: Verhalten der PowerShell im Fehlerfall bei der Verwendung von Trap und -ErrorAction (Forts.)

Weitere Möglichkeiten

Das war aber immer noch nicht alles, was die PowerShell in Sachen Fehlerbehandlung zu bieten hat:

Variablen
- Über die globale eingebaute Variable $ErrorActionPreference kann man das Standardverhalten für -ErrorAction für alle Commandlets setzen. Dies ist in der Standardeinstellung „Continue".
- $Error enthält die gesamte Geschichte der aufgetretenen Fehler in Form von Objekten, die zu Fehlerklassen gehören, z.B. System.Management.Automation.CommandNotFound Exception.

Fehlerklassen
- Trap-Blöcke können durch Angabe eines Fehlertyps in eckigen Klammern (Fehlerklasse) auf bestimmte Fehlerarten beschränkt werden. Daher kann es mehrere Trap-Blöcke in einem Skript geben.

Fehler auslösen
- Mit Throw kann man innerhalb und außerhalb von Trap-Blöcken beliebige eigene Fehler erzeugen. Throw erzeugt einen abbrechenden Fehler der Klasse System.Management.Automation.RuntimeException. Man kann aber auch eine andere Fehlerklasse in eckigen Klammern angeben. Die angegebene Klasse muss von System.Exception abgeleitet sein.

```
throw "Fehlertext"
throw [System.ApplicationException] "Fehlertext"
```

Fehlerbehandlung mit Try-Catch-Finally

Die Trap-Anweisung fängt alle Fehler im aktuellen Gültigkeitsbereich ab. Eine Trap-Anweisung in einer Funktion gilt für den ganzen Programmcode in der Funktion. Eine Trap-Anweisung in globalem Programmcode gilt für den ganzen globalen Code. Es ist unerheblich, wo die Trap-Anweisung steht (am Anfang, in der Mitte, am Ende), sie gilt immer für den gesamten Gültigkeitsbereich.

Vergleich mit Trap

Seit PowerShell 2.0 hat Microsoft das aus den .NET-Sprachen bekannte Try-Catch-Finally als zweite Alternative der Fehlerbehandlung mit Trap eingeführt. Try enthält den Codeblock, der fehlschlagen könnte. Catch behandelt auftretende Fehler, wobei der erste abbrechende Fehler die Kontrolle in den Catch-Block verlagert. Finally (als optionaler Block) wird in jedem Fall am Ende ausgeführt.

Hinweis: Während man mit einer Trap-Anweisung alle Fehler in dem aktuellen Gültigkeitsbereich abfängt, bezieht sich Try-Catch immer nur auf Fehler im Try-Block. Die Frage, ob man Trap oder Try-Catch bevorzugt, ist eine Geschmackssache.

Listing 7.27 Beispiel für den Einsatz von Try-Catch-Finally

```
##########################################
# PowerShell-Skript
# (C) Dr. Holger Schwichtenberg
##########################################

# Beispiel zum Testen von Fehlerabfangen

try
{
"Beispiel zum Testen von Fehlerabfangen"
"Erst geht alles gut ..."
copy c:\data\projects c:\temp\Projects -Force
"Dann laeuft es nicht mehr so gut (falscher Pfad) (aber wir machen weiter:
continue)"
copy c:\data\customers c:\temp\customers -ea continue
Und dann folgt Unsinn: falsches Commandlet (da wird -continue
ignoriert!)"

Get-Dir c:\temp\customers -ea continue
"Kopiervorgang abgeschlossen!"
}

catch
{
$fehler = $_
Write-Host ("### ABGEFANGENER FEHLER: " + $_.Exception.Message) -ForegroundColor yellow
}
```

Kapitel 7 PowerShell-Skriptsprache

```
finally
{
"Ende des Skripts"
}
```

Fehlerklasse Innerhalb des `Catch`-Blocks ist `$_` eine Instanz der Klasse `System.Management.Automation.ErrorRecord`, wobei über das Attribut `Exception` zu der aus dem .NET Framework bekannten Instanz eine .NET-Fehlerklasse kommt. Details über den Umfang der bereitgestellten Fehlerinformationen zeigt die nachstehende Bildschirmabbildung.

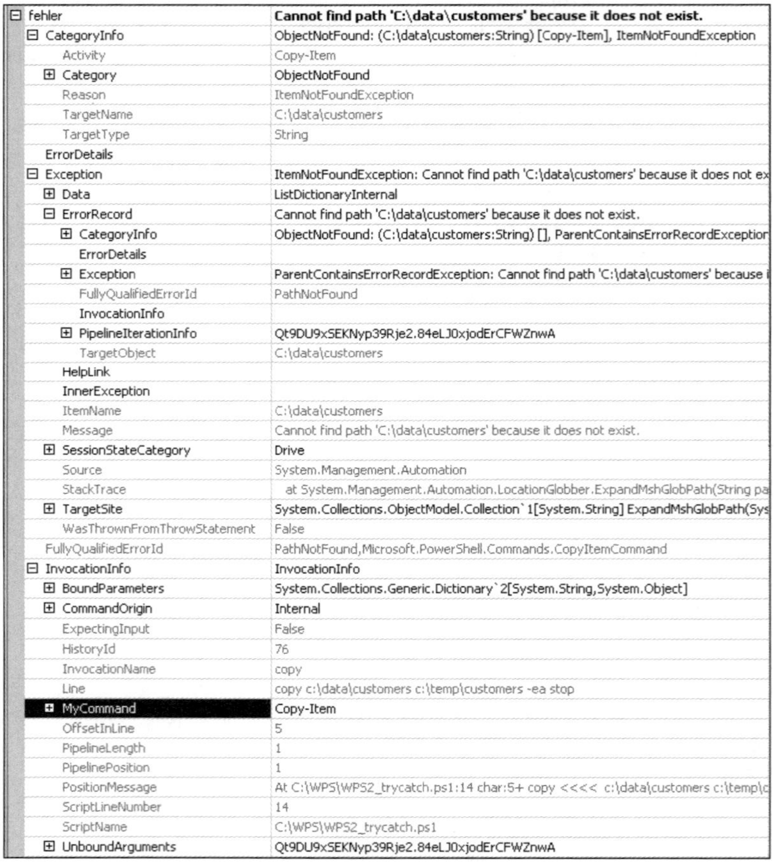

Abbildung 7.11
Inhalt eines Error-Record-Objekts

fehler	Cannot find path 'C:\data\customers' because it does not exist.
⊟ CategoryInfo	ObjectNotFound: (C:\data\customers:String) [Copy-Item], ItemNotFoundException
Activity	Copy-Item
⊞ Category	ObjectNotFound
Reason	ItemNotFoundException
TargetName	C:\data\customers
TargetType	String
ErrorDetails	
⊟ Exception	ItemNotFoundException: Cannot find path 'C:\data\customers' because it does not ex
⊞ Data	ListDictionaryInternal
⊟ ErrorRecord	Cannot find path 'C:\data\customers' because it does not exist.
⊞ CategoryInfo	ObjectNotFound: (C:\data\customers:String) [], ParentContainsErrorRecordExceptior
ErrorDetails	
⊞ Exception	ParentContainsErrorRecordException: Cannot find path 'C:\data\customers' because i
FullyQualifiedErrorId	PathNotFound
InvocationInfo	
⊞ PipelineIterationInfo	Qt9DU9x5EKNyp39Rje2.84eLJ0xjodErCFWZnwA
TargetObject	C:\data\customers
HelpLink	
InnerException	
ItemName	C:\data\customers
Message	Cannot find path 'C:\data\customers' because it does not exist.
⊞ SessionStateCategory	Drive
Source	System.Management.Automation
StackTrace	at System.Management.Automation.LocationGlobber.ExpandMshGlobPath(String pa
⊞ TargetSite	System.Collections.ObjectModel.Collection`1[System.String] ExpandMshGlobPath(Sys
WasThrownFromThrowStatement	False
FullyQualifiedErrorId	PathNotFound,Microsoft.PowerShell.Commands.CopyItemCommand
⊟ InvocationInfo	InvocationInfo
⊞ BoundParameters	System.Collections.Generic.Dictionary`2[System.String,System.Object]
⊞ CommandOrigin	Internal
ExpectingInput	False
HistoryId	76
InvocationName	copy
Line	copy c:\data\customers c:\temp\customers -ea stop
⊞ MyCommand	**Copy-Item**
OffsetInLine	5
PipelineLength	1
PipelinePosition	1
PositionMessage	At C:\WPS\WPS2_trycatch.ps1:14 char:5+ copy <<<< c:\data\customers c:\temp\c
ScriptLineNumber	14
ScriptName	C:\WPS\WPS2_trycatch.ps1
⊞ UnboundArguments	Qt9DU9x5EKNyp39Rje2.84eLJ0xjodErCFWZnwA

8 Ausgaben

Dieses Kapitel behandelt die verschiedenen Möglichkeiten zur Erzeugung bzw. Beeinflussung von Ausgaben in der PowerShell.

8.1 Ausgabe-Commandlets

Ein normales Commandlet sollte keine eigene Bildschirmausgabe erzeugen, sondern allenfalls eine Menge von Objekten in die Pipeline legen. Es ist bestimmten Commandlets vorbehalten, eine Ausgabe zu erzeugen. Beispiele für diese Commandlets sind:

Commandlets mit Verben Out und Format

- Out-Default: Standardausgabe gemäß der PowerShell-Konfiguration (*DotNetTypes.Format.ps1xml*), siehe folgendes Kapitel
- Out-Host: wie Out-Default mit zusätzlicher Option zur seitenweisen Ausgabe
- Out-Null: Die Objekte der Pipeline werden nicht weitergegeben.
- Out-GridView: Ausgabe in grafischer Tabelle mit Such- und Filterfunktionen (seit PowerShell 2.0)
- Format-Wide: zweispaltige Liste
- Format-List (kurz: fl): detaillierte Liste
- Format-Table (kurz: ft): Tabellenausgabe

Abbildung 8.1
Ausgabe mit Format-Wide

Kapitel 8 Ausgaben

Abbildung 8.2
Ausgabe mit
Format-List

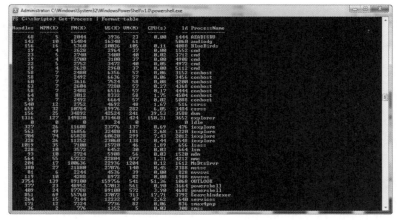

Abbildung 8.3
Ausgabe mit
Format-Table

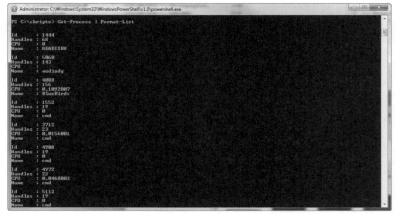

Bei den Ausgabe-Commandlets können Sie jeweils die auszugebenden Attribute mit dem Parameter -Property (kurz -p) festlegen. Dieser Parameter ist immer der erste erwartete Parameter und daher entfällt der Name in der Regel. Beispiele:

```
Get-Service | Format-Table Name, Status
Get-Service | Format-List Name, Status
```

Bei Format-Wide kann man nur ein Attribut nennen:

```
Get-Service | Format-Wide -Property Name
```

Out-GridView

In vielen Fällen geben Ausgabe-Commandlets nicht alle Attribute eines Objekts aus. Dies liegt an der Standardausgabe (siehe gleichnamiges Kapitel). Sie können alle Attribute sehen, wenn Sie statt des Parameters -Property einen Stern (*) angeben.

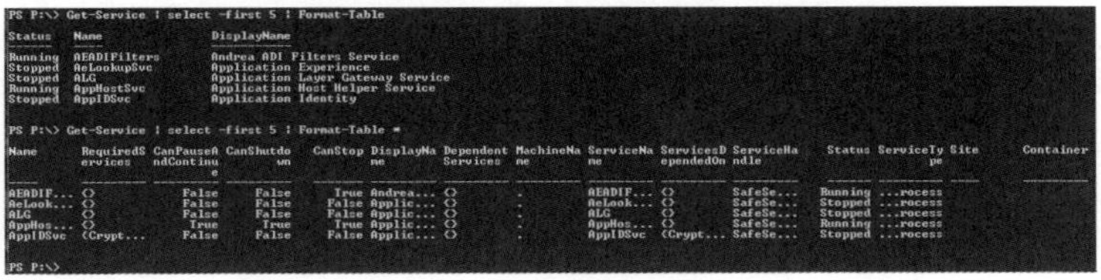

Abbildung 8.4: Format-Table für Get-Service ohne und mit Stern

8.2 Out-GridView

Das Commandlet Out-GridView gab es schon einmal in der Beta-Version der PowerShell 1.0, es schaffte es dann aber nicht in das endgültige Produkt. Seit PowerShell 2.0 ist es wieder da. Out-GridView zeigt den aktuellen Inhalt der Pipeline in einem separaten Fenster in einer grafischen Tabelle an und bietet dort Filtermöglichkeiten.

Tabellenansicht

Beispiel: Out-process | Out-GridView

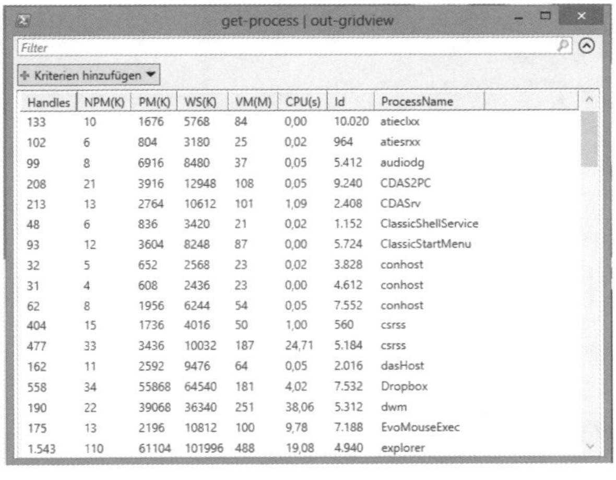

*Abbildung 8.5
Anzeige der Prozessliste mit Out-GridView*

Eine Eingabe im Text „Filter" führt eine Volltextsuche über alle Spalten aus. Über die Funktion „Kriterien hinzufügen" kann man grundsätzlich auch komplexere Abfragen über einzelne Spalten definieren. Aus dem darüber erreichbaren Drop-down-Feld können Sie eine Auswahl aus allen Eigenschaften treffen. In der daraus resultierenden Zeile können die Bedingungen definiert werden.

Suchen

Kapitel 8 Ausgaben

> Leider gibt es aber nur Filterkriterien für Zeichenketten, nicht aber Vergleichsoperationen wie größer und kleiner für Zahlen (siehe Bildschirmabbildung: für den Zahlenwert „WorkingSet" (WS) wird kein größer oder kleiner angeboten).

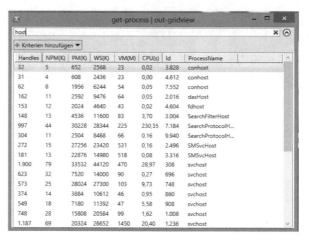

Abbildung 8.6
Volltextsuche in der Prozessliste mit Out-GridView

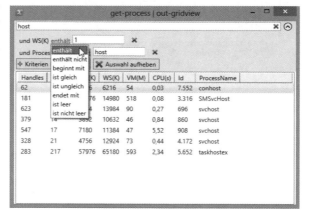

Abbildung 8.7
Definition einer Abfrage im Out-GridView-Fenster

8.3 Standardausgabe

Standardausgabe Wenn am Ende einer Pipeline keine Ausgabefunktion genannt ist, verwendet die PowerShell automatisch das Commandlet Out-Default. Out-Default bedient sich bei der Ausgabe einer Standardvorgabe („View"), die in der Datei *DotNetTypes.Format.ps1xml* im Installationsordner der PowerShell abgelegt ist. Dort kann man beispielsweise für den Typ System.Diagnostics.Process nachlesen, dass die Ausgabe in einer achtspaltigen Tabelle erfolgen soll (siehe *Abbildung 8.8*).

Standardausgabe

Wenn dort keine Standardvorgabe existiert, verwendet die PowerShell folgende Regeln:

- Alle Attribute (inkl. Noteproperties) werden ausgegeben.
- Die Ausgabe erfolgt mit `Format-Table`, solange es wenig Spalten sind.
- Bei mehr Spalten wird `Format-List` verwendet.

```
<view>
    <Name>process</Name>
    <ViewSelectedBy>
        <TypeName>System.Diagnostics.Process</TypeName>
        <TypeName>Deserialized.System.Diagnostics.Process</TypeName>
    </ViewSelectedBy>
    <TableControl>
        <TableHeaders>
            <TableColumnHeader>
                <Label>Handles</Label>
                <width>7</width>
                <Alignment>right</Alignment>
            </TableColumnHeader>
            <TableColumnHeader>
                <Label>NPM(K)</Label>
                <width>7</width>
                <Alignment>right</Alignment>
            </TableColumnHeader>
            <TableColumnHeader>
                <Label>PM(K)</Label>
                <width>8</width>
                <Alignment>right</Alignment>
            </TableColumnHeader>
            <TableColumnHeader>
                <Label>WS(K)</Label>
                <width>10</width>
                <Alignment>right</Alignment>
            </TableColumnHeader>
            <TableColumnHeader>
                <Label>VM(M)</Label>
                <width>5</width>
                <Alignment>right</Alignment>
            </TableColumnHeader>
            <TableColumnHeader>
                <Label>CPU(s)</Label>
                <width>8</width>
                <Alignment>right</Alignment>
            </TableColumnHeader>
            <TableColumnHeader>
                <width>6</width>
                <Alignment>right</Alignment>
            </TableColumnHeader>
            <TableColumnHeader />
        </TableHeaders>
        <TableRowEntries>
            <TableRowEntry>
                <TableColumnItems>
                    <TableColumnItem>
                        <PropertyName>HandleCount</PropertyName>
                    </TableColumnItem>
                    <TableColumnItem>
                        <ScriptBlock>[int]($_.NPM / 1024)</ScriptBlock>
                    </TableColumnItem>
                    <TableColumnItem>
                        <ScriptBlock>[int]($_.PM / 1024)</ScriptBlock>
                    </TableColumnItem>
                    <TableColumnItem>
                        <ScriptBlock>[int]($_.WS / 1024)</ScriptBlock>
                    </TableColumnItem>
                    <TableColumnItem>
                        <ScriptBlock>[int]($_.VM / 1048576)</ScriptBlock>
                    </TableColumnItem>
                    <TableColumnItem>
                        <ScriptBlock>
if ($_.CPU -ne $())
{
    $_.CPU.ToString("N")
}
                        </ScriptBlock>
                    </TableColumnItem>
                    <TableColumnItem>
                        <PropertyName>Id</PropertyName>
```

*Abbildung 8.8
Ausschnitt aus der Beschreibung der Standardausgabe für den Typ System.Diagnostics.Process in DotNetTypes.Format.ps1xml*

Die in `DotNetTypes.Format.ps1xml` abgelegten Views kann man mit dem Commandlet `Get-ViewDefinition` aus den PSCX ausgeben. Dabei ist zu beachten, dass die Views für .NET-Klassen und WMI-Klassen definiert sind, nicht für Commandlets. Anstelle von `Get-Process` muss man also den Rückgabetyp `System.Diagnostics.Process` angeben.

Views

Beispiel: `Get-ViewDefinition.ps1 System.Diagnostics.Process`

Bei der Ausführung werden Sie feststellen, dass es Views für diese Klasse gibt: „process", „starttime" und „priority" für die Tabellenausgabe und „process" für das Ausgabeformat „wide". In den Ausgabe-Commandlets wie `Format-Table` kann man die verschiedenen Views aufrufen. `Get-Process | Format-Table -view priority` liefert eine nach Prioritäten gruppierte Prozessliste.

Abbildung 8.9 *Views für die Klasse „Process"*

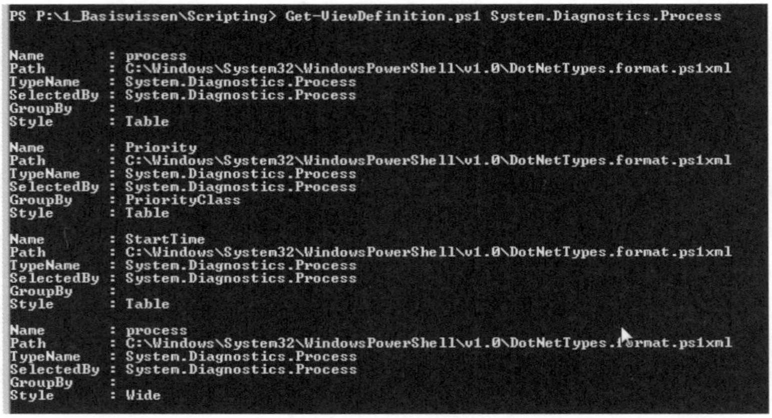

```
PS P:\1_Basiswissen\Scripting> Get-ViewDefinition.ps1 System.Diagnostics.Process

Name       : process
Path       : C:\Windows\System32\WindowsPowerShell\v1.0\DotNetTypes.format.ps1xml
TypeName   : System.Diagnostics.Process
SelectedBy : System.Diagnostics.Process
GroupBy    :
Style      : Table

Name       : Priority
Path       : C:\Windows\System32\WindowsPowerShell\v1.0\DotNetTypes.format.ps1xml
TypeName   : System.Diagnostics.Process
SelectedBy : System.Diagnostics.Process
GroupBy    : PriorityClass
Style      : Table

Name       : StartTime
Path       : C:\Windows\System32\WindowsPowerShell\v1.0\DotNetTypes.format.ps1xml
TypeName   : System.Diagnostics.Process
SelectedBy : System.Diagnostics.Process
GroupBy    :
Style      : Table

Name       : process
Path       : C:\Windows\System32\WindowsPowerShell\v1.0\DotNetTypes.format.ps1xml
TypeName   : System.Diagnostics.Process
SelectedBy : System.Diagnostics.Process
GroupBy    :
Style      : Wide
```

Die PowerShell gerät in einigen Situationen in Schwierigkeiten, wenn die verschiedenen Ausgabeformen miteinander kombiniert werden. Die folgende Befehlsfolge in einem Skript

```
Get-Service d*
Get-Process d* | ft
```

führt zum Fehler (siehe Bildschirmabbildung).

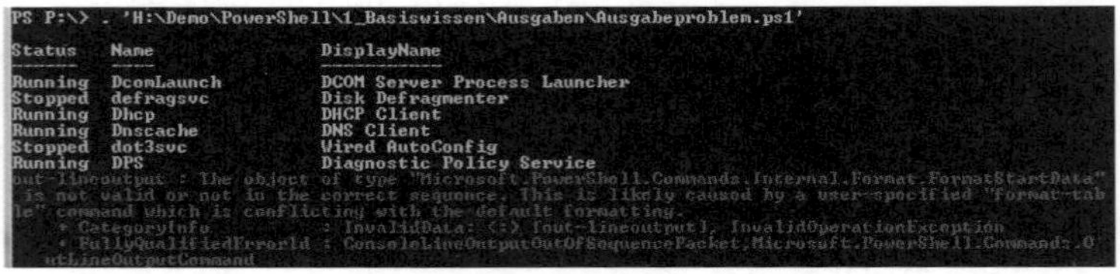

```
PS P:\> . 'H:\Demo\PowerShell\1_Basiswissen\Ausgaben\Ausgabeproblem.ps1'

Status   Name               DisplayName
------   ----               -----------
Running  DcomLaunch         DCOM Server Process Launcher
Stopped  defragsvc          Disk Defragmenter
Running  Dhcp               DHCP Client
Running  Dnscache           DNS Client
Stopped  dot3svc            Wired AutoConfig
Running  DPS                Diagnostic Policy Service
out-lineoutput : The object of type "Microsoft.PowerShell.Commands.Internal.Format.FormatStartData"
 is not valid or not in the correct sequence. This is likely caused by a user-specified "format-tab
le" command which is conflicting with the default formatting.
    + CategoryInfo          : InvalidData: (:) [out-lineoutput], InvalidOperationException
    + FullyQualifiedErrorId : ConsoleLineOutputOutOfSequencePacket,Microsoft.PowerShell.Commands.O
   utLineOutputCommand
```

Abbildung 8.10: *Ausgabeproblem*

Die Lösung besteht in diesem Fall darin, `Format-Table` (`ft`) beide Male explizit zu nennen.

```
Get-Service d* | ft
Get-Process d* | ft
```

8.4 Einschränkung der Ausgabe

Die Ausgabebefehle erlauben die Spezifikation der Objektattribute, die ausgegeben werden sollen, z.B.:

`Get-Process | Format-Table -p id,processname,workingset`

erzeugt eine Tabelle der Prozesse mit Prozess-ID, Name des Prozesses und Speichernutzung. Attributnamen können dabei auch durch den Platzhalter * abgekürzt werden, z.B.:

`Get-Process | Format-Table -p id,processn*,working*`

>
> Die gleiche Ausgabe können Sie auch erzielen, wenn Sie Select-Object einsetzen:
>
> `Get-Process | Select-Object id, processname, workingset | Format-Table`

8.5 Seitenweise Ausgabe

Viele Ausgaben sind zu lang, um sie auf einer Bildschirmseite darstellen zu können. Manche Ausgaben sind sogar länger als der Puffer des PowerShell-Fensters (z.B. `Get-Command Get-Help`). Die seitenweise Ausgabe erzwingt man mit dem Parameter -paging (kurz –p) im Out-Host-Commandlet.

Out-Host

Beispiel:

`Get-Service | Out-Host -p`

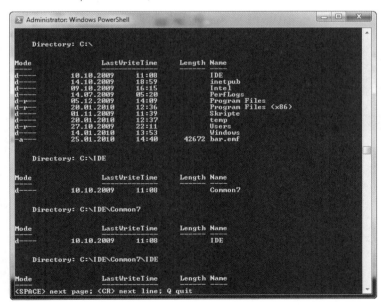

Abbildung 8.11
Seitenweise Ausgabe mit Out-Host

Kapitel 8 **Ausgaben**

 Es gibt alternativ auch eine Funktion more, die die gleiche Aufgabe zu erfüllen scheint. Allerdings ist die Nutzung im Einzelfall nicht so schön. more basiert nämlich auf dem alten more.com-Befehl und ist blockierend, d.h., Sie sehen die erste Ausgabeseite erst, wenn das letzte Objekt angekommen ist. Out-Host -p arbeitet hingegen asynchron. Versuchen Sie mal:

Get-ChildItem c:\ -Recurse | Out-Host -p

im Vergleich zu:

Get-ChildItem c:\ -Recurse | more

8.6 Ausgabe einzelner Werte

Write-Warn, Write-Error

Um ein bestimmtes Literal oder den Inhalt einer Variablen auszugeben, muss man diesen nur an der Konsole eingeben (siehe *Abbildung 8.12*). Auch alle Literale und Variablen, die „lose" in einem Skript stehen, zum Beispiel in der zweiten Zeile dieser Befehlsfolge:

$name = "Holger"
$name

Alternativ kann man für eine Ausgabe von Literalen und Variablen explizit die Commandlets Write-Host, Write-Warn und Write-Error verwenden. Write-Warn und Write-Error erzeugen die Ausgabe hervorgehoben (im Standard gelb und rot).

Bei Write-Host kann man die Farben genau angeben:

Write-Host "Hallo Holger" -foregroundcolor red -backgroundcolor white

Abbildung 8.12
Ausgabe von Konstanten und Variablen

Verknüpfen vs. Einbetten

Um in einer Ausgabe Literale und Variablen zu mischen, muss man diese entweder mit + verknüpfen:

$a + " ist erreichbar unter " + $b + ". Diese Information hat den Stand: " + $c + "."

oder aber die Variablen direkt in die Zeichenkette einbetten. Im Gegensatz zu anderen Sprachen wertet die PowerShell die Zeichenkette aus und sucht dort nach dem Zeichen $ (Variablenauflösung):

"$a ist erreichbar unter $b. Diese Information hat den Stand: $c."

Ausgabeoperator

Zur Zusammensetzung von Zeichenketten kann man in der PowerShell auch die in .NET gebräuchlichen Platzhalter und Formatkennzeichner (z.B. d = Datum in Langform) verwenden. Dafür ist nach der Zeichenkette der Ausgabeoperator -f zu benutzen. Diese Ausgabeoption ist aufgrund der Formatierungsmöglichkeiten die mächtigste:

```
"{0} ist erreichbar unter {1}. Diese Information hat den Stand:
{2:d}." -f $a, $b, $c
```

Das folgende Listing fasst die drei äquivalenten Möglichkeiten zusammen.

Listing 8.1
Formatierte Ausgabe [Ausgabe.ps1]

```
$a = "Holger Schwichtenberg"
$b = "hs@IT-Visions.de"
$c = Get-Date

# Möglichkeit 1
$a + " ist erreichbar unter " + $b + ". Diese Information hat den
Stand: " + $c + "."

# Möglichkeit 2
"$a ist erreichbar unter $b. Diese Information hat den Stand: $c."

# Möglichkeit 3
"{0} ist erreichbar unter {1}. Diese Information hat den Stand:
{2:D}." -f $a, $b, $c
```

Das obige Skript gibt Folgendes aus:

```
Holger Schwichtenberg ist erreichbar unter hs@IT-Visions.de. Diese
Information hat den Stand: 14.09.2006 16:53:13.
Holger Schwichtenberg ist erreichbar unter hs@IT-Visions.de. Diese
Information hat den Stand: 14.09.2006 16:53:13.
Holger Schwichtenberg ist erreichbar unter hs@IT-Visions.de. Diese
Information hat den Stand: Donnerstag, 14. September 2006.
```

8.7 Benutzerdefinierte Tabellenformatierung

Format-Table

Bei `Format-Table` kann man mit Hash-Tabellen angeben, wie die Spalten formatiert werden sollen. Für jede Spalte kann man eine Hash-Tabelle mit folgenden Angaben angeben:

- Label: Spaltenüberschrift
- Expression: beliebiger PowerShell-Ausdruck, der die Werte liefert, auch Berechnung
- Width: Spaltenbreite
- Format: Formatierungsbefehl

Es folgt ein Beispiel einer Tabelle mit drei Spalten:
- 5 Zeichen für die Prozessnummer in der ersten Spalte
- 20 Zeichen für den Prozessnamen
- 11 Zeichen für die Speichernutzung, wobei die Angabe in Megabyte erfolgt und mit maximal einer Nachkommastelle

```
Get-Process | sort workingset64 -desc | ft @{Label="Nr";
Expression={$_.ID}; Width=5}, @{Label="Name"; Expression={$_
.Processname}; Width=20 }, @{Label="Speicher MB"; Expression={$_
.WorkingSet64 / 1MB}; Width=11; Format="{0:00000.0}" }
```

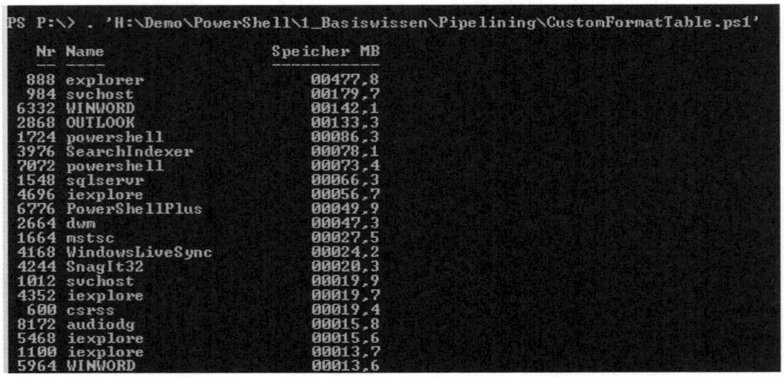

Abbildung 8.13
Ausgabe des obigen Befehls

8.8 Ausgabe von Methodenergebnissen und Unterobjekten in Pipelines

Methoden Manchmal bekommt man Daten nicht aus direkten Eigenschaften (Attributen), sondern aus Methoden eines Objekts oder aus Attributen eines Unterobjekts. Ein häufiger Fall ist `GetType()`, das Typinformationen über die .NET-Klasse in Form eines `System.Type`-Objekts liefert. Nun kann man in den Ausgabe-Commandlets aber eigentlich nur Attribute angeben.

Die folgende Syntax ist nicht erlaubt:

```
Get-ChildItem c:\windows\w* | ft Name, GetType()
```

Stattdessen muss man etwas umständlicher den Aufruf von `GetType()` in einen Ausdruckblock verpacken und schreiben:

```
Get-ChildItem c:\windows\w* | ft Name, { $_.GetType() }
```

Ausgabe von Methodenergebnissen und Unterobjekten in Zeichenketten

```
PS C:\Users\FoxMulder> Get-ChildItem c:\windows\w* | ft Name, ( $_.GetType().Fullname )

Name                                              $_.GetType().Fullname
Web                                               System.IO.DirectoryInfo
winsxs                                            System.IO.DirectoryInfo
win.ini                                           System.IO.FileInfo
WindowsUpdate.log                                 System.IO.FileInfo
winhlp32.exe                                      System.IO.FileInfo
WMSysPr9.prx                                      System.IO.FileInfo
write.exe                                         System.IO.FileInfo

PS C:\Users\FoxMulder> _
```

*Abbildung 8.14
Aufruf von
GetType()
innerhalb von
Format-Table (ft)*

Ein weiteres Beispiel ist der Zugriff auf die Stundenzahl (Attribut Hours) im Attribut `TotalProcessorTime` der `Process`-Klasse. `TotalProcessorTime` ist ein Unterobjekt, das selbst wieder Eigenschaften besitzt.

Unterobjekt

Falsch:

```
Get-Process | ft ProcessName, .TotalProcessorTime.Hours
```

Richtig:

```
Get-Process | ft ProcessName, { $_.TotalProcessorTime.Hours }
```

8.9 Ausgabe von Methodenergebnissen und Unterobjekten in Zeichenketten

Wenn man eine Zeichenkette konstruieren möchte, dann ist die Syntax bei der Ausgabe von Unterobjekten und Methodenergebnissen etwas anders. Man muss den Ausdruck in $(...) einbetten.

$ (...)

Gegeben sei folgendes Beispiel:

```
# Der Prozess, der am meisten Speicher braucht
$p = Get-Process | Sort-Object -Property WorkingSet64 -Descending |
Select-Object -First 1
# Ausgabe Versuch 1: falsch
"Der Prozess $p.name braucht am meisten Speicher, nämlich [INT]
($p.WorkingSet64 / 1MB) !"
# Ausgabe Versuch 2: falsch
"Der Prozess {$p.name} braucht am meisten Speicher, nämlich {[INT]
($p.WorkingSet64 / 1MB)} !"
# Ausgabe Versuch 3: richtig
"Der Prozess $($p.name) braucht am meisten Speicher, nämlich
$([INT] ($p.WorkingSet64 / 1MB)) MB !"
```

*Listing 8.2
Anwendung von
$(...)*

Hier liefert nur der dritte Versuch das gewünschte Ergebnis. Bei Versuch 1 und 2 wird der Ausdruck ausgegeben statt ausgewertet.

Kapitel 8 Ausgaben

 Die abweichende Schreibweise zwischen Pipelines (siehe vorheriges Unterkapitel) und Zeichenketten ist notwendig, da {..} in Zeichenketten schon Platzhalter für den Formatoperator darstellt. In folgendem Fall (Einsatz von -f) ist $(...) nicht notwendig:

```
# Ausgabe Versuch 4
"Der Prozess {0} braucht am meisten Speicher, nämlich {1} MB !"
-f $p.name, [INT] ($p.WorkingSet64 / 1MB)
```

8.10 Details zum Ausgabeoperator

-f Der Ausgabeoperator -f ist die mächtigste Form der Zusammensetzung von Zeichenketten aus verschiedenen Werten. Innerhalb der Zeichenkette legt man in geschweiften Klammern Platzhalter fest, wobei die Zählung mit 0 beginnt. Nach dem Operator -f führt man dann die einzelne Werte auf.

Beispiel: "Sehr geehrter Herr {0}, wir freuen uns, Sie in {1} zu begrüßen!" -f $Name, $Ort

Platzhalter dürfen sich wiederholen. Dies bedeutet, dass aus

```
$Name = "Müller"
$Ort = "Essen"
"Sehr geehrter Herr {0}, wir freuen uns, Sie in {1} zu begrüßen!
Herr {0}, Sie werden in {1} vieles erleben!" -f $Name, $Ort
```

folgender Text entsteht

Sehr geehrter Herr Müller, wir freuen uns, Sie in Essen zu begrüßen! Herr Müller, Sie werden in Essen vieles erleben!

Im Platzhalter kann man Formatierungen festlegen.

Der folgende Ausdruck würde eigentlich dies ausgegeben:

Ausdruck	Ausgabe
$Name = "Müller" $Geb = [DateTime] "8.9.1970" "Herr {0}, geboren am {1}, ist {2} Tage alt!" -f $Name, $Geb, [INT] ([DateTime]::Now-$Geb).TotalDays	Herr Müller, geboren am 09.08.1970 00:00:00, ist 14411 Tage alt!

Details zum Ausgabeoperator

Eine andere Formatierung könnte so aussehen:

Ausdruck	Ausgabe
$Name = "Müller" $Geb = [DateTime] "8.9.1970" "Herr {0,-10}, geboren am {1:d}, ist {2:0,000} Tage alt!" -f $Name, $Geb, [INT] ([DateTime]::Now-$Geb).TotalDays	Herr Müller, geboren am 09.08.1970, ist 14.411 Tage alt!

Zur Erläuterung: „:-10" sorgt für einen Platz von mindestens 10 Zeichen, „:d" reduziert die Anzeige auf das Datum und „:0,000" erzeugt das Tausendertrennzeichen.

Bitte beachten Sie: Das Komma ist hier kein Fehler. Die Syntax orientiert sich an amerikanischen Standards. Dort ist der Punkt das Dezimaltrennzeichen und das Komma das Tausendertrennzeichen. Die Ausgabe orientiert sich immer an der aktuellen Systemeinstellung bzw. anderslautenden Vorgaben innerhalb der PowerShell.

Symbol	Beschreibung	Beispiel	Ergebnis
C	Währung	{0:c} -f 10000000	1.000.000,00
d	Dezimalzahl	{0:d} -f 10000000	1000000
e	Wissenschaftlich	{0:e} -f 10000000	1,000000e+006
f	Festkommazahl	{0:f} -f 10000000	1000000,00
g	Generisch	{0:g} -f 10000000	1000000
n	Tausendertrennzeichen	{0:n} -f 10000000	1.000.000,00
x	Hexadezimal	{0:x4} -f 10000000	f4240
d	Kurzes Datumsformat	{0:d} -f [DateTime] "1.22.2010 00:44:15"	22.01.2010
D	Langes Datumsformat	{0:D} -f [DateTime] "1.22.2010 00:44:15"	Freitag, 22. Januar 2010
t	Kurzes Zeitformat	{0:t} -f [DateTime] "1.22.2010 00:44:15"	00:44
T	Langes Zeitformat	{0:T} -f [DateTime] "1.22.2010 00:44:15"	00:44:15
f	Datum und Uhrzeit komplett (kurz)	{0:f} -f [DateTime] "1.22.2010 00:44:15""	Freitag, 22. Januar 2010 00:44
F	Datum und Uhrzeit komplett (lang)	{0:F} -f [DateTime] "1.22.2010 00:44:15""	Freitag, 22. Januar 2010 00:44:15

Tabelle 8.1: Vordefinierte Formatierungen

Kapitel 8 Ausgaben

Symbol	Beschreibung	Beispiel	Ergebnis
g	Standarddatum (kurz)	{0:g} -f [DateTime] "1.22.2010 00:44:15"	22.01.2010 00:44
G	Standarddatum (lang)	{0:G} -f [DateTime] "1.22.2010 00:44:15"	22.01.2010 00:44:15
M	Tag des Monats	{0:M} -f [DateTime] "1.22.2010 00:44:15"	22 Januar
Y	Monat und Jahr	{0:Y} -f [DateTime] "1.22.2010 00:44:15"	Januar 2010
R	Datumsformat nach RFC1123	{0:r} -f [DateTime] "1.22.2010 00:44:15"	Fri, 22 Jan 2010 00:44:15 GMT
S	Sortierbares Datumsformat	{0:s} -f [DateTime] "1.22.2010 00:44:15"	2010-01-22T00:44:15
U	Universell sortierbares Datumsformat	{0:u} -f [DateTime] "1.22.2010 00:44:15"	2010-01-22 00:44:15Z
U	Universell sortierbares GMT-Datumsformat	{0:U} -f [DateTime] "1.22.2010 00:44:15"	Donnerstag, 21. Januar 2010 23:44:15

Tabelle 8.1: Vordefinierte Formatierungen (Forts.)

Symbol	Beschreibung	Aufruf	Ergebnis
0	0-Platzhalter	{0:00.0000} -f 10000000	1000000,0000
#	Zahl-Platzhalter	{0:(#).##} -f 10000000	(1000000)
.	Dezimalpunkt	{0:0.0} -f 10000000	1000000,0
,	Tausendertrennzeichen	{0:0,0} -f 10000000	1.000.000
,.	Ganzzahliges Vielfaches von 1.000	{0:0,.} -f 10000000	1000
%	Prozentwert	{0:0%} -f 10000000	100000000%
e	Exponenten-Platzhalter	{0:00e+0} -f 10000000	10e+5
dd	Tag	{0:dd} -f [DateTime] "1.22.2010 00:44:15"	22
ddd	Tagname (kurz)	{0:ddd} -f [DateTime] "1.22.2010 00:44:15"	Fr
dddd	Tagname (lang)	{0:dddd} -f [DateTime] "1.22.2010 00:44:15"	Freitag
gg	Zeitalter	{0:gg} -f [DateTime] "1.22.2010 00:44:15"	n. Chr.
hh	Stunde zweistellig	{0:hh} -f [DateTime] "1.22.2010 00:44:15"	12
HH	Stunde zweistellig (24-Stunden)	{0:HH} -f [DateTime] "1.22.2010 00:44:15"	00

Tabelle 8.2: Individualformatierungen

Symbol	Beschreibung	Aufruf	Ergebnis
mm	Minute	{0:mm} -f [DateTime] "1.22.2010 00:44:15"	44
MM	Monat	{0:MM} -f [DateTime] "1.22.2010 00:44:15"	01
MMM	Monatsname (Kürzel)	{0:MMM} -f [DateTime] "1.22.2010 00:44:15"	Jan
MMMM	Monatsname (ausgeschrieben)	{0:MMMM} -f [DateTime] "1.22.2010 00:44:15"	Januar
ss	Sekunde	{0:ss} -f [DateTime] "1.22.2010 00:44:15"	15
yy	Jahr zweistellig	{0:yy} -f [DateTime] "1.22.2010 00:44:15"	10
yyyy	Jahr vierstellig	{0:YY} -f [DateTime] "1.22.2010 00:44:15"	2010
zz	Zeitzone (kurz)	{0:zz} -f [DateTime] "1.22.2010 00:44:15"	+01
zzz	Zeitzone (lang)	{0:zzz} -f [DateTime] "1.22.2010 00:44:15"	+01:00

Tabelle 8.2: Individualformatierungen (Forts.)

8.11 Unterdrückung der Ausgabe

Die Existenz der Standardausgabe sorgt dafür, dass alle Rückgabewerte von Commandlet-Pipelines auch ausgegeben werden. Dies ist nicht immer erwünscht.

Out-Null, void

Es gibt vier Alternativen, die Ausgabe zu unterdrücken:

▶ Am Ende der Pipeline wird Out-Null verwendet:

Commandlet | Commandlet | Out-Null

▶ Das Ergebnis der Pipeline wird einer Variablen zugewiesen:

$a = Commandlet | Commandlet

▶ Das Ergebnis der Pipeline wird auf den Typ [void] konvertiert:

[void] (Commandlet | Commandlet)

▶ Das Ergebnis der Pipeline wird an $null zugewiesen:

$null = Commandlet | Commandlet

8.12 Ausgaben an Drucker

Out-Printer Ausgaben zum Drucker sendet man mit dem Commandlet Out-Printer. Bei -Name muss der vollständige Druckername des Druckers, der zur Ausgabe verwendet werden soll, angegeben werden. Ohne diesen Parameter erfolgt die Ausgabe auf dem Standarddrucker.

Beispiele:

- Ausgabe der Prozessliste auf den Standarddrucker:

    Get-Process | Out-Printer

- Ausgabe der Prozessliste auf einen bestimmten Drucker:

    Get-Process | Out-Printer "HP LaserJet on E02"

- Ausgabe der Liste der angehaltenen Windows-Systemdienste auf einen bestimmten Drucker (PDF-Generator):

Get-Service | Where-Object status -eq stopped | Out-Printer -Name "PDF redirect v2"

> In PowerShell 1 und 2 würde die letzte Befehlszeile nicht laufen, weil hier die verkürzte Schreibweise für einfache Bedingungen bei Where-Object zum Einsatz kommt, die Microsoft erst mit PowerShell 3 eingeführt hat.

8.13 Ausgaben in Dateien

Out-File Mit Out-File schreibt man den Inhalt in eine Datei. Alternativ kann man Ausgaben an Dateien durch Umleitung senden (siehe nächster Abschnitt).

Beispiele:

- Ausgabe der Prozessliste in eine Textdatei (mit Überschreiben des bisherigen Inhalts):

    Get-Process | Out-File "c:\temp\prozessliste.txt"

- Ausgabe der Prozessliste in eine Textdatei (Anhängen an bisherigen Inhalt):

    Get-Process | Out-File "c:\temp\prozessliste.txt" -Append

8.14 Umleitungen (Redirection)

Zusätzlich zu den Ausgabe-Commandlets besitzt die PowerShell (wie andere Shell-Sprachen) die Möglichkeit, Ausgaben umzuleiten. Der Umleitungsoperator ist > (Ersetzen) bzw. >> (Anhängen) und kann in verschiedenen Varianten verwendet werden:

>	Umleitung der Pipeline-Ausgabe
2>	Umleiten der Ausgabe von Fehlern
3>	Umleiten der Ausgabe von Warnungen (seit PowerShell 3.0!)
4>	Umleiten der Ausgabe von Verbose-Texten (seit PowerShell 3.0!)
5>	Umleiten der Ausgabe von Debug-Texten (seit PowerShell 3.0!)
*>	Umleiten aller Ausgaben (seit PowerShell 3.0!)

Tipp: Die nach > gezeichnete Datei wird von dem neuen Inhalt überschrieben. Wenn Sie den Inhalt anhängen wollen, so verwenden Sie >>.

Praxisbeispiel

Die Dateiliste von u:\Daten wird als Tabelle formatiert in eine Datei ausgegeben. Eventuell auftretene Fehler (z.B. Verzeichnis nicht vorhanden) werden an eine andere Datei angehängt.

```
dir u:\Daten 2>> t:\fehler.txt | Format-Table >T:\prozessliste.txt
```

Tipp: Man kann auch einen Ausgabestrom auf einen anderen Strom umleiten. Dies erfolgt mit der Syntax x>&y, wobei x die Nummer des sendenden Streams und y die Nummer des empfangenen Streams ist. Beispiel: Alle Fehlerausgaben werden in die Pipe-Ausgabe umgeleitet und landen daher mit in Prozessliste.txt:

```
dir u:\Daten 2>&1 | Format-Table >T:\prozessliste.txt
```

9 Benutzereingaben

Texteingaben vom Benutzer kann die PowerShell durch Read-Host entgegennehmen.

Read-Host

```
PS T:\> $name = read-host "Bitte Benutzernamen eingeben"
Bitte Benutzernamen eingeben: HS
PS T:\> $kennwort_verschluesselt = read-host -assecurestring "Bitte
Kennwort eingeben"
Bitte Kennwort eingeben: ****
```

Bei der Verwendung des Parameters -assecurestring sieht man auf dem Bildschirm nur Sternchen. Aber auch intern gibt es Unterschiede: Während man normalerweise ein Objekt vom Typ System.String bekommt, gibt es dann eine Instanz von System.Security.SecureString, in der die Zeichenkette im Hauptspeicher verschlüsselt vorliegt. Einen solchen SecureString muss man dann etwas umständlich zurückkonvertieren:

Tipp:

```
[String]$kennwort_unverschluesselt = [Runtime.InteropServices.
Marshal]::PtrToStringAuto([Runtime.InteropServices.Marshal]::Secure
StringToBSTR($kennwort_verschluesselt))
```

```
"Kennwort: " + $kennwort_unverschluesselt
```

Ein einfaches Eingabefeld stellt die bereits aus Visual Basic/VBScript bekannte Funktion InputBox() dar. Diese Funktion existiert auch noch im .NET Framework in der Klasse Microsoft.VisualBasic.Interaction. Zur Nutzung der Funktion muss erst die Assembly Microsoft.VisualBasic.dll geladen werden.

Grafischer Eingabedialog

```
[System.Reflection.Assembly]::LoadWithPartialName("Microsoft.Visual
Basic")
$eingabe = [Microsoft.VisualBasic.Interaction]::InputBox("Bitte
geben Sie Ihren Namen ein!")
"Hallo $Eingabe!"
```

Listing 9.1
Einfache grafische Dateneingabe in der PowerShell [Aufbauwissen/DOTNET/InputBox1.ps1]

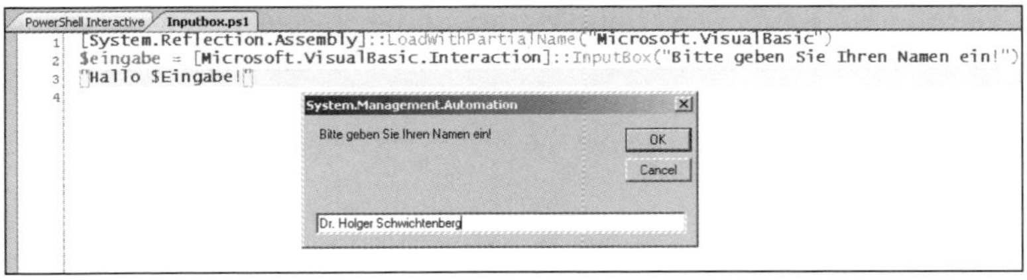

Abbildung 9.1
Start des PowerShell-Skripts aus der PowerShell-IDE heraus

Kapitel 9 Benutzereingaben

Dialogfenster

MessageBox Für Dialogfenster kann man auf .NET-Klassen zurückgreifen. Das folgende Skript bittet den Anwender über ein Dialogfenster um eine Entscheidung (Ja/Nein):

Listing 9.2
Nutzung der Klasse MessageBox in der PowerShell [Aufbauwissen/DOTNET/MessageBox.ps1]

```
[System.Reflection.Assembly]::LoadWithPartialName("System.windows.forms")
[System.Console]::Beep(15440, 30)
[System.Windows.Forms.MessageBox]::Show("Gleich kommt eine Frage","Vorwarnung", [System.Windows.Forms.MessageBoxButtons]::OK)

$antwort =
[System.Windows.Forms.MessageBox]::Show("Nachricht","Ueberschrift",
[System.Windows.Forms.MessageBoxButtons]::YesNo)
if ($antwort -eq "Yes")
{ "Sie haben zugestimmt!" }
else
{ "Sie haben abgelehnt!" }
```

Authentifizierungsdialog Einen Windows-Authentifizierungsdialog (siehe *Abbildung 9.2*) öffnet die PowerShell mit Get-Credential. Das Ergebnis ist eine Instanz von System.Management.Automation.PSCredential mit dem Benutzernamen im Klartext in UserName und dem Kennwort verschlüsselt in Password.

Abbildung 9.2
Einsatz von Get-Credential

Sie bekommen auch dann ein PSCredential-Objekt, wenn die Eingabe falsch war. Zur konkreten Nutzung der Daten zur Authentifizierung sind andere Verfahren notwendig. Insbesondere werden Commandlets und Klassen benötigt, welche die verschlüsselten Kennwörter verarbeiten können.

10 Das PowerShell-Navigationsmodell

Neben dem Objekt-Pipelining wartet die PowerShell noch mit einem interessanten Administrationskonzept auf: dem einheitlichen Navigationsparadigma für alle Arten von Datenmengen. Beim Aufruf des Befehls `Get-PSDrive` zeigen sich nicht nur die erwarteten Laufwerke, sondern auch Umgebungsvariablen (`env`), die Registrierungsdatenbank (`HKCU`, `HKLM`), der Windows-Zertifikatsspeicher (`cert`), die PowerShell-Aliase (`Alias`), PowerShell-Variablen (`Variable`) und PowerShell-Funktionen (`Function`). Die PowerShell fasst auch diese Daten als Laufwerke auf. Konsequenterweise muss man beim Aufruf auch einen Doppelpunkt verwenden: `Get-ChildItem Alias:` listet genau wie `Get-Alias` alle definierten Aliase auf.

Get-PSDrive

10.1 Navigation in der Registrierungsdatenbank

In der Registrierungsdatenbank kann der Administrator somit mit den gleichen Befehlen wie im Dateisystem arbeiten. Beispiele für gültige Registrierungsdatenbankbefehle sind:

- Navigation zu *HKEY_LOCAL_MACHINE/Software*:

    `cd hklm:\software`

    Kurzform für:

    `Set-Location hklm:\software`

- Auflisten der Unterschlüssel des aktuellen Schlüssels:

    `Dir`

    Kurzform für:

    `Get-ChildItem`

- Erzeugen eines Unterschlüssels mit Namen „IT-Visions":

    `md IT-Visions`

- Erzeugen eines Unterschlüssels mit einem Standardwert:

    `New-Item -Name "Website" -Value "www.IT-Visions.de" -type String`

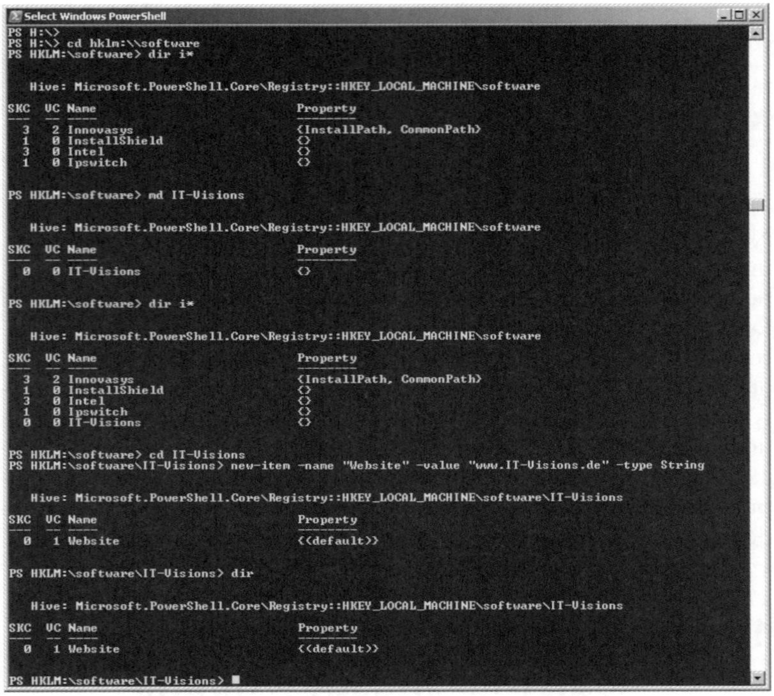

Kapitel 10 Das PowerShell-Navigationsmodell

Abbildung 10.1
Navigation in und Manipulation der Registrierungsdatenbank

10.2 Provider und Laufwerke

Provider Get-PSDrive zeigt an, dass es verschiedene „Laufwerk"-Provider gibt. Die Festplatten gehören zum Provider „FileSystem" (FS). Microsoft nennt die Provider „Navigation Provider" oder „Commandlet Provider" und will alle Datenmengen, egal ob flach oder hierarchisch, mit den gleichen Basisverben (Get, Set, New, Remove etc.) behandeln. Sowohl die Menge der Provider als auch die Menge der Laufwerke sind erweiterbar.

In der PowerShell 3.0 sind folgende Laufwerke im Standard enthalten:

- Windows-Dateisystem (A:, B:, C:, D:, E: etc.)
- Windows-Registrierungsdatenbank (HKCU:, HKLM:)
- Windows-Umgebungsvariablen (env:)
- Windows-Zertifikatsspeicher (cert:)
- Funktionen der PowerShell (function:)
- Variablen der PowerShell (variable:)
- Aliase der PowerShell (alias:)
- WSMan-Konfiguration für den WS-Management-Dienst (wsman:)

Optional durch Zusatzmodule gibt es zum Beipsiel folgende Laufwerke:

- Active Directory (ad:) – wenn das Active-Directory-PowerShell-Modul aktiv ist
- IIS-Webserver (iis:) – wenn das Modul „WebAdministration" aktiv ist
- Microsoft SQL Server (sqlserver:) – wenn das Modul „SQL PS" aktiv ist

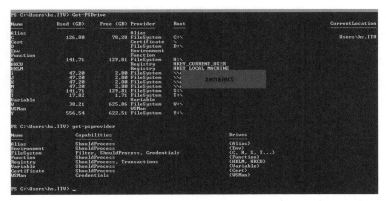

Abbildung 10.2
Aus Sicht der PowerShell sind Laufwerke auch die Umgebungsvariablen, die Aliase und die Registrierungsdatenbankeinträge.

Auch das Active Directory kann man diesem Navigationsparadigma unterwerfen. In den frühen Beta-Versionen der PowerShell war ein Provider dafür auch enthalten; er hat es aber nicht in die endgültige Version geschafft. Der Active-Directory-Provider ist jetzt aber als Modul über die Remote Server Administration Tools (RSAT) bzw. als Bestandteil der Serverrolle Active Directory Directory Services (AD DS) enthalten bzw. für PowerShell 1.0 als Teil der PowerShell Community Extensions (PCSX) erhältlich.

> Die installierten Provider sieht man mit Get-PSProvider.

Provider	Quelle	Laufwerke
Alias	PowerShell seit 1.0	Alias
Environment	PowerShell seit 1.0	Env
Filesystem	PowerShell seit 1.0	A, B, C, D etc.
Function	PowerShell seit 1.0	Function
Registry	PowerShell seit 1.0	HKLM, HKCU
Variable	PowerShell seit 1.0	Variable
Certificate	PowerShell seit 1.0	cert
RSS-Feedstore	PCSX 1.1.1 [CODEPLEX01]	Feed

Tabelle 10.1
Verfügbare PowerShell-Provider

Tabelle 10.1
Verfügbare PowerShell-Provider
(Forts.)

Provider	Quelle	Laufwerke
Assemblycache	PCSX 1.1.1 [CODEPLEX01]	Gac
Directoryservices	PCSX 1.1.1 [CODEPLEX01]	(NT-4.0-kompatbiler Name der Domäne)
Active Directory	Active-Directory-PowerShell-Modul in Windows Server 2008 R2/2012 bzw. im Microsoft Remote Server Administration Tools (RSAT) für Windows 7/8	AD:
WebAdministration (Internet Information Server)	Active-Directory-PowerShell-Modul in Windows Server 2008 R2/2012 bzw. im Microsoft Remote Server Administration Tools (RSAT) für Windows 7/8	IIS :
SQLPS (Microsoft SQL Server)	Microsoft SQL Server seit Version 2008, Modul SQLPS	SQLSERVER:
SharePoint (Windows SharePoint Services oder SharePoint Portal Server)	PowerShell SharePoint Provider [CODEPLEX02].	(Beliebiger Name)

10.3 Navigationsbefehle

Zur Navigation stehen folgende Befehle zur Verfügung:

Tabelle 10.2
Navigationsbefehle

Commandlet	Aliase	Beschreibung
Get-ChildItem	dir, ls	Auflisten der Elemente
Get-Cwd	cd, pwd	Wechsel des Standorts
Get-Content	type, cat	Abruf eines Elementinhalts
New-Item	mkdir	Erstellen eines Elements (Ast oder Blatt)
Get-Location		Abrufen des aktuellen Standorts
Set-Location	Cd	Festlegung des aktuellen Standorts

10.4 Pfadangaben

Pfadangaben in der PowerShell unterstützen verschiedene Platzhalter, insbesondere:

- Ein Punkt (.) steht für den aktuellen Ordner.
- Zwei Punkte (..) stehen für den übergeordneten Ordner.
- Die Tilde (~) steht für das Profilverzeichnis des aktuellen Benutzers (siehe *Abbildung 10.3*).
- Eine eckige Klammer steht für eines der Zeichen in der Klammer.

Beispiel: Der folgende Befehl listet alle Dateien aus dem Windows-Verzeichnis auf, die mit a, b, c oder w beginnen: `Get-ChildItem c:\windows\[abcw]*.*`.

Alternativ kann man dies auch schreiben: `Get-ChildItem c:\windows\[a-cw]*.*`.

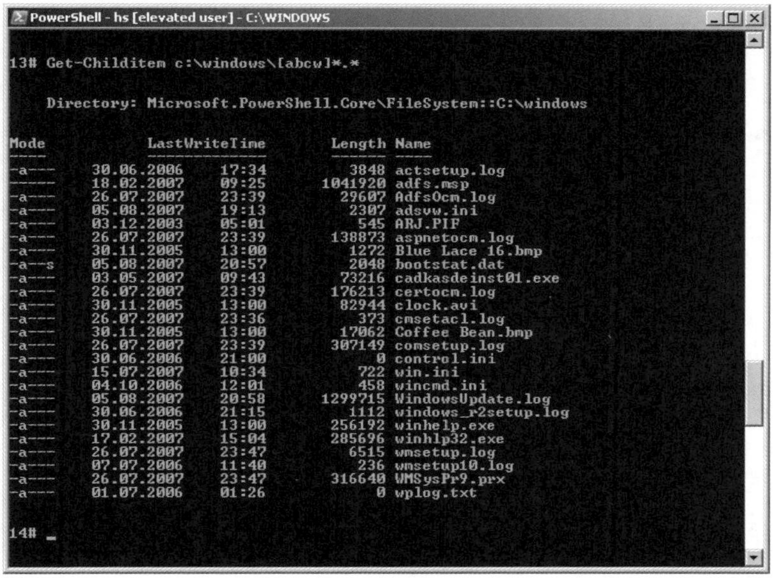

Abbildung 10.3
Einsatz von Platzhaltern

Es gibt mehrere Commandlets, die Unterstützung bei der Navigation in PowerShell-Laufwerken bieten.

`Test-Path` prüft, ob es einen Pfad gibt. Das Ergebnis ist `True` oder `False` (`System.Boolean`).

Test-Path

```
Test-Path c:\temp
Test-Path HKLM:\software\IT-Visions
```

`Resolve-Path` löst Platzhalter in Pfadangaben auf und gibt den resultierenden Pfad als ein Objekt vom Typ `System.Management.Automation.PathInfo` zurück.

Resolve-Path

Abbildung 10.4
Einsatz von Resolve-Path

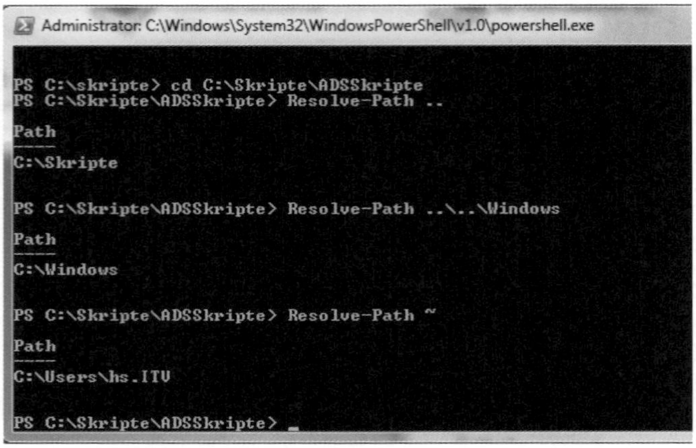

```
PS C:\skripte> cd C:\Skripte\ADSSkripte
PS C:\Skripte\ADSSkripte> Resolve-Path ..

Path
----
C:\Skripte

PS C:\Skripte\ADSSkripte> Resolve-Path ..\..\Windows

Path
----
C:\Windows

PS C:\Skripte\ADSSkripte> Resolve-Path ~

Path
----
C:\Users\hs.ITV

PS C:\Skripte\ADSSkripte>
```

Convert-Path Viele Commandlets geben Pfadangaben des Typs System.Management.Automation.PathInfo aus. Um dies in eine einfache Zeichenkette (die allerdings dann providerspezifisch ist) umzusetzen, steht das Commandlet Convert-Path zur Verfügung.

10.5 Beispiel

Das nachstehende Listing zeigt ein Skript, das eine Hierarchie von Schlüsseln in der Registrierungsdatenbank ablegt. Dabei wird absichtlich die einfache Addition von Zahlen in eine Unterroutine gekapselt, um die Rückgabe von Werten an den Aufrufer mit der return-Anweisung zu zeigen. Literale und Ausdrücke, die ohne Commandlet im Skript enthalten sind, werden an der Konsole ausgegeben.

Listing 10.1
Ein PowerShell-Skript zur Manipulation der Registrierungsdatenbank [Einsatzgebiete/ Registry/Registry_Commandlets.ps1]

```
#########################################
# PowerShell-Skript
# Das Skript legt eine Schlüsselhierarchie in der
Registrierungsdatenbank an.
# (C) Dr. Holger Schwichtenberg
#########################################

# === Unterroutine, die eine Addition ausführt
function Addition
{
return $args[0] + $args[1]
}

# === Unterroutine, die einen Schlüssel in der
Registrierungsdatenbank anlegt
function CreateEntry
{
"Eintrag anlegen..."
```

```
New-Item -Name ("Eintrag #{0}" -f $args[0]) -value $args[1] -type
String

}

# === Hauptroutine
"PowerShell-Registrierungsdatenbank-Skript (C) Dr. Holger
Schwichtenberg 2006"

# Navigation in die Registrierungsdatenbank
cd hklm:\software

# Prüfe, ob Eintrag \software\IT-Visions vorhanden
$b = Get-Item IT-Visions
if ($b.childName -eq "IT-Visions")
{ # Lösche vorhandenen Eintrag mit allen Unterschlüsseln
"Schluessel existiert bereits, loesche..."
cd hklm:\software
del IT-Visions -force -recurse
}
# Erzeuge neuen Eintrag "IT-Visions"
"Erzeuge IT-Visions..."
md IT-Visions
cd IT-Visions

# Lege Unterschlüssel an
for($a=1;$a -lt 5;$a++)
{
$ergebnis =  Addition $a $a
CreateEntry $a $ergebnis
}
```

10.6 Eigene Laufwerke definieren

Das Navigationsmodell der PowerShell erlaubt die Definition eigener Laufwerke, die dann als Abkürzung verwendet werden können. **New-PSDrive**

Der folgende Befehl definiert ein neues Laufwerk „Skripte:" als Alias für einen Dateisystempfad:

```
New-PSDrive -Name Skripte -PSProvider FileSystem -Root "h:\Skripte\ps\"
```

Danach kann man mit

```
Dir Skripte:
```

auf den Pfad zugreifen.

Kapitel 10 Das PowerShell-Navigationsmodell

 Das neu definierte Laufwerk funktioniert nur innerhalb der Power-Shell und ist nicht in sonstigen Windows-Anwendungen verfügbar. Genau genommen funktioniert das neue Laufwerk sogar nur innerhalb der aktuellen Instanz der PowerShell. Zwei PowerShell-Fenster teilen sich nicht solche Deklarationen!

Auch für die Registrierungsdatenbank kann man solche Abkürzungen definieren:

```
New-PSDrive -Name Software -PSProvider Registry -Root HKLM:\
SOFTWARE\Microsoft\Windows\CurrentVersion\Uninstall
```

Die Anzahl der Laufwerke ist im Standard auf 4096 beschränkt. Dies kann durch die Variable $MaximumDriveCount geändert werden.

11 PowerShell-Werkzeuge

Dieses Kapitel bespricht die von Microsoft gelieferte PowerShell-Standardkonsole, das Integrated Scripting Environment (ISE) sowie nützliche Werkzeuge anderer Anbieter.

11.1 PowerShell-Standardkonsole

Die PowerShell-Standardkonsole basiert auf der normalen Windows-Konsole („Eingabeaufforderung"). Sie bietet etwas mehr Eingabeunterstützung als das Kommandozeilenfenster, vom Komfort des ISE ist die PowerShell-Konsole aber weit entfernt.

Eingabefenster

Funktionsumfang der Standardkonsole

Die PowerShell-Konsole bietet folgende Funktionen:

- Größe und Aussehen des Fensters können über die Eigenschaften gesteuert werden (siehe *Abbildung 11.1*).
- Die Zwischenablage steht genauso umständlich wie seit jeher nur über das Menü zur Verfügung (siehe *Abbildung 11.2*): Fenstereigenschaften für das PowerShell-Konsolenfenster bzw. den sogenannten „Quick Edit Mode". Die Tastenkombinationen [STRG]+[C]/[X]/[V] funktionieren nicht.
- Befehls- und Pfadeingaben sowie Objektattribute können mit der [↹]-Taste vervollständigt werden.
- Ein Rücksprung zu den letzten Befehlen (Anzahl änderbar) ist möglich mit den Pfeiltasten (hoch/runter).
- Die letzten Befehle werden durch die Taste [F7] angezeigt.
- Aufruf des letzten Befehls durch die Taste [F3] bzw. zeichenweise durch [F1]
- Der Abbruch eines laufenden Befehls ist mit [STRG]+[C] möglich.

Kapitel 11 PowerShell-Werkzeuge

Abbildung 11.1
Fenstereigenschaften für das PowerShell-Konsolenfenster

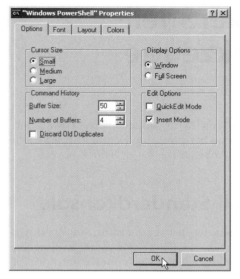

Abbildung 11.2
Nutzung der Zwischenablage im PowerShell-Konsolenfenster

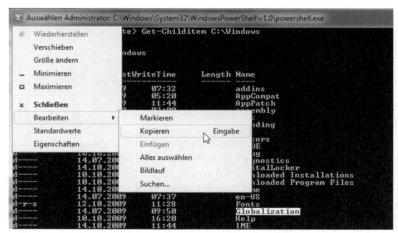

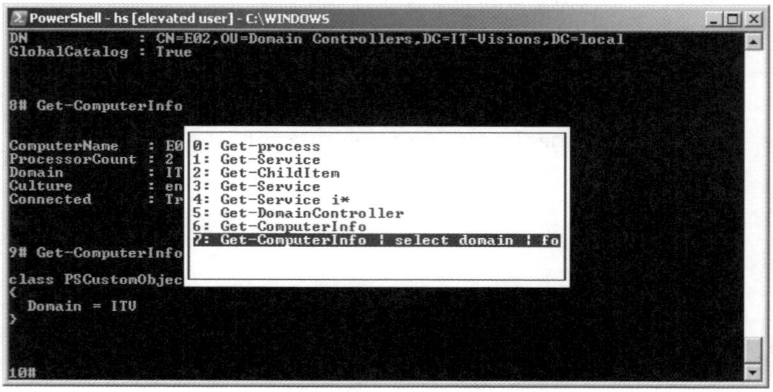

Abbildung 11.3
Anzeige der Befehlsgeschichte mit F7

Tabulatorvervollständigung

Die PowerShell kennt eine bereits im klassischen Kommandozeilenfenster verfügbare tabulatortastenbasierte Eingabehilfe auch für Commandlets, Parameter und Objektattribute. Im DOS-Kommandozeilenfenster kann man nach Eingabe eines oder mehrerer Buchstaben die erreichbaren Dateien und Unterverzeichnisse mit der Tabulatortaste ⇥ durchlaufen (in der Entwicklersprache „Tab Completion" genannt). In der PowerShell funktioniert das auch bei den Commandlets, deren Parameter und den Attributen von Objekten in der Pipeline (siehe *Abbildung 11.4* ff.).

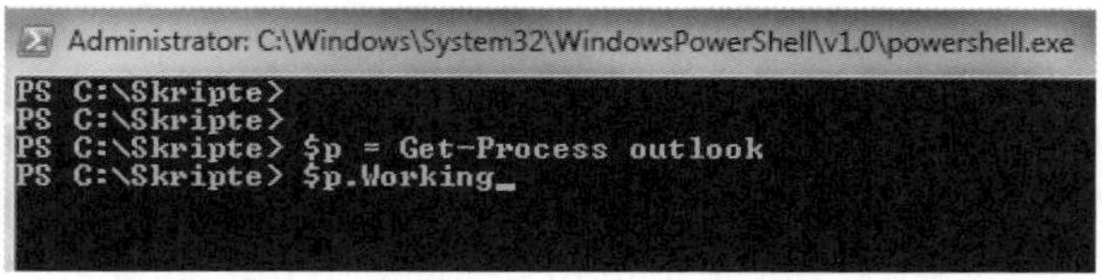

„Tab Completion"

Abbildung 11.4
Eingabe des Wortanfangs

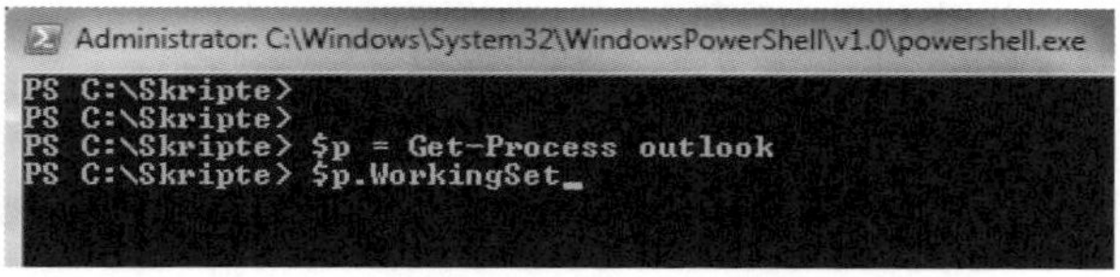

Abbildung 11.5
Nach dem Drücken der Tabulator-Taste erscheint die erste Alternative.

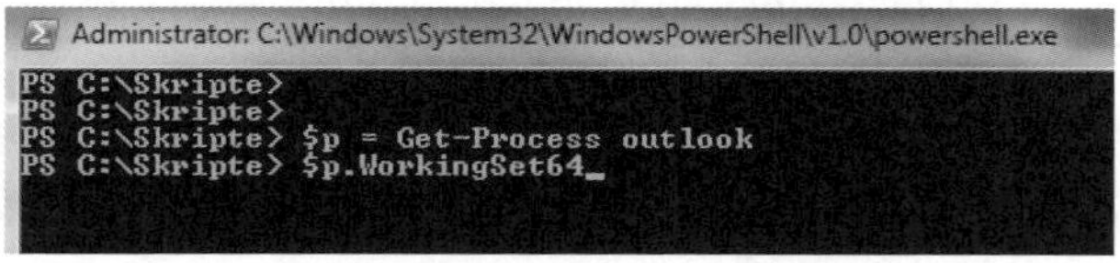

Abbildung 11.6
Nach nochmaligem Drücken erscheint die zweite Alternative.

Kommandomodus versus Interpretermodus

Normalerweise führt die Konsole alle Befehle nach dem Drücken der Taste ↵ sofort aus. Wenn man allerdings einen unvollständigen Befehl eingibt (z.B. einen Befehl, der auf das Pipeline-Symbol | endet), dann geht die Konsole in den sogenannten Interpretermodus, bei dem die Befehle nicht mehr sofort ausgeführt werden. Der Interpretermodus wird durch die Eingabeaufforderung >> (siehe *Abbildung 11.7*) angezeigt. Der Interpretermodus gilt so lange, bis man eine leere Eingabe macht. Dann wird der Befehl ausgeführt.

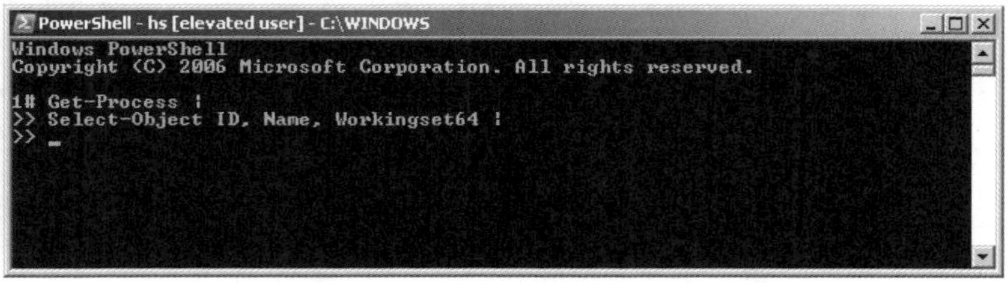

Abbildung 11.7
Die Konsole ist im Interpretermodus.

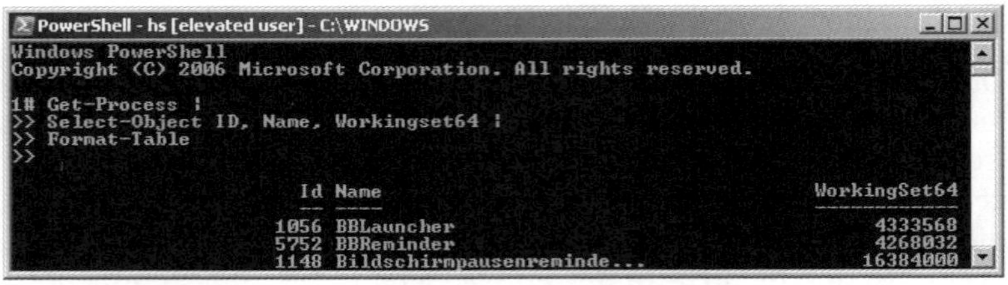

Kapitel 11 PowerShell-Werkzeuge

Abbildung 11.8
Der Interpretermodus wurde durch eine leere Eingabe wieder verlassen.

Benutzerkontensteuerung/Administratorrechte

Die Windows PowerShell unterliegt wie alle anderen Anwendungen auch der Benutzerkontensteuerung in den neueren Windows-Versionen und wird daher unter eingeschränkten Rechten gestartet. Das heißt: Auch wenn Sie als Administrator angemeldet sind am System, kann die PowerShell nicht alle administrativen Aufgaben ausführen.

Wie die Einschränkung wirkt und wie man sie wieder aufhebt, hängt dabei stark von dem verwendeten Betriebssystem ab.

Feststellen, unter welchen Rechten die PowerShell wirklich läuft

Windows 7/Windows Server 2008 R2 und neuere Betriebssysteme zeigen in der Titelleiste der PowerShell durch den Zusatz „Administrator" an, ob die PowerShell unter kompletten administrativen Rechten läuft oder nicht.

Abbildung 11.9
Eine PowerShell-Konsole mit kompletten Administratorrechten

Abbildung 11.10
Eine PowerShell-Konsole mit eingeschränkten Rechten (obwohl der angemeldete Benutzer Administrator ist)

Unter Windows Vista und Windows Server 2008 zeigt die PowerShell-Konsole leider nicht „Administrator:" an. Um in der Titelleiste der PowerShell-Konsole den Rechtestatus anzuzeigen und gegebenenfalls weitere Anpassungen der Anzeige vorzunehmen, wie man dies in der folgenden Bildschirmabbildung sieht, kann man sich ein PowerShell-Profilskript schreiben. Die Erstellung eines solchen Skripts und das Skript zur Anzeige des Rechtestatus in der Titelleiste finden Sie im *Kapitel 29.5 „Profileinstellungen für die PowerShell-Konsole"*.

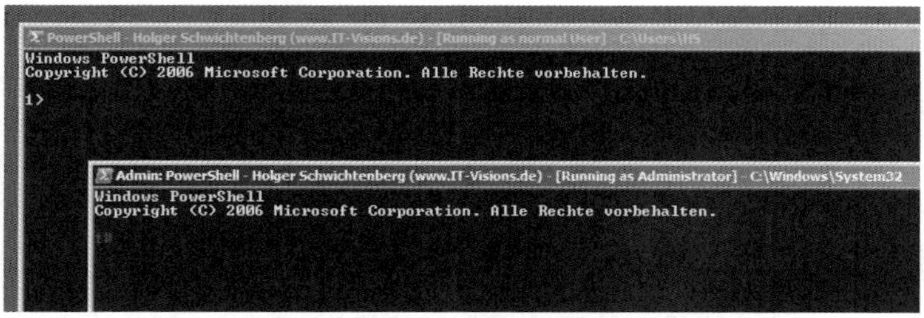

PowerShell-Standardkonsole

Abbildung 11.11: Zwei PowerShell-Instanzen mit verschiedenen Rechten

Um bei einer laufenden Konsole ohne Titelanzeige festzustellen, welche Rechte diese besitzt, können Sie das in Windows mitgelieferte Kommandozeilenwerkzeug *whoami.exe* mit der Option /all verwenden. Im Fall der vollen Administratorrechte sieht man dort eine Liste von ca. 20 Berechtigungen. Bei eingeschränkten Rechten sieht man nur fünf:

- SeShutdownPrivilege
- SeChangeNotifyPrivilege
- SeUndockPrivilege
- SeIncreaseWorkingSetPrivilege
- SeTimeZonePrivilege

Erhöhen der Rechte

Unter Windows Server 2012 läuft die PowerShell-Konsole immer als Administrator.

In anderen Betriebssystemen mit Benutzerkontensteuerung muss man die PowerShell mit Hilfe des Kontextmenüeintrags ALS ADMINISTRATOR AUSFÜHREN starten. Je nach Einstellung der Benutzerkontensteuerung (siehe Systemsteuerung) kommt danach eine Nachfrage.

*Abbildung 11.12
Zustimmung zur
Rechteerhöhung der
PowerShell (hier in
Windows Vista)*

Man kann die Benutzerkontensteuerung komplett aussschalten, damit die PowerShell immer unter vollen Rechten läuft. Man muss sich aber bewusst sein, dass man damit ein wesentliches Sicherheitsfeature von Windows abschaltet.

11.2 PowerShell Integrated Scripting Environment (ISE)

ISE Die PowerShell 1.0 bot damals als einziges Werkzeug zum Eingeben und Ausführen von PowerShell-Befehlen und -Skripten die PowerShell-Standardkonsole. Ein komfortabler Editor fehlte und rief Drittanbieter auf den Plan, z.B. PowerShellPlus und PowerGUI. Das **PowerShell Integrated Scripting Environment (ISE)**, in den ersten Alpha-Versionen der PowerShell 2.0 noch „Graphical PowerShell" genannt, ist eine WPF-basierte Windows-Anwendung, die einen Editor und eine Ausführungsumgebung für die PowerShell-Einzelbefehle und -Skripte bereitstellt.

In PowerShell 3.0 ist dieser Editor wesentlich besser geworden und den Drittanbieterprodukten in vielen Punkten ebenbürtig. Windows PowerShell ISE ist eine modernere Anwendung mit Eingabeunterstützung in Vorschlagslisten (IntelliSense).

Windows PowerShell ISE ist naturgemäß nicht verfügbar auf Windows Server Core, wo es keine grafische Benutzeroberfläche gibt. Auf Windows Server Core gibt es nur die normale PowerShell-Konsole.

Start der ISE

Zum Start der ISE ruft man entweder das Symbol im Startmenü, die ausführbare Datei *PowerShell_ise.exe* oder in der PowerShell den Alias „ise" auf.

Auch die ISE gibt es (genau wie die Standardkonsole) in einer 32- und einer 64-Bit-Version. Die 32-Bit-Version (siehe *%systemroot%\ SysWOW64\WindowsPowerShell\V1.0)* ist notwendig, wenn man auf 32-Bit-Komponenten wie den Microsoft Access 32-Bit-Datenbanktreiber zugreifen will.

PowerShell Integrated Scripting Environment (ISE)

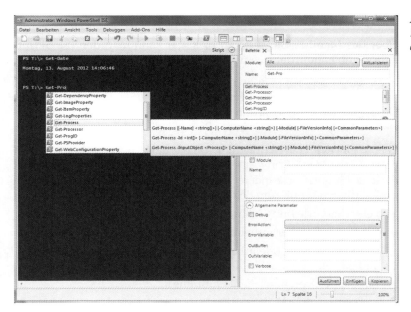

Abbildung 11.13
Befehlsvorschläge in
der ISE-Konsole

Konsolenbereich

Die PowerShell-ISE-Konsole bietet wie die normale PowerShell-Konsole einen interaktiven Eingabebereich für Befehle. Anders als bei der normalen PowerShell-Standardkonsole gibt es hier aber Vorschlagslisten in Form von Drop-down-Menüs (IntelliSense-Eingabeunterstützung) sowohl für Commandlets und deren Parameter als auch für .NET-Klassen und Klassenmitglieder sowie für Dateisystempfade.

ISE-Konsole

In der PowerShell ISE gibt es zudem rechts einen „Befehls-Add-on" genannten Bereich, in dem man nach den Namen von PowerShell-Commandlets suchen kann und die Parameter dieser Befehle als Eingabemaske erhält. Zudem bietet die PowerShell-ISE weitere nützliche Befehle:

- Über eine „Remote PowerShell-Registerkarte" (siehe „Datei"-Menü) kann man Befehle auf einem entfernten System ausführen (sofern dort PowerShell installiert und die Fernausführung mit dem Befehl Enable-PSRemoting zugelassen ist).
- Die Schriftgröße kann man nahtlos zoomen (siehe Regler am unteren rechten Rand, alternativ auch mit Strg+Mausrad möglich)
- In den Einstellungen (TOOLS/OPTIONEN) kann man sehr genau die Farben und Schriftarten für verschiedene Ausgabearten einstellen.
- Direkte Unterstützung für Copy/Paste und Cut/Paste mit Tastatur (Strg+X/C/V) und Kontextmenüeinträge
- Die PowerShell ISE erlaubt die Entwicklung und Nutzung von Add-ons (z.B. Rechtschreibprüfung), vgl. [*http://social.technet.microsoft.com/wiki/contents/articles/2969.windows-PowerShell-ise-add-on-tools-en-us.aspx*].

Kapitel 11 PowerShell-Werkzeuge

Skriptbereich

ISE-Skripteditor Über das Menü ANSICHT/SKRIPTBEREICH kann man den ISE-Skripteditor einblenden, der sich über den Konsolenbereich legt.

In diesem lassen sich Skripte mit Eingabehilfen erfassen, Skripte starten und Skripte im Debugger schrittweise durchlaufen. Die Ausgaben der Skripte landen in dem darunterliegenden Konsolenbereich. Einen dedizierten Ausgabebereich wie in der PowerShell 2.0 ISE gibt es nicht mehr.

Ebenso gibt es im ISE-Skripteditor vorgefertigte Codeausschnitte („Snippets") (siehe Menü EDIT/AUSSCHNITT STARTEN. Darüber hinaus bietet die neue ISE auch viele andere Komfortfunktionen, die man von anderen Code-Editoren kennt, zum Beispiel:

- Fehlerhervorhebung während der Eingabe (Error indication),
- Klammernpaarhervorhebung (brace matching),
- Übernahme der Codefarben in die Zwischenablage (rich text copy and paste),
- Einklappen von Bereichen (Outlining),
- kontextsensitive Hilfe (mit Taste F1, zum Beispiel auf dem Namen eines Commandlets)
- eine Liste der zuletzt verwendeten Dateien.

> Die PowerShell ISE ruft das Show-Command-Fenster für ein Commandlet auf, wenn man das Commandlet im Editor oder Konsolenbereich markiert und dann ⌈Strg⌉+⌈F1⌉ aufruft.

*Abbildung 11.14
PowerShell ISE mit
Skriptbereich (oben)
und Konsolenbereich
(unten)*

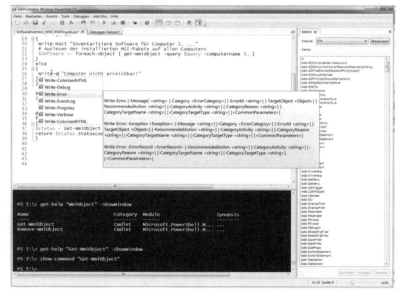

Tipp: Über das Menü ANZEIGEN kann man Skriptbereich und Konsolenbereich alternativ auch vertikal anordnen.

```
 6    function berechnung($a, $b)
 7   {
 8        $ergebnis = $a + berechnung2($b)
 9        return $ergebnis    Unerwartetes Token "berechnung2" in Ausdruck oder Anweisung.
10   }
11
12
```

Abbildung 11.15
Hervorhebung von Fehlern schon bei der Eingabe

ISE-Debugger

Der ISE-Debugger erlaubt es, ein Skript bei der Ausführung anzuhalten, um Variableninhalte zu betrachten oder das Skript in Einzelschritten weiterlaufen zu lassen.

Debugger

Um das Skript während der Ausführung anzuhalten, setzt man in der Skriptzeile einen Haltepunkt mit der Taste [F9]. Die Zeile wird dadurch rot hinterlegt. Es kann in einem Skript mehrere Haltepunkte geben. Das Skript startet man innerhalb der ISE ganz normal über die Taste [F5] oder den Pfeil in der Symbolleiste.

Haltepunkte

Die Ausführung des Skripts stoppt dann beim Erreichen eines Haltepunkts. Der erreichte Haltepunkt ist orange hinterlegt und im Konsolenbereich findet man eine Meldung „Treffer Zeilenhaltepunkt". Nun kann man im Konsolenbereich die aktuellen Variableninhalte betrachten, indem man die Variablen abruft (siehe folgende Abbildung). Dass man sich im Debugger befindet, zeigt der Konsolenbereich mit „[DBG]" an.

Die aktuell gelb markierte Zeile ist noch nicht ausgeführt. Wenn darin eine Variable gesetzt wird, steht der neue Wert im Konsolenbereich noch nicht zur Verfügung.

Um das Skript weiterlaufen zu lassen, gibt es drei Optionen:

- [F5]: Das Skript läuft normal weiter bis zum nächsten Haltepunkt oder Programmende.
- [F11]: Ausführung der aktuellen Zeile und Sprung zur nächsten Zeile; es wird gegebenenfalls in eine Unterroutine gesprungen.
- [F10]: Ausführung der aktuellen Zeile und Sprung zur nächsten Zeile; Unterroutinenaufrufe werden „in einem Rutsch", also nicht schrittweise, ausgeführt.

Bitte beachten Sie, dass Sie den Debugger mit [⇧]+[F5] beenden müssen, bevor Sie eine Skriptdatei bearbeiten oder das Skript neu starten können.

Kapitel 11 PowerShell-Werkzeuge

Abbildung 11.16
PowerShell ISE
beim Debugging

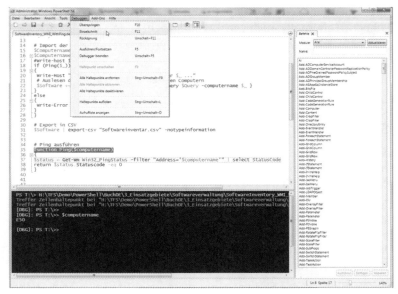

Unterschiede zur normalen PowerShell-Konsole

Es gibt ein paar beachtenswerte Unterschiede zwischen ISE und der normalen PowerShell-Konsole.

Interaktive klassische Konsolenanwendungen wie *ftp.exe* werden durch die ISE nicht unterstützt. Kein Problem gibt es dagegen mit interaktiven PowerShell-Commandlets und -Skripten.

Das Blättern in Ausgaben mit „more" funktioniert nicht.

Man kann die Farbe der Konsole nicht über die .NET-Klasse [System.Console] setzen. Nicht möglich ist also:

[console]::BackgroundColor = 'red'

Richtig ist stattdessen die Verwendung des Objektmodells der ISE, das man über $psISE erreicht:

$psISE.Options.ConsolePaneBackgroundColor = "red"

Alternativ:

$host.ui.RawUI.BackgroundColor = "red"

Für den Skriptbereich kann man aber nur $psISE verwenden:

$psISE.Options.ScriptPaneBackgroundColor = "red";

Auch der Zugang über $host.UI.RawUI ist eingeschränkt. Möglich ist hierüber aber z.B. die Veränderung des Titels:

$host.UI.RawUI.WindowTitle = "Holgers PowerShell IDE".

PowerShell Integrated Scripting Environment (ISE)

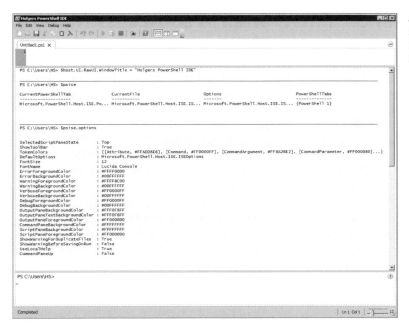

Abbildung 11.17
Inhalt der eingebauten Variablen $psISE

Die ISE hat ein eigenes Startprofilskript: `Microsoft.PowerShellISE_profile.ps1`.

Eventuell existiert diese Datei auf Ihrem System noch nicht. Geben Sie zu ihrer Erstellung innerhalb der ISE (!) den Befehl

`ise $Profile`

ein.

In der Windows PowerShell ISE können die folgenden Profile erstellt und verwendet werden. Jedes Profil wird in einem eigenen spezifischen Pfad gespeichert.

Profiltyp	Profilpfad
Aktueller Benutzer, PowerShell ISE	$profile.CurrentUserCurrentHost oder $profile
Alle Benutzer, PowerShell ISE	$profile.AllUsersCurrentHost
Aktueller Benutzer, alle Hosts	$profile.CurrentUserAllHosts
Alle Benutzer, alle Hosts	$profile.AllUsersAllHosts

Zum Starten der PowerShell ISE ohne Laden des Profils gibt es die Kommandozeilenoption `PowerShell_ise.exe -NoProfile`.

Kapitel 11 PowerShell-Werkzeuge

11.3 PowerShell Web Access (PSWA)

In Windows Server 2012 gibt es neben der Standard-PowerShell-Konsole und der ISE eine webbasierte Konsole für die PowerShell 3.0 unter dem Namen „Windows PowerShell Web Access" (PSWA). Administratoren können hier auf einer zugangsgeschützten Website PowerShell-Befehle eingeben und das Ergebnis wie in der lokalen Konsole betrachten. Da die Website nicht auf Silverlight, sondern auf HTML basiert, kann sie auch von Smartphones genutzt werden. Ein Administrator muss also nun auch im Urlaub am Strand befürchten, dass sein Chef ihn anruft und bittet „mal eben" etwas umzukonfigurieren.

> Mit PSWA kann man nicht nur den Server verwalten, auf dem PSWA läuft, sondern jeden Rechner mit aktiviertem PowerShell-Remoting im Netzwerk.

Installation von PSWA

Für die Nutzung der PSWA ist diese zuerst zu installieren, da sie nicht zum Standardinstallationsumfang von Windows Server 2012 gehört.

Schritt 1: Installation der Rollen und Features

Im Server Manager sind folgende optionalen Bausteine des Windows Server 2012 zu aktivieren:

- Rolle „Web Server (IIS)"
- Feature „Windows PowerShell/Windows PowerShell Web Access"

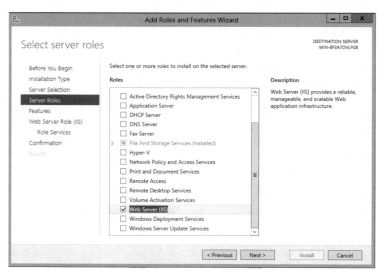

Abbildung 11.18
Hinzufügen der Rolle „Web Server (IIS)"

PowerShell Web Access (PSWA)

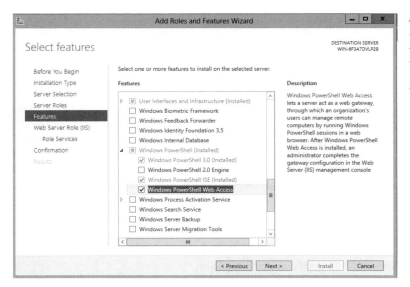

*Abbildung 11.19
Einfügen des
Features „Windows
PowerShell/
Windows Power-
Shell Web Access"*

> PSWA kann auch über die PowerShell selbst installiert werden mit dem Commandlet `Install-WindowsFeature` aus dem Modul „Server-Manager":
>
> `Install-WindowsFeature -name web-server,`
> `windowsPowerShellwebaccess`

Schritt 2: Anlegen der Webanwendung im IIS

Durch die Installation der Rollen und Features wurde die PSWA-Webanwendung noch nicht im IIS angelegt, wohl aber gibt es nun ein PowerShell-Modul „PowerShellWebAccess" mit dem Commandlet `Install-PswaWebApplication`, das dies ermöglicht.

Install-Pswa-WebApplication

Mit dem Parameter `-WebSiteName` kann man eine bestehende IIS-Website angeben, in der PSWA installiert werden soll. Dabei lässt sich dann mit `-WebApplicationName` der Name der IIS-Anwendung innerhalb dieser Website festlegen.

Wünscht man eine Standardeinrichtung in der Standardwebsite unter dem Standardnamen „PSWA", kann man einfach Folgendes ausführen:

`Install-PswaWebApplication -UseTestCertificate`

Die Website ist dann erreichbar unter

https://localhot/pswa

Die Verwendung von `UseTestCertificate` sorgt dafür, dass die Website mit einem selbst erstellten SSL-Zertifikat ausgestattet wird. Dies kann man später durch ein offizielles Zertifikat ersetzen.

221

> Die Verwendung von SSL ist dringend empfohlen, da sonst Benutzername und Kennwort sowie alle Befehle unverschlüsselt übertragen würden. Wenn PSWA mit SSL installiert würde, kommt es beim Versuch des Aufrufs über http ohne SSL zur Fehlermeldung: „This website uses the Secure Sockets Layer (SSL) protocol, and requires an HTTPS address. Please update the URL in your browser."
>
> Wenn ein Testzertifikat verwendet wurde, warnt der Browser beim Aufruf mit HTTPS: „The security certificate presented by this website was not issued by a trusted certificate authority".

> Falls Sie den IIS manuell konfigurieren möchten, sei hier auf das Dokument [*http://technet.microsoft.com/en-us/library/hh831611.aspx*] verwiesen.

Schritt 3: Zugriffsrechte vergeben

Add-PswaAuthorizationRule Im Standard darf sich niemand bei PSWA anmelden. Mit dem Commandlet `Add-PswaAuthorizationRule` vergibt man Zugriffsrechte, z.B. erlaubt es die nachstehende Regel allen Administratoren der Domäne „FBI", über die PSWA-Instanz auf diesem Computer eine Verbindung zu allen Computern mit allen PowerShell-Konfigurationen aufzunehmen.

```
Add-PswaAuthorizationRule -usergroupname FBI\administrators -ComputerName * -ConfigurationName *
```

Mit `–UserName` kann man Rechte für einzelne Benutzer vergeben. Mit `ComputerGroupName` lassen sich die Zugriffsrechte auf Basis von Active-Directory-Computergruppen vergeben. Mit `Test-PswaAuthorizationRule` kann man prüfen, ob ein Benutzer Zugang zu einem bestimmten Computer über PSWA haben wird.

Auflisten und löschen Mit dem Commandlet `Get-PswaAuthorizationRule` listet man die vergebenen Rechte auf. Mit `Remove-PswaAuthorizationRule` lassen sich Rechte wieder löschen.

Schritt 4: Konfigurationsänderungen (optional)

Im Standard dürfen sich nur drei Benutzer gleichzeitig an PSWA anmelden. Diese Einstellung muss man in der Datei *C:\Windows\Web\PowerShellWebAccess\wwwroot\web.config* vornehmen. Dort gibt es den Eintrag:

```
<appSettings>

<add key="maxSessionsAllowedPerUser" value="3"/>

</appSettings>
```

Die PSWA hat zudem eine Timeout-Zeit von 20 Minuten. Diese Einstellung ändert man über:

```
<sessionState timeout="20"    />
```

Anmelden an PSWA

Die folgende Bildschirmabbildung zeigt die PSWA-Anmeldeseite.

> Die Angabe eines Computernamens des zu verwaltenden Computers ist Pflicht. Die PSWA eröffnet dann eine PowerShell-Session auf dem genannten Computer.
>
> Die Angabe „localhost" ist erlaubt, um den Computer zu verwalten, auf dem PSWA gehostet wird.

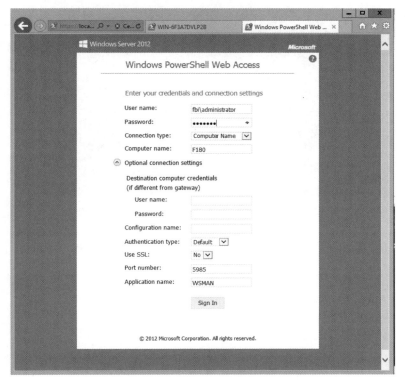

Abbildung 11.20
Anmeldung bei PSWA

Verwenden der PSWA

Die PSWA-Webseite zeigt sich nach der Anmeldung im gewohnten Blau mit weißer Schrift. In Gelb erscheinen die eingegebenen Befehle. Die Befehlseingabe erfolgt nicht direkt nach dem Prompt (>) wie bei der Standardkonsole, sondern in einer eigenen Zeile darunter.

> Mehrzeilige Befehle erzeugt man in der PSWA durch Drücken von ⇧+↵, während dies ja in der Standardkonsole durch ↵ erfolgt, wenn der Befehl noch nicht abgeschlossen ist. In der PSWA löst ↵ allein immer die Befehlsausführung aus!

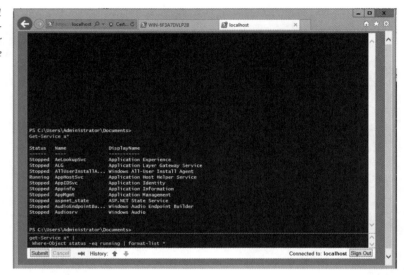

Abbildung 11.21
Mehrzeilige Befehls-eingabe in der PSWA-Konsole

> Die Farben der PSWA kann man wie in der Standardkonsole bei `Write-Host` setzen, z.B.
> `Write-Host "Hallo Holger" -foregroundcolor red -backgroundcolor white.`
>
> Auch die Veränderung der Farben für die ganze aktuelle Sitzung ist möglich, über eine eingebaute Variable `$host`:
>
> `$host.UI.RawUI.BackgroundColor = "darkgreen"`
>
> Die `$host`-Variable enthält wie bei den anderen Konsolen auch eine Instanz von `ServerRemoteHost`. Die Instanz nennt sich „ServerRemoteHost", Version 1.0.0.0.

Falls es zu einem Verbindungsabbruch kommt, bemüht sich die PSWA, die Verbindung ohne Neuanmeldung wieder aufzubauen.

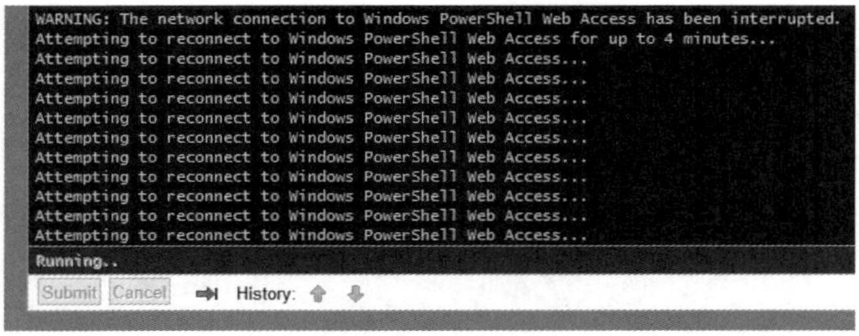

Abbildung 11.22
Verbindungs-
abbruch in der
PSWA

11.4 PowerShellPlus

PowerShellPlus besteht aus einer verbesserten PowerShell-Konsole (PowerShellPlus Host), die IntelliSense unterstützt, und einem damit verbundenen Editor (PowerShellPlus Editor). PowerShellPlus war der erste Editor und die erste PowerShell-Konsole mit IntelliSense. Inzwischen ist aber die PowerShell ISE von Microsoft fast ebenbürtig.

Host und Editor

PowerShellPlus war ein kommerzielles Produkt, ist aber seit 2012 kostenfrei.

PowerShellPlus	
Hersteller:	Idera
Preis:	Kostenfrei
URL:	*http://www.idera.com/Products/PowerShell/*

Bemerkenswerte Funktionen im Vergleich zur ISE sind:

Funktionen

- Die Konsole ist eine Weiterentwicklung der normalen Windows-Konsole und versteht daher alle Befehle, welche die von Microsoft gelieferte PowerShell-Konsole auch versteht, also auch interaktive klassische Befehle wie *ftp.exe*.
- Mitschneiden von Eingaben in der Konsole, die über Tastenkürzel wieder aufgerufen werden können
- Anzeige aller aktuellen Variablen und Details zu ihren Inhalten
- Transparente Darstellung des Konsolenfensters möglich
- Direkter Zugriff auf PowerShell-Profilskripte

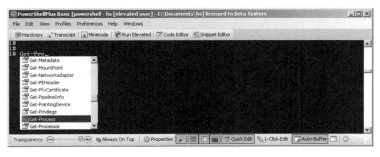

Abbildung 11.23
IntelliSense für
Commandlet-
Namen

Kapitel 11 PowerShell-Werkzeuge

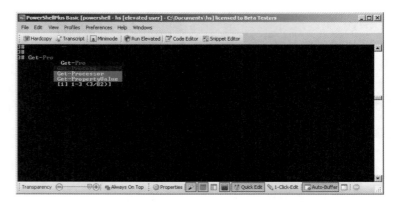

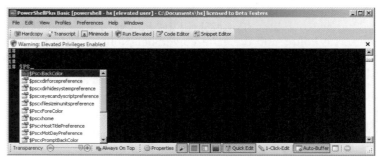

Abbildung 11.24
Eine Variante von IntelliSense für Commandlet-Namen

Abbildung 11.25
Debugging mit Einzelschrittmodus

PoshConsole

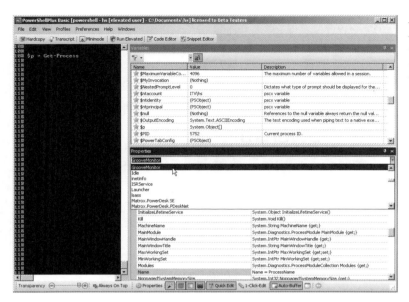

Abbildung 11.26
Anzeige aller aktuellen Variablen und Details zu ihren Inhalten

11.5 PoshConsole

PoshConsole ist eine grafische Konsole für die PowerShell, die mit Hilfe der neuen .NET-GUI-Technik „Windows Presentation Foundation" geschrieben ist. In der PoshConsole kann man direkt Grafiken ausgeben (siehe *Abbildung 11.27*).

Abbildung 11.27
Grafische Möglichkeiten der PoshConsole (Quelle: http://poshconsole.codeplex.com/)

PoshConsole	
Hersteller:	Joel Bennett
Preis:	Kostenfrei
URL:	http://poshconsole.codeplex.com/

11.6 PowerGUI

PowerGUI ist neben PowerShellPlus und dem ISE der dritte bedeutende Editor für PowerShell.

PowerGUI	
Hersteller:	Quest Software
Preis:	Kostenfrei
URL:	http://www.powergui.org

11.7 PowerShell Analyzer

Der PowerShell Analyzer von Karl Prosser bietet gegenüber PowerShellPlus noch zwei zusätzliche Funktionen:

- Mehrere getrennte Ablaufumgebungen (sogenannte Runspaces)
- Visualisierung der Objekte in der Pipeline in einer Tabelle (siehe *Abbildung 11.28*) oder einem Diagramm

Allerdings fehlen auch zwei wichtige Funktionen: IntelliSense für Klassen und Klassenmitglieder sowie ein Debugger.

PowerShell Analyzer	
Hersteller:	Shell Tools, LLC
Preis:	Kostenfrei
URL:	http://www.PowerShellanalyzer.com

PrimalScript

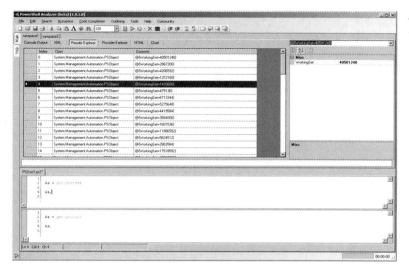

Abbildung 11.28
PowerShell Analyzer

11.8 PrimalScript

Der Universaleditor PrimalScript enthält seit Version 4.1 Unterstützung für die Erfassung von PowerShell-Skripten.

PrimalScript	
Hersteller:	Sapien
Preis:	349 Dollar
URL:	*http://www.primalscript.com/*

Abbildung 11.29
Ausgabe eines
PowerShell-Skripts
in PrimalScript

*Abbildung 11.30
IntelliSense für
Commandlets*

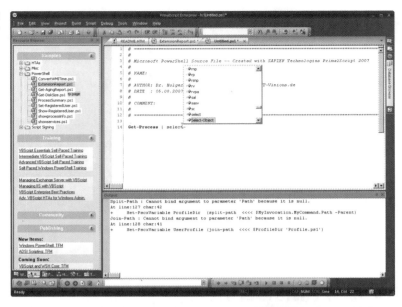

*Abbildung 11.31
IntelliSense für
Klassennamen*

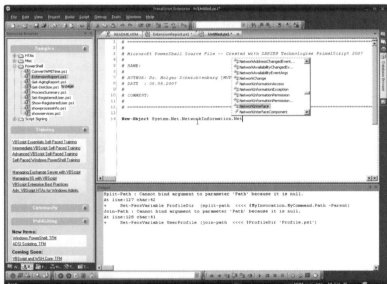

11.9 PowerShell Help

PowerShell Help ist ein einfaches Werkzeug zur Anzeige von Hilfetexten zu Commandlets.

PowerShell Help Reader

PowerShell Help	
Hersteller:	Sapien
Preis:	Kostenlos
URL:	http://www.primaltools.com/downloads/communitytools/

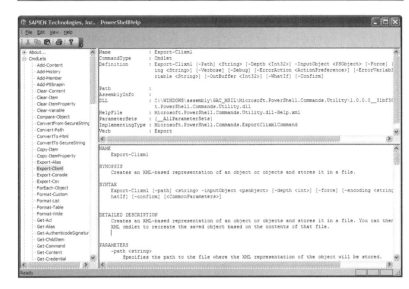

Abbildung 11.32
PowerShell Help für PowerShell 1.0

11.10 PowerShell Help Reader

PowerShell Help Reader ist ein weiteres Werkzeug zur Anzeige von Hilfetexten zu Commandlets.

PowerShell Help Reader	
Hersteller:	PowerShellTools
Preis:	29,47 $
URL:	http://PowerShelltools.com

11.11 PowerTab

PowerTab erweitert die Fähigkeiten der PowerShell-Konsole, dem Benutzer Vorschläge für mögliche Befehle durch Drücken der Tabulatortaste zu machen. Insbesondere liefert PowerTab Vorschläge für Mitglieder von .NET-Klassen.

Kapitel 11 PowerShell-Werkzeuge

PowerTab	
Hersteller:	Marc van Orsouw (der sich als „MoW" abkürzt)
Preis:	Kostenlos
URL:	*http://thePowerShellguy.com/blogs/posh/pages/powertab.aspx*

11.12 NuGet Package Manager

Der NuGet Package Manager ist ein Teil von Visual Studio 2012 (bzw. eine kostenfreie Erweiterung für Visual Studio 2010) zum Verwalten von Erweiterungspaketen. Der NuGet Package Manager basiert auf der PowerShell und unterstützt alle PowerShell-Befehle, nicht nur diejenigen für die Paketverwaltung.

In älteren Visual-Studio-Versionen kann man die VS Command Shell verwenden, die ebenfalls PowerShell-Befehle zulässt.

Diese Add-ins laufen nur in den kommerziellen Versionen von Visual Studio, nicht in den Express-Varianten, da diese keine Erweiterungen unterstützen.

NuGet Package Manager	
Hersteller:	Microsoft/
Preis:	Kostenlos
URL:	*http://visualstudiogallery.msdn.microsoft.com/27077b70-9dad-4c64-adcf-c7cf6bc9970c*

VS Command Shell	
Hersteller:	Microsoft/Open-Source-Community-Projekt
Preis:	Kostenlos
URL:	*http://www.codeplex.com/VSCmdShell*

11.13 PowerShell Remoting

PowerShell Remoting erlaubt die Verbindung mit einer entfernten Instanz der PowerShell auch in 1.0 (d.h. einer Instanz auf einem anderen Computer), um dort Skripte auszuführen. Damit wird eine Begrenzung der PowerShell 1.0 überwunden, die Commandlets und

Skripte nur lokal ausführen kann. Fernausführung ist in der PowerShell 1.0 sonst nur über WMI möglich.

Hinweis: Seit PowerShell 2.0 ist diese Erweiterung nicht mehr notwendig, da Fernausführung zum Standardumfang der PowerShell gehört.

PowerShell Remoting	
Hersteller:	Microsoft/Open-Source-Community-Projekt
Preis:	Kostenlos
URL:	*http://www.codeplex.com/PowerShellremoting*

11.14 Vergleich der Skripteditoren

Die folgende Tabelle vergleicht die ISE mit PowerShellPlus, PowerGUI und PrimalScript.

	ISE in PowerShell 3.0	PowerShell Plus 4.5	PowerGUI 3.2	PrimalScript 2012 (6.5)
Hersteller	Microsoft	Idera	Quest	Sapien
Website	Keine	www.idera.com/ Products/PowerShell/ PowerShell-Plus	www.powergui. org	www.primalscript. com
Preis	Kostenlos	Kostenlos	Kostenlos	349 US-Dollar
Konsole für interaktive Eingabe	Ja	Ja	Ja	Nein
Syntaxfarbhervorhebung	Ja	Ja	Ja	Ja
Skripteditor	Ja	Ja	Ja	Ja
Codeschnippsel (Snippets)	Ja	Ja	Ja	Ja
IntelliSense für Commandlets	Ja	Ja	Ja	Ja
IntelliSense für Alias	Ja	Ja	Ja	Ja
IntelliSense für Parameter	Ja	Ja	Ja	Ja
IntelliSense für Klassennamen (nach New-Object)	Ja	Ja	Ja	Ja

Tabelle 11.1: Vergleich der wichtigsten PowerShell-Editoren

Kapitel 11 PowerShell-Werkzeuge

	ISE in PowerShell 3.0	PowerShell Plus 4.5	PowerGUI 3.2	PrimalScript 2012 (6.5)
Hersteller	Microsoft	Idera	Quest	Sapien
Website	Keine	www.idera.com/ Products/PowerShell/ PowerShell-Plus	www.powergui. org	www.primalscript. com
Preis	Kostenlos	Kostenlos	Kostenlos	349 US-Dollar
IntelliSense für Klassennamen (in eckigen Klammern)	Ja	Ja	Ja	Ja
IntelliSense für .NET-Klassenmitglieder	Ja	Ja	Nein	Ja (außer Mitglieder statischer Klassen)
IntelliSense für Variablennamen	Ja	Ja	Ja	Ja
IntelliSense für Mitglieder der Variablen	Ja	Ja, erfordert aber tlw. vorherige Ausführung des Skriptes	Nein	Ja
IntelliSense für Pfadangaben	Ja	Ja	Ja	Nein
Variablenbrowser	Nein	Ja	Ja	Nein
Debugging	Ja	Ja	Ja	Ja
Skripte signieren	Nein	Ja	Nein	Nein
Bearbeitung anderer Codearten	Nein	C#, XML, VBScript, Batch, VB.NET, HTML	Nein	WSH, ActionScript, AWK, AutoIt, Batch, HTA, Kixtart, LotusScript, Perl, Python, Rebol, REXX, Ruby, SQL, Tcl, WinBatch, ASP, HTML, JSP, PHP, XML, XLST, XSD, C#, C++, VB, ColdFusion u.a.

Tabelle 11.1: Vergleich der wichtigsten PowerShell-Editoren (Forts.)

Teil II

PowerShell-Aufbauwissen

Inhalte dieses Buchteils sind die erweiterten Möglichkeiten der PowerShell, insbesondere der Zugriff auf Klassenbibliotheken (.NET, COM und WMI) sowie die Einbindung von Commandlet-Erweiterungen (PowerShell Snap-Ins).

12 Fernausführung (Remoting)

Eine der schmerzlich vermissten Funktionen in der Windows PowerShell 1.0 war die generelle Unterstützung für Fernzugriffe auf andere Systeme bzw. Fernverwaltung von entfernten Systemen. Mit den Bordmitteln der PowerShell 1.0 konnte man im Wesentlichen nur über WMI via Distributed COM (DCOM) Daten von anderen Systemen abrufen. Eine generelle Möglichkeit zur Fernausführung von Commandlets und Skripten gab es nicht. Hier hat Microsoft nun in der Version 2.0 deutlich nachgebessert.

Seit PowerShell 2.0 gibt es über das Protokoll WS-Management (kurz: WS-Man) die Fernausführungsmöglichkeit („PowerShell Remoting") für einzelne Commandlets und ganze Skripte.

WS-Management ist ein Netzwerkprotokoll auf Basis von XML-Webservices unter Verwendung des Simple Object Access Protocol (SOAP). WS-Management dient dem Austausch von Verwaltungsinformationen zwischen (heterogenen) Computersystemen. WS-Management ist ein Standard der Desktop Management Task Force (DMTF), der im Jahr 2006 verabschiedet wurde. **Webservice**

WS-Management bietet eine enge Verbindung zum Web Based Enterprise Management (WBEM) alias Windows Management Instrumentation (WMI).

Microsoft bietet eine Implementierung von WS-Management unter dem Namen „Windows Remote Management (WinRM)" für Windows XP, Windows Server 2003, Vista, Windows 7/8 und Windows Server 2008/2008 R2/2012.

In Vista und Windows Server 2008 ist die Version 1.1 der Implementierung enthalten. Windows 7 und Windows Server 2008 R2 enthalten Version 2.0. Für Windows XP, Windows Vista sowie Windows Server 2003 (inkl. R2) und Windows Server 2008 gibt es ein Add-On für WinRM v2 mit Namen „Windows Management Framework". Windows 8 und Windows Server 2012 enthalten WinRM 3.0, das es auch als Add-On für Windows 7 und Windows Server 2008/2008 R2 gibt [*http://www.microsoft.com/en-us/download/details.aspx?id=34595*].

Für einen Fernaufruf müssen sowohl der lokale (der Aufrufer, der Client) als auch der entfernte Computer (der Aufgerufene, der Server) Windows Remote Management (WinRM) ab Version 2.0 unterstützen. Außerdem muss die PowerShell (ab Version 2.0) auf beiden Systemen installiert sein. WinRM benutzt (seit Version 2.0) im Standard die Ports **WinRM**

5985 (HTTP) und 5986 (HTTPS). Die Authentifizierung erfolgt im Normalfall über Kerberos, alternativ sind auch Basisauthentifizierung, Digest und NTLM möglich.

Die Verbindung zwischen Client und Server kann permanent oder temporär sein.

In PowerShell ist nicht nur ein Fernaufruf eines Computers, sondern auch gleichzeitig mehrerer Computer möglich. So kann man z.B. ein Skript gleichzeitig auf mehreren entfernten Systemen starten.

12.1 Fernabfrage ohne WS-Management

RPC Einige Commandlets in der PowerShell besitzen eingebaute Fernabfragemöglichkeiten abseits von WS-Management. Diese Commandlets haben einen Parameter „-Computername" und die Fernaufrufmöglichkeiten des Betriebssystems, die auf einem Remote Procedure Call (RPC) basieren.

Commandlets mit "-Computername" Folgende Commandlets besitzen den Parameter „-Computername" und arbeiten mit DCOM:

- Clear-EventLog
- Limit-EventLog
- Get-Counter
- New-EventLog
- Get-EventLog
- Remove-EventLog
- Get-HotFix
- Restart-Computer
- Get-Process
- Show-EventLog
- Get-Service
- Show-Service
- Get-WinEvent
- Stop-Computer
- Get-WmiObject (schon in PowerShell 1.0 vorhanden)
- Write-EventLog

Der Fernaufruf mit vorgenannten Commandlets funktioniert auch, wenn WS-Management nicht installiert und konfiguriert ist.

> Derartige Commandlets findet man mit:
> ```
> Get-Command | where { $_.parameters.keys -contains
> "ComputerName" -and $_.parameters.keys -notcontains "Session"}
> ```

Der folgende Befehl ermittelt vom Computer „F170" alle Dienste, die mit dem Buchstaben „i" beginnen.

Beispiel

```
Get-Service -ComputerName F170 i*
```

Die Abfrage mehrerer Computer ist nur nacheinander durch Übergabe in der Pipeline möglich, da man bei diesen Commandlets bei Computername kein Array als solchen übergeben kann.

Falsch:

Falsch

```
Get-Service -ComputerName F173, F170 i*
```

Richtig:

Richtig

```
"F171", "F172", "F173" | % { Get-Service i* -ComputerName $_ }| ft
Name, status, machinename
```

Über das Attribut `MachineName` kann man jeweils sehen, welcher der abgefragten Computer das Ergebnis geliefert hat.

Abbildung 12.1
Abfrage der Dienste auf zwei Computern

12.2 Anforderungen

Für einen Fernaufruf müssen sowohl der lokale (der Aufrufer, der Client) als auch der entfernte Computer (der Aufgerufene, der Server) folgende Voraussetzungen erfüllen:

- Microsoft .NET Framework 2.0 oder höher
- Windows PowerShell 2.0 oder höher
- Windows Remote Management (WinRM) 2.0

Abbildung 12.2
*Der WinRM-Dienst
in der Diensteliste*

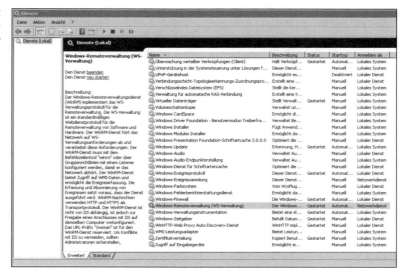

12.3 Rechte für Fernaufrufe

Fernaufrufe sind sowohl domänenintern als auch domänenübergreifend (durch Vertrauensstellungen oder gleiche Benutzername-Kennwort-Kombination) möglich, im zweiten Fall allerdings nur unter expliziter Angabe von Benutzernamen und Kennwort, selbst wenn auf dem Zielsystem eine zu dem aufrufenden System identische Benutzername-Kennwort-Kombination existiert. Fernaufrufe können nur Benutzer ausführen, die auf dem Zielsystem zur Administratorengruppe gehören. Man kann das Recht zum Fernaufruf durch Änderung der sogenannten Sitzungskonfigurationen steuern.

Auch auf dem lokalen Computer werden Administratorrechte für einige Aktionen im Zusammenhang mit dem Fernaufruf benötigt. Dies sind insbesondere die Einrichtung von WS-Management und die Konfiguration von PowerShell-Sitzungen. Auch ein Fernaufruf gegen den eigenen Computer („Loopback-Aufruf") erfordert Administratorrechte.

12.4 Einrichten von WinRM

EnablePS-Remoting Im Auslieferungszustand der PowerShell sind PowerShell-Fernaufrufe deaktiviert. Mit `Enable-PSRemoting` konfiguriert man einen Computer zum Empfang von Fernaufrufen von anderen Rechnern. Dieser Befehl startet den WinRM-Systemdienst, konfiguriert die Windows PowerShell und trägt das Protokoll WS-Management als Ausnahme in der Windows Firewall ein. `Enable-PSRemoting` ist nicht notwendig auf Computern, die nur (!) PowerShell-Befehle an andere Rechner senden wollen. Zum Ausführen von Enable-PSRemoting muss man auf dem System Administrator sein.

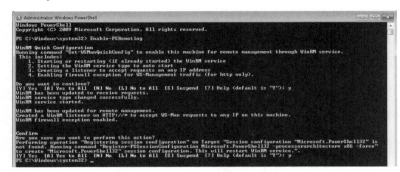

Abbildung 12.3
Erstkonfiguration von PowerShell Remoting

Zum Unterdrücken der Nachfragen geben Sie ein:

Enable-PSRemoting -force

Zum Testen der Einrichtung geben Sie ein:

New-PSSession

Dann sollte das nachstehende Ergebnis erscheinen.

Abbildung 12.4
Testen der Fernverbindungskonfiguration mit New-PSSession

In Domänen kann WinRM über die Gruppenrichtlinie „Computer Configuration\Administrative Templates\Windows Components\ Windows Remote Management (WinRM)\WinRM service" konfiguriert werden.

Ein Problem bei der Einrichtung könnte sein, das diese mit der Fehlermeldung „Set-WSManQuickConfig : WinRM firewall exception will not work since one of the network connection types on this machine is set to Public. Change the network connection type to either Domain or Private and try again." abbricht. Ein Blick in das Netzwerkcenter von Windows wird dann zeigen, dass es tatsächlich ein „Public"-Netzwerk gibt (siehe Beispiel in der *Abbildung 12.5*).

Mögliche Probleme

Kapitel 12 Fernausführung (Remoting)

Abbildung 12.5
Ein „Public Network" verhindert die Einrichtung des PowerShell Remoting.

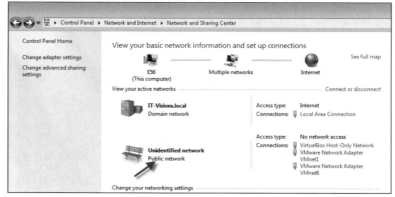

Lösen kann man dies über secpol.msc (siehe *Abbildung 12.6*).

Abbildung 12.6
Lösung des „Public Network"-Problems

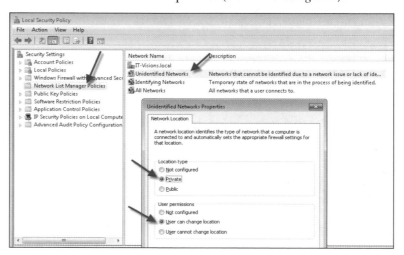

In PowerShell 3.0 kann man Alternativ bei `Enable-PSRemoting`-Commandlet auch den Parameter `SkipNetworkProfileCheck` angeben, wodurch die Prüfung auf das Netzwerkprofil entfällt.

Disable-PSRemoting Zum Deaktivieren des PowerShell Remoting gibt es das Commandlet:

`Disable-PSRemoting`

12.5 Überblick über die Commandlets

Die wichtigsten Commandlets für die Fernausführung sind:
- `Enter-PSSession`: Starten einer Fernausführungssitzung im Telnet-Stil
- `Invoke-Command`: Fernausführung eines einzelnen PowerShell-Commandlets oder eines Skripts
- `New-PSSession`: Erstellen einer permanenten Verbindung für die Fernausführung

Alle oben genannten Commandlets bieten ein Attribut `-Computername`. Bei `Enter-PSSession` kann man nur einen Computer angeben, bei `Invoke-Command` und `New-PSSession` auch ein Array mehrerer Computer.

Wichtiger Hinweis: Im Standard vorgesehen ist die Angabe von Computernamen. IP-Adressen können alternativ verwendet werden, erfordern aber ein anderes Authentifizierungsverfahren, da das im Standard verwendete Kerberos keine IP-Adressen unterstützt (siehe Kapitel zur Sicherheit bei PowerShell Remoting).

12.6 Interaktive Fernverbindungen im Telnet-Stil

Mit dem Commandlet `Enter-PSSession` eröffnet man eine interaktive Sitzung zu einem entfernten System im Stil des Telnet-Protokolls. Anzugeben ist der Computername, z.B. **Enter-PSSession**

```
Enter-PSSession -Computername F170
```

Nach erfolgreicher Ausführung des Befehls wird der Computername vor der PowerShell-Eingabeaufforderung angezeigt. Alle eingegebenen Befehle werden nun auf dem entfernten System ausgeführt. Alle Ausgaben landen auf dem lokalen System.

Testen kann man zum Beispiel, indem man mit `[System.Environment]::MachineName` den Computernamen abruft.

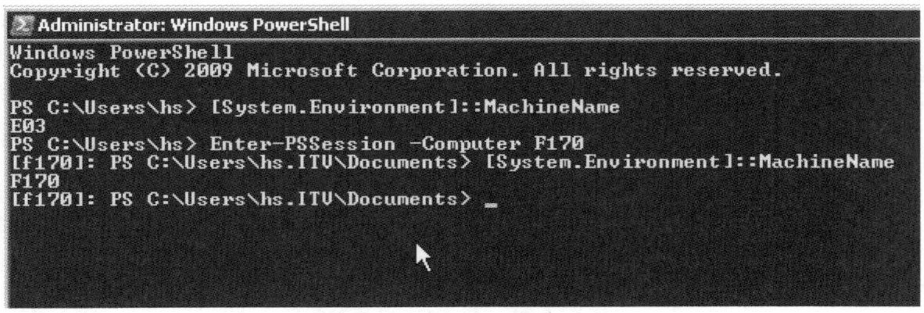

```
Administrator: Windows PowerShell
Windows PowerShell
Copyright (C) 2009 Microsoft Corporation. All rights reserved.

PS C:\Users\hs> [System.Environment]::MachineName
E03
PS C:\Users\hs> Enter-PSSession -Computer F170
[f170]: PS C:\Users\hs.ITV\Documents> [System.Environment]::MachineName
F170
[f170]: PS C:\Users\hs.ITV\Documents> _
```

Abbildung 12.7
Aufbau einer interaktiven Fernsitzung

Kapitel 12 Fernausführung (Remoting)

 Man kann sich in einer interaktiven Sitzung immer nur mit genau einem entfernten System verbinden. Man kann aber auf einem System mehrere PowerShell-Fenster öffnen und sich darin mit jeweils einem anderen entfernten System verbinden.

Möglichkeiten einer Fernsitzung

In einer Fernsitzung kann jegliche Form von Änderungen durchgeführt werden, sowohl durch Ausführung von Commandlets, z.B.

```
(Get-service BITS) | start-service
```

als auch durch den Aufruf von Methoden

```
(Get-service BITS).Start()
```

Man kann auch Windows-Prozesse starten. Zu beachten ist jedoch, dass man auf dem entfernten System Benutzeroberflächen von diesen Prozessen nicht sehen kann, selbst wenn man dort lokal angemeldet ist.

Exit-PSSession Zum Verlassen der Fernsitzung gibt man ein:

```
Exit-PSSession
```

12.7 Fernausführung von Befehlen

InvokeCommand Um einen einzelnen Befehl auf einem entfernten System auszuführen, kann man auch das Commandlet `Invoke-Command` mit dem Parameter `-Computername` verwenden. Beim Parameter `-ScriptBlock` kann man einen oder mehrere (durch Zeilenumbruch oder Semikolon getrennte) Befehle angeben und auch Pipelines nutzen. Nicht nur Commandlets, auch klassische Kommandozeilenbefehle sind möglich.

Beispiel 1 `Invoke-Command -ComputerName F170 -scriptblock { Get-Service b* }`

Beispiel 2 `Invoke-Command -ComputerName F170 -scriptblock { Get-Service | sort status | ft name, status }`

Beispiel 3 `Invoke-Command -computer F170 -Script { "Computername: " + [System.Environment]::MachineName ; "Zeit: " + [DateTime]::Now ; "Sprache: " + (Get-Culture) }`

Beispiel 4 `Invoke-Command -computer F170 -Script { ping www.it-visions.de }`

 Alle Commandlets oder Anwendungen, die in dem Skriptblock gestartet werden, müssen auf dem Zielsystem verfügbar sein.

Auch hier wird das Ergebnis auf dem lokalen System angezeigt, oft mit der zusätzlichen Spalte „PSComputerName", die den Namen des aufgerufenen Computers enthält.

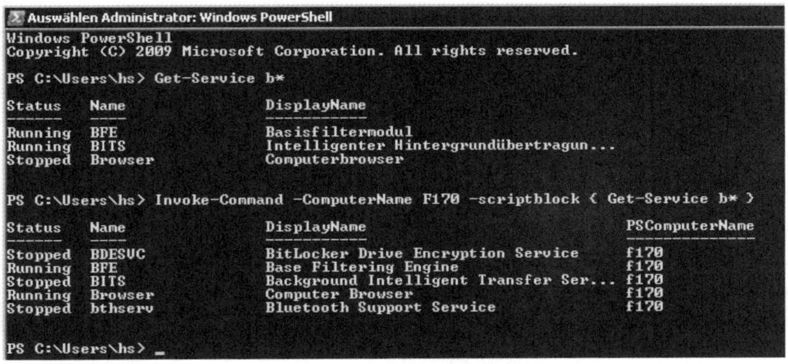

Fernausführung von Befehlen

Abbildung 12.8
Lokaler Aufruf versus entfernter Aufruf

Allerdings muss man beachten, dass die Ergebnismenge keineswegs die gleiche Struktur wie bei einem lokalen Aufruf hat. Die Objekte in der Pipeline sind nicht vom Typ System.ServiceProcess.ServiceController, sondern Deserialized.System.ServiceProcess.ServiceController. Zwischen den Rechnergrenzen hat, für den Transport über das Netzwerk, eine Serialisierung/Deserialisierung der Objekte stattgefunden. Dabei sind die Methoden der Objekte „verloren" gegangen. Methodenaufrufe wie

Serialisierung/ Deserialisierung

```
(Invoke-Command -ComputerName F170 -scriptblock { Get-Service bits }).Start()
```

sind also nicht möglich!

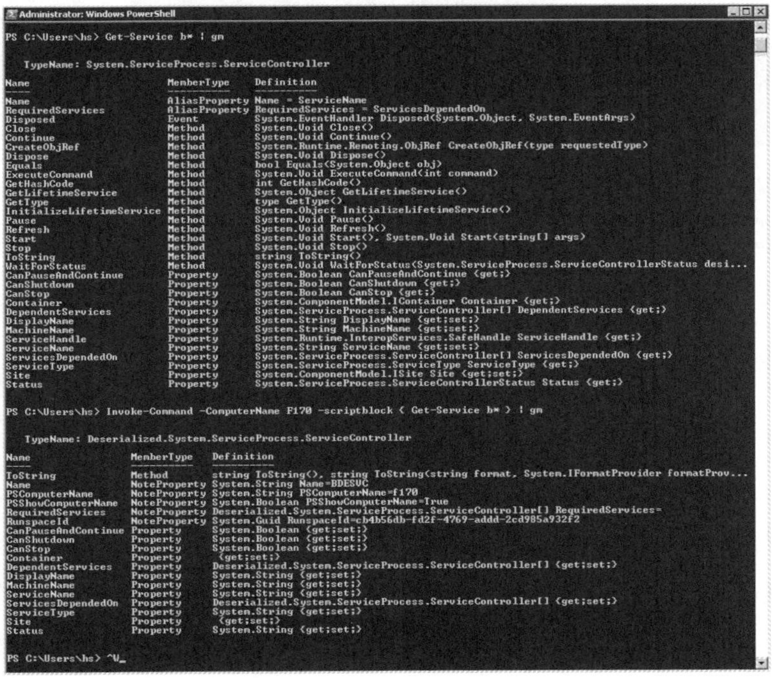

Abbildung 12.9
Get-Member nach einem lokalen und einem entfernten Aufruf von Get-Service

245

Kapitel 12 Fernausführung (Remoting)

> Beim Pipelining kann man in eine sehr tiefe Falle tappen. Ein Benutzer, der merkt, dass
>
> ```
> (Invoke-Command -ComputerName F170 -scriptblock { Get-Service Bits }).Start()
> ```
>
> nicht funktioniert, würde wohl auf
>
> ```
> (Invoke-Command -ComputerName F170 -scriptblock { Get-Service Bits }) | Start-Service
> ```
>
> ausweichen wollen.

Dieser Befehl würde ohne Fehlermeldung abgeschlossen – er hätte aber nicht getan, was gewünscht war. In diesem Fall würde der „BITS"-Dienst auf dem lokalen System, nicht auf dem entfernten System gestartet. Der Grund liegt darin, dass `Start-Service` das `PSComputerName`-Attribut ignoriert und nur den Namen des Dienstes berücksichtigt. Die folgende Bildschirmabbildung liefert den Beweis.

Abbildung 12.10
Unerwartetes Verhalten beim Fernaufruf

```
PS C:\Users\hs> Invoke-Command -Session $s -ScriptBlock { Get-Service BITS }

Status   Name               DisplayName                              PSComputerName
------   ----               -----------                              --------------
Stopped  BITS               Background Intelligent Transfer Ser...   f170

PS C:\Users\hs> Get-Service BITS

Status   Name               DisplayName
------   ----               -----------
Stopped  BITS               Intelligenter Hintergrundübertragun...

PS C:\Users\hs> Invoke-Command -Session $s -ScriptBlock { Get-Service BITS } | Start-Service
PS C:\Users\hs> Invoke-Command -Session $s -ScriptBlock { Get-Service BITS }

Status   Name               DisplayName                              PSComputerName
------   ----               -----------                              --------------
Stopped  BITS               Background Intelligent Transfer Ser...   f170

PS C:\Users\hs> Get-Service BITS

Status   Name               DisplayName
------   ----               -----------
Running  BITS               Intelligenter Hintergrundübertragun...
```

Viele Commandlets funktionieren so, auch weitreichende wie `Remove-Item`. Der folgende Befehl löscht also nicht Textdateien auf dem entfernten, sondern gleichnamige Dateien auf dem lokalen System!

```
Invoke-Command -ComputerName F170 -scriptblock { Get-Item d:\Daten\*.txt } | remove-Item
```

Richtig ist hier, den Befehl `Remove-Item` mit in den Skriptblock zu nehmen:

```
Invoke-Command -ComputerName F170 -scriptblock { Get-Item d:\Daten\*.txt | remove-Item }
```

Grund für diese Falle ist, dass die von `Get-Item` gelieferten Dateiobjekte zwar von der PowerShell um den Parameter `PSComputername` angereichert wurden, aber das Commandlet `Remove-Item` diese Zusatzinformation leider ignoriert.

> Einige Commandlets in der PowerShell, darunter Get-Process und Get-Service, bieten auch noch einen kürzeren Weg für die Fernabfrage an. Bei diesen Commandlets kann man ein einzelnes entferntes System über den Parameter -Computer angeben, z.B. Get-Process -Computer F111 (Details siehe *Kapitel 12.1 „Fernabfrage ohne WS Management"*).
>
> Vorteil dieser Methode ist, dass man dafür nicht WS-Management braucht, also auch ältere Betriebssysteme abfragen kann, für die es kein WS-Management gibt. Nachteil ist, dass sich die Fernabfrage immer nur auf den einzelnen Befehl bezieht. Man kann weder Befehlsfolgen noch Skripten angeben. Außerdem kann man immer nur ein einzelnes entferntes System ansprechen.

12.8 Fernausführung von Skripten

Mit Invoke-Command kann man natürlich ein auf dem entfernten System vorhandenes Skript starten, z.B.:

Invoke-Command

```
Invoke-Command -computer F170 -scriptblock { d:\Skripte\WPS2_Computername.ps1 }
```

Voraussetzung ist natürlich, dass auf dem entfernten System die Skriptausführung erlaubt ist und alle für das Skript benötigten Dateien dort sind.

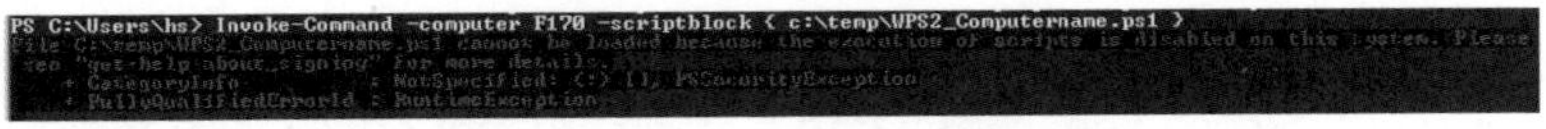

Abbildung 12.11
Fehlermeldung, wenn das Starten des Skripts auf einem entfernten System nicht erlaubt ist

Mit folgendem Befehl kann man die Skriptausführung auf einem entfernten System aktivieren:

```
Invoke-Command -computer F170 -scriptblock { Set-executionpolicy unrestricted }
```

Das folgende Listing zeigt ein Beispiel, bei dem man die Skriptausführung aktiviert, ein Skript kopiert, dann ausführt und anschließend das Skript löscht und die Skriptausführung wieder deaktiviert.

Listing 12.1
Entfernte Skriptausführung durch Skriptkopieren [Aufbauwissen/ Remoting/WPS2_ Remoting_ Script.ps1]

```
"Start Session..."
$a = New-PSSession  -ComputerName F170

"Enable Script Execution on remote System..."
Invoke-Command -Session $s -scriptblock { Set-executionpolicy unrestricted }

"Copy Script..."
Copy-Item H:\WPS2_Computername.ps1 \\f170\c$\temp\wps2_Computername.ps1
```

```
"Start Script..."
Invoke-Command -Session $s -scriptblock { c:\temp\WPS2_
Computername.ps1 }

"Delete Script..."
Remove-Item \\f170\c$\temp\wps2_Computername.ps1

"Disable Script Execution on remote System..."
Invoke-Command -Session $s -scriptblock { Set-executionpolicy
default }

"End Session!"
Remove-PSSession $s
```

Das gleiche Ergebnis kann man aber auch viel einfacher haben, denn das Commandlet `Invoke-Command` bietet auch die Möglichkeit, ein lokales Skript auf den entfernten Computer zu übertragen und dort zu starten:

```
Invoke-Command -computer F170 -FilePath H:\WPS2_Computername.ps1
```

12.9 Ausführung auf mehreren Computern

Das Commandlet `Invoke-Command` bietet auch die Möglichkeit, mehrere Computer in Form eines Arrays (eine durch Komma getrennte Liste) anzugeben.

Beispiel 1: Setzen von Datum und Uhrzeit auf mehreren Computern:

```
Invoke-Command -computer F170, F171, F172, F173 -Script { Set-date
-date }
```

Abbildung 12.12 Ausführen von Set-Date auf mehreren Computern

```
PS C:\> Invoke-Command -computer F170, F171, F172, F173  -Script ( set-date -date "24.6.2009 15:10:00"
-cred $cred
Mittwoch, 24. Juni 2009 15:10:00
Mittwoch, 24. Juni 2009 15:10:00
Mittwoch, 24. Juni 2009 15:10:00
Mittwoch, 24. Juni 2009 15:10:00
```

Beispiel 2: Auslesen von c:\Temp auf mehreren Computern

```
$computer = F170, F171, F172, F173, F174
Invoke-Command -computer $computer { Get-childitem c:\temp }
```

Tipp: Für den lokalen Computer kann man „localhost" oder „." verwenden.

PSComputerName Das Ergebnis ist eine Gesamtliste der Ergebnisse von allen genannten Computern. Die Objekte in der Menge besitzen ein zusätzliches Attribut (NoteProperty) `PSComputerName`, das den Namen des Computers zeigt, der das Objekt geliefert hat. Dadurch ist ein Filtern/Sortieren/Gruppieren auf dem aufrufenden Computer möglich.

Sitzungen

Die PowerShell fragt bei den einzelnen Computern in der Reihenfolge an, wie sie im Array angegeben sind. Die Reihenfolge der Ergebnisse ist jedoch abhängig davon, wann die Ergebnisse eintreffen.

*Abbildung 12.13
Ergebnismenge eines Abrufs von Dienst-Objekten von drei Computern*

Bei der Ausgabe von einigen Klassen (z.B. auch bei ServiceController) wird `PSComputerName` automatisch ausgegeben. Dies kann man durch `-HideComputername` unterdrücken.

```
Invoke-Command -Computer F170, F171 -ScriptBlock { Get-Service
I* } -HideComputername
```

Abbrechen eines Fernbefehls

Zum Abbrechen eines entfernt ausgeführten Befehls kann man wie bei lokalen Befehlen die Tastenkombination STRG + C verwenden.

12.10 Sitzungen

`Invoke-Command` erzeugt im Standard eine temporäre Verbindung. Alle Definitionen (Variablen und Funktionen), die im Rahmen der Ausführung von `Invoke-Command` auf einem entfernten System erzeugt wurden, sind nach Ende des Befehls wieder ungültig.

Die Alternative ist eine permanente Verbindung (Sitzung). Eine Sitzung (engl. Session, alias „PSSession") ist Host für die PowerShell, in der die PowerShell Befehle ausführt. Aus der Sicht von Windows ist eine Session ein Prozess.

PSSession

Eine Sitzung gestaltet man durch das Laden von Snap-Ins und Modulen sowie durch die Definition von Variablen, Funktionen und Aliasen. Alle diese Einstellungen leben so lange, wie die Sitzung dauert.

Beim Start der PowerShell durch PowerShell.exe wird automatisch eine Sitzung erzeugt (Default Session). Durch Commandlets kann man weitere Sitzungen auf dem lokalen Computer oder entfernten Computern erzeugen.

Kapitel 12 Fernausführung (Remoting)

 Alle Fernaufrufe der PowerShell erfolgen im Rahmen einer Sitzung. Die PowerShell unterscheidet temporäre Sitzungen (mit `Invoke-Command` unter Angabe eines Computernamens) und permanente Sitzungen (mit `Invoke-Command` unter Angabe eines Sitzungsobjekts, das vorher mit `New-PSSession` erzeugt wurde).

Commandlets zur Sitzungsverwaltung

Es folgt ein Überblick über die Commandlets zur Sitzungsverwaltung:

- `New-PSSession`: Erzeugen einer neuen Sitzung auf dem lokalen oder einem entfernten Computer
- `Get-PSSession`: Liste aller Sitzungen, die aus der aktuellen Sitzung heraus gestartet wurden (zeigt aber nicht Sitzungen, die andere Computer auf dem lokalen Computer geöffnet haben)
- `Remove-PSSession`: Entfernt eine Session oder alle Sessions (`Remove-PSSession *`)
- `Enter-PSSession`: Start einer interaktiven Sitzung auf dem lokalen oder einem entfernten Computer
- `Exit-PSSession`: Ende einer interaktiven Sitzung
- `Disable-PSSessionConfiguration`: Sperren einer/aller Sitzungskonfigurationen
- `Enable-PSSessionConfiguration`: Entsperren einer/aller Sitzungskonfigurationen
- `Get-PSSessionConfiguration`: Auflisten der Sitzungskonfigurationen
- `Register-PSSessionConfiguration`: permanente Registrierung einer Sitzungskonfiguration
- `Set-PSSessionConfiguration`: Setzen von Eigenschaften einer Sitzungskonfiguration
- `Unregister-PSSessionConfiguration`: Löschen einer Sitzungskonfiguration

Sitzungen erstellen

NewPSSession Eine Sitzung erzeugt man über `New-PSSession`:

```
$s = New-PSSession -computername F171
```

Auf diese offene Sitzung muss man dann im Commandlet `Invoke-Command` Bezug nehmen. Ein Computername ist dann nicht mehr erforderlich.

```
Invoke-Command -session $s -scriptblock {$p = Get-Process }
```

Man kann auch permanente Sitzungen zu mehreren Computern aufbauen, indem man bei `New-PSSession` mehrere Computer angibt:

```
$s = New-PSSession  -computername S1, S2, S3
Invoke-Command -session $s -scriptblock {Get-culture}
```

Alternativ kann man auch mehrere einzelne Sitzungen erstellen und diese bei Invoke-Command angeben.

```
"Sitzungen erstellen..."
$s1 = New-PSSession  -ComputerName F173
$s2 = New-PSSession  -ComputerName E04
$s3 = New-PSSession  -ComputerName E05

"Fernzugriff auf alle drei Rechner..."
Invoke-Command -Session $s1, $s2, $s3 -ScriptBlock { Get-Service spooler }
```

Die PowerShell-Profilskripte werden weder in temporären noch in permanenten Verbindungen automatisch auf dem entfernten System geladen. Bei Bedarf müssen sie explizit gestartet werden, z.B.:

```
Invoke-Command -session $s {. "$home\Documents\WindowsPowerShell\Microsoft.PowerShell_profile.ps1"}
```

Schließen von Sitzungen

Sitzungen werden automatisch geschlossen, wenn die Sitzung (Elternsitzung) beendet wird, aus der heraus die Sitzung (Kindsitzung) gestartet wurde. Entfernte Sitzungen enden zudem automatisch, wenn entfernte Computer für vier Minuten lang nicht mehr erreichbar sind. Manuell kann man eine Sitzung mit Remove-PSSession schließen.

RemovePS-Session

Sitzungskonfigurationen

Eine Sitzungskonfiguration legt durch zahlreiche Einstellungen fest, wer eine Sitzung aufbauen darf und welche Befehle in der Sitzung zur Verfügung stehen. Typische Einstellungen sind:

- Benutzer, die sich mit dem Computer entfernt verbinden dürfen
- Größe der Objekte, die die entfernten Benutzer übertragen dürfen
- Festlegung der verfügbaren Commandlets und Funktionen

> Die Konfiguration einer Sitzung ist nur möglich, wenn die PowerShell als Administrator gestartet wurde.

Die Standardkonfiguration trägt den Namen „Microsoft.PowerShell". Auf 64-Bit-Computern gibt es zusätzlich „Microsoft.PowerShell32". Auf Windows Server 2008 R2/2012 gibt es außerdem „Microsoft.ServerManager".

Kapitel 12 **Fernausführung (Remoting)**

GetPSSession-configuration Die verfügbaren Konfigurationen mit zahlreichen Details zeigt:

`Get-PSSessionconfiguration | fl`

oder alternativ

`dir wsman:localhost/plugin`

Zugriffsrechte für Fernaufrufe

Im Standard können nur Administratoren Fernaufrufe ausführen. Man kann aber die Zugriffsrechteliste (Access Control List – ACL) der Sitzungskonfiguration ändern.

`Set-PSSessionConfiguration Microsoft.PowerShell -ShowSecurityDescriptorUI`

SDDL Etwas kurios für eine kommandozeilenbasierte Shell ist, dass sich dadurch ein Windows-Fenster öffnet, wie man es von den Zugriffsrechtelisten von Windows Explorer und der Windows-Registrierungsdatenbank kennt. Rein kommandozeilenbasiert kann man arbeiten, indem man im Parameter `SecurityDescriptorSDDL` eine SDDL-Zeichenkette (SDDL = Security Descriptor Definition Language) übergibt.

Abbildung 12.14
Ändern der ACL für die PowerShell-Sitzungskonfiguration

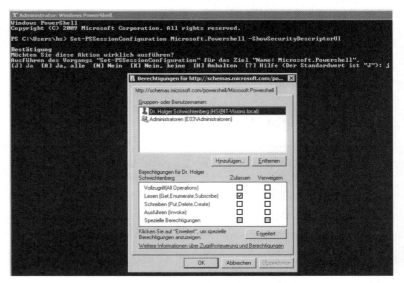

 Das Commandlet `Disable-PSSessionConfiguration` verändert die Zugriffsrechtelisten für eine oder alle vorhandenen Sitzungskonfigurationen so, dass kein Benutzer mehr Rechte für den Fernaufruf hat.

Beispiel:

`disable-PSSessionConfiguration -name Microsoft.PowerShell`

Die Blockade kann man rückgängig machen mit `Enable-PSSsession-Configuration`.

Mit `Register-PSSessionConfiguration` kann man eine neue Konfiguration erzeugen. Diese wird permanent auf dem Computer gespeichert. Der erforderliche Neustart des WS-Management-Dienstes wird auf Nachfrage ausgeführt.

Beispiel

Der folgende Befehl legt eine neue Konfiguration unter dem Namen „FBIConfig" an mit einer Erhöhung der Datenmenge auf 200 MB (Standard sind 50 MB) und einem Skript, das beim Starten der Sitzung ausgeführt werden soll.

```
register-PSSessionConfiguration -name FBIConfig
-MaximumReceivedDataSizePerCommandMB 200
-StartupScript h:\Skripte\WPS2_Remoting_SessionStartSkript.ps1
```

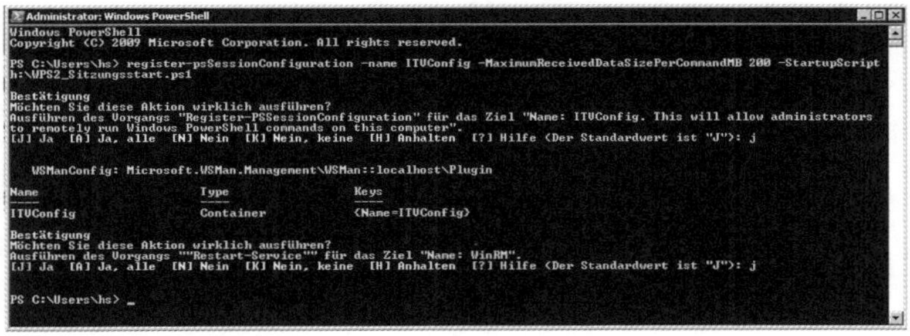

Abbildung 12.15
Ablauf der Registrierung einer Sitzungskonfiguration

Anschließend kann man eine Sitzung mit Bezug auf diese Konfiguration starten:

`$s = New-PSSession -ConfigurationName FBIConfig`

Auch `Invoke-Command` hat den Parameter `-ConfigurationName`:

`Invoke-Command -ConfigurationName "FBIConfig" -scriptblock { Start-Service BITS } -computer F173`

In `$PSSessionConfigurationName` ist der Name der Konfiguration abgelegt, die verwendet wird, wenn man den Parameter `-ConfigurationName` nicht angibt. Den Inhalt dieser Variablen kann man ändern.

Zum Löschen einer Konfiguration verwendet man:

Unregister-PSSession-Configuration

`Unregister-PSSessionConfiguration -name FBIConfig`

12.11 Zugriff auf entfernte Computer außerhalb der eigenen Domäne

Der Zugriff auf entfernte Computer außerhalb der eigenen bzw. einer vertrauenden Domäne ist möglich.

Grundsätzlich gibt es zwei Möglichkeiten für den domänenübergreifenden Zugriff:

- ▶ Expliziter Eintrag des Zielsystems in die Liste vertrauter Systeme
- ▶ Einrichten von Secure Socket Layer (SSL) für die HTTP-Kommunikation alias HTTPS

Herleitung des Problems

Authentifizierungsmethode Wenn man einen domänenübergreifenden Aufruf versucht (z.B. Enter-PSSession F171), wird man auf folgende Fehler stoßen:

Die Anforderung kann von WinRM nicht verarbeitet werden. Bei Verwendung der Kerberos-Authentifizierung ist der folgende Fehler aufgetreten: Der Netzwerkpfad wurde nicht gefunden. Mögliche Ursachen:

Der angegebene Benutzername oder das angegebene Kennwort ist ungültig.

– Kerberos wird verwendet, wenn keine Authentifizierungsmethode und kein Benutzername angegeben werden.

Kerberos akzeptiert Domänenbenutzernamen, aber keine lokalen Benutzernamen.

Der Dienstprinzipalname (Service Principal Name, SPN) für den Remotecomputernamen und -port ist nicht vorhanden.

Der Clientcomputer und der Remotecomputer befinden sich in unterschiedlichen Domänen, zwischen denen keine Vertrauensbeziehung besteht.

Wenn Sie die oben genannten Ursachen überprüft haben, probieren Sie folgende Aktionen aus:

– Suchen Sie in der Ereignisanzeige nach Ereignissen im Zusammenhang mit der Authentifizierung.

Ändern Sie die Authentifizierungsmethode; fügen Sie den Zielcomputer der Konfigurationseinstellung TrustedHosts für WinRM hinzu, oder verwenden Sie den HTTPS-Transport. Beachten Sie, dass Computer in der Trusted-Hosts-Liste möglicherweise nicht authentifiziert sind.

Dieser ausführliche Fehlertext liefert schon recht genaue Hinweise auf das Problem: Die Authentifizierungsmethode Kerberos funktioniert nur in Domänen. Es ist also eine andere Authentifizierungsmethode zu wählen.

Zugriff auf entfernte Computer außerhalb der eigenen Domäne

Verfügbare Standardauthentifizierungsmethoden sind Default (= Kerberos), Basic, Negotiate (= Aushandlung zwischen Client und Server mit dem Simple and Protected GSSAPI Negotiation Mechanism – SPNEGA), NegotiateWithImplicitCredential, Credssp, Digest, Kerberos.

Ein neuer Versuch könnte dann also Digest oder Basic sein, also:

Enter-PSSession F171 -Authentication Digest

oder

Enter-PSSession F171 -Authentication Basic

Nun ist in beiden Fällen der Fehlertext:

Der WinRM-Client kann die Anforderung nicht verarbeiten. Wenn der Basic- oder Digest-Authentifizierungsmechanismus verwendet wird, müssen Anforderungen den Benutzernamen und das Kennwort enthalten. Fügen Sie den Benutzernamen oder das Kennwort hinzu, oder ändern Sie den Authentifizierungsmechanismus, und wiederholen Sie die Anforderung.

Dies bedeutet also, dass die Daten des am lokalen System angemeldeten Benutzers nicht automatisch übermittelt werden (selbst wenn es auf dem Zielsystem eine gleiche Kombination aus Benutzername und Kennwort gibt).

Expliziter Benutzername

Nun ein dritter Versuch, wobei man Client und Server die Authentifizierung aushandeln lässt:

Enter-PSSession F171 -Authentication Negotiate -credential Get-credential

Die PowerShell zeigt den Authentifizierungsdialog ...

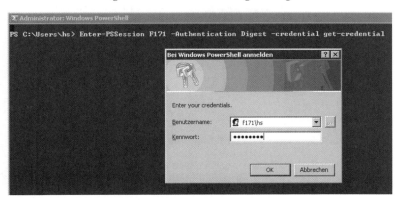

und dann wieder einen Fehler:

Der WinRM-Client kann die Anforderung nicht verarbeiten. Wenn das Authentifizierungsschema nicht Kerberos ist oder der Clientcomputer nicht Mitglied einer Domäne ist, muss der HTTPS-Datentransport verwendet werden, oder der Zielcomputer muss der TrustedHosts-Konfigurationsein-

Kapitel 12 **Fernausführung (Remoting)**

stellung hinzugefügt werden. Verwenden Sie winrm.cmd, um TrustedHosts zu konfigurieren. Beachten Sie, dass Computer in der TrustedHosts-Liste möglicherweise nicht authentifiziert sind.

Auch hier ist die Anweisung klar: Entweder ist HTTPS zu verwenden oder aber ein Eintrag in TrustedHosts vorzunehmen. Letzteres ist einfacher.

Eintrag in die Liste vertrauter Systeme

TrustedHost Diesen Eintrag kann man über den WSMan-Navigationsprovider der PowerShell recht elegant vornehmen:

```
cd WSMan:\localhost\Client
Set-Item trustedhosts "F170, F171, F172, F173, F174, F175" -force
Restart-Service winrm
```

Die Veränderungen der Eigenschaft „TrustedHost" erfordern eigentlich eine Rückbestätigung, daher das -force. TrustedHost ist eine Liste der zu vertrauenden Rechner (Rechnername oder IP-Adresse). Das Skript muss mit Administratorrechten gestartet werden.

Danach kann man dann mit einem Befehl wie folgt einen Fernzugriff ausführen, wobei die PowerShell explizit nach Benutzername und Kennwort fragen wird, selbst wenn auf dem Zielsystem die gleiche Benutzername-Kennwort-Kombination existiert.

```
Invoke-Command F175 { Get-ChildItem c:\ } -authentication negotiate
-credential
Get-Credential
```

Abbildung 12.16
Nachfrage der PowerShell beim Zugriff auf Computer, die nicht zur (vertrauten) Domäne gehören

Man kann auch eine dauerhafte Sitzung zu einem entfernten Computer, der nicht zur Domäne gehört, erstellen:

```
$s = New-PSSession  F175 -authentication negotiate -credential Get-Credential
```

Verwaltung des WS-Management-Dienstes

*Abbildung 12.17
Nachfrage der
PowerShell beim
Erstellen einer
dauerhaften Sitzung
zu einem Computer,
die nicht zur
(vertrauten)
Domäne gehören*

Die Anmeldedaten immer wieder eingeben zu müssen, kann man vermeiden, indem man sich die Anmeldedaten in einer Variablen merkt:

```
$cred = Get-Credential
```

Tipp: Man muss die Anmeldedaten nicht pro Computer eingeben. Sofern Benutzername und Kennwort auf allen Systemen gleich sind, kann man auch Folgendes schreiben:

```
$cred = Get-Credential
$s = New-PSSession  -auth negotiate -cred $cred -computer F170, F171, F171, F173, F174
Invoke-Command -Script { Set-date -date "24.6.2009 15:20:00" } -session $s
```

Listing 12.2: Setzen des Datums mit Set-Date auf mehreren Nicht-Domänencomputern, die die gleiche Benutzername-Kennwort-Kombination haben [WPS2_Remoting_MultiComputer_SetDate.ps1]

12.12 Verwaltung des WS-Management-Dienstes

In PowerShell ist der WS-Management-Dienst (WS-Man) über einen PowerShell-Provider (mit Namen „WSMan") administrierbar. Im Standard erscheint in der Liste das Laufwerk „WSMan".

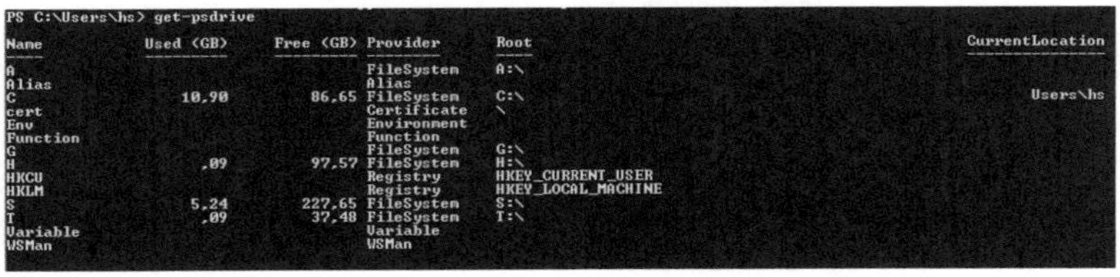

WSMan:

*Abbildung 12.18
Liste der Power-Shell-Provider in PowerShell*

In diesem Laufwerk kann man wie bei anderen Providern mit den Standard-Navigations-Commandlets wie `Get-ChildItem` (`dir`) und `Get-Item`/`Set-Item` arbeiten.

Abbildung 12.19
Auflisten von WSMan:/localhost

Im Standard erscheint unterhalb der Laufwerkswurzel WSMan: nur „localhost". Durch das Commandlet `Connect-WSMan` unter Angabe eines Computernamens kann man hier aber weitere Computer integrieren und im Folgenden ansteuern.

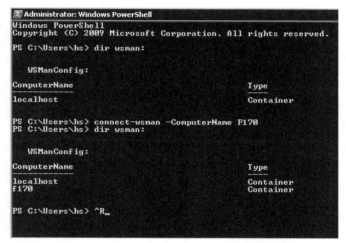

Abbildung 12.20
Einsatz von Connect-WSMan

Beispiel Setzen der vertrauenswürdigen Computer, zu denen eine Authentifizierung mit Basisauthentifizierung oder Digest toleriert werden soll.

```
cd WSMan:\localhost\Client
Set-Item trustedhosts "F170, F171, F172, F173, F174, F175" -force
Restart-Service winrm
```

13 Verwendung von .NET-Klassen

Mit der Windows PowerShell kann man jede .NET-Klasse aus der .NET Framework-Klassenbibliothek „FCL" oder aus anderen .NET-Bibliotheken von Microsoft oder Drittanbietern verwenden.

New-Object

13.1 Microsoft Developer Network (MSDN)

Extrem wichtig bei der Verwendung von .NET-Klassen ist, dass Sie die Dokumentation der .NET-Klassen in der Microsoft Developer Network Library (MSDN Library) nutzen. Die Dokumentation der .NET-Klassen findet man aktuell unter folgender URL (wobei sich diese URL in der Vergangenheit leider schon häufiger geändert hat, aber ".net class library" hilft meistens): [*http://msdn.microsoft.com/en-us/library/gg145045.aspx*]

MSDN

Die Dokumentation richtet sich zwar an Softwareentwickler und bietet daher nur Beispiele für die Verwendung der .NET-Klassen in C#, F#, C++ und Visual Basic .NET, aber ist dennoch unerlässlich für das Verständnis, was Sie als PowerShell-Nutzer mit einer bestimmten .NET-Klasse machen können und wie sie diese zu verwenden haben.

Die folgende Bildschirmabbildung zeigt die Startseite der Dokumentation, die einen Überblick über die Namensräume gibt. Die 13524 .NET-Klassen (Stand .NET 4.5) sind in Namensräume gruppiert. Innerhalb dieses Kapitels finden Sie immer wieder Bildschirmabbildungen aus der MSDN-Dokumentation, die Ihnen helfen, die im Buch besprochenen Konstrukte/Fälle in der Dokumentation zu erkennen.

Aufbau der Dokumentation

Kapitel 13 Verwendung von .NET-Klassen

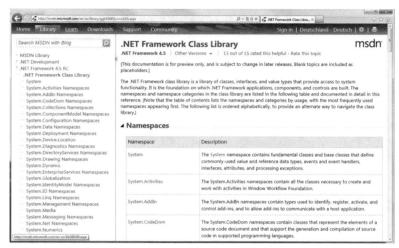

Abbildung 13.1
Startseite der MSDN-Dokumentation der .NET-Klassenbibliothek

13.2 Erzeugen von Instanzen

New-Object Mit dem Commandlet New-Object kann der PowerShell-Nutzer jede beliebige .NET-Klasse (oder eine COM-Klasse, siehe nächstes Kapitel) instanziieren und so eine Instanz der Klasse (also ein Objekt) erhalten.

Beispiel:

$w = New-Object System.Net.WebClient

oder

$zufallszahlgenerator = New-Object System.Random

oder

$guid = New-Object System.Guid

Abbildung 13.2
Das PowerShell-3.0-ISE bietet Eingabeunterstützung für .NET-Klassennamen nach New-Object.

Parameterbehaftete Konstruktoren

Die PowerShell bietet eine besondere Behandlung für WMI (System.Management), ADSI (System.DirectoryServices) und ADO.NET (System.Data). Objekte aus diesen Bibliotheken werden über Objektadapter dem Nutzer vereinfacht dargestellt. Dies wird später im Buch besprochen.

Praxisbeispiel

Das folgende Praxisbeispiel verwendet die .NET-Klasse System.Random, um eine PowerShell-Funktion zu realisieren, die ein beliebig langes Kennwort generiert.

New-Password

```
Function New-Password([int] $Anzahl)
{
$kennwort = ""
$zufallszahlgenerator = New-Object System.Random
for($i=0;$i -lt $Anzahl;$i++) { $kennwort = $kennwort +
[char]$zufallszahlgenerator.next(33,127) }
return $kennwort
}

New-Password 12
```

*Listing 13.1
[New-Password.ps1]*

Als Ergebnis erhält man z.B.

```
New-Password 10
6BLoL!EGLi

New-Password 20
$`cE!"8_dhXWN,<u?`u<
```

13.3 Parameterbehaftete Konstruktoren

Ein Konstruktor ist der Programmcode, der in der Klasse beim Instanziieren der Klasse aufgerufen wird. .NET-Klassen können in den Konstruktoren Parameter erwarten. Diese kann man mit oder ohne runde Klammern nach dem Klassennamen beim Instanziieren angeben.

Konstruktoren

Beispiele:

```
$o = New-Object System.Directoryservices.DirectoryEntry("LDAP://
ServerF112")
```

oder

```
$o = New-Object System.Directoryservices.DirectoryEntry "LDAP://
ServerF112"
```

Ganz ausführlich kann man den Befehl auch so schreiben:

```
$o = New-Object -typename System.Directoryservices.DirectoryEntry -ArgumentList "LDAP://E10"
```

> Einige Klassen erlauben den Aufruf ohne Konstruktorparameter (z.B. System.Net.WebClient). Man sagt, dass sie einen „parameterlosen Konstruktor" haben. Andere Klassen (z.B. System.Directoryservices.DirectoryEntry) erfordern aber zwingend die Angaben von einem oder mehreren Parametern. Es gibt auch Klassen, die sowohl einen parameterlosen Konstruktur haben als auch einen Konstruktor mit Parameter, z.B. System.Random oder System.DateTime.

Ein Beispiel anhand der Klasse System.Random:

```
# Ohne Konstruktorparameter
$zufallszahlgenerator = New-Object System.Random
# Mit Konstruktorparameter (Ausgangszahl für die "Berechnung" der Zufallszahl)
$zufallszahlgenerator = New-Object System.Random(100)
```

Ein weiteres Beispiel anhand der Klasse System.DateTime:

```
# Montag, 1. Januar 0001 00:00:00
$obj = new-Object System.DateTime
# Montag, 13. August 2012 20:10:59
$obj = new-Object System.DateTime(2012,8,13, 20,10,59)
```

13.4 Initialisierung von Objekten

Hash-Tabelle Neu seit PowerShell 3.0 ist die Möglichkeit, Objektinstanzen schon bei der Erzeugung mit Werten aus einer Hash-Tabelle zu initialisieren

```
@ { Name1=Wert; Name2=Wert; usw. },
```

auch wenn diese keinen Konstruktor oder keinen geeigneten Konstruktor besitzen. Dass ein entsprechender Konstruktor fehlt, kommt bei .NET-Klassen nur selten vor. Mit etwas Suchen findet man dann doch eine Klasse wie System.Data.SqlClient.SqlConnection. Diese besitzt im Konstruktor nur die Übergabemöglichkeit einer Verbindungszeichenfolge. Das Einschalten der Verbindungsstatistik muss man nachher erledigen. Das folgende Listing zeigt die zwei bisher möglichen Varianten (ohne Konstruktorparameter und mit Konstruktorparameter) sowie die neue Variante mit einer Initialisierung durch eine Hashtable. Es schont die Fingerkuppen, ist aber meist weniger übersichtlich.

```
# Bisher: ohne Konstruktorparameter
$dbconnection = New-Object System.Data.Sqlclient.SqlConnection
$dbconnection.ConnectionString = "Data Source=.\SQLEXPRESS;Initial
catalog=wwwings6;Integrated Security=True;"
$dbconnection.StatisticsEnabled   = $true
$dbconnection.open()
$dbconnection.State

# Bisher: mit Konstruktorparameter
$dbconnection = New-Object
System.Data.Sqlclient.SqlConnection("Data Source=.\
SQLEXPRESS;Initial catalog=wwwings6;Integrated Security=True;")
$dbconnection.StatisticsEnabled   = $true
$dbconnection.open()
$dbconnection.State

# Seit PowerShell 3.0: mit Objektinitialisierung
$dbconnection = [System.Data.Sqlclient.SqlConnection] @{
ConnectionString = "Data Source=.\SQLEXPRESS;Initial
catalog=wwwings6;Integrated Security=True;";
StatisticsEnabled   = $true }
$dbconnection.open()
$dbconnection.State
```

Listing 13.2
Initialisierungsoptionen für die Klasse SqlClient [dotnet.ps1]

13.5 Nutzung von Attributen und Methoden

Attribute und Methoden eines mit New-Object erzeugten .NET-Objekts nutzt man genauso wie Attribute und Methoden eines .NET-Objekts, das von einem Commandlet über die Punkt-Notation erzeugt wurde (Trennung von Objekt und Mitglied durch einen Punkt „.").

Das Beispiel zeigt das Herunterladen einer HTML-Seite von einer HTTP-Adresse mit Hilfe der Methode DownloadString() und der Eigenschaft ResponseHeaders in der Klasse System.Net.WebClient.

Beispiel: WebClient

```
$wc = (new-object System.Net.WebClient)
$wc.DownloadString("http://www.PowerShell-doktor.de")
"Zusätzliche Header-Informationen:"
$wc.ResponseHeaders.ToString()
```

Listing 13.3
Herunterladen einer HTML-Seite von einer HTTP-Adresse

Kapitel 13 Verwendung von .NET-Klassen

Abbildung 13.3
Informationen über die verfügbaren Attribute und Methoden eines Objekts (inkl. deren Parameter) liefert die MSDN-Dokumentation, hier am Beispiel der Klasse System.Net.Webclient.

	DownloadFile(Uri, String)	Downloads the resource with the specified URI to a local file.
	DownloadFileAsync(Uri, String)	Downloads, to a local file, the resource with the specified URI. This method does not block the calling thread.
	DownloadFileAsync(Uri, String, Object)	Downloads, to a local file, the resource with the specified URI. This method does not block the calling thread.
	DownloadFileTaskAsync(String, String)	
	DownloadFileTaskAsync(Uri, String)	
	DownloadString(String)	Downloads the requested resource as a String. The resource to download is specified as a String containing the URI.
	DownloadString(Uri)	Downloads the requested resource as a String. The resource to download is specified as a Uri.
	DownloadStringAsync(Uri)	Downloads the resource specified as a Uri. This method does not block the calling thread.
	DownloadStringAsync(Uri, Object)	Downloads the specified string to the specified resource. This method does not block the calling thread.
	DownloadStringTaskAsync(String)	

Ein weiteres Beispiel sei gegeben anhand einer Instanz der Klasse System.DateTime, wo zu einem Datum eine Eigenschaft ausgegeben wird und dann eine Konvertierungsroutine aufgerufen wird:

```
$obj = new-Object System.DateTime(2012,1,26)
$obj.Day
$obj.ToLongDateString()
```

Beispiel: DirectoryEntry Ob der Konstruktor einen Parameter erwartet oder nicht, macht nur bei New-Object einen Unterschied. Die weitere Verwendung über die Punktnotation ist gleich.

Listing 13.4
Informationen von einem Active-Directory-Domänencontroller

```
$o = New-Object System.Directoryservices.DirectoryEntry("LDAP://ServerF112")
"Beschreibungstext: " + $o.description
"Ganzer Name: " + $o.distinguishedName
```

Das obige Skript liefert zum Beispiel folgende Ausgabe:

```
Beschreibungstext: www.IT-Visions.de Windows Network
Ganzer Name: DC=IT-Visions,DC=local
```

Eigenschaften setzen Eigenschaften kann man auch setzen. Das folgende Beispiel zeigt, wie man die Bezeichnung eines Laufwerks ändert, indem man einfach einen neuen Wert in die Eigenschaft VolumeLabel schreibt.

```
$drive = New-Object System.IO.DriveInfo("c:\")
"Bezeichnung des Laufwerks C: vorher: " + $drive.VolumeLabel
$drive.VolumeLabel = "Systemlaufwerk"
"Bezeichnung des Laufwerks C: nachher: " + $drive.VolumeLabel
```

In manchen Fällen reicht das Beschreiben der Eigenschaft nicht und man muss zur Bestätigung noch eine Methode aufrufen. Dies zeigt das folgende Beispiel, indem man den Beschreibungstext einer Active-Directory-Domäne setzt. In diesem Fall ist zur tatsächlichen physikalischen Speicherung der Aufruf `CommitChanges()` notwendig. Ob ein Methodenaufruf notwendig ist oder nicht, sagt die MSDN-Dokumentation typischerweise im Beschreibungstext der Klasse.

```
$o = New-Object System.Directoryservices.DirectoryEntry("LDAP://ServerF112")
$o.description = "Windows Domäne des FBI"
$o.CommitChanges()
```

Bei der Klasse `SoundPlayer` muss man zum Abspielen einer Tonfolge (.wav-Datei) ebenfalls eine Eigenschaft setzen und dann eine Methode aufrufen. Alternativ kann man den Standort der Audiodatei auch schon im Konstruktor übergeben.

Beispiel: Soundplayer

```
"Sound abspielen:"
$sound = new-Object System.Media.SoundPlayer
$sound.SoundLocation="c:\WINDOWS\Media\notify.wav";
$sound.Play();

"Sound abspielen:"
$sound = new-Object System.Media.SoundPlayer("c:\WINDOWS\Media\notify.wav")
$sound.Play();
```

13.6 Statische Mitglieder in .NET-Klassen und statische .NET-Klassen

.NET-Klassen besitzen das Konzept der statischen Mitglieder (Klassenmitglieder). Diese Mitglieder kann man aufrufen, ohne eine Instanz zu erzeugen.

Statische Mitglieder

Für den Fall der statischen Mitglieder gibt es in der PowerShell ein anderes Konstrukt, bei dem man den .NET-Klassennamen in eckige Klammern setzt und dann den Namen des Mitglieds mit zwei Doppelpunkten abtrennt.

Beispiel:

`GetDrives()` ist ein statisches Mitglied der Klasse `System.IO.DriveInfo`:

`[System.IO.DriveInfo]::GetDrives()`

Auch die Klasse `System.DateTime` besitzt ein statisches Mitglied, das Property `Now`, das das aktuelle Datum und die aktuelle Zeit liefert:

`[System.DateTime]::Now`

Kapitel 13 Verwendung von .NET-Klassen

*Abbildung 13.4
Aufruf von Attributen und Methoden: statische Mitglieder versus Instanzmitglieder*

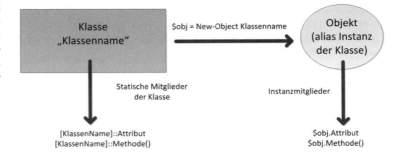

*Abbildung 13.5
Statische Klassenmitglieder sind in der MSDN-Dokumentation mit einem "s" gekennzeichnet.*

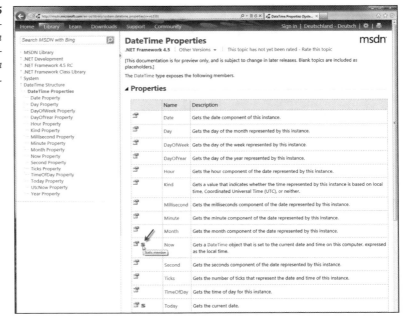

Type Anstelle der Notation mit eckigen Klammern kann man auch den eingebauten PowerShell-Typ [Type] verwenden, der auf Basis einer Zeichenkette ein .NET-Typobjekt erzeugt. Damit kann man das obige Beispiel auch so schreiben:

```
([Type] "System.IO.DriveInfo")::GetDrives()
([Type] "System.DateTime")::Now
```

Statische Klasse Eine statische Klasse ist eine Klasse, die nur statische Mitglieder besitzt. Beispiele dafür sind System.Environment. Hier kann man sich sehr gut merken, dass es keinen Sinn macht, mehrere „Umgebungen" zu haben. Es gibt genau eine. Solche Klassen besitzen keinen Konstruktor.

Statische Mitglieder in .NET-Klassen und statische .NET-Klassen

Beispiele:

```
[System.Environment]::UserName
[System.Environment]::MachineName
[System.Environment]::OSVersion
```

Der folgende Befehl nutzt die statische Methode `Beep()` in der statischen Klasse `System.Console` zur Ausgabe eines Tons:

```
[System.Console]::Beep(100, 50)
```

Von statischen Klassen kann man keine Instanzen erzeugen, sondern nur die statischen Mitglieder nutzen. Folglich kann man das Commandlet `New-Object` auf statische Klassen nicht anwenden.

```
# Das geht nicht:
#(New-Object System.Console).Beep(100,50)
```

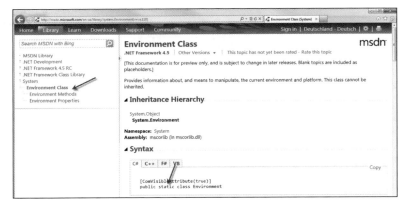

Abbildung 13.6
In der MSDN-Dokumentation erkennt man eine statische Klasse an dem fehlendem Ast „Constructors" und an dem Eintrag "static" bei C#.

Auch auf statische Mitglieder einer Klasse kann man über Variablen zugreifen. Dabei wird der Variablen nicht mit `New-Object` eine Instanz der Klasse zugewiesen, sondern die Klasse selbst über die Schreibweise in eckigen Klammern.

```
PS C:\Users\HS> $env = [System.Environment]
PS C:\Users\HS> $env
IsPublic IsSerial Name                   BaseType
-------- -------- ----                   --------
True     False    Environment            System.Object

PS C:\Users\HS> $env::MachineName
F174
```

267

13.7 Zugriff auf bestehende Objekte

Während es bei WMI (siehe Kapitel zu WMI) den Gedanken gibt, dass Instanzen bereits existieren für Ressourcen im System (z.B. Benutzer) und man diese bestehenden Instanzen mit Get-WmiObject abrufen kann, geht man bei .NET in der Regel davon aus, dass man Objekte neu erzeugt, gegebenenfalls für vorhandene Ressourcen. Eine allgemeine Möglichkeit zum Abruf bestehender Instanzen gibt es daher nicht.

Einige Klassen bieten aber statische Mitglieder, die Instanzen liefern, z.B. GetDrives() in der Klasse System.IO.DriveInfo.

Praxisbeispiel Der folgende Befehl listet alle CD/DVD-Laufwerke auf.

```
[System.IO.DriveInfo]::GetDrives() | where { $_.DriveType -eq [System.IO.DriveType]::CDRom} | fl Name, DriveType, IsReady
```

13.8 Laden von Assemblies

LoadWith-PartialName() .NET-Klassen können über New-Object oder die Notation in eckigen Klammern nur genutzt werden, wenn die Softwarekomponente (Assembly), in der sich die jeweilige .NET-Klasse befindet, auch in die aktuelle PowerShell-Instanz geladen ist. Die PowerShell lädt einige Assemblies des .NET Frameworks automatisch, aber bei weitem nicht alle. In solchen Fällen muss man das Laden der Assembly über die Klasse System.Reflection.Assembly erst anstoßen.

Beispiel:

Um ein Dialogfenster auszugeben, muss man erst die Assembly *System.Windows.Forms.dll* laden. Da sich diese Assembly im sogenannten Global Assembly Cache (GAC) von .NET befindet, muss man keinen Pfad dahin angeben.

```
[System.Reflection.Assembly]::LoadWithPartialName("System.Windows.Forms")
[System.Windows.Forms.MessageBox]::Show("Text","Ueberschrift",
[System.Windows.Forms.MessageBoxButtons]::OK)
```

Ohne das Laden der Assembly würde der Befehl in der zweiten Zeile auf einen Fehler laufen: „Der Typ [System.Windows.Forms.MessageBox] wurde nicht gefunden: Vergewissern Sie sich, dass die Assembly, die diesen Typ enthält, geladen ist."

> Das Laden einer Assembly gilt nur bis zum Beenden der Instanz der aktuellen PowerShell-Konsole. Der Befehl ist daher ein guter Kandidat für die *profile.ps1*-Datei (siehe *Kapitel 29 „Tipps und Tricks zur PowerShell"*).

Objektanalyse

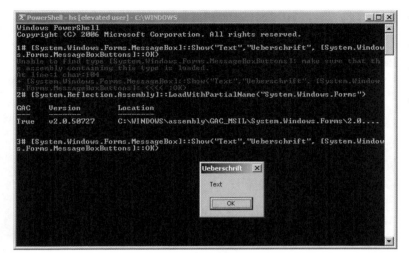

*Abbildung 13.7
Die Nutzung der Klasse MessageBox ist erst erfolgreich, wenn die zugehörige Assembly geladen wurde.*

Eine Vereinfachung ist möglich über das Commandlet `Resolve-Assembly` aus den PSCX, das eine Assembly findet und optional lädt, wenn `-import` angegeben ist:

```
resolve-assembly system.windows.forms -import
[System.Windows.Forms.MessageBox]::Show("Text","Ueberschrift",
[System.Windows.Forms.MessageBoxButtons]::OK)
```

13.9 Objektanalyse

Mit Hilfe des Commandlets `Get-Member`, das im ersten Teil des Buchs schon zur Analyse von Pipeline-Inhalten verwendet wurde, kann man übrigens auch den Inhalt einer Variablen analysieren, die eine Objektinstanz erhält. Zu beachten ist dabei nur, dass das Objekt entweder über die Pipeline an `Get-Member` zu schicken ist (also `$Variable | Get-Member`) oder aber der Parametername `-InputObject` zu verwenden ist (`Get-Member -InputObject $Variable`). Nicht nur `Get-Member`, sondern den meisten Commandlets ist es egal, ob sich in der Pipeline eine Objektmenge oder ein einzelnes Objekt befindet.

Get-Member

Die statischen Mitglieder einer Klasse kann man ganz allgemein erforschen mit `Get-Member`. Dazu sendet man den Klassennamen in eckigen Klammern an `Get-Member` mit dem Zusatz `-static`:

`[System.Net.WebClient] | gm -static`

13.10 Auflistungen (Enumerationen)

Eine Auflistung (Enumeration) ist eine .NET-Klasse, die eine Menge statischer Werte enthält, die andere Klassen nutzen. Zum Beispiel hat die Klasse System.IO.DriveInfo ein Attribut mit Namen DriveType, das den Datentyp System.IO.DriveType besitzt.

Abbildung 13.8
Mitglieder der Klasse System.IO.DriveInfo

System.IO.DriveInfo ist eine Aufzählung (Enumerationsklasse), die folgende Werte als möglich definiert:
- Unknown
- NoRootDirectory
- Removable
- Fixed
- Network
- CDRom
- Ram

Intern sind diesen Werte Zahlen zugeordnet, aber im Programmcode und in der PowerShell kann man diese Werte als sprechenden Namen verwenden.

Der folgende Befehl filtert also alle CD-ROM-Laufwerke:

```
System.IO.DriveInfo]::GetDrives() | where { $_.DriveType -eq
O.DriveType]::CDRom} | fl Name, DriveType, IsReady
```

> Die Liste der möglichen Werte erhält man über die statische Methode GetNames() der Klasse System.Enum, der man den Namen einer Enumerationsklasse übergeben kann, z.B. [System.Enum]::GetNames([System.IO.DriveType]).

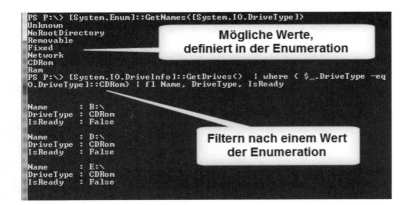

Abbildung 13.9
Arbeit mit Enumerationen

13.11 Verknüpfen von Aufzählungswerten

Bei der Benutzung einiger .NET-Klassen, z.B. `FileSystemRights` für Rechte im Dateisystem, muss man verschiedene Flags durch ein binäres Oder miteinander verknüpfen. Wenn man bei jedem Flag den Namen der Aufzählung, in der das Flag definiert ist, wiederholen müsste, würden die Fingerkuppen strapaziert.

Enumerationen

Die PowerShell ist in der Lage, aus einer Zeichenkette mit Kommatrennung die entsprechenden Flagwerte in der Enumeration zu suchen und miteinander durch ein binäres Oder zu verknüpfen. Anstelle von

```
$Rights= [System.Security.AccessControl.FileSystemRights]::Read `
-bor
[System.Security.AccessControl.FileSystemRights]::ReadExtendedAttributes `
-bor [System.Security.AccessControl.FileSystemRights]::ReadAttributes `
-bor [System.Security.AccessControl.FileSystemRights]::ReadPermissions
```

kann man also verkürzt schreiben:

```
$Rights = [System.Security.AccessControl.FileSystemRights] "ReadData,
ReadExtendedAttributes, ReadAttributes, ReadPermissions"
```

14 Verwendung von COM-Klassen

Die Windows PowerShell basiert komplett auf dem Microsoft .NET Framework. Dennoch kann die PowerShell nicht nur .NET-Klassen, sondern auch Klassen aus dem Vorgänger von .NET, dem Component Object Model (COM), verwenden. .NET sollte eigentlich COM komplett ablösen, aber Microsoft hat viele Funktionen in seinem Betriebssystem und den Anwendungen (z.B. Microsoft Office) wurden niemals in .NET, sondern nur über COM bereitgestellt. In Windows 8 hat COM sogar eine Renaissance erfahren, weil das neue Betriebssystem API „Windows Runtime" auf COM basiert.

Die Handhabung von COM-Objekten unterscheidet sich in folgenden Punkten von der von .NET-Objekten:

- Es gibt keine Konstruktoren mit Parametern.
- Es gibt keine statischen Klassenmitglieder.
- Die Meta-Informationen, die Get-Member liefert, sind nicht so vollständig und so akkurat wie bei .NET.

14.1 Erzeugen von Instanzen

Bei der Instanziierung von COM-Klassen kommt ebenfalls das Commandlet `New-Object` zum Einsatz. Dem Namen der COM-Klasse ist aber der Parameter `-comobject` (kurz: `-com`) voranzustellen. Als Name ist der Programmatic Identifier (ProgID) anzugeben. Die COM-Klasse muss auf dem lokalen System in der Registrierungsdatenbank verzeichnet sein. `New-Object` entspricht `CreateObject()` in Visual Basic/VBScript.

New-Object

Abbildung 14.1
Instanziierung des COM-Objekts „Scripting.FileSystemObject" in der PowerShell

14.2 Nutzung von Attributen und Methoden

Punkt-Notation Die Nutzung von Attributen und Methoden in COM-Klassen erfolgt wie bei .NET-Klassen über die Punktnotation. Fälle, in denen zwei Doppelpunkte („::") zu verwenden wären, gibt es nicht.

Das folgende Beispiel zeigt den Aufruf der Methode GetTempName() aus der COM-Klasse Scripting.FileSystemObject. Diese Methode liefert einen Namen für eine temporäre Datei.

Listing 14.1
[COM Create-Object.ps1]
```
$fso = New-Object -com "Scripting.Filesystemobject"
$fso.GetTempName()
```

Mit dem zweiten auf einer COM-Komponente basierenden Skript öffnet man den Internet Explorer mit einer bestimmten Seite mit Hilfe der COM-Klasse InternetExplorer.Application.

Listing 14.2
[COM Create-Object.ps1]
```
$ie = New-Object -com "InternetExplorer.Application"
$ie.Navigate("http://www.PowerShell-doktor.de")
$ie.visible = $true
```

Das dritte Skript verwendet die COM-Klasse „Shell.Application", um den Papierkorb des angemeldeten Benutzers zu leeren.

Listing 14.3
[COM Papierkorb leeren.ps1]
```
# COM-Objekt für Shell erzeugen
$objShell = New-Object -ComObject "Shell.Application"

# Zugriff auf Papierkorb
$ssfBITBUCKET = 0x0a # Konstante für den Papierkorb
$objFolder = $objShell.Namespace($ssfBITBUCKET)
```

```
# Liste der Elemente in dem Ordner, rekursiv löschen
$objFolder.items() | %{ remove-item $_.path -Recurse -
Confirm:$false -verbose }
```

14.3 Holen bestehender Instanzen

In der COM-Welt gibt es darüber hinaus eine globale Liste, in der sich laufende Instanzen bzw. im Dateisystem existierende Objekte verzeichnen können. Diese Running Objects Table spricht man in vielen Programmiersprachen über GetObject() an. Ein direktes Äquivalent für das GetObject() gibt es in der PowerShell nicht. Hier gibt es nur die Möglichkeit, die Assembly für Visual Basic .NET zu laden und die dortige Methode GetObject() zu nutzen.

GetObject()

Das folgende Beispiel zeigt ein Word-Dokument (.doc) in Microsoft Word auf dem Bildschirm an und schreibt einen Text in das Dokument.

```
$doc = [microsoft.visualbasic.interaction]::GetObject("w:\daten\
text.doc")
$doc.application.visible = $true
$doc.application.selection.typetext("Erfolgreicher Start von
Word!")
```

Listing 14.4
[COM Get-Object.ps1]

15 Zugriff auf die Windows Management Instrumentation (WMI)

Mehrere Commandlets (z.B. `Get-WmiObject`, `Get-CimInstance`, `Get-CimClass`) sowie die eingebauten PowerShell-Typen `[WMI]`, `[WMICLASS]` und `[WMISEARCHER]` eröffnen die Welt der Windows Management Instrumentation (WMI), die in den modernen Windows-Betriebssystemen fast mit mehreren tausend Klassen jeden Baustein des Betriebssystems objektorientiert anbietet. Auch einige Anwendungen können über WMI verwaltet werden.

15.1 Einführung in WMI

Dieses Unterkapitel bietet eine Einführung in WMI für Leser, die bisher nicht mit WMI vertraut sind. Wenn Sie WMI schon aus dem Windows Script Host (WSH) oder anderen Programmierumgebungen kennen, können Sie dieses Unterkapitel übergehen.

Was ist WMI?

Die *Windows Management Instrumentation (WMI)* ist ein Windows-Systembaustein zum Zugriff auf System- und Netzwerkinformationen. Mit WMI kann man:

System- und Netzwerkinformationen

- Systeminformationen über einzelne Systembausteine oder ganze Mengen von Systembausteinen auslesen,
- Systeminformationen verändern,
- Aktionen ausführen,
- sich über Veränderungen im System informieren lassen.

WMI ist die Microsoft-Implementierung des *Web Based Enterprise Management (WBEM)*. WBEM ist ein Standard der Desktop Management Task Force (DMTF) für das Netz- und Systemmanagement, also zur Verwaltung von Netzwerk- und Systemressourcen (z.B. Hardware, Software, Benutzer). WBEM wurde ursprünglich von BMC Software, Cisco Systems, Compaq, Intel und Microsoft entwickelt und später an die DMTF übergeben. Aus historischen Gründen findet man in WMI-Werkzeugen häufig noch die Bezeichnung WBEM.

CIM Kern von WBEM ist das *Common Information Model (CIM)*, das die durch WBEM zu verwaltenden Ressourcen durch objektorientierte Methoden modelliert. CIM ist ein Framework zur Beschreibung sowohl physischer als auch logischer Objekte (alias Managed Objects). Die DMTF versteht CIM als eine Vereinigung bestehender Managementarchitekturen wie dem OSI Management Framework X.700 (Common Management Information Protocol – CMIP) und dem Simple Network Management Protocol (zu CMIP und SNMP siehe [STA93]).

Managed Object Ein Managed Object (MO) ist eine von WMI/WBEM verwaltete und im CIM beschriebene Ressource in einem System oder einem Netzwerk.

> Der Name *Web Based Enterprise Management* ist irreführend, weil er nahelegt, dass es sich bei WBEM um eine grafische Benutzerschnittstelle auf Webbasis für das Management von Systeminformationen handelt. WBEM ist jedoch lediglich eine Architektur mit Programmierschnittstelle, also weder Werkzeug noch Anwendung.

Versionszählung

WMI ist fester Bestandteil von Windows schon seit Windows ME. Bisher orientierte sich die Versionszählung an der internen Betriebssystemversionsnummer. In Windows Vista trägt WMI die Versionsnummer 6.0, in Windows 7 WMI 6.1 und in Windows 8 ist WMI 6.2 enthalten. Zwischen Windows 2000 und Windows XP hatte Microsoft einen Versionssprung von 1.5 auf 5.1 gemacht.

Im Zuge von Windows 8/Windows Server 2012 entwickelte Microsoft auch eine neue Implementierung von WMI. Microsoft nennt diese Version „WMI 2". Damit bezieht Microsoft sich aber auf die grundlegende WMI-Infrastruktur, während die Versionszählung 6.x sich an den Inhalten im WMI-Repository orientiert. Microsoft knüpft für die WMI-Infrastruktur an die alte Versionszählung (1.5) bei Windows 2000 an.

WMI 2 ist für alle Betriebssysteme verfügbar, auf denen auch PowerShell 3.0 verfügbar ist (also ab Windows 7 und Windows Server 2008), und wird zusammen mit PowerShell 3.0 als Teil des „Windows Management Framework" installiert.

WMI-Funktionsumfang

Funktionen Die Informationsfülle, die WMI auf modernen Betriebssystemen (XP, 2003, Vista, 2008, Windows 7, Windows 8) liefert, ist riesig. Windows 8 mit Office-2010-Installation bietet mehr als 25.114 (!) WMI-Klassen.

Beispiele für Bereiche, aus denen WMI Informationen liefert, zeigt die folgende Tabelle.

| Grund-konfiguration | • BIOS
• Boot-Konfiguration
• Installiertes Betriebssystem (z.B. Betriebssystemname, Build-Version, Installationsdatum, Datum und Uhrzeit des letzten Boot-Vorgangs)
• Umgebungsvariablen
• Performance-Monitor-Daten
• SNMP-Daten
• Eingerichtete Zeitzonen
• Drucker und Druckerwarteschlangen
• Auslagerungsdateien
• Datum und Uhrzeit
• Clustering |
|---|---|
| Hard- und Software | • Installierte Software
• Installierte Updates und Hotfixes
• Installierte Hardware (z.B. Netzwerkkarten, Grafikkarten) einschließlich Treiber und deren Zuordnung zu LoadOrder-Groups, belegter Ressourcen (IRQ, Port, DMA), Konfiguration (z.B. Druckereinstellungen)
• Installierte COM-Komponenten einschließlich Zuordnung zu Komponentenkategorien und DCOM-Einstellungen
• Laufende Prozesse
• Geplante Vorgänge (Zeitplandienst)
• Programmgruppen im Startmenü
• Windows-Systemdienste |
| Sicherheit | • Benutzerkonten (inklusive deren Gruppenzuordnung, Desktop-Einstellungen und Ereignisprotokolleinträge)
• Security Configuration Editor (SCE) |
| Dateisystem und Datenspeicher | • Ordner und Dateien des Dateisystems
• Netzlaufwerksverbindungen
• Dateisicherheit, Freigabesicherheit
• Registrierungsdatenbank
• Ereignisprotokoll
• ODBC-Einstellungen
• Disk Quotas
• Ausführung von CHKDSK
• Distributed File System (DFS) |
| Netzwerk | • IP-Routing
• Ausführung eines Ping
• Netzwerkverbindungen und Sitzungen
• Terminal Services
• Active Directory
• DNS-Server
• Network Load Balancing (NLB)
• Microsoft Exchange Server
• Internet Information Server (IIS)
• ASP.NET
• Windows Communication Foundation (WCF) |

Tabelle 15.1: Überblick über WMI-Informationen

Einige Schwierigkeiten mit WMI resultieren daraus, dass WMI mit jeder Windows-Version (stark) erweitert wurde, die erweiterten WMI-Klassen und -Funktionen aber nicht als Add-on für ältere Windows-Versionen bereitgestellt werden. Viele Skripte laufen daher nur auf den jeweils neuesten Windows-Versionen, auf älteren Plattformen erhält man nichtssagende Fehlermeldungen wie „Automatisierungsfehler".

WMI-Klassen und WMI-Objekte

WMI ist ein objektorientiertes Konzept, bei dem alle Informationen in Form von strukturierten Objekten bereitgestellt werden, die Instanzen von Klassen sind. Eine Klasse beschreibt eine Informationsart (z.B. Datei), ein Objekt enthält die Informationen eines konkreten Vorkommens dieser Informationsart (z.B. c:\Daten\Computerliste.txt).

WMI-Klassen besitzen Informationen in Attributen und erlauben die Ausführung von Aktionen durch Methoden. Klassen können von anderen Klassen erben.

WMI 6.2 in Windows 8 Ultimate mit Office 2010 enthält 25.114 WMI-Klassen, die – aus Gründen der Übersichtlichkeit – in 140 sogenannte Namensräume gegliedert sind. Ältere Windows-Versionen besitzen deutlich weniger WMI-Klassen.

Durch die Installation von Zusatzdiensten (z.B. Internet Information Services) und von Zusatzprodukten (z.B. Microsoft Office) kommen Dutzende weiterer Klassen hinzu, da heute viele Produkte einen WMI-Provider mitliefern.

Arten von WMI-Klassen

WMI-Klassen beginnen meistens mit der Vorsilbe „Win32" oder „CIM". Spezielle Systemklassen beginnen mit einem doppelten Unterstrich „__".

CIM-Klassen sind eine sehr allgemeine, betriebssystemunabhängige Beschreibung von Ressourcen. *Win32-Klassen* sind eine konkrete, in der Windows-Umgebung implementierte Repräsentation von Ressourcen. Die meisten Win32-Klassen sind von CIM-Klassen abgeleitet und erweitern den Standard. Einige Ressourcen in einem Windows-System können auch direkt durch CIM-Klassen abgebildet werden.

Es gibt drei Arten von Klassen in WMI:
- Abstrakte Klassen, von denen es keine Instanzen geben kann und die nur der Vererbung dienen
- Statische Klassen: Instanzen dieser Klassen werden im WMI-Repository gespeichert.
- Dynamische Klassen: Instanzen dieser Klassen werden dynamisch von einem WMI-Provider geliefert.

Einführung in WMI

Tabelle 15.2
Beispiele für WMI-Klassen

WMI-Klassennamen	Bedeutung
Win32_OperatingSystem	Klasse für das installierte Betriebssystem
Win32_CDRomDrive	CD-ROM-Laufwerk
Win32_Networkadapter	Netzwerkadapter
Win32_LogicalDisk	Laufwerk
Win32_VideoController	Grafikkarte
CIM_DataFile	Datei
CIM_Directory und Win32_Directory	Verzeichnis/Ordner
Win32_Product	Installierte Software
Win32_Process	Laufender Prozess
Win32_WordDocument	Ein Dokument für Microsoft Word
Win32_NTLogEvent	Ereignisprotokolleintrag
Win32_UserAccount	Benutzerkonto (lokales Konto oder Domänenkonto)
Win32_Share	Verzeichnisfreigabe im Netzwerk
Win32_PingStatus	Klasse zur Ausführung eines Pings

WMI definiert eine Reihe von Systemklassen, die der Verwaltung von WMI selbst und insbesondere dem Ereignissystem dienen. Die Systemklassen sind in jedem Provider implementiert; sie sind daran erkennbar, dass der Name mit einem doppelten Unterstrich beginnt. Beispiele für Systemklassen zeigt die nachstehende Tabelle.

Systemklassen

Tabelle 15.3
Beispiele für WMI-Systemklassen

WMI-Klassennamen	Bedeutung
__Namespace	WMI-Namensraum
__Event	Basisklasse für WMI-Ereignisse
__InstanceDeletionEvent	Konkretes Ereignis, das ausgelöst wird, wenn ein WMI-Objekt gelöscht wurde
__EventConsumer	Konsument eines WMI-Ereignisses

Besondere Klassenformen

Es gibt in WMI auch Singleton-Klassen. Eine Singleton-Klasse ist in der objektorientierten Programmierung eine Klasse, von der es nur eine Instanz geben kann. In WMI wird eine Singleton-Klasse mit dem Qualifier Singleton = True gekennzeichnet.

Es gibt auch abstrakte Klassen in WMI, von denen keine Instanzen erzeugt werden können. Hierfür heißt der Qualifier abstract.

Klassenmitglieder

Wie in anderen objektorientierten Konzepten auch, bestehen WMI-Klassen aus Attributen (Eigenschaften, Daten) und Methoden (Operationen, Aktionen, Programmcode). WMI-Klassen besitzen jedoch keine Ereignisse. Ereignisse sind in WMI selbst wieder Klassen.

Statische Methoden WMI-Klassen können sogenannte statische Methoden implementieren, die direkt auf einer Klasse ausgeführt werden können, ohne dass eine Instanz der Klasse benötigt würde. Statische Methoden sind z.B. Konstruktormethoden wie die Methode `Create()` auf der Klasse `Win32_Process`.

Schlüsselattribute

Keys Schlüsselattribute (*Keys*) sind besondere Attribute, die der eindeutigen Identifizierung einer Instanz innerhalb einer Klasse dienen. Ein Key entspricht dem Primärschlüssel einer Tabelle in einer relationalen Datenbank. Ebenso wie ein Primärschlüssel aus mehreren Spalten einer Datenbanktabelle bestehen kann, kann sich auch ein Key in WMI aus mehreren Attributen zusammensetzen. Einen Schlüsselwert darf es innerhalb aller Instanzen einer Klasse nur einmal geben. Wenn der Key aus mehreren Attributen besteht, müssen nur alle Attributwerte zusammen eindeutig sein. Welche Attribute Schlüsselattribute sind, wird in der Klassendefinition festgelegt, damit alle Instanzen einer Klasse die gleichen Schlüsselattribute besitzen.

Singleton-Klassen besitzen keine Schlüsselattribute (z.B. */root/default:__cimomidentification* und */root/cimv2:NetDiagnostics*).

An Stelle eines Paars aus Schlüsselattributname und Schlüsselwert wird zur Identifizierung des einen Objekts das Zeichen @ verwendet.

Systemattribute

Systemattribute Alle WMI-Klassen und damit auch alle Instanzen dieser Klassen besitzen eine Reihe von Systemattributen. Die Namen dieser Systemattribute beginnen mit einem doppelten Unterstrich (__).

Tabelle 15.4 WMI-Systemeigenschaften

Attribut	Erläuterung
__Class	Name der Klasse, zu der das WMI-Objekt gehört
__Derivation	Eine Zeichenkettenliste, welche die Vererbungshierarchie wiedergibt. Der erste Eintrag ist die direkte Oberklasse.
__Dynasty	Name der obersten Klasse der Vererbungshierarchie. Bei der obersten Klasse steht hier keine leere Zeichenkette, sondern der gleiche String wie bei __Class.
__Genus	1 = Eintrag ist eine Klasse. 2 = Eintrag ist ein WMI-Objekt, d.h. die Instanz einer WMI-Klasse.
__Namespace	WMI-Namensraum, in dem die Klasse registriert ist

Tabelle 15.4 WMI-Systemeigenschaften (Forts.)

Attribut	Erläuterung
__Path	Vollständiger WMI-Pfad einschließlich Server und WMI-Namensraum
__Property_Count	Anzahl der Attribute der Klasse. Dabei werden diese Systemattribute nicht mitgezählt.
__Relpath	WMI-Pfad ohne Server und WMI-Namensraum
__Server	Name des Servers
__Superclass	Name der direkten Oberklasse

Datentypen

WMI definiert sechzehn Standarddatentypen für Zahlen, Zeichenketten, Datumsangaben, Ja/Nein und Verweise auf Objekte (siehe *Tabelle 15.5*).

Datentypen

Tabelle 15.5 CIM-Standarddatentypen

Datentyp	Bedeutung
wbemCimtypeSint8	Ganzzahl mit Vorzeichen, 8 Bit
wbemCimtypeUint8	Ganzzahl ohne Vorzeichen, 8 Bit
wbemCimtypeSint16	Ganzzahl mit Vorzeichen, 16 Bit
wbemCimtypeUint16	Ganzzahl ohne Vorzeichen, 16 Bit
wbemCimtypeSint32	Ganzzahl mit Vorzeichen, 32 Bit
wbemCimtypeUint32	Ganzzahl ohne Vorzeichen, 32 Bit
wbemCimtypeSint64	Ganzzahl mit Vorzeichen, 64 Bit
wbemCimtypeUint64	Ganzzahl ohne Vorzeichen, 64 Bit
wbemCimtypeReal32	Zahl mit Nachkommastellen, 32 Bit
wbemCimtypeReal64	Zahl mit Nachkommastellen, 64 Bit
wbemCimtypeBoolean	Ja/Nein
wbemCimtypeString	Zeichenkette
wbemCimtypeDatetime	Zeitpunkt
wbemCimtypeReference	Verweis auf Objekt
wbemCimtypeChar16	Einzelnes Zeichen
wbemCimtypeObject	Unterobjekt

Datum und Uhrzeit werden als Zeichenkette der Form yyyymmddHHMMSS.mmmmmmsUUU gespeichert, wobei neben dem selbst erklärenden Kürzel anzumerken ist, dass mmmmmm die Anzahl der Millisekunden ist und UUU die Anzahl der Minuten, um welche die lokale Zeit von der Universal Coordinated Time (UTC) abweicht. Das s ist das Vorzeichen. In Deutschland steht daher für UUU der Wert *+060*.

Datum und Uhrzeit

WMI kennt auch ein eigenes Format für Zeitintervalle: ddddddddHHMMSS.mmmmmm:000. Auch ein Zeitintervall wird als Zeichenkette abgelegt. Dabei repräsentiert dddddddd die Anzahl der Tage. Die Zeichenkette endet immer auf :000.

Metadaten mit Qualifizierer (Qualifier)

Qualifier Qualifizierer (engl. Qualifier) sind Zusatzinformationen, die in WMI eine Klasse, ein Objekt, ein Attribut, eine Methode oder einen Parameter näher beschreiben. Qualifier dienen im derzeitigen WMI nur der Informationsversorgung des Nutzers. Sie ermöglichen keine verbindlichen Einstellungen für die WMI-Provider. (Beispiel: Ein Attribut, das einen Qualifier read-only besitzt, muss nicht notwendigerweise wirklich schreibgeschützt sein.) Durch den Qualifier Key wird festgelegt, ob ein Attribut ein Schlüsselattribut ist.

An einem Qualifier erkennt man auch die Art einer Klasse: Die Existenz der Qualifier abstract und dynamic weist auf die entsprechenden Typen hin. Ist keiner dieser Qualifier vorhanden, ist die Klasse statisch. Eine Assoziationsklasse hat einen association-Qualifier.

Weitere interessante Qualifier sind:

- Provider zeigt für eine Klasse den Namen des WMI-Providers an, der die Klasse bereitstellt.
- EnumPrivileges legt eine Liste von Privilegien fest, die gesetzt sein müssen, um diese Klasse zu nutzen.
- Singleton kennzeichnet eine WMI-Klasse, von der es nur eine Instanz geben kann.

Objektassoziationen

Assoziationen WMI-Objekte können durch Assoziationen miteinander verbunden sein (z.B. ein Verzeichnis enthält eine Datei). Eine Objektassoziation ist selbst eine Instanz einer WMI-Klasse. Ein Beispiel für eine Assoziation ist CIM_DirectoryContainsFile. Diese Klasse stellt eine Assoziation zwischen CIM_Directory und CIM_DataFile dar.

Durch die Assoziationen entsteht eine Assoziationshierarchie (Objektbaum), die man mit geeigneten WMI-Werkzeugen auch visualisieren kann.

Abbildung 15.1
Assoziationshierarchie (Objektbaum) für die Instanz „C:" der Klasse Win32_ LogicalDisk

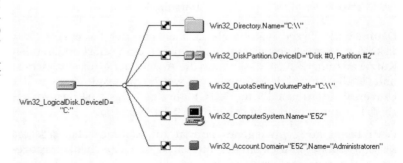

WMI-Namensräume (Namespaces)

Ein WMI-Namensraum ist ein Instrument zur Gruppierung von WMI-Klassen und deren Instanzen in logische Einheiten. Ein Namensraum ist der Startpunkt sowohl für eine Vererbungshierarchie von WMI-Klassen als auch für eine Assoziationshierarchie von WMI-Objekten. Jeder Namensraum hat also sein eigenes Schema. Klassennamen in zwei Namensräumen dürfen theoretisch gleich sein, sollten es aber nicht, da in zukünftigen WMI-Versionen geplant ist, namensraumübergreifende Operationen zu ermöglichen. Es sind keine Objektassoziationen zwischen verschiedenen Namensräumen möglich. Um gleiche Klassennamen zu vermeiden, gibt es die Konvention, dass dem Klassennamen stets der Namensraumname vorangestellt werden soll. Ein Namensraum ist selbst eine Klasse, die direkt oder indirekt von der Systemklasse __Namespace geerbt hat.

Namensräume

Namensräume können hierarchisch angeordnet werden, so dass eine Namensraumhierarchie entsteht. Diese Hierarchie dient aber nur der Übersichtlichkeit; sie impliziert keine Vererbung von Klassen. Ein bestimmter Namensraum wird über einen hierarchischen Pfad der Form *Wurzelnamensraum\Namensraum1\Namensraum2\...* usw. angesprochen.

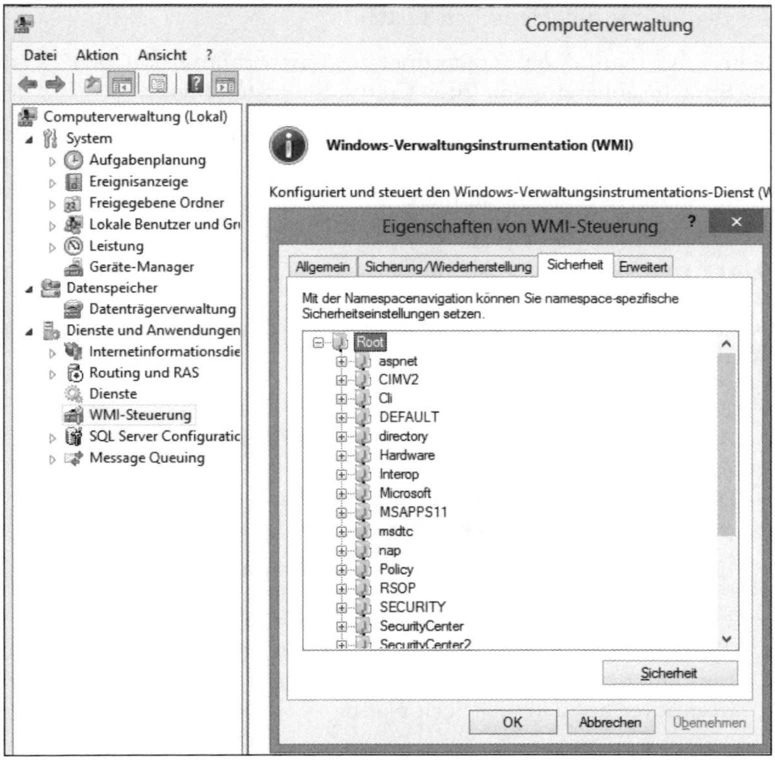

Abbildung 15.2
WMI-Namensräume in Windows 8 Enterprise mit Office-2010-Installation

Kapitel 15 Zugriff auf die Windows Management Instrumentation (WMI)

> Namensräume sind nicht gleichzusetzen mit Providern. Ein Provider kann mehrere Namensräume realisieren, ebenso wie ein Namensraum Klassen aus mehreren Providern enthalten kann.

Lokalisierung

WMI erlaubt die Lokalisierung (d.h. landesspezifische Anpassung) von Schemainformationen und die Speicherung mehrerer lokalisierter Versionen eines Namensraums innerhalb des WMI-Repository. WMI speichert dazu die sprachneutralen Teile der Klassendefinition getrennt von den landesspezifischen Teilen. Landesspezifische Informationen sind insbesondere die Hilfeinformationen zu den Klassen und Eigenschaften.

LocaleID Die landesspezifischen Informationen werden in Unter-Namensräumen gespeichert. Jedes Land hat eine *LocaleID*.

- *ms_407* steht für Deutsch.
- *ms_409* steht für amerikanisches Englisch.

Der Namensraum \root\CIMV2\ms_407 ist also der \root\CIMV2-Namensraum mit deutschen Hilfeinformationen, root\CIMV2\ms_409 der gleiche mit englischen Texten.

Beim Zugriff auf den übergeordneten Namensraum root\CIMV2\ ist die Sprache abhängig von Ihren Computereinstellungen.

In einigen Werkzeugen werden diese Unter-Namensräume durch eine Weltkugel angezeigt, in anderen Werkzeugen gibt es keinen Unterschied zu den normalen Namensräumen.

WMI-Pfade

Sowohl einzelne WMI-Objekte als auch WMI-Klassen werden durch WMI-Pfade adressiert.

Ein WMI-Pfad ist folgendermaßen aufgebaut:

- Aufbau eines WMI-Pfads für eine WMI-Klasse

    `\\Computer\Namensraum:Klasse`

- Aufbau eines WMI-Pfads für ein WMI-Objekt

    `\\Computer\Namensraum:Klasse.Schluessel='wert'`

Dabei bedeuten die Elemente Folgendes:

- `Computer` steht für den Namen des anzusprechenden Computers. Ein Punkt in Anführungszeichen (".") steht dabei für den lokalen Computer, auf dem das Skript läuft.

Einführung in WMI

- Namensraum ist der Namensraum, in dem die anzusprechende Klasse registriert wurde. Diese Angabe ist optional, wenn der Standardnamensraum angesprochen werden soll.
- Klasse ist der Name der Klasse, die angesprochen werden soll.
- Mit Schluessel='wert' wird optional festgelegt, welche Instanz der Klasse angesprochen werden soll. Dabei ist Schluessel der Name des Schlüsselattributs der Klasse und Wert der Wert dieses Schlüsselattributs in der gesuchten Instanz.

> Es gibt WMI-Klassen, die einen Schlüssel besitzen, der aus mehreren Attributen besteht. In diesem Fall sind die Schlüsselattribute durch ein Komma zu trennen, z.B.:
>
> \\F111\root\cimv2:Win32_UserAccount.Domain="FBI",Name="hs"

Die folgende Tabelle zeigt Beispiele für den Zugriff auf WMI-Objekte am Beispiel der Klassen Win32_LogicalDisk, die ein Laufwerk repräsentiert, und Win32_UserAccount, die ein Benutzerkonto repräsentiert. Beide Klassen liegen im Namensraum \root\cimv2.

Wie Sie der Tabelle entnehmen können, sind viele Bestandteile der Pfadangabe optional.

WMI-Pfad	Beschreibung
\\.\root\cimv2:Win32_Logical-Disk.DeviceID='D:'	Die Instanz der Klasse Win32_LogicalDisk aus dem Namensraum \root\cimv2: mit dem Namen „D:" auf dem lokalen Computer
\\ServerF112\root\cimv2: Win32_LogicalDisk.DeviceID='D:'	Die Instanz der Klasse Win32_LogicalDisk aus dem Namensraum \root\cimv2: mit dem Namen „D:" auf dem Computer *Server_ServerF112*
Win32_LogicalDisk.DeviceID='D:'	Die Instanz der Klasse Win32_LogicalDisk aus dem Standardnamensraum mit dem Namen „D:" auf dem lokalen Computer
\\ServerF112\root\cimv2: Win32_LogicalDisk	Alle Instanzen der Klasse Win32_LogicalDisk auf dem Computer *Server_ServerF112*
\\ServerF112\root\cimv2: Win32_UserAccount.Domain="FBI",Name="hs"	Das Benutzerkonto „FBI\hs" auf dem Rechner *Server_ServerF112*

Tabelle 15.6 Beispiele für WMI-Zugriffe

Der sogenannte Standardnamensraum, wo die Klasse gesucht wird, wenn kein Namensraum explizit genannt wurde, ist in der Registrierungsdatenbank festgelegt (*HKEY_LOCAL_MACH INE \Software\ Microsoft\WBEM\Scripting\Default Namespace*). Die Standardeinstellung ist `\root\cimv2` und kann über die MMC-Konsole „WMI-Steuerung" geändert werden. Man sollte diese Einstellung aber nicht ändern.

WMI-Schema

Schema Das WMI-Schema (alias CIM-Schema) definiert die Klassen mit ihren Attributen und Methoden, die Vererbungshierarchie und die Objektassoziationen. Zur Laufzeit existieren von diesen Klassen Instanzen (WMI-Objekte). Managed Objects können durch Assoziationen miteinander verbunden sein, so dass eine Assoziationshierarchie entsteht. WMI-Klassen erlauben Vererbung (Einfachvererbung), so dass die Klassen auch in einer Vererbungshierarchie zueinander stehen können.

Genau genommen besitzt WMI mehrere Schemata, da jeder WMI-Namensraum ein eigenes Schema hat. Ein WMI-Schema ist oft sehr umfangreich und enthält auch Hilfeinformationen, wahlweise in verschiedenen Sprachen. Das Schema für Windows heißt „Win32 Schema Version 2" und ist eine Microsoft-Erweiterung des CIM-Schemas Version 2.

Auch der Aufbau des Schemas ist Teil des Schemas. Dieser Teil des Schemas wird als *Metamodell* bezeichnet.

WMI-Repository

Das WMI-Repository (alias CIM-Repository) ist der Datenspeicher/ die Datenbank von WMI. Im Repository werden das Schema und auch Daten über die Instanzen gespeichert. WMI erzeugt einige Instanzen ad hoc, wenn diese angefragt werden, weil es keinen Sinn machen würde, diese zwischenzuspeichern (z.B. Daten über die laufenden Prozesse). Andere Daten werden im Repository abgelegt, weil diese sich selten oder nie ändern (z.B. Hardwaredaten).

Das WMI-Repository liegt in einem gleichnamigen Verzeichnis unterhalb von *%SystemRoot%\System32\WBEM\Repository*. Mit der MMC-Konsole „WMI-Steuerung" kann man diese Datenbank sichern und wiederherstellen.

Einführung in WMI

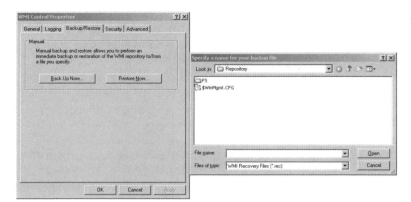

Abbildung 15.3
Sichern und Wiederherstellen des WMI-Repository in der Computerverwaltung von Windows

WMI-Systemdienst

Das WMI-Repository wird durch die ausführbare Datei *WinMgmt.exe* betrieben. *WinMgmt.exe* läuft unter allen NT-basierten Windows-Systemen als Systemdienst unter dem Namen „WinMgmt (Windows-Verwaltungsinstrumentation)". Auf Windows 9x/Windows ME wird *WinMgmt.exe* beim ersten WMI-Aufruf als normaler Prozess gestartet, wenn ein Aufruf erfolgt.

WMI-Netzwerkprotokoll

WMI kann Fernzugriffe auf andere Computer realisieren, wenn auf dem anderen Computer auch WMI installiert ist, der WMI-Dienst dort läuft und der Zugang zu dem anderen Computer über DCOM-Protokoll möglich ist. Seit Windows Server 2003 Release 2 ist alternativ auch eine Kommunikation über HTTP/SOAP möglich. Das Protokoll nennt sich im Standard WS-Management (WS-Man). Windows Remote Management (WinRM) ist die Microsoft-Implementierung von WS-Man als Aufsatz auf WMI.

WMI 2 ist nicht mehr von dem Distributed Component Objekt Model (DCOM) abhängig, sondern erlaubt den Fernzugriff direkt über das Webservice-basierte Windows Remote Management (WinRM) ohne den Aufsatz WinRM.

WMI-Provider

WinMgmt.exe stellt nur das Repository bereit, nicht aber die WMI-Klassen und WMI-Objekte. Diese sind in getrennten DLLs realisiert. WMI ist nicht in einer einzigen DLL realisiert. Für unterschiedliche Systembausteine gibt es unterschiedliche sogenannte WMI-Provider. Für jeden WMI-Provider existiert eine DLL.

Provider

Kapitel 15 Zugriff auf die Windows Management Instrumentation (WMI)

Tabelle 15.7
Ausgewählte
WMI-Provider

WMI-Provider	Erläuterung
Directory Services Provider	Zugriff auf die ADSI-Informationen aus Verzeichnisdiensten
Event Log Provider	Zugriff auf die Windows-Ereignisprotokolle (nur NT-Produktfamilie)
Exchange Queue Provider, Exchange Routing TableProvider, ExchangeClusterProvider	Zugriff auf Microsoft Exchange Server ab Version 2000
Microsoft Windows Installer Provider	Zugriff auf Software, die durch den Windows Installer (MSI) installiert wurde
Performance Counters Provider	Zugriff auf rohe Leistungsindikatordaten
Performance Monitor Provider	Zugriff auf Leistungsdaten, wie sie der Windows-Leistungsmonitor sieht
Power Management Event Provider	Ereignisse aus dem Bereich Power Management
Registry Event Provider	Ereignisse bei Änderungen in der Registrierungsdatenbank
Registry Provider	Zugriff auf die Registrierungsdatenbank
Security Provider	Zugriff auf Sicherheitsinformationen im NTFS-Dateisystem
SMS Provider	Zugriff auf Microsoft System Management Server
SNA Provider	Zugriff auf Microsoft SNA Server
SNMP Provider	Zugriff auf SNMP-Daten
View Provider	Dient der Erzeugung neuer Klassen
Windows Installer Provider	Softwareinstallation/-deinstallation
WDM Provider	Zugriff auf Gerätetreiber via Windows Driver Model (WDM)
Win32 Provider	Zugriff auf das Win32-Subsystem

Nicht alle WMI-Provider werden automatisch registriert und im CIM Repository eingetragen. In der MSDN-Entwicklerbibliothek finden Sie die Informationen darüber, wie die einzelnen Provider registriert werden.

Managed Object Format (MOF)

MO-Beschreibung durch MOF

Das *Managed Object Format (MOF)* ist eine Sprache zur Definition von Managed Objects für WMI. MOF basiert auf der Interface Definition Language (IDL) und ist ein Textformat. MOF-Dateien können mit Hilfe des MOF-Compilers (*mofcomp.exe*) in das CIM-Repository übernommen werden.

Einführung in WMI

Das nachfolgende Listing zeigt Ausschnitte aus der Datei *msioff9.mof*, welche die MOF-Beschreibung für Informationen über Microsoft Office liefert. Die dort definierten Klassen entsprechen den im „MSInfo" anzeigbaren Daten. Das MOF-File definiert zunächst einen neuen Namensraum *MSAPPS* und dann über eine CLSID den Provider, der die Funktionalität der im Folgenden definierten Klassen implementiert.

MOF für Microsoft Office

```
//**************************************************************
//* File: MSIOff9.mof - Office Extension MOF File for MSInfo 5.0
//**************************************************************
//***Creates namespace for MSAPPS
#pragma namespace ("\\\\.\\Root")
instance of __Namespace
{
    Name = "MSAPPS";
};
//* Declare an instance of the __Win32Provider so as to "register" the
//* Office provider.
instance of __Win32Provider as $P
{
    Name = "OffProv";
    ClsId = "{D2BD7935-05FC-11D2-9059-00C04FD7A1BD}";
};

//* Class: Win32_WordDocument
//* Derived from:
[dynamic: ToInstance, provider("OffProv")]
class Win32_WordDocument
{
    [key, read: ToInstance ToSubClass] string Name;
    [read: ToInstance ToSubClass] string Path;
    [read: ToInstance ToSubClass] real32 Size;
    [read: ToInstance ToSubClass] datetime CreateDate;
};
//* Class: Win32_AccessDatabase
//* Derived from:
 [dynamic: ToInstance, provider("OffProv"), Singleton:
DisableOverride ToInstance ToSubClass]
class Win32_AccessDatabase
{
    [read: ToInstance ToSubClass] string Name;
    [read: ToInstance ToSubClass] string Path;
    [read: ToInstance ToSubClass] real32 Size;
    [read: ToInstance ToSubClass] datetime CreateDate;
    [read: ToInstance ToSubClass] string User;
    [read: ToInstance ToSubClass] string JetVersion;
};
```

Listing 15.1
Ein kleiner Ausschnitt aus dem MOF-File MSIOff9.mof

Kapitel 15 Zugriff auf die Windows Management Instrumentation (WMI)

> Einige Provider werden nicht automatisch in das WMI-Repository eingebunden. In diesen Fällen muss man die zugehörige MOF-Datei erst „kompilieren" mit dem Befehl:
>
> mofcomp.exe Dateiname.mof

Instanzen-beschreibung

Auch Instanzen können in MOF beschrieben werden, dabei werden die Attribute mit ihren Werten angeführt. Nachstehend sieht man die MOF-Repräsentation einer Instanz der Klasse Win32_ComputerSystem.

```
instance of Win32_ComputerSystem
{
    AdminPasswordStatus = 3;
    AutomaticResetBootOption = TRUE;
    AutomaticResetCapability = TRUE;
    BootROMSupported = TRUE;
    BootupState = "Normal boot";
    Caption = "F108";
    ChassisBootupState = 3;
    CreationClassName = "Win32_ComputerSystem";
    CurrentTimeZone = 120;
    DaylightInEffect = TRUE;
    Description = "AT/AT COMPATIBLE";
    Domain = "FBI.net";
    DomainRole = 1;
    EnableDaylightSavingsTime = TRUE;
    FrontPanelResetStatus = 3;
    InfraredSupported = FALSE;
    KeyboardPasswordStatus = 3;
    Manufacturer = "System Manufacturer";
    Model = "System Name";
    Name = "BYFANG";
    NetworkServerModeEnabled = TRUE;
    NumberOfProcessors = 1;
    OEMStringArray = {"0", "0"};
    PartOfDomain = TRUE;
    PauseAfterReset = "-1";
    PowerOnPasswordStatus = 3;
    PowerState = 0;
    PowerSupplyState = 3;
    PrimaryOwnerName = "www.IT-Visions.de";
    ResetCapability = 1;
    ResetCount = -1;
    ResetLimit = -1;
    Roles = {"LM_Workstation", "LM_Server", "Print", "NT",
"Potential_Browser"};
    Status = "OK";
    SystemStartupDelay = 30;
    SystemStartupOptions = {"\"Microsoft Windows XP Professional\"
```

```
        /fastdetect"};
    SystemStartupSetting = 0;
    SystemType = "X86-based PC";
    ThermalState = 3;
    TotalPhysicalMemory = "536309760";
    UserName = "FBI\\hs";
    WakeUpType = 6;
};
```

WMI-Sicherheit

WMI basiert auf COM und verwendet die COM-Sicherheitsfunktionen und die entsprechend verfügbaren Security Provider. Sicherheitseinstellungen können auf der Ebene eines jeden WMI-Namensraums festgelegt werden. Diese Einstellung erfolgt im WMI-Snap-In in der MMC. Ein COM-Client, der auf ein WMI-Objekt zugreifen will, wird zunächst gegen die Sicherheitseinstellung des Namensraums geprüft, zu dem das Objekt gehört. Die Vergabe von Zugriffsrechten auf Objekt- oder Klassenebene unterstützt WMI bislang nicht.

Sicherheitsfunktionen

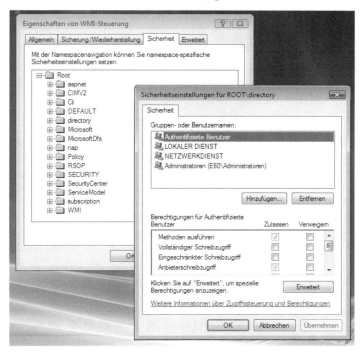

*Abbildung 15.4
Einstellen der Zugriffsberechtigungen in der MMC „WMI-Steuerung"*

WMI unterstützt Impersonifizierung für den Zugriff auf entfernte Rechner. Es ist also möglich, beim Aufruf von WMI-Objekten auf einem entfernten Rechnersystem den Benutzerkontext zu wechseln und als ein anderer Benutzer aufzutreten als der, unter dem der COM-Client läuft.

Impersonifizierung

Dies ist allerdings beim Zugriff auf das lokale WMI nicht möglich. Ein Versuch, den Benutzerkontext vor dem Zugriff auf lokale WMI-Objekte zu wechseln, wird von WMI mit dem Fehler 80041064 quittiert: „Benutzeranmeldeinformationen können für lokale Verbindungen nicht verwendet werden."

Programmatische Sicherheit — Im Gegensatz zu anderen Komponenten erlaubt WMI Vorgaben für die COM-Sicherheit durch den Client. Sowohl Impersonifizierungs- als auch Authentifizierungsmodus können beim Verbindungsaufbau eingestellt werden. Der Client kann ab Windows 2000 auch den Security Service Provider (SSPI) zwischen der NT-4.0-LAN-Manager- (NTLM-) und der Kerberos-Authentifizierung wählen. Wird kein SSPI explizit angegeben, verhandelt WMI den SSPI beim Verbindungsaufbau. Es wird zunächst versucht, Kerberos zu verwenden. Kerberos kann allerdings nie für lokale Aufrufe verwendet werden.

Privilegien — Privilegien sind Zusatzrechte, die bei Nutzung einiger WMI-Klassen benötigt werden und bei der Instanziierung gesetzt werden müssen. Ohne diese Zusatzangaben ist die Klasse nicht nutzbar. Die Zusatzangaben werden entweder im WMI-Pfad gesetzt oder über das Objektmodell, mit dem man auf WMI zugreift.

WMI-Ereignissystem

Ereignisarten — WMI bietet ein komplexes System für Ereignisse, durch die sich ein WMI-Nutzer über Veränderungen in einem beliebigen Managed Object informieren lassen kann.

Es gibt zwei Gruppen von Ereignissen:

▶ **Intrinsic Events** sind Ereignisse, die direkt Klassen oder Objekte im WMI-Repository verändern oder betreffen, z.B. das Löschen einer Instanz (`__InstanceDeletionEvent`), das Verändern einer Instanz (`__InstanceModificationEvent`) oder der Aufruf einer Methode (`__MethodInvocationEvent`). Zu den Intrinsic Events gehören auch Zeitgeberereignisse (Timer Events), z.B. `__AbsoluteTimerInstruction` und `__IntervallTimerInstruction`. Der Name dieser Ereignisse beginnt mit einem doppelten Unterstrich. Alle Klassen sind direkt oder indirekt abgeleitet von `__Event`.

▶ **Extrinsic Events** sind speziellere Ereignisse, die von irgendeinem Teil des Systems ausgelöst werden, aber nicht direkt auf das CIM-Repository wirken müssen, z.B. Ändern eines Schlüssels in der Registrierungsdatenbank (`RegistryValueChangeEvent`), Ändern der Systemkonfiguration (`Win32_SystemConfigurationChangeEvent`) und Herunterfahren des Computers (`Win32_ComputerShutdownEvent`). Alle diese Klassen sind abgeleitet von `__ExtrinsicEvent`.

WMI-Ereignisse werden ausgelöst von *Ereignisprovidern (Event Provider)*, die im WMI-Repository einmalig registriert werden müssen.

WMI-Ereigniskonsumenten

WMI-Ereignisse werden behandelt von *Ereigniskonsumenten (Event Consumers)*. Ereigniskonsumenten registrieren sich bei WMI für bestimmte Ereignisse. Der Ereigniskonsument führt beim Eintritt eines Ereignisses eine bestimmte Aktion aus.

WMI unterscheidet zwei Arten von Ereigniskonsumenten: *temporäre Event Consumer* und *permanente Event Consumer*. Der Unterschied zwischen den beiden Typen ist, dass ein temporärer Event Consumer nur Ereignisbenachrichtigungen erhält, wenn er aktiv ist. Ein temporärer Event Consumer wird durch ein Skript oder ein Programm implementiert. Nach Beendigung des Skripts/Programms ist der Konsument nicht mehr vorhanden. Dagegen ist ein permanenter Konsument in Form eines Managed Objects im Repository gespeichert und kann zu jedem Zeitpunkt Ereignisbenachrichtigungen empfangen, da WMI den Consumer bei Bedarf selbst startet und dann das Ereignis übermittelt.

Permanente versus temporäre Konsumenten

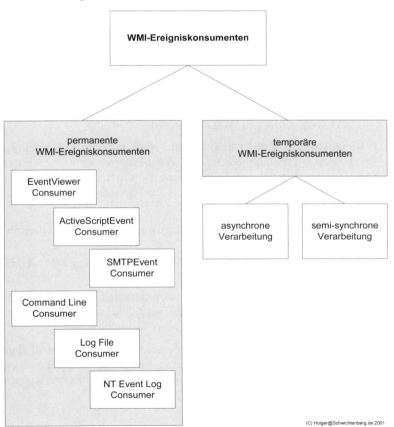

*Abbildung 15.5
Überblick über die Ereigniskonsumenten*

Kapitel 15 Zugriff auf die Windows Management Instrumentation (WMI)

Permanente Ereigniskonsumenten sind z.B.:

EventViewer-Consumer
- Der `EventViewerConsumer` (im Namensraum /root/cimv2), der die aufgetretenen Ereignisse in einem Bildschirmfenster, dem WMI Event Viewer, darstellt. Der Event Viewer wird in *Abschnitt „WMI-Werkzeuge"* vorgestellt.

ActiveScript-EventConsumer
- Der `ActiveScriptEventConsumer` (im Namensraum /root/default), der bei Auftreten eines Ereignisses ein Active Script ausführt

SMTPEvent-Consumer
- Mit Hilfe des `SMTPEventConsumer` können bei Ereignissen E-Mails über den Microsoft SMTP-Server (der Bestandteil des Internet Information Server ab Version 4.0 ist) versendet werden. Der `SMTPEventConsumer` ist standardmäßig nicht registriert. Um ihn benutzen zu können, muss die Datei *smtpcons.mof*, die sich im Verzeichnis *%System-Root%\Winnt\wbem* befindet, mit Hilfe des MOF-Compilers *(mofcomp.exe)* kompiliert und ins WMI-Repository aufgenommen werden. Der Provider wird im Namensraum root\default registriert.

Seit Windows XP gibt es drei weitere permanente Ereigniskonsumenten:
- `Command Line Event Consumer`: Start einer Anwendung
- `NT Event Log Event Consumer`: Eintrag in das NT-Ereignisprotokoll
- `Log File Event Consumer`: Eintrag in eine Protokolldatei

Filter Der Ereigniskonsument definiert sein Interesse gegenüber WMI in Form eines WMI-Filters. Ein WMI-Filter ist im Wesentlichen eine *WQL Event Query* (vgl. Unterkapitel zu WQL-Abfragen).

Administration Ein Ereigniskonsument ist eine Instanz einer von der Systemklasse `_EventConsumer` erbenden Klasse. Ein WMI-Filter ist eine Instanz der Systemklasse `_EventFilter`. Die Bindung zwischen einem Consumer und einem Filter ist als Instanz von `_FilterToConsumerBinding` gespeichert.

Es gibt zwei Möglichkeiten, Ereigniskonsument und Filter zu definieren und aneinander zu binden:
- Über das Werkzeug *WMI Event Registration* aus dem *WMI Administrative Tools*
- Über Programmcode. Dadurch, dass Consumer, Filter und Bindungen selbst wieder als WMI-Objekte gespeichert werden, können diese leicht auch per WMI automatisiert verwaltet werden.

Provider Kern des Ereignissystems ist der *Event Provider*. Er informiert WMI über Veränderungen in der Managementumgebung oder im Repository. WMI leitet die Ereignisse an die für dieses Ereignis registrierten Konsumenten weiter.

WMI Query Language (WQL)

WMI erlaubt Suchanfragen in einer Syntax, die auf der ANSI Standard Structured Query Language (SQL) basiert. Der SQL-Dialekt ist bei der DNTF als „CIM Query Language" (CQL) standardisiert. Die etwas abgewandelte Implementierung von Microsoft heißt WMI Query Language kurz: WQL.

CQL und WQL

Bei CQL/WQL wird nur Lesezugriff mit dem SQL-Befehl SELECT unterstützt. Weder DDL (Data Definition Language) noch DML (Data Manipulation Language) werden unterstützt.

Select

Das WQL-SELECT unterstützt neben den Standardschlüsselwörtern FROM, WHERE, GROUP BY, HAVING und WITHIN auch die nicht in ADSI-SQL definierten Schlüsselwörter ASSOCIATORS OF und REFERENCES OF.

Unterstützte Operatoren sind =, <, >, <=, >=, != (alternativ: <>) sowie IS NULL, IS NOT NULL und ISA. Der ISA-Operator ermöglicht die Abfrage nach Unterklassen einer bestimmten Klasse. Wenn Großstadt eine Unterklasse von Stadt ist, dann erfüllt ein Objekt München vom Typ Großstadt auch die Bedingung ISA Stadt. Der like-Operator für den Zeichenketten-Mustervergleich wird erst ab Windows XP unterstützt.

Operatoren

Typen von WQL-Anfragen

WMI unterstützt drei Typen von WQL-Anfragen:

▶ Anfragen nach Instanzen (*Data Queries*)

▶ Anfragen nach Schemainformationen (*Schema Queries*)

▶ Definitionen von Ereignisfiltern (*Event Queries*), die nach Änderungen von Klassen und Instanzen fragen

WMI-Such-anfragen

Datenabfragen (Data Queries)

Eine Datenabfrage hat die allgemeine Form:

Data Queries

SELECT attributliste FROM class WHERE bedingung

Dabei ist Class ein beliebiger WMI-Klassenname. Die Ergebnismenge lässt sich durch die Angabe von Attributnamen und die Verwendung einer FROM-Klausel hinsichtlich der Breite und Länge einschränken. Andere Schlüsselwörter werden nicht unterstützt.

Beispiele für Datenabfragen zeigt die folgende Tabelle.

Tabelle 15.8
Beispiele für WQL-Datenabfragen

WQL	Erläuterung
SELECT * FROM Win32_Service WHERE state='running' and startmode='manual'	Alle Windows-Dienste, die laufen, aber manuell gestartet wurden
SELECT Name, CategoryId FROM Win32_ComponentCategory	Name und CATID aller Komponentenkategorien
SELECT IPAddress FROM Win32_NetworkAdapter-Configuration WHERE IPEnabled=TRUE	Das mehrwertige Attribut IPAddress einer Netzwerkkarte, die für das IP-Protokoll zugelassen ist
SELECT RecordNumber, Message FROM Win32_NTLogEvent WHERE Logfile='Application'	Eintragsnummer und Nachricht aller Einträge in das Ereignisprotokoll „Anwendung"

Schemaabfragen (Schema Queries)

Schema-Queries Anfragen zum Schema haben die Form:

SELECT attributliste FROM META_CLASS WHERE bedingung

wobei META_CLASS hier ein feststehender Ausdruck ist. Andere Schlüsselwörter werden nicht unterstützt. Mit der WHERE-Klausel werden das zu beobachtende Managed Object (MO) und die in ihm zu beobachtenden Attribute definiert. Schemaabfragen können mit WMI_Print-Query(WQL) ausgegeben werden.

Tabelle 15.9
Beispiele für Schemaabfragen

WQL	Erläuterung
SELECT * FROM meta_class WHERE __Class = "Win32_LogicalDisk"	Zugriff auf die WMI-Klasse Win32_LogicalDisk
SELECT * FROM meta_class WHERE __this ISA "Win32_LogicalDisk"	Zugriff auf alle von Win32_LogicalDisk abgeleiteten Klassen

Ereignisabfragen (Event Queries)

Ereignisabfragen Eine Ereignisabfrage bezieht sich immer auf eine Ereignisklasse.

Mit der WHERE-Klausel werden die zu suchenden Klassen entweder direkt über ihren Namen (__Class =) oder über den Namen einer Oberklasse (__this ISA) festgelegt.

SELECT * FROM eventklasse WHERE bedingung

Alle Ereignisklassen sind Unterklassen eines Ereignistyps. Die Ereignistypen wiederum sind Unterklassen der Klasse __Event. Sie sind in der Regel an dem führenden doppelten Unterstrich und der Endung auf Event erkennbar. WMI unterscheidet vier Typen von Ereignissen (siehe Tabelle).

Ereignistyp (Oberklasse)	Ereignisklasse
__ClassOperationEvent	__ClassCreationEvent
	__ClassDeletionEvent
	__ClassModificationEvent
__ExtrinsicEvent	__SystemEvent
	Win32_PowerManagementEvent
__InstanceOperationEvent	__InstanceCreationEvent
	__InstanceDeletionEvent
	__InstanceModificationEvent
__NamespaceOperationEvent	__NamespaceCreationEvent
	__NamespaceDeletionEvent
	__NamespaceModificationEvent

Tabelle 15.10
WMI-Ereignisklassen. Die Ereignistypen sind die Oberklassen zu den rechts genannten Ereignisklassen.

Bitte beachten Sie, dass das Ereignis __InstanceModificationEvent wirklich nur ausgeführt wird, wenn sich ein Attributwert ändert. Wenn Sie beispielsweise die Prozessorlast auf die Überschreitung der 80%-Grenze prüfen, dann bekommen Sie ein Ereignis beim Überschreiten der Grenze. Wenn danach der Wert konstant bei 100% liegt, bekommen Sie keine weiteren Ereignisse. Sie erhalten erst wieder ein Ereignis, wenn der Wert sich nochmals ändert (z.B. von 100% auf 99%).

Ereignisabfragen unterstützen als zusätzliche SQL-Schlüsselwörter WITHIN, GROUP BY und HAVING:

Zusätzliche Schlüsselwörter

- Dabei gibt WITHIN 10 das Abfrageintervall in Sekunden an (wird immer gebraucht, wenn es keinen speziellen Ereignissender gibt!).
- GROUP bündelt eine Anzahl von Einzelereignissen zu einem Gesamtereignis.
- HAVING dient der Definition einer Bedingung innerhalb der Gruppierung.

Tabelle 15.11 Beispiele für Ereignisabfragen

WQL	Erläuterung
`SELECT * FROM __InstanceModificationEvent WITHIN 5 WHERE TargetInstance ISA "Win32_Service" AND TargetInstance.State="Stopped"`	Alle fünf Sekunden wird geprüft, ob ein Dienst den Status *Stopped* bekommen hat.
`SELECT * FROM EmailEvent GROUP WITHIN 600 HAVING NumberOfEvents > 5`	Wenn innerhalb von zehn Minuten mehr als fünf E-Mail-Ereignisse auftreten, wird dieses Ereignis ausgelöst.
`SELECT * FROM __InstanceCreationEvent WHERE TargetInstance ISA "Win32_NTLogEvent" AND TargetInstance.Logfile="Application" OR TargetInstance.Logfile="System"`	Jeder neue Eintrag in den Ereignisprotokollen *System* und *Application* löst ein Ereignis aus.

WMI-Werkzeuge

WMI kann man z.B. mit folgenden Werkzeugen verwenden:

- MMC-Konsole für WMI
- WMIC-Kommandozeilenwerkzeug (*wmic.exe*)
- Die kostenlosen Werkzeuge im Rahmen der WMI Administrative Tools
- Windows PowerShell (WPS) über Commandlet wie `Get-CimInstance` und `Get-WmiObject` und die eingebauten PowerShell-Typen `[WMI]`, `[WMICLASS]` und `[WMISEARCHER]`
- Systemmanagementwerkzeuge wie Microsoft System Center oder HP OpenView

Die MMC-Konsole für WMI (z.B. enthalten in der „Computerverwaltung") dient nicht dem Zugang zu WMI-Informationen, sondern nur der Sicherheitskonfiguration (wer hat Zugang zu den Informationen?) sowie der Sicherung und Wiederherstellung des WMI-Repository.

> Daran, dass es in Windows kein mitgeliefertes grafisches Werkzeug für den Zugang zu den eigentlichen Daten in WMI gibt, sieht man schon, dass WMI als Plattform für Scripting und nicht für die GUI-basierte Administration betrachtet wird.

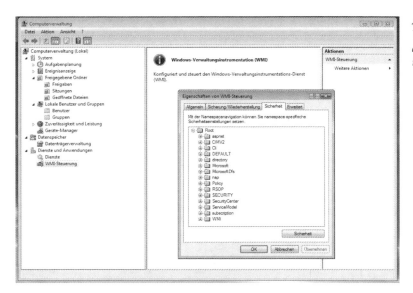

Abbildung 15.6
WMI-Steuerung in der MMC „Computerverwaltung"

WMI Object Browser

Der WMI Object Browser ist eines der Werkzeuge in den WMI Administrative Tools. Er ermöglicht es, die auf dem lokalen oder einem entfernten System vorhandenen WMI-Objekte zu betrachten und entlang der Hierarchie der Objekte das System zu erforschen, mit dem Ziel, Objekte und Attribute zu finden, welche die gewünschten Systeminformationen enthalten. An vielen Stellen können WMI-Objekte auch verändert werden (z.B. Name eines Laufwerks ändern) oder es ist möglich, Aktionen auf den Objekten zu initiieren (z.B. Festplatte prüfen).

> Das Werkzeug *WMI Object Browser* läuft als ActiveX-Komponente innerhalb des Internet Explorers. Sie müssen ActiveX zulassen, um das Werkzeug nutzen zu können. Eine deutsche Version ist nicht verfügbar. Da die Hilfetexte zu den WMI-Klassen aber im WMI-Repository stehen, sind zumindest davon viele in Deutsch verfügbar.

Kapitel 15 Zugriff auf die Windows Management Instrumentation (WMI)

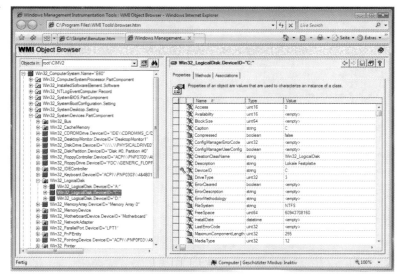

Abbildung 15.7
Der WMI Object Browser zeigt an, dass der Computer drei Laufwerke besitzt. Die Details zu Laufwerk „C" werden hier dargestellt.

Weitere Werkzeuge

Weitere Werkzeuge in den WMI Administrative Tools sind:

▶ Das WMI CIM Studio setzt im Gegensatz zum WMI Object Browser auf der Klassenebene an und stellt die Vererbungshierarchie der CIM-Klassen dar. Diese wird in der linken Fensterhälfte, dem Class Explorer, gezeigt. Die rechte Fensterhälfte (genannt Class Viewer) ähnelt der Ansicht des WMI Object Browsers: Hier werden die Attribute, Methoden und Beziehungen angezeigt.

▶ Das WMI Event Registration Tool ist ein GUI zur Konfiguration von Ereigniskonsumenten.

▶ Der WMI Event Viewer ist das einzige unter den WMI Administrative Tools, das keine HTML-Anwendung, sondern eine ausführbare Datei (wbemeventviewer.exe) ist. Der Event Viewer ist ein permanenter WMI-Ereigniskonsument, der durch eine __Event-Filter-Instanz definierte Ereignisse auf dem Bildschirm darstellt. Der Event Viewer wird über die WMI-Klasse Event ViewerConsumer konfiguriert. Diese Konfiguration können Sie über das WMI Event Registration Tool oder über den Event Viewer selbst durchführen.

302

WMI-Programmierschnittstellen

Microsoft stellt für WMI drei Programmierschnittstellen bereit:

- Die COM-basierte Softwarekomponente *SWbemDisp.dll* mit dem WMI-COM-Objektmodell, in dessen Zentrum die Klasse `WbemScripting.SWbemObject` steht. Fernzugriff ist über DCOM möglich.
- Die COM-basierte Softwarekomponente *WsmAuto.dll*, die einen Fernzugriff über WS-Management (HTTP und SOAP) ermöglicht
- Die .NET-basierte Softwarekomponente *System.Management.dll* mit einem Objektmodell, in dessen Zentrum die Klassen `System.Management.ManagementObject` und `System.Management.ManagementClass` stehen

> **Metaobjektmodelle**
>
> Alle oben genannten Komponenten sind **Metaobjektmodelle**, d.h., es gibt dort nicht für jede der unzähligen WMI-Klassen eine Entsprechung, sondern es gibt einige wenige Klassen, deren Instanzen durch Abgabe von WMI-Pfaden auf die eigentlichen WMI-Objekte abgebildet werden.

System.Management

Die Windows PowerShell verwendet primär die .NET-Komponente *System.Management.dll* mit dem Namensraum `System.Management`. Ein Zugriff auf die COM-Komponenten ist aber auch möglich, nur umständlicher und wird in diesem Buch nicht gezeigt.

Zentrale Klassen des Objektmodells (siehe folgende Grafik) von `System.Management` sind:

- `ManagementObject`

  Diese Klasse repräsentiert ein WMI-Objekt.

- `ManagementClass`

  Diese Klasse repräsentiert eine WMI-Klasse. `ManagementClass` ist von `ManagementObject` abgeleitet.

- `ManagementBaseObject`

  Beide Klassen sind von `ManagementBaseObject` abgeleitet. Diese Klasse ist nicht abstrakt, sondern wird an verschiedenen Stellen im Objektmodell auch verwendet.

Kapitel 15 Zugriff auf die Windows Management Instrumentation (WMI)

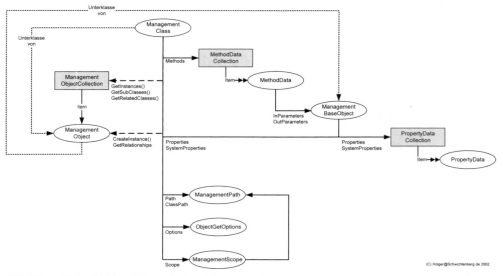

Abbildung 15.8: Objektmodell von System.Management

Bei *System.Management.dll* dient die Klasse ManagementObject als Metaklasse für alle WMI-Klassen, d.h., eine Instanz von ManagementObject wird bei seiner Erzeugung durch Verwendung eines WMI-Pfads an ein WMI-Objekt gebunden und bildet dieses ab. Leider ist die Abbildung nicht so leicht zu verwenden, wie man es sich wünschen würde, denn man muss alle Attribute über die PropertyDataCollection ansteuern (siehe obige Abbildung des Objektmodells) und die Methodenaufrufe umständlich durch InvokeMethod() ausführen.

 Im Folgenden werden Sie sehen, dass die Windows PowerShell den Zugriff auf dieses komplexe Objektmodell stark vereinfacht.

Weitere Neuerungen in WMI Version 2

Neben dem Verzicht auf DCOM schafft Microsoft in WMI 2 die Möglichkeit, aus den vielen Tausend WMI-Klassen direkt PowerShell-Commandlets zu generieren. So erklärt sich auch die plötzliche Flut von administrativen Commandlets in Windows 8 und Windows Server 2012.

Microsoft geht mit WMI 2 und PowerShell so weit, dass einige Bereiche des Betriebssystems, z.B. das Server Message Block (SMB)-Protokoll 2.2, das Microsoft mit Windows 8 ausliefern wird, zukünftig nur noch über WMI und die PowerShell verwaltbar sind (siehe Abbildung). Das bisherige Network Share Management API [*http://msdn.microsoft.com/en-us/library/bb525393(VS.85).aspx*] für Entwickler und das Werkzeug net.exe für Administratoren werden nicht verschwinden, aber auf dem bisherigen Stand verharren. WMI v2-Provider kann man künftig auch mit der PowerShell schreiben.

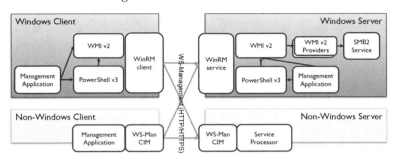

*Abbildung 15.9
Verwaltung von Windows File Servern über WMI, WinRM und PowerShell (Quelle: http://www.snia.org/sites/default/files2/SDC2011/presentations/wednesday/JoseBarreto_Windows Server_8_SMB2_Management_v3.pdf)*

Um Windows für andere Betriebssysteme weiter zu öffnen, entwickelt Microsoft unter dem Namen „NanoWBEM" auch eine WBEM-Implementierung für andere Betriebssysteme, die laut Aussage von PowerShell-Chefarchitekt Jeffrey Snoover [*http://channel9.msdn.com/Events/BUILD/BUILD2011/SAC-644T?format=auto*] um den Faktor 76 schneller sein soll als die DMTF-Referenzimplementierung „OpenPegasus" [*http://www.openpegasus.org/*]. Zudem soll NanoWBEM auch auf Smart-Phones laufen, um diese Geräte ebenfalls überwachbar zu machen.

15.2 WMI in der Windows PowerShell

Die Windows PowerShell bietet die Möglichkeit zum Zugriff auf das lokale WMI-Repository und auch WMI-Repositories auf entfernten Systemen.

Möglichkeiten

Dafür bietet die PowerShell folgende Konzepte:

- Die Commandlets `Get-WmiObject` (seit PowerShell 1.0), `Remove-WmiObject`, `Set-WmiInstance` und `Invoke-WmiMethod` (seit PowerShell 2.0)
- Seit PowerShell 3.0 gibt es eine neue Familie von WMI-Befehlen, die nun „Cim" im Namen tragen, u.a. `Get-CimAssociatedInstance`, `Get-CimClass`, `Get-CimInstance`, `Invoke-CimMethod`, `New-CimInstance`, `Register-CimIndicationEvent`, `Set-CimInstance` und `Remove-CimInstance`.
- Die eingebauten PowerShell-Typen `[WMI]`, `[WMICLASS]` und `[WMISEARCHER]`
- Den PowerShell-WMI-Objektadapter, der den Zugriff auf WMI-Objekte vereinfacht

Diese Konzepte werden in den folgenden Abschnitten aufgabenorientiert erläutert.

Den Unterschied zwischen den alten und neuen WMI-Commandlets zeigt die folgende Tabelle.

Kapitel 15 Zugriff auf die Windows Management Instrumentation (WMI)

Tabelle 15.12
Alte versus neue
WMI-Commandlets

	Alte Commandlets mit „WMI" im Namen	Neue Commandlets mit „CIM" im Namen
Verfügbar in	PowerShell ab 1.0	PowerShell ab 3.0
WMI-Version	1 und 2	2
Protokoll für lokale Zugriffe	DCOM	DCOM
Protokoll für Fernzugriffe	DCOM	Webservices mit WS-Management (WS-Man) Optional: DCOM
.NET-Klasse für WMI-Instanz	`System.Management.ManagementObject`	`Microsoft.Management.Infrastructure.CimInstance`
.NET-Klasse für WMI-Klasse	`System.Management.ManagementClass`	`Microsoft.Management.Infrastructure.CimClass`
Eingabeunterstützung in PowerShell-Konsole und ISE	Nein	Ja

Der wesentliche Vorteil der neueren Commandlets gegenüber den älteren (z.B. `Get-CimInstance` im Vergleich zu `Get-WmiObject`) ist, dass die PowerShell-Konsole und die ISE Eingabeunterstützung für die WMI-Klassennamen gewähren. Allerdings bezieht sich die Vorschlagsliste immer auf die auf dem lokalen System vorhandenen WMI-Klassen. Auf einem eventuell angesprochenen entfernten System zusätzliche Klassen sieht man nicht. Zudem kann es sein, dass die vorgeschlagene WMI-Klasse auf dem entfernten System nicht existiert.

Abbildung 15.10
Vorschlagsliste bei
Get-CimInstance

15.3 Abruf von WMI-Objektmengen

Get-CimInstance Die Verwendung von `Get-CimInstance` oder `Get-WmiObject` in Verbindung mit einem WMI-Klassennamen in der Form

`Get-CimInstance WMIKlassenname`

liefert alle Instanzen der angegebenen WMI-Klasse (sofern es die angesprochene WMI-Klasse auf dem lokalen System gibt).

Beispiel:

```
# Name und Treiberdatei für alle Grafikkarten in diesem Computer
Get-CimInstance Win32_VideoController
```

liefert alle installierten Grafikkarten.

Dies ist eine Kurzform für

```
Get-CimInstance -ClassName Win32_VideoController
```

Sofern die Klasse nicht im Standardnamensraum "root\cimv2" liegt, muss man den Namensraum mit dem Parameter -Namespace explizit benennen:

```
Get-CimInstance -Namespace root/WebAdministration -ClassName Site
```

>
> Mit folgendem Befehl fragen Sie die Versionsnummer des WMI-Repository ab:
> ```
> Get-CimInstance __cimomidentification -Namespace root/default
> ```
> Unter Windows 8 sollte hier die Nummer 6.2.9200.xxxxx erscheinen.

15.4 Fernzugriffe

Man kann sowohl bei Get-CimInstance als auch Get-WmiObject mit dem Parameter -Computer auf entfernte Systeme zugreifen:

```
Get-CimInstance -class Win32_VideoController -Computer ServerF112
```

Allerdings ist zu beachten, dass Get-CimInstance dafür im Standard immer per SOAP-Webservice (WS-Management-Protokoll) redet. Wenn das entfernte System ein älteres System ohne WS-Management ist, dann muss man über eine explizite CIM-Sitzung die Kommunikation auf DCOM umschalten. Dafür verwendet man die Commandlets New-CimSessionOption und New-CimSession.

```
$so = New-CimSessionOption -Protocol DCOM
$s = New-CimSession -ComputerName ServerF112 -SessionOption $so
Get-CimClass -cimsession $s -class Win32_VideoController
```

Listing 15.2
[WP3_CIM-Session.ps1]

>
> Get-WmiObject verwendet immer DCOM, so dass dieses Commandlet in Szenarien mit älteren Betriebssystemen einfacher in der Verwendung sein wird.

15.5 Filtern und Abfragen

Möglichkeiten Wenn man nicht alle Instanzen, sondern nur ausgewählte Instanzen ermitteln möchte, die bestimmten Kriterien entsprechen, kann man eine der folgenden alternativen Möglichkeiten nutzen:

- Verwendung des Commandlets Get-CimInstance oder Get-Wmiobject mit einem Filter
- Verwendung von WQL-Abfragen mit dem Parameter -Query in den Commandlets Get-CimInstance oder Get-WmiObject
- Auf einzelne, per WMI-Pfad identifizierte WMI-Objekte oder WMI-Klassen kann man zudem durch Verwendung der eingebauten PowerShell-Typen [WMI] und [WMIClass] zugreifen.
- Direkte Instanziierung der Klassen System.Management.ManagementObject bzw. System.Management.ManagementClass jeweils unter Angabe eines WMI-Pfads im Konstruktor
- Verwendung von WQL-Abfragen mit dem Typ [WMISEARCHER]
- Verwendung von WQL-Abfragen mit der .NET-Klasse System.Management.ManagementObjectSearcher

Filtern mit Get-WmiObject

-Filter Die Commandlets Get-CimInstance und Get-Wmiobject bieten die Möglichkeit, schon beim Abruf die Objekte zu filtern. Der Filter ist nach dem Parameter -Filter in einer Zeichenkette anzugeben.

Beispiele:

- Alle Benutzerkonten aus der Domäne „FBI":

  Get-CimInstance Win32_account -filter "domain='FBI'"

- Alle Benutzerkonten aus der Domäne „FBI", deren Benutzerkontenname mit „H" beginnt:

  Get-CimInstance Win32_account -filter "domain='FBI' and name like 'h%'"

> Wichtig ist, dass bei WMI-Filtern die Operatoren wie bei SQL (z.B. =, <>, <, >, like, and, or) anzugeben sind und nicht wie bei PowerShell-Ausdrücken (z.B. -eq, -ne, -lt, -gt, -like, -and, -or).

Zugriff auf einzelne WMI-Objekte

Einzelobjekte Um auf ein bestimmtes WMI-Objekt gezielt zuzugreifen, zeigt die nachstehende Tabelle verschiedene Möglichkeiten.

Filtern und Abfragen

	Get-WmiObject oder Get-CimInstance mit Filter	Eingebaute PowerShell-Typen	Direkte Instanziierung der .NET-Klasse
WMI-Objekt aus einer WMI-Klasse mit einem Schlüsselattribut	`Get-CimInstance Win32_LogicalDisk -Filter "DeviceID='C:'"`	`[WMI] "\\.\root\cimv2:Win32_LogicalDisk.DeviceID='C:'"`	`New-Object System.Management.ManagementObject("\\.\root\cimv2:Win32_LogicalDisk.DeviceID='C:'")`
WMI-Objekt aus einer WMI-Klasse mit zwei Schlüsselattributen	`Get-CimInstance Win32_UserAccount -filter "name='hs' and domain='FBI'"`	`[WMI] "\\.\root\cimv2:Win32_UserAccount.Domain='FBI',Name='hs'"`	`New-Object System.Management.ManagementObject("\\.\root\cimv2:Win32_UserAccount.Domain='FBI',Name='hs'")`
WMI-Objekt auf einem entfernten System	`Get-CimInstance Win32_LogicalDisk -Filter "DeviceID='C:'" -computer "ServerF112"`	`WMI] "\\ServerF112\root\cimv2:Win32_UserAccount.Domain='FBI', Name='hs'"`	`New-Object System.Management.ManagementObject("\\ServerF112\root\cimv2:Win32_UserAccount.Domain='FBI',Name='hs'")`
WMI-Klasse	Nicht möglich	`[WMICLASS] "\\.\root\cimv2:Win32_UserAccount"`	`New-Object System.Management.ManagementClass("\\E01\root\cimv2:Win32_UserAccount")`

Tabelle 15.13: Beispiele für den Zugriff auf einzelne WMI-Objekte

Klassen, von denen es sowieso nur immer eine Instanz geben kann, lassen sich ohne Filter aufrufen:

```
Get-CimInstance Win32_ComputerSystem
Get-CimInstance Win32_OperatingSystem
Get-CimInstance __cimomidentification -Namespace root/default
```

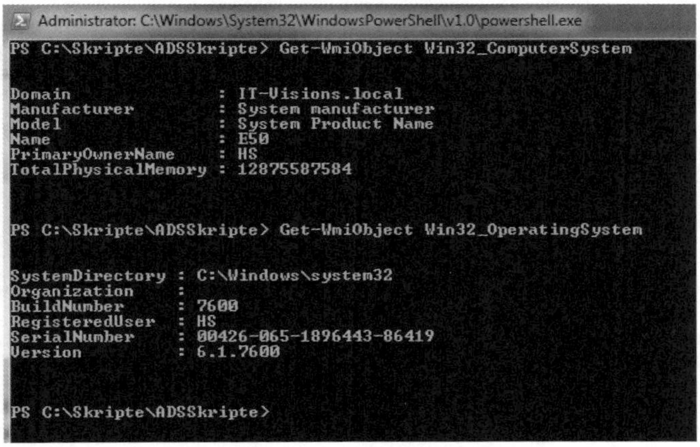

Abbildung 15.11: Win32_Computersystem und Win32_OperatingSystem gibt es sowieso immer nur einmal im WMI-Repository.

Kapitel 15 Zugriff auf die Windows Management Instrumentation (WMI)

Bei der Verwendung der Typbezeichner [WMI] und [WMIClass] wird häufig übersehen, den Pfadnamen zu klammern, wenn dieser zusammengesetzt wird. In diesem Beispiel wird PC170 aufgefordert, PC171 „anzupingen".

Falsch:

```
$Computer = "PC170"
[WMI] "\\." + $Computer + "\root\cimv2:Win32_
PingStatus.Address='PC171'"
```

Richtig:

```
$Computer = "PC170"
[WMI] ("\\" + $Computer + "\root\cimv2:Win32_
PingStatus.Address='PC171'")
```

WQL-Abfragen

WQL Abfragen in der Windows Management Instrumentation Query Language (WQL) kann man in der PowerShell mit dem Parameter -Query in den Commands Get-CimInstance und Get-WmiObject oder mit dem eingebauten Typ [WMISEARCHER] ausführen.

-Query Der folgende Befehl selektiert alle Netzwerkkarten, in denen die Zahl „802" im Netzwerkkartentyp vorkommt.

```
Get-CimInstance -query "Select * from Win32_Networkadapter where
adaptertype like '%802%'" | select adaptertype,description
```

[WMISearcher] Alternativ kann man auch diese Abfrage mit dem eingebauten PowerShell-Typ [WMISEARCHER] ausführen:

```
([WMISEARCHER] "Select * from Win32_Networkadapter where
adaptertype like '%802%'").get()| select adaptertype,description
```

Abbildung 15.12
Ausführung einer
WQL-Abfrage

Get-CimInstance erlaubt es, mit dem Parameter -QueryDialect alternativ zu WQL auch Abfragen in CQL zu senden. Allerdings macht das nur Sinn bei der Abfrage von Nicht-Windows-Systemen. Auch aktuelle Windows-Systeme wie Windows 8 und Windows Server 2012 antworten mit „not implemented" auf das Senden einer CQL-Abfrage.

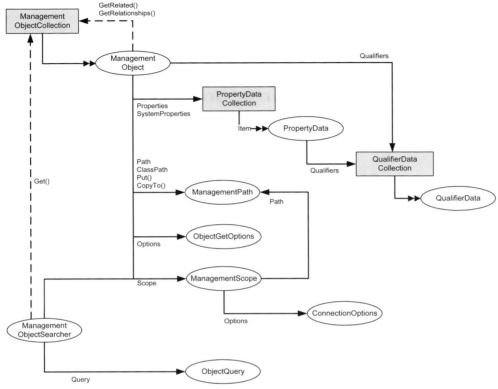

Abbildung 15.13: Objektmodell für Suchfunktionen über [WMISearcher] bzw. System.Management.ManagementObjectSearcher

15.6 Liste aller WMI-Klassen

Eine Liste aller verfügbaren WMI-Klassen auf einem System erhält man mit Get-CimClass. Dabei sind Platzhalter möglich, z.B.

Zugriff auf das WMI-Repository

Get-CimClass *disk*

Alternativ bekommt man eine Liste von Get-WmiObject mit dem Parameter -List. Ein Filter darf dabei nicht angegeben werden.

Get-Wmiobject -list

Wenn nichts angegeben wird, wird immer der Namensraum "root\cimv2" verwendet. Ein Namensraum lässt sich auch explizit angeben:

Get-CimClass *ftp* -Namespace root/WebAdministration

Man kann ebenso auf das WMI-Repository eines bestimmten entfernten Computers zugreifen, da die Menge der Klassen vom Betriebssystem und von den installierten Anwendungen abhängig ist.

Kapitel 15 Zugriff auf die Windows Management Instrumentation (WMI)

```
Get-Wmiobject -list -Computer F171
```

bzw.

```
Get-CimClass *ftp* -Namespace root/WebAdministration -ComputerName F171
```

15.7 Hintergrundwissen: WMI-Klassenprojektion mit dem PowerShell-WMI-Objektadapter

Auf den ersten Blick erscheinen die von den WMI-Commandlets gelieferten Objekte ganz normale .NET-Objekte zu sein. Aber „unter der Haube" tut sich hier einiges, denn es gibt gar nicht eine .NET-Klasse für jede WMI-Klasse. Vielmehr werden die vielen WMI-Klassen in sehr wenige .NET-Metaklassen mit Hilfe eines sogenannten PowerShell-Objektadapters projiziert.

> Auf die Frage, wozu man als fortgeschrittener PowerShell-Nutzer diesen Mechanismus überhaupt kennen muss und wissen muss, was im Hintergrund passiert, gibt es drei Antworten:
> - Damit Sie in der Lage sind, Codebeispiele, die mit dem WSH oder .NET arbeiten, auf die PowerShell zu übertragen
> - Damit Sie verstehen, in welcher Dokumentation Sie suchen müssen
> - Damit Sie auch verstehen, woran es liegen könnte, wenn etwas nicht funktioniert
>
> WMI ist nicht die einzige Komponente, für welche die PowerShell einen solchen PowerShell-Objektadapter bereitstellt. Der Zugriff auf Verzeichnisdienste, Datenbanken und XML-Dokumente funktioniert ähnlich.

WMI-Metaklassen Die wenigen .NET-Metaklassen sind insbesondere in der „alten" WMI-Welt:
- System.Management.ManagementObjectCollection
- System.Management.ManagementObject
- System.Management.ManagementClass
- System.Management.PropertyDataCollection

Und in der neueren WMI-Welt ab PowerShell 3.0:
- Microsoft.Management.Infrastructure.CimInstance
- Microsoft.Management.Infrastructure.CimClass
- Microsoft.Management.Infrastructure.CimInstanceProperties
- Microsoft.Management.Infrastructure.CimClassProperties
- Microsoft.Management.Infrastructure.CimProperty

Hintergrundwissen: WMI-Klassenprojektion mit dem PowerShell-WMI-Objektadapter

Die folgende Abbildung veranschaulicht diese Projektion anhand der „alten" WMI-Klassen.

Diese Abbildung führt aber eigentlich dazu, dass der Zugriff auf WMI-Objekte über .NET nicht gerade „geschmeidig" ist, weil immer umständlich die `PropertyDataCollection` anzusprechen ist. Hier bietet die Windows PowerShell auf Basis des Extended Type System (ETS) eine Vereinfachung, denn die PowerShell erstellt durch den eingebauten WMI-Objektadapter dynamisch wieder Objekte, die den WMI-Klassen entsprechen. Diesen komplexen Zusammenhang veranschaulicht nachstehende Grafik ebenfalls.

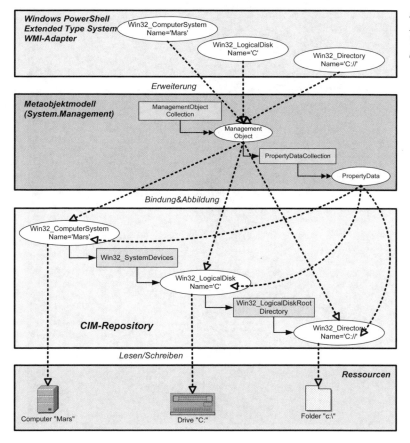

Abbildung 15.14
Abbildung von WMI-Objekten in der PowerShell

Die Menge der verfügbaren Attribute und Methoden ermittelt man wie bei normalen .NET-Objekten mit `Get-Member`. Obwohl die Mitglieder einer WMI-Klasse (z.B. `Win32_LogicalDisk`) nicht auch gleichzeitig Mitglieder der die WMI-Klasse verpackenden .NET-Metaklasse (`System.Management.ManagementObject` bzw. `Microsoft.Management.Infrastructure.CimInstance`) sind, listet `Get-Member` dennoch die Mitglieder aus beiden Abstraktionsebenen auf.

Get-Member

Kapitel 15 Zugriff auf die Windows Management Instrumentation (WMI)

Wenn Sie Hilfeinformationen zu den Objekten in der Pipeline suchen, müssen Sie also in die Dokumentation des WMI-Schemas [MSDN55] schauen, nicht in die Dokumentation von System.Management [MSDN56].

Abbildung 15.15
Auflisten des Pipeline-Inhalts mit Get-Member, wenn sich WMI-Objekte in der Pipeline befinden

Klassennamen Die Windows PowerShell hat ihre eigene Art und Weise, die durch den WMI-Objektadapter erzeugten Klassen zu benennen. Sie verwendet den Namen der .NET-Metaklasse (System.Management.ManagementObject) und den Pfad der WMI-Klasse getrennt durch das Zeichen „#":

System.Management.ManagementObject#root\cimv2\Win32_LogicalDisk bzw. in der neuen WMI-Welt:

```
Microsoft.Management.Infrastructure.CimInstance#root/cimv2/Win32_
LogicalDisk
```

15.8 Beschränkung der Ausgabeliste bei WMI-Objekten

Beim Zugriff auf einzelne Objekte sowie Objektmengen erhält man eine lange Ausgabeliste. Im Standard werden mit `Format-List` die zahlreichen Eigenschaften der ermittelten WMI-Objekte ausgegeben (siehe *Abbildung 15.16* am Beispiel `Win32_Videocontroller`).

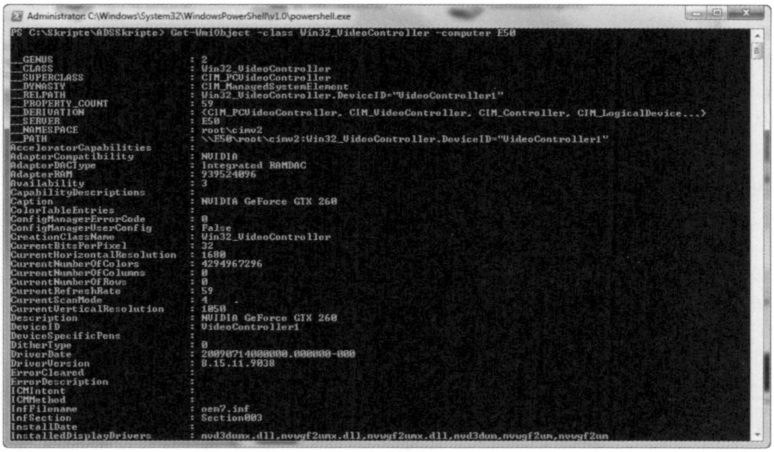

Abbildung 15.16 Eigenschaften der Klasse Win32_VideoController

Auch eine Ausgabe mit dem Commandlet `Format-Table` hilft nicht. Dies macht die Ausgabe zwar kürzer, aber viel breiter. Gut wäre es, das resultierende Objekt mit `Select-Object` auf die interessanten Eigenschaften zu „beschneiden":

```
Get-CimInstance Win32_VideoController |
Select-Object name,installeddisplaydrive
```

Auch für einige WMI-Klassen ist in der *types.ps1xml*-Datei festgelegt, welche Attribute ausgegeben werden. Für `Win32_Videocontroller` gibt es eine solche Festlegung nicht; daher werden alle Attribute ausgegeben. Die folgenden Bildschirmabbildungen zeigen aber die Wirkung der Deklarationen für `Win32_CDRomDrive`.

types.ps1xml

Abbildung 15.17 Standardausgabe des Befehls Get-CimInstance Win32_CDRom-Drive

Abbildung 15.18
Festlegung der auszugebenden Attribute für die WMI-Klasse Win32_CDRom-Drive

```xml
<Type>
    <Name>System.Management.ManagementObject#root\cimv2\win32_CDROMDrive</Name>
    <Members>
        <PropertySet>
            <Name>PSStatus</Name>
            <ReferencedProperties>
                <Name>Availability</Name>
                <Name>Drive</Name>
                <Name>ErrorCleared</Name>
                <Name>MediaLoaded</Name>
                <Name>NeedsCleaning</Name>
                <Name>Status</Name>
                <Name>StatusInfo</Name>
            </ReferencedProperties>
        </PropertySet>
    </Members>
    <MemberSet>
        <Name>PSStandardMembers</Name>
        <Members>
            <PropertySet>
                <Name>DefaultDisplayPropertySet</Name>
                <ReferencedProperties>
                    <Name>Caption</Name>
                    <Name>Drive</Name>
                    <Name>Manufacturer</Name>
                    <Name>VolumeName</Name>
                </ReferencedProperties>
            </PropertySet>
        </Members>
    </MemberSet>
</Type>
```

Get-CimInstance Das folgende Listing zeigt Beispiele zum Einsatz des neueren WMI-Commandlets `Get-CimInstance` in Zusammenarbeit mit Commandlets zur Pipeline-Steuerung:

```
# Name und freie Bytes auf allen Laufwerken
Get-CimInstance Win32_logicaldisk | Select-Object deviceid,freespace
```

```
# Name und Domain der Benutzerkonten, deren Kennwort niemals verfällt
Get-CimInstance Win32_account | Where-Object {$_.Kennwortexpires -eq 0 } | Select-Object Name,Domain
```

15.9 Zugriff auf einzelne Mitglieder von WMI-Klassen

Instanzmitglieder Auf die Attribute und auch auf die Methoden von WMI-Klassen kann man zugreifen wie auf die Mitglieder von .NET-Klassen. Die PowerShell abstrahiert von der Metaobjektmodell-Implementierung durch den Objektadapter, so dass man die einzelnen Eigenschaften der WMI-Klasse über die Punktnotation (`$Objektvariable.PropertyName`) ansprechen kann.

Listing 15.3
Zugriff auf ein Instanzmitglied: Ausgabe der Laufwerksbezeichnung (VolumeLabel) mit der WMI-Klasse Win32_LogicalDisk

```
# Instanzmitglied abrufen aus Instanz
$laufwerk = [WMI] "\\e60\root\cimv2:Win32_LogicalDisk.DeviceID='C:'"
"Die aktuelle Bezeichnung von Laufwerk C ist: " + ($laufwerk.Volumename)
```

Statische Klassenmitglieder Anders als bei .NET-Objekten macht die PowerShell bei WMI keine syntaktischen Unterschiede zwischen statischen Mitgliedern (Klassenmitglied) und Instanzmitgliedern, d.h., es ist immer nur der einfache Punktoperator zu verwenden (in .NET-Objekten ist der doppelte Doppelpunkt für statische Methoden zu verwenden). Bei WMI ist nur zu beachten, dass mit dem PowerShell-Typ [WMIClass] auf den WMI-Pfad der WMI-Klasse, nicht einer konkreten Instanz verwiesen wird.

Beispiel: Abruf des Namens des aktuellen Computers

```
# statisches Mitglied abrufen aus Klasse
$os = ([WMIClass] "Win32_OperatingSystem")
$os.PSComputerName
```

Listing 15.4 Zugriff auf ein Klassenmitglied: Ausgabe des Computernamens (PSComputerName) mit der WMI-Klasse Win32_Operating-System

15.10 Werte setzen in WMI-Objekten

Um Werte in Objekten zu setzen, kann man schreibend auf eine Eigenschaft zugreifen. Die Werte werden aber erst gespeichert, wenn man die Methode Put() in der Metaklasse aufruft.

Put()

Beispiel:

```
# Instanzmitglied abrufen aus Instanz
$laufwerk = [wmi] "\\.\root\cimv2:Win32_LogicalDisk.DeviceID='C:'"
"Die aktuelle Bezeichnung von Laufwerk C ist: " +
($laufwerk.Volumename)
# Änderung des Wertes
"Laufwerksname wird geändert"
$laufwerk.Volumename = "Sys"
$laufwerk.Put()
"Die aktuelle Bezeichnung von Laufwerk C ist nun: " +
($laufwerk.Volumename)
```

Listing 15.5 Werte setzen in WMI-Objekten mit Put()

Put() liefert leider keine sprechenden Fehlermeldungen. Man sieht als Fehlermeldung immer nur „Ausnahme beim Aufrufen von "Put" mit 0 Argument(en)".

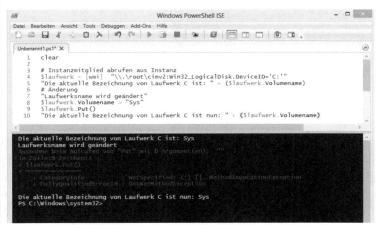

Abbildung 15.19: *Nichtssagende Fehlermeldung bei Put()*

Dies suggeriert, dass man Put() einen Parameter übergeben müsste. Aber das ist nicht so! Die Fehlermeldung kann so ziemlich alles heißen, z.B. ungültige Werte wurden gesetzt oder es gibt nicht ausreichend Rechte für die Änderung. Im konkreten Fall der Änderung der Laufwerksbezeichnung braucht man volle Administratorrechte. Dann geht es (siehe *Abbildung 15.20*).

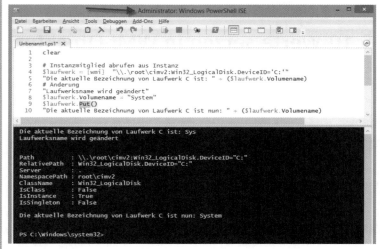

Abbildung 15.20: *Erfolgreiche Ausführung von Put() mit vollen Administratorrechten*

Alternativ kann man Werte in WMI-Objekten mit den WMI-Commandlets setzen.

Set-WmiInstance Mit dem Commandlet Set-WmiInstance lassen sich seit PowerShell 2.0 Werte in WMI-Objekten setzen:

Beispiel: Ändern des Namens des Laufwerks C auf dem Computer „F171":

```
Set-WmiInstance -path "\\F171\root\cimv2:Win32_
LogicalDisk.DeviceID='c:'" -Arguments @{ VolumeName="System" }
```

Set-CimInstance Alternativ kann man seit PowerShell 3.0 auch Set-CimInstance verwenden:

```
Get-CimInstance -namespace "root\cimv2" -class "Win32_LogicalDisk"
-Filter "DeviceID='c:'" | Set-CimInstance -property @{ Volume-
Name="System2" }
```

Vorteile von Set-CimInstance ist, dass es dort sprechende Fehlermeldungen gibt (siehe Bildschirmabbildungen).

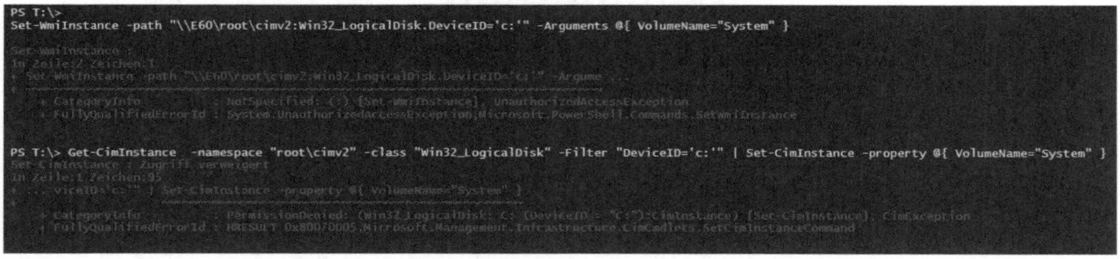

Abbildung 15.21: Nur Set-CimInstance liefert „Zugriff verweigert"

15.11 Umgang mit WMI-Datumsangaben

Datum und Uhrzeit werden in WMI als Zeichenkette der Form yyyymmddHHMMSS.mmmmmmsUUU gespeichert, wobei neben dem selbst erklärenden Kürzel anzumerken ist, dass mmmmmm die Anzahl der Millisekunden ist und UUU die Anzahl der Minuten, welche die lokale Zeit von der Universal Coordinated Time (UTC) abweicht. Das s ist das Vorzeichen. In Deutschland steht daher für UUU der Wert *+060*.

ToDateTime()

Zur Konvertierung eines WMI-Datumsformats in das normale Datumsformat der PowerShell (Klasse System.DateTime) steht die statische Methode ToDateTime() in der Klasse System.Management.ManagementDateTimeConverter zur Verfügung.

```
$cs = Get-CimInstance -Class Win32_OperatingSystem
"Startzeit des Systems in WMI-Format: " + $cs.LastBootUpTime
[System.DateTime] $startzeit =
[System.Management.ManagementDateTimeConverter]::ToDateTime
($cs.LastBootUpTime)
"Startzeit des Systems in normalem Format: " + $startzeit
```

*Listing 15.6
Umwandlung
von WMI-Datumsformaten in System.DateTime
[WMI_Date.PS1]*

Wenn die PowerShell Community Extensions installiert sind, verfügt die Klasse ManagementObject über eine zusätzliche Methode ConvertToDateTime(), welche die Konvertierung erledigen kann:

```
$cs = Get-CimInstance -Class Win32_OperatingSystem -property
LastBootUpTime
$cs.ConvertToDateTime($cs.LastBootUpTime)
```

15.12 Methodenaufrufe mit Invoke-WmiMethod

Punktnotation Auch Methodenaufrufe sind in WMI-Klassen möglich über die Punktnotation, sowohl für Instanzmethoden als auch statische Klassenmethoden.

Listing 15.7
WMI-Methodenaufrufe

```
# Instanzmethode aufrufen
([WMI] "\\E60\root\cimv2:Win32_
LogicalDisk.DeviceID='c:'").Chkdsk($false,$false,$false,$false,$false,$false)

# Statische Klassemethode aufrufen
([WMIClass] "Win32_Product").Install("c:\install\meinSetup.msi")
```

Invoke-WmiMethod Seit PowerShell 2.0 gibt es das Commandlet `Invoke-WmiMethod`, mit dem man WMI-Methoden direkt aufrufen kann.

Beispiel: Aufruf der Methode `Chkdsk()` in der WMI-Klasse `Win32_LogicalDisk` mit sechs Parametern (auf Computer F171):

```
Invoke-WmiMethod -Path "\\F171\root\cimv2:Win32_
LogicalDisk.DeviceID='c:'" -Name "Chkdsk" -ArgumentList
$false,$false,$false,$false,$false
```

Invoke-Cim-Method Seit PowerShell 3.0 kann man alternativ `Invoke-CimMethod` verwenden. Hier ist zu beachten, dass die Instanz, auf der der Befehl ausgeführt werden soll, zunächst mit `Get-CimInstance` geholt wird und die Parameter als Hash-Tabellen mit Name-Wert-Paaren anzugeben sind.

```
Get-CimInstance  -computername F171 -namespace "root\cimv2" -class
"Win32_LogicalDisk" -Filter "DeviceID='t:'" | Invoke-CimMethod -
MethodName "Chkdsk" -Arguments @{ FixErrors=$false; VigorousIndex-
Check=$false; SkipFolderCycle=$false; ForceDismount=$false; Reco-
verBadSectors=$false; OKToRunAtBootUp=$false }
```

15.13 Neue WMI-Instanzen erzeugen

Viele WMI-Klassen sind so gestaltet, dass zum Anlegen neuer Systemelemente (Managed Objects) eine Instanz der WMI-Klasse erzeugt werden muss. Dafür werden auf Klassenebene statische Methoden angeboten mit Namen `Create()`, vgl. *Abbildung 15.22*. Alternativ kann man seit PowerShell 3.0 das Commandlet `New-CimInstance` verwenden.

Instanzen entfernen

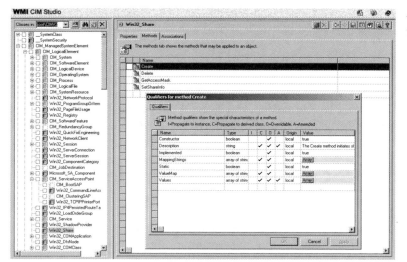

Abbildung 15.22
Methoden der Klasse Win32_Share

Das folgende Beispiel zeigt das Anlegen einer Freigabe mit Standardrechten. Die Vergabe von Rechten ist ein komplexeres Thema, das später noch behandelt wird.

Beispiel

```
# Create Win32_Share
$pfad = "w:\Temp"
$Sharename = "TempDateien"
$Comment = "Freigabe von w:\Temp"
$class = [WMIClass] "ROOT\CIMV2:Win32_Share"
$Access = $Null

$R = $class.Create($pfad, $Sharename, 0, 10, $Comment, "", $Access)
if ( $R.ReturnValue -ne 0) { Write-Error ("Fehler beim Anlegen: " +
$R.ReturnValue);}
else {"Freigabe wurde angelegt!" }
```

Listing 15.8
New-Share-Without-Permissions.ps1

15.14 Instanzen entfernen

Mit Remove-WmiObject (seit PowerShell 2.0) kann man ein WMI-Objekt löschen, z.B. einen Dateisystemordner auf einem entfernten System:

Invoke-WmiMethod

```
Remove-WmiObject -path "\\F171\root\cimv2:Win32_Directory.Name='c:\
\temp'"
```

Mit dem neuen (seit PowerShell 3.0) Remove-CimInstance sieht es so aus:

Remove-CimInstance

```
Get-CimInstance -computername F171 -class "Win32_Directory" -Filter
"Name='W:\\temp'" | Remove-CimInstance
```

Kapitel 15 Zugriff auf die Windows Management Instrumentation (WMI)

> Diese Aktion könnte man alternativ ausdrücken ohne Einsatz von WMI:
>
> Invoke-Command -ComputerName F171 { Remove-Item "c:\temp" }
>
> Der Unterschied ist: Der erste Befehl verwendet nur WMI-Klassen, die es auf jedem Windows-System (zumindest seit Windows 2000) gibt. Der zweite Befehl erfordert auf dem Zielsystem die Power-Shell ab Version 2.0 und dort aktiviertes PowerShell-Remoting.

15.15 Commandlet Definition XML-Datei (CDXML)

Die PowerShell ist schon 2006 erschienen und bot in der ersten Version zwar eine Menge Grundinfrastruktur zur Datenverarbeitung mit Import, Export, Filtern, Sortieren, Gruppieren und Zählen, aber wenig administrative Commandlets für den Zugriff auf System-Systembausteine. Erst mit Windows 7 und Windows Server 2008 R2 führte Microsoft mehr administrative Commandlets ein, aber weiterhin nur für einige ausgewählte Bereiche wie das Active Directory. Mit Windows 8 und Windows Server 2012 steigt die Anzahl der Commandlets fast explosionsartig. Während Microsoft bisher alle Commandlets explizit implementiert hatte, steckt ein Trick hinter der neuen Produktivität der Entwickler in Redmond: Die meistern der vielen neuen Commandlets sind als WMI-Klassen automatisch generiert worden.

CDXML Mit Windows 8 und Windows Server 2012 führt Microsoft eine neue Version ein, die viele WMI-Klassen einfacher realisiert als bisher und es zudem erlaubt, aus den WMI-Metadaten ein PowerShell-Commandlet zu generieren. Dabei wird kein Programmcode erzeugt, sondern lediglich eine „Commandlet Definition XML"-Datei (CDXML), die die PowerShell verwendet, um Ad-hoc passende Commandlets bereitzustellen, wenn man solche CDXML-Dateien mit Import-Module einliest.

Listing 15.9
Ausschnitte aus der Datei SmbShare.cdxml

```
<?xml version="1.0" encoding="utf-8"?>
<PowerShellMetadata xmlns="http://schemas.microsoft.com/cmdlets-over-objects/2009/11">

  <Class ClassName="ROOT/Microsoft/Windows/SMB/MSFT_SMBShare">
    <Version>1.0</Version>

    <DefaultNoun>SmbShare</DefaultNoun>
    <InstanceCmdlets>

      <!--
      // Get-SmbShare
      -->
      <GetCmdletParameters>
```

```xml
      <QueryableProperties>
        <Property PropertyName="Name">
          <Type PSType="string" />
          <RegularQuery AllowGlobbing="true">
            <CmdletParameterMetadata IsMandatory="false" Position="1" ValueFromPipelineByPropertyName="true" />
          </RegularQuery>
        </Property>
        <Property PropertyName="ScopeName">
          <Type PSType="string" />
          <RegularQuery AllowGlobbing="false">
            <CmdletParameterMetadata IsMandatory="false" Position="2" ValueFromPipelineByPropertyName="true" />
          </RegularQuery>
        </Property>
...
    </Cmdlet>

  </InstanceCmdlets>
  <StaticCmdlets>
    <!--
    // New-SmbShare
    -->
    <Cmdlet>
      <CmdletMetadata Verb="New" ConfirmImpact="Medium" HelpUri="http://go.microsoft.com/fwlink/?LinkID=241957" Aliases="nsmbs"/>
      <Method MethodName="CreateShare">
        <ReturnValue>
          <Type PSType="uint32" />
          <CmdletOutputMetadata>
            <ErrorCode />
          </CmdletOutputMetadata>
        </ReturnValue>
        <Parameters>
          <Parameter ParameterName="Description">
            <Type PSType="string" />
            <CmdletParameterMetadata>
              <AllowEmptyString />
              <ValidateNotNull />
            </CmdletParameterMetadata>
          </Parameter>
          <Parameter ParameterName="ConcurrentUserLimit">
            <Type PSType="Uint32" />
            <CmdletParameterMetadata>
              <AllowEmptyString />
              <ValidateNotNull />
            </CmdletParameterMetadata>
...
```

16 Dynamische Objekte

In den meisten Programmiersprachen ist der Aufbau von Objekten durch Klassendefinitionen zur Entwicklungszeit festgelegt. Die Klasse definiert die Mitglieder (Attribute, Methoden und Ereignisse) und die Instanzen dieser Klasse erhalten genau die in der Klasse definierten Mitglieder. Einige Programmiersprachen erlauben die Erweiterungen von Objekten zur Laufzeit um neue Mitglieder. Die PowerShell gehört zu diesen Programmierumgebungen, die diese Möglichkeit besitzen.

Zentrales Instrument ist dafür das Commandlet Add-Member, mit dem man ein bestehendes Objekt um Mitglieder erweitern kann. Ein zusätzliches Attribut sind ein „NoteProperty", eine zusätzliche Methode eine „ScriptMethod" (weil man sie in der PowerShell-Skriptsprache implementiert).

Add-Member

Add-Member erwartet folgende Angaben:

- -InputObject: das zu erweiternde Objekt
- -MemberType: NoteProperty oder ScriptMethode
- -Name: Bezeichner des neuen Mitglieds
- -Value: bei einem NoteProperty der Wert, bei einer ScriptMethod der Skriptblock

16.1 Erweitern bestehender Objekte

Eine Schwäche in der .NET-Klassenbibliothek ist sicherlich, dass die Klasse System.IO.DirectoryInfo, die Ordner im Dateisystem repräsentiert, kein Attribut besitzt, das die Größe aller Dateien in diesem Ordner wiedergibt. Es gibt lediglich für einzelne Dateien (System.IO.FileInfo) das Attribut Length. Die nachstehend dokumentierte Funktion Get-Dir-Size ermittelt ausgehend von einem beliebigen Ordner die Größe der Unterordner, indem rekursiv die Größe aller Dateien ermittelt wird. Die ermittelte Größe könnte man in einer separaten Datenstruktur halten. Es ist aber viel eleganter, diese Größe an die bestehenden DirectoryInfo-Objekte für die Ordner anzuheften.

Größe von Dateisystemverzeichnissen

Kapitel 16 Dynamische Objekte

Listing 16.1
Ermitteln der Ordnergrößen und Anheften der Informationen an die Klasse DirectoryInfo

```
# DirSize.ps1
# Erweitern der Klasse DirectoryInfo um Attribut Size

function Get-DirSize($Path)
{
# Zugriff auf Unterverzeichnisse des Wurzelverzeichnisses
$WurzelVerzeichnisse = Get-ChildItem $Path -Force  | where { $_
.GetType().Name -eq "DirectoryInfo" }

# Iteration über die Unterordner
foreach ($AktuellesVerzeichnis in $WurzelVerzeichnisse)
{
# Ermitteln der Größe aller Dateien in dem Ordner und seinen
Unterordnern
$groesse = ($AktuellesVerzeichnis | Get-ChildItem -Recurse -ea
silentlycontinue  | where { $_.GetType().Name -ne "DirectoryInfo" }
 | Measure-Object length -Sum)
# Anfügen des Mitglieds "Size" an das DirectoryInfo-Objekt
Add-Member -InputObject $AktuellesVerzeichnis -Value $groesse.Sum -
Name "Size" -MemberType "NoteProperty"
}
# Sortierte Ausgabe der Größen
$WurzelVerzeichnisse | sort Size -desc
}
```

Diese Funktion kann man beispielsweise benutzen, um die Größe der Benutzerprofile auf einem System zu ermitteln.

```
Get-DirSize c:\users | ft Name, Size
```

Abbildung 16.1
Ausgabe der Ordnergrößen von c:\users

```
PS P:\> Get-DirSize c:\Users | gm

   TypeName: System.IO.DirectoryInfo

Name                      MemberType     Definition
----                      ----------     ----------
Mode                      CodeProperty   System.String Mode{get=Mode;}
Create                    Method         System.Void Create(System.Security....
CreateObjRef              Method         System.Runtime.Remoting.ObjRef Crea...
CreateSubdirectory        Method         System.IO.DirectoryInfo CreateSubdi...
Delete                    Method         System.Void Delete(), System.Void D...
Equals                    Method         bool Equals(System.Object obj)
GetAccessControl          Method         System.Security.AccessControl.Direc...
GetDirectories            Method         System.IO.DirectoryInfo[] GetDirect...
GetFiles                  Method         System.IO.FileInfo[] GetFiles(), Sy...
GetFileSystemInfos        Method         System.IO.FileSystemInfo[] GetFileS...
GetHashCode               Method         int GetHashCode()
GetLifetimeService        Method         System.Object GetLifetimeService()
GetObjectData             Method         System.Void GetObjectData(System.Ru...
GetType                   Method         type GetType()
InitializeLifetimeService Method         System.Object InitializeLifetimeSer...
MoveTo                    Method         System.Void MoveTo(string destDirName)
Refresh                   Method         System.Void Refresh()
SetAccessControl          Method         System.Void SetAccessControl(System...
ToString                  Method         string ToString()
PSChildName               NoteProperty   System.String PSChildName=All Users
PSDrive                   NoteProperty   System.Management.Automation.PSDriv...
PSIsContainer             NoteProperty   System.Boolean PSIsContainer=True
PSParentPath              NoteProperty   System.String PSParentPath=Microsof...
PSPath                    NoteProperty   System.String PSPath=Microsoft.Powe...
PSProvider                NoteProperty   System.Management.Automation.Provid...
Size                      NoteProperty   System.Double Size=3060902415
Attributes                Property       System.IO.FileAttributes Attributes...
CreationTime              Property       System.DateTime CreationTime {get;s...
CreationTimeUtc           Property       System.DateTime CreationTimeUtc {ge...
Exists                    Property       System.Boolean Exists {get;}
Extension                 Property       System.String Extension {get;}
FullName                  Property       System.String FullName {get;}
LastAccessTime            Property       System.DateTime LastAccessTime {get...
LastAccessTimeUtc         Property       System.DateTime LastAccessTimeUtc {...
LastWriteTime             Property       System.DateTime LastWriteTime {get;...
LastWriteTimeUtc          Property       System.DateTime LastWriteTimeUtc {g...
Name                      Property       System.String Name {get;}
Parent                    Property       System.IO.DirectoryInfo Parent {get;}
Root                      Property       System.IO.DirectoryInfo Root {get;}
BaseName                  ScriptProperty System.Object BaseName {get=$this.N...

PS P:\>
```

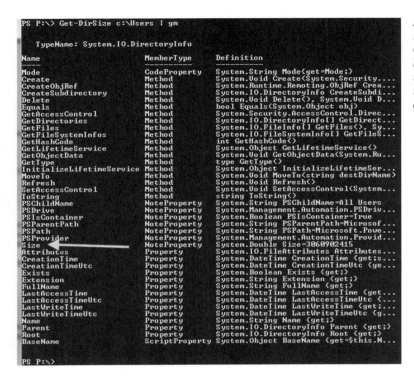

Abbildung 16.2 Der Einsatz von Get-Member beweist, dass System.IO.DirectoryInfo tatsächlich erweitert wurde.

> Bitte beachten Sie, dass der Standort der Profilordner vom Betriebssystem abhängig ist.

16.2 Komplett dynamische Objekte

Man kann auch eigene Objekte komplett neu aufbauen. Immer notwendige Basis ist dabei lediglich die Klasse `PSCustomObject`. Die Klasse erbt direkt von `System.Object`. Von `System.Object` erhält `PSCustomObject` die vier öffentlichen Mitglieder, die jedes .NET-Objekt besitzt.

```
   TypeName: System.Management.Automation.PSCustomObject

Name        MemberType Definition
----        ---------- ----------
Equals      Method     bool Equals(System.Object obj)
GetHashCode Method     int GetHashCode()
GetType     Method     type GetType()
ToString    Method     string ToString()
```

Abbildung 16.3 Die vier Standardmitglieder eines jeden .NET-Objekts

Beispiel

Person-Objekt

Das Beispiel zeigt die Erstellung eines Person-Objekts, das die Attribute `Geschlecht`, `Titel`, `Vorname` und `Name` besitzt, sowie eine ScriptMethod `GetAnrede()`, die diese beiden Zeichenketten korrekt zu einer Anrede zusammenfügt.

Kapitel 16 Dynamische Objekte

Listing 16.2
Dynamische-
Objekte.ps1

```
[PSCustomObject] $person = new-object PSCustomObject

Add-Member -InputObject $person -MemberType NoteProperty -Name
Geschlecht "M"
Add-Member -InputObject $person -MemberType NoteProperty -Name Name
"Schwichtenberg"
Add-Member -InputObject $person -MemberType NoteProperty -Name
Vorname "Holger"
Add-Member -InputObject $person -MemberType NoteProperty -Name
Titel "Dr."
Add-Member -InputObject $person -MemberType ScriptMethod -Name
GetAnrede -Value {

if ($Geschlecht -eq "W") { $Anrede = "Frau"}
else { $Anrede = "Herr" }
if ($Titel -ne "") { $Anrede = $Anrede + " " + $this.Titel}
return $Anrede + " " + $this.Vorname + " " + $this.Name

}

$person.GetAnrede() # liefert: "Herr Dr. Holger Schwichtenberg"
```

> Innerhalb einer ScriptMethod nimmt man mit $this Bezug auf die übrigen Mitglieder des aktuellen Objekts. Dies ist wohl zu unterscheiden von $_ (alias $PSItem), mit dem man das aktuelle Objekt in der Pipeline adressiert.
>
> Natürlich kann man innerhalb einer ScriptMethod auch Pipeline-Befehle verwenden.

Es ist eine verkürzte Schreibweise möglich, indem man die Eigenschaften des selbst definierten Objekts in einer Hashtable speichert und diese dann in ein PSCustomObject überführt:

```
$person2 = new-object psobject @{ Geschlecht="M"; Name="Schwichtenberg"; Vorname="Holger"; Titel="Dr." }
```

oder

```
$person3 = [PSCustomObject] @{ Geschlecht="M"; Name="Schwichtenberg"; Vorname="Holger"; Titel="Dr." }
```

Es ist dabei aber nicht möglich, eine ScriptMethod festzulegen. Hierzu braucht man weiterhin Add-Member.

Listing 16.3
Dynamische-
Objekte.ps1

```
$person3 = [PSCustomObject] @{ Geschlecht="M"; Name="Schwichtenberg"; Vorname="Holger"; Titel="Dr." }
Add-Member -InputObject $person3 -MemberType ScriptMethod -Name Get-
Anrede -Value {

if ($this.Geschlecht -eq "W") { $Anrede = "Frau"}
else { $Anrede = "Herr" }
if ($this.Titel -ne "") { $Anrede = $Anrede + " " + $this.Titel}
return $Anrede + " " + $this.Vorname + " " + $this.Name
}
```

17 Einbinden von C# und VB.NET

Das seit PowerShell 2.0 neu eingeführte Commandlet Add-Type erlaubt die dynamische Kompilierung einer .NET-Klasse. Dabei kann der Quelltext in einer externen Datei liegen oder in ein PowerShell-Skript eingebettet sein. Erlaubte Programmiersprachen sind C# („cs"), Visual Basic .NET („VisualBasic") und JScript .NET („js").

Add-Type

In PowerShell 1.0 konnte man Programmcode aus einer der drei vorgenannten Sprachen nur verwenden, indem man den Programmcode statisch kompiliert und dann die entstandene Assembly in die PowerShell geladen hat. Mit Add-Type kann man nun mit den .NET-Sprachen umgehen wie mit Skriptsprachen.

Das folgende Listing zeigt am Beispiel einer „HelloWorld"-Anwendung verschiedene Möglichkeiten, C#-Programmcode aufzurufen.

```
# CSharp-Code eingebettet in PowerShell-Skripte
$CSKlasseCode = @"
    // Statische Methode mit Parameter
    public static string Hallo1(string name)
    {
    return "Hallo " + name + "!";
    }

    // Instanz-Methode mit Parameter
        public string Hallo2(string name)
    {
    return "Hallo " + name + "!";
    }

    public string Name;

    // Instanz-Methode ohne Parameter
    public string Hallo3()
    {
    return "Hallo " + this.Name + "!";
    }
"@

# Dynamisches Kompilieren
$CSKlasse = Add-Type -MemberDefinition $CSKlasseCode -Name "Welt" -language csharp -UsingNamespace
```

Listing 17.1
Hello World in C#, eingebettet in ein PowerShell-Skript [WPS2_CSClass.ps1]

Kapitel 17 Einbinden von C# und VB.NET

```
"System.Reflection","System.Diagnostics" -PassThru

# Testen
$CSKlasse::Hallo1("Holger")
$o = New-Object $CSKlasse
$o.Hallo2("Holger")
$o.Name = "Holger"
$o.Hallo3()
```

Listing 17.2
Hello World in Visual Basic .NET, eingebettet in ein PowerShell-Skript [WPS2_VBClass.ps1

```
$MeineKlasse= @"

' Statische Methode mit Parameter
Public Shared Function Hallo1(ByVal name As String) As String
    Return "Hallo " & name & "!"
End Function

' Instanz-Methode mit Parameter
Public Function Hallo2(ByVal name As String) As String
    Return "Hallo " & name & "!"
End Function

Public _Name As String

' Instanz-Methode ohne Parameter
Public Function Hallo3() As String
    Return "Hallo " & Me._Name & "!"
End Function
"@


$myclass = Add-Type -MemberDefinition $MeineKlasse -Name
"MeineKlasse" -language VisualBasic -UsingNamespace
"System.Reflection","System.Diagnostics" -PassThru

$myclass::Hallo1("Holger")

$o = New-Object $myclass
$o.Hallo2("Holger")

$o.Name = "Holger"
$o.Hallo3()
```

18 Win32-API-Aufrufe

Man kann aus der PowerShell heraus direkt auf .NET-Klassen, COM-Klassen und WMI-Klassen zugreifen. Es gibt aber keine unmittelbare Zugriffsmöglichkeit auf die Win32-API-Funktionen. Auch schon zu Zeiten von PowerShell 1.0 gab es einen Trick mit der FCL, um Win32-API-Aufrufe über den in das .NET Framework eingebauten Mechanismus „Plattform Invoke" (kurz: PInvoke) aufzurufen. Seit PowerShell 2.0 ist dies stark vereinfacht durch die Möglichkeit, C#- oder Visual Basic.NET-Code direkt in PowerShell-Skriptcode einzubetten. So kann man dort PInvoke in die Win32-API-Aufrufe kapseln.

Plattform Invoke

Das Beispiel zeigt eine in ein PowerShell-Skript eingebettete C#-Klasse, die Zugriff auf die Bildschirmschonereinstellungen über die Win32-API-Methode SystemParametersInfo bietet.

```
$CSharpKlassenDefinition = @"

        [DllImport("user32.dll", CharSet = CharSet.Auto)]
        private static extern bool SystemParametersInfo(
            int uAction, int uParam, ref bool lpvParam,
            int flags);

private const int SPI_GETSCREENSAVERACTIVE = 16;
private const int SPI_SETSCREENSAVERACTIVE = 17;
private const int SPIF_SENDWININICHANGE = 2;
private const int SPI_GETSCREENSAVERTIMEOUT = 14;
        private const int SPI_SETSCREENSAVERTIMEOUT = 15;

 public static bool GetStatus()
        {
            bool isActive = false;

            SystemParametersInfo(SPI_GETSCREENSAVERACTIVE, 0,
                ref isActive, 0);

            return isActive;
        }

        public static void TurnOn()
        {
            int nullVar = 0;
```

Listing 18.1
Die in das PowerShell-Skript eingebettete Klasse „ScreenSaver" kapselt den Zugriff auf eine Win32-API-Funktion. [WPS2_Win32API._Screensaver.ps1]

Kapitel 18 Win32-API-Aufrufe

```
            bool result = SystemParametersInfo(SPI_
SETSCREENSAVERACTIVE,
                1, ref nullVar, SPIF_SENDWININICHANGE);

            if (!result)
            {
                throw new
System.ComponentModel.Win32Exception(Marshal.GetLastWin32Error());
            }
        }

        public static void TurnOff()
        {
            int nullVar = 0;

            bool result = SystemParametersInfo(SPI_
SETSCREENSAVERACTIVE,
                0, ref nullVar, SPIF_SENDWININICHANGE);

            if (!result)
            {
                throw new
System.ComponentModel.Win32Exception(Marshal.GetLastWin32Error());
            }
        }

    public static Int32 GetTimeout()
        {
            Int32 value = 0;

            bool res = SystemParametersInfo(SPI_
GETSCREENSAVERTIMEOUT, 0,
                ref value, 0);
            if (!res)
            {
                throw new
System.ComponentModel.Win32Exception(Marshal.GetLastWin32Error());
            }
            return value;
        }


        public static void SetTimeout(Int32 Value)
        {
            int nullVar = 0;

            bool res = SystemParametersInfo(SPI_
SETSCREENSAVERTIMEOUT,
```

```
                Value, ref nullVar, SPIF_SENDWININICHANGE);
            if (!res)
            {
                throw new
System.ComponentModel.Win32Exception(Marshal.GetLastWin32Error());
            }

        }
   "@

$Klasse = Add-Type -MemberDefinition $CSharpKlassenDefinition -Name
"ScreenSaver" -UsingNamespace
"System.Reflection","System.Diagnostics" -PassThru
$Klasse::GetStatus()
$Klasse::GetTimeout()
$Klasse::TurnOff()
$Klasse::GetStatus()
$Klasse::GetStatus()
$Klasse::SetTimeout(800)
$Klasse::GetStatus()
```

19 Fehlersuche

Dieses Kapitel zeigt verschiedene Optionen zur Fehlersuche bei Commandlets und in Skripten auf.

19.1 Detailinformationen

Detailinformationen über die Arbeit eines einzelnen Commandlets erhält man durch den Standardparameter –verbose. Das Gleiche für ganze Skripte erreicht man durch Set-PsDebug -trace 1 oder Set-PsDebug -trace 2. Die nachfolgende Abbildung zeigt die Ausgaben bei -trace 1. Bei -trace 2 wäre die Ausgabe noch detaillierter.

Verbose und Debug

Abbildung 19.1
Protokollieren eines Skriptablaufs

19.2 Einzelschrittmodus

Set-PsDebug Mit dem Commandlet `Set-PsDebug -step` kann man Skripte schrittweise durchlaufen, d.h., die PowerShell gibt die Schritte nicht nur aus, sondern fragt auch noch nach jedem Schritt, ob die Ausführung fortgesetzt werden soll.

Abbildung 19.2
Durchlaufen eines Skripts in Einzelschritten

19.3 Zeitmessung

Das Commandlet `Measure-Command` liefert die Angabe, wie lange ein Befehl zur Ausführung braucht – in Form eines `TimeSpan`-Objekts.

Measure-Command

Beispiel:

```
Measure-Command { Get-Process | Foreach-Object { $_.ws } }
```

19.4 Ablaufverfolgung

Mit dem Commandlet `Set-TraceSource` kann man eine Ablaufverfolgung aktivieren, die detaillierte Informationen über jeden Verarbeitungsschritt liefert. `Get-TraceSource` listet alle überwachbaren Protokollquellen auf. Im Standard sind es 176. Damit wird die Komplexität des Themas deutlich, das den Rahmen dieses Buchs sprengen würde.

Set-TraceSource

> Beim Experimentieren mit `Set-TraceSource` können Sie schnell zu einem Punkt kommen, wo Sie vor lauter Protokollausgaben die eigentlichen Aktionen nicht mehr sehen. Um die Protokollierung wieder zu deaktivieren, verwendet man `Set-TraceSource` mit dem Parameter `-RemoveListener`.

20 Transaktionen

Die PowerShell seit Version 2.0 unterstützt Transaktionen. Dies bedeutet, dass von einer Reihe von Befehlen entweder alle oder keiner ausgeführt werden. Ein Aufruf von `Get-PSProvider` zeigt in der Spalte `Capabilities`, welche PowerShell-Provider Transaktionen unterstützen. In der Basisausstattung der PowerShell ist dies aber leider nur der Registry Provider.

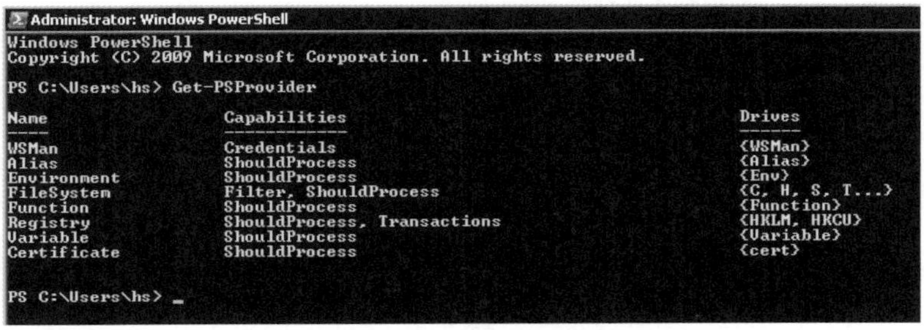

Abbildung 20.1
In PowerShell unterstützt bisher nur der Registrierungsdatenbankprovider die PowerShell-Transaktionen.

20.1 Commandlets für Transaktionen

Zur Transaktionssteuerung gibt es vier Commandlets:

- `Start-Transaction`: Beginn einer neuen Transaktion
- `Get-Transaction`: zeigt den Status der laufenden Transaktion
- `Complete-Transaction`: Erfolgreiches Ende der Transaktion, d.h., alle Änderungen werden wirksam.
- `Undo-Transaction`: Rücksetzen auf den Zustand vor der Transaktion

20.2 Start und Ende einer Transaktion

Eine Transaktion wird eingeleitet mit `Start-Transaction` und mit `Complete-Transaction` erfolgreich beendet. Parameter sind dabei keine notwendig.

Transaktionssteuerung

Eine Transaktion darf beliebig viele Schritte enthalten. Alle Befehle, die Teil der Transaktion sein sollen, benötigen den Zusatzparameter `-useTransaction`. Man sieht nur ein Zwischenergebnis bei Lesebefehlen, die

Kapitel 20 Transaktionen

auch -useTransaction verwenden; alle Befehle ohne diesen Zusatz arbeiten auf dem Stand vor der Transaktion.

In dem folgenden Beispiel wird ein Registrierungsdatenbankschlüssel mit zwei Werten in einer Transaktion erzeugt.

Listing 20.1
Transaktionsbeispiel
[Aufbauwissen/
Transaktionen/
*WPS2_*
*Transaktion_*
_Registry.ps1]

```
# WPS2 / Transaktionen / Registry

$parent  =  "HKCU:\Software\"
$keyname = "www.IT-Visions.de"
$key  =  "HKCU:\Software\" + $keyname
$ErrorActionPreference = "continue"

if (Test-Path $key )
{ remove-Item $key   -Force }

"Transaktion starten..."
Start-Transaction

"Transaktionsstatus: " + (Get-Transaction).Status
Test-Path $key -usetransaction

New-Item -Path $parent -Name $keyname -UseTransaction -ItemType key

New-ItemProperty -path $key -name Name -value "www.IT-Visions.de - Softwareentwicklung, Technologieberatung, Schulung" -useTransaction
New-ItemProperty -path $key -name Inhaber -value "Dr. Holger Schwichtenberg" -useTransaction

# So sieht man den Schlüssel nicht
Test-Path $key
Get-Item $key #führt zu Fehler, der aber Transaktion nicht abbricht!
Get-ItemProperty $key "Inhaber" #führt zu Fehler, der aber die Transaktion nicht abbricht!

Unsinn #führt zu Fehler, der aber Transaktion nicht abbricht!

#Get-Item "HCCU:/Unsinn" -UseTransaction #würde zu Abbruch der Transaktion führen!

# So sieht man den Schlüssel!
Test-Path $key -UseTransaction
Get-Item $key -UseTransaction
Get-ItemProperty $key "Website" -UseTransaction

"Transaktion abschließen..."
Complete-Transaction

# So sieht man den Schlüssel jetzt auch!
```

```
Test-Path $key
Get-Item $key
Get-ItemProperty $key "Inhaber"

"Transaktionsstatus: " + (Get-Transaction).Status
```

20.3 Zurücksetzen der Transaktion

Ein Zurücksetzen auf den Ursprungszustand (Rollback, Abort, Undo) findet statt, wenn `Undo-Transaction` aufgerufen wird, die bei `Start-Transaction` im Parameter `-TimeOut` angegebene Zeit abgelaufen ist oder eines der an der Transaktion beteiligten Commandlets einen Fehler verursacht. Mit dem Parameter `-Rollbackpreference` in `Start-Transaction` kann man das Verhalten im Fehlerfall aber ändern. Mögliche Zustände sind:

Ende einer Transaktion

- `Error`: Rücksetzen der Transaktion bei jeder Art von Fehler in einem der Commandlets, die `-ustransaction` verwenden (Standardeinstellung)
- `Terminating`: Rücksetzen der Transaktion nur bei Fehlern, die zum Abbruch des Befehls führen („Terminating Errors")
- `Never`: Die Transaktion wird niemals automatisch zurückgesetzt.

Wichtig: Bei der Frage, ob ein Fehler aufgetreten ist, geht es hier immer nur um die Commandlets, die `-ustransaction` verwenden. In dem folgenden Beispiel wird die Transaktion erfolgreich beendet, obwohl „unsinn" einen Fehler lieferte.

```
$key =    "HKCU:\Software\ix"

$parent =  "HKCU:\Software\"
$keyname = "iX"
$key =    "HKCU:\Software\" + $keyname

"Transaktion starten..."
Start-Transaction
if (Test-Path $key) { remove-Item $key -UseTransaction }
New-Item -Path $parent -Name $keyname -UseTransaction -ItemType key

New-ItemProperty -path $key -name Name -value "iX - Magazin für
professionelle Informationstechnik" -useTransaction
New-ItemProperty -path $key -name Website -value "www.ix.de" -
useTransaction

Unsinn #führt zu fehler

"Transaktion abschließen..."
Complete-Transaction
```

Listing 20.2
Beispiel für Fehler in Transaktionen [Aufbauwissen/Transaktionen/WPS2_Transaktion_Fehler.ps1]

20.4 Mehrere Transaktionen

Mehrere Transaktionen

Man kann `Start-Transaction` mehrfach aufrufen, dies führt aber nicht zu unabhängigen Transaktionen. Vor Ende einer Transaktion gestartete Transaktionen sind Untertransaktionen (Teiltransaktionen, eingebettete Transaktionen) der übergeordneten Transaktion.

Die Anzahl der Ebenen sieht man bei `Get-Transaction` in der Anzahl „SubscriberCount".

Ein Aufruf von `Complete-Transaction` in einer Situation mit Untertransaktion führt zum erfolgreichen Ende der Untertransaktion. Ein Aufruf von `Undo-Transaction` in einer Situation mit Untertransaktion führt zum Abbruch der Gesamttransaktion (siehe *Abbildung 20.2*).

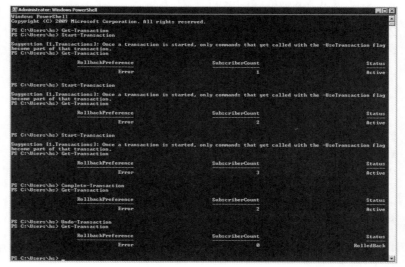

Abbildung 20.2
Beispiel mit mehreren Aufrufen von Start-Transaction

21 Hintergrundaufträge („Jobs")

Windows PowerShell bietet ab Version 2.0 die Möglichkeit, Befehle und Skripte im Hintergrund auszuführen, ohne dass es während der Ausführungszeit eine Interaktion mit der aktuellen PowerShell-Sitzung gibt. Hintergrundaufträge blockieren die aktuelle PowerShell-Sitzung nicht, d.h., der Benutzer kann währenddessen andere Befehle eingeben. Hintergrundaufträge bieten sich also insbesondere für lang dauernde Befehle und Skripte an. **Jobs**

Folgende Commandlets sind seit PowerShell 2.0 für die Handhabung der Hintergrundaufträge implementiert:

- `Start-Job`: Start eines Hintergrundauftrags
- `Get-Job`: Liste aller laufenden und abgeschlossenen Hintergrundaufträge
- `Receive-Job`: Zugriff auf das Ergebnis eines Hintergrundauftrags
- `Stop-Job`: Beenden eines Hintergrundauftrags
- `Wait-Job`: Warten auf das Ende eines Hintergrundauftrags
- `Remove-Job`: Entfernen eines Hintergrundauftrags

21.1 Voraussetzungen

Die Windows PowerShell muss für die Fernausführung konfiguriert sein, auch wenn die Hintergrundaufträge auf dem gleichen Rechner laufen. Hintergrund ist, dass die Kommunikation zwischen Hauptprozess und den Hintergrundprozessen für die Hintergrundaufträge auch über WS-Management erfolgt. **Fernausführung**

Details lesen Sie bitte in *Kapitel 12 „Fernausführung (Remoting)"*.

Kapitel 21 Hintergrundaufträge („Jobs")

21.2 Architektur

Jobs laufen grundsätzlich in einem eigenen Prozess (*PowerShell.exe*). Die Kommunikation zwischen aufrufendem PowerShell-Prozess und dem ausführenden PowerShell-Prozess erfolgt über WinRM (siehe *Kapitel 12 „Fernausführung (Remoting)"*). Bei lokalen Hintergrundaufträgen erfolgt die Kommunikation zwischen aufrufendem PowerShell-Prozess und dem ausführenden PowerShell-Prozess durch den IPC-Kanal, im entfernten Fall über HTTP.

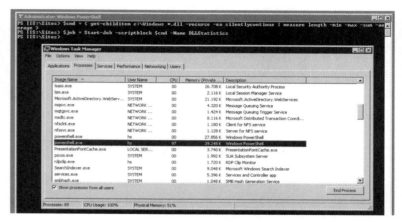

Abbildung 21.1 Durch den Start des Hintergrundauftrags wurde eine neue Instanz der PowerShell.exe gestartet.

21.3 Starten eines Hintergrundauftrags

Start-Job   Einen Hintergrundauftrag startet der Administrator über `Start-Job` oder `Invoke-Command -AsJob`.

`start-job -scriptblock { Get-childitem c:\Windows -recurse}`

`Start-Job` liefert als Ergebnis eine Instanz der Klasse `System.Management.Automation.PSRemotingJob`.

Beispiel:

Der folgende Befehl erstellt eine Statistik über alle DLLs im Windows-Installationsverzeichnis und dauert in der Regel mehrere Sekunden:

```
Get-childitem c:\Windows *.dll -recurse -ea silentlycontinue |
measure length
-min -max -sum -average
```

Es bietet sich an, diesen Befehl als Job zu starten:

```
$cmd = { Get-childitem c:\Windows *.dll -recurse -ea
silentlycontinue | measure length -min -max -sum -average }
$job = Start-Job -scriptblock $cmd -Name DLLStatistics
```

21.4 Hintergrundaufträge abfragen

Das von `Start-Job` gelieferte `PSRemotingJob`-Objekt dient der weiteren Nutzung des Auftrags.

PSRemotingJob

`$job = Start-Job -scriptblock $cmd -Name DLLStatistics Get-Job` liefert den Zustand aller Hintergrundaufträge. Es gibt die Status: Running, Failed, Stopped und Completed.

Das Ergebnis des Hintergrundauftrags, also den Inhalt der Pipeline nach der Ausführung, kann man abrufen über:

Receive-Job

`Receive-Job $job`

Abbildung 21.2
Ausführen und Auswerten eines Hintergrundauftrags

> Genau wie bei der Fernausführung findet auch bei Hintergrundaufträgen eine Serialisierung/Deserialisierung statt, so dass die Ergebnisobjekte keine Methoden mehr besitzen.

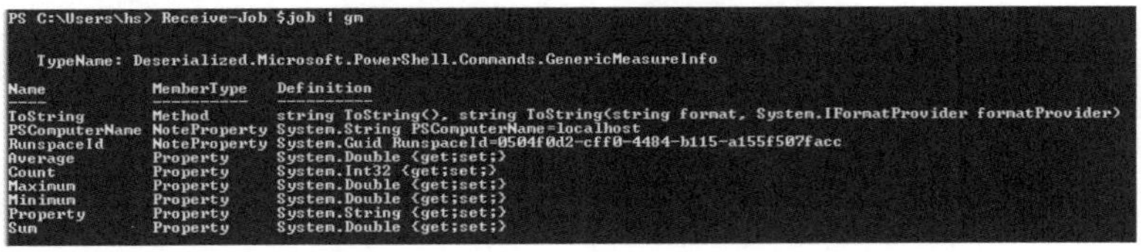

Abbildung 21.3
Inhalt der Pipeline nach Receive-Job

`Receive-Job` kann auch ausgeführt werden, wenn der Auftrag noch läuft. `Receive-Job` liefert dann alle bis dahin von dem Auftrag erzeugten Ergebnisobjekte. Bei weiteren Aufrufen von `Receive-Job` werden dann nur noch die verbliebenen Objekte geliefert.

Tipp: Mit dem Parameter `-keep` in `Receive-Job` kann man erreichen, dass bereits abgerufene Ergebnisse erneut abgerufen werden können.

21.5 Warten auf einen Hintergrundauftrag

Wait-Job Mit Wait-Job kann man auf die Fertigstellung eines Hintergrundauftrags warten. Dabei kann man optional angeben, wie lange man warten möchte (Timeout in Sekunden):

```
Wait-Job -ID 10 -timeout 60
```

21.6 Abbrechen und Löschen von Aufträgen

Stop-Job Einen Hintergrundauftrag kann man mit Stop-Job vorzeitig beenden:

```
Stop-Job -id 23 # Abbrechen des Auftrags Nummer 23
Stop-Job $job # Abbrechen anhand des Auftragsobjekts
```

Der Auftrag wird dann in der Auftragsliste als „Stopped" angezeigt.

Remove-Job Mit Remove-Job kann man Aufträge aus der Auftragsliste löschen:

```
Remove-Job -job 23
Remove-Job $job
```

Hinweis: Man kann Aufträge nur löschen, wenn diese im Status „Stopped" oder „Completed" sind.

21.7 Analyse von Fehlermeldungen

JobStateInfo Die Ursache für einen fehlgeschlagenen Hintergrundauftrag kann man auslesen über:

```
$job.ChildJobs[0].JobStateInfo.Reason
```

In vielen Fällen sieht man den Fehler aber auch über Receive-Job.

21.8 Fernausführung von Hintergrundaufträgen

Auch Fernaufrufe kann man als Hintergrundaufträge starten. Gerade bei langsamen Verbindungen bzw. vielen abzufragenden Computern bietet sich dies an. Hier kommt Invoke-Command mit dem Parameter -AsJob (und optional -JobName) zum Einsatz.

-AsJob

```
Invoke-Command -computername F170 -scriptblock { Get-childitem c:\
windows *.dll -recurse } -asjob -JobName "DLL_List"
```

Wahlweise kann man hier über -ComputerName eine temporäre Sitzung öffnen oder über Start-PSSession vorher eine permanente Sitzung.

Den Status des Hintergrundauftrags kann man, wie bei lokalen Aufträgen, über Get-Job abfragen. Das Attribut Location zeigt dann den entfernten Rechnernamen. Auch die Steuerung über Receive-Job, Stop-Job und Remove-Job steht zur Verfügung.

Abbildung 21.4
Fernausführung eines Hintergrundauftrags

22 Geplante Aufgaben und zeitgesteuerte Jobs

Autor: Peter Monadjemi

Eine geplante Aufgabe ermöglicht das Ausführen von Aufgaben, wie das Durchführen eines Backups oder die Defragmentierung eines Laufwerks, zu bestimmten Zeitpunkten und/oder in festgelegten Intervallen. Geplante Aufgaben (im Original „Scheduled Tasks") sind seit Windows NT 4 eine Eigenschaft des Betriebssystems. In der Vergangenheit war das automatisierte Anlegen von geplanten Aufgaben mit Hilfe der PowerShell nur auf Umwegen möglich. Mit Windows Server 2012 und Windows 8 gibt es dafür das Modul ScheduledTasks mit dessen Commandlets der Umgang mit geplanten Aufgaben sehr einfach wird.

Ein zeitgesteuerter Job ist ein regulärer PowerShell-Job, der auf einer geplanten Aufgabe basiert und damit ebenfalls zu einem bestimmten Zeitpunkt und/oder in festgelegten Intervallen ausgeführt wird. Für den Umgang mit zeitgesteuerten Jobs gibt es bei Windows Server 2012 und Windows 8 das Modul PSScheduledJob.

Beide Module erfüllen unterschiedliche Anforderungen, wenngleich es Überschneidungen gibt. Über eine geplante Aufgabe wird eine beliebige Windows-Anwendung zeitgesteuert ausgeführt – das kann natürlich auch die PowerShell sein, die auf diese Weise ein Skript unter einem bestimmten Benutzerkonto ausführt. Über einen zeitgesteuerten Job wird ein PowerShell-Job (auf der Grundlage einer geplanten Aufgabe) zeitgesteuert ausgeführt. Das werden in der Regel Commandlets, Funktionen und andere PowerShell-Befehle sein, wobei ein Job, z.B. über das Start-Process-Commandlet, natürlich auch eine beliebige Windows-Anwendung starten kann. Geplante Aufgaben werden auf der Ebene des Betriebssystems eingesetzt, zeitgesteuerte Jobs sind zwar stets Teil eines PowerShell-Skripts, doch auch sie werden vom Betriebssystem verwaltet, da sie auf geplanten Aufgaben basieren, die eine PowerShell-Sitzung starten, um den Job ausführen zu können. Die PowerShell-Konsole muss daher nicht ausführen werden, damit ein zeitgesteuerter Job ausführen laufen kann.

Kapitel 22 Geplante Aufgaben und zeitgesteuerte Jobs

22.1 Geplante Aufgaben (Scheduled Tasks)

Eine geplante Aufgabe (engl. „Scheduled Tasks") ist eine Eigenschaft des Betriebssystems. Bis zur PowerShell 3.0 wurden geplante Aufgaben in erster Linie manuell über das Verwaltungsprogramm *Aufgabenplanung* angelegt. Als Alternativen standen in der Vergangenheit benutzerdefinierte Commandlets, die auf COM-Schnittstellen basieren, oder das Befehlszeilentool *Schtasks.exe* zur Verfügung. Unter Windows Server 2012 und Windows 8 spielen diese Varianten im Zusammenhang mit der PowerShell 3.0 künftig keine Rolle mehr, denn für den Umgang mit geplanten Aufgaben gibt es das Modul ScheduledTasks mit insgesamt 19 Commandlets.

Das Modul ScheduledTasks steht nur bei Windows Server 2012 und Windows 8 zur Verfügung.

Geplante Aufgaben anlegen

Das Anlegen einer geplanten Aufgabe ist in der Regel ein mehrstufiger Prozess. Im ersten Schritt wird mit dem New-ScheduledTaskAction-Commandlet die Aktion festgelegt, die später im Rahmen der geplanten Aufgabe ausgeführt werden soll.

Beispiel Der folgende Befehl legt über New-ScheduledTaskAction eine Aktion an, die die PowerShell startet, um ein vorbereitetes Skript auszuführen. Das Ergebnis wird einer Variablen zugewiesen. Damit der Befehl ausgeführt werden kann, muss der Pfad der Ps1-Datei entsprechend angepasst werden.

```
$TaskAction = New-ScheduledTaskAction -Execute PowerShell.exe -
Argument "-NoProfile -File C:\2013\Projekte\PowerShell\Allgemein\
PsWriteFile.ps1"
```

Im zweiten Schritt wird mit dem New-ScheduledTaskTrigger-Commandlet ein Task-Trigger angelegt, der den Zeitpunkt festgelegt, an dem die geplante Aufgabe ausführen soll. Das resultierende Objekt wird wieder einer Variablen zugewiesen:

```
$TaskTrigger = New-ScheduledTaskTrigger -At (Get-
Date).AddMinutes(1) -Once
```

Soll die Aufgabe unter einem anderen Benutzerkonto ausführen, kann der erforderliche „Security Principal" über das New-ScheduledTaskPrincipal-Commandlet angelegt werden. Benutzername und das dazugehörige Kennwort können aber auch direkt angegeben werden.

Geplante Aufgaben (Scheduled Tasks)

Im dritten und letzten Schritt wird die geplante Aufgabe über das Register-ScheduledTask-Commandlet registriert:

```
Register-ScheduledTask -TaskName PSTest -Trigger $TaskTrigger -
Action $TaskAction -User "\PsUser" -Password "Pa`$`$w0rd
```

Beispiel Das folgende Skript fasst die einzelnen Schritte zum Anlegen einer geplanten Aufgabe noch einmal zusammen. Vorsorglich wird die Aufgabe „PsTest" zu Beginn über Unregister-ScheduledTask entfernt.

```
<#
.Synopsis
 Anlegen einer geplanten Aufgabe
#>

# Für alle Fälle Task durch Unregistrieren entfernen
Unregister-ScheduledTask -TaskName PsTest -ErrorAction
SilentlyContinue -Confirm:$False

$Ps1Path = "C:\2013\Projekte\PowerShell\Allgemein\PsWriteFile.ps1"

$TaskAction = New-ScheduledTaskAction -Execute "PowerShell.exe
  -Argument -NoProfile -File $Ps1Path -WorkingDirectory $(Split-
Path -Path $Ps1Path)"

$TaskTrigger = New-ScheduledTaskTrigger -At (Get-
Date).AddMinutes(1) -Once

Register-ScheduledTask -TaskName PSTest -Trigger $TaskTrigger -
Action $TaskAction
```

Die neue geplante Aufgabe erscheint danach in der Aufgabenplanung. Da beim Anlegen über den TaskPath-Parameter kein Pfad angegeben wurde, erscheint sie auf der obersten Ebene unter „Aufgabenplanungsbibliothek". Da der Sicherheitskontext bei der Ausführung der geplanten Aufgaben keine Rolle spielt, hätte das Beispiel auch mit einem zeitgesteuerten Job umgesetzt werden können.

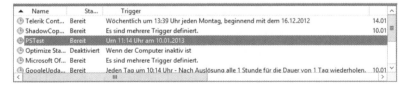

Abbildung 22.1
Die geplante Aufgabe wurde angelegt.

Spezielle Einstellungen festlegen

Über das Commandlet `New-ScheduledTaskSettingsSet` werden spezielle Einstellungen festgelegt, die die Ausführung der geplanten Aufgabe betreffen. Das resultierende Objekt wird dem `Settings`-Parameter von `Register-ScheduledTask` übergeben. Es stehen eine Fülle von Einstellungen zur Auswahl, die alle ein Pendant in den Eigenschaften einer Aufgabe im Rahmen der Aufgabenplanung besitzen. *Tabelle 22.1* stellt einige der Einstellungen, die über gleichnamige Parameter gesetzt werden, zusammen.

Tabelle 22.1 Einige der Einstellungen, die für eine geplante Aufgabe festgelegt werden können

Einstellung	Bedeutung
AllowStartIfOnBatteries	Die Aufgabe startet auch dann, wenn der Computer nicht am Stromnetz angeschlossen ist.
DisallowDemandStart	Die Aufgabe kann nicht explizit (z.B. im Rahmen der Aufgabenverwaltung) gestartet werden.
DisallowHardTerminate	Die Aufgabe kann nicht über den Task-Manager beendet werden.
DontStopIfGoingOnBatteries	Die Aufgabe soll nicht angehalten werden, wenn der Computer nicht mehr am Stromnetz angeschlossen ist.
Hidden	Die Aufgabe wird in der Aufgabenplanung nicht angezeigt.
NetworkName	Spielt im Zusammenspiel mit dem RunOnlyIfNetworkAvailable eine Rolle und legt den Namen eines Netzwerkprofils fest, das herangezogen wird, um festzustellen, ob die Ausgabe ausführen kann.
Priority	Legt eine Prioritätsstufe von 1 (niedrig) bis 10 für die Aufgabe fest. Der Default-Wert ist 7.
RunOnlyIfNetworkAvailable	Die Aufgabe wird nur bei einer aktiven Netzwerkverbindung gestartet.

Vorhandene geplante Aufgaben verwalten

Über das `Get-ScheduledTask`-Commandlet erhält man alle geplanten Aufgaben zurück (natürlich auch jene, die außerhalb der PowerShell angelegt wurden). Da der `TaskName`-Parameter Platzhalter akzeptiert, lassen sich Aufgaben über ihren Namen einfach lokalisieren.

Der folgende Befehl listet alle Aufgaben auf, die mit der Silbe „PS" **Beispiel**
beginnen.

`Get-ScheduledTask -TaskName PS*`

Die Details zu einem einzelnen Task liefert das `Get-ScheduledTaskInfo`-Commandlet. Der folgende Befehl gibt Details wie die letzte Ausführungszeit einer geplanten Aufgabe zurück:

`Get-ScheduledTaskInfo -TaskName PSTest`

Geplante Aufgaben auf einem ausfallsicheren Rechnerverbund („fail over cluster") ausführen

Eine geplante Aufgabe kann auch auf einem ausfallsicheren Rechnerverbund („failover cluster") ausgeführt werden. Dazu wird die Aufgabe mit dem `Register-ClusteredScheduledTask`-Commandlet registriert werden. Der Name des Clusters wird über den `Cluster`-Parameter festgelegt. Über den `TaskType`-Parameter wird die Art des Rechnerverbunds bestimmt. Zur Auswahl stehen „ResourceSpecific", „AnyNode" und „ClusterWide".

22.2 Zeitgesteuerte Jobs

Ein zeitgesteuerter Job (engl. „Scheduled Job") unterscheidet sich von einem regulären Job dadurch, dass er zu einem festgelegten Zeitpunkt und/oder in einem festgelegten Intervall startet. Die Grundlage dafür ist (natürlich) eine geplante Aufgabe. Sie legt eine neue PowerShell-Sitzung über den Start von *PowerShell.exe* an und führt über den `Command`-Parameter das Skript bzw. den Skriptblock aus. Zeitgesteuerte Jobs und geplante Aufgaben sind damit zwar eng verwandt, decken aber trotzdem verschiedene Anforderungsbereiche ab. Für den Umgang mit zeitgesteuerten Jobs stellt die PowerShell 3.0 (ab Windows 7 und Windows Server 2008/R2) das Modul `PSScheduledJob` mit insgesamt 16 Commandlets zur Verfügung. Sechs davon kümmern sich um das Verwalten zeitgesteuerter Jobs (*Tabelle 22.2*), sieben Commandlets um den Umgang mit Job-Triggern und die restlichen drei um Optionen, die bei einem zeitgesteuerten Job zusätzlich gesetzt werden können.

Tabelle 22.2
Die Commandlets für den Umgang mit zeitgesteuerten Jobs

Commandlet	Bedeutung
Disable-ScheduleJob	Deaktiviert einen zeitgesteuerten Job.
Enable-ScheduleJob	Aktiviert einen nicht aktiven zeitgesteuerten Job.
Get-ScheduleJob	Holt alle vorhandenen zeitgesteuerten Jobs.
Register-ScheduleJob	Legt einen neuen zeitgesteuerten Job an.
Set-ScheduledJob	Ändert einzelne Einstellungen eines zeitgesteuerten Jobs.
Unregister-ScheduleJob	Entfernt einen zeitgesteuerten Job.

Die Rolle der Job-Trigger

Grundlage für einen zeitgesteuerten Job ist der sog. „Job-Trigger" (Trigger = „Schalter"). Dieser wird über das Commandlet New-JobTrigger angelegt. Ein Job-Trigger steht für einen bestimmten Zeitpunkt und/oder ein Zeitintervall und wird einem zeitgesteuerten Job beim Registrieren zugeordnet. Für den Umgang mit Job-Triggern enthält das Modul ScheduleJobs sieben Commandlets (*Tabelle 22.3*). Praktisch ist, dass sich ein Job-Trigger vorübergehend deaktivieren lässt. Damit kann man erreichen, dass ein Job vorrübergehend nicht zu einem festgelegten Zeitpunkt gestartet wird. Um einen zeitgesteuerten Job anzulegen, legt man zuerst per New-JobTrigger-Commandlet einen oder mehrere Job-Trigger an und weist diese einem Job zu, der per Register-ScheduledJob-Commandlet angelegt wird.

Tabelle 22.3
Die Commandlets aus dem Modul ScheduledJobs für den Umgang mit Job-Trigger

Commandlet	Bedeutung
Add-JobTrigger	Fügt einem zeitgesteuerten Job einen weiteren Job-Trigger hinzu.
Disable-JobTrigger	Deaktiviert einen Job-Trigger bei einem zeitgesteuerten Job.
Enable-JobTrigger	Aktiviert einen Job-Trigger bei einem zeitgesteuerten Job.
Get-JobTrigger	Holt alle Job-Trigger, die bereits zeitgesteuerten Jobs zugeordnet wurden.
New-JobTrigger	Legt einen neuen Job-Trigger an.
Remove-JobTrigger	Entfernt einen Job-Trigger von einem zeitgesteuerten Job.
Set-JobTrigger	Ändert einzelne Einstellungen eines vorhandenen Job-Triggers.

Der folgende Befehl legt einen Job-Trigger für die Uhrzeit 15:00 an. **Beispiel**
Über den Switch-Parameter `Once` wird angegeben, dass der Job-Trigger nur einmal aktiv werden soll. Das resultierende Objekt (vom Typ `ScheduledJobTrigger`) wird einer Variablen zugewiesen, damit diese später beim Registrieren des zeitgesteuerten Jobs angegeben werden kann:

```
$Tr23Uhr = New-JobTrigger -At 23:00 -Once
```

Der folgende Befehl legt einen Job-Trigger an, der jeden Sonntag um 0 **Beispiel**
Uhr aktiv wird. Der Switch-Parameter `Weekly` sorgt dafür, dass der Job wöchentlich ausgeführt wird.

```
$SoNacht = New-JobTrigger -At 00:00 -DaysOfWeek Sunday -Weekly
```

Dank der Auswahllisten der PowerShell ISE 3.0 ist die Auswahl der Parameterwerte wie z.B. die der Wochentage beim Parameter `DaysOfWeek` sehr einfach.

Grundsätzlich können einem zeitgesteuerten Job mehrere Job-Trigger zugewiesen werden, wenn dieser zu unterschiedlichen Zeitpunkten und/oder in unterschiedlichen Intervallen starten soll.

Das Auflisten aller Job-Trigger, die bereits einem zeitgesteuerten Job zugeordnet wurden, erledigt das `Get-JobTrigger`-Commandlet. Jene Job-Trigger, die einem Job zugeordnet wurden, erhält man über dessen `JobTriggers`-Eigenschaft.

Der folgende Befehl listet die Job-Trigger des zeitgesteuerten Jobs mit **Beispiel**
der Id 1 auf.

```
Get-ScheduledJob -Id 1 | Select-Object -ExpandProperty JobTriggers
```

Zeitgesteuerte Jobs anlegen

Ein zeitgesteuerter Job wird über das Commandlet `Register-ScheduledJob` angelegt (und entsprechend über das Commandlet `Unregister-ScheduledJob` wieder entfernt). Dabei werden ein Name, ein oder mehrere Job-Trigger und entweder der Pfad einer Skriptdatei oder ein Skriptblock als Parameterwerte übergeben. Das Ergebnis ist ein Objekt vom Typ `ScheduledJobDefinition` (im Namensraum `Microsoft.PowerShell.ScheduledJob`). Damit der Job auch dann starten kann, wenn die PowerShell-Sitzung längst beendet wurde (und sich der Computer eventuell im Ruhezustand befindet), wird eine geplante Aufgabe („Scheduled Task") angelegt, die in der Aufgabenplanung von Windows im Pfad `\Microsoft\Windows\PowerShell\ScheduledJobs\` erscheint. Zum festgelegten Zeitpunkt wird der Job über die geplante Aufgabe gestartet und kann danach über die Job-Commandlets wie `Get-Job`

Kapitel 22 Geplante Aufgaben und zeitgesteuerte Jobs

oder `Receive-Job` angesprochen werden. Ausgeführt werden können alle Befehle, die keine interaktive Shell erfordern. Nicht möglich ist daher das Starten von Windows-Anwendungen (der Prozess wird gestartet, das Anwendungsfenster wird aber nicht angezeigt) oder das Anzeigen von Meldungsboxen.

> Beim Ausgeben von Meldungen während der Ausführung eines Jobs muss berücksichtigt werden, dass die Anzeige von Mitteilungsboxen über [System.Windows.Forms.Messagebox]::Show() nicht möglich ist.

Beispiel Im folgenden Beispiel wird ein zeitgesteuerter Job angelegt, der eine Minute später eine Meldung (und die interne Thread-ID) ausgibt. Um die Befehlsfolge ausführen zu können, muss die PowerShell explizit als Administrator gestartet werden.

```
$TrGleich = New-JobTrigger -At ((Get-Date) + (New-TimeSpan -Minutes 1)) -Once
$SB = { "Thread-ID: $([System.Threading.Thread]::CurrentThread.ManagedThreadId)" }
$SJob = Register-ScheduledJob -ScriptBlock $SB -Trigger $TrGleich -Name Meldung
```

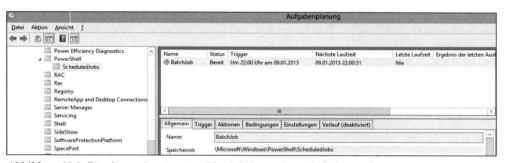

Abbildung 22.2: Für einen zeitgesteuerten Job wird eine geplante Aufgabe angelegt.

Beispiel Im folgenden Beispiel wird ein zeitgesteuerter Job angelegt, der (jeden Sonntag um Mitternacht) ein Skript ausführt, das alle .ps1-Dateien in einem Verzeichnis in eine Netzwerkfreigabe sichert

```
$SoNacht = New-JobTrigger -At 00:00 -DaysOfWeek Sunday -Weekly
$SJob1 = Register-ScheduledJob -FilePath C:\Backup.ps1 -Trigger $SoNacht -Name Ps1Backup
```

Das Skript `Backup.ps1` soll, auch wenn es nicht direkt zum Thema des Kapitels passt, der Vollständigkeit halber vollständig abgedruckt werden.

Damit es ausführen kann, müssen die Variablen $PS1Path, $PS1SharePath
und $ShareUserName angepasst werden. Das Skript geht davon aus, dass
die Freigabe durch ein Kennwort geschützt ist, das während der Ausführung des Skripts abgefragt wird. Außerdem muss das Skript explizit als Administrator ausgeführt werden.

```
<#
 .Synopsis
 Sichern aller Ps1-Dateien auf eine Netzwerkfreigabe
#>

$VerbosePreference = "Continue"

$PS1Path = "C:\PowerShell"
$ShareUserName = "Admin"

$PS1SharePath = "\\192.168.2.138\\PowerShellSkripte\\PS1Backup"

$PSEventSourceName = "PS1Backup"

# Wenn die Eventquelle PSBackup nicht existiert dann anlegen
if
(![System.Diagnostics.Eventlog]::SourceExists($PSEventSourceName))
{
  New-EventLog -LogName Application -Source $PSEventSourceName
}

# Wenn Netzwerklaufwerk nicht existiert dann anlegen
if (-Not (Get-PSDrive -Name PS1Share -ErrorAction
SilentlyContinue))
{
  New-PSDrive -Name PS1Share -Root $PS1SharePath -PSProvider
FileSystem -Credential $ShareUserName | Out-Null
}

Write-EventLog -LogName Application -Source $PSEventSourceName -
EntryType Information -EventId 100 -Message "Backup wird
gestartet."
Write-Verbose -Message "Backup wird gestartet."

$CopyResult = Get-ChildItem -Path $PS1Path -File -Include *.ps1 -
Recurse | Copy-item -Destination PS1Share: -PassThru

Write-EventLog -LogName Application -Source $PSEventSourceName -
EntryType Information -EventId 100 -Message "Backup wurde
abgeschlossen - $($CopyResult.Count) Skripte wurden gesichert."
Write-Verbose -Message "Backup wurde beendet"

$VerbosePreference = "SilentlyContinue"
```

Spezielle Optionen bei zeitgesteuerten Jobs

Über das Commandlet `New-ScheduledJobOption` werden einem zeitgesteuerten Job eine Reihe von „Spezialeinstellungen" mit auf den Weg gegeben, die in *Tabelle 22.4* anhand der Parameter dieses Commandlets zusammengestellt sind. Diese Parameter sind notwendig, da z.B. nicht vorausgesetzt werden kann, dass der Computer zum Zeitpunkt, wenn ein zeitgesteuerter Job starten soll, eingeschaltet ist oder eine Netzwerkverbindung zur Verfügung steht. Auch der Umstand, dass ein mobiler Computer nicht an das Stromnetz angeschlossen sein muss, wird durch einen Parameter berücksichtigt.

Beispiel Der folgende Befehl startet einen Job so, dass die dem Job zugrunde liegende Aufgabe in der Aufgabenverwaltung von Windows ausgeblendet wird.

```
$TrGleich = New-JobTrigger -At ((Get-Date) + (New-TimeSpan -Minutes 1)) -Once
$SB = { Del C:\Temp }
$SesOpt = New-ScheduledJobOption -HideInTaskScheduler
$J1 = Register-ScheduledJob -ScriptBlock $SB - Name TestJob -Trigger $TrGleich -ScheduledJobOption $SesOpt
```

Tabelle 22.4 Die wichtigsten Parameter des Commandlets New-ScheduledJob-Option

Parameter	Bewirkt, dass...
RunElevated	... der Job mit erweiterten Administratorberechtigungen ausgeführt wird. Dazu muss dem Credential-Parameter eine Administratorbenutzerkennung übergeben werden.
HideInTaskScheduler	... der Job in der Aufgabenplanung als „ausgeblendete Aufgabe" geführt wird und daher nur dann erscheint, wenn die Einstellung „Ausgeblendete Aufgaben einblenden" gesetzt ist.
RestartOnIdleResume	... der Job fortgesetzt wird, wenn die CPU in den Ruhezustand eintritt.
MultipleInstancePolicy	... eine Regel aktiv wird, die festlegt, was passiert, wenn derselbe Job ein weiteres Mal gestartet wird. Die Voreinstellung bewirkt, dass der weitere Job ignoriert wird.
RequireNetwork	... der Job nur gestartet wird, wenn eine Netzwerkverbindung zur Verfügung steht.
StopIfGoingOffIdle	... der Job angehalten wird, wenn die CPU ihren Ruhezustand verlässt.
WakeToRun	... der Computer den Ruhezustand verlässt, damit der Job gestartet werden kann.
ContinueIfGoingOnBattery	... der Job nicht angehalten wird, wenn der Computer auf Batteriebetrieb geht (was ansonsten der Fall wäre).

Parameter	Bewirkt, dass...
StartIfOnBattery	... der Job auch dann gestartet wird, wenn der Computer auf Batteriebetrieb ist (was ansonsten der Fall wäre).
IdleTimeOut	... der Job erst nach dem Ablauf einer über diesen Timespan-Parameter festgelegten Ruhezeitspanne startet, wenn der Parameter StartIfIdle gesetzt wird. Befindet sich die CPU nicht lange genug im Ruhezustand, wird der Job nicht gestartet.
IdleDuration	... der Job erst nach dem über den TimeSpan-Wert festgelegten Zeitraum der Ruhephase gestartet wird. Spielt nur eine Rolle, wenn der Parameter StartIfIdle gesetzt wird.
StartIfIdle	... der Job gestartet wird, wenn sich die CPU die über den Parameter IdleDuration festgelegte Zeitspanne im Ruhezustand befunden hat.

Tabelle 22.4
Die wichtigsten Parameter des Commandlets New-ScheduledJob-Option (Forts.)

23 PowerShell-Workflows

Autor: Peter Monadjemi

Ein Workflow fasst eine Folge von Arbeitsschritten, die in diesem Zusammenhang Aktivitäten genannt werden, zusammen und führt diese nacheinander aus. Damit unterscheidet sich ein Workflow zunächst nicht von einem Skript oder einer Anwendung. Das Besondere an einem Workflow ist, dass die Aktivitäten nicht programmiert werden müssen, sondern mit Hilfe eines Designers zusammengestellt werden können. Eine weitere Besonderheit ist der Umstand, dass ein Workflow nach einem Neustart des Rechners automatisch fortgesetzt wird und sich daher Abläufe abbilden lassen, die über einen längeren Zeitraum ausführen sollen. Das .NET Framework unterstützt die Ausführung solcher Workflows seit der Version 3.0, mit der Version 4.0 wurde die „Workflow-Engine" grundlegend verbessert und in Version 4.5 nochmals erweitert. Mit der PowerShell 3.0 lassen sich Workflows erstmals mit PowerShell-Befehlen umsetzen. Damit besteht die Möglichkeit, mit Hilfe von PowerShell-Skripten Automatisierungsszenarien abzubilden, die auf mehreren Computern im Netzwerk über einen längeren Zeitraum ausführen und nach einem Neustart eines entfernten Computers automatisch fortgesetzt werden. Der Umstand, dass einzelne Aktivitäten im Rahmen eines Workflow auf Wunsch auch parallel ausgeführt werden können, eröffnet weitere Anwendungsbereiche.

23.1 Ein erstes Beispiel

Workflow klingt zunächst nach einer technisch anspruchsvollen Angelegenheit. Das ist bei der PowerShell aber zum Glück nicht der Fall. Dem Entwicklungsteam der PowerShell kam es darauf an, die Workflow-Funktionalität so einfach und (aus der Perspektive von PowerShell-Anwendern) so „natürlich" wie möglich zur Verfügung zu stellen. Die Anwender sollten beim Umgang mit Workflows keine neue Syntax lernen müssen. Ein Workflow wird durch das neue PowerShell-Befehlswort workflow definiert. Es folgt ein Skriptblock, der als Workflow-Aktivität ausgeführt wird. Der neue Workflow, der intern als WorkflowInfo-Objekt vorliegt, wird durch Eingabe seines Namens ausgeführt. Wie bei einer Funktion gibt es Parameter, denen beim Aufruf Argumente übergeben werden.

Beispiel Das folgende Beispiel zeigt einen Workflow, der per WMI ein paar Eckdaten über das Betriebssystem abfragt.

```
workflow w1
{
  $WMI = Get-WmiObject -Class Win32_OperatingSystem
  $OS = New-Object -Typename PSObject -Property
@{Name=$WMI.Caption;Version=$WMI.Version; SP=$WMI.CSDVersion }
  $OS
}
```

Der Workflow wird durch Eingabe des Namens „M1" in der PowerShell zur Ausführung gebracht.

Soll der Workflow auf anderen Computer ausführen, müssen die Namen der Computer auf den Parameter PSComputerName folgen:

```
W1 -PSComputerName Server1, Server2
```

Außerhalb einer Domäne ist eine Authentifizierung über den PS-Credential-Parameter erforderlich. Auf dem Remote-Computer muss lediglich das .NET Framework und nur die PowerShell 2.0 installiert sein (sofern der Workflow InlineScript-Aktivitäten umfasst, die im Rahmen einer PowerShell-Session ausgeführt werden), so dass auch ein Windows-XP-Computer als Client in Frage kommt. Vorausgesetzt natürlich, der Workflow enthält keine Version-3.0-spezifischen Befehle.

Im Moment unterscheidet sich ein Workflow rein äußerlich durch nichts von einer Funktion. Es gibt aber wichtige Unterschiede, die in Kürze deutlich werden.

Ein

```
Get-Command -Name W1 | Get-Member
```

ergibt, dass hinter einem Workflow ein Objekt vom Typ WorkflowInfo steht, das eine Vielzahl von Members besitzt, die den Workflow definieren.

Die nahe Verwandtschaft eines Workflow zu einer Funktion wird durch den Umstand unterstrichen, dass sich die WorkflowInfo-Klasse, auf der ein Workflow basiert, von der FunctionInfo-Klasse ableitet, auf der eine Funktion basiert (das lässt sich über ein (Get-Command -Name w1).psobject.Typenames herausfinden, wenn „w1" der Name eines Workflow ist). Es gibt allerdings kein Workflow-Laufwerk, auf dem alle Workflows zusammengefasst werden, und damit keine Möglichkeit, einen Workflow aus der aktuellen PowerShell-Session zu entfernen.

Ein erstes Beispiel

Interessanter ist der Umstand, dass ein Workflow, genau wie ein Commandlet, automatisch einen Satz von Standardparametern besitzt:

```
Get-Command -Name W1 -Syntax

w1 [<AllgmeineWorkflowparameter>] [<CommonParameters>]
```

Die allgemeinen Workflow-Parameter sind in *Tabelle 23.1* zusammengestellt.

Tabelle 23.1
Die allgemeinen Workflow-Parameter

Parameter	Bedeutung
AsJob	Bewirkt, dass das Job-Objekt für den Job, durch den der Workflow ausgeführt wird, sofort zurückgegeben wird, so dass die Ausführung des Workflow die PowerShell-Session nicht blockiert. Ohne diesen Parameter muss man auf die Beendigung des Jobs warten.
JobName	Optionaler Name für den Job, durch den der Workflow ausgeführt wird.
PSAllowRedirection	Erlaubt, dass bei der Verwendung des ConnectionURI-Parameters die Verbindung auf einen anderen Computer umgelenkt werden kann, der vom ausgewählten Endpunkt zurückgegeben wird. Die Anzahl der maximal erlaubten Umleitungen kann im Rahmen der Sessionoptionen eingestellt werden (die Voreinstellung ist 5).
PSApplicationName	Legt den Namen der „Anwendung" fest, die über die ConnectionURI angesprochen wird. Die Voreinstellung ist der Wert der Variablen $PSSessionApplicationName und dort steht „wsman". Spielt nur in Ausnahmefällen eine Rolle.
PSAuthentication	Legt die Art der Authentifizierung fest, wenn ein Workflow remote ausgeführt werden soll. Die Voreinstellung ist auch hier Default.
PSAuthenticationLevel	Legt die Art der Authentifizierung bei der Ausführung einer WMI-Aktivität auf einem anderen Computer fest. Die Voreinstellung ist auch hier Default (Windows-Authentifizierung).

Tabelle 23.1 Die allgemeinen Workflow-Parameter (Forts.)

Parameter	Bedeutung
PSCertificateThumbprint	Legt den „Daumenabdruck" eines Zertifikats an, mit dem sich ein lokaler Benutzer authentifizieren kann, wenn der Zugriff nicht innerhalb der Domäne erfolgt. Spielt nur sehr selten eine Rolle.
PSComputerName	Gibt den oder die Computer an, auf denen der Workflow ausgeführt werden soll.
PSConfigurationName	Legt den Namen der Workflow-Session-Konfiguration fest. Der Standardname ist „PowerShell.Workflow". Muss ebenfalls nur in Ausnahmefällen geändert werden.
PSConnectionRetryCount	Anzahl der Versuche, die der Workflow unternehmen soll, um mit einem Remote-Computer eine Verbindung herzustellen.
PSConnectionRetryIntervalSec	Zeitspanne in Sekunden, die zwischen zwei Versuchen liegen soll, um mit einem Remote-Computer eine Verbindung herzustellen.
PSConnectionURI	Legt über eine URI im allgemeinen Format „<Transportprotokoll>://<Computername>:<Port>/<Anwendungsname>" den Endpunkt einer Remote-Verbindung fest. Die Voreinstellung ist *http://localhost:5985/wsman* und muss nur in Ausnahmefällen geändert werden.
PSCredential	Führt eine Authentifizierung über Benutzername und Kennwort als SecureString durch.
PSElapsedTimeoutSec	Entspricht der PSRunningTimeoutSec-Property, nur dass hier auch die Zeit berücksichtigt wird, die der Workflow unterbrochen wird.
PSParameterCollection	Steht für eine Hashtable, die pro Computer, auf denen der Workflow ausgeführt werden soll, wiederum eine Hashtable enthält, in der die Parameterwerte für diesen speziellen Workflow untergebracht sind. Diese Hashtable besitzt den Aufbau: @{PSComputerName="Server1"; Parameter1=Wert;Parameter2=Wert}, @{PSComputerName="Server2"; Parameter1=Wert;Parameter2=Wert}

Tabelle 23.1
Die allgemeinen Workflow-Parameter (Forts.)

Parameter	Bedeutung
PSPersist	Legt fest, ob und in welchem Umfang der Workflow seine Zustand speichert. Der Parameter kann drei Werte annehmen: $True (der Zustand wird nach jeder Aktivität gespeichert), $False (der Zustand wird nie gespeichert) und „Undefiniert". Letzterer ist die Voreinstellung und bewirkt, dass der Workflow seinen Zustand zu Beginn und am Ende speichert.
PSPrivateMetadata	Ermöglicht es dem Workflow, direkt zusätzliche Daten für die Ausführung in Gestalt einer Hashtable zu übergeben.
PSRunningTimeoutSec	Anzahl Sekunden, die ein Workflow maximal ausführen darf, bevor die Ausführung mit einem TimeOut abbricht.
PSSessionOption	Ermöglicht eine Reihe von knapp zwei Dutzend von speziellen Einstellungen, die die Remote-Verbindung betreffen. Eine davon ist „SkipCACheck", durch die bei einem selbst ausgestellten Zertifikat auf die Überprüfung des Herausgeberzertifikats verzichtet wird.
PSUseSSL	Gibt an, dass eine HTTPS-Verbindung verwendet wird (setzt ein Serverzertifikat voraus).

Die Rolle der Aktivitäten

Ein Workflow besteht aus einzelnen Aktivitäten. Eine Aktivität steht für einen Abschnitt während der Ausführung des Workflows, der wiederum andere Aktivitäten enthalten kann. Der Umstand, dass ein Workflow „reguläre" Commandlets enthält, bedeutet aber nicht, dass diese von der PowerShell ausgeführt werden. Wie es im nächsten Abschnitt kurz erläutert wird, werden die Commandlets vor der Ausführung des Workflows in entsprechende Aktivitäten umgesetzt, die der Reihe nach abgearbeitet werden. Dies bedeutet, dass nicht jedes Commandlet und jede „Befehlskonstruktion" für einen Workflow in Frage kommt. Mehr zu den Unterschieden in einem der folgenden Abschnitte.

Abbildung 23.1
Ein Workflow besteht aus Aktivitäten.

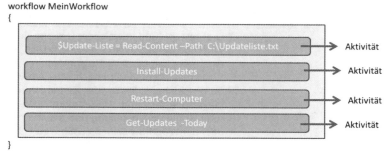

Die PowerShell 3.0 umfasst knapp 200 verschiedene Aktivitäten. Dazu gehören neben den wichtigsten Commandlets auch eine Reihe von „Spezialaktivitäten" wie z.B. Suspend-Workflow, durch das die Ausführung eines Commandlets unterbrochen wird. *Tabelle 23.2* stellt diese Aktivitäten zusammen.

Tabelle 23.2
Spezielle Aktivitäten für die Ablaufsteuerung

Aktivität	Bedeutung
Suspend-Workflow	Unterbricht die Ausführung des Workflows.
Inlinescript	Bewirkt, dass der folgende Skriptblock von der PowerShell ausgeführt wird.
Checkpoint-Workflow	Bewirkt, dass der Workflow seinen aktuellen Zustand speichert.

Ein Blick hinter die Kulissen

Um die Ausführung von Workflows zu ermöglichen, hat das PowerShell-Team die PowerShell auf eine neue Grundlage gestellt. Während die Version 2.0 auf einem klassischen Interpreter basierte, bei jedem die Befehle eines Skripts der Reihe nach interpretiert und ausgeführt werden, wird ein PowerShell 3.0-Befehl intern von einem sog. Compiler in einen abstrakten Syntaxbaum (kurz AST für „Abstract Syntax Tree") umgesetzt, der anschließend „abgearbeitet" wird. Die direkte Umsetzung eines Befehls unmittelbar nach seiner Eingabe besitzt den (in der Regel) angenehmen Nebeneffekt, dass Fehler wie eine vergessene Klammer, unmittelbar nach der Eingabe in der PowerShell ISE angezeigt werden.

Vor der Ausführung eines Workflows wird dieser in eine XML-Struktur umgewandelt, die auf der Beschreibungssprache *XAML* (*Extensible Application Markup Language*) basiert, die von Microsoft auch in anderen Zusammenhängen, etwa als Beschreibungssprachen für Fenster und Benutzeroberflächen auf der Basis von WPF (*Windows Presentation Foundation*), verwendet wird. Auf der Grundlage der XAML-Definition generiert die PowerShell eine Proxy-Funktion, über die der Workflow als Job zur Ausführung gebracht wird. Wird beim Aufruf des

Workflows der `AsJob`-Parameter übergeben, wird das resultierende Job-Objekt zurückgegeben und der Anwender kann über das `Receive-Job`-Commandlet die vom Workflow in die Pipeline gelegten Daten abrufen. Ansonsten wartet die Proxy-Funktion darauf, dass der Workflow fertig ist und ruft danach das `Receive-Job`-Commandlet auf.

Über den Befehl

`Get-Command -Name Workflowname | Format-List ScriptBlock`

wird der Inhalt dieser Proxy-Funktion ausgegeben.

23.2 Unterschiede zu einer Function bzw. einem Skript

Auch wenn die Beschreibung eines Workflows der einer Funktion bzw. eines Skripts sehr ähnlich ist, gibt es natürlich wichtige Unterschiede. Der wichtigste Unterschied zwischen einem Workflow und einem PowerShell-Skript ist, dass ein Workflow, der auf einem Computer im Netzwerk ausgeführt wird, einen Neustart des Computers „überlebt" und seine Arbeit nach dem Neustart an dem Punkt fortsetzt, an dem er unterbrochen wurde. Damit ergibt sich auch der typische Anwendungsbereich für Workflows: Automatisierungsszenarien, bei denen eine Folge von Schritten auf einer beliebigen Anzahl von Rechnern im Netzwerk ausgeführt werden soll, die eventuell einen Neustart erforderlich machen, und bei denen externe Parameter, wie z.B. eine explizite Bestätigung durch einen „menschlichen Operator", einbezogen werden sollen. Diese Szenarien lassen sich durch ein einfaches PowerShell-Skript nicht abbilden.

Weitere Unterschiede sind:

- Workflows werden nicht von der PowerShell, sondern von der Workflow-Laufzeit ausgeführt.
- Ein remote ausgeführter Workflow, dessen Ausführung durch einen Neustart des Computers unterbrochen wurde, wird nach dem Neustart automatisch fortgesetzt.
- Ein Workflow kann jederzeit seinen Zustand (u.a. die Werte der in dem Workflow definierten Variablen) speichern. Dieser Umstand ist immer dann von Bedeutung, wenn ein Workflow nach einem Neustart fortgesetzt werden soll. Er kann dadurch die Arbeit an dem Punkt fortsetzen, an dem er unterbrochen wurde.
- Workflow-Aktivitäten können in Visual Studio mit Hilfe eines komfortablen Designers definiert und von der PowerShell ausgeführt werden. PowerShell-Workflow-Aktivitäten können mit allgemeinen Workflow-Aktivitäten kombiniert werden.

23.3 Einschränkungen bei Workflows

Auch wenn eine Workflow-Definition einer Funktionsdefinition ähnelt, gibt es wichtige Unterschiede was ihren Inhalt angeht. Eine Vielzahl von Commandlets und Befehlstechniken sind in einer Workflow-Definition nicht erlaubt. Zum einen, weil sie technisch nicht oder nur sehr aufwendig umgesetzt werden können. Zum anderen, weil sie keinen Sinn ergeben würden. Das klassische Beispiel ist das `Start-Transcript`-Commandlet, das die Mitprotokollierung der Ein- und Ausgaben einer PowerShell-Session startet. Da ein Workflow nicht in einer interaktiven PowerShell-Session ausgeführt wird, ergibt dieses Commandlet genauso wenig einen Sinn wie z.B. das `Read-Host`-Commandlet. Weniger einleuchtend dürfte der Umstand sein, dass die folgende Befehlsfolge innerhalb eines Workflows nicht erlaubt ist:

```
$P = Get-Process -Name Calc
$P.Kill()
```

Der Grund ist, dass der direkte Aufruf von Methoden nicht erlaubt ist (in diesem Fall wäre ein `Stop-Process` eine naheliegende Alternative). Möchte man die `Kill()`-Methode unbedingt aufrufen, muss die Befehlsfolge lediglich in eine `inlinescript`-Aktivität gesetzt werden:

```
inlinescript {
  $P = Get-Process -Name Calc
  $P.Kill()
}
```

Es ist interessant, dass der Aufruf von Methoden nicht grundsätzlich unterbunden wird. Wird eine Methode mit Argumenten aufgerufen und der Rückgabewerte der Methode einer Variablen zugewiesen, hat die PowerShell nichts dagegen. Der folgende Aufruf ist innerhalb eines Workflows erlaubt:

```
$Wochentag = (Get-Date).AdddDays(1)
"Morgen ist $Wochentag
```

Der Aufruf von

```
(Get-Date).AddDays(1)
```

führt dagegen zu dem inzwischen bekannten Fehler, der innerhalb der ISE bereits unmittelbar nach der Eingabe angezeigt wird.

Natürlich sind alle Unterschiede zwischen einem Workflow und einem „regulären" PowerShell-Skriptblock dokumentiert – einige werden bereits unmittelbar nach der Eingabe innerhalb der ISE angezeigt. Zum Beispiel innerhalb des TechNet-Portals unter der folgenden Adresse:

http://technet.microsoft.com/en-us/library/jj574194%28d=printer%29.aspx

Die folgende Aufzählung„ die keinen Anspruch auf Vollständigkeit erhebt, fasst die wichtigsten Unterschiede zusammen:

- Ein Workflow kann keine „interaktiven" Befehle enthalten, wie z.B. Read-Host, Write-Host oder Start-Transcript.
- Bei Commandlets sind keine Positionsparameter erlaubt. Jedem Parameterwert muss daher sein Name vorausgehen.
- Ein Workflow darf keinen Begin-, Process- und End-Bereich enthalten.
- Ein Parameter kann nicht mit dem Attributwert ValueFromPipeline versehen werden. Einem Workflow können daher keine Werte über die Pipeline übergeben werden.
- Direkte Methodenaufrufe (ohne Argumente) sind nicht erlaubt.
- Variablennamen müssen mit einem Buchstaben beginnen und dürfen nur Buchstaben, Ziffern und die Zeichen „-" und „_" enthalten.

Viele dieser Einschränkungen lassen sich umgehen, indem der oder die Befehle in eine inlinescript-Aktivität gesetzt werden.

23.4 Workflows in der Praxis

Auf den folgenden Seiten werden die verschiedenen grundlegenden Eigenschaften von Workflows an kleinen Beispielen vorgestellt.

Workflows mit Parametern

Einem Workflow werden auf die gleiche Weise wie bei einer Funktion Parameter übergeben.

Das folgende Beispiel definiert einen Workflow, der über einen Parameter eine Aktivität eine bestimmte Anzahl oft ausführt.

Beispiel

```
workflow w2
{
  param([Int]$Anzahl)
  1..$Anzahl | Foreach-Object -Process {
    "Aktivität..."
  }
}

w2 -Anzahl 10
```

Auch bei diesem einfachen Beispiel tritt wieder ein „Spezialfall" auf. Beim Foreach-Object-Commandlet muss der Process-Parameter explizit angegeben werden, da in einem Workflow keine Positionsparameter (also Parameter, die ihren Wert über die Position des Arguments erhalten) zulässig sind.

Workflow mit Rückgabewerten

Workflows werden intern als Jobs ausgeführt. Eine interaktive PowerShell steht während ihrer Ausführung nicht zur Verfügung. Direkte Ein- und Ausgaben per `Read-Host` und `Write-Host` sind daher nicht möglich. Ausgaben, die ein Workflow tätigen soll, werden, wie bei einem „regulären" Job, direkt in die Pipeline gelegt, so dass ein Workflow, genau wie eine Function, direkt einer Variablen zugewiesen werden kann. Eine Ausnahme liegt vor, wenn der Workflow mit dem `AsJob`-Parameter gestartet wurde. In diesem Fall werden die Rückgabewerte über das `Receive-Job`-Commandlet abgeholt.

Beispiel Das folgende Beispiel zeigt einen Workflow, der prüft, ob ein Hotfix installiert ist, dessen ID als Parameterwert übergeben wird. Der Rückgabewert (`$true` oder `$false`) wird in die Pipeline gelegt.

```
workflow w3
{
   param([String]$HotfixID)
   (Get-Hotfix -ID $HotfixID -ErrorAction SilentlyContinue) -ne $null
}


w3 -HotfixID KB98630
```

Gültigkeitsbereich von Variablen innerhalb eines Workflows

In einem Workflow gelten andere Gesetze, was den Gültigkeitsbereich von Variablen angeht, als innerhalb einer Function. Der wichtigste Unterschied ist, dass ein Workflow, genau wie ein Job, eine abgeschlossene Einheit darstellt und daher nicht auf Variablen zugreifen kann, die außerhalb des Workflows definiert sind. Auch für eine `inlineScript`-Aktivität gelten andere Gesetze. Ein Befehl muss über die neuen Befehlswörter `using` und `workflow` auf eine Variable zugreifen, die außerhalb der Aktivität (aber noch innerhalb des Workflows) definiert ist.

Beispiel Das folgende Beispiel zeigt einen Workflow, in dem über das `sequence`-Schlüsselwort eine eigene Aktivität definiert wird:

```
workflow w1
{
  $Anzahl = 1
  sequence {
   $Anzahl
  }
}
```

Für den Wert von `$Anzahl` wird innerhalb der Aktivität der Wert 1 ausgegeben, da die Variable in diesem Bereich sichtbar ist.

Anders sieht es aus, wenn innerhalb der sequence-Aktivität der Wert der Variablen geändert werden soll. Eine harmlose Zuweisung wie

```
$Anzahl = 2
```

führt zu einem Fehler, da die Variable $Anzahl bereits definiert wurde. Soll ihr Wert geändert werden, kommt das neue Befehlswort workflow zum Einsatz:

```
$workflow:Anzahl = 2
```

Um deutlich zu machen, dass sich diese Zuweisung auf eine bereits im Workflow definierte Variable bezieht, musste das PowerShell-Team dem Befehl workflow eine zweite Bedeutung geben. Auch wenn es nicht zu Verwechslungen kommen kann, ganz optimal ist diese Doppelbelegung natürlich nicht.

Eine weitere Variante, was den Gültigkeitsbereich von Variablen betrifft, liegt immer dann vor, wenn eine inlinescript-Aktivität im Spiel ist. In dieser Aktivität müssen Workflow-Variablen lesend über das Befehlswort using und schreibend, wie bereits gezeigt, über das Befehlswort workflow angesprochen werden.

Beispiel

Das folgende Beispiel ist etwas umfangreicher. Es durchsucht die ersten n Zeilen aller Ps1-Dateien in einem vorgegebenen Verzeichnis auf das Kommentarzeichen „#". Am Ende wird die Anzahl der gefundenen Zeilen ausgegeben. Die Anzahl der pro Datei zu untersuchenden Zeilen wird über die Variable $AnzahlZeilen festgelegt. Damit diese Variable innerhalb des inlinescript-Bereichs angesprochen werden kann, wird das Befehlswort using verwendet.

```
workflow w1
{
  $AnzahlZeilen = 1
  $AnzahlTreffer = 0
  inlinescript {
    Get-ChildItem -Path $PsHome -Include *.ps1 -Recurse | Foreach-Object {
      Write-Verbose "Prüfe $($_.Fullname)"
      if ((Get-Content -Path $_.FullName -TotalCount $Using:AnzahlZeilen | Out-String -Stream) -like "*#")
      { $AnzahlTreffer++ }
    }
  }
  "$AnzahlTreffer Kommentarzeilen gefunden"
}
```

Wird der Workflow mit dem Verbose-Parameter aufgerufen, wird zwar deutlich, dass eine Reihe von Ps1-Dateien durchsucht werden, die Variable $AnzahlTreffer besitzt am Ende aber den Wert 0, da innerhalb der Aktivität inlinescript eine neue Variable $AnzahlTreffer definiert wird, die außerhalb der Aktivität nicht mehr zur Verfügung steht. Die Lösung besteht darin, das Ergebnis der inlinescript-Aktivität der Workflow-Variablen $AnzahlTreffer zuzuweisen:

```
workflow w1
{
  $AnzahlZeilen = 2
  $AnzahlTreffer = 0
  $AnzahlTreffer = inlinescript {
    Get-ChildItem -Path $PsHome -Include *.ps1 -Recurse | Foreach-Object {
      Write-Verbose "Prüfe $($_.Fullname)"
      if ((Get-Content -Path $_.FullName -TotalCount $Using:AnzahlZeilen | Out-String -Stream) -like "*#*")
      { $AnzahlTreffer++ }
    }
    $AnzahlTreffer
  }
  "$AnzahlTreffer Kommentarzeilen gefunden"
}
```

Auch wenn die Variable $AnzahlTreffer zwei Mal vorkommt, handelt es sich um zwei unterschiedliche Variablen, da sie in unterschiedlichen Gültigkeitsbereichen definiert sind.

Zugriff auf Variablen außerhalb des Workflows

Ein Workflow kann grundsätzlich nicht auf Variablen zugreifen, die außerhalb des Workflows gültig sind. Auch die Übergabe einer Variablen als Referenz an einen Workflow ist nicht möglich. Soll ein Workflow dem aufrufenden Skript Werte zurückgeben, legt er diese ganz einfach in die Pipeline. Eine Alternative ist eine gemeinsame Umgebungsvariable, die über [System.Environment]::SetEnvironmentVariable() auf Benutzer- oder Maschinenebene angelegt wird.

Beispiel Das folgende Beispiel zeigt eine Workflow-Definition, der ein Parameterwert übergeben wird, den sie in eine Umgebungsvariable einträgt die wiederum nach Beendigung des Workflows abgefragt wird.

```
workflow w4
```

```
{
  param([Int]$Wert)
  inlinescript
  {
   "Der Wert ist: $using:Wert"
   [System.Environment]::SetEnvironmentVariable("TestWert", $Wert,
"User")
  }
}

[System.Environment]::SetEnvironmentVariable("TestWert", 1000,
"User")

w4 -Wert 3000

[System.Environment]::GetEnvironmentVariable("TestWert","User")
```

Verschachtelte Workflows

Wie Funktionen können auch Workflows verschachtelt sein. In diesem Fall wird der „innere" Workflow als Teil des äußeren Workflows ausgeführt. Jeder Workflow bildet eine eigene Aktivität und damit auch einen eigenen Gültigkeitsbereich für Variablen und Funktionen. Eine Funktion, die im äußeren Workflow definiert ist, existiert für einen inneren Workflow daher nicht.

Beispiel

Das folgende Beispiel ist absichtlich sehr einfach gehalten. Es definiert innerhalb des Workflows w1 einen weiteren Workflow w2, der innerhalb von w1 aufgerufen wird.

```
workflow w1
{
  $ID = 1
  "w1 wird ausgeführt..."
  workflow w2
  {
   "w2 wird ausgeführt - der Wert (ID=$ID)"
  }
  w2
}
```

Die Variable $ID steht innerhalb des Workflows w2 nicht zur Verfügung. Sie müsste als Parameter an den Workflow übergeben werden.

Kapitel 23 PowerShell-Workflows

Ein Spezialfall liegt vor, wenn der innere Workflow im Rahmen einer weiteren Aktivität aufgerufen werden soll. Das Problem: Im Rahmen dieser Aktivität ist der Workflow nicht bekannt und kann daher nicht aufgerufen werden. Ein „Workaround" besteht darin, den Workflow einer Skriptblock-Variablen zuzuweisen und diese Variable innerhalb der Aktivität über using anzusprechen.

Beispiel Das folgende Beispiel ruft innerhalb eines Workflows einen „inneren" Workflow im Rahmen einer ForEach-Object-Aktivität mehrfach auf und benutzt dazu den Umweg über eine Skriptblock-Variable, die den Workflow repräsentiert und auf die der innere Workflow dank der Verwendung von using zugreifen kann.

```
workflow w1
{
  workflow w2
  { "Worfklow w2..." }
  $SB = { w2 }
  inlinescript {
  1..3 | ForEach-Object -process { $using:SB }
  }
}
```

Parallele Aktivitäten

Einzelne Befehle innerhalb eines Workflows können auch parallel ausgeführt werden. Das bedeutet konkret, dass die einzelnen Aktivitäten auf allen vorhandenen Kernen der CPU gleichzeitig ausgeführt werden. Dazu wird innerhalb eines Workflows ein neuer Skriptblock definiert, dem das Befehlswort parallel vorausgeht.

Beispiel Das folgende Bespiel definiert einen Workflow, in dem drei Aktivitäten, jeweils bestehend aus einem ForEach-Object-Commandlet, parallel ausgeführt werden. Zum „Beweis" dafür, dass die Ausführung tatsächlich gleichzeitig stattfindet, wird die Nummer der Aktivität mit ausgegeben. Bei der Ausgabe wird deutlich, dass die drei Aktivitäten durcheinander ausgeführt werden. Außerdem wird durch die Ausgabe der sog. Thread-.ID deutlich, dass jede Aktivität auf ihrem eigenen „Ausführungsfaden" (engl. „thread") innerhalb des Prozesses ausführt.

```
workflow w1
{
  parallel {
    1..10 | Foreach-Object -Process {
    $ThreadID =
[System.Threading.Thread]::CurrentThread.ManagedThreadId
      "Aktivität 1: Laufe auf Thread-Nr. $ThreadID"
      Start-Sleep -Milliseconds 500
      }
    1..10| Foreach-Object -Process {
    $ThreadID =
[System.Threading.Thread]::CurrentThread.ManagedThreadId
      "Aktivität 2: Laufe auf Thread-Nr. $ThreadID"
      Start-Sleep -Milliseconds 500
      }
    1..10| Foreach-Object -Process {
    $ThreadID =
[System.Threading.Thread]::CurrentThread.ManagedThreadId
      "Aktivität 3: Laufe auf Thread-Nr. $ThreadID"
      Start-Sleep -Milliseconds 500
      }
    }
}
```

Sollen die Befehle eines Skriptblocks innerhalb eines Workflows explizit sequenziell ausgeführt werden, muss ihnen das Befehlswort sequential vorausgehen. Bezogen auf das obige Beispiel würde sich die Ausgabe dahingehend unterscheiden, dass die drei Aktivitäten streng in Reihenfolge ihres Auftretens abgearbeitet werden (und dass zwei Aktivitäten auf demselben Thread ausführen können).

Spezialfall foreach-Befehl

Für den foreach-Befehl der PowerShell steht innerhalb eines Workflows (und leider nur dort) der Parameter parallel zur Verfügung. Er bewirkt, dass die Befehle des folgenden Schleifen-Skriptblocks parallel ausgeführt werden.

Beispiel Das folgende Beispiel definiert einen Workflow, der eine Reihe von Befehlen im Rahmen des `foreach`-Befehls parallel ausführt.

```
workflow w1
{
    foreach -parallel ($i in 1..10)
    {
    $ThreadID = [System.Threading.Thread]::CurrentThread.ManagedThreadId
        "Aktivität $($i): Laufe auf Thread-Nr. $ThreadID"
        Start-Sleep -Milliseconds 500
    }
}
```

Der „Beweis", dass die Befehle tatsächlich parallel ausgeführt werden, besteht auch bei diesem Beispiel darin, dass die Nummern der Aktivitäten durcheinander ausgegeben werden. Ohne den `parallel`-Parameter werden sie nacheinander ausgegeben.

Die Speicherung des Workflow-Zustands (Persistenz)

Unter dem allgemeinen Begriff „Zustand" (engl. „state") wird bei einem Workflow sein Ist-Zustand in einem bestimmten Moment während seiner Ausführung zusammengefasst. Dazu gehören u.a. die Werte der Variablen und der aktuell ausgeführte Befehl. Der Umstand, dass ein Workflow seinen Zustand, z.B. über die Aktivität `Checkpoint-Workflow`, jederzeit speichern kann, ist eine Voraussetzung dafür, dass ein Workflow nach einer Unterbrechung nahtlos fortgesetzt werden kann. Eine solche Unterbrechung ist im Allgemeinen ein Neustart des Computers, auf dem der Remote-Workflow ausgeführt wird.

Die Fähigkeit eines Workflows, seinen Zustand speichern zu können, heißt *Persistenz*.

> Die PowerShell speichert den Zustand eines Workflows im Dateisystem. Zu den gespeicherten Informationen gehören die Workflow-Definition, die Workflow-Parameter, der Zustand des ausführenden Jobs, weitere interne Zustandsinformationen und Metadaten, die mit dem Workflow in Beziehung stehen. Der interne Aufbau der „Persistenzablage" ist nicht offiziell dokumentiert.

Möchte man erreichen, dass der Workflow seinen Zustand nach jeder Aktivität speichert, muss beim Aufruf der `PSPersist`-Parameter mit dem Wert `$True` gesetzt werden.

Workflows unterbrechen und fortsetzen

Der wichtigste Unterschied zwischen einem Workflow und einem Skript besteht darin, dass ein Workflow über die `Suspend-Workflow`-Aktivität unterbrochen und zu einem späteren Zeitpunkt über das Commandlet `Resume-Job` fortgesetzt werden kann. Das klassische Beispiel ist ein Arbeitsablauf, in dem „mittendrin" eine E-Mail verschickt wird und die Abarbeitung des Arbeitsablaufs danach unterbrochen wird, damit sie zu einem späteren Zeitpunkt fortgesetzt werden kann. Die Fortführung des Arbeitsablaufs muss entweder durch einen „menschlichen Eingriff" oder über ein systemweites Ereignis, etwa das Starten eines bestimmten Prozesses, fortgesetzt werden.

Bezogen auf den beschriebenen Arbeitsablauf muss der Empfänger der E-Mail entscheiden, ob der Workflow fortgesetzt wird oder nicht (was natürlich ebenfalls, z.B. über eine Posteingangsregel, automatisiert werden kann). Ob der Empfänger dies nach einigen Minuten oder nach einem längeren Urlaub tut, spielt für die Ausführung des Workflows keine Rolle, da er seinen Zustand entweder implizit (nach wichtigen Operationen), über den Workflow-Parameter `PSPersist:$True` nach jeder Aktivität oder über die `Checkpoint-Workflow`-Aktivität gezielt sichert.

Beispiel

Das folgende Beispiel definiert einen Workflow, der nach Ausgabe einer Meldung die Ausführung anhält. Der Zustand besteht aus dem Wert der Variable `$State`. Dabei wird ein Job-Objekt angelegt, dessen Eckdaten wie üblich ausgegeben werden. Über das `Resume-Job`-Commandlet wird der Workflow unter Angabe seiner Job-Id fortgesetzt. Die resultierende Ausgabe muss, wie bei Jobs üblich, über das `Receive-Job`-Commandlet abgeholt werden.

```
workflow w1
{
    $State = 1000
    Suspend-Workflow
    "Der aktuelle Zustand: $State"
}

Id   Name   PSJobTypeName    State       HasMoreData   Location    Command
--   ----   -------------    -----       -----------   --------    -------
120  Job120 PSWorkflowJob    Suspended   True          localhost   w1

Receive-Job -id 120
Der aktuelle Zustand: 1000
```

Fehlersuche in Workflows (Debugging)

Genau wie die Ausführung eines Jobs kann auch ein Workflow leider nicht debuggt, also unter der Steuerung des PowerShell-Debuggers ausgeführt, werden. Ein Haltepunkt innerhalb einer Workflow-Definition besitzt keine Wirkung.

Ein praktischer Tipp, um diese Einschränkung zu umgehen, besteht darin, die Befehle zuerst außerhalb des Workflows zu testen und sie erst danach in den Workflow einbauen. Das Testen umfangreicherer Workflows kostet aber generell Zeit.

23.5 Workflows in Visual Studio erstellen

Ein PowerShell-Workflow kann alternativ innerhalb der Microsoft-Entwicklungsumgebung Visual Studio (ab Version 2010 Profesional Edition) mit Hilfe eines Designers, auf dem die einzelnen Aktivitäten angeordnet werden, erstellt werden. Das Ergebnis ist eine Textdatei im XAML-Format (*Extensible Application Markup Language*), die den Workflow definiert. Ausgeführt wird der Workflow durch das `Import-Module`-Commandlet, auf das der Pfad der XAML-Datei folgt (das Commandlet hat mit der PowerShell 3.0 eine erweiterte Bedeutung erhalten). Dieser Typ von Workflow wird *XAML-Workflow* genannt und unterscheidet sich von einem Skript-Workflow nur durch die Art der Umsetzung, nicht aber durch seine Möglichkeiten.

Ein XAML-Workflow bietet den Vorteil, dass er von Anwendern erstellt werden kann, die nur geringe PowerShell-Kenntnisse besitzen und sich nicht mit den Details während der Eingabe eines Skript-Workflows beschäftigen möchten, wenngleich die Umsetzung ganz ohne PowerShell-Kenntnisse nicht gelingen wird und zudem gewisse Grundkenntnisse im Umgang mit .NET-Datentypen voraussetzt. Ein weiterer Vorteil ist, dass der Workflow innerhalb des Designers in einer visuellen Notation vorliegt, die ausgedruckt und/oder als Grundlage für eine Diskussion über die Aufgaben des Workflows dienen kann.

> Über die Eigenschaft `XamlDefinition` des `WorkflowInfo`-Objekts erhält man die XAML-Definition eines Skript-Workflows:
> `Get-Command -Name W1 | Format-List XamlDefinition`

Die XAML-Definition eines Workflows, der (über `Write-Output`) lediglich das Literal „Hallo, Welt" in die Pipeline legt und damit ausgibt, sieht stark vereinfacht (u.a. wurden alle Namensraum-Deklarationen weggelassen) wie folgt aus:

```
<Activity
  x:Class="Microsoft.PowerShell.DynamicActivities.Activity_1331639546"
  xmlns=http://schemas.microsoft.com/netfx/2009/xaml/activities>
  <Sequence>
    <ns1:WriteOutput>
       <ns1:WriteOutput.InputObject>
          <InArgument x:TypeArguments="ns4:PSObject[]">
           <ns2:PowerShellValue x:TypeArguments="ns4:PSObject[]"
Expression="&quot;Hallo,Welt&quot;" />
          </InArgument>
       </ns1:WriteOutput.InputObject>
    </ns1:WriteOutput>
    <Sequence.Variables>
       <Variable Name="WorkflowCommandName"
x:TypeArguments="ns0:String" Default = "w1" />
    </Sequence.Variables>
  </Sequence>
</Activity>
```

Es wird deutlich, dass der Workflow durch das `<Activity>`-Element definiert wird und aus einem `<Sequence>`-Element als Stammelement besteht. Die Ausgabe des Literals übernimmt die `WriteOut`-Aktivität, die im Namespace `Microsoft.PowerShell.Utility.Activities` und in der Assembly `Microsoft.PowerShell.Utility.Activities.dll` definiert ist. Die auszugebende Zeichenkette wird dem `InputObject`-Parameter als Array von `PSObject`-Werten übergeben.

Für die Umsetzung eines XAML-Workflows wird Visual Studio in der Version 2010 oder 2012 benötigt. Erforderlich ist mindestens die Professional Edition, die kostenlosen Express Editionen gehen nicht, da es hier keinen Workflow-Designer gibt. Dass Visual Studio als Werkzeug verwendet wird, bedeutet nicht, dass für die Umsetzung Programmierkenntnisse benötigt werden, denn bei der Umsetzung ist keine Programmierung im Spiel. Allerdings muss man sich mit dem Konzept der Datentypen und wie diese aus verschiedenen Assembly-Bibliotheken ausgewählt werden, auseinandersetzen. Dies ist z.B. Voraussetzung, um den Output eines Commandlets dem nächsten Commandlet als Input zuweisen zu können. Für das Festlegen von Ausdrücken hat sich das PowerShell-Team für die Syntax der Programmiersprache Visual Basic entschieden.

Die Vorgehensweise bei der Umsetzung besteht darin, ein neues Projekt vom Typ „Konsolenanwendung für Workflows" in der Kategorie „Workflow" anzulegen, den Workflow mit Hilfe eines Designers zusammenzustellen und die daraus resultierende XAML-Datei über das `Import-Module`-Commandlet zu laden. Anschließend steht der Workflow auf die exakt gleiche Art und Weise zur Verfügung wie ein innerhalb der PowerShell definierter Skript-Workflow.

Was im letzten Absatz im Schnelldurchlauf zusammengefasst wurde, soll im Folgenden an einem kleinen Beispiel Schritt für Schritt umgesetzt werden. Das Beispiel wurde absichtlich sehr einfach eingehalten und ist damit zwangsläufig praxisfern, da bereits die Umsetzung eines aus sechs einfachen Aktivitäten bestehenden Workflows aus mehreren Dutzend Teilschritten besteht. Der Workflow schreibt die Anzahl der laufenden Prozesse in eine Textdatei, startet den Computer neu und fügt anschließend erneut die Anzahl der laufenden Prozesse in dieselbe Textdatei ein und gibt am Ende eine kurze Meldung aus. Es versteht sich von selbst, dass dafür kein Workflow benötigt wird. Die Beschreibung soll Sie in die Lage versetzen, einen Workflow für ein praxisnahes Szenario umzusetzen. Hat man die Grundregeln bei der Umsetzung verstanden, ist man in der Lage, beliebig komplexe Abläufe abzubilden.

Schritt 1 Starten Sie Visual Studio 2010 oder Visual Studio 2012 Professional oder höher, legen Sie ein neues Projekt vom Typ „Konsolenanwendung für Workflows" an und geben Sie dem Projekt den Namen „DemoWorkflow".

Abbildung 23.2
Das Workflow-Projekt wird angelegt.

Schritt 2 Eine lästige Kleinigkeit muss bei Visual Studio 2010 bei jedem neuen Projekt erledigt werden. In den Projekteigenschaften muss für das Ziel-Framework das voreinstellte „.NET Framework 4 Client Profile" gegen das „.NET Framework 4"-Profil, das die komplette Laufzeit repräsentiert, ausgetauscht werden. Wählen Sie dazu im Projekt-Menü den Eintrag „DemoWorkflow-Eigenschaften..." („DemoWorkflow" ist der Name des Projekts) und wählen Sie in der Auswahlliste „Zielframework" den Eintrag „.NET Framework 4". Damit die Einstellung wirksam wird, muss das Projekt danach geschlossen und erneut geöffnet werden, was automatisch geschieht.

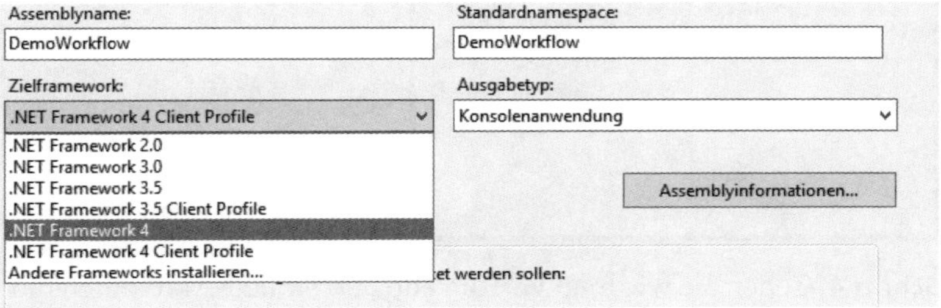

Abbildung 23.3
In den Projekteigenschaften muss das .NET Framework 4-Profil eingestellt werden.

Schritt 3 Zu Beginn sehen Sie eine leere Designerfläche. Hier sollen in Kürze die einzelnen Aktivitäten abgelegt werden.

Abbildung 23.4
Zu Beginn ist die Designerfläche noch leer.

Machen Sie über das *Ansicht*-Menü die Toolbox sichtbar. Hier werden alle zur Verfügung stehenden Aktivitäten angeboten. Am Anfang dürften in der der Kategorie „Allgemein" noch keine Aktivitäten angeboten werden, sie ist daher ebenfalls noch relativ leer.

Kapitel 23 PowerShell-Workflows

Abbildung 23.5
In der Toolbox werden noch keine PowerShell-Aktivitäten angezeigt

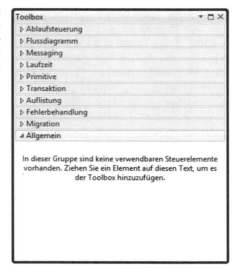

Schritt 4 Gehen Sie wie folgt vor, um alle PowerShell-Aktivitäten hinzuzufügen

1. Klicken Sie die Toolbox mit der rechten Maustaste an und wählen Sie den Eintrag „Elemente auswählen".

Abbildung 23.6
Zur Toolbox werden weitere Elemente hinzugefügt.

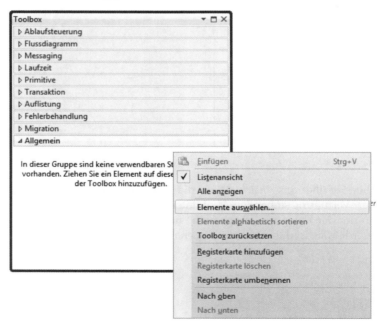

Wechseln Sie in das Register „System.Activities-Komponenten". Alle Aktivitäten, die noch nicht angekreuzt sind, die aber Teil der Toolbox sein sollen, müssen angekreuzt werden.

Workflows in Visual Studio erstellen

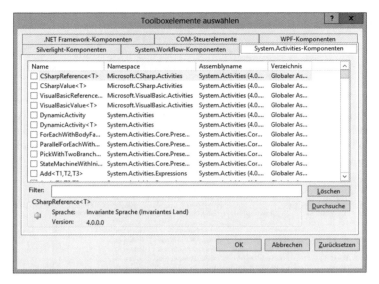

Abbildung 23.7
Nicht alle Aktivitäten werden am Anfang in der Toolbox angezeigt.

Am Anfang werden Sie in der Liste aber keine PowerShell-Aktivitäten finden, da noch keine hinzugefügt wurden. Das muss einmalig nachgeholt werden. Die einzelnen PowerShell-Aktivitäten sind auf die folgenden sechs Assembly-Bibliotheken verteilt:

- Microsoft.PowerShell.Activities.dll
- Microsoft.PowerShell.Core.Activities.dll
- Microsoft.PowerShell.Utility.Activities.dll
- Microsoft.PowerShell.Management.Activities.dll
- Microsoft.PowerShell.Diagnostics.Activities.dll
- Microsoft.PowerShell.Security.Activities.dll

Die ersten vier Bibliotheken sollten auf alle Fälle hinzugefügt werden, am besten alle sechs. Die Dateien befinden sich im „GAC" (Global Assembly Cache) des .NET Frameworks. Dahinter steckt eine Verzeichnishierarchie im Verzeichnis *C:\Windows\Microsoft.NET\Assembly\ GAC_MSIL*.

Abbildung 23.8
Die PowerShell-Aktivitäten befinden sich im GAC-Verzeichnis des .NET Frameworks

Sie müssen daher für jede einzelne Assembly auf den *Durchsuchen*-Button klicken, die Dll-Datei in ihrem jeweiligen Unterverzeichnis lokalisieren und sie auswählen. Dadurch werden die in der Datei enthaltenen Aktivitäten in die Liste der für die Toolbox verfügbaren Aktivitäten aufgenommen.

Abbildung 23.9
Eine Assembly mit PowerShell-Aktivitäten wird ausgewählt.

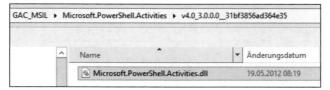

Zwar wird es durch das Hinzufügen aller zur Verfügung stehenden PowerShell-Aktivitäten in der Toolbox recht voll, doch ersparen Sie sich so eine Suche nach einer Aktivität, deren Assembly-Bibliothek nicht geladen wurde.

Abbildung 23.10
Die PowerShell-Aktivitäten werden ausgewählt...

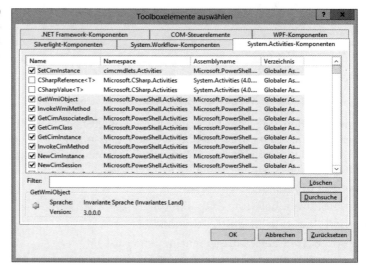

Abbildung 23.11
... und sind danach Teil der Toolbox.

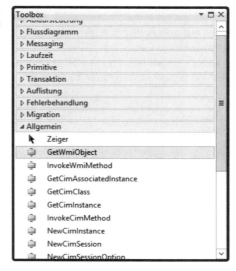

Workflows in Visual Studio erstellen

Werden die Toolbox-Elemente alphabetisch sortiert, lassen sich einzelne Elemente leichter lokalisieren.

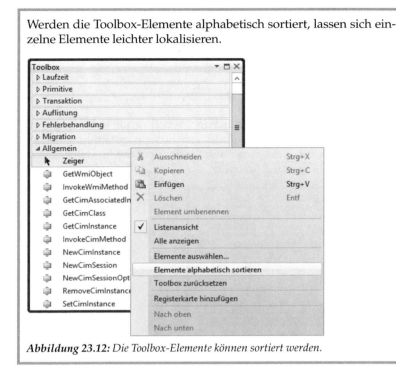

Abbildung 23.12: Die Toolbox-Elemente können sortiert werden.

Schritt 5 Als letzte Formalität muss in das Projekt ein Verweis auf die PowerShell-Assembly *System.Management.Automation.dll* eingefügt werden, denn sie enthält jene Datentypen, die später über die Definition einer Variablen und die Parameterübergabe benötigt werden. Klicken Sie im Projektmappen-Explorer, der über das *Ansicht*-Menü gegebenenfalls sichtbar gemacht werden muss, den Eintrag „Verweise" mit der rechten Maustaste an und wählen Sie „Verweis hinzufügen". Auch diese Datei befindet sich im GAC unter *C:\Windows\ Microsoft.Net\Assemblies\GAC_MSIL* und dort im Verzeichnis *System.Management.Automation*. Wählen Sie in dem Unterverzeichnis dieses Verzeichnisses die Datei aus und bestätigen Sie die Auswahl, um den Verweis hinzuzufügen.

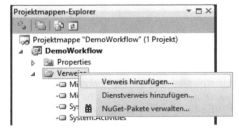

Abbildung 23.13
In das Projekt muss ein Verweis ...

Kapitel 23 PowerShell-Workflows

Abbildung 23.14
... auf die Assembly System.Management. Automation.dll hinzugefügt werden.

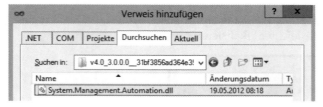

Schritt 6 Im nächsten Schritt wird der Workflow mit seinen Aktivitäten umgesetzt. Ordnen Sie als Erstes eine Sequence-Aktivität aus dem Abschnitt „Ablaufsteuerung" auf der Designerfläche an. Hier werden die einzelnen Aktivitäten platziert.

Abbildung 23.15
Die Sequence-Aktivität ist Teil der Kategorie „Ablaufsteuerung".

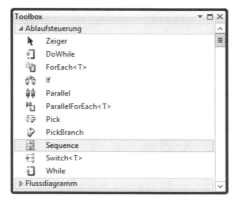

Abbildung 23.16
Der Workflow beginnt mit einer Sequence.

Schritt 7 Platzieren Sie in der Sequence-Aktivität die Aktivität „Get-Process", die damit als erste Aktivität in den Workflow aufgenommen wird.

Abbildung 23.17
In den Workflow wurde die Get-Process-Aktivität aufgenommen.

Schritt 8 Das Ergebnis von Get-Process soll einer Variablen zugewiesen werden. Drücken Sie [F4], um die Eigenschaften der Aktivität anzuzeigen, und tragen Sie in der Zeile „Result" in das Eingabefeld auf der linken Seite „Prozesse" ein. Das ist der Name einer Variablen, die aktuell noch nicht definiert ist. Alternativ können Sie den Wert

Workflows in Visual Studio erstellen

über den Ausdruckseditor eingeben, der durch einen Klick auf den Button mit den drei Punkten geöffnet wird.

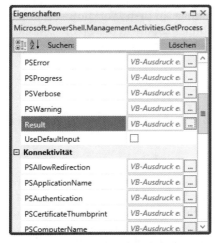

Abbildung 23.18
Im Eigenschaften-dialog werden die Commandlet-Parameter als Eigenschaften der Aktivität angeboten.

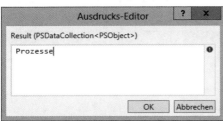

Abbildung 23.19
Im Ausdrucks-Editor erhält die Property Result einen Wert.

Da es die Variable Prozesse noch nicht gibt, ist eine Fehlermeldung die Folge, die durch ein rotes Ausrufezeichen angezeigt wird.

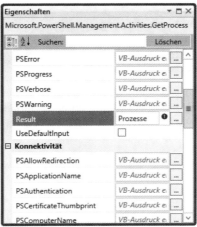

Abbildung 23.20
Der Workflow enthält einen Fehler.

Schritt 9 In diesem Schritt wird die Variable Prozesse definiert. Im unteren Bereich des Workflow-Designers werden die Kategorien „Variablen", „Argumente" und „Importe" angeboten. Selektieren Sie „Variablen", um den Bereich zu öffnen, in dem Workflow-Variablen angezeigt und angelegt werden können. Sollte in der Spalte „Name" keine Eingabe möglich sein, muss die Sequence-Aktivität selektiert werden.

Abbildung 23.21
Die Variable „Prozesse" wird definiert.

Tragen Sie für den Namen „Prozesse" ein. Als Variablentyp wird „String" voreingestellt. Dies ist aber der falsche Datentyp. Damit Get-Process seine Ausgabe in die Variable ablegen kann, muss diese vom Typ „PSDataCollection<PSObject>" sein. Dieser Typ wird aber noch nicht in der Liste angeboten, er muss daher über den Eintrag „Nach Typen suchen..." hinzugefügt werden.

Abbildung 23.22
Nicht jeder Datentyp wird am Anfang in der Auswahlliste angeboten.

Nach Auswahl von „Nach Typen suchen..." erscheint ein weiterer Auswahldialog. Hier kann einer Variablen oder einem Parameter ein bestimmter Datentyp zugeordnet werden.

Workflows in Visual Studio erstellen

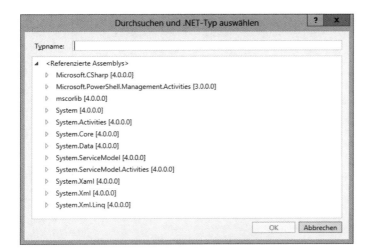

Abbildung 23.23
In diesem Auswahldialog werden Datentypen für eine Variable oder einen Parameter lokalisiert.

Geben Sie den Datentyp „PSDataCollection" in das Eingabefeld „Typname" ein. Sie werden feststellen, dass er kurz danach in der Liste der referenzierten Assemblies aufgeführt wird. Sollte dies nicht der Fall sein, wurde noch kein Verwies auf die Assembly *System.Management.Automation* hinzugefügt und Sie müssen Schritt 5 wiederholen.

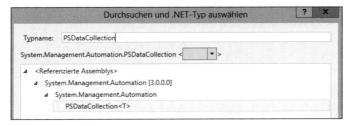

Abbildung 23.24
Der Datentyp PSDataCollection wurde gefunden.

Schritt 10 Das Einfügen des Datentyps geht aber noch nicht, es erscheint eine Fehlermeldung. Der Grund ist, dass auch für den Typplatzhalter T ein Typ ausgewählt werden muss. Öffnen Sie die Auswahlliste neben „System.Management.Automation.PSDataCollection" und lokalisieren Sie dieses Mal den Typ „PSObject".

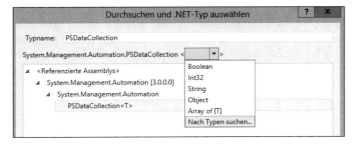

Abbildung 23.25
Auch der Typ „PSObject" muss zuerst lokalisiert werden.

*Abbildung 23.26
PSObject wird für
den Typ-Platzhalter
T ausgewählt.*

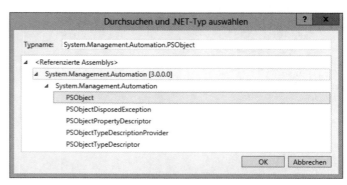

Damit kann Get-Process seinen Output der Variablen Prozesse zuweisen. Im Workflow-Designer werden keine Fehler mehr angezeigt.

*Abbildung 23.27
Der Workflow-
Designer zeigt keine
Fehler mehr an.*

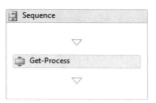

Schritt 11 Fügen Sie als zweite Aktivität Set-Content hinzu und platzieren Sie sie unterhalb von Get-Process.

*Abbildung 23.28
Der Workflow
umfasst eine
zweite Aktivität.*

Schritt 12 Tragen Sie für den Path-Parameter den Pfad „C:\Users\Administrator\WFOutput.txt" ein (der Pfad muss natürlich existieren – ansonsten tragen Sie einen beliebigen Pfad ein, für den der Besitzer des ausführenden PowerShell-Prozesses, in dem der Workflow gestartet wird, Schreibberechtigungen besitzt). Doch auch hier ist es im Ausdrucks-Editor mit einem simplen String nicht getan. Wie es die Parameterbeschreibung bereits vorgibt, muss hier ein String-Array angegeben werden, da dies der Datentyp des Path-Parameters ist.

Workflows in Visual Studio erstellen

Der Workflow-Designer erwartet, dass der Typ als Visual-Basic-Ausdruck angegeben wird. Geben Sie in den Ausdrucks-Designer den folgenden Ausdruck ein:

New String() { "C:\Users\Administrator\WFOutput.txt" }

Auf diese Weise wird in Visual Basic ein String-Array mit einem String definiert.

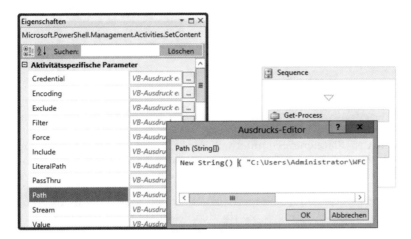

Abbildung 23.29
Im Ausdrucks-Designer wird der Wert für den Path-Parameter festgelegt.

Schritt 13 Das, was Set-Content bei der Ausführung des Workflows in die Datei schreiben soll, wird über den Value-Parameter festgelegt. Da eine Zeichenkette geschrieben werden soll, geben Sie in den Ausdrucks-Editor für diesen Parameter den folgenden Ausdruck ein:

New Object() { String.Format("Anzahl Prozesse: {0}", Prozesse.Count) }

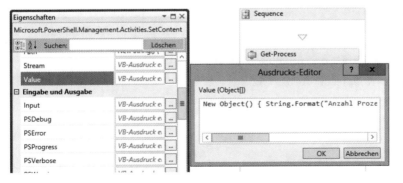

Abbildung 23.30
Im Ausdrucks-Designer wird der Wert für den Value-Parameter festgelegt.

Schritt 14 Platzieren Sie unterhalb der Set-Content-Aktivität die Aktivität Restart-Computer. Sie soll den Computer neu starten.

Schritt 15 Setzen Sie bei Restart-Computer sowohl den Wait- als auch den Force-Parameter auf den Wert „True".

*Abbildung 23.31
Im Ausdrucks-Designer wird der Wert für den Wait-Parameter festgelegt.*

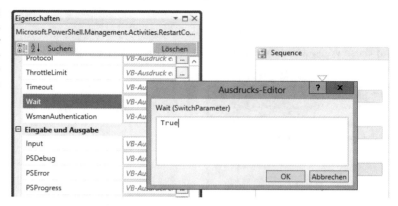

Schritt 16 Platzieren Sie unterhalb der Restart-Computer-Aktivität die Aktivität Get-Process. Tragen Sie im Ausdrucks-Editor für den Parameter Result erneut die Variable Prozesse ein.

Schritt 17 Platzieren Sie unterhalb der Get-Process-Aktivität die Aktivität Add-Content. Tragen Sie für den Path-Parameter den Pfad „C:\Users\Administrator\WFOutput.txt" ein und für den Value-Parameter erneut den folgenden Wert im Ausdrucks-Editor ein:

```
New Object() { String.Format("Anzahl Prozesse: {0}", Prozesse.Count) }
```

Dieser Ausdruck bewirkt, dass die Anzahl der laufenden Prozesse als Teil der Zeichenkette in die Datei geschrieben wird. Dies ist keine PowerShell-Syntax, sondern, wie bereits erwähnt, ein Visual-Basic-Ausdruck.

Schritt 18 Platzieren Sie unterhalb der Add-Content-Aktivität die Aktivität Write-Output. Tragen Sie im Ausdrucks-Editor für den Parameter InputObject den folgenden Ausdruck ein:

```
New PSObject() { "Fertig..." }
```

*Abbildung 23.32
Im Ausdrucks-Editor erhält der Parameter Input-Object seinen Wert.*

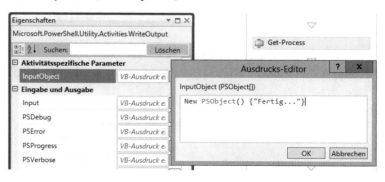

Workflows in Visual Studio erstellen

Damit ist der Workflow fertig. Im Workflow-Designer sollten keine Fehler angezeigt werden.

Abbildung 23.33
Der Workflow umfasst insgesamt sieben Aktivitäten.

Schritt 19 Ändern Sie im Projektmappen-Explorer den Namen der Datei „Workflow1.xaml" in „PSDemoWorkflow.xaml".

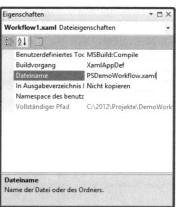

Abbildung 23.34
Der Name der Workflow-Datei wird geändert.

Schritt 20 Dieser Schritt ist optional. Erstellen Sie das Projekt über das Menü *Erstellen* und dort über den Eintrag „DemoWorkflow neu erstellen". Beim Erstellen wird ein Fehler resultieren. Die Fehlermeldung besagt, dass die Assembly `Microsoft.PowerShell.Workflow.ServiceCore` nicht gefunden werden kann. Fügen Sie diese Assembly-Bibliothek, wie unter Schritt 5 für `System.Management.Automation` beschrieben, dem Projekt aus dem GAC als Verweis hinzu.

393

Abbildung 23.35
Die Assembly Microsoft.Power-Shell.Workflow.ServiceCore.dll wird aus dem GAC als Verweis hinzu-gefügt.

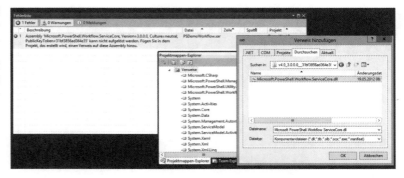

Damit sollte sich das Projekt fehlerfrei erstellen lassen.

Abbildung 23.36
Beim Erstellen erscheinen in der Fehlerliste keine Fehler mehr.

Schritt 21 Damit ist der Workflow endlich fertig und kann in der PowerShell ausgeführt werden. Sie benötigen dazu lediglich den Pfad der XAML-Datei.

Diesen erhalten Sie z.B. aus der XAML-Definition des Workflows, die Sie sich anschauen können, indem Sie die Innenfläche des Workflow-Designers selektieren, [F7] drücken und die Abfrage mit „Ja" bestätigen.

Abbildung 23.37
Umschalten auf den XAML-Code-Editor

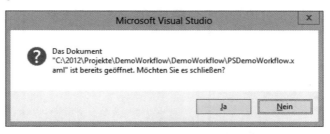

In der XAML-Definition ist u.a. der Pfad der XAML-Datei enthalten.

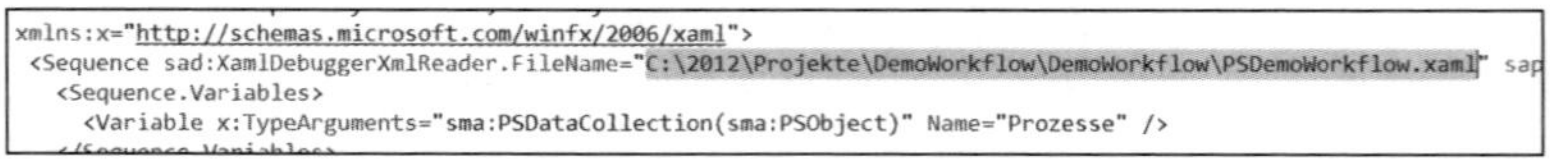

Abbildung 23.38
Der Pfad der XAML-Datei ist Teil der XAML-Definition.

```
xmlns:x="http://schemas.microsoft.com/winfx/2006/xaml">
  <Sequence sad:XamlDebuggerXmlReader.FileName="C:\2012\Projekte\DemoWorkflow\DemoWorkflow\PSDemoWorkflow.xaml" sap
    <Sequence.Variables>
      <Variable x:TypeArguments="sma:PSDataCollection(sma:PSObject)" Name="Prozesse" />
```

Schritt 22 Laden Sie die XAML-Definition über das Import-Module-Commandlet:

Import-Module -Name C:\2012\Projekte\DemoWorkflow\DemoWorkflow\
PSDemoWorkflow.xaml

Schritt 23 Ein Get-Module zeigt an, dass das Modul und damit der Workflow mit dem Namen „PSDemoWorkflow" geladen wurde.

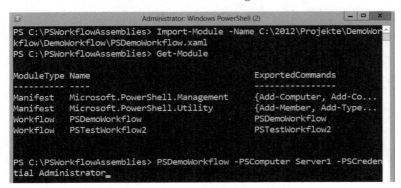

Abbildung 23.39
Das Modul mit dem Workflow PSDemo-Workflow wurde geladen.

Schritt 24 Führen Sie den Workflow unbedingt auf einem Remote-Computer aus, da ansonsten der aktuelle Computer heruntergefahren wird:

PSDemoWorkflow -PSComputer Server1 -Credential Administrator

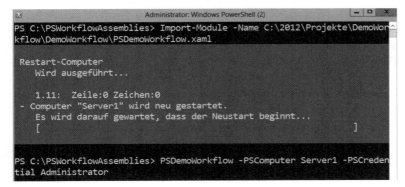

Abbildung 23.40
Der Workflow wird ausgeführt.

Kapitel 23 PowerShell-Workflows

Schritt 25 Verbinden Sie sich im Rahmen einer Remote-Session mit dem Server, auf dem der Workflow ausgeführt wurde, und sehen Sie nach, ob die Datei „WFOutput.txt" angelegt wurde, was der Fall sein sollte.

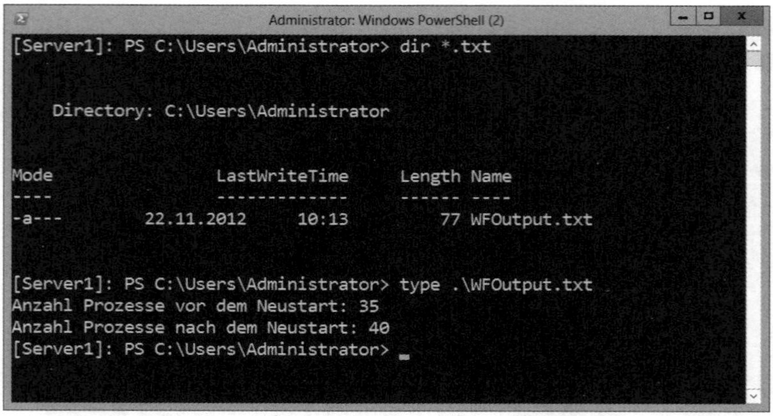

Abbildung 23.41
Im Rahmen des Workflows wurde auf dem Server eine Datei angelegt.

```
[Server1]: PS C:\Users\Administrator> dir *.txt

    Directory: C:\Users\Administrator

Mode                LastWriteTime     Length Name
----                -------------     ------ ----
-a---          22.11.2012     10:13       77 WFOutput.txt

[Server1]: PS C:\Users\Administrator> type .\WFOutput.txt
Anzahl Prozesse vor dem Neustart: 35
Anzahl Prozesse nach dem Neustart: 40
[Server1]: PS C:\Users\Administrator>
```

Das war sehr viel Aufwand für ein einfaches Resultat. Bei der Übung ging es in erster Linie darum, die Umsetzung eines PowerShell-Workflows mit Visual Studio zu demonstrieren. Man muss kein Entwickler sein, da keine Programmierung vorkommt. Ganz ohne jegliche Grundkenntnisse aus dem Bereich der Programmierung geht es aber nicht, da die Auswahl der Datentypen oder das Festlegen eines Parameterwerts gewisse Kenntnisse voraussetzt. Das sind aber Kenntnisse, die man sich relativ einfach aneignen kann, zumal die Art und Weise, wie ein Ausdruck im Ausdrucks-Editor zusammengestellt wird, immer dieselbe ist und die angezeigten Fehlermeldungen sehr hilfreich sind.

24 Ereignissystem

In der Windows-(Programmier-)Welt gibt es verschiedene Formen von Ereignissen. Es gibt Einträge im Windows-Ereignisprotokoll, .NET-Objekte können Ereignisse auslösen und die Windows Management Instrumentation (WMI) kann Ereignisse auslösen. Auch die Power-Shell kennt eigene Ereignisse.

Das Ereignissystem in PowerShell bildet einen gemeinsamen Rahmen, in dem sich alle vier vorgenannten Ereignisarten behandeln lassen. Dabei werden die Windows-Ereignisprotokolle unter WMI-Ereignissen erfasst.

24.1 WMI-Ereignisse

Die Windows Management Instrumentation (WMI) bietet eine Ereignisinfrastruktur, die den Administrator über jegliche Veränderung im WMI-Repository (z.B. Erzeugen einer neuen Instanz, Löschen einer Instanz, Ändern des Werts einer Instanz) informieren kann. Auf diese Weise kann sich ein Administrator über Änderungen informieren lassen, z.B. das Starten oder Ende eines Prozesses oder Dienstes, das Erzeugen einer neuen Datei in einem bestimmten Pfad oder das Hinzufügen eines USB-Geräts. Den Ereignisauslöser spezifiziert man dabei durch eine sogenannte WMI-Ereignisabfrage.

WMI

24.2 WMI-Ereignisabfragen

WMI-Ereignisabfrage sind genau wie normale WMI-Abfragen in der WMI Query Language (WQL) verfasst, die SQL ähnlich ist, aber Unterschiede aufweist.

WQL

Eine WMI-Ereignisabfrage bezieht sich immer auf eine WMI-Ereignisklasse. Mit der `WHERE`-Klausel werden das zu beobachtende Managed Object (MO) und die in dem MO zu beobachtenden Attribute definiert.

```
SELECT * FROM eventklasse WHERE bedingung
```

Kapitel 24 Ereignissystem

Alle Ereignisklassen sind Unterklassen eines Ereignistyps. Die Ereignistypen wiederum sind Unterklassen der Klasse _Event. Sie sind in der Regel an dem führenden doppelten Unterstrich und der Endung auf Event erkennbar. WMI unterscheidet vier Arten von Ereignissen (siehe Tabelle).

*Tabelle 24.1
WMI-Ereignisklassen. Die Ereignistypen sind die Oberklassen zu den rechts genannten Ereignisklassen.*

Ereignisart (Oberklasse)	Ereignisklasse
__ClassOperationEvent	__ClassCreationEvent __ClassDeletionEvent __ClassModificationEvent
__ExtrinsicEvent	__SystemEvent RegistryValueChangeEvent Win32_ComputerShutdownEvent Win32_ProcessStartTrace Win32_SystemConfigurationChangeEvent Win32_PowerManagementEvent u.a.
__InstanceOperationEvent	__InstanceCreationEvent __InstanceDeletionEvent __InstanceModificationEvent
__NamespaceOperationEvent	__NamespaceCreationEvent __NamespaceDeletionEvent __NamespaceModificationEvent

Bitte beachten Sie, dass das Ereignis __InstanceModificationEvent wirklich nur ausgeführt wird, wenn sich ein Attributwert ändert. Wenn Sie beispielsweise die Prozessorlast auf die Überschreitung der 80%-Grenze prüfen, dann bekommen Sie ein Ereignis beim Überschreiten der Grenze. Wenn danach der Wert konstant bei 100% liegt, bekommen Sie keine weiteren Ereignisse. Sie erhalten erst wieder ein Ereignis, wenn der Wert sich nochmals ändert (z.B. von 100% auf 99%).

Zusätzliche Schlüsselwörter

Ereignisabfragen unterstützen als zusätzliche SQL-Schlüsselwörter WITHIN, GROUP BY und HAVING:

- Dabei gibt WITHIN 10 das Abfrageintervall in Sekunden an (wird immer gebraucht, wenn es keinen speziellen Ereignissender gibt!).
- GROUP bündelt eine Anzahl von Einzelereignissen zu einem Gesamtereignis.
- HAVING dient der Definition einer Bedingung innerhalb der Gruppierung.

Tabelle 24.2 Beispiele für WMI-Ereignisabfragen

WQL	Erläuterung
Select * From __InstanceCreationEvent within 3 Where TargetInstance ISA 'Win32_Process'	Alle drei Sekunden wird geprüft, ob ein Prozess gestartet wurde.
Select * From __InstanceDeletionEvent within 2 Where TargetInstance ISA 'Win32_Process'	Alle zwei Sekunden wird geprüft, ob ein Prozess beendet wurde.
SELECT * FROM __InstanceCreationEvent WITHIN 30 WHERE TargetInstance ISA 'Win32_Process' AND TargetInstance.Name = 'notepad.exe'	Alle dreißig Sekunden wird geprüft, ob der Editor Notepad gestartet wurde.
SELECT * FROM __InstanceModificationEvent WITHIN 5 where TargetInstance ISA 'Win32_Service	Alle fünf Sekunden wird geprüft, ob sich etwas an einem Systemdienst geändert hat.
SELECT * FROM __InstanceModificationEvent WITHIN 5 WHERE TargetInstance ISA "Win32_Service" AND TargetInstance.State="Stopped"	Alle fünf Sekunden wird geprüft, ob ein Systemdienst den Status *Stopped* bekommen hat.
SELECT * FROM __InstanceCreationEvent WHERE TargetInstance ISA "Win32_NTLogEvent" AND TargetInstance.Logfile="Application" OR TargetInstance.Logfile="System"	Jeder neue Eintrag in den Ereignisprotokollen *System* und *Application* löst ein Ereignis aus.
SELECT * from Win32_SystemConfigurationChangeEvent	Es wird ständig geprüft, ob sich die Systemkonfiguration ändert (z.B. Anstecken eines USB-Sticks).

24.3 WMI-Ereignisse mit PowerShell 1.0

Grundsätzlich war es schon in PowerShell 1.0 möglich, eine WMI-Ereignisabfrage über die .NET-Klasse System.Management.ManagementEventWatcher zu nutzen (siehe Listing).

Management EventWatcher

```
$scope = New-Object System.Management.ManagementScope("\\.\root\cimV2")
$query = "SELECT * FROM __InstanceModificationEvent WITHIN 5 where TargetInstance ISA 'Win32_Service' AND TargetInstance.State='Stopped'"
$watcher = New-Object System.Management.ManagementEventWatcher($scope,$query)
do
    {
        $b = $watcher.WaitForNextEvent()
        "Ereignis: Dienst gestoppt: " + $b.TargetInstance.Name
    }
while ($true) # Endlosschleife
```

Listing 24.1 Skript zum Warten auf WMI-Ereignisse [Aufbauwissen/WMI/WMI_EventListener.wps]

24.4 Registrieren von WMI-Ereignisquellen seit PowerShell 2.0

Seit PowerShell 2.0 ist die Unterstützung für WMI-Ereignisabfragen nun wesentlich komfortabler. Durch ein einziges Commandlet (Register-WMIEvent) kann der Administrator die WMI-Ereignisabfrage und die gewünschte Reaktion festlegen.

Register-WMIEvent Das Commandlet Register-WMIEvent erzeugt ein Ereignis-Abonnement für WMI-Ereignisse. Parameter des Commandlets sind:

- query: Text der WMI-Ereignisabfage
- computer: System, auf dem die WMI-Ereignisabfrage ausgeführt werden soll. Standard ist das lokale System.
- sourceIdentifier: Name für das Abonnement. Dieser Name muss in der aktuellen PowerShell-Sitzung eindeutig sein.
- messageData: Text, der beim Auslösen des Ereignisses in die WMI-Ereignisliste geschrieben wird
- action: auszuführende Aktion in Form eines PowerShell-Befehls

Es folgen einige Beispiele.

Beispiel 1: Beobachten, ob sich der Status eines Dienstes ändert:

```
Register-WMIEvent -query "SELECT * FROM __InstanceModificationEvent
WITHIN 5 where TargetInstance ISA 'Win32_Service'" -
sourceIdentifier "Dienst:Status" -messageData "Der Status eines
Dienstes hat sich geändert!"
```

Beispiel 2: Beobachten, ob ein Prozess gestartet wird:

```
Register-WMIEvent -query "Select * From __InstanceCreationEvent
within 3 Where TargetInstance ISA 'Win32_Process'" -
sourceIdentifier "Prozessende" -MessageData "Ein neuer Prozess
wurde gestartet!"
```

Beispiel 3: Beobachten, ob ein Prozess beendet wird:

```
Register-WMIEvent -query "Select * From __InstanceDeletionEvent
within 3 Where TargetInstance ISA 'Win32_Process'" -
sourceIdentifier "Prozessstart" -messageData "Ein Prozess wurde
beendet!"
```

Es ist sehr einfach, ein entferntes System zu überwachen, sofern der Benutzer, der die Registrierung einleitet, dort Administrationsrechte hat. Da der Fernzugriff auf WMI basiert, ist PowerShell Remoting hier nicht erforderlich.

```
Register-WMIEvent -ComputerName F171 -query "Select * From __
InstanceCreationEvent within 1 Where TargetInstance ISA 'Win32_
Process'" -sourceIdentifier "F171 Neuer Prozess" -messageData "Ein
neuer Prozess wurde gestartet auf F171"
```

Zum Anzeigen aller registrierten Abonnements führt man aus:

```
Get-EventSubscriber
```

Zum Löschen eines Abonnements mit `Unregister-Event` muss man Bezug auf den beim Erzeugen angegebenen Namen nehmen, z.B.:

```
Unregister-Event "Dienst:Status "
```

24.5 Auslesen der Ereignisliste

Das Commandlet `Get-Event` listet alle aufgetretenen Ereignisse auf. Filtern ist möglich mit dem Parameter `-SourceIdentifier` oder natürlich mit dem Commandlet `Where-Object`. Jedes ausgelöste Ereignis hat einen eindeutigen EventIdentifier.

Get-Event

Beispiel 1:

```
Get-Event -sourceIdentifier "Dienst:Status"
```

Beispiel 2:

```
Get-Event | Where-Object {$_.MessageData -like "*Prozess*"}
```

Beispiel 3:

```
Get-event -eventidentifier 15
```

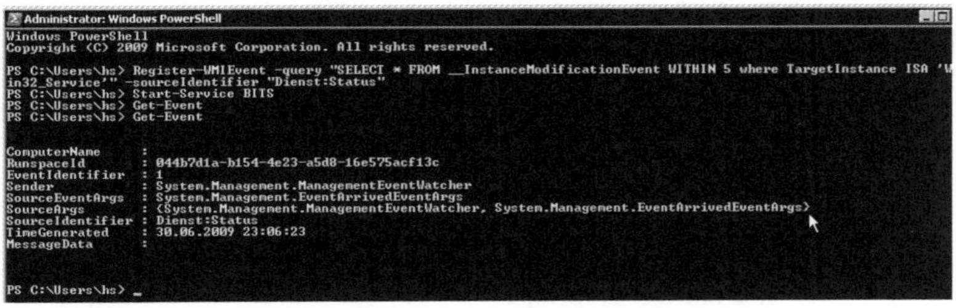

Abbildung 24.1
Registrieren eines Ereignisses und Auslesen der Ereignisliste

Um Details über das ausgelöste Ereignis zu erfahren, muss man das Attribut `SourceEventArgs` und dessen Unterattribute betrachten.

Der Zugriff auf `SourceEventArgs.NewEvent` liefert eine Instanz einer WMI-Ereignisklasse (z.B. root/CIMV2__InstanceCreationEvent), verpackt in das .NET-Objekt `ManagementBaseObject`.

```
(Get-event -eventidentifier 15).SourceEventArgs.NewEvent
```

Um zu erfahren, welches WMI-Objekt das Ereignis ausgelöst hat, greift man auf TargetInstance zu:

```
(Get-event -eventidentifier
1).SourceEventArgs.NewEvent.Targetinstance
```

Abbildung 24.2
Ausgabe von Details zu einem Ereignis

Sie können nur aus der aktuellen PowerShell-Sitzung auf die Ereignisliste zugreifen. Ein Zugriff von einer zweiten Instanz der PowerShell ist nicht möglich!

Die Ereignisse verbleiben so lange in der Liste, bis sie explizit gelöscht werden oder die aktuelle PowerShell-Sitzung geschlossen wird.

Remove-Event Beispiel: Löschen des Ereignisses 123

```
Remove-Event -EventIdentifier 123
```

Beispiel: Löschen aller Ereignisse von der Ereignisquelle „Neuer Prozess"

```
Remove-Event -Source "Neuer Prozess"
```

Remove-Event ohne Angabe eines Parameters löscht die gesamte Ereignisliste.

24.6 Reagieren auf Ereignisse

Mit dem Parameter -action kann man Register-Event auch eine direkte Vorgabe für eine Reaktion auf ein Ereignis in Form eines PowerShell-Skriptblocks mitgeben. In dem Skriptblock kann man über $eventArgs auf die gleichen Informationen zugreifen, die man bei Get-Event über SourceEventArgs erhält, z.B. bei einem WMI-Ereignis des Typs InstanceOperationEvent:

Register-Event

```
$eventArgs.NewEvent.TargetInstance.Name
```

Beispiel 1:

Einfache Ausgabe, wenn ein Prozess gestartet wird:

```
Register-WMIEvent -query "Select * From __InstanceCreationEvent within 3 Where TargetInstance ISA 'Win32_Process'" -sourceIdentifier "Neuer Prozess mit Aktion" -messageData "Ein neuer Prozess wurde gestartet" -action { Write-Host "Neuer Prozess: " $eventArgs.NewEvent.TargetInstance.Name }
```

Beispiel 2:

Einfache Ausgabe, wenn ein Dienst sich ändert:

```
Register-WMIEvent -query "SELECT * FROM __InstanceModificationEvent WITHIN 5 where TargetInstance ISA 'Win32_Service'" -sourceIdentifier "Dienst:Status:Aktion" -action { Write-Host "Der Status des Dienstes" $eventArgs.NewEvent.TargetInstance.Name " hat sich geändert. Status ist jetzt: " $eventArgs.NewEvent.TargetInstance.State }
```

Beispiel 3:

Einfache Ausgabe, wenn auf einem entfernten System ein Prozess startet:

```
Register-WMIEvent -ComputerName F171 -query "Select * From __InstanceCreationEvent within 1 Where TargetInstance ISA 'Win32_Process'" -sourceIdentifier "F171 Neuer Prozess: Aktion" -messageData "Ein neuer Prozess wurde auf F171 gestartet " -action { Write-Host "Neuer Prozes auf F171: " $eventArgs.NewEvent.TargetInstance.Name }
```

Der Skriptblock kann aber auch komplexer sein.

Listing 24.2
Versuch, einen gestoppten Dienst neu zu starten [Aufbauwissen/ Events/WPS2_ WMIEvents_ Service_Restart.ps1]

```
$Aktion = {
[console]::beep(440,10)
$dienst = $eventArgs.NewEvent.TargetInstance
Write-Host   -ForegroundColor yellow
Write-Host "Dienst " $dienst.Name ": Der Status hat sich geändert. Status ist nun: " $dienst.State   "!"  -ForegroundColor yellow
if ($dienst.State -eq "Stopped")
{
Write-Host "Neustart des Dienstes..."    -ForegroundColor yellow
Start-Service $dienst.Name
}
}
Register-WMIEvent -query "SELECT * FROM __InstanceModificationEvent WITHIN 1 where TargetInstance ISA 'Win32_Service'" -sourceIdentifier "Dienst:Status:Aktion" -action $Aktion
```

Das obige Skript registriert bei Änderungen an Diensten einen Skriptblock, der prüft, ob ein Dienst nun beendet ist, und diesen dann neu startet. Wie die folgende Bildschirmabbildung zeigt, wird durch den Neustart ein weiteres Ereignis ausgelöst.

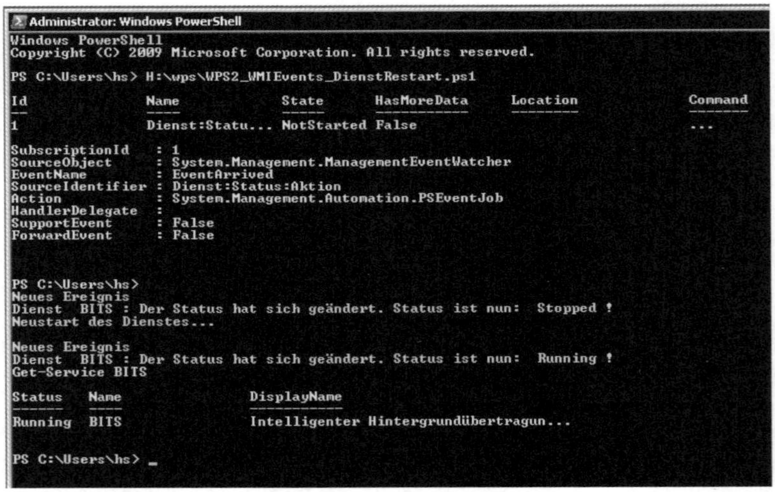

Abbildung 24.3
Ablauf des Skripts WPS2_ WMIEvents_ DienstRestart.ps1

24.7 WMI-Ereignisse ab PowerShell 3.0

In PowerShell 3.0 gibt es Als Alternative zu `Register-WmiEvent` auch `Register-CimIndicationEvent` – mit den gleichen Parametern.

```
$Aktion = {
[system.console]::beep(1540,30)
$dienst = $eventArgs.NewEvent.TargetInstance
Write-Host -ForegroundColor yellow
Write-Host "Dienst " $dienst.Name ": Der Status hat sich geändert.
Status ist nun: " $dienst.State "!" -ForegroundColor yellow
if ($dienst.State -eq "Stopped")
{
Write-Host "Neustart des Dienstes..." -ForegroundColor yellow
Start-Service $dienst.Name
}
}
Register-CimIndicationEvent -query "SELECT * FROM __
InstanceModificationEvent WITHIN 1 where TargetInsta
```

Abbildung 24.4
Ablauf des Skripts WPS3_WMIEvents_DienstRestart.ps1

24.8 Registrieren von .NET-Ereignissen

Auch viele .NET-Klassen besitzen Ereignisse, für die man sich in der PowerShell 2.0 registrieren kann. Das Beispiel zeigt die Registrierung für die Ereignisse Created, Changed und Deleted für die Klasse System.IO.FileSystemWatcher, mit der man Veränderungen im Dateisystem überwachen kann.

FileSystemWatcher

```
$fsw = New-Object System.IO.FileSystemWatcher
$fsw.Path = "c:\temp"

$aktion = {
[console]::beep(440,10)
Write-Host "Dateisystemereignis: " $eventArgs.FullPath ": "
$eventArgs.ChangeType
Write-Host
    }

Register-ObjectEvent -InputObject $fsw -EventName Created -Action
$aktion
Register-ObjectEvent -InputObject $fsw -EventName Changed -Action
$aktion
Register-ObjectEvent -InputObject $fsw -EventName Deleted -Action
$aktion
```

Listing 24.3
Warten auf Ereignisse im Dateisystem [WPS2_DOTNETEvents_Filesystemobject.ps1]

Kapitel 24 Ereignissystem

Abbildung 24.5
Einsatz des obigen Skripts zur Dateisystemüberwachung. Das obere PowerShell-Fenster registriert die Änderungen, die das untere am Dateisystem vornimmt.

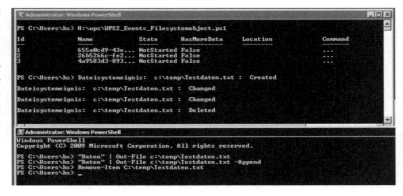

Die Ereignisbindung für mehrere Ereignisse kann man auch elegant in einer Schleife erledigen:

Trick: Alle Ereignisse auf einmal binden

```
foreach ($o in @("Created", "Deleted", "Changed", "Renamed"))
{
    Register-ObjectEvent $fsw $o -Action $aktion
}
```

24.9 Erzeugen von Ereignissen

New-Event Die Ereignisinfrastruktur der PowerShell kann man auch unabhängig von WMI verwenden. Die PowerShell bietet hierfür das Commandlet New-Event zum Erzeugen eigenständiger Ereignisse.

```
New-Event -SourceIdentifier "Import beendet" -sender
"Datenimportskript" -MessageData "Der Datenimport ist beendet" -
eventarguments "Anzahl: 23345", "Dauer: 12 sek"
```

Diese Ereignisse wandern auch in die Ereignisliste, die man mit Get-Event einsehen kann. Auch diese Ereignisse gelten aber nur für die aktuelle Sitzung.

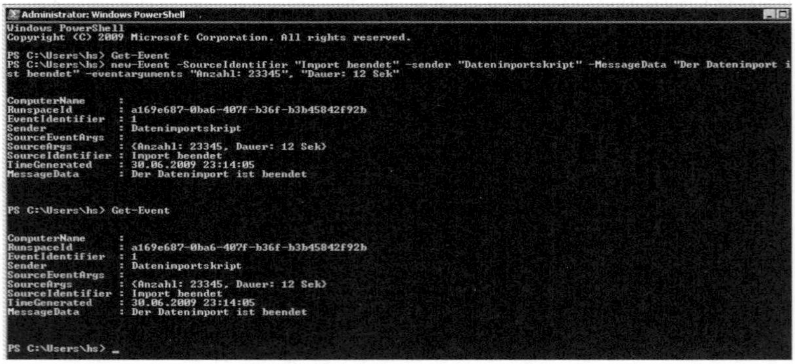

Abbildung 24.6
Erzeugen eigener Ereignisse

25 Datenbereiche und Datendateien

Windows PowerShell unterstützt (seit Version 2.0) Datenbereiche in Skripten bzw. in externen Dateien, mit denen man Daten und Programmcode besser voneinander trennen kann. Die Daten können in mehreren Sprachen vorliegen, damit sich mehrsprachige Skripte einfacher erstellen lassen.

25.1 Datenbereiche

Das folgende Beispiel zeigt einen Datenbereich und seine Verwendung. Der Datenbereich hat den Namen $Texte und besitzt drei Elemente: Startmeldung, Fehlermeldung und Endemeldung. Die Anweisung „Data" in Verbindung mit ConvertFrom-StringData erzeugt ein Hash-Tabellen-Objekt. Im Programmcode kann man dann über $Datenbereichname.Elementname (z.B. $Texte.Startmeldung) auf die Texte zugreifen.

ConvertFrom-StringData

Der Datenbereich darf Kommentare beinhalten (beginnend mit dem Zeichen „#", siehe Beispiel).

```
$Texte = Data {
ConvertFrom-StringData @'
# Standardmeldungen
Startmeldung = Skript beginnt
Endemeldung = Skript beendet!
'@}

$Fehlertexte = Data {
ConvertFrom-StringData @'
# Besondere Meldungen
Fehlermeldung = Es ist ein Fehler aufgetreten: Arbeiten Sie nicht nach 17 Uhr!
'@}

$Texte.Startmeldung

if ([DateTime]::Now.Hour -ge 17) { Write-Host
$Fehlertexte.Fehlermeldung }
```

Listing 25.1
Beispiel für die Nutzung von Datenbereichen [Aufbauwissen/Data/ WPS2_DataSection.ps1]

Jede Zeile in der Datensektion ist ein Element. Kommentare müssen in eigenen Zeilen stehen.

Kapitel 25 Datenbereiche und Datendateien

25.2 Datendateien

.psd1　Ein Datenbereich kann in einer eigenständigen Datei mit der Dateinamenerweiterung .psd1 gespeichert werden. Ein Skript lädt automatisch zum Start des Skripts eine .psd1-Datei, die im gleichen Verzeichnis liegt und den gleichen Namen besitzt.

Listing 25.2
[Aufbauwissen/
Data/Data/WPS_
DataFile.psd1]
```
$Texte = Data {
ConvertFrom-StringData @'
# Standardmeldungen
Startmeldung = Skript beginnt
Endemeldung = Skript beendet!
'@}

$Fehlertexte = Data {
ConvertFrom-StringData @'
# Besondere Meldungen
Fehlermeldung = Es ist ein Fehler aufgetreten: Arbeiten Sie nicht nach 17 Uhr!
```

Listing 25.3
WPS_DataFile.ps1
[Aufbauwissen/
Data/ WPS2_
DataFile.ps1]
```
$PSUICulture
$Texte.Startmeldung
if ([DateTime]::Now.Hour -ge 17) { Write-Host
$Fehlertexte.Fehlermeldung }
$Texte.Endemeldung
```

25.3 Mehrsprachigkeit/Lokalisierung

Die Windows PowerShell unterstützt (seit Version 2.0) die Lokalisierung von Skripten durch das Anlegen von mehreren Datendateien für unterschiedliche Sprachregionen. Dabei verwendet die PowerShell ein Verfahren, das angelehnt ist an das im .NET Framework verwendete Verfahren, aber nicht ganz identisch ist.

Sprachkürzel　Sprachen unterscheidet die PowerShell wie das .NET Framework mit Sprachkürzeln, z.B. „de" für die deutsche Sprache und „en" für die englische Sprache. Man kann auch genauer nach Regionen differenzieren, z.B. „de-DE" für die deutsche Sprache in Deutschland, „de-CH" für die deutsche Sprache in der Schweiz, „en-GB" für Englisch in England und „en-US" für Englisch in den USA.

Sofern im Skript keine andere Weisung erfolgt, orientiert die PowerShell sich an der für die Windows-Benutzeroberfläche eingestellten Anzeigesprache, die immer aus Sprache und Region besteht. Wird die Kombination (z.B. „de-DE") nicht gefunden, wird nur nach der Sprache (z.B. „de") gesucht. Wird auch diese nicht gefunden, sucht die PowerShell nach einer Standardsprache (neutrale Sprache).

Zunächst legt man für jedes Sprachkürzel ein Unterverzeichnis relativ zum Pfad des Skripts an. Jedes Unterverzeichnis erhält eine sprachspezifische Kopie der .psd1-Datendatei.

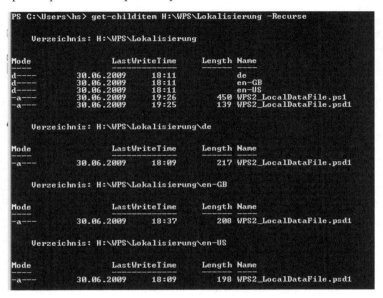

Abbildung 25.1
Verzeichnisstruktur für Lokalisierung mit Deutsch, britischem Englisch und amerikanischem Englisch sowie einer „neutralen" Sprache

Die Datendateien müssen etwas anders aufgebaut sein; es darf hier keine Variablendeklaration geben.

```
ConvertFrom-StringData @'
# Standardmeldungen
Startmeldung = Script starts...
Endemeldung = Script finished!
# Besondere Meldungen
Fehlermeldung = An error occured: Don't work after 5 p.m.!
'@
```

Listing 25.4
[Data/en-US/ WPS2_Local-DataFile.psd1]

```
ConvertFrom-StringData @'
# Standardmeldungen
Startmeldung = Script starts...
Endemeldung = Script finished!
# Besondere Meldungen
Fehlermeldung = An error occured: Don't work after 5 p.m., please!
'@
```

Listing 25.5
[Data en-GB/ WPS2_LocalData-File.psd1] (etwas höflicher als im Amerikanischen)

```
ConvertFrom-StringData @'
# Standardmeldungen
Startmeldung = Skript beginnt!
Endemeldung = Skript beendet!
# Besondere Meldungen
Fehlermeldung = Es ist ein Fehler aufgetreten: Arbeiten Sie nicht nach 17 Uhr!
'@
```

Listing 25.6
[Data de-DE/ WPS2_Local-DataFile.psd1]

Listing 25.7
[Data WPS2_Local-DataFile.psd1] – die „neutrale" Sprache

```
ConvertFrom-StringData @'
# Standardmeldungen
Startmeldung = START
Endemeldung = END
# Besondere Meldungen
Fehlermeldung = ERROR
'@
```

Import-LocalizedData

Im Skript muss man explizit das Laden der sprachspezifischen Datendateien auslösen und einen Variablennamen zuordnen. Der folgende Befehl lädt die Datendatei gemäß der aktuellen Windows-Sprache und bindet die Elementnamen an den Variablennamen $Texte.

```
Import-LocalizedData -Binding Texte
```

Danach kann man über $Texte auf die Texte zugreifen, ohne eine weitere Fallunterscheidung nach Sprachen durchführen zu müssen. Die Sprache richtet sich automatisch nach der aktuellen Anzeigesprache von Windows.

```
$Texte.Startmeldung
if ([DateTime]::Now.Hour -ge 17) { Write-Host $Texte.Fehlermeldung
}
$Texte.Endemeldung
```

Die aktuelle Anzeigesprache kann man über die eingebaute Variable $PSUICulture abfragen. Leider kann man hier nicht schreibend zugreifen, wenn man die Sprache explizit setzen möchte. Hier gibt es zwei Möglichkeiten:

- Man kann in Import-LocalizedData die Sprache explizit angeben, z.B. Import-LocalizedData -Binding Texte -UICulture en-US.
- Man kann über die .NET-Klassenbibliothek die Sprache für den ganzen Thread ändern, z.B. [System.Threading.Thread]::CurrentThread.CurrentUICulture = New-Object System.Globalization.CultureInfo("en-US").

Nach einem Ändern der Thread-Sprache muss man Import-LocalizedData erneut aufrufen!

Beispiel Zum Test sei folgendes Skript mit den oben bereits dargestellten Datendateien verwendet.

Mehrsprachigkeit/Lokalisierung

```
Import-LocalizedData -Binding Texte
$PSUICulture
$Texte.Startmeldung
if ([DateTime]::Now.Hour -ge 17) { Write-Host $Texte.Fehlermeldung
}
$Texte.Endemeldung
```

Listing 25.8
Beispielskript für Lokalisierung
[WPS2_DataFile_Localized.ps1]

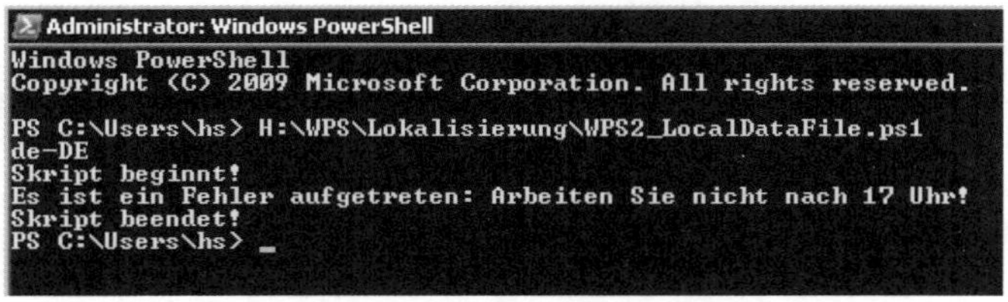

```
Administrator: Windows PowerShell
Windows PowerShell
Copyright (C) 2009 Microsoft Corporation. All rights reserved.

PS C:\Users\hs> H:\WPS\Lokalisierung\WPS2_LocalDataFile.ps1
de-DE
Skript beginnt!
Es ist ein Fehler aufgetreten: Arbeiten Sie nicht nach 17 Uhr!
Skript beendet!
PS C:\Users\hs> _
```

Abbildung 25.2
Ausgabe des Skripts auf einem Windows-System, auf dem die Anzeigesprache Deutsch ist

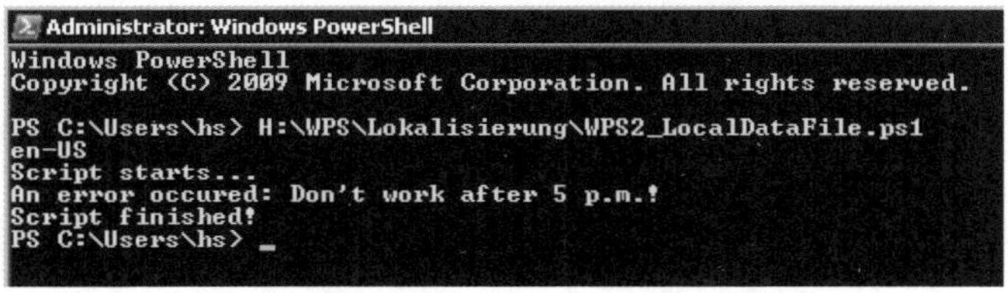

```
Administrator: Windows PowerShell
Windows PowerShell
Copyright (C) 2009 Microsoft Corporation. All rights reserved.

PS C:\Users\hs> H:\WPS\Lokalisierung\WPS2_LocalDataFile.ps1
en-US
Script starts...
An error occured: Don't work after 5 p.m.!
Script finished!
PS C:\Users\hs> _
```

Abbildung 25.3
Ausgabe des Skripts auf einem Windows-System, auf dem die Anzeigesprache Englisch ist

$PSUICulture ist die eingestellte „Anzeigesprache". $PSCulture ist die „Formatsprache" für Datum, Uhrzeit und Währung.

26 PowerShell-Snap-Ins

Die Windows PowerShell besitzt keinen festen Satz von Commandlets. Zusätzliche Commandlets können beim Start der PowerShell oder jederzeit beim Betrieb hinzugefügt werden. Zusätzliche Commandlets sind entweder als Skriptdateien implementiert, die über das „Dot Sourcing" hinzugefügt werden (vgl. *Kapitel 6.2 „Start eines Skripts"*) oder durch die Installation eines Snap-In (im Folgenden beschrieben).

26.1 Einbinden von Snap-Ins

Commandlet-Erweiterungen, die in Form einer Snap-In-DLL vorliegen, müssen in zwei Schritten in die PowerShell eingebunden werden:

▶ Registrieren der DLL (alias Assembly), welche die Commandlets enthält

▶ Hinzufügen des Snap-In zur PowerShell-Konsole

Registrieren der DLL

Das Registrieren der DLL erfolgt mit dem Kommandozeilenwerkzeug *installutil.exe*, das mit dem .NET Framework mitgeliefert wird. Das Werkzeug finden Sie im Installationsordner des .NET Framework (in der Regel *c:\Windows\Microsoft .NET\Framework\v x.y*). Die Windows PowerShell hat diesen Pfad automatisch als Suchpfad eingebunden.

Bei *installutil.exe* anzugeben ist der Dateiname zu der Erweiterungs-DLL, inklusive Pfad (sofern die PowerShell-Konsole genau diesen Pfad nicht schon als aktuellen Pfad hat).

installutil.exe

```
installutil.exe G:\PowerShell_Commandlet_Library\bin\Debug\
PowerShell_Command
```

Die folgende Bildschirmabbildung zeigt, wie das Werkzeug die erfolgreiche Installation quittiert.

Abbildung 26.1
Ausgabe von InstallUtil.exe

Das Registrieren führt dazu, dass die DLL in der Registrierungsdatenbank unter *HKEY_LOCAL_MACHINE\SOFTWARE\Microsoft\PowerShell\1\PowerShellSnapIns* eingetragen wird.

Hinzufügen des Snap-In zur PowerShell-Konsole

Zum Aktivieren des Snap-In muss man in der PowerShell-Konsole das Commandlet `Add-PSSnapin` verwenden. Dieses Commandlet lädt die Erweiterung:

```
Add-PSSnapin PowerShell_Commandlet_Library
```

Laden des Snap-In

Während das Registrieren der DLL nur einmal notwendig ist, verwirft die PowerShell-Konsole bei jedem Beenden alle geladenen Snap-Ins. Wenn man möchte, dass die PowerShell immer mit bestimmten Erweiterungen geladen wird, gibt es zwei Möglichkeiten:

- Aufnehmen der entsprechenden Add-PSSnapIn-Anweisungen in Ihre systemweite oder benutzerspezifische Profildatei

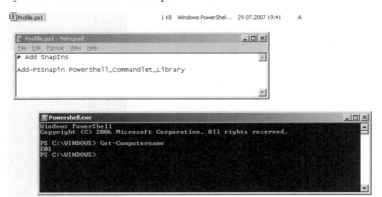

Abbildung 26.2
Laden eines Snap-In in der Profildatei

- Exportieren einer Konsolenkonfigurationsdatei mit Export-Console. Sie müssen allerdings vorher erst das Snap-In in der aktuellen Konsole hinzufügen und dann diese aktuelle Konsole exportieren. Dabei entsteht eine XML-Datei mit der Dateinamens-erweiterung *.psc1*. Diese *.psc1*-Datei muss dann beim Starten der PowerShell mit dem Kommandozeilenparameter *–PSConsoleFile* übergeben werden.

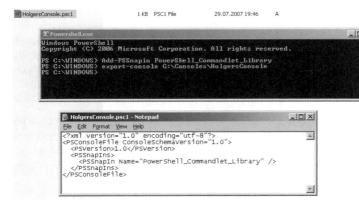

Abbildung 26.3
Exportieren einer Konsolenkonfigurationsdatei

Kapitel 26 PowerShell-Snap-Ins

Am besten legt man sich eine Verknüpfung im Dateisystem mit folgendem Ziel an:

%SystemRoot%\system32\WindowsPowerShell\v1.0\PowerShell.exe -PSConsoleFile "G:\Consoles\HolgersConsole.psc1"

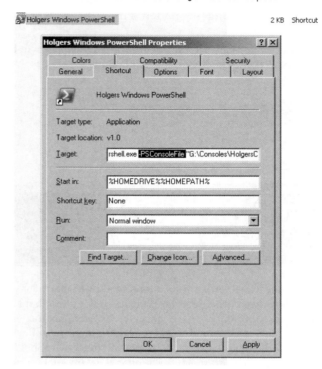

Abbildung 26.4
Anlegen einer Verknüpfung zur PowerShell-Konsole, die automatisch eine bestimmte Konsolenkonfigurationsdatei mitlädt

Liste der Snap-Ins

Das Commandlet Get-PSSnapIn listet im Normalfall nur die Snap-Ins auf, die bereits der PowerShell mit Add-PSSnapIn hinzugefügt wurden. Darunter findet man auch die Standard-Commandlet-Pakete, die mit Microsoft.PowerShell.* beginnen (siehe *Abbildung 26.5*).

Mit Get-PSSnapin -registered listet man hingegen alle registrierten Snap-Ins auf, unabhängig davon, ob diese in der aktuellen Konsole aktiv sind. In der folgenden Bildschirmabbildung sieht man die WorldWideWings_PowerShell_Extensions, die nicht in der Konsole aktiv sind (siehe Abbildung 26.5).

Abbildung 26.5
Aktive PowerShell-Snap-Ins

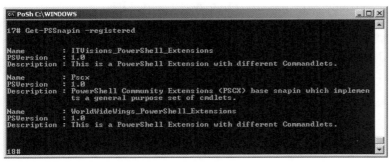

Abbildung 26.6
Alle auf dem System registrierten Commandlets

26.2 Liste der Commandlets

Um sich alle Commandlets einer bestimmten Erweiterung auflisten zu lassen, können Sie nach dem Attribut PSSnapIn in der Klasse CmdletInfo filtern, z.B.:

```
Get-command | where { $_.pssnapin -like „Pscx" }
```
oder
```
Get-command | where { $_.pssnapin -like "ITVisions_PowerShell_Extensions" }
```

oder

```
Get-command | where { $_.pssnapin -like "quest.activeroles.admanagement" }
```

26.3 Doppeldeutige Namen

Es ist möglich, dass Sie verschiedene Commandlet-Erweiterungen aktivieren, die gleichnamige Commandlets definieren, denn es gibt keine zentrale Registrierungsstelle für Commandlets. Wenn Sie auf dieses Problem stoßen, wird die PowerShell einen Aufruf eines doppeldeutigen Commandlets mit einem Fehler quittieren (siehe *Abbildung 26.7*).

Bitte beachten Sie, dass der Fehler tatsächlich erst im Betrieb auftritt, nicht schon beim Start der PowerShell-Konsole.

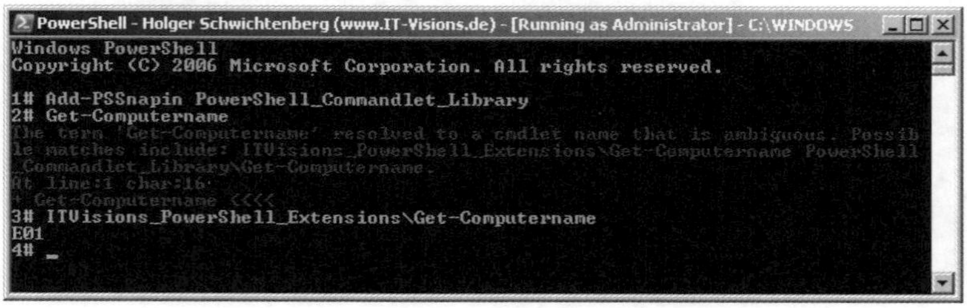

Abbildung 26.7 Ein Commandlet-Name ist doppelt vergeben.

Die Lösung zur Unterscheidung zwischen den beiden gleichnamigen Commandlets besteht darin, den Namen des Snap-In dem Commandlet voranzustellen (getrennt durch einen Schrägstrich), z.B.:

```
ITVisions_PowerShell_Extensions\Get-Computername
```

27 PowerShell-Module

PowerShell-Module sind Softwarepakete, die die PowerShell durch Funktionalität erweitern. Module können aus Navigationsprovidern, Commandlets, Funktionen, Workflows, vordefinierten Variablen und Aliasen bestehen. Auch Typformatierungsdateien (.ps1xml) und Dateidateien (z.B. Textdateien, XML-Datei, Datenbankdateien) können enthalten sein.

Module versus Snap-Ins

Durch Module können Entwickler bzw. Administratoren Funktionalität zur Wiederverwendung an andere Personen weitergeben. Der Empfänger muss das Modul importieren und kann die darin enthaltene Funktionalität dann nutzen wie die Kernfunktionalität der PowerShell.

> Windows PowerShell 3.0 importiert Module automatisch bei Bedarf.

Die bereits in PowerShell 1.0 eingeführten Snap-Ins sind .NET-Komponenten (Assemblies), die nur Navigationsprovider und Commandlets enthalten können. Module sind ein übergeordnetes Konzept, in dem neben Snap-Ins auch PowerShell-Skripte liegen können.

27.1 Überblick über die Commandlets

Folgende Commandlets sind für PowerShell-Module wichtig:

- `Get-Module` liefert eine Liste der installierten bzw. importierten Module.
- `New-Module` erzeugt ein neues sogenanntes dynamisches Modul im Hauptspeicher.
- `Export-ModuleMember` legt innerhalb eines Moduls fest, welche Funktionen von außen verfügbar sein sollen.
- `Import-Module` lädt ein Modul in die aktuelle PowerShell-Sitzung. Nach dem Ende der Sitzung ist das Modul nicht mehr verfügbar. Das Commandlet kann im Profilskript verwendet werden.
- `Remove-Module` entfernt ein Modul aus der aktuellen Sitzung.

27.2 Modularchitektur

Modulverzeichnisse Ein Modul ist im installierten Zustand ein Dateisystemverzeichnis, das die Moduldateien enthält. Systemmodule werden vom Betriebssystem installiert unter *\Windows\System32\WindowsPowerShell\v1.0\Modules*. Benutzer können Module installieren unter *$home\Documents\WindowsPowerShell\Modules*.

Tipp: Die Umgebungsvariable `PSModulePath` liefert den Pfad zu den Benutzermodulen. Man kann diesen Pfad ändern oder auch weitere Pfade hinzufügen, z.B.:

```
$env:psmodulepath = $env:psmodulepath + ";h:\WPSModules"
```

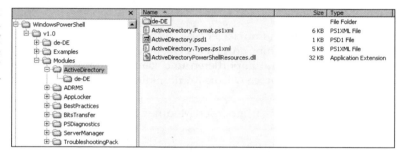

Abbildung 27.1 Systemmodulverzeichnis und Inhalt des Moduls „ActiveDirectory" in Windows Server 2008

Ein Modul besitzt ein Modul-Manifest (.psd1-Datei), in dem die zu dem Modul gehörenden Dateien festgelegt sind.

Listing 27.1 Modul-Manifest für das Modul „ActiveDirectory"
```
@{
GUID="{43c15630-959c-49e4-a977-758c5cc93408}"
Author="Microsoft Corporation"
CompanyName="Microsoft"
ModuleVersion="1.0.0.0"
Description="Active Directory Module"
PowerShellVersion="2.0"
CLRVersion="2.0.50727"
NestedModules="Microsoft.ActiveDirectory.Management"
RequiredAssemblies="Microsoft.ActiveDirectory.Management"
TypesToProcess="ActiveDirectory.Types.ps1xml"
FormatsToProcess="ActiveDirectory.Format.ps1xml"
}
```

Mit dem Commandlet `Test-ModuleManifest` kann man prüfen, ob ein Manifest korrekt ist und alle dort genannten Dateien in dem Modulverzeichnis existieren.

Beispiel:

```
Test-ModuleManifest C:\windows\system32\WindowsPowerShell\v1.0\Modules\ActiveDirectory\ActiveDirectory.psd1
```

Der in der PowerShell-Hilfe angegebene Link zum Artikel „Writing a Windows PowerShell Module" (*http://go.microsoft.com/fwlink?LinkId =144916*) führt (bis zum Redaktionsschluss dieses Buchs) leider nicht zum gewünschten Ziel. Unter diesem Link finden Sie aber trotzdem die notwendigen Informationen: *http://msdn.microsoft.com/en-us/library/dd878310(VS.85).aspx*.

27.3 Module installieren

Zum Installieren eines PowerShell-Moduls kopiert man alle Dateien des Moduls in eines der PowerShell-Modulverzeichnisse. Wichtig ist, dass die Dateien nicht direkt in dem PowerShell-Modulverzeichnis liegen, sondern in einem seiner Unterordner.

Falsch:

```
C:\windows\system32\WindowsPowerShell\v1.0\Modules\
ActiveDirectory.psd1
```

Richtig:

```
C:\windows\system32\WindowsPowerShell\v1.0\Modules\ActiveDirectory\
ActiveDirectory.psd1
```

> Oftmals werden PowerShell-Module durch Setup-Routinen (z.B. die Windows Server Remote Administration Tools) automatisch in die passenden Verzeichnisse installiert.

27.4 Auflisten der verfügbaren Module

Der Befehl **Get-Module**

`Get-Module -listAvailable`

zeigt alle auf dem System installierten Module. Zur Verwendung eines Moduls muss dieses aber nicht nur installiert, sondern auch in der aktuellen PowerShell-Sitzung importiert sein.

`Get-Module` ohne Parameter liefert eine Liste der aktuell importierten Module.

Kapitel 27 PowerShell-Module

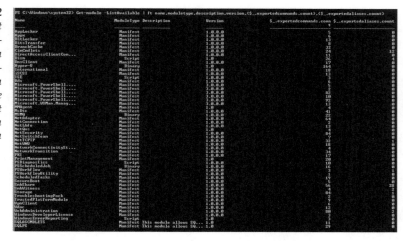

Abbildung 27.2
Liste der mit 53 mit Windows 8 (Grundinstallation von Windows 8 Enterprise) mitgelieferten PowerShell-Module – mit insgesamt 1269 zusätzlichen Befehlen

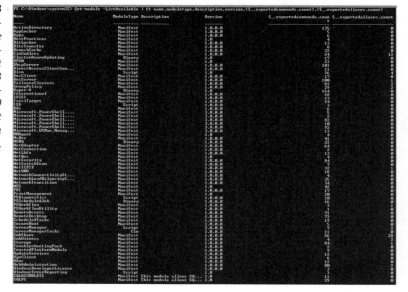

Abbildung 27.3
Durch die Installation der „Remote Server Administration Tools" erhöht sich in Windows 8 die Zahl der PowerShell-Module auf 69 – mit insgesamt 2036 zusätzlichen Befehlen.

27.5 Importieren von Modulen

In PowerShell 2.0 war es notwendig, ein Modul explizit zu importieren, bevor man einen Befehl daraus verwenden konnte. Die PowerShell 3.0 macht dies bei Bedarf automatisch. Die PowerShell 3.0 zeigt sowohl in der ISE als auch in der Konsole alle Commandlets und Funktionen in der Vorschlagsliste und beim Aufruf von `Get-Command` bereits an. Der eigentliche Import des Moduls erfolgt dann beim ersten Aufruf eines Befehls aus einem Modul.

Importieren von Modulen

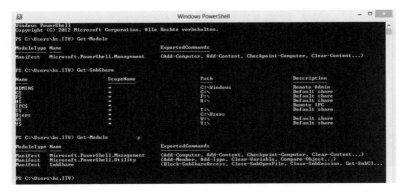

Abbildung 27.4
Automatischer Modulimport in PowerShell 3.0

Weiterhin besteht die Möglichkeit, ein Modul explizit zu importieren. Zum expliziten Importieren eines Moduls nutzt man `Import-Module` gefolgt von dem Modulnamen (aus der Liste der installierten Module), z.B.:

```
Import-Module ActiveDirectory
```

Eine Liste der neuen Befehle (im Fall des Active-Directory-Moduls sind dies z.B. 135) kann man auf einfache Weise erhalten, da der Typ `System.Management.Automation.CmdletInfo`, den `Get-Command` liefert, seit PowerShell 2.0 ein neues Attribut `ModuleName` besitzt:

```
(Get-Command) | where { $_.ModuleName -eq "ActiveDirectory" } | ft
name, modulename, pssnapin
```

`Get-Command` hat auch ein Filterattribut für Module, so dass man alternativ schreiben kann:

```
Get-Command -module ActiveDirectory | ft name, modulename, pssnapin
```

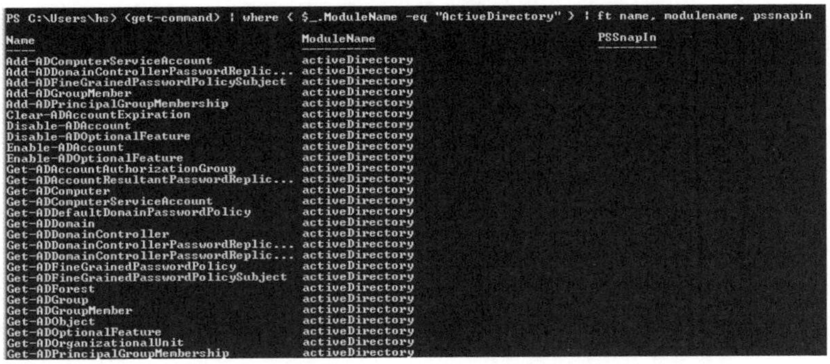

Abbildung 27.5
Eine Auswahl der Commandlets aus dem Active-Directory-Modul im Windows Server 2012

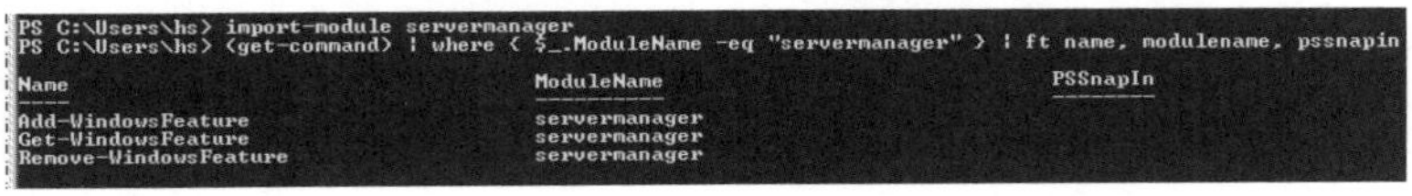

Abbildung 27.6
Das Modul „ServerManager" umfasst nur drei Commandlets.

Kapitel 27 PowerShell-Module

 Durch den Zusatz -verbose erhält man eine genaue Liste der Auswirkungen des Moduls.

*Abbildung 27.7
Parameter –verbose
für Import-Module*

 Ein Modul, das sich nicht in einem der Standardverzeichnisse befindet, muss man unter Angabe des ganzen Pfads importieren, z.B.:

Direktimport

```
Import-Module c:\ITVModule\Basismodul
```

Einen Modulimport kann man auch beim Start der PowerShell an der Kommandozeile angeben, z.B.:

```
PowerShell.exe -noexit -command import-module ActiveDirectory
```

Man kann auch anordnen, alle Systemmodule zu laden:

```
PowerShell.exe -NoExit -ImportSystemModules
```

 Da die Namen für Commandlets nicht weltweit eindeutig vergeben werden, kann es doppelte Namen in zwei Modulen geben. PowerShell verwendet dann immer das zuletzt importierte Commandlet. PowerShell 1.0 gab beim Import von Snap-Ins in dieser Situation einen Fehler aus. Seit PowerShell 2.0 ist auch dieses Verhalten geändert auf die Verwendung des zuletzt importierten Commandlets.

Entfernen von Modulen

Zu beachten ist, dass einige der von Microsoft gelieferten Module auf 64-Bit-Systemen nur im 64-Bit-Modus der PowerShell verfügbar sind. Die nachfolgende Bildschirmabbildung beweist, dass einige der Module in der 32-Bit-PowerShell nicht verfügbar sind.

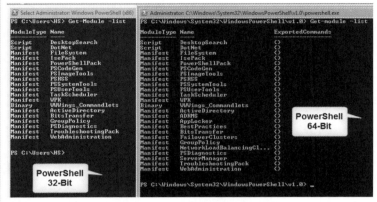

Abbildung 27.8: Verfügbare Module auf einem Windows Server 2008 R2 mit installiertem PowerShellPack und WWWings_Commandlets (links: 32-Bit-PowerShell, rechts: 64-Bit-PowerShell auf dem gleichen System)

27.6 Entfernen von Modulen

Zum Entfernen eines Moduls aus der aktuellen PowerShell-Sitzung kann man das Modul mit `remove-module` entfernen, z.B.:

`Remove-Module activedirectory`

Remove-Module

Hinweise zum Erstellen von eigenen Modulen finden Sie in *Teil IV „Profiwissen – Erweitern der PowerShell"*.

28 Ausgewählte PowerShell-Erweiterungen

Einige wichtige am Markt verfügbare kostenlose und kostenpflichtige Commandlet-Erweiterungen sind:

1. PowerShell-Module in Windows 7 und Windows Server 2008 R2
2. PowerShell-Module in Windows 8 und Windows Server 2012
3. PowerShell Community Extensions von Microsoft
4. PowerShell Extensions von *www.IT-Visions.de*
5. Quest bietet Commandlets zum Active Directory Scripting.
6. Gruppenrichtlinienverwaltung mit der PowerShell ermöglicht die Firma FullArmor.
7. Commandlets zum Netzwerkmanagement mit der PowerShell bietet die Firma /n Software.
8. Die Firma PowerGadget bietet unter dem gleichen Namen eine Sammlung von zusätzlichen Commandlets zur Visualisierung des Inhalts der PowerShell-Pipeline.

28.1 PowerShell-Module in Windows 7 und Windows Server 2008 R2

Windows 7 und Windows Server 2008 Release 2 enthalten Erweiterungsmodule für die PowerShell, die Sammlungen von Commandlets für verschiedene Funktionsbereiche darstellen (vgl. allgemeine Einführung in PowerShell-Module in diesem Buch). In Windows Server 2008 Release 2 sind die Module zum Teil erst nach dem Installieren der entsprechenden Serverrollen bzw. Serverfeatures verfügbar.

Enthaltene Module

Kapitel 28 Ausgewählte PowerShell-Erweiterungen

PowerShell-Modul	Hinweise	Windows 7	Windows Server 2008 R2	In diesem Buch beschrieben in Kapitel ...
Active Directory		Durch Installation der Microsoft Remote Server Administration Tools (RSAT)	X	Verzeichnisdienste
ADRMS	Active Directory Rights Management Services (AD RMS)		X	
AppLocker		X	X	Softwareverwaltung
BestPractices			X	Optimierungen und Problemlösungen
BitsTransfer	Hintergrunddateitransfer	X	X	
FailoverClusters			X	
GroupPolicy	Gruppenrichtlinien	Durch Installation der Microsoft Remote Server Administration Tools (RSAT)	X	Gruppenrichtlinien
NetworkLoadBalancingClusters			X	
PSDiagnostics		X	X	
RemoteDesktopServices			X	
ServerManager			X	Softwareverwaltung
TroubleshootingPack		X	X	Optimierungen und Problemlösungen
WebAdministration		X (nach Installieren des IIS 7.0 als optionales Windows-Feature)	X	Internet Information Services

Tabelle 28.1: PowerShell-Module in Windows 7 und Windows Server 2008 R2

28.2 PowerShell-Module in Windows 8 und Windows Server 2012

Die folgende Tabelle zeigt die verfügbaren Windows-PowerShell-3.0-Module und die Anzahl der jeweils darin enthaltenen Befehle in verschiedenen Systemkonfigurationen. Die erste Spalte ist ein Windows 7 mit Server Tools, auf dem das Windows Management Framework 3.0 nachinstalliert wurde. Spalte 2 ist ein „nacktes" Windows 8 Enterprise direkt nach der Grundinstallation. In Windows 8 lässt sich der Umfang der verfügbaren PowerShell-Befehle durch das Erweiterungspaket „Remote Server Administration Tools for Windows 8" (Installationspaketnummer KB2693643, *http://www.microsoft.com/en-us/download/details.aspx?id=28972*) deutlich vergrößern (Spalte 3 in Tabelle 1). Zu beachten ist aber, dass diese Fernwartungswerkzeuge auf Windows Server 2012 ausgerichtet sind. Einige der Werkzeuge und damit auch einige der mitgelieferten PowerShell-Commandlets arbeiten nicht mit Windows Server 2003 oder 2008 zusammen.

Spalte 5 und 6 zeigen den Modulumfang in Windows Server 2012. In Windows Server 2012 gibt es zahlreiche optionale Rollen und Funktionsbausteine; fast jede dieser optionalen Installationen bringt neue PowerShell-Module mit (Spalte 5). Auch in Windows 8 gibt es Installationsoptionen, z.B. Hyper-V und die Internet Information Services (IIS), die weitere PowerShell-Module beinhalten. Diese sind in der Tabelle nicht ausgeführt.

Windows Server 2012

Zu beachten ist auch, dass es die Windows PowerShell auf 64-Bit-Systemen zweimal gibt: einmal als 64-Bit-Variante und einmal als 32-Bit-Variante. Letztere wird benötigt, wenn man auf eine 32-Bit-Softwarekomponente zugreifen muss, z.B. auf einen Treiber für Microsoft-Access-32-Bit-Datenbanken. Zu beachten ist, dass einige der von Microsoft gelieferten Module auf 64-Bit-Systemen nur im 64-Bit-Modus der PowerShell verfügbar sind (siehe Spalte 3 im Vergleich zu Spalte 4).

32-Bit-Einschränkungen

In PowerShell 3.0 sind auch alle Kernbefehle der PowerShell in Modulen organisiert, diese tragen „Microsoft.PowerShell" im Namen. Diese Module sind mit der gleichen Anzahl von Befehlen in allen Konfigurationen verfügbar.

Kernmodule

Kapitel 28 Ausgewählte PowerShell-Erweiterungen

Name des PowerShell-Moduls	1 Windows 7 Ultimate (64-Bit PowerShell) mit Server-Tools	2 Windows 8 Enterprise (64-Bit PowerShell) ohne Server-Tools	3 Windows 8 Enterprise (64-Bit PowerShell) mit Server-Tools	4 Windows 8 Enterprise (32-Bit PowerShell) mit Server-Tools	5 Windows Server 2012 (64-Bit PowerShell) ohne Rollen	6 Windows Server 2012 (64-Bit PowerShell) mit allen Rollen
ActiveDirectory	76		135	135		135
ADDSDeployment (ActiveDirectory-Installation)						10
ADFS (Active Directory Federation services)						54
ADRMS (Active Directory Rights Management)						6
ADRMSADMIN (Active Directory Rights Management)						21
AppLocker (Softwarebeschränkung)	5	5	5	5	5	5
Appx (Softwareverteilung)		6	6	6	6	6
BestPractices			4		4	4
BitLocker (Dateisystemverschlüsselung)		13	13			13
BitsTransfer (Hintergrunddateitransfer)	8	8	8	8	8	8
BranchCache (Dateireplikation)		32	32	32	32	32
CimCmdlets (WMI)	24	24	24	24	24	24
ClusterAwareUpdating			17			17
DcbQos (Data Center Bridging Quality of Service)						10
DFSN (Distributed File System Namespaces)			23			23
DhcpServer			103	103		103
DirectAccessClientComponents		11	11	11	11	11
Dism (Deployment Image Servicing and Management)		26	26	26	26	26
DnsClient		17	17	17	17	17
DnsServer			100	100		100
FailoverClusters	69		81			81

Tabelle 28.2: Verfügbare Module mit Anzahl der enthaltenen PowerShell-Befehle in verschiedenen Konfigurationen von Windows 8 und Windows Server 2012

PowerShell-Module in Windows 8 und Windows Server 2012

Name des PowerShell-Moduls	1 Windows 7 Ultimate (64-Bit PowerShell) mit Server-Tools	2 Windows 8 Enterprise (64-Bit PowerShell) ohne Server-Tools	3 Windows 8 Enterprise (64-Bit PowerShell) mit Server-Tools	4 Windows 8 Enterprise (32-Bit PowerShell) mit Server-Tools	5 Windows Server 2012 (64-Bit PowerShell) ohne Rollen	6 Windows Server 2012 (64-Bit PowerShell) mit allen Rollen
GroupPolicy	25		29	29		29
Hyper-V						164
International		18	18		18	18
IpamServer (IP Address Management)						10
iSCSI		13	13	13	13	13
IscsiTarget			24	24	24	24
ISE (Integrated Scripting Environment)	3	3	3	3	3	3
Kds (Key Distribution Service)		6	6	6	6	6
Microsoft.PowerShell.Diagnostics	5	5	5	5	5	5
Microsoft.PowerShell.Host	2	2	2	2	2	2
Microsoft.PowerShell.Management	82	82	82	82	82	82
Microsoft.PowerShell.Security	10	10	10	10	10	10
Microsoft.PowerShell.Utility	92	92	92	92	92	92
Microsoft.WSMan.Management	13	13	13	13	13	13
MMAgent (Memory Management)		4	4		4	4
MPIO (Multipath I/O)						13
MsDtc (Distributed Transaction Coordinator)		41	41	41	41	41
MSMQ						22
NetAdapter		64	64	64	64	64
NetConnection		2	2	2	2	2
NetLbfo		13	13	13	13	13
NetQos		4	4	4	4	4
NetSecurity		84	84	84	84	84

Tabelle 28.2: Verfügbare Module mit Anzahl der enthaltenen PowerShell-Befehle in verschiedenen Konfigurationen von Windows 8 und Windows Server 2012 (Forts.)

Kapitel 28 Ausgewählte PowerShell-Erweiterungen

Name des PowerShell-Moduls	1 Windows 7 Ultimate (64-Bit PowerShell) mit Server-Tools	2 Windows 8 Enterprise (64-Bit PowerShell) ohne Server-Tools	3 Windows 8 Enterprise (64-Bit PowerShell) mit Server-Tools	4 Windows 8 Enterprise (32-Bit PowerShell) mit Server-Tools	5 Windows Server 2012 (64-Bit PowerShell) ohne Rollen	6 Windows Server 2012 (64-Bit PowerShell) mit allen Rollen
NetSwitchTeam		7	7	7	7	7
NetTCPIP		32	32	32	32	32
NetworkConnectivityStatus		4	4	4	4	4
NetworkLoadBalancingClusters	35		35			35
NetworkTransition		34	34	34	34	34
NFS (Network File System)			42		42	42
Nps (Network Policy Server)						13
PKI (Public Key Infrastructure)		17	17	17	17	17
PrintManagement (Drucker)		20	20	20	20	20
PSDiagnostics	10	10	10	10	10	10
PSScheduledJob (geplante Vorgänge)	16	16	16	16	16	16
PSWorkflow	3	3	3		3	3
PSWorkflowUtility	1	1	1		1	1
RemoteAccess			71	71		71
RemoteDesktop			73		73	73
RemoteDesktopServices						4
ScheduledTasks (geplante Vorgänge)		19	19	19	19	19
SecureBoot		5	5	5	5	5
ServerCore					2	2
ServerManager			7		7	7
ServerManagerTasks			11		11	11
SmbShare (Dateisystemfreigaben)		56	56		56	56
SmbWitness (SMB Witness Server im Cluster)		4	4		4	4
SMISConfig (Storage Management Initiative Specification)						3
Storage		84	84	84	84	84

Tabelle 28.2: Verfügbare Module mit Anzahl der enthaltenen PowerShell-Befehle in verschiedenen Konfigurationen von Windows 8 und Windows Server 2012 (Forts.)

Name des PowerShell-Moduls	1 Windows 7 Ultimate (64-Bit PowerShell) mit Server-Tools	2 Windows 8 Enterprise (64-Bit PowerShell) ohne Server-Tools	3 Windows 8 Enterprise (64-Bit PowerShell) mit Server-Tools	4 Windows 8 Enterprise (32-Bit PowerShell) mit Server-Tools	5 Windows Server 2012 (64-Bit PowerShell) ohne Rollen	6 Windows Server 2012 (64-Bit PowerShell) mit allen Rollen
TroubleshootingPack	2	2	2	2	2	2
TrustedPlatformModule		9	9	9	9	9
UpdateServices			12	12		12
UserAccessLogging					14	14
VpnClient		6	6	6	6	6
Wdac (Windows Data Access Components)		12	12	12	12	12
WebAdministration (IIS Webserver)						80
Whea (Windows Hardware Error Architecture)					2	2
WindowsDeveloperLicense		3	3	3	3	3
WindowsErrorReporting		3	3	3	3	3
WindowsServerBackup						49
Summe verfügbare PowerShell-Befehle	481	945	1712	1320	1111	2189

Tabelle 28.2: Verfügbare Module mit Anzahl der enthaltenen PowerShell-Befehle in verschiedenen Konfigurationen von Windows 8 und Windows Server 2012 (Forts.)

28.3 BITSTransfer

Das Modul „BITSTransfer" (verfügbar seit Windows 7 und Windows Server 2008 R2) unterstützt mit acht Commandlets das Herunterladen von Dateien über den Dienst Background Intelligent Transfer Service (BITS), den es seit Windows XP gibt.

Background Intelligent Transfer Service

Hinweis: BITS transferiert Daten über HTTP und HTTPS in Zeiten, in denen es freie Netzwerkleitungskapazitäten gibt. Die Übertragung erfolgt asynchron, d.h. ohne Blockierung der den Download initiierenden Anwendung.

Kapitel 28 Ausgewählte PowerShell-Erweiterungen

Die Commandlets in diesem Modul sind:
- Add-BitsFile
- Complete-BitsTransfer
- Get-BitsTransfer
- Remove-BitsTransfer
- Resume-BitsTransfer
- Set-BitsTransfer
- Start-BitsTransfer
- Suspend-BitsTransfer

28.4 Windows Server Backup

Windows. Serverbackup Die Unterstützung für Windows Server Backup war nicht in Form eines Moduls, sondern eines Snap-In „Windows.Serverbackup" in Windows Server 2008 R2 enthalten. In Windows Server 2012 ist es ein Modul mit Namen WindowsServerBackup. Dort gibt es folgende Commandlets:

- Add-WBBackupTarget
- Add-WBVolume
- Get-WBBackupTarget
- Get-WBDisk
- Get-WBPolicy
- Get-WBSchedule
- Get-WBSummary
- Get-WBVolume
- New-WBBackupTarget
- New-WBPolicy
- Remove-WBBackupTarget
- Remove-WBPolicy
- Remove-WBVolume
- Set-WBPolicy
- Set-WBSchedule

Das Snap-In aktiviert man mit dem Befehl:

Add-Pssnapin Windows.serverbackup

In Windows Server 2012 muss man das Modul WindowsServerBackup nicht explizit laden.

Hinweis: In dem Commandlet werden die Backup-Aufträge kurioserweise als „Policy" bezeichnet. WBPolicy listet also die geplanten Aufträge.

28.5 PowerShell Diagnostics

Das Modul „PSDiagnostics" (seit Windows 7 und Windows Server 2008 R2) enthält Commandlets zur Ablaufverfolgung der internen Vorgänge der PowerShell.

- Disable-PSTrace
- Disable-PSWSManCombinedTrace
- Disable-WSManTrace
- Enable-PSTrace
- Enable-PSWSManCombinedTrace
- Enable-WSManTrace
- Get-LogProperties
- Set-LogProperties
- Start-Trace
- Stop-Trace

Leider war zu diesen Commandlets in dem zum Redaktionsschluss dieses Buchs verfügbaren Hilfedateien keine Dokumentation verfügbar (Beweis: siehe nachstehende Abbildung).

*Abbildung 28.1
Absolut keine Hilfe verfügbar für die PSDiagnostics-Commandlets*

28.6 Windows PowerShell Community Extensions

Die PowerShell Community Extensions (PSCX) mit zusätzlichen Commandlets und Providern gibt es schon seit PowerShell 1.0. Aktuell für Windows PowerShell 3.0 ist die Version 3.0 der PSCX. Während die PSCX früher ein PowerShell-Snap-In waren, sind sie nun ein PowerShell-Script-Modul mit Namen „PSCX".

Windows PowerShell Community Extensions	
Hersteller:	Microsoft/Open-Source-Community-Projekt
Preis:	Kostenlos
URL:	*http://www.codeplex.com/PowerShellCX*

Kapitel 28 Ausgewählte PowerShell-Erweiterungen

PSCX 3.0 enthalten folgende Commandlets:
- Add-PathVariable
- Clear-MSMQueue
- ConvertFrom-Base64
- ConvertTo-Base64
- ConvertTo-MacOs9LineEnding
- ConvertTo-Metric
- ConvertTo-UnixLineEnding
- ConvertTo-WindowsLineEnding
- Convert-Xml
- Disconnect-TerminalSession
- Expand-Archive
- Export-Bitmap
- Format-Byte
- Format-Hex
- Format-Xml
- Get-ADObject
- Get-AdoConnection
- Get-AdoDataProvider
- Get-Clipboard
- Get-DhcpServer
- Get-DomainController
- Get-DriveInfo
- Get-EnvironmentBlock
- Get-FileTail
- Get-FileVersionInfo
- Get-ForegroundWindow
- Get-Hash
- Get-HttpResource
- Get-LoremIpsum
- Get-MountPoint
- Get-MSMQueue
- Get-OpticalDriveInfo
- Get-PathVariable
- Get-PEHeader
- Get-Privilege
- Get-PSSnapinHelp
- Get-ReparsePoint
- Get-RunningObject
- Get-ShortPath

Windows PowerShell Community Extensions

- Get-TerminalSession
- Get-TypeName
- Get-Uptime
- Import-Bitmap
- Invoke-AdoCommand
- Invoke-Apartment
- Join-String
- New-Hardlink
- New-Junction
- New-MSMQueue
- New-Shortcut
- New-Symlink
- Out-Clipboard
- Ping-Host
- Pop-EnvironmentBlock
- Push-EnvironmentBlock
- Read-Archive
- Receive-MSMQueue
- Remove-MountPoint
- Remove-ReparsePoint
- Resolve-Host
- Send-MSMQueue
- Send-SmtpMail
- Set-BitmapSize
- Set-Clipboard
- Set-FileTime
- Set-ForegroundWindow
- Set-PathVariable
- Set-Privilege
- Set-VolumeLabel
- Skip-Object
- Split-String
- Stop-TerminalSession
- Test-AlternateDataStream
- Test-Assembly
- Test-MSMQueue
- Test-Script
- Test-UserGroupMembership
- Test-Xml
- Write-BZip2

Kapitel 28 Ausgewählte PowerShell-Erweiterungen

- Write-Clipboard
- Write-GZip
- Write-Tar
- Write-Zip
- Add-DirectoryLength
- Add-ShortPath
- Dismount-VHD
- Edit-File
- Edit-HostProfile
- Edit-Profile
- Enable-OpenPowerShellHere
- Get-ExecutionTime
- Get-Help
- Get-Parameter
- Get-ScreenCss
- Get-ScreenHtml
- Get-ViewDefinition
- help
- Import-VisualStudioVars
- Invoke-BatchFile
- Invoke-Elevated
- Invoke-GC
- Invoke-Method
- Invoke-NullCoalescing
- Invoke-Ternary
- less
- Mount-VHD
- New-HashObject
- Out-Speech
- QuoteList
- QuoteString
- Resolve-ErrorRecord
- Resolve-HResult
- Resolve-WindowsError
- Set-LocationEx
- Set-ReadOnly
- Set-Writable
- Show-Tree
- Start-PowerShell
- Stop-RemoteProcess

28.7 PowerShellPack

Das PowerShellPack ist eine massive Erweiterung zur PowerShell 2.0/3.0, die Microsoft im Rahmen des Windows 7 Ressource Kit und als freien Download unter *http://code.msdn.microsoft.com/PowerShellPack* anbietet. Leider ist nach dem 16.10.2009 keine neue Version mehr erschienen. Ein Teil der Funktionen aus dem PowerShellPack gehört in PowerShell 3.0 zum Standard.

PowerShellPack	
Hersteller:	Microsoft
Preis:	Kostenlos
URL:	*http://code.msdn.microsoft.com/PowerShellPack*

PowerShellPack beinhaltet rund 800 neue Befehle, aufgeteilt in zehn Module.

- Modul „WPK": Das größte Modul im PowerShellPack ermöglicht die Erstellung von grafischen Benutzeroberflächen mit der Windows Presentation Foundation (WPF). WPK steht für WPF PowerShell Kit.
- IsePack: mehr als 35 Erweiterungen für die ISE, hauptsächlich Shortcuts
- TaskScheduler: geplante Vorgänge einrichten und löschen. ACHTUNG: Diese Funktionen gehören in PowerShell 3.0 in geänderter Form zum Standard des Produkts.
- FileSystem: Handhabung von ZIP-Dateien (z.B. New-Zip, Copy-ToZip), Laufwerken (Rename-Drive), Dateisystemüberwachung (Start-FileSystemWatcher) und Suche nach doppelten Dateien (Get-Duplicate-File)
- DotNet: Zugriff auf die geladenen Typen, herausfinden, welche Befehle auf die Typen angewendet werden können, sowie erarbeiten, wie PowerShell, DotNet und COM zusammenarbeiten können
- PSImageTools: Umwandeln, Drehen, Beschneiden bzw. Vergrößern oder Verkleinern von Bildern sowie Zugriff auf die Metadaten
- PSRSS: Befehle, um mit dem FeedStore für RSS-Feeds zu arbeiten
- PSSystemTools: Auslesen von Betriebssystem- und Hardwareinformationen
- PSUserTools: Zugriff auf die Benutzerkonten des lokalen Systems, Prüfung auf „elevation" und Starten von Prozessen als Administrator
- PSCodeGen: Erzeugen von PowerShell-Skripten sowie C#-Code und PInvoke-Aufrufe

Kapitel 28 Ausgewählte PowerShell-Erweiterungen

Diese Module kann man einzeln importieren mit `Import-Module` oder man kann alle Module zusammen importieren mit `Import-Module PowerShellPack`.

Zahlreiche der PowerShellPack-Commandlets werden in *Teil III „PowerShell im Praxiseinsatz"* besprochen.

Die Module des PowerShellPack sind als Skript-Module implementiert, d.h., man kann sich die Implementierung ansehen und davon lernen. Das PowerShellPack installiert sich in das benutzerspezifische Modulverzeichnis.

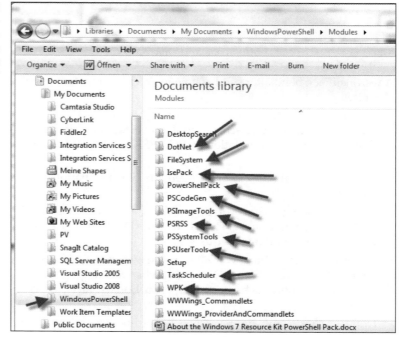

Abbildung 28.2
Module des PowerShellPack im benutzerspezifischen Modulverzeichnis in Windows 7

Wenn Sie beim Importieren eines PowerShellPack-Moduls oder bei einzelnen Commandlets dieser Erweiterung auf Fehlermeldungen stoßen, könnte das daran liegen, dass Sie die PowerShell Community Extensions ebenfalls geladen haben. Leider sind diese beiden Erweiterungen nicht vollkompatibel zueinander, weil sie gleichnamige Commandlets definieren.

28.8 www.IT-Visions.de PowerShell Extensions

Die PowerShell-Erweiterungen, die von der Firma des Buchautors kostenlos bereitgestellt werden, bieten Funktionen aus den Bereichen

- Verzeichnisdienstverwaltung (Get-DirectoryEntry, Get-DirectoryChildren, Add-DirectoryEntry, Remove-DirectoryEntry ...)
- Hardwareinformationen (Get-Processor, Get-Memorydevice, Get-NetworkAdapter, Get-CDRomDrive, Get-Videocontroller, Get-USBController ...)
- Datenbankzugriff (Get-DBTable, Get-DBRow, Set-DBTable, Invoke-DBCommand, Get-DBConnection, ...)

www.IT-Visions.de PowerShell Extensions	
Hersteller:	www.IT-Visions.de
Preis:	Kostenlos
URL:	http://www.dotnetframework.de/scripting/PowerShell/PowerShellCommandletExtensions.aspx

Die Erweiterung muss manuell mit installutil.exe installiert werden:

```
installutil.exe ITVisions_PowerShell_Extensions.dll
```

Anschließend muss die Erweiterung in die Konsole geladen werden (dies am besten in *Profil.ps1* eintragen):

```
Add-PSSnapin ITVisions_PowerShell_Extensions
```

28.9 Quest Management Shell for Active Directory

Die Firma Quest stellt Commandlets zur Active-Directory-Verwaltung sowie eine angepasste PowerShell-Konsole (Quest Management Shell for Active Directory) zur Verfügung. Der Vorteil dieser Commandlets gegenüber dem Active-Directory-Modul von Microsoft ist, dass sie auch auf älteren Betriebssystemen laufen. Das Active-Directory-Modul läuft erst seit Windows 7 und Windows Server 2008 R2.

Quest Management Shell for Active Directory	
Hersteller:	Quest
Preis:	Kostenlos
URL:	http://www.quest.com/activeroles-server/arms.aspx

Die Quest-Commandlets können auch unabhängig von der Quest-Management-Konsole in die normale PowerShell durch den Befehl Add-Pssnapin quest.activeroles.admanagement eingebunden werden.

Abbildung 28.3
Quest Management Shell for Active Directory

Die Quest-Erweiterungen enthalten in der aktuellen Version folgende Commandlets:

- Add-QADGroupMember
- Connect-QADService
- Disconnect-QADService
- Get-QADComputer
- Get-QADGroup
- Get-QADGroupMember
- Get-QADObject
- Get-QADUser
- New-QADGroup
- New-QADObject
- New-QADUser
- Remove-QADGroupMember
- Set-QADObject
- Set-QADUser

28.10 Microsoft Exchange Server

Der Microsoft Exchange Server 2007 war das erste Microsoft-Produkt, das die PowerShell zur Administration einsetzt. Die mit dem Exchange Server mitgelieferte Exchange Management Shell (eine angepasste Version der PowerShell) sowie zahlreiche zugehörige Commandlets ermöglichen es, alle administrativen Aufgaben des Exchange Servers von der Kommandozeile auszuführen.

U.a. folgende Commandlets werden dort bereitgestellt:
- `Get-ExchangeServer`
- `Enable-Mailcontact`
- `Enable-Mailbox`
- `Disable-Mailbox`
- `Get-Mailbox`
- `Get-MailboxStatistics`
- `New-SystemMessage`
- `Get-Recipient`
- `Get-UMMailbox`
- `New-MailboxDatabase`
- `New-StorageGroup`
- `New-SendConnector`
- `Suspend-Queue`
- `Resume-Queue`
- `Set-RecipientFilterConfig`
- `New-JournalRule`

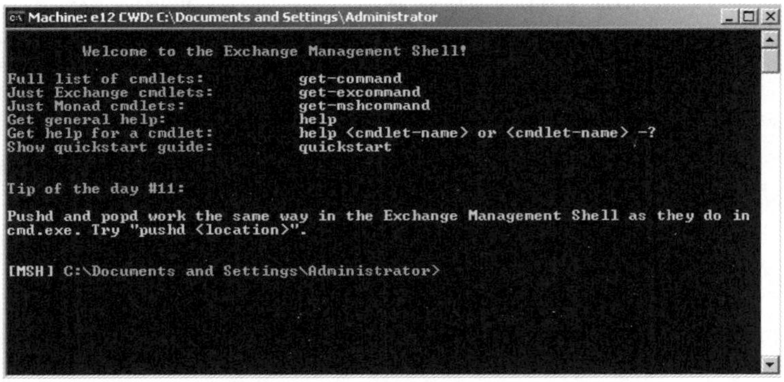

Abbildung 28.4
Exchange Server Management Shell

Weitere Informationen finden Sie in *Kapitel 49 „Microsoft Exchange Server"* sowie unter [TNET01] und [TNET02].

28.11 System Center Virtual Machine Manager

System Center Virtual Machine Manager (SCVMM) ist ein Verwaltungswerkzeug für virtuelle Systeme auf Basis von Virtual Server. Auch diese Verwaltungskonsole basiert im Hintergrund komplett auf PowerShell-Commandlets, so dass alle Aktionen des SCVMM auch per Skript ausgeführt werden können.

U.a. werden dort folgende Commandlets bereitgestellt:
- `New-VirtualNetworkAdapter`
- `New-VirtualDVDDrive`
- `New-HardwareProfile`
- `Get-VirtualHardDisk`
- `Add-VirtualHardDisk`
- `New-VM`
- `Get-VMHost`
- `Get-FloppyDrive`
- `Get-DVDDrive`
- u.a.

28.12 PowerShell Management Library for Hyper-V (pshyperv)

Diese bei Codeplex.com verfügbare Commandlets-Bibliothek bietet Commandlets zur Verwaltung von Virtuellen Maschinen (VM) im Virtualisierungsdienst Hyper-V in Windows Server 2008. In Windows 8 und Windows Server 2012 gibt es dafür ein Modul von Microsoft (siehe Kapitel 47 „Virtuelle Systeme mit Hyper-V")!

PowerShell Management Library for Hyper-V (pshyperv)	
Hersteller:	OpenSource-Projekt
Preis:	Kostenfrei
URL:	*http://pshyperv.codeplex.com*

Die folgende Liste zeigt die verfügbaren Commandlets (Quelle: *http://pshyperv.codeplex.com*).

- Auffinden einer Virtuellen Maschine
  `Get-VM, Choose-VM, Get-VMHost`
- Zu einer Virtuellen Maschine verbinden
  `New-VMConnectSession`
- Verändern einer Virtuellen Maschine
  `Get-VMState, Set-VMState, Convert-VmState,`
  `Ping-VM, Test-VMHeartBeat, Shutdown-VM , Start-VM, Stop-VM,`
  `Suspend-VM`

  `Get-VMKVP, Add-KVP, Remove-KVP, Get-VMJPEG`

▶ Sichern und Exportieren einer Virtuellen Maschine, Erstellen von Momentaufnahmen (Snapshots)
Export-VM, Import-VM, Get-VMSnapshot, Choose-VMSnapshot, Apply-VMSnapshot, New-VMSnapshot, Remove-VMSnapshot, Rename-VMSnapShot, Update-VMSnapshot, Get-VMSnapshotTree, Get-VmBackupScript

▶ Virtuelle Maschine erstellen und löschen
New-VM, Remove-VM, Set-VM, Get-VMCPUCount, Set-VMCPUCount, Get-VMMemory, Set-VMMemory, Set-VMSerialPort

▶ Laufwerk erstellen
Get-VMDiskController

Add-VMSCSIController, Remove-VMSCSIcontroller

Get-VMDriveByController, Add-VMDRIVE, Remove-VMdrive

Get-VMDiskByDrive, Add-VMDISK, Set-VMDisk, Get-VMDisk

Get-VMFloppyDisk, Add-VMFloppyDisk

Add-VMNewHardDisk

▶ Network Interface Cards erstellen
Get-VMNic, List-VMNic, Choose-VMNIC, Add-VMNIC, Remove-VMNIC, Set-VMNICAddress, Set-VMNICConnection, Get-VMNicport

Get-VMnicSwitch, Choose-VMSwitch, New-VMSwitchPort, Get-VMByMACaddress, Choose-VMExternalEthernet

New-VMExternalSwitch, New-VMInternalSwitch, New-Vm PrivateSwitch

▶ Mit VHD-Dateien arbeiten
Get-VHDDefaultPath, Get-VHDInfo, New-VHD, Compact-VHD, Test-VHD, Convert-VHD, Merge-VHD, Mount-VHD, Unmount-VHD

28.13 PowerShell Outlook Account Manager

Diese Erweiterung bietet drei Commandlets zur Verwaltung von E-Mail-Konten in Microsoft Outlook: Get-MAPIProfile, Get-MAPIAccount, Set-MAPIAccount. Gleichzeitig ist diese Erweiterung auch eine Klassenbibliothek für .NET (OutlookAccountManager.dll), die die Account Management API als .NET-Komponenten verpackt.

PowerShell Outlook Account Manager	
Hersteller:	OpenSource-Projekt
Preis:	Kostenfrei
URL:	*http://psoutlookmanager.codeplex.com/*

28.14 PowerShell Configurator (PSConfig)

PSConfig bietet eine Sammlung von Commandlets in Form eines PowerShell-Moduls für verschiedene Konfigurationsaufgaben in Windows. Die Bibliothek ist laut der Website insbesondere gedacht für die Verwaltung von Windows-Server-Core-Installationen. Die Commandlets sind aber auch nützlich auf vollständigen Windows-Server-Systemen.

- Software, Updates und Treiber
    - Add-Driver, Get-Driver
    - Add-HotFix
    - Add-InstalledProduct, Get-InstalledProduct, Remove-InstalledProduct
    - Add-WindowsFeature, Get-WindowsFeature, Remove-WindowsFeature
    - Add-WindowsUpdate, Get-WindowsUpdateConfig, Set-WindowsUpdateConfig
- Windows Firewall
    - Get-FirewallConfig, Set-FirewallConfig, Get-FirewallProfile, Get-FireWallRule
- Netzwerkkonfiguration
    - Get-NetworkAdapter, Get-IpConfig, New-IpConfig, Remove-IpConfig, Set-IpConfig
- Lizensierung/Aktivierung
    - Get-Registration, Register-Computer
- Auslagerungsdatei (Page File)
    - Get-ShutDownTracker, Set-ShutDownTracker
- Remote Desktop
    - Get-RemoteDesktopConfig, Set-RemoteDesktop
- Sonstige
    - Get-WinRMConfig
    - Rename-Computer
    - Set-iSCSIConfig
    - Set-RegionalConfig
    - Out-Tree
    - Test-Admin
    - Get-FirstAvailableDriveLetter

PowerShell Configurator (PSConfig)	
Hersteller:	Microsoft/James O'Neill
Preis:	Kostenfrei
URL:	*http://psconfig.codeplex.com/*

28.15 Weitere Erweiterungen

Die Tabelle listet einige weitere Commandlet-Bibliotheken auf.

Name	URL
PowerShell Provider BizTalk	*http://psbiztalk.codeplex.com/*
PowerShell Cmdlets for Visual Studio Team System	*http://pscmdlets4teamsystem.codeplex.com/*
SharePoint PowerShell Module (SPoshMod)	*http://sposhmod.codeplex.com/*
PowerShell VMWare Toolkit	*http://vmware.com/go/PowerShell*

Tabelle 28.3
Commandlet-Erweiterungen

29 Tipps und Tricks zur PowerShell

29.1 Befehlsgeschichte

Die PowerShell-Konsole speichert im Standard die letzten 64 eingegebenen Befehle in einer Befehlsgeschichte (History). Diese lassen sich mit `Get-History` auflisten.

Get-History

Durch den Parameter `Count` kann man eine bestimmte Anzahl von Befehlen ansehen (jeweils die letzten n Befehle werden gezeigt).

```
Get-History -count 10
```

Einen Befehl aus der Befehlsgeschichte kann man gezielt über die Position aufrufen:

Invoke-History

```
Invoke-History 9
```

Die Anzahl der gespeicherten Befehle kann durch die Variable `$MaximumHistoryCount` erhöht werden.

Die Befehlsgeschichte kann man exportieren, entweder als Skriptdatei oder als XML-Datei. Eine Skriptdatei verwendet man, wenn man die eingegebenen Befehle wieder automatisch in der Reihenfolge der Eingabe ablaufen lassen will. Das XML-Dateiformat verwendet man, wenn man die Befehlsgeschichte einer früheren Sitzung wiederherstellen will, ohne die Befehle gleichzeitig auch alle auszuführen.

	Skriptdatei (.ps1)	XML-Format
Exportieren	`Get-History -Count 10 | format-table commandline -HideTableHeader | Out-file "c:\meinSkript.ps1"`	`Get-History | Export-CliXml "b:\Skripte\geschichte.xml"`
Importieren (bzw. Ausführen)	`. "c:\meinSkript.ps1"`	`Import-CliXml "b:\Skripte\geschichte.xml" | Add-History`

Mit `Clear-History` (seit PowerShell 2.0) kann man die Befehlsliste löschen.

29.2 System- und Hostinformationen

Get-Host Das Commandlet Get-Host und die eingebaute Variable $Host liefern Informationen über die aktuelle PowerShell-Umgebung. Sowohl das Commandlet als auch die Variable liefern die gleiche Instanz der Klasse System.Management.Automation.Internal.Host.InternalHost.InternalHost enthält Informationen und erlaubt über sein Unterobjekt UI.RawUI auch Modifikationen, z.B.:

$Host
- $Host.Name: Name des Hosts (damit ist eine Unterscheidung der Umgebung möglich, z.B. liefert hier der PowerShellPlus Host einen anderen Wert als die normale PowerShell-Konsole)
- $Host.Version: Versionsnummer der Ablaufumgebung
- $Host.UI.RawUI.WindowTitle = "Titel": Setzen der Titelzeile des Fensters
- $Host.UI.RawUI.ForeGroundColor = [System.ConsoleColor]::White: Setzen der Textfarbe
- $Host.UI.RawUI.BackgroundColor = [System.ConsoleColor]::DarkBlue: Setzen der Texthintergrundfarbe

Beispiel Das folgende Beispiel erzeugt eine Kopfzeile, in der neben dem Namen des aktuellen Benutzers auch gezeigt wird, ob dieser ein Administrator ist oder nicht. Der Code eignet sich hervorragend zur Verwendung im Profilskript.

Listing 29.1 Beispiel für ein Profilskript für eine aussagekräftige Titelzeile [Aufbauwissen/Profile/Profile_Title.ps1]

```
# PowerShell Profile Script
# Holger Schwichtenberg 2007

# ------------- Window Title

$WI = [System.Security.Principal.WindowsIdentity]::GetCurrent()
$WP = New-Object System.Security.Principal.WindowsPrincipal($wi)
if
($WP.IsInRole([System.Security.Principal.WindowsBuiltInRole]::Administrator))
{
 $Status = "[elevated user]"
}
else
{
 $Status = "[normal User]"
}

$Host.UI.RawUI.WindowTitle  = "PowerShell - " +
[System.Environment]::UserName  + " " + $Status
```

Get-Culture (oder $Host.CurrentCulture) und Get-UICulture (oder $Host.CurrentUICulture) liefern die Informationen über die aktuelle Sprache auch einzeln in Form von Instanzen der .NET-Klasse System.Globalization.CultureInfo. Get-Culture bezieht sich auf die Ausgaben von Datum, Uhrzeit und Währungen (vgl. regionale Einstellungen der Windows-Systemsteuerung). Get-UICulture bezieht sich auf die Sprache der Benutzeroberfläche. In der Regel sind zwar beide Einstellungen gleich, ein Benutzer kann diese jedoch auch abweichend festlegen.

Get-Culture

*Abbildung 29.1
Ausführung von Get-Host*

29.3 Alle Anzeigen löschen

Clear-Host (Alias clear) löscht die Anzeige in der PowerShell-Konsole, löscht aber nicht die Befehlsgeschichte.

Clear-Host

29.4 Anpassen der Eingabeaufforderung (Prompt)

Die Anzeige, mit der die PowerShell zur Eingabe von Befehlen auffordert, z.B. „PS C:\users\hs>", wird als „Prompt" bezeichnet. Der Aufbau des Prompts ist nicht in der PowerShell-Konsole starr festgelegt, sondern wird durch die eingebaute Funktion Prompt erzeugt. Diese Funktion kann man abändern, z.B. so, dass die aktuelle Uhrzeit als Eingabeaufforderung erscheint.

Prompt

```
Function Prompt { [System.DateTime]::Now.ToShortTimeString() +">"}
```

Die folgende Bildschirmabbildung zeigt die Standardimplementierung der Funktion Prompt und ihre Abänderungen.

*Abbildung 29.2
Änderung der Eingabeaufforderung*

Kapitel 29 Tipps und Tricks zur PowerShell

Eine Funktion zum Zurücksetzen auf den alten Wert gibt es nicht. Innerhalb einer PowerShell-Sitzung bekommen Sie die normale Eingabeaufforderung nur dann wieder, wenn Sie sich die alte Implementierung in einer Variablen merken. Mit dem Ende der PowerShell-Sitzung (Schließen der Konsole) ist das Überschreiben der Prompt-Funktion aber wieder gelöscht. Wenn Sie die Eingabeaufforderung für alle PowerShell-Sitzungen ändern wollen, müssen Sie die eigene Prompt-Funktion in die Profildatei eintragen (siehe nächstes Kapitel).

29.5 Profileinstellungen für die PowerShell-Konsole

Profile.ps1 Beim Beenden der PowerShell-Konsole vergisst diese alle Einstellungen (z.B. geladene Snap-Ins, definierte Aliase, definierte Funktionen, eingebundene PowerShell-Provider und die Befehlsgeschichte). Mit Hilfe sogenannter Profildateien kann man der PowerShell-Konsole beim Start ihr Gedächtnis zurückgeben. Profile sind PowerShell-Skripte mit dem Namen „Profile" und mit der Dateinamenserweiterung *.ps1*.

Eine *Profile.ps1* kann es auf zwei Ebenen geben:

- Global für alle Benutzer im PowerShell-Installationsordner (i.d.R. *C:\WINDOWS\system32\windowsPowerShell\v1.0*)
- Benutzerbezogen im Dateisystemverzeichnis (ab Windows Vista normalerweise in *c:\Benutzer\(Benutzername)\Dokumente\Windows PowerShell*, auf älteren Systemen unter *c:\Dokumente und Einstellungen\(Benutzername)\Eigene Dateien\WindowsPowerShell*)

Die PowerShell Extensions (PSCX) legen bei Ihrer Installation eine solche Profildatei mit zahlreichen Einstellungen (u.a. Ändern der Titelzeile und der Eingabeaufforderung) benutzerbezogen ab, siehe nachfolgendes Listing.

Abbildung 29.3 Ablage der Profildatei (hier in Windows Vista)
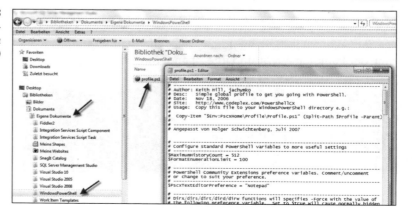

Listing 29.2
Leicht angepasste Version der Profildatei aus den PowerShell Extensions (PSCX) [Aufbauwissen/Profile/Profile.ps1]

```
# ---------------------------------------------------------------
# Author: Keith Hill, jachymko
# Desc:   Simple global profile to get you going with PowerShell.
# Date:   Nov 18, 2006
# Site:   http://www.codeplex.com/PowerShellCX
# Usage:  Copy this file to your WindowsPowerShell directory e.g.:
#
#   Copy-Item "$Env:PscxHome\Profile\Profile.ps1" (Split-Path
$Profile -Parent)
#
# ---------------------------------------------------------------
# Angepasst von Holger Schwichtenberg, Juli 2007

# ---------------------------------------------------------------
# Configure standard PowerShell variables to more useful settings
# ---------------------------------------------------------------
$MaximumHistoryCount = 512
$FormatEnumerationLimit = 100

# ---------------------------------------------------------------
# PowerShell Community Extensions preference variables. Comment/
uncomment
# or change to suit your preference.
# ---------------------------------------------------------------
$PscxTextEditorPreference = "Notepad"

# ---------------------------------------------------------------
# Dirx/dirs/dirt/dird/dirw functions will specifies -Force with the
value of
# the following preference variable.  Set to $true will cause
normally hidden
# items to be returned.
# ---------------------------------------------------------------
$PscxDirForcePreference = $true

# ---------------------------------------------------------------
# Dirx/dirs/dirt/dird/dirw functions filter out files with system
attribute set.
# The performance may suffer on high latency networks or in folders
with
```

```
# many files.
# ---------------------------------------------------------------
## $PscxDirHideSystemPreference = $true

# ---------------------------------------------------------------
# Display file sizes in KB, MB, GB multiples.
# ---------------------------------------------------------------
$PscxFileSizeInUnitsPreference = $false

# ---------------------------------------------------------------
# The Send-SmtpMail default settings.
# ---------------------------------------------------------------
## $PscxSmtpFromPreference = 'john_doe@example.net'
## $PscxSmtpHostPreference = 'smtp.example.net'
## $PscxSmtpPortPreference = 25

# ---------------------------------------------------------------
# Uncomment this to create a transcript of the entire PowerShell
session.
# ---------------------------------------------------------------
## $PscxTranscribeSessionPreference = $true

# ---------------------------------------------------------------
# You can modify every aspect of the PSCX prompt appearance by
# creating your own eye-candy script.
# ---------------------------------------------------------------
## $PscxEyeCandyScriptPreference = '.\EyeCandy.Jachym.ps1'
$PscxEyeCandyScriptPreference = '.\EyeCandy.Keith.ps1'

# ---------------------------------------------------------------
# The following functions are used during processing of the PSCX
profile
# and are deleted at the end of loading this profile.
# !! Do not modify or remove the functions below !!
# ---------------------------------------------------------------
function Set-PscxVariable($name, $value)
{
Set-Variable $name $value -Scope Global -Option AllScope,ReadOnly -
```

```
Description "PSCX variable"
}
function Set-PscxAlias($name, $value, $type = 'cmdlet',
[switch]$force)
{
Set-Alias $name $value -Scope Global -Option AllScope -Force:$force
-Description "PSCX $type alias"
}

function Test-PscxPreference($name)
{
if (Test-Path "Variable:$name")
{
(Get-Variable $name).Value
}
else
{
$false
}
}
# ----------------------------------------------------------------
----------
# !! Do not modify or remove the functions above !!
# ----------------------------------------------------------------
----------

if (!(Test-Path Variable:__PscxProfileRanOnce))
{
# ----------------------------------------------------------------
----------
# This should only be run once per PowerShell session
# ----------------------------------------------------------------
----------
Add-PSSnapin Pscx
Start-TabExpansion

# ----------------------------------------------------------------
----------
# Load ps1xml files which override built-in PowerShell defaults.
# ----------------------------------------------------------------
----------
Update-FormatData -PrependPath "$Env:PscxHome\FormatData\
FileSystem.ps1xml"
Update-FormatData -PrependPath "$Env:PscxHome\FormatData\
Reflection.ps1xml"

# ----------------------------------------------------------------
----------
# Create $UserProfile to point to the user's non-host specific
```

Kapitel 29 Tipps und Tricks zur PowerShell

```
        profile script
        # ----------------------------------------------------------------
        ----------
        Set-PscxVariable ProfileDir  (split-path
        $MyInvocation.MyCommand.Path -Parent)
        Set-PscxVariable UserProfile (join-path $ProfileDir 'Profile.ps1')

        # ----------------------------------------------------------------
        ----------
        # Create PSCX convenience variables, identity variables used by
        EyeCandy.*.ps1
        # ----------------------------------------------------------------
        ----------
        Set-PscxVariable PscxHome     ($env:PscxHome)
        Set-PscxVariable PscxVersion ([Version](Get-FileVersionInfo (Get-
        PSSnapin Pscx).ModuleName).ProductVersion)
        Set-PscxVariable Shell        (New-Object -com Shell.Application)
        Set-PscxVariable NTIdentity
        ([Security.Principal.WindowsIdentity]::GetCurrent())
        Set-PscxVariable NTAccount
        ($NTIdentity.User.Translate([Security.Principal.NTAccount]))
        Set-PscxVariable NTPrincipal (New-Object
        Security.Principal.WindowsPrincipal $NTIdentity)
        Set-PscxVariable IsAdmin
        ($NTPrincipal.IsInRole([Security.Principal.WindowsBuiltInRole]::Adm
        inistrator))
        }
        else
        {
        # ----------------------------------------------------------------
        ----------
        # This should be run every time you want apply changes to your type
        and format
        # files.
        # ----------------------------------------------------------------
        ----------
        Update-FormatData
        Update-TypeData
        }

        # ----------------------------------------------------------------
        ----------
        # PowerShell Community Extensions utility functions and filters.
        # Comment out or remove any dot sourced functionality that you
        don't want.
        # ----------------------------------------------------------------
        ----------
        Push-Location (Join-Path $Env:PscxHome 'Profile')
        . '.\TabExpansion.ps1'
```

```
. '.\GenericAliases.ps1'
. '.\GenericFilters.ps1'
. '.\GenericFunctions.ps1'
. '.\PscxAliases.ps1'
. '.\Debug.ps1'
. '.\Environment.VirtualServer.ps1'
. '.\Environment.VisualStudio2005.ps1'
. '.\Cd.ps1'
. '.\Dir.ps1'
. '.\TranscribeSession.ps1'
. $PscxEyeCandyScriptPreference
Pop-Location

# ----------------------------------------------------------------
# Add PSCX Scripts dir to Path environment variable to allow
scripts to be executed.
# ----------------------------------------------------------------
Add-PathVariable Path $env:PscxHome,$env:PscxHome\Scripts

# ----------------------------------------------------------------
# Remove functions only required for the processing of the PSCX
profile.
# ----------------------------------------------------------------
Remove-Item Function:Set-PscxAlias
Remove-Item Function:Set-PscxVariable
# ----------------------------------------------------------------
# Keep track of whether or not this profile has ran already and
remove the
# temporary functions
# ----------------------------------------------------------------
Set-Variable __PscxProfileRanOnce


# ----------------------------------------------------------------
# Ergänzungen von Dr. Holger Schwichtenberg
# ----------------------------------------------------------------

# Snap-Ins laden
Add-PSSnapin ITVisions_PowerShell_Extensions

# Title
```

Kapitel 29 Tipps und Tricks zur PowerShell

```
$Wi = [System.Security.Principal.WindowsIdentity]::GetCurrent()
$wp = New-Object System.Security.Principal.WindowsPrincipal($wi)
if
($wp.IsInRole([System.Security.Principal.WindowsBuiltInRole]::Admin
istrator))
{
 $Status = "[elevated user]"
}
else
{
 $Status = "[normal User]"
}
$PscxWindowTitlePrefix  = "PowerShell - " +
[System.Environment]::UserName  + " " + $Status + " - "
```

> Um die Profildateien übersichtlicher zu gestalten, darf man sie auf mehrere Dateien aufteilen und die einzelnen Dateien dann mit dem Punkt-Operator über das sogenannte „Dot Sourcing" aus dem Hauptskript (das immer *Profile.ps1* heißen muss) aufrufen.

29.6 Einblicke in die Interna der Pipeline-Verarbeitung

Trace-Command Wenn Sie genauer wissen wollen, wie der Pipeline Processor der PowerShell arbeitet, weil etwas nicht so funktioniert, wie Sie es erwarten, oder weil Sie einfach „wissbegierig" sind, dann können Sie Trace-Command nutzen. Bei Trace-Command können Sie nach -expression eine Pipeline angeben und dann sehen Sie sehr genau (oft viel zu genau), was passiert. Zu beachten sind insbesondere die Stellen, wo eine Bindung von Parametern als erfolgreich „Successful" dokumentiert wird.

An dem folgenden Beispiel erkennt man, dass in der Pipeline

```
Get-Childitem c:\temp -filter *.txt | select -First 1| Get-Content
```

Einblicke in die Interna der Pipeline-Verarbeitung

die Übergabe zwischen `Get-ChildItem` und `Select-First` über den Parameter „InputObject" erfolgt, während `Get-Content` sich nur für die Eigenschaft „LiteralPath" interessiert und den Rest des Objekts gar nicht erhält.

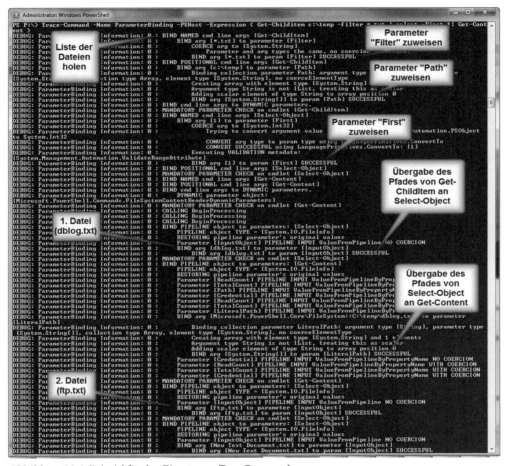

Abbildung 29.4: Beispiel für den Einsatz von TraceCommand

Teil III

PowerShell im Praxiseinsatz

Dieser Buchteil enthält zahlreiche praktische Anwendungsbeispiele für die Windows PowerShell.

30 Dateisystem

Das Dateisystem kann über das PowerShell-Navigationsmodell mit dem Provider „Filesystem" angesprochen werden. Die folgende Tabelle zeigt wichtige Commandlets zur Arbeit mit dem Dateisystem sowie ähnliche Befehle in der klassischen Windows-Konsole und der Unix-Shell „sh".

PowerShell-Commandlet	PowerShell-Alias	Befehl Klassische Windows-Kommandozeile	Befehl Unix „sh"	Beschreibung
Clear-Item	Cli	-	-	Inhalt leeren
Copy-Item	Cpi, cpp, cp, copy	Copy	Cp	Kopieren von Elementen
Get-Content	Gc	Type	Cat	Holt den Inhalt
Get-Location	Gl, pwd	Pwd	Pwd	Holt das aktuelle Verzeichnis
Move-Item	Mi, move, mv, mi	Move	Mv	Bewegen von Elementen
New-Item	Ni (Funktion md)	-	-	Element anlegen
Remove-Item	Ri, rp, rm, rmdir, del, erase, rd	del, rd	rm, rmdir	Löschen von Elementen
Rename-Item	Rni, ren	Rn	Ren	Umbenennen eines Elements
Set-Content	Sc	(Umleitungen >)	(Umleitungen >)	Festlegen des Inhalts
Set-Item	Si	-	-	Inhalt festlegen
Set-Location	Sl, cd, chdir	cd, chdir	cd, chdir	Setzt das aktuelle Verzeichnis

Tabelle 30.1: Wichtige Commandlets für die Arbeit mit dem Dateisystem

30.1 Laufwerke

Dieses Kapitel behandelt den Umgang mit Dateisystemlaufwerken.

Auflisten der Laufwerke

Für den Zugriff auf die Dateisystemlaufwerke hat man fünf Möglichkeiten:

- Verwendung des Commandlets Get-PSDrive (Commandlet seit PowerShell 1.0)
- Statische Methode GetDrives() der .NET-Klasse System.IO.DriveInfo
- Ermitteln der Instanzen der WMI-Klasse Win32_LogicalDisk
- Verwendung des Commandlets Get-Disk (Commandlet von *www.IT-Visions.de*)
- Get-LogicalDiskInventory (aus dem Modul „PSSystemTools", enthalten im PowerShellPack). Dieses Commandlet verwendet Win32_LogicalDisk, beschränkt sich aber auf den Laufwerkstyp 3 (lokale Laufwerke).

Get-PSDrive Eine Liste der Dateisystemlaufwerke erhält man von Get-PSDrive durch Einschränkung auf den Provider „Filesystem":

Get-PSDrive -psprovider filesystem

Das Ergebnis sind Objekte des Typs System.Management.Automation.PSDriveInfo. Zu den Eigenschaften dieser Klasse gehört auch Root, welches das Wurzelverzeichnis zu jedem Laufwerk enthält.

> Die PowerShell-Klasse PSDriveInfo enthält keine Informationen über Größe und Füllstand der Laufwerke, da es sich um ein generisches Konzept für alle Arten von Mengen handelt und solche Werte für einige Laufwerke (z.B. Umgebungsvariablen) keinen Sinn machen würden.

Abbildung 30.1 Einsatz der Methode GetDrives()

```
32# [System.IO.DriveInfo]::GetDrives()
VolumeLabel      Name        UsedSpace            FreeSpace    TotalSize  %Free
Local Disk       A:\                 0                              ()    ... %
DATEN            B:\        41.798.037.504      142.630.912   39,06 GB     0 %
SYSTEM           C:\        35.511.558.144    6.429.110.272   39,06 GB    15 %
Local Disk       D:\                 0                              ()    ... %
Buch             G:\        33.978.740.736    7.961.927.680   39,06 GB    19 %
DATEN            H:\        41.798.037.504      142.630.912   39,06 GB     0 %
Install          I:\        93.895.868.416   10.959.966.208   97,655 GB   10 %
UM               J:\         8.127.950.848    9.646.845.952   16,554 GB   54 %
Local Disk       L:\                 0                              ()    ... %
ARCHIV           M:\       104.412.012.544      443.822.080   97,655 GB    0 %
Sicherheit       S:\        66.515.734.528   38.340.100.096   97,655 GB   37 %
MEDIEN           U:\        29.233.065.984   12.707.602.432   39,06 GB    30 %
WEB.DE SmartDrive W:\        7.428.905.984    1.161.028.608       8 GB    14 %
```

Laufwerk anlegen

Die Windows PowerShell ermöglicht das Anlegen logischer Laufwerke im Dateisystem, die auf vorhandene Pfade abgebildet werden. Dazu kann `New-PSDrive` mit `-PSProvider FileSystem` eingesetzt werden. Der Laufwerksname darf mehr als einen Buchstaben umfassen.

Beispiel: `New-PSDrive -PSProvider FileSystem -name M -Root t:\data\marketing`

```
PS C:\Users\hs.ITV> New-PSDrive -PSProvider FileSystem -name M -Root t:\data\marketing

Name           Used (GB)     Free (GB) Provider      Root
----           ---------     --------- --------      ----
M                                11,75 FileSystem    T:\data\marketing
```

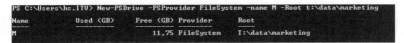

Abbildung 30.2 *Ausführung des obigen Beispiels*

> Zu beachten ist, dass die logischen Laufwerke nur innerhalb der PowerShell sichtbar sind und an die PowerShell-Sitzung gebunden sind. Sie werden nach dem Beenden der PowerShell-Konsole also wieder entfernt.

Das Commandlet `Mount-SpecialFolder` erstellt logische Laufwerke für alle Windows-Sonderordner (System, Programs, MyComputer, MyMusic, Desktop etc.). Die Liste aller Sonderordner erhält man mit

```
[Enum]::GetValues([Environment+SpecialFolder]) | foreach { "$_  = "
+ [System.Environment]::GetFolderPath($_) }
```

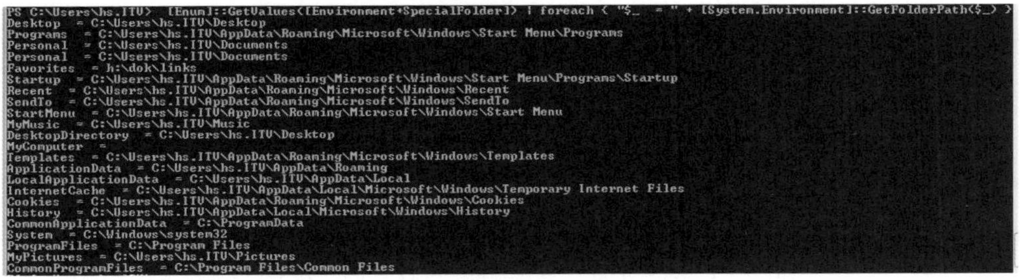

```
PS C:\Users\hs.ITV>  [Enum]::GetValues([Environment+SpecialFolder]) | foreach { "$_  = " + [System.Environment]::GetFolderPath($_) }
Desktop  = C:\Users\hs.ITV\Desktop
Programs  = C:\Users\hs.ITV\AppData\Roaming\Microsoft\Windows\Start Menu\Programs
Personal  = C:\Users\hs.ITV\Documents
Personal  = C:\Users\hs.ITV\Documents
Favorites  = h:\dok\links
Startup  = C:\Users\hs.ITV\AppData\Roaming\Microsoft\Windows\Start Menu\Programs\Startup
Recent  = C:\Users\hs.ITV\AppData\Roaming\Microsoft\Windows\Recent
SendTo  = C:\Users\hs.ITV\AppData\Roaming\Microsoft\Windows\SendTo
StartMenu  = C:\Users\hs.ITV\AppData\Roaming\Microsoft\Windows\Start Menu
MyMusic  = C:\Users\hs.ITV\Music
DesktopDirectory  = C:\Users\hs.ITV\Desktop
MyComputer  =
Templates  = C:\Users\hs.ITV\AppData\Roaming\Microsoft\Windows\Templates
ApplicationData  = C:\Users\hs.ITV\AppData\Roaming
LocalApplicationData  = C:\Users\hs.ITV\AppData\Local
InternetCache  = C:\Users\hs.ITV\AppData\Local\Microsoft\Windows\Temporary Internet Files
Cookies  = C:\Users\hs.ITV\AppData\Roaming\Microsoft\Windows\Cookies
History  = C:\Users\hs.ITV\AppData\Local\Microsoft\Windows\History
CommonApplicationData  = C:\ProgramData
System  = C:\Windows\system32
ProgramFiles  = C:\Program Files
MyPictures  = C:\Users\hs.ITV\Pictures
CommonProgramFiles  = C:\Program Files\Common Files
```

Abbildung 30.3: *Liste der Sonderordner*

Die nächste Bildschirmabbildung zeigt die verfügbaren Laufwerke nach der Ausführung von `Mount-SpecialFolder`.

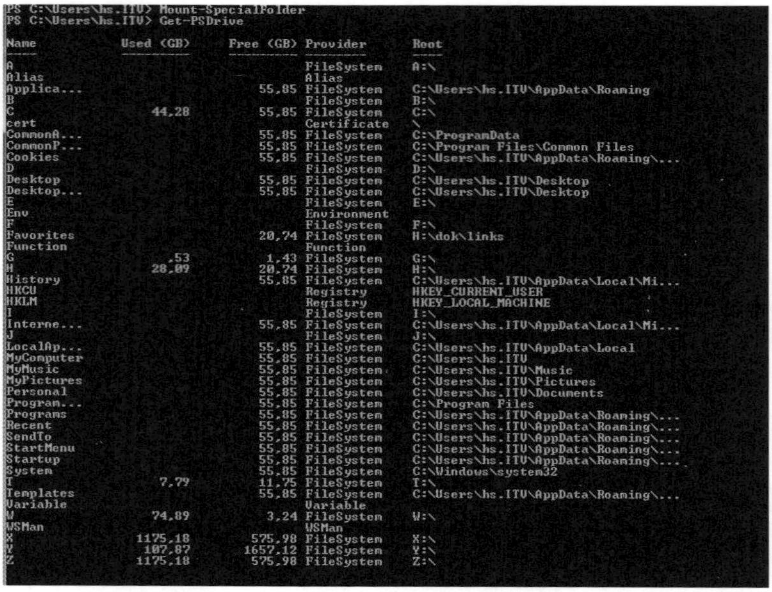

Abbildung 30.4 Mount-Special-Folder hat zahlreiche Laufwerke für Sonderordner angelegt, z.B. Desktop: und Recent:.

Füllstand

Um den Füllstand der Dateisystemlaufwerke auszugeben, hat man vier Möglichkeiten:

- Attribut TotalFreeSpace in der .NET-Klasse System.IO.DriveInfo
- Attribut Freespace in der WMI-Klasse Win32_LogicalDisk
- Verwendung des Commandlets Get-Disk (Commandlet von *www.IT-Visions.de*), das intern WMI verwendet
- Verwendung des Commandlets Get-FreeDiskSpace aus dem Modul „FileSystem" in dem PowerShellPack. Das Commandlet verwendet intern die Leistungsindikatoren von Windows.

```
$drive = New-Object System.IO.DriveInfo("C")
$drive.TotalFreeSpace
```

Listing 30.1: *Auslesen des Füllstands von C unter Einsatz der .NET-Klasse System.IO.DriveInfo*

```
Get-CimInstance Win32_Logicaldisk -Filter "DeviceID = 'c:'" |
Select FreeSpace
```

Listing 30.2: *Auslesen des Füllstands von C unter Einsatz der WMI-Klasse Win32_LogicalDisk*

```
Get-CimInstance Win32_Logicaldisk | Select-Object
deviceid,size,freespace
```

Listing 30.3: *Auslesen des Füllstands aller Laufwerke unter Einsatz der WMI-Klasse Win32_LogicalDisk*

Laufwerke

Das folgende Skript zeigt eine Möglichkeit, diese Daten besser formatiert auszugeben:

```
$Computer = "localhost"
$laufwerke = Get-CimInstance Win32_LogicalDisk -computer $computer
" Laufwerk         Groesse(MB)      Freier Platz(MB)"
ForEach ($laufwerk in $laufwerke)
{
"    {0}        {1,15:n}       {2,15:n}" -f $laufwerk.DeviceID,
   ($laufwerk.Size/1m), $($laufwerk.freespace/1m)
}
```

Listing 30.4 Ausgabe des Füllstands der Laufwerke [Freespace.ps1]

Der Einsatz der WMI-Klasse `Win32_LocigalDisk` bietet zwei Vorteile:

- Man kann auch unter PowerShell 1.0 entfernte Systeme abfragen (siehe Beispiel).
- Man kann auch gezielt mit Hilfe einer WQL-Abfrage filtern (siehe Beispiel).

```
Get-CimInstance Win32_logicaldisk -Filter "DeviceID = 'c:'" -
Computer E02 | Select DeviceID, FreeSpace
```

Listing 30.5: Auslesen des Füllstands von Laufwerk C von einem entfernten Computer unter Einsatz der WMI-Klasse Win32_LogicalDisk

```
([WMISearcher] "Select * from Win32_LogicalDisk where Freespace <
1000000000").Get()  | Select DeviceID, FreeSpace
```

Listing 30.6: Ermitteln der Laufwerke mit wenig freiem Speicherplatz unter Einsatz einer WQL-Abfrage über die WMI-Klasse Win32_LogicalDisk

Mit `Get-FreeDiskSpace` kann man alle Laufwerke und einzelne Laufwerke auf dem lokalen oder entfernten Computern abfragen. Eine Besonderheit ist, dass man eine periodische Abfrage einrichten kann.

```
Get-FreeDiskSpace -drive c: -con -sampleinterval 30 -computername E02
```

Listing 30.7: Periodische Abfrage (alle 30 Sekunden) des freien Speichers auf Laufwerk C auf dem System E02

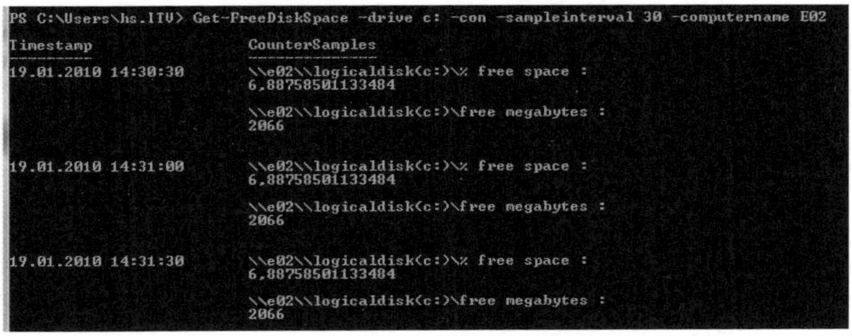

Abbildung 30.5 Ausgabe von GetFreediskSpace

Laufwerksbezeichnungen

Zum Auslesen und Verändern der Laufwerksbezeichnungen kann man VolumeLabel aus der Klasse DriveInfo verwenden.

Listing 30.8
Ändern der Laufwerksbezeichnung [ChangeVolumeLabel.ps1]

```
$drive = New-Object System.IO.DriveInfo("C")
"Alte Bezeichnung:" + $drive.VolumeLabel
$drive.VolumeLabel = "SYSTEM"
"Neue Bezeichnung:" + $drive.VolumeLabel
```

Alternativ kann man das Commandlet Set-Volumelabel aus den PSCX einsetzen (wobei es noch kein Gegenstück „Get-VolumeLabel" gibt).

```
Set-VolumeLabel c: "Systemlaufwerk"
```

Ebenfalls kann man Rename-Drive aus dem FileSystem-Modul des PowerShellPack einsetzen:

```
Rename-Drive t: "Systemlaufwerk"
```

Netzlaufwerke

Informationen über die verbundenen Netzwerklaufwerke des angemeldeten Benutzers liefert die WMI-Klasse Win32_MappedLogicalDisk:

```
Get-CimInstance Win32_MappedLogicalDisk | select caption, providername
```

30.2 Ordnerinhalte

Get-ChildItem Den Inhalt eines Dateisystemordners listet man mit Get-ChildItem (Alias: dir) auf.

Ohne Parameter listet Get-ChildItem den aktuellen Pfad auf. Man kann auch einen Pfad explizit angeben:

```
Get-ChildItem t:\Scripte
```

Die Ergebnismenge besteht aus .NET-Objekten der Typen System.IO.DirectoryInfo (für Unterverzeichnisse) und System.IO.FileInfo (für Dateien).

Der Parameter -Filter beschränkt die Ausgabemenge auf Dateien mit einem bestimmten Namensmuster:

```
Get-ChildItem t:\skripte-filter "*.ps1"
```

Alternativ kann man auch -include zum Filtern verwenden und dabei auch mehrere Dateiextensionen angeben:

```
Get-childitem t:\skripte-include *.ps1,*.vbs
```

Zum Filtern nach Art des Inhalts (nur Unterverzeichnisse oder nur Dateien) musste man bisher Where-Object einsetzen. Seit PowerShell

3.0 gibt es dazu Parameter in Get-ChildItem mit Namen -Directory und -File.

```
# Nur Unterverzeichnisse
get-Childitem t:\skripte | where-object { $_.psiscontainer }
# Nur Unterverzeichnisse neu seit PowerShell 3.0
get-Childitem t:\skripte -Directory

# Nur Dateien
get-Childitem t:\skripte | where-object { -not $_.psiscontainer }
# Nur Dateien neu seit PowerShell 3.0
get-Childitem t:\skripte -File
```

Auch die neue Einschränkungsmöglichkeit auf Dateiattribute seit PowerShell 3.0 ist sehr schön. Der folgende Befehl ermittelt alle Dateien („nicht Ordner"), die versteckt sind, die nur gelesen werden und die weder komprimiert noch verschlüsselt sind.

```
Get-Childitem C:\Windows\ -Attributes !Directory+Hidden+Readonly+!Compressed+!Encrypted
```

Das Commandlet arbeitet normalerweise nur auf der angegebenen Verzeichnisebene. Es kann auch rekursiv die Unterordner durchsuchen:

```
Get-ChildItem t:\skripte -filter "*.ps1" -recurse
```

Mit Measure-Object kann man Berechnungen über eine Objektmenge ausführen. Der folgende Befehl zeigt die Anzahl der Dateien in *c:\Windows* sowie die Gesamtgröße aller Dateien, die Größe der größten und kleinsten Datei sowie die Durchschnittsgröße.

```
Get-ChildItem t:\Skripte | Measure-Object -Property length -min -max -average -sum
```

Mit dem folgenden Befehl erzeugt man eine Liste von großen Word-Dateien auf dem Laufwerk „T" und seiner Unterverzeichnisse und exportiert eine Liste der Namen und Größe sortiert nach Größe in eine CSV-Datei:

```
Get-ChildItem t:\ -filter *.doc | Where-Object { $_.Length -gt 40000 } | Select-Object Name, Length | Sort-Object Length | export-csv p:\GrosseWordDateien.csv -notype
```

Das -notype am Ende sorgt dafür, dass der Name der .NET-Klasse nicht exportiert wird. Würde man den Namen exportieren, so könnte man später mit einem Import-CSV die Daten wieder als Objekt-Pipeline weiterverarbeiten.

> Den Kurznamen einer Datei oder eines Ordners gemäß der alten 8+3-Notation kann man mit dem Commandlet Get-ShortPath aus den PSCX ermitteln.

30.3 Dateisystemoperationen

Copy, Move, Rename, Remove Zum Kopieren von Dateien und Ordnern verwendet man `Copy-Item` (Aliase `copy` oder `cp`):

```
Copy-Item j:\demo\dokumente\profil.pdf c:\temp\profil_
HSchwichtenberg.pdf
```

Zum Bewegen (Verschieben) von Dateisystemobjekten kommt `Move-Item` (Alias `move`) zum Einsatz:

```
Move-Item j:\demo\dokumente\profil.pdf c:\temp\profil_
HSchwichtenberg.pdf
```

Das Commandlet `Rename-Item` (Alias `Rename`) benennt ein Dateisystemobjekt um:

```
Rename-Item profil.pdf profil_HS.pdf
```

Zum Löschen einer Datei verwendet man das Commandlet `Remove-Item` (Alias `del`):

```
Remove-Item j:\demo\profil_HSchwichtenberg.pdf
```

> Für `Remove-Item` ist die Simulation des Verhaltens mit `–whatif` eine sehr nützliche Funktion.

Abbildung 30.6 Einsatz von –whatif bei Remove-Item

Der folgende Befehl löscht alle Dateien, die älter als 30 Tage sind:

```
Get-ChildItem c:\temp -recurse | Where-Object {($now - $_
.LastWriteTime).Days -gt 30} | remove-Item
```

30.4 Dateieigenschaften lesen

Get-Item Informationen über ein Dateisystemobjekt (z.B. Name, Größe, letzte Veränderung, Attribute) erhält man mit `Get-Item`:

```
Get-Item j:\demo\profil_HSchwichtenberg.pdf
```

Für eine Datei erhält man damit eine Instanz von `System.IO.FileInfo`.

Den gleichen Effekt hat auch:

```
Get-ItemProperty j:\demo\profil_HSchwichtenberg.pdf
```

Einzelne Daten kann man so abfragen: **Get-ItemProperty**

```
Get-ItemProperty daten.txt -name length
Get-ItemProperty daten.txt -name attributes
```

30.5 Datei-Hash

Einen Hash-Wert (alias Fingerabdruck) zur Feststellung, ob der Inhalt einer Datei verändert wurde, kann man mit dem Commandlet `Get-SHA1` aus dem Modul „FileSystem" (PowerShellPack) ermitteln.

*Abbildung 30.7
Beispiel zum Einsatz von Get-SHA1*

30.6 Finden von Duplikaten

`Get-DuplicateFile` setzt auf der zuvor beschriebenen Funktion `Get-SHA1` auf, um Dateien gleichen Inhalts (Duplikate, Dubletten) zu finden.

Beispiel: Der folgende Befehl sucht rekursiv im Verzeichnis „t:\Data" nach Duplikaten.

```
Get-DuplicateFile t:\data -Recurse
```

Abbildung 30.8: Ergebnis der Duplikatsuche

Die Implementierung dieses Commandlets ist so schön kurz, dass man sie als ein gutes Anschauungsbeispiel für die Prägnanz der PowerShell hier abdrucken und erläutern sollte.

- Im `Begin`-Block wird eine leere Hash-Tabelle angelegt.
- Im `Process`-Block wird eine Liste aller Dateien mit `Get-ChildItem` erzeugt. Für jede Datei wird der Hashwert ermittelt mit `Get-SHA1`. Dann wird jeweils geschaut, ob der Hashwert bereits in der Hashtabelle existiert. Wenn nicht, wird er angelegt. Anschließend wird der Dateipfad in der Hashtabelle dem Hashwert zugeordnet.
- Im `End`-Block muss man dann nur noch prüfen, welche Einträge in der Hashtabelle mehr als einen Wert (also mehr als einen Pfad) besitzen.

Listing 30.9
Quellcode von Get-DuplicateFile (Quelle: Module „FileSystem" aus dem Power-ShellPack)

```
function Get-DuplicateFile {
    <#
    .Synopsis
    Finds files that have identical file contents.

    .Description
    The Get-DuplicateFile function detects files in a drive
    or directory that have identical file content by comparing
    an SHA1 cryptographic hash of the file contents.

    .Outputs
    Returns a System.Collections.DictionaryEntry for each
    collection
    of duplicate files. The key is the hash and the value is
    the fully
    qualified path to the duplicate files.

    .Notes
    To get the cryptographic hash of each file, Get-
    DuplicateFile uses
    the Get-SHA1 functions.

    .Parameter Directory

    Enter the path to a file system drive or directory, such as
    "C:" or "d:\test". The default is the local directory.

    You can enter only one directory with the Directory
    parameter. To submit multiple directories, pipe the
    directories
    to the Get-DuplicateFile function.

    .Parameter Recurse

    Searches recursively for duplicate files in all
    subdirectories
    of the specified directory.

    .Parameter HideProgress

    Hides the progress bar that Get-DuplicateFile displays by
    default.

    .Example
    Get-DuplicateFile

    .Example
    Get-DuplicateFile c:\users -recurse
```

```
.Example
get-item c:\ps-test, d:\testing | get-duplicateFile -
hideprogress

.Link
Get-SHA1
#>

param(
[Parameter(ValueFromPipelineByPropertyName=$true)]
[Alias("FullName")]
[String]
$Directory,

[Switch]
$Recurse,

[Switch]
$HideProgress
)

Begin {
    $duplicateFinder = @{}
}

Process {
    Get-ChildItem $directory -Recurse:$recurse |
        Get-SHA1 |
        ForEach-Object {
            $file = $_.File
            $sha1 = $_.SHA1
            if (-not $hideProgress) {
                Write-Progress "Finding Duplicate Files" $file
            }
            if (-not $duplicateFinder.$sha1) {
                $duplicateFinder.$sha1 = @()
            }
            $duplicateFinder.$sha1 += $file
        }
}

end {
    $duplicateFinder.GetEnumerator() |
        Where-Object {
            $_.Value.Count -gt 1
        }
}
}
```

30.7 Dateieigenschaften verändern

Set-ItemProperty Zum Ändern von Eigenschaften von Dateisystemeinträgen kann man auf die Attribute der `FileInfo`- und `DirectoryInfo`-Objekte direkt schreibend zugreifen. Ein expliziter Speichervorgang ist nicht vorgesehen.

Das folgende Beispiel zeigt, wie man das Erzeugungsdatum eines Dateisystemordners nachträglich ändert und nachher überprüft, ob es auch wirklich geändert wurde.

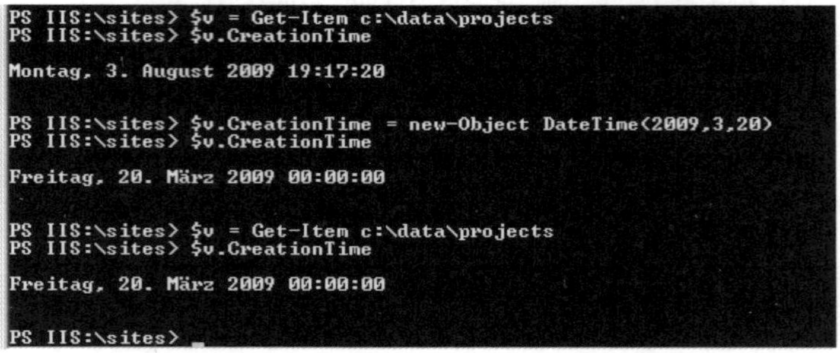

Abbildung 30.9 Beim Ändern von Attributen in Dateisystemobjekten werden die Änderungen sofort wirksam.

```
PS IIS:\sites> $v = Get-Item c:\data\projects
PS IIS:\sites> $v.CreationTime
Montag, 3. August 2009 19:17:20
PS IIS:\sites> $v.CreationTime = new-Object DateTime(2009,3,20)
PS IIS:\sites> $v.CreationTime
Freitag, 20. März 2009 00:00:00
PS IIS:\sites> $v = Get-Item c:\data\projects
PS IIS:\sites> $v.CreationTime
Freitag, 20. März 2009 00:00:00
PS IIS:\sites>
```

Eine Alternative ist die Veränderungen von Eigenschaften mit `Set-ItemProperty`. Mit dem folgenden Befehl werden die in `Attributes` gespeicherten Bitflags gesetzt. Die .NET-Klassenbibliothek definiert die möglichen Flags in der Aufzählung `System.IO.FileAttributes`. Wichtig ist, dass die Elemente der Aufzählung wie statische Mitglieder angesprochen (also mit dem `::`-Operator) und mit einem binären exklusiven Oder (`-bxor`) verknüpft werden.

```
Set-ItemProperty daten.txt -name attributes -value
([System.IO.FileAttributes]::ReadOnly -bxor
[System.IO.FileAttributes]::Archive)
```

Zeiten Die `FileInfo`-Klasse bietet Informationen über das Erstellungsdatum und das Datum des letzten Zugriffs.

```
dir $dir | select name, creationtime, lastaccesstime, lastwritetime
```

Mit `Set-FileTime` (enthalten in den PSCX) kann man diese Daten manipulieren, z.B. wenn man nicht möchte, dass jemand sieht, wie alt eine Datei wirklich ist.

Listing 30.10 Setzen aller Zeiten aller Dateien in einem Verzeichnis auf das aktuelle Datum und die aktuelle Uhrzeit [/Dateisystem/Filetime.ps1]

```
$dir = "c:\temp"
$time = [DateTime]::Now
dir $dir | Set-FileTime -Time $time -SetCreatedTime -SetModifiedTime
dir $dir | select name, creationtime, lastaccesstime, lastwritetime
```

Eigenschaften ausführbarer Dateien

Für ausführbare Dateien bieten die PSCX einige spezielle Commandlets an:

.EXE und .DLL

- Test-Assembly: liefert true, wenn die Datei eine .NET-Assembly ist (nur anwendbar auf Dateien des Typs *.dll*)
- Get-FileVersionInfo: liefert Informationen über die Produkt- und Dateiversion
- Get-PEHeader: liefert die Kopfinformationen des Portable-Executable-Formats (PE) für beliebige ausführbare Dateien
- Get-ExportedType: liefert für eine .NET-Assembly die Liste der von außen instanziierbaren Klassen

Das folgende PowerShell-Skript ermittelt alle mit .NET geschriebenen ausführbaren DLLs im Windows-Verzeichnis und zeigt zu diesen DLLs die Versionsinformationen an.

```
"Suche .NET-Assemblies"

foreach ( $d in (Get-childitem c:\Windows\ -include "*.dll" -recurse))
{
$a = $d.Fullname | Test-assembly -ErrorAction SilentlyContinue
if ($a) { Get-FileVersionInfo $d.Fullname }
}
```

Listing 30.11
Suche nach .NET-Assemblies [/Dateisystem/AssemblySearch.ps1]

Das folgende Beispiel liefert die PE-Kopfinformationen über den Windows Editor:

```
Get-PEHeader  C:\windows\system32\notepad.exe
```

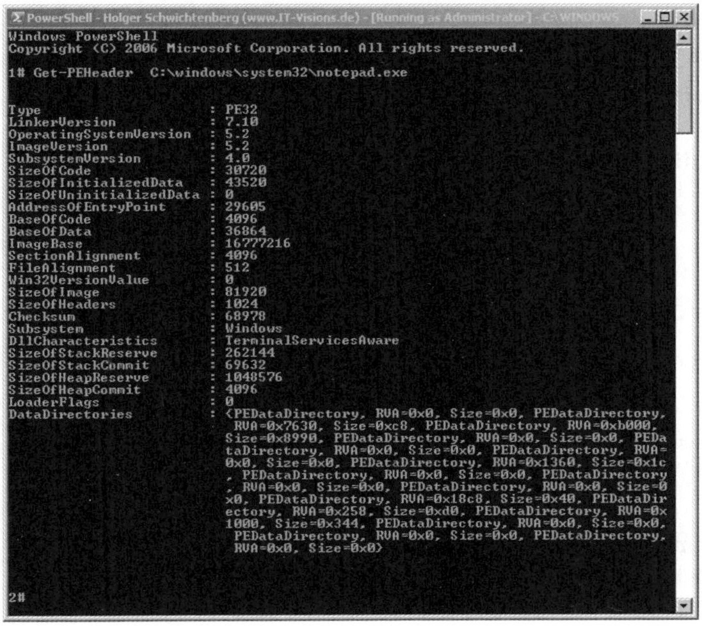

Abbildung 30.10
Ausgabe der PE-Kopfinformationen

Mit dem Commandlet `Resolve-Assembly` kann man prüfen, welche Versionen einer .NET-Softwarekomponente vorliegen bzw. ob eine bestimmte Version vorliegt.

```
# Zeige alle Versionen dieser Assembly
Resolve-Assembly System.Windows.Forms
# Prüfe, ob Version 3.0 verfügbar ist
Resolve-Assembly System.Windows.Forms -Version 3.0.0.0
```

30.8 Verknüpfungen im Dateisystem

Commandlets zur Erstellung von Verknüpfungen findet man in den PSCX.

Explorer-Verknüpfungen

New-Shortcut Seit Windows 95 unterstützt der Windows Explorer Verknüpfungen im Dateisystem durch *.lnk*-Dateien. *.lnk*-Dateien enthalten als Verknüpfungsziel entweder eine Datei oder ein Verzeichnis. Sie werden erstellt im Windows Explorer durch die Kontextmenüfunktionen „Verknüpfung erstellen" oder „Neu/Verknüpfung". Windows zeigt die Dateinamenserweiterung von *.lnk*-Dateien nicht an. Stattdessen sieht man im Windows Explorer das Symbol des Zielobjekts mit einem Pfeil. Ein Doppelklick leitet den Windows Explorer oder einen Dateidialog, der *.lnk*-Dateien unterstützt, zum Ziel.

Diese Explorer-Verknüpfungen erstellt man mit dem Commandlet `New-Shortcut`, wobei der erste Parameter der Pfad zu der zu erstellenden *.lnk*-Datei ist und der zweite Parameter der Zielpfad:

```
New-Shortcut "c:\Kundendaten" "g:\Daten\Kunden"
```

> Falls die Verknüpfung bereits existiert, wird sie ohne Vorwarnung überschrieben. `New-Shortcut` kann keine Verknüpfungen zu HTTP-Adressen (*.url*-Dateien) herstellen.

URL-Verknüpfungen

URL-Verknüpfungen legt Windows in *.url*-Dateien ab.

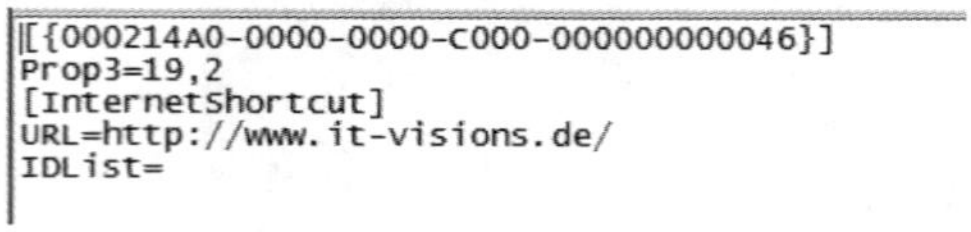

Abbildung 30.11 Innereien einer .url-Datei

```
I[{000214A0-0000-0000-C000-000000000046}]
Prop3=19,2
[InternetShortcut]
URL=http://www.it-visions.de/
IDList=
```

Das Commandlet `Resolve-ShortcutFile` (Modul „FileSystem" im PowerShellPack) extrahiert die URL aus einer solchen *.url*-Datei.

```
Resolve-ShortcutFile t:\ITVWebsite.url
```

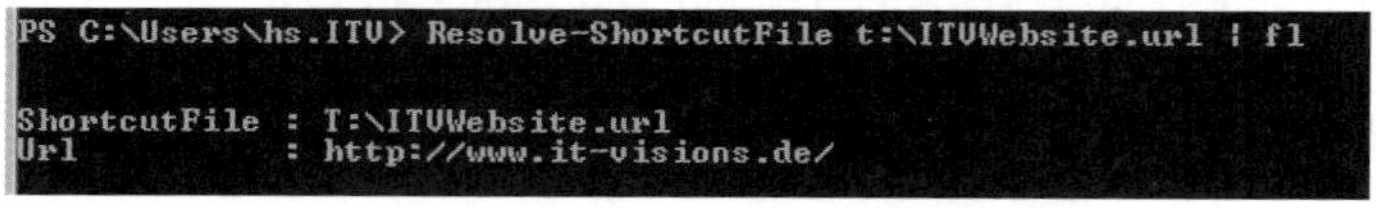

Abbildung 30.12
Ausgabe von Resolve-Shortcut-File

Zum Erstellen von *.url*-Dateien gibt es noch kein Commandlet. Ein Commandlet `New-UrlShortcut` zu erstellen, ist aber nicht schwer, denn es gibt im Windows Script Host (WSH) ein COM-Objekt „WScript.Shell", das eine Methode `CreateShortcut()` anbietet, die wahlweise *.url*- oder *.lnk*-Dateien erstellt.

```
function New-UrlShortcut
{ param(
    [Parameter(
        ValueFromPipeline=$true,
        ValueFromPipelineByPropertyName=$true)]
    [Alias("FullName")]
    [string] $Filename,
[string] $URL)

process {
$shell = New-Object -ComObject WScript.Shell
$us = $shell.CreateShortcut($Filename)
$us.TargetPath = $URL
$us.Save()
}
}

# Zum Testen
New-UrlShortcut "t:\PowerShellWebsite.url" "http://www.PowerShell-doktor.de
```

Listing 30.12
Implementierung und Test von New-UrlShortcut

Hardlinks

Leider gibt es drei gravierende Nachteile bei auf *.lnk*-Dateien basierenden Explorer-Verknüpfungen:

New-Hardlink

- Der Windows Explorer zeigt Verknüpfungen zu Ordnern nicht in der Ordnerhierarchie (links) an, sondern sortiert sie in die Dateiliste (rechts) ein.
- Die Verknüpfungen funktionieren nicht an der Kommandozeilenebene.
- Windows verfolgt das Ziel nicht beim Umbenennen/Verschieben, sondern sucht stets erst danach, wenn das Ziel nicht mehr auffindbar ist, wobei nicht immer das richtige Ziel gefunden wird.

Nutzer von Unix kennen hingegen bessere Verknüpfungsarten in Form von Hardlinks und symbolischen Links (Symbolic Links/Symlinks). Unter Windows können Nutzer von NTFS-Dateisystemen ähnliche

Konzepte nutzen. Das NTFS-Dateisystem unterstützt feste Verknüpfungen zu Dateien in Form sogenannter Hardlinks und zu Ordnern in Form von Junction Points. Leider werden beide Funktionen nicht direkt im Windows Explorer, sondern nur durch Kommandozeilen- oder Drittanbieterwerkzeuge unterstützt.

Ein Hardlink ist eine feste Verknüpfung zu einer Datei. Microsoft liefert dazu in Windows XP und Windows Server 2003 das Kommandozeilenwerkzeug *fsutil.exe*. In den PowerShell Extensions findet man das Commandlet New-Hardlink.

Die Syntax zum Erstellen eines Hardlinks lautet:

```
New-Hardlink <neuer Dateiname> <vorhandener Dateiname>
```

Beispiel:

```
New-Hardlink "g:\Kunden.csv" "g:\Daten\Kunden\Kundenliste.csv"
```

Danach erscheint die Datei in beiden Verzeichnissen – ohne dass ein Verknüpfungspfeil angezeigt würde. Es handelt sich dennoch nicht um eine Kopie; beide Einträge im Verzeichnisbaum weisen auf die gleiche Stelle auf der Festplatte und daher kann die Datei nun an beiden Stellen manipuliert werden. Ein Verschieben der Datei macht überhaupt keine Probleme. Der Dateiinhalt ist erst dann verloren, wenn beide Einträge im Verzeichnisbaum gelöscht wurden.

Zwei Wermutstropfen:

- Es können keine Ordnerverknüpfungen erstellt werden.
- Es können nur Verknüpfungen zu Dateien auf dem gleichen Laufwerk erstellt werden.

> Einen Hardlink löscht man, indem man die Linkdatei entfernt. Die Zieldatei bleibt dabei unangetastet:
>
> ```
> Remove-Item "g:\Kunden.csv"
> ```

Junction Points

NewJunction Junction Points sind das Äquivalent zu Hardlinks für Ordner. Im Gegensatz zu Hardlinks funktionieren Junction Points auch laufwerkübergreifend. Als Commandlet kommt hier das Commandlet New-Junction zum Einsatz, das jedoch leider nur mit den Ressource Kits der verschiedenen Windows-Versionen ausgeliefert wird. Bei *linkd.exe* sind im Gegensatz zu *fsutil.exe* erst die Quelle und dann das Ziel zu nennen.

Beispiel:

Die Anweisung

```
New-Junction "h:\Kunden" "g:\Daten\Kunden\"
```

erstellt folglich hier eine Verknüpfung, die das Verzeichnis *g:\Daten\ Kunden* als Unterverzeichnis *Kunden* im Ordner *h:* einblendet. Junction Points funktionieren auch an der Kommandozeile. So zeigt der Befehl

```
dir h:\Kunden
```

den Inhalt von *g:\Daten\Kunden*.

Der Windows Explorer sortiert einen Junction Point wie einen Ordner in die Ordnerhierarchie auf der linken Seite ein.

Das Ziel eines Junction Point kann man mit dem Commandlet `Get-ReparsePoint` betrachten, z.B.:

```
Get-ReparsePoint c:\Kunden
```

Zum Löschen eines Junction Point verwendet man:

```
Remove-ReparsePoint "c:\Kunden"
```

Remove-ReparsePoint

> Wird der eigentliche Zielordner vor dem Junction Point gelöscht, entsteht ein verwaister Junction Point. Leider bemerkt Windows das Verschieben eines Ordners nicht, so dass auch in diesem Fall der Junction Point ins Nirwana führt.

Symbolische Verknüpfungen ab Windows Vista

Die neuen symbolischen Verknüpfungen (Symbolic Links), die Microsoft mit Windows Vista eingeführt hat, kann man mit den Commandlet `New-Symlink` erstellen.

NewSymlink

30.9 Komprimierung

Commandlets zum Komprimieren von Dateien in Archive findet man in den PSCX und im Modul „FileSystem" im PowerShellPack.

ZIP, GZIP, TAR und BZIP2

In den PSCX gibt es Commandlets für vier verschiedene Komprimierungsformate (ZIP, GZIP, TAR und BZIP2):

- `Write-Zip`
- `Write-GZip`
- `Write-Tar`
- `Write-BZip2`

Das PowerShellPack bietet:

- `New-Zip`: Erstellen eines neuen ZIP-Archivs
- `Copy-ToZip`: Erstellen eines ZIP-Archivs oder Hinzufügen von Dateien zu einem Archiv

Im Folgenden finden Sie einige aussagekräftige Praxisbeispiele, welche die Syntax der Befehle erläutern. Alle Beispiele verwenden einheitlich das ZIP-Format. Alle anderen Formate funktionieren analog mit dem entsprechenden Commandlet aus den PSCX.

Tabelle 30.2 Anwendungsbeispiele für Write-Zip	
	`Write-zip Kundenliste.csv` Komprimiert die Datei Kundenliste.csv in das Archiv Kundenliste.csv.zip
	`Write-zip Kundenliste.csv Kundenliste.zip` Komprimiert die Datei Kundenliste.csv zu Kundenliste.zip
	`"Kundenliste.csv", "Preisliste.doc", "Projektrichtlinien.doc" | Write-Zip` Komprimiert die drei angegebenen Dateien einzeln in "Kundeniste.csv.zip", "Preisliste.doc.zip" und "Projektrichtlinien.doc.zip"
	`"Kundenliste.csv", "Preisliste.doc", "Projektrichtlinien.doc" | Write-Zip -Outputpath G:\daten\kunden.zip` Komprimiert die drei angegebenen Dateien zusammen in Kunden.zip
	`Write-Zip g:\daten\kunden -Outputpath G:\daten\kunden.zip` Komprimiert den ganzen Inhalt des Ordners g:\daten\kunden nach kunden.zip
	`dir g:\daten -Filter *.doc -Recurse | Write-zip -Output g:\Daten\docs.zip` Sucht im Ordner g:\Daten und allen seinen Unterordnern nach Microsoft Word-Dateien und komprimiert diese zusammen in g:\Daten\docs.zip
	`Copy-ToZip g:\daten\kunden G:\daten\kunden.zip` Komprimiert den Inhalt eines Verzeichnisses

Wenn die Zieldatei bereits existiert, werden die neuen Dateien mit in das Archiv aufgenommen. Die bestehenden Dateien werden nicht gelöscht.

Die Komprimierungs-Commandlets in den PSCX besitzen noch einige interessante Optionen, von denen beispielhaft zu nennen sind:

- `RemoveOriginal`: Löschen der Originaldatei nach Aufnahme der Datei in das Archiv
- `Level`: Komprimierungsrate von 1 bis 9 (Standard ist 5)
- `FlattenPaths`: In dem Archiv werden keine Pfadinformationen gespeichert.

Komprimierung ohne Zusatzkomponenten

Eine ZIP-Datei können Sie auch ganz ohne eine zusätzliche Commandlet-Bibliothek erstellen, indem man auf das COM-Objekt „Shell.Application" zurückgreift (siehe folgendes Listing).

```
$Path = "t:\markting.zip"
# Erzeuge leere ZIP-Datei
Set-Content $path ("PK" + [char]5 + [char]6 + ("$([char]0)" * 18))
# Shell-Objekt
$ShellApplication = New-Object -ComObject Shell.Application
# Zugriff auf Paket
$ZipPackage =$ShellApplication.Namespace($Path)
# Zwei Dateien kopieren
$ZipPackage.CopyHere("T:\Data\marketing\Website.doc", 0)
$ZipPackage.CopyHere("T:\Data\marketing\Notes.jnt", 0)
```

*Listing 30.13
Komprimieren mit dem COM-Objekt „Shell.Application" (ZIPWith-COM.ps1)*

30.10 Dateisystemfreigaben

Die scriptbasierte Verwaltung von Dateisystemfreigaben war traditionell immer eine sehr umständliche Aufgabe in Windows, insbesondere Hinsichtlich des Festlegens oder Änderns von Zugriffsrechtelisten. Im Microsoft .NET Framework gibt es gar keine Klassen für das Anlegen von Dateisystemfreigaben. In COM konnte man Freigaben nur mit Standardberechtigungen anlegen. Einziger Weg war bisher WMI. Dort ist die Vorgehensweise aber sehr komplex, weil man neben der WMI-Klasse Win32_Share noch eine Reihe von weiteren Klassen (Win32_Trustee, Win32_ACE, Win32_SecurityDescriptor) instanziieren und in bestimmter Weise miteinander verbinden muss.

Erst mit Windows 8 und Windows Server 2012 hat Microsoft mit dem PowerShell-Modul „SmbShare" hier Abhilfe geschaffen. Da das Modul „SmbShare" nur auf Windows 8 und Windows Server 2012 verfügbar ist, werden in diesem Kapitel sowohl der alte auch als der neue Weg beschrieben.

WMI-Klassen

Sowohl der alte als auch der neue Weg basieren auf WMI-Klassen, wobei man beim alten Weg direkt mit den WMI-Klassen arbeitet und im neuen Weg diese komfortabler in Commandlets verpackt sind.

Der alte Weg verwendet die WMI-Klasse root/cimv2/Win32_Share.

Der neue Weg verwendet die WMI-Klasse root/Microsoft/Windows/SMB/MSFT_SmbShare

Wichtige Mitglieder der Klasse Win32_Share sind:

Win32_Share

- Name: Name der Freigabe
- Path: Pfad im Dateisystem, zu dem die Freigabe führt
- Description: Beschreibungstext zu der Freigabe
- MaximumAllowed: Maximalanzahl der gleichzeitigen Benutzer
- SetShareInfo(): Setzen der Eigenschaften Description, MaxiumAllowed und der Berechtigungen für die Freigabe

Kapitel 30 Dateisystem

- GetAccessMask(): Auslesen der Berechtigungen für die Freigabe
- Create(): Create ist eine statische Methode der Klasse Win32_Share zum Anlegen neuer Freigaben

> Das Attribut AccessMask ist immer leer (siehe Bildschirmabbildung), weil es von Microsoft als „veraltet" deklariert wird. Das Setzen und Lesen der Berechtigungen erfolgt über die Methoden Create(), SetShareInfo() und GetAccessMask(). Diese Methoden legen entsprechende Assoziationen an.

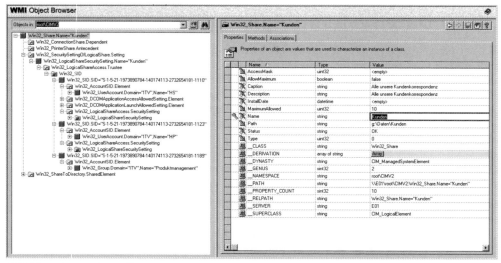

Abbildung 30.13: Darstellung einer Instanz der Klasse Win32_Share im WMI Object Browser

Bei den Freigaben sind die Berechtigungen der komplizierteste Teil, wie schon die Assoziationen im WMI Object Browser andeuten.

MSFT_SmbShare Wichtige Mitglieder der Klasse MSFT_SmbShare sind:

- Name: Name der Freigabe
- Path: Pfad im Dateisystem, zu dem die Freigabe führt
- Description: Beschreibungstext zu der Freigabe
- ConcurrentUserLimit: Maximalanzahl der gleichzeitigen Benutzer
- CurrentUsers: Anzahl der aktuellen Benutzer
- SecurityDescriptor: Zugriffsberechtigungen für die Freigabe in Textform (Security Descriptor Definition Language (SDDL))

Freigaben auflisten

Win32_Share Zum Auflisten der Freigaben muss man in älteren Betriebssystemen direkt auf die Instanzen der WMI-Klasse Win32_Share zurückgreifen:

```
Get-Wmiobject Win32_Share
```

In Windows 8 und Windows Server 2012 kann man auch das Commandlet `Get-SmbShare` verwenden. `Get-SmbShare` liefert die Liste der Netzwerkfreigabe auch als WMI-Objekt, aber mit dem neuen Typ „Microsoft.Management.Infrastructure.CimInstance#ROOT/Microsoft/Windows/SMB\MSFT_SmbShare".

Modul SmbShare

*Abbildung 30.14
Auflisten der freigegebenen Dateisystemverzeichnisse*

Über den Namen der Freigabe kann man eine Freigabe (auch auf entfernten Systemen) gezielt ansprechen:

```
Get-CimInstance Win32_Share -Filter "Name='C$'" -computer E02 |
Select Name, Path, Description, MaximumAllows | Format-List
```

Das Auflisten der vorhandenen Verzeichnisfreigaben mit Anzahl der aktuell verbundenen Benutzer erledigt:

```
Get-SmbShare | ft name, path, description, currentusers
```

Freigaben anlegen (ältere Form)

Wie schon eingangs des Hauptkapitels erwähnt, ist das scriptbasierte Anlegen einer Freigabe auf Betriebssystemen vor Windows 8 und Windows Server 2012 eine aufwändigere Angelegenheit – zumindest dann, wenn man auch die Zugriffsrechteliste setzen will. Leider kann man hier nicht auf die .NET-Klassen für die Berechtigungsvergabe zurückgreifen, sondern muss entsprechende WMI-Klassen verwenden.

Create()

Aus didaktischen Gründen folgt zunächst erst einmal ein Skript, bei dem die Berechtigungen nicht explizit gesetzt werden. Die Freigabe erhält dadurch die Standardrechte (Vollzugriff für jedermann). Zum Anlegen der Freigabe wird die statische Methode `Create()` der Klasse `Win32_Share` aufgerufen. Für `AccessMask` wird dabei `$null` übergeben. Das Skript prüft beim Start, ob es die Freigabe schon gibt, und löscht diese gegebenenfalls, damit eine Neuanlage möglich ist.

```
#############################################
# New-Share (without Permissions)
# (C) Dr. Holger Schwichtenberg
#############################################

# Parameters
$Computer = "."
$ShareName = "Kunden"
$Pfad = "g:\Daten\Kunden"
```

*Listing 30.14
Anlegen einer Freigabe mit Standardberechtigungen
[New-Share-without-Permissions.ps1]*

Kapitel 30 Dateisystem

```
$Comment = "Alle unsere Kundenkorrespondenz"

"Vorher:"
Get-CimInstance Win32_Share -Filter "Name='$ShareName'"

Get-CimInstance Win32_Share -Filter "Name='$ShareName'" | foreach-
Object { $_.Delete() }

# Win32_Share
$MC = [WMIClass] "ROOT\CIMV2:Win32_Share"
$Access = $Null
$R = $mc.Create($pfad, $Sharename, 0, 10, $Description, "",
$Access)

if ( $R.ReturnValue -ne 0 ) { Write-Error "Fehler beim Anlegen: "+
$R.ReturnValue; Exit}
"Freigabe wurde angelegt!"

"Nachher:"
Get-CimInstance Win32_Share -Filter "Name='$ShareName'"
```

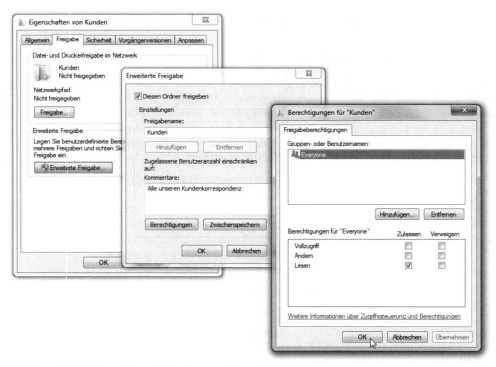

Abbildung 30.15: Eine mit Standardrechten angelegte Freigabe

Berechtigungen auf Freigaben setzen

Um beim Anlegen einer Dateisystemfreigabe die Zugriffsrechte zu setzen, sind folgende Schritte zusätzlich notwendig:

- Ermitteln des Security Identifier für jeden Benutzer/jede Gruppe, die Rechte erhalten soll
- Erstellen einer Instanz von Win32_Trustee für jeden Benutzer/jede Gruppe, die Rechte erhalten soll
- Instanziieren der Klasse Win32_ACE für jeden Rechteeintrag
- Befüllen von Win32_ACE mit dem Win32_Trustee-Objekt, den Rechten und den Rechteeigenschaften
- Erstellen einer Instanz von Win32_SecurityDescriptor
- Befüllen des Win32_SecurityDescriptor-Objekts mit einer Discretionary Access Control List (DACL)
- Zusammenbauen der DACL aus einzelnen Rechteeinträgen (Access Control Entries – ACE), also Instanzen von Win32_ACE

```
##########################################
# New-Share (with Permissions)
# (C) Dr. Holger Schwichtenberg
##########################################

# Parameters
$Computer = "."
$ShareName = "Kunden"
$Pfad = "g:\Daten\Kunden"
$Comment = "Alle unsere Kundenkorrespondenz"

# Constants
$SHARE_READ = 1179817
$SHARE_CHANGE = 1245462
$SHARE_FULL = 2032127
$SHARE_NONE = 1

$ACETYPE_ACCESS_ALLOWED = 0
$ACETYPE_ACCESS_DENIED = 1
$ACETYPE_SYSTEM_AUDIT = 2

$ACEFLAG_INHERIT_ACE = 2
$ACEFLAG_NO_PROPAGATE_INHERIT_ACE = 4
$ACEFLAG_INHERIT_ONLY_ACE = 8
$ACEFLAG_INHERITED_ACE = 16
$ACEFLAG_VALID_INHERIT_FLAGS = 31
$ACEFLAG_SUCCESSFUL_ACCESS = 64
$ACEFLAG_FAILED_ACCESS = 128

# Get Trustee
function New-Trustee($Domain, $User)
```

Listing 30.15
Anlegen einer Freigabe mit expliziten Rechten [New-Share-withPermission.ps]

Kapitel 30 Dateisystem

```
{
$Account = New-Object system.security.principal.ntaccount("itv\
hs")
$SID =
$Account.Translate([system.security.principal.securityidentifie
r])
$useraccount = [ADSI] ("WinNT://" + $Domain + "/" + $User)
$mc = [WMIClass] "Win32_Trustee"
$t = $MC.CreateInstance()
$t.Domain = $Domain
$t.Name = $User
$t.SID = $useraccount.Get("ObjectSID")
return $t
}
# Create ACE
function New-ACE($Domain, $User, $Access, $Type, $Flags)
{
$mc = [WMIClass] "Win32_Ace"
$a = $MC.CreateInstance()
$a.AccessMask = $Access
$a.AceFlags = $Flags
$a.AceType = $Type
$a.Trustee = New-Trustee $Domain $User
return $a
}

# Create SD
function Get-SD
{
$mc = [WMIClass] "Win32_SecurityDescriptor"
$sd = $MC.CreateInstance()
$ACE1 = New-ACE "ITV" "HP" $SHARE_READ  $ACETYPE_ACCESS_ALLOWED
$ACEFLAG_INHERIT_ACE
$ACE2 = New-ACE "ITV" "HS" $SHARE_FULL $ACETYPE_ACCESS_ALLOWED
$ACEFLAG_INHERIT_ACE
$ACE3 = New-ACE "ITV" "Produktmanagement" $SHARE_FULL $ACETYPE_
ACCESS_ALLOWED $ACEFLAG_INHERIT_ACE
[System.Management.ManagementObject[]] $DACL = $ACE1 , $ACE2,
$ACE3

$sd.DACL = $DACL
return $sd
}

# before
"Vorher:"
Get-CimInstance Win32_Share -Filter "Name='$ShareName'"

Get-CimInstance Win32_Share -Filter "Name='$ShareName'" |
```

Dateisystemfreigaben

```
foreach-Object { $_.Delete() }

# Win32_Share anlegen
$MC = [WMIClass] "ROOT\CIMV2:Win32_Share"
$Access = Get-SD
$R = $mc.Create($pfad, $Sharename, 0, 10, $Comment, "",
$Access)

if ( $R.ReturnValue -ne 0) { Write-Error "Fehler beim Anlegen:
"+ $R.ReturnValue; Exit}
"Freigabe wurde angelegt!"

# after
"Nachher:"

Get-CimInstance Win32_Share -Filter "Name='$ShareName'" |
foreach { $_.GetAccessMask() } | gm
```

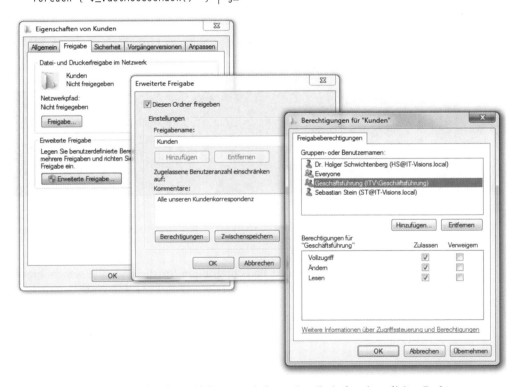

Abbildung 30.16: Ergebnis des obigen Skripts zum Anlegen einer Freigabe mit expliziten Rechten

> Create() besitzt einige Fehlercodes, z.B. 22 = Freigabename existiert bereits oder 21 = Falsche Parameter.

Freigaben anlegen (Windows 8/ Windows Server 2012)

New-SmbShare In Windows 8 und Windows Server 2012 ist durch das neue Power-Shell-Modul das Anlegen einer Freigabe auch mit Berechtigungen ein Kinderspiel mit dem Commandlet New-SmbShare.

Das Anlegen einer Freigabe mit Standardberechtigungen (Jeder/Lesen) erfolgt so:

```
new-smbshare -Name Quellcode -Description "Zentrale Freigabe für Quellcode" -ConcurrentUserLimit 10 -FolderEnumerationMode AccessBased
```

> Voraussetzungen für die Ausführung dieses Befehls sind, dass man als Administrator angemeldet ist und die PowerShell-Konsole auch wirklich mit vollen Administratorrechten läuft. Bei aktivierter Benutzerkontensteuerung muss man also „Als Administrator ausführen" im Kontextmenü wählen.

Get-SmbShare liefert die Liste der Netzwerkfreigaben auch als WMI-Objekt mit dem neuen Typ „Microsoft.Management.Infrastructure.CimInstance#ROOT/Microsoft/Windows/SMB\MSFT_SmbShare".

Abbildung 30.17: Standardausgabe von Get-SmbShare

Zum Löschen einer Freigabe kann man Remove-SmbShare verwenden:

```
Remove-SmbShare -Name Quellcode -Force
```

Möchte man nun noch Berechtigungen für die Freigabe setzen, bietet das Commandlet New-SmbShare dafür vier selbst erklärende Parameter:

FullAccess

ChangeAccess

ReadAccess

NoAccess

Diesen übergibt man jeweils eine Liste von Benutzeridentitäten (Gruppen oder einzelne Benutzerkonten, wahlweise lokale Konten oder Active-Directory-Konten).

Dateisystemfreigaben

Das nächste Listing zeigt Commandlets in Aktion, um eine Netzwerkfreigabe mit Rechten neu anzulegen.

```
$share = Get-SmbShare -Name Quellcode -ea SilentlyContinue

if ($share -ne $null) { "Vorhandene Freigabe wird gelöscht..." ;
Remove-SmbShare -Name Quellcode -Force }

"Neue Freigabe wird angelegt..."

new-smbshare -Name Quellcode -Description "Zentrale Freigabe für
Quellcode" -ConcurrentUserLimit 10 -FolderEnumerationMode
AccessBased `

-Path T:\daten\Quellcode -FullAccess administrators -ChangeAccess
itv\Softwareentwickler -ReadAccess itv\gf,itv\softwaretester -
NoAccess itv\Besucher
```

Listing 30.16
Anlegen einer Netzwerkfreigabe mit Rechten. Falls eine Freigabe dieses Namens schon existiert, wird sie vorweg gelöscht.

Die folgende Abbildung zeigt das erwartete Ergebnis.

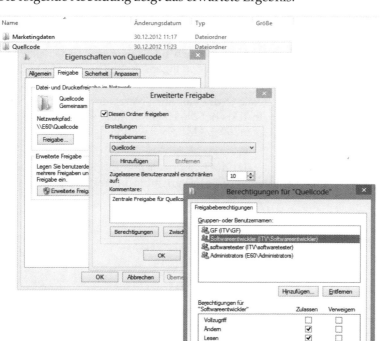

Abbildung 30.18
Angelegte Freigabe

Mit `Grant-SmbShareAccess` kann man nachträglich weitere Rechte vergeben. Das Entziehen von Rechten läuft über `Revoke-SmbShareAccess`. Das Commandlet `Get-SmbShareAccess` liefert eine Liste der aktuellen Rechte in Form von Instanzen der WMI-Klasse `MSFT_SmbShareAccessControlEntry`.

Rechte ändern

Listing 30.17
Rechte auf einer Freigabe ändern und ausgeben

```
"Rechte werden nun noch erweitert..."
Grant-SmbShareAccess Quellcode -AccountName itv\softwaretester -AccessRight Change -Force | Out-Null
"Ausgabe der Rechte"
Get-SmbShareAccess Quellcode | ft
"Rechte werden nun wieder reduziert..."
Revoke-SmbShareAccess Quellcode -AccountName itv\softwaretester -Force | Out-Null
"Ausgabe der Rechte"
Get-SmbShareAccess Quellcode | ft
```

30.11 Überwachung des Dateisystems

Das .NET Framework stellt im Namensraum System.IO eine Klasse FileSystemWatcher bereit, die beim Eintreten von Veränderungen im Dateisystem ein Ereignis auslösen kann. Überwachbare Veränderungen sind das Anlegen, Umbenennen und Löschen von Dateien und Ordnern sowie die Änderungen von Eigenschaften an diesen Objekten.

Man kann sowohl lokale Ordner als auch Netzlaufwerke und UNC-Pfade überwachen. In Tests hat die Überwachung sogar mit Freigaben auf Linux-Systemen, die SAMBA verwenden, funktioniert.

Das folgende Listing zeigt die Instanziierung und Konfiguration des FileSystemWatcher inklusive der Ereignisbindung mit Register-Object-Event.

Listing 30.18
Einsatz des FileSystemWatcher zur Überwachung eines Verzeichnisses

```
"Starte Überwachung der Word-Dateien in t:\Data ..."

$fsw = New-Object System.IO.FileSystemWatcher
$fsw.Path = "t:\data"
$fsw.IncludeSubdirectories = $true
$fsw.filter = "*.doc"

$aktion = {
[console]::beep(440,10)
Write-Host
Write-Warning "Dateisystemereignis: " $eventArgs.FullPath ": " $eventArgs.ChangeType
    }

Register-ObjectEvent -InputObject $fsw -EventName Created -Action $aktion
Register-ObjectEvent -InputObject $fsw -EventName Changed -Action $aktion
Register-ObjectEvent -InputObject $fsw -EventName Deleted -Action
```

Überwachung des Dateisystems

```
$aktion
Register-ObjectEvent -InputObject $fsw -EventName Renamed -Action
$aktion
```

"Überwachung läuft!"

Mit dem Commandlet New-FileSystemWatcher aus dem PowerShellPack (Modul „FileSystem") kann man etwas prägnanter arbeiten.

```
Import-Module FileSystem
"Starte Überwachung der Word-Dateien in t:\Data ..."
$aktion = {
        [console]::beep(440,10)
        Write-Host
Write-Host "Dateisystemereignis: " $eventArgs.FullPath ": "
$eventArgs.ChangeType
      }
Start-FileSystemWatcher -Filter *.doc -file "t:\data" -do $aktion -recurse
"Überwachung läuft!"
```

Listing 30.19
Einsatz von New-FileSystemWatcher

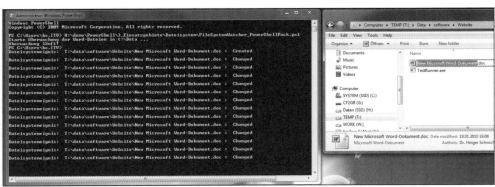

Abbildung 30.19: Ereignisse nach dem Anlegen einer Word-Datei im Windows Explorer

31 Festplattenverschlüsselung mit Bitlocker

Autor: Peter Monadjemi

BitLocker ist der Name der Verschlüsselungstechnik, die bereits mit Windows Vista eingeführt und mit den Nachfolgeversionen Windows 7 und Windows 8 bzw. Windows Server 2012 weiter verbessert wurde. Zu den Neuerungen der aktuellen Version gehört u.a., dass *BitLocker* bereits vor der Installation von Windows 8 im Rahmen von *WinPE* („Windows Pre Installation Environment") aktiviert werden kann und damit nicht nachträglich aktiviert werden muss. Außerdem lässt sich nur der belegte Speicherplatz auf einem Laufwerk verschlüsseln, was die Verschlüsselung beschleunigt. Eine praktische Neuerung ist ferner, dass sich ein *BitLocker*-Laufwerk auch über das (kabelgebundene) Netzwerk entsperren lässt. Falls ein Benutzer seine PIN für den Zugriff auf ein Laufwerk vergessen hat, kann das Helpdesk sein Laufwerk auf diese Weise entsperren (eine Liste aller Neuerungen gibt es bei *TechNet* unter *http://technet.microsoft.com/de-de/library/hh831412.aspx*).

War *BitLocker* in der ersten Version auf die Unterstützung der TPM-Hardware (*Trusted Platform Module*) des Computers zur Sicherung des Verschlüsselungskennworts angewiesen, funktioniert es seit Windows 7 auch ohne eine solche Hardwareunterstützung. Für die Verschlüsselung eines Laufwerks genügt ein Kennwort (das bei der PowerShell als *Secure String*-Objekt übergeben wird). Ein herausragendes Merkmal von *BitLocker* ist das, ebenfalls bereits mit Windows 7 eingeführte, „BitLocker to go", mit dessen Hilfe sich z.B. USB-Laufwerke verschlüsseln lassen. In der Vergangenheit musste die BitLocker-Funktionalität in einem Skript mit Hilfe des Befehlszeilenwerkzeugs *Manage-Bde.exe* (im Verzeichnis *System32*) angesprochen werden. Mit Windows Server 2012 und Windows 8 Professional gibt es mit dem *BitLocker*-Modul eine praktische Alternative, mit der sich *BitLocker*-Laufwerke komfortabel administrieren lassen. Damit lassen sich Laufwerke u.a. verschlüsseln, entschlüsseln und der Status eines *BitLocker*-Laufwerks ausgeben. Bei Windows Server 2012 muss *BitLocker* (z.B. über das `Add-Feature`-Commandlet) als Feature nachträglich installiert werden (danach ist ein Server-Neustart erforderlich).

Kapitel 31 Festplattenverschlüsselung mit Bitlocker

Abbildung 31.1
Die BitLocker-Funktionalität wird im Kontextmenü eines verschlüsselten Laufwerks angeboten.

31.1 Übersicht über das BitLocker-Modul

Mit seinen 13 Funktionen ist das *BitLocker*-Modul überschaubar (*Tabelle 31.1*). Die (auf WMI basierende) Funktion Get-BitLockerVolume listet alle Laufwerke mit einer BitLocker-Verschlüsselung auf. Der Parameter MountPoint gibt das oder die Laufwerke an.

Beispiel Der folgende Befehl listet die *BitLocker*-Informationen für das Laufwerk E: auf.

Get-BitLockerVolume -MountPoint E:

Zu zurückgegebenen Details gehört u.a. die Bezeichnung der verwendeten Verschlüsselungsmethode. Dieser Aufruf entspricht dem Aufruf von Manage-bde -Status.

> Um die BitLocker-Funktionen ausführen zu können, muss die PowerShell als Administrator gestartet werden.

Tabelle 31.1
Die Funktionen aus dem BitLocker-Modul

Commandlet	Bedeutung
Add-BitLockerKeyProtector	Fügt zu einem BitLocker-Laufwerk einen „Schlüsselschutz" hinzu, der z.B. aus einem Secure String besteht, der über den PIN-Parameter angegeben wird.
Backup-BitLockerKeyProtector	Sichert den Schlüsselschutz für ein BitLocker-Laufwerk.
Clear-BitLockerAutoUnlock	Entfernt die Schlüssel, die für eine automatische Laufwerksentsperrung verwendet werden.
Disable-BitLocker	Deaktiviert den BitLocker-Schutz für die angegebenen Laufwerke.
Disable-BitLockerAutoUnlock	Deaktiviert die automatische Laufwerksentsperrung.

Tabelle 31.1
Die Funktionen aus dem BitLocker-Modul (Forts.)

Commandlet	Bedeutung
Enable-BitLocker	Aktiviert den BitLocker-Schutz für die angegebenen Laufwerke und verschlüsselt den Inhalt. Für den für die Verschlüsselung verwendeten Schlüssel muss ein „Schutz" z.B. in Gestalt eines SecureString über den PIN-Parameter angegeben werden.
Enable-BitLockerAutoUnlock	Aktiviert die automatische Laufwerksentsperrung.
Get-BitLockerVolume	Gibt Informationen über ein BitLocker-Laufwerk aus.
Lock-BitLocker	Sperrt ein Bitlocker-Laufwerk, so dass kein Zugriff möglich ist.
Remove-BitLockerKeyProtector	Entfernt einen einzelnen Schlüsselschutz.
Resume-BitLocker	Setzt die Verschlüsselung für ein Laufwerk fort.
Suspend-BitLocker	Unterbricht die Verschlüsselung für ein Laufwerk.
Unlock-BitLocker	Entsperrt ein BitLocker-Laufwerk.

31.2 Verschlüsseln eines Laufwerks

Das Verschlüsseln eines oder mehrerer Laufwerke (in diesem Zusammenhang „MountPoints" genannt) übernimmt die `Enable-BitLocker`-Funktion. Neben den Laufwerksbuchstaben muss ein Schlüsselschutz ausgewählt werden. Die Art des Schutzes wird über einen entsprechenden Switch-Parameter festgelegt. Möchte man den Schlüssel über ein Kennwort schützen, ist dies der `PasswordProtector`-Parameter.

Beispiel

Das folgende Beispiel verschlüsselt Laufwerk F: und verwendet als Schlüsselschutz ein Kennwort, das als SecureString übergeben wird. Der Parameter `UsedSpaceOnly` legt fest, dass nur die belegten Bereiche verschlüsselt werden.

```
$Pw = Read-Host -Prompt "Passwort?" -AsSecureString
Enable-BitLocker -MountPoint F: -EncryptionMethod Aes256 -
UsedSpaceOnly -Password $Pw -PasswordProtector
```

Über `Enable-BitLocker` wird die Verschlüsselung lediglich gestartet. Je nach Größe und Belegung des Laufwerks kann sie eine Weile dauern. Der aktuelle Zustand wird über die Funktion `Get-BitLockerVolume` abgefragt.

Kapitel 31 Festplattenverschlüsselung mit Bitlocker

Wird ein per BitLocker verschlüsseltes USB-Laufwerk angeschlossen, ist der Zugriff zunächst gesperrt. Ist die automatische Entsperrung nicht aktiv, führt ein `Get-ChildItem` zu einer Fehlermeldung, die lediglich besagt, dass das Laufwerk nicht gefunden werden kann. Über `Get-BitLockerVolume` lässt sich das Laufwerk aber abfragen. Um tatsächlich auf den Inhalt zugreifen zu können, muss die Funktion `Unlock-BitLocker` ausgeführt werden.

Beispiel Der folgende Befehl entsperrt ein Laufwerk F:, dessen Schlüssel durch ein Kennwort gesichert ist.

```
Unlock-BitLocker -MountPoint F -Password (Read-Host -Prompt "Pw?" -AsSecureString)
```

32 Dokumente

Dieses Kapitel behandelt die Erstellung und Nutzung verschiedener Dokumententypen: Textdateien, Binärdateien, CSV-Dateien und XML-Dateien.

32.1 Textdateien

Zum Einlesen von Dateien stellt die PowerShell das Commandlet `Get-Content` zur Verfügung. `Get-Content` liest im Standard die gesamte Datei ein.

Get-Content

Das folgende Listing zeigt das Einlesen einer Textdatei und die zeilenweise Ausgabe:

```
$datei = Get-Content j:\demo\dokumente\benutzerliste.csv
$a = 0
$datei | Foreach-Object { $a++; "Zeile" + $a + ": " + $_ }
"Gesamtzahl der Zeilen: " + $a
```

Listing 32.1
Zeilenweises Einlesen einer Textdatei [Textfile_Read.ps1]

Wenn es nur darum geht, die Anzahl der Zeilen zu ermitteln, dann geht das auch kürzer:

```
Get-Content j:\demo\dokumente\benutzerliste.csv | Measure-Object
```

Das Beschreiben einer Textdatei im Dateisystem erfolgt mit `Set-Content` und `Add-Content`. `Set-Content` tauscht den Inhalt aus, `Add-Content` ergänzt Inhalte.

Set-Content

```
$datei = "j:\demo\dokumente\protokoll.txt"
"Neubeginn der Protokolldatei " | Set-Content $datei

"Neuer Eintrag " | Add-Content $datei
"Neuer Eintrag " | Add-Content $datei
"Neuer Eintrag " | Add-Content $datei

"Inhalt der Datei jetzt:"

Get-Content $datei
```

Listing 32.2
Erstellen und Ergänzen einer Textdatei [Textfile_Write.ps1]

`Clear-Content` löscht den Inhalt einer Datei, belässt die Datei aber leer im Dateisystem.

New-Item Eine andere Möglichkeit zum Erstellen einer Textdatei ist die Verwendung von `New-Item`:

```
New-Item . -name Daten.txt -type "file" -value "Dies ist der
Inhalt!" -force
```

In diesem Fall gibt es aber nur die Option, die Datei neu anzulegen (ohne `-force`) oder eine bestehende Datei zu überschreiben (mit `-force`).

Eine dritte Möglichkeit zum Beschreiben einer Datei ist das Commandlet `Out-File`.

Suche in Textdateien Das Durchsuchen von Textdateien ist möglich mit dem Commandlet `Select-String`. Die folgende Anweisung liefert Informationen dazu, in welchen Skriptdateien in einer Verzeichnishierarchie das Wort „Where" vorkommt:

```
Get-ChildItem h:\demo\PowerShell -Filter *.ps1 -Recurse | Select-
String "Where"
```

32.2 Binärdateien

Auch Binärdateien kann man mit `Get-Content` auslesen und mit `Set-Content` bzw. `Add-Content` beschreiben. Jeweils ist als Parameter `-encoding Byte` anzugeben.

Listing 32.3
Lesen und Schreiben einer Binärdatei
[BinaryFile_Read-Write.ps1]

```
# Binärdatei lesen
$a = Get-Content H:\demo\PowerShell\Registry\www.IT-Visions.de_
Logo.jpg -encoding byte

# Binärdatei schreiben
$a | Set-Content "g:\Daten\Logo.jpg" -encoding byte
```

32.3 CSV-Dateien

Export, Import Zum Importieren und Exportieren von Daten im CSV (Comma-Separated Values)-Format bietet die PowerShell die Commandlets `Import-CSV` und `Export-CSV`.

> Im Standard verwenden diese Commandlets als Trennzeichen ein Komma („,"), nicht wie in Deutschland üblich ein Semikolon. Um das Semikolon zu nutzen, müssen Sie `-Delimiter ";"` als Parameter angeben. Um deutsche Umlaute zu exportieren, müssen Sie einen entsprechenden Zeichensatz angeben, z.B. `-Encoding UTF8`.

CSV-Dateien

Neben der Frage des Trennzeichens ist noch zu entscheiden, ob man eine normale CSV-Datei oder eine CSV-Datei mit Metainformationen über den exportierten Typ erzeugen möchte.

Man kann eine normale CSV-Datei ohne Metadaten erstellen lassen:

```
Get-Service | Where-Object {$_.status -eq "running"} | export-csv
c:\temp\dienste.csv -NoTypeInformation
```

Alternativ dazu kann man eine CSV-Datei erzeugen, bei der in der ersten Zeile nach „#Type" hinterlegt ist, welche Objekttypen in der Datei persistiert sind. Dies hat den Vorteil, dass man bei dem späteren Import wieder Objekte dieses Typs erhält. Allerdings versteht kein Werkzeug außer der PowerShell diese Syntax.

```
Get-Service | Where-Object {$_.status -eq "running"} | export-csv
c:\temp\dienste.csv
```

Abbildung 32.1
Exportierte CSV mit Typinformationen in der ersten Zeile

Beim Import einer CSV-Datei mit

```
Import-csv c:\temp\dienste.csv | where { $_.Status -eq "Running" }
```

entscheidet die Typinformation darüber, welcher Objekttyp konstruiert wird. Mit Typinformationen wird der entsprechende Typ erstellt, mit dem Zusatz „CSV" (siehe Bildschirmabbildung).

> Das Exportieren/Importieren entspricht einer Serialisierung/Deserialisierung von Objekten. Die deserialisierten Objekte haben zwar alle Attribute (also Daten) des Ursprungobjekts, nicht aber deren spezifische Methoden.

Abbildung 32.2
Deserialisierte Dienst-Objekte

Kapitel 32 **Dokumente**

Ohne Typinformationen entstehen Instanzen der Klasse `System.Management.Automation.PSCustomObject`.

ConvertTo-CSV `ConvertTo-CSV` (seit PowerShell 2.0) erzeugt genau wie `Export-CSV` ein CSV-Dokument (Comma-Separated Values) aus einer Objektmenge. Der Unterschied ist aber, dass `ConvertTo-CSV` die Ausgabe nicht in ein Dokument schreibt, sondern innerhalb der PowerShell als Zeichenkette zur Weiterverarbeitung anbietet.

Beispiel:

```
Get-Service I* | ConvertTo-Csv
```

Abbildung 32.3 Ausgabe von ConvertTo-CSV nach dem Befüttern mit Instanzen von System.Service-Process.Service-Controller

32.4 INI-Dateien

Zum Einlesen von „alten" INI-Dateien kann man auf `Import-INIFile` aus dem PowerShellPack (Modul `PSSystemTools`) zurückgreifen. `Import-INIFile` erzeugt aus der INI-Datei ein `PSCustomObject` mit den Einträgen der INI-Datei als Attribute (`NoteProperty`).

Abbildung 32.4: Zugriff auf INI-Dateien am Beispiel der Application.ini-Datei von Firefox

32.5 XML-Dateien

[Xml] Die PowerShell bietet eine sehr komfortable Möglichkeit, XML-Dokumente auszuwerten, denn die XML-Elementnamen können wie Attribute eines .NET-Objekts angesprochen werden. Wenn `$doc` das in der nachstehenden Abbildung gezeigte XML-Dokument enthält, dann liefert `$doc.Websites.Website` die Menge von XML-Knoten, die *<Website>* heißen.

XML-Dateien

```
Websites.xml
 1  <?xml version="1.0" encoding="utf-8"?>
 2  <Websites>
 3   <Website ID="1">
 4    <URL>www.IT-Visions.de</URL>
 5    <Beschreibung>Websites der Firma des Autors</Beschreibung>
 6   </Website>
 7   <Website ID="2">
 8    <URL>www.dotnetframework.de</URL>
 9    <Beschreibung>Community-Site für .NET-Entwickler</Beschreibung>
10   </Website>
11   <Website ID="3">
12    <URL>www.Windows-Scripting.de</URL>
13    <Beschreibung>Community-Site für WSH- und PowerShell-Entwickler</Beschreibung>
14   </Website>
15   <Website ID="4">
16    <URL>www.powershell-doktor.de</URL>
17    <Beschreibung>Community-Site zur Microsoft PowerShell</Beschreibung>
18   </Website>
19  </Websites>
```

*Abbildung 32.5
Beispiel für ein
XML-Dokument*

Das obige Dokument kann so ausgewertet werden:

```
$doc = [xml] (Get-Content -Path h:\demo\dokumente\websites.xml)
$Sites = $doc.Websites.Website
$Sites | select URL, Beschreibung
```

*Listing 32.4
Auslesen einer
XML-Datei [XML_
Document.ps1]*

Um die besondere XML-Unterstützung der PowerShell nutzen zu können, muss die PowerShell wissen, welche Variablen ein XML-Dokument enthält. Daher ist die Typzuweisung mit [xml] in der ersten Zeile sehr wichtig.

*Abbildung 32.6
Ergebnis der
Auswertung des
XML-Dokuments*

Prüfung von XML-Dokumenten

Den Versuch, ein nicht gültiges XML-Dokument (in dem z.B. ein schließendes Tag fehlt) in den Typ [Xml] zu konvertieren, quittiert die PowerShell mit einem Fehler (siehe *Abbildung 32.7*).

Test-Xml

*Abbildung 32.7
Fehlermeldung,
wenn ein schließendes Tag fehlt*

Kapitel 32 Dokumente

Mit dem Commandlet `Test-Xml` (aus den PSCX) kann man vorher prüfen, ob ein Dokument gültig ist. `Test-Xml` liefert `True` oder `False`.

```
Test-Xml h:\demo\PowerShell\xml\websites_ungueltig.xml
```

`Test-Xml` prüft im Standard nur die Gültigkeit. Optional ist eine Validierung gegen ein XML-Schema möglich. Hierbei ist nach `-SchemaPath` der Pfad zu der XML-Schema-Datei (*.xsd*) anzugeben. Alternativ kann dort auch ein Array mit mehreren Pfaden angegeben werden.

```
Test-Xml h:\demo\PowerShell\xml\websites.xml -SchemaPath h:\demo\PowerShell\xml\websites.xsd
```

Abbildung 32.8
XML-Schema für die Websites-Datei

```xml
<?xml version="1.0" encoding="utf-8"?>
<xs:schema attributeFormDefault="unqualified" elementFormDefault="qualified" xmlns:xs="http://www.w3.org/2001/XMLSchema">
  <xs:element name="Websites">
    <xs:complexType>
      <xs:sequence>
        <xs:element maxOccurs="unbounded" name="Website">
          <xs:complexType>
            <xs:sequence>
              <xs:element name="URL" type="xs:string" />
              <xs:element name="Beschreibung" type="xs:string" />
            </xs:sequence>
            <xs:attribute name="ID" type="xs:unsignedByte" use="required" />
          </xs:complexType>
        </xs:element>
      </xs:sequence>
    </xs:complexType>
  </xs:element>
</xs:schema>
```

Formatierte Ausgabe

Format-Xml XML-Dokumente müssen nicht formatiert sein, d.h., Einrückungen der XML-Elemente entsprechend der Ebene sind nicht notwendig. In den PSCX gibt es eine Möglichkeit, mit dem Commandlet `Format-Xml` nicht formatierte XML-Dokumente formatiert auszugeben bzw. die Formatierung der Ausgabe anzupassen.

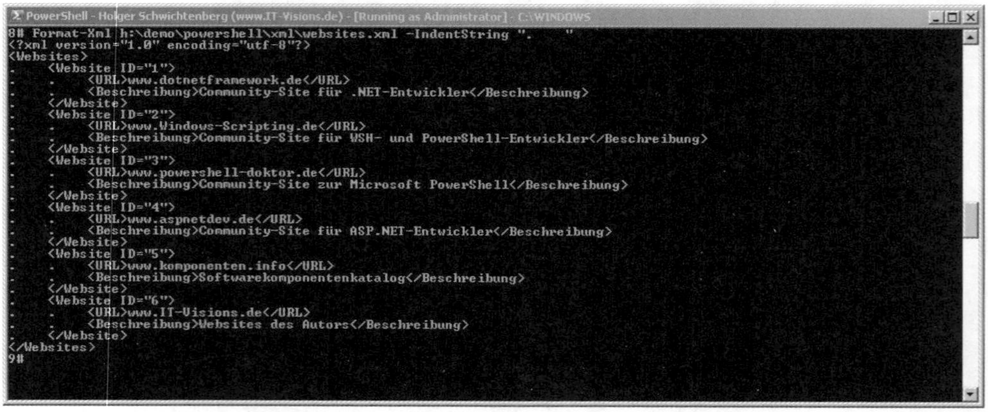

```
8# Format-Xml h:\demo\powershell\xml\websites.xml -IndentString "  "
<?xml version="1.0" encoding="utf-8"?>
<Websites>
    <Website ID="1">
        <URL>www.dotnetframework.de</URL>
        <Beschreibung>Community-Site für .NET-Entwickler</Beschreibung>
    </Website>
    <Website ID="2">
        <URL>www.Windows-Scripting.de</URL>
        <Beschreibung>Community-Site für WSH- und PowerShell-Entwickler</Beschreibung>
    </Website>
    <Website ID="3">
        <URL>www.powershell-doktor.de</URL>
        <Beschreibung>Community-Site zur Microsoft PowerShell</Beschreibung>
    </Website>
    <Website ID="4">
        <URL>www.aspnetdev.de</URL>
        <Beschreibung>Community-Site für ASP.NET-Entwickler</Beschreibung>
    </Website>
    <Website ID="5">
        <URL>www.komponenten.info</URL>
        <Beschreibung>Softwarekomponentenkatalog</Beschreibung>
    </Website>
    <Website ID="6">
        <URL>www.IT-Visions.de</URL>
        <Beschreibung>Websites des Autors</Beschreibung>
    </Website>
</Websites>
9#
```

Abbildung 32.9: Einsatz von Format-Xml

XML-Dateien

Der folgende Befehl liefert eine formatierte Ausgabe eines XML-Dokuments, bei der jede Ebene mit einem Punkt und vier Leerzeichen eingerückt wird (siehe Abbildung 32.9).

```
Format-Xml h:\demo\PowerShell\xml\websites.xml -IndentString ".    "
```

XPath-Anweisungen

Zur Suche in XML-Dokumenten mit Hilfe von XPath (XPath ist ein W3C-Standard, siehe [W3C01]) unterstützt die Klasse XmlDocument die Methoden SelectNodes() und SelectSingleNode(). In den PSCX gibt es das Commandlet Select-Xml.

Select-Xml

> SelectNodes() und SelectSingleNode() liefern Instanzen der Klassen System.Xml.Xml-Element und System.Xml.XmlAttribute. Select-Xml hingegen liefert Instanzen von MS.Internal.Xml.Cache.XPathDocumentNavigator. Die Ausgabe ist daher sehr verschieden. Um bei beiden Befehlen zur gleichen Ausgabe zu kommen, muss man das Ergebnis von Select-Xml an Select-Object InnerXml senden (siehe *Abbildung 32.10*).

*Abbildung 32.10
Ausgabe von Select-Nodes() und Select-Xml im Vergleich*

Kapitel 32 Dokumente

Es folgen einige Beispiele.

Tabelle 32.1
Beispiele zur Anwendung von XPath

`$doc.SelectNodes("//URL")`	
Oder	
`select-Xml h:\demo\PowerShell\xml\websites.xml -XPath "//URL" | select innerxml`	
Liefert alle <URL>-Elemente.	
`$doc.SelectNodes("//Website/@ID")`	
Oder	
`select-Xml h:\demo\PowerShell\xml\websites.xml -XPath "//Website/@ID" | select innerxml`	
Liefert alle ID-Attribute aller <Website>-Elemente.	
`$doc.SelectSingleNode("//Website[@ID=3]/URL")`	
Oder	
`select-Xml h:\demo\PowerShell\xml\websites.xml -XPath "//Website[@ID=3]/URL" | select innerxml`	
Liefert das <URL>-Element des <Website>-Elements mit dem Attributwert 3 im Attribut ID.	

Select-Xml hat den Vorteil, dass dort auch eine einfache Unterstützung für XML-Namensräume geboten wird. Der folgende Befehl liest aus einer Visual-Studio-Projektdatei die Namen aller eingebundenen C#-Quellcodedateien aus. Dabei muss Bezug genommen werden auf den entsprechenden Namensraum des Kommandozeilenwerkzeugs MSBuild, das für die Übersetzung der Projekte zuständig ist.

```
Select-Xml "H:\demo\PowerShell\_Eigene Commandlets\PowerShell_
Commandlet_Library\PowerShell_Commandlet_Library.csproj" -
Namespace 'dns=http://schemas.microsoft.com/developer/msbuild/2003'
-XPath "//dns:Compile/@Include"
```

Beispiel

Abbildung 32.11
Dieses Fragment aus der Visual-Studio-Projektdatei zeigt die zu selektierenden Elemente und deren Namensraumdeklaration.

```xml
<Project DefaultTargets="Build" xmlns="http://schemas.microsoft.com/developer/msbuild/2003">
  ...
  <ItemGroup>
    <Compile Include="Test-Dauer.cs" />
    <Compile Include="Get-Disk3.cs" />
    <Compile Include="Get-Computername.cs" />
    <None Include="Get-Disk2.cs" />
    <None Include="Get-Disk1.cs" />
    <Compile Include="Properties\AssemblyInfo.cs" />
    <Compile Include="PSSnapin.cs">
      <SubType>Component</SubType>
    </Compile>
  </ItemGroup>
  ...
</Project>
```

XML-Dateien verändern

Das nächste Skript ergänzt einen Eintrag in einer XML-Datei unter Verwendung der Methoden `CreateElement()` und `AppendChild()`. Dieses Beispiel zeigt, dass es aber auch Ecken in der PowerShell gibt, die etwas komplizierter sein können. Weil die Unterelemente eines XML-Knotens als Attribute der .NET-Klasse, welche die PowerShell verarbeitet, dargestellt werden, können – zur Vermeidung von Namenskonflikten – die Attribute der Metaklasse `System.Xml.Node` (bzw. abgeleiteter Klassen) nicht mehr direkt dargestellt werden. Diese Attribute sind nur über ihre Getter und Setter verfügbar. Dies bedeutet, dass man mit dem PowerShell-Skript den Inhalt eines Knotens nicht über `$knoten.Innertext = "xyz"` setzen kann, sondern etwas umständlicher über `$knoten._set_Innertext("xyz")` aufrufen muss.

Listing 32.5
Ergänzen einer XML-Datei
[XML_Modify.ps1]

```
"Vorher"
$doc = [xml] (Get-Content -Path h:\demo\buch\websites.xml)
$doc.Websites.Website | select URL,Beschreibung
"Nachher"
$site = $doc.CreateElement("Website")
$url = $doc.CreateElement("URL")
$url.set_Innertext("www.PowerShell-doktor.de")
$beschreibung = $doc.CreateElement("Beschreibung")
$beschreibung.set_Innertext("Community-Website zur PowerShell")
$site.AppendChild($url)
$site.AppendChild($Beschreibung)
$doc.Websites.AppendChild($site)
$doc.Websites.Website | select URL,Beschreibung
$doc.Save("h:\demo\buch\websites_neu.xml")
"Dokument gespeichert!"
```

XML-Dateien aus Pipeline exportieren

Die PowerShell verwendet ein eigenes XML-Format („CLIXML"), mit dem die Objekt-Pipeline in XML-Form (durch `Export-CliXml`) persistiert (serialisiert) werden kann, so dass diese später wiederhergestellt werden kann. Der folgende Befehl speichert die Objektliste der laufenden Systemdienste. Die Abbildung zeigt das Ergebnis.

Export-Datei für PowerShell-Pipeline-Objekt in XML-Form (Export-CliXml)

```
Get-Service | Where-Object {$_.status -eq "running"} | Export-CliXml j:\administration\services.xml
```

Kapitel 32 Dokumente

Abbildung 32.12
Ausschnitt aus der Serialisierung einer PowerShell-Pipeline

```xml
- <Objs Version="1.1" xmlns="http://schemas.microsoft.com/powershell/2004/04">
  + <Obj RefId="RefId-0">
  + <Obj RefId="RefId-0">
  + <Obj RefId="RefId-0">
  + <Obj RefId="RefId-0">
  + <Obj RefId="RefId-0">
  - <Obj RefId="RefId-0">
      <TNRef RefId="RefId-0" />
    - <Props>
        <B N="CanPauseAndContinue">false</B>
        <B N="CanShutdown">true</B>
        <B N="CanStop">true</B>
        <S N="DisplayName">Background Intelligent Transfer Service</S>
      - <Obj N="DependentServices" RefId="RefId-1">
          <TNRef RefId="RefId-1" />
          <LST />
        </Obj>
        <S N="MachineName">.</S>
        <S N="ServiceName">BITS</S>
      - <Obj N="ServicesDependedOn" RefId="RefId-2">
          <TNRef RefId="RefId-1" />
        - <LST>
          - <Obj RefId="RefId-3">
              <TNRef RefId="RefId-0" />
            - <Props>
                <B N="CanPauseAndContinue">false</B>
                <B N="CanShutdown">false</B>
                <B N="CanStop">true</B>
                <S N="DisplayName">COM+ Event System</S>
              - <Obj N="DependentServices" RefId="RefId-4">
                  <TNRef RefId="RefId-1" />
                - <LST>
                    <S>System.ServiceProcess.ServiceController</S>
                    <S>System.ServiceProcess.ServiceController</S>
                    <S>System.ServiceProcess.ServiceController</S>
                    <S>System.ServiceProcess.ServiceController</S>
                  </LST>
                </Obj>
```

Das Gegenstück zur Wiederherstellung der Pipeline ist `Import-CliXml`.

```
Import-CliXml j:\administration\services.xml | Get-Member
```

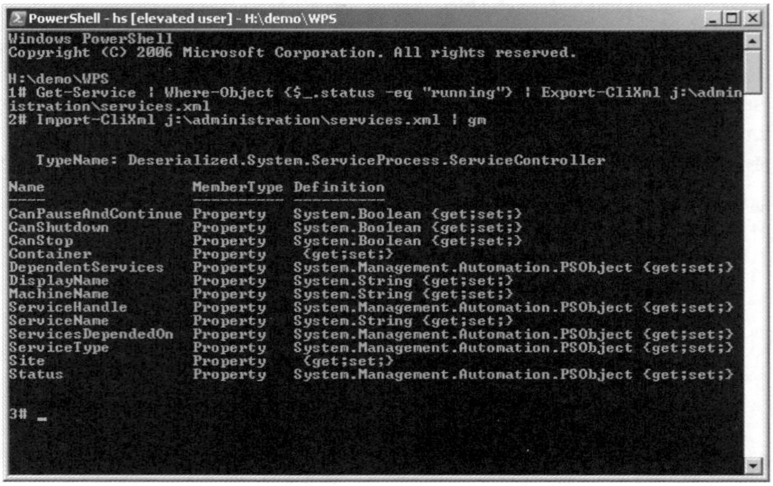

Abbildung 32.13
Deserialisierte Dienst-Objekte

```
Windows PowerShell
Copyright (C) 2006 Microsoft Corporation. All rights reserved.

H:\demo\WPS
1# Get-Service | Where-Object {$_.status -eq "running"} | Export-CliXml j:\administration\services.xml
2# Import-CliXml j:\administration\services.xml | gm

   TypeName: Deserialized.System.ServiceProcess.ServiceController

Name                 MemberType  Definition
----                 ----------  ----------
CanPauseAndContinue  Property    System.Boolean {get;set;}
CanShutdown          Property    System.Boolean {get;set;}
CanStop              Property    System.Boolean {get;set;}
Container            Property    {get;set;}
DependentServices    Property    System.Management.Automation.PSObject {get;set;}
DisplayName          Property    System.String {get;set;}
MachineName          Property    System.String {get;set;}
ServiceHandle        Property    System.Management.Automation.PSObject {get;set;}
ServiceName          Property    System.String {get;set;}
ServicesDependedOn   Property    System.Management.Automation.PSObject {get;set;}
ServiceType          Property    System.Management.Automation.PSObject {get;set;}
Site                 Property    {get;set;}
Status               Property    System.Management.Automation.PSObject {get;set;}

3#
```

XML-Dateien

Nach der Deserialisierung der Objekte können alle Attribute der Objekte wieder verwendet werden, nicht aber die Methoden der Objekte!

ConvertTo-XML (seit PowerShell 2.0) erzeugt genau wie Export-CliXml ein XML-Dokument aus einer Objektmenge. Der Unterschied ist aber, dass ConvertTo-XML die XML-Ausgabe nicht in ein Dokument schreibt, sondern innerhalb der PowerShell in drei Formen zur Weiterverarbeitung anbietet: Zeichenkette (-as string), Stream (-as stream) oder XML-Dokument (-as document) in Form einer Instanz von System.Xml.XmlDocument.

ConvertTo-XML

*Abbildung 32.14
Ausgabe von ConvertTo-Xml bei Anwendung auf einer Instanz von System.Service-Process.Service-Controller*

XML-Dateien transformieren

Für die Anwendung des W3C-Standards XSLT (XML Stylesheet Transformation) steht in den PSCX das Commandlet Convert-Xml zur Verfügung. Alternativ kann man die .NET-Klasse System.Xml.Xsl.XslCompiledTransform verwenden.

Das folgende Beispiel zeigt, wie man die XML-Datei *Websites.xml* mit Hilfe der in der Abbildung gezeigten XSLT-Datei in eine XHTML-Datei konvertieren kann. Das Ergebnis wird gespeichert als *Websites.html*.

```
Convert-Xml h:\demo\PowerShell\xml\websites.xml -XsltPath H:\DEV\
ITVisions_PowerShell_CommandletLibrary\CommandletLibrary\Daten\
   WebsitesToHTML.xslt | Set-Content h:\demo\PowerShell\xml\
websites.html
```

Hilfe beim Entwickeln und Testen von XSLT-Dateien bietet Ihnen Visual Studio 2005/2008/2010.

Abbildung 32.15
XSLT-Datei

WebsitesToHTML.xslt

```
<?xml version="1.0" ?>
<xsl:stylesheet xmlns:xsl="http://www.w3.org/1999/XSL/Transform" version="1.0">
 <!-- Transformation -->
 <xsl:template match="Websites">
  <HTML>
   <body>
    <h2>Websites von Dr. Holger Schwichtenberg</h2>
    <ul>
     <xsl:for-each select="/Websites/Website">
      <li>
       <xsl:value-of select='Beschreibung'/>
       <br>
        <a>
         <xsl:attribute name="href">
          <xsl:value-of select="URL"/>
         </xsl:attribute>
         <xsl:value-of select="URL"/>
        </a>
       </br>
      </li>
     </xsl:for-each>
    </ul>
    <hr></hr>
    Konvertiert aus XML
   </body>
  </HTML>
 </xsl:template>
</xsl:stylesheet>
```

Abbildung 32.16
Diese HTML-Datei wurde aus der XML-Datei generiert.

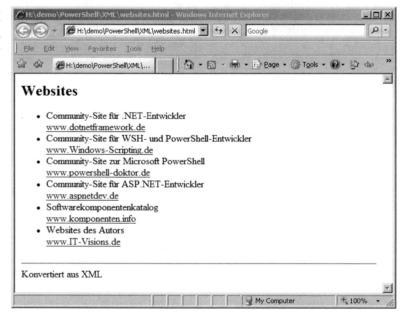

32.6 HTML-Dateien

Das Commandlet `Convert-Html` konvertiert die Objekte der Pipeline in eine HTML-Tabelle.

Convert-Html

Der folgende Befehl speichert die Liste der Windows-Systemdienste als eine HTML-Datei.

```
Get-Service | ConvertTo-Html name,status -title "Diensteliste" -
body "Liste der Dienste" | Set-Content j:\demo\dokumente\
dienste.htm
```

Abbildung 32.17
Ergebnis der Konvertierung in eine HTML-Tabelle

33 Datenbanken

Die PowerShell besitzt keine Commandlets für den Datenbankzugriff und auch keinen Navigation Provider, obwohl es sich anbieten würde, auch Datenbanken ins Konzept der Navigation Provider einzubeziehen. Zum Datenbankzugriff kann man in der PowerShell auf ADO.NET zugreifen. Immerhin unterstützt die PowerShell beim Zugriff auf die einzelnen Tabellen, indem sie die Spaltennamen als Attribute des Tabellenobjekts anbietet (hier findet eine ähnliche automatische Abbildung statt wie bei WMI-Objekten).

ADO.NET

Erst seit SQL Server 2008 gibt es einen eigenen Provider für die Arbeit mit dem Server und den Datenbanken.

> ADO.NET ist die Weiterentwicklung der COM-Komponente ActiveX Data Objects (ADO).

Im Folgenden werden zwei Wege gezeigt:
- Zuerst der direkte Zugriff auf ADO.NET
- Anschließend die Nutzung der Commandlets aus den *www.IT-Visions.de-PowerShell Extensions*, die den Zugriff kapseln

33.1 ADO.NET-Grundlagen

Dieses Kapitel vermittelt einige notwendige Grundlagen zu ADO.NET.

Providerarchitektur

Genauso wie die Vorgängerkonzepte ODBC und OLEDB verwendet ADO.NET auch datenquellenspezifische Treiber, die ADO.NET Data Provider, .NET Data Provider oder Managed Provider genannt werden. Data Provider für OLEDB und ODBC stellen dabei die Abwärtskompatibilität von ADO.NET für Datenquellen her, für die (noch) keine spezifischen ADO.NET-Datenprovider existieren.

Provider

Kapitel 33 **Datenbanken**

Datenprovider von Microsoft

Mitgelieferte Provider ADO.NET wird mit folgenden Datenprovidern (alias .NET Data Provider oder Managed Data Provider) ausgeliefert:

- `System.Data.SqlClient` (spezieller Treiber für Microsoft SQL Server ab Version 7.0; dieser Treiber wird auch innerhalb des SQL Server ab Version 2005 für Managed-Code-Anwendungen benutzt und löst `System.Data.SqlServer` der vorherigen Beta-Versionen ab)
- `System.Data.SqlServerCe` (spezieller Treiber für Microsoft SQL Server CE)
- `System.Data.OracleClient` (spezieller Treiber für Oracle-Datenbanken, gilt aber als veraltet. Microsoft empfiehlt, hier den den „ODAC"-Treiber von Oracle oder einen Treiber eines Drittanbieters wie DebArt oder DataDirect zu verwenden.)
- `System.Data.OLEDB` (Brücke zu OLEDB-Providern)
- `System.Data.Odbc` (Brücke zu ODBC-Treibern)

Abbildung 33.1
ADO.NET-Treiber-architektur

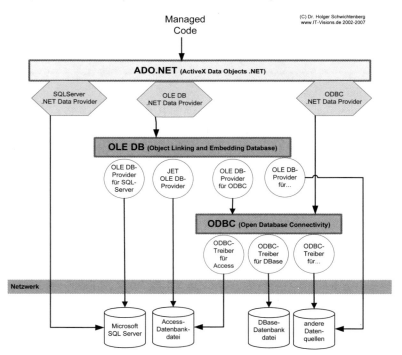

ADO.NET-Grundlagen

Datenprovider von anderen Herstellern

Weitere Provider (z.B. für MySQL, DB2, Sybase, Informix und Ingres) werden von anderen Herstellern geliefert, eine Liste finden Sie unter [DOTNET02].

Andere Anbieter

Ermittlung der installierten Datenprovider

Die auf einem System registrierten ADO.NET-Datenprovider können über die statische Methode System.Data.Common.DbProviderFactories.GetFactoryClasses() aufgelistet werden.

DbProviderFactories

Der Zugriff in der PowerShell sieht so aus:

[System.Data.Common.DbProviderFactories]::GetFactoryClasses()

> Die installierten Provider sind nicht in der Registrierungsdatenbank, sondern – wie es sich für eine .NET-Anwendung gehört – in der zentralen XML-Konfigurationsdatei des .NET Frameworks (machine.config) abgelegt (Sektion <system.data> <DbProviderFactories>).

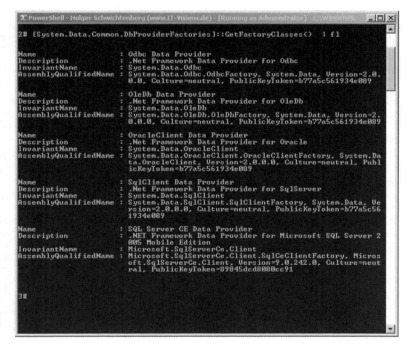

Abbildung 33.2
Auflisten der installierten ADO.NET-Treiber

Liste der verfügbaren SQL Server

SqlDataSource-Enumerator Wenn Sie wissen wollen, welche Instanzen von Microsoft SQL Server in Ihrer Domäne in Betrieb sind, können Sie die .NET-Klasse SqlDataSourceEnumerator verwenden:

[System.Data.Sql.SqlDataSourceEnumerator]::Instance.GetDataSources()

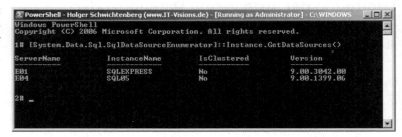

Abbildung 33.3
Liste der verfügbaren SQL Server

Datenwege

Architektur Die nachstehende Abbildung zeigt die möglichen Datenwege in ADO.NET von einer Datenquelle zu einem Datenverbraucher. Alle Zugriffe auf eine Datenquelle laufen auf jeden Fall über ein Command-Objekt, das datenproviderspezifisch ist. Zum Auslesen von Daten bietet das Modell zwei Wege: Daten können über ein providerspezifisches DataReader-Objekt oder über ein providerunabhängiges DataSet-Objekt zum Datenverbraucher gelangen. Das DataSet-Objekt benötigt zur Beschaffung der Daten ein DataAdapter-Objekt (nicht zu verwechseln mit einem PowerShell-Objektadapter), das wiederum in jedem Datenprovider separat zu implementieren ist.

Seit .NET 2.0 existieren Möglichkeiten, nachträglich noch von einem in das andere Zugriffsmodell zu wechseln. Datenänderungen erfolgen, indem der Datenverbraucher direkt Befehle an ein Command-Objekt sendet.

Seit .NET 2.0 stellt .NET sogenannte Datenquellensteuerelemente bereit, die dem Entwickler die Bindung von Daten an ein Steuerelement erleichtern. Diese Datenquellensteuerelemente sind Teil der Bibliotheken für grafische Benutzeroberflächen (Windows Forms und ASP.NET) und werden in diesem Buch nicht behandelt. Dazu sei auf [SCH02] verwiesen.

> Es ist möglich, aber etwas aufwändiger, den Zugriff auf eine Datenquelle so zu programmieren, dass die Art der Datenbank ausgetauscht werden kann.

ADO.NET-Grundlagen

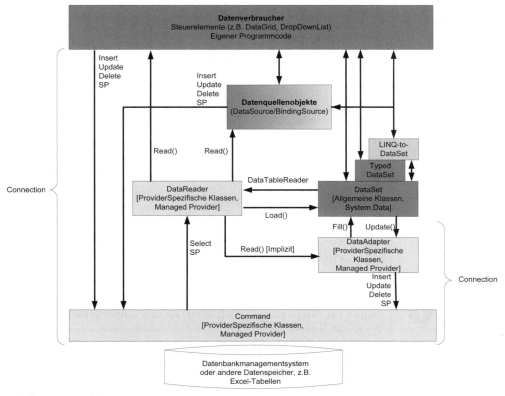

Abbildung 33.4: Datenwege in ADO.NET

Datareader versus Dataset

Bei der Beschreibung der Datenwege wurde zwischen Datareader und Dataset unterschieden. Die folgende Tabelle und die Grafik vergleichen die beiden Zugriffsverfahren im Detail.

	Datareader	Dataset
Modell	Server Cursor	Client Cursor
Implementiert in	Jedem Datenprovider	System.Data
Basisklassen	DbDataReader MarshalByRefObject Object	MarshalByValue-ComponentObject
Schnittstellen	IDataReader, IDisposable, IDataRecord, IEnumerable	IListSource, IXmlSerializable, ISupportInitialize, ISerializable
Daten lesen	Ja	Ja

Tabelle 33.1
Datareader vs. Dataset

Kapitel 33 Datenbanken

Tabelle 33.1
Datareader vs.
Dataset (Forts.)

	Datareader	Dataset
Daten vorwärts lesen	Ja	Ja
Daten rückwärts lesen	Nein	Ja
Direktzugriff auf beliebigen Datensatz	Nein	Ja
Direktzugriff auf beliebige Spalte in Datensatz	Ja	Ja
Daten verändern	Nein, nur über separate Command-Objekte	Ja (über Datenadapter)
Befehlserzeugung für Datenänderung	Komplett manuell	Teilweise automatisch (CommandBuilder)
Zwischenspeicher für Daten	Nein	Ja
Änderungshistorie	Nein	Ja
Speicherverbrauch	Niedrig	Hoch
Geeignet für Datentransport zwischen Schichten	Nein	Ja

> Es gibt im .NET Framework (bisher) keinen schreibenden Cursor.

Abbildung 33.5
Vergleich von Datareader und Dataset

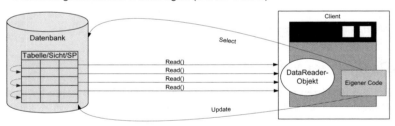

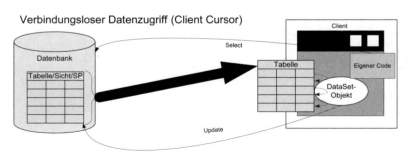

33.2 Beispieldatenbank

Die Beispieldatenbank ist aus dem Leben der Systemadministration gegriffen, denn sie enthält eine Liste von Benutzerkonten, die entweder aus einem Windows-System exportiert wurde oder die dazu dienen kann, eine Reihe von Benutzern per Skript anzulegen. Hinweis: Der Inhalt der Datenbank ist eine Liste von (zum Teil schon etwas „angestaubten") Politikern.

Benutzertabelle

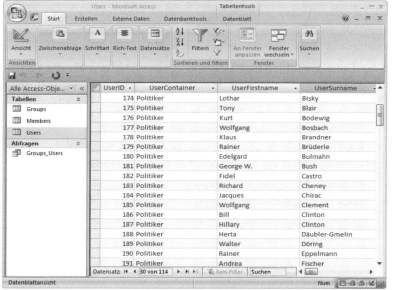

*Abbildung 33.6
Datenbank mit
Benutzerkonten*

Bei der Verwendung von Microsoft Access gibt es generell im Programmcode (nicht nur für PowerShell) die Herausforderung, dass der verwendete Access-Treiber und die Access-Datenbankversion zueinander passen müssen.

Wenn Sie eine 64-Bit-Version von Microsoft Access installiert haben, müssen Sie die 64-Bit-PowerShell und den Treiber Microsoft.ACE.OLEDB.12.0 (*http://www.microsoft.com/en-us/download/details.aspx?id=13255*) verwenden.

Wenn Sie eine 64-Bit-Version von Microsoft Access installiert haben, müssen Sie die 32-Bit-PowerShell und den Treiber Microsoft.ACE.OLEDB.12.0 (*http://www.microsoft.com/en-us/download/details.aspx?id=13255*) oder den älteren Treiber Microsoft.Jet.OLEDB.4.0 verwenden. Es gibt leider bisher keine Möglichkeit, aus einer 64-Bit-PowerShell heraus auf ein 32-Bit-Access zuzugreifen. Sie erhalten bei den Versuchen eine Fehlermeldung wie diese "Der 'Microsoft.Jet.OLEDB.4.0'-Provider ist nicht auf dem lokalen Computer registriert.".

33.3 Datenzugriff mit den Bordmitteln der PowerShell

Zunächst wird die Herstellung einer Verbindung behandelt. Danach folgt der eigentliche Datenzugriff.

Datenbankverbindungen (Connection)

Verbindungs-objekt Egal, welche Datenzugriffsform gewählt wird, und egal, welche Aktion ausgeführt werden soll: Für die Kommunikation mit dem Datenbankmanagementsystem ist immer eine Verbindung notwendig.

Jeder Datenprovider hat eine eigene Implementierung für die Verbindungsklasse: Sql-Connection, OracleConnection, OleDbConnection usw. Bei der Instanziierung dieser Objekte kann die Verbindungszeichenfolge übergeben werden. Danach erfolgt der Aufruf von Open(). Eine Verbindung muss geschlossen werden durch Close().

Beispiele Die folgenden drei Beispiele zeigen jeweils den Verbindungsaufbau und -abbau zu drei verschiedenen Arten von Datenbanken:

- Microsoft-Access-Datenbankdatei
- Statische eingebundene Microsoft-SQL-Server-Datenbank
- Microsoft-SQL-Server-Datenbankdatei (funktioniert nur mit Microsoft SQL Server Express)

Listing 33.1
Verbindung zu einer Microsoft-Access-Datenbank aufbauen und schließen
[Connection.ps1]

```
# Eingabedaten
$Conn = "Provider=Microsoft.Jet.OLEDB.4.0;Data Source=H:\demo\
PowerShell\Datenbanken\users.mdb;"
$SQL = "Select * from users order by UserSurname"

# Datenbank oeffnen
"Oeffne die Datenbank..."
$conn = New-Object System.Data.OleDb.OleDbConnection($Conn)
$conn.open()
"Zustand der Datenbank: " + $conn.State

# Datenbank schließen
$Conn.Close()
"Zustand der Datenbank: " + $conn.State
```

Listing 33.2
Verbindung zu einer statisch verbundenen Microsoft-SQL-Server-Datenbank aufbauen und schließen
[Connection.ps1]

```
# Eingabedaten
$Connstring = "Data Source=.\SQLEXPRESS;Initial
catalog=Users;Integrated Security=True;"
$SQL = "Select * from users order by UserSurname"

# Datenbank oeffnen
"Oeffne die Datenbank..."
$conn = New-Object
System.Data.SqlClient.SqlConnection($Connstring)
```

```
$conn.open()
"Zustand der Datenbank: " + $conn.State

# Datenbank schließen
$Conn.Close()
"Zustand der Datenbank: " + $conn.State

# Eingabedaten
$Connstring = "Data Source=.\SQLEXPRESS;AttachDbFileName=H:\demo\
PowerShell\Datenbanken\users.mdf;Integrated Security=True;"
$SQL = "Select * from users order by UserSurname"

# Datenbank oeffnen
"Oeffne die Datenbank..."
$conn = New-Object System.Data.SqlClient.SqlConnection($Connstring)
$conn.open()
"Zustand der Datenbank: " + $conn.State

# Datenbank schließen
$Conn.Close()
"Zustand der Datenbank: " + $conn.State
```

Listing 33.3
Verbindung zu einer dynamisch verbundenen Microsoft-SQL-Server-Express-Datenbankdatei aufbauen und schließen [Connection.ps1]

Providerunabhängiger Zugriff

In den bisherigen Beispielen kamen verschiedene Klassen vor in Abhängigkeit davon, welcher Datenbankprovider (Microsoft Access oder Microsoft SQL Server) verwendet wurde. Dies ist unschön, wenn man auf verschiedene Datenbanken zugreifen muss oder die Datenbank später einmal wechseln möchte. ADO.NET unterstützt auch den providerunabhängigen Datenzugriff.

DbProviderFactories

Beim providerunabhängigen Datenzugriff instanziiert man die Verbindungsklasse nicht direkt, sondern über eine sogenannte Providerfabrik. Die Providerfabrik erhält man von der .NET-Klasse System.Data.Common.DbProviderFactories unter Angabe des sogenannten „Provider Invariant Name" als Zeichenkette. Dieser ist:

- Für Microsoft Access: „System.Data.OleDb"
- Für Microsoft SQL Server: „System.Data.SqlClient"
- Für Oracle: „System.Data.OracleClient"

Bei dem providerunabhängigen Datenzugriff findet keine Übersetzung von SQL-Befehlen statt. Wenn Sie datenbankmanagementsystemspezifische Befehle nutzen, verlieren Sie die Providerunabhängigkeit.

Kapitel 33 Datenbanken

Listing 33.4
Provider-
unabhängiger
Verbindungsaufbau
[/Datenbanken/
Connection.ps1]

```
# Eingabedaten
$PROVIDER = "System.Data.SqlClient"
$CONNSTRING = "Data Source=.\SQLEXPRESS;AttachDbFileName=
    H:\demo\PowerShell\Datenbanken\users.mdf;Integrated
Security=True;"
$SQL = "Select * from FL_Fluege"

# Fabrik erzeugen
$provider =
[System.Data.Common.DbProviderFactories]::GetFactory($PROVIDER)

# Verbindungsobjekt erstellen und befüllen
$conn = $provider.CreateConnection()
$conn.ConnectionString = $CONNSTRING;

# Verbindung aufbauen
$conn.Open();
"Zustand der Datenbank: " + $conn.State

# Datenbank schließen
$Conn.Close()
"Zustand der Datenbank: " + $conn.State
```

Befehle ausführen

Command   Jeder Datenbankprovider stellt ein providerspezifisches Befehlsobjekt (SqlCommand, OracleCommand, OleDbCommand usw.) zur Verfügung. Darüber hinaus gibt es ein providerneutrales Befehlsobjekt vom Typ DbCommand.

Das Befehlsobjekt bietet folgende Funktionen an:

- ExecuteNonQuery() zur Ausführung von DML- und DDL-Befehlen, die keine Datenmenge zurückliefern. Sofern die Befehle die Anzahl der betroffenen Zeilen zurückliefern, steht diese Zahl im Rückgabewert der Methode. Sonst ist der Wert –1.
- ExecuteRow() liefert die erste Zeile der Ergebnismenge in Form eines SqlRecord-Objekts (nur SQL Server).
- ExecuteScalar() liefert nur die erste Spalte der ersten Zeile der Ergebnismenge.
- ExecuteReader() liefert ein Datareader-Objekt (siehe nächster Abschnitt).

Über Providerfabriken kann mit dem Befehlsobjekt auch providerunabhängig gearbeitet werden, wie das nachstehende Beispiel zeigt. Hierbei ist das Befehlsobjekt von der Providerfabrik über CreateCommand() zu erzeugen.

In dem Beispiel wird erst die Anzahl der Benutzer gezählt, dann wird ein neuer Benutzer angelegt, dann wieder gezählt. Zum Schluss wird der angelegte Benutzer wieder gelöscht und erneut gezählt.

Beispiel

*Listing 33.5
Ausführung von Befehlen mit providerunabhängigen Befehlsobjekten [/Datenbanken/Command.ps1]*

```
# Parameters
$PROVIDER = "System.Data.SqlClient"
$CONNSTRING = "Data Source=.\SQLEXPRESS;AttachDbFileName=
   H:\demo\PowerShell\Datenbanken\users.mdf;Integrated
Security=True;"
$SQL1 = "Select count(*) from users"
$SQL2 = "insert into users ( UserFirstName, UserSurname) values
('Hans', 'Meier')"
$SQL3 = "delete from users where UserSurname='Meier'"

# Create factory
$provider =
[System.Data.Common.DbProviderFactories]::GetFactory($PROVIDER)

# Create connection object
$conn = $provider.CreateConnection()
$conn.ConnectionString = $CONNSTRING

# Open connection
$conn.Open();
"Database Connection State: " + $conn.State

# create command #1
[System.Data.Common.DbCommand] $cmd1 = $provider.CreateCommand()
$cmd1.CommandText = $SQL1
$cmd1.Connection = $conn
# execute command #1
$e = $counter = $cmd1.ExecuteScalar()
"Count before insert: " + $Counter

# create command #2 (INSERT)
[System.Data.Common.DbCommand] $cmd2 = $provider.CreateCommand()
$cmd2.CommandText = $SQL2
$cmd2.Connection = $conn
# execute command #2
$e = $cmd2.ExecuteNonQuery()
# execute command #1
$counter = $cmd1.ExecuteScalar()
"Count after insert: " + $Counter

# create command #3 (DELETE)
[System.Data.Common.DbCommand] $cmd3 = $provider.CreateCommand()
$cmd3.CommandText = $SQL3
$cmd3.Connection = $conn
# execute command #2
$e = $cmd3.ExecuteNonQuery()
```

Kapitel 33 Datenbanken

```
# execute command #1
$counter = $cmd1.ExecuteScalar()
"Count after delete: " + $Counter

# Datenbank schließen
$Conn.Close()
"Database Connection State: " + $conn.State
```

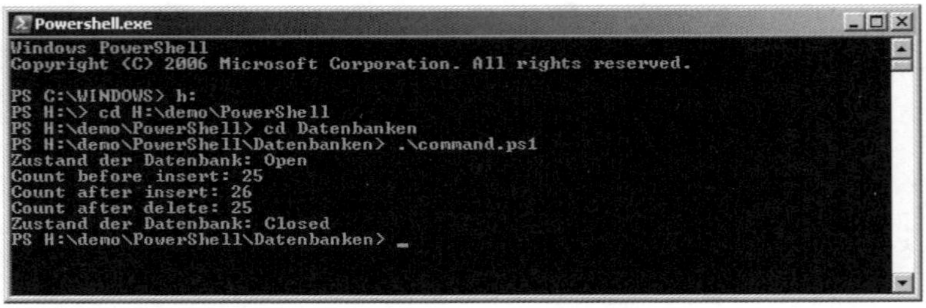

Abbildung 33.7
Ausführung
des Skripts
Command.ps1

```
Powershell.exe
Windows PowerShell
Copyright (C) 2006 Microsoft Corporation. All rights reserved.

PS C:\WINDOWS> h:
PS H:\> cd H:\demo\PowerShell
PS H:\demo\PowerShell> cd Datenbanken
PS H:\demo\PowerShell\Datenbanken> .\command.ps1
Zustand der Datenbank: Open
Count before insert: 25
Count after insert: 26
Count after delete: 25
Zustand der Datenbank: Closed
PS H:\demo\PowerShell\Datenbanken>
```

Datenzugriff mit dem Datareader

DataReader Bei einem `DataReader`-Objekt handelt es sich um einen serverseitigen Cursor, der unidirektionalen Lesezugriff (nur vorwärts) auf das Ergebnis einer `SELECT`-Anwendung (Resultset) erlaubt. Eine Veränderung der Daten ist nicht möglich. Im Gegensatz zum `DataSet` unterstützt der `DataReader` nur eine flache Darstellung der Daten. Die Datenrückgabe erfolgt immer zeilenweise, deshalb muss über die Ergebnismenge iteriert werden. Verglichen mit dem klassischen ADO entspricht ein ADO.NET-`DataReader` einem „read-only/forward-only Recordset" (zu Deutsch: „Vorwärtscursor").

Jeder ADO.NET-Datenprovider enthält seine eigene `DataReader`-Implementierung, so dass es zahlreiche verschiedene `DataReader`-Klassen im .NET Framework gibt (z.B. `Sql-DataReader` und `OLEDBDataReader`). Die `DataReader`-Klassen sind abgeleitet von `System.Data.ProviderBase.Db DataReaderBase` und implementieren `System.Data.IDataReader`.

Ein `DataReader` benötigt zur Beschaffung der Daten ein `Command`-Objekt, das ebenso providerspezifisch ist (z.B. `SqlCommand` und `OLEDBCommand`). Für die Verbindung zur Datenbank selbst wird ein providerspezifisches `Connection`-Objekt (z.B. `SqlConnection` oder `OleDbConnection`) benötigt. Die nachstehenden Abbildungen zeigen den Zusammenhang dieser Objekte am Beispiel der Datenprovider für OLEDB und SQL Server. Bei dem Provider für SQL Server (`SqlClient`) existiert seit .NET 2.0 eine zusätzliche Klasse `SqlRecord`, die einen einzigen Datensatz als Ergebnis eines Befehls repräsentiert.

Der DataReader kann auch providerunabhängig verwendet werden über eine Instanz der Klasse `System.Data.Common.DbDataReader`, die man aus einem providerunabhängigen Befehlsobjekt über `ExecuteReader()` gewinnt.

Das Beispiel liest alle Benutzer aus der Benutzertabelle aus.

Beispiel

*Listing 33.6
Auslesen einer
Datenbanktabelle
mit einem provider-
unabhängigen
Datareader
[/Datenbanken/
DataReader.ps1]*

```
# Eingabedaten
$PROVIDER = "System.Data.SqlClient"
$CONNSTRING = "Data Source=.\SQLEXPRESS;AttachDbFileName=H:\demo\
PowerShell\Datenbanken\users.mdf;Integrated Security=True;"
$SQL = "Select * from users"

# Fabrik erzeugen
$provider =
[System.Data.Common.DbProviderFactories]::GetFactory($PROVIDER)

# Verbindungsobjekt erstellen und befüllen
$conn = $provider.CreateConnection()
$conn.ConnectionString = $CONNSTRING

# Verbindung aufbauen
$conn.Open();
"Zustand der Datenbank: " + $conn.State

# Befehl erzeugen
$cmd = $provider.CreateCommand()
$cmd.CommandText = $SQL
$cmd.Connection = $conn
# Befehl ausführen
$reader = $cmd.ExecuteReader()

# Schleife über alle Datensätze
while($reader.Read())
{
$reader.Item("UserID").ToString() + ": " +
$reader.Item("UserFirstName") + " " + $reader.Item("UserSurname")
}

# Datenbank schließen
$Conn.Close()
"Zustand der Datenbank: " + $conn.State
```

Datenzugriff mit dem Datareader auf MySQL

Autor: Peter Monadjemi

Das folgende Beispiel führt eine einfache SQL-Abfrage gegen eine *MySql*-Datenbank aus. Dieser Datenbanktyp wurde gewählt, um zu demonstrieren, dass das .NET Framework und damit auch die PowerShell in diesem Punkt sehr flexibel und keinesfalls nur auf Microsoft SQL Server-Datenbanken festgelegt sind. Voraussetzung ist, dass neben MySQL auch der MySQL-.NET-Provider von Oracle installiert wurde (und die Datenbank *LoginsDB* mit den Tabellen *Users* und *Logins* und den entsprechenden Feldern existiert).

Kapitel 33 Datenbanken

```
<#
.Synopsis
Zugriff auf eine MySQL-Datenbank
#>

$AssPfad = "C:\Program Files (x86)\MySQL\MySQL Connector Net 6.5.4\
Assemblies\v4.0\MySql.Data.dll"

Add-Type -Path $AssPfad

$CnSt = "Server=localhost;Database=LoginsDB;Uid=root;Pwd="
$Cn = New-Object -TypeName MySql.Data.MySqlClient.MySqlConnection
-ArgumentList $CnSt
$Cn.Open()
$Cmd = $Cn.CreateCommand()
$Cmd.CommandText = "Select * From Users Inner Join Logins On
Logins.UserID = Users.UserID"
$Dr = $Cmd.ExecuteReader()
while ($Dr.Read())
{
  New-Object -TypeName PsObject -Property
@{UserName=$Dr.GetString($Dr.GetOrdinal("UserName"));
  LoginTime=$Dr.GetString($Dr.GetOrdinal("LoginTimeStamp"))}
}

$Cn.Close()
```

Im ersten Schritt wird ein Verbindungsobjekt (in diesem Fall vom Typ *MySqlConnection*) angelegt, mit der Verbindungszeichenfolge, die festlegt, welche Datenbank angesprochen werden soll, initialisiert und die Verbindung geöffnet. Im zweiten Schritt wird aus dem Verbindungsobjekt ein Befehlsobjekt (Typ *MySqlConnectionCommand*) abgeleitet und mit einem SQL-Kommando belegt, das die Datenbank „versteht". Im dritten Schritt wird das Kommando über die Methode ExecuteReader() ausgeführt und der zurückgegebene DataReader in einer kleinen *while*-Schleife Datensatz für Datensatz angesprochen. Da die GetString-Methode zum Abrufen eines Feldinhalts die sog. *Ordinalnummer* (Ordnungsnummer) des Felds erwartet, wird dieser über die GetOrdinal-Methode mit dem Feldnamen geholt. Jeder Datensatz wird, auch wenn dies nicht zwingend notwendig ist, zur Weiterverarbeitung in ein Objekt vom Typ *PSObject* konvertiert, dessen Properties die Namen und Werte der abgefragten Felder erhalten.

Soll das Skript stattdessen auf eine Microsoft SQL Server- oder Access-Datenbank zugreifen, müssen lediglich die Verbindungszeichenfolge und die Klassen MySqlConnection gegen die Klasse SqlConnection ausgetauscht werden. Da alle übrigen Variablen ihren Typ erst bei der Ausführung des jeweiligen Befehls erhalten, ist das Anpassen des Skripts gegen einen anderen DBMS-Typ wirklich sehr einfach.

Datenzugriff mit dem Dataset

Ein `DataSet` enthält eine Sammlung von Datentabellen, die durch einzelne `DataTable`-Objekte dargestellt werden. Die `DataTable`-Objekte können aus beliebigen Datenquellen gefüllt werden, ohne dass eine Beziehung zwischen dem Objekt und der Datenquelle existiert; das `DataTable`-Objekt weiß nicht, woher die Daten kommen. Die `DataTable`-Objekte können auch ohne Programmcode zeilenweise mit Daten befüllt werden; eine Datenbank ist nicht notwendig. Ein `DataSet` bietet – im Gegensatz zum `DataReader` – alle Zugriffsarten, also auch das Hinzufügen, Löschen und Ändern von Datensätzen. Ebenfalls lassen sich hierarchische Beziehungen zwischen einzelnen Tabellen darstellen und im `DataSet` speichern. Dadurch ist eine Verarbeitung hierarchischer Datenmengen möglich. Im Untergrund verwendet ein `DataSet` übrigens einen `DatenReader` zum Einlesen der Daten.

DataSet

Ein Dataset ist ein clientseitiger Datenzwischenspeicher, der die Änderung mitprotokolliert. Das `DataSet` nimmt keine Sperrung von Datensätzen auf der Datenquelle vor, sondern verwendet immer das sogenannte „optimistische Sperren", d.h., Änderungskonflikte treten erst auf, wenn man versucht, die Daten zurückzuschreiben. Das Konzept eines serverseitigen Cursors ist in ADO.NET nur durch die `DataReader`-Klasse realisiert. Einen serverseitigen Cursor mit Schreibfunktion und pessimistischem Sperren gibt es in ADO.NET bisher nicht.

> Das Dataset verbraucht sehr viel mehr Speicher als eine selbst definierte Datenstruktur. Das Abholen von Daten mit einem Datareader, das Speichern in einer selbst definierten Datenstruktur und das Speichern von Änderungen mit direkten SQL-Befehlen machen zwar mehr Arbeit bei der Entwicklung, sind aber wesentlich effizienter bei der Ausführung. Dies ist insbesondere bei serverbasierten Anwendungen wichtig.

Objektmodell

Ein `DataSet`-Objekt besteht aus einer Menge von `DataTable`-Objekten (`DataTable-Collection`). Jedes `DataTable`-Objekt besitzt über das Attribut `DataSet` einen Verweis auf das Dataset, zu dem es gehört.

DataSet-Objektmodell

Während die `DataTable`-Objekte in ADO.NET 1.x dem `DataSet`-Objekt noch völlig untergeordnet waren, besitzt die `DataTable`-Klasse in ADO.NET viele der Import- und Exportmöglichkeiten, über die auch die `DataSet`-Klasse verfügt.

Das `DataTable`-Objekt besitzt eine `DataColumnCollection` mit `DataColumn`-Objekten für jede einzelne Spalte in der Tabelle und eine `DataRowCollection` mit `DataRow`-Objekten für jede Zeile. Innerhalb eines `DataRow`-Objekts kann man die Inhalte der Zellen durch das indizierte Attribut `Item` abrufen. `Item` erwartet alternativ den Spaltennamen, den Spaltenindex oder ein `DataColumn`-Objekt.

Kapitel 33 Datenbanken

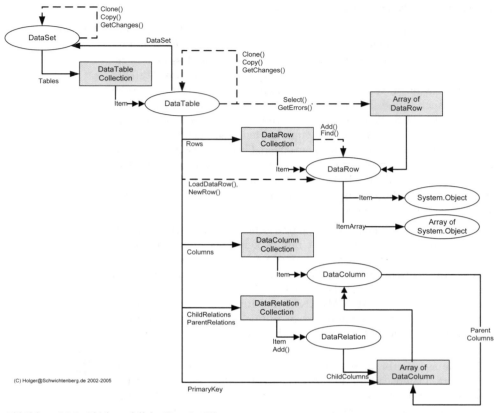

Abbildung 33.8: Objektmodell der DataSet-Klasse

Datenadapter

Ein Dataset benötigt zum Einlesen von Daten einen Datenadapter. Das Lesen von Daten mit einem DataSet läuft in folgenden Schritten ab:

- Aufbau einer Verbindung zu der Datenbank mit einem Connection-Objekt. Bei der Instanziierung dieses Objekts kann die Verbindungszeichenfolge übergeben werden.
- Instanziierung der Befehlsklasse und Bindung dieses Objekts an das Connection-Objekt über die Eigenschaft Connection
- Festlegung eines SQL-Befehls, der Daten liefert (also z.B. SELECT oder eine Stored Procedure), im OLEDBCommand-Objekt in der Eigenschaft CommandText
- Instanziierung des Datenadapters auf Basis des Command-Objekts
- Instanziierung des DataSet-Objekts (ohne Parameter)
- Die Ausführung der Methode Fill() in dem DataSet-Objekt kopiert die kompletten Daten in Form eines DataTable-Objekts in das Data-

Set. Als zweiter Parameter kann bei Fill() der Aliasname für das DataTable-Objekt innerhalb des DataSet angegeben werden. Ohne diese Angabe erhält das DataTable-Objekt den Namen Table.
- Optional können weitere Tabellen eingelesen und im DataSet miteinander verknüpft werden.
- Danach kann die Verbindung sofort geschlossen werden.

Providerspezifisches Beispiel

Das folgende PowerShell-Skript gibt aus einer Microsoft-Access-Datenbanktabelle alle Datensätze sortiert aus. Zum Einsatz kommt dabei der OLEDB-Provider für ADO.NET, der im .NET Framework ab Version 1.0 enthalten ist. Die Implementierung ist providerspezifisch.

Das Skript besteht aus folgenden Schritten:
- Festlegung der Verbindungszeichenfolge und der auszuführenden SQL-Anweisung
- Instanziierung eines Verbindungsobjekts (OleDbConnection) mit Hilfe der Verbindungszeichenfolge und Öffnen der Verbindung zur Datenbank
- Erstellen eines Befehlsobjekts (OleDbCommand) unter Angabe des Verbindungsobjekts und des SQL-Befehls
- Erstellen eines Datenadapters (OleDbDataAdapter) für den Befehl
- Instanziieren eines leeren Datencontainers (DataSet) zur Aufnahme der Daten
- Befüllen des Datencontainers durch den Datenadapter mit Hilfe der Methode Fill()
- Zugriff auf die erste Tabelle in dem Datencontainer (bitte beachten Sie, dass die Zählung bei 0 beginnt!)
- Ausgabe der Daten durch Pipelining der Tabelle

> Es ist nicht möglich, analog zu XML-Dokumenten mit $Tabelle. Spaltenname auf die Inhalte der Tabelle zuzugreifen, weil gemäß dem ADO.NET-Objektmodell das DataTable-Objekt nicht direkt die Spalten enthält, sondern DataRow-Objekte. Die PowerShell enthält aber den Automatismus, beim Pipelining eines DataTable-Objekts dieses automatisch in Zeilen und Spalten zu zerlegen. Bei den einzelnen DataRow-Objekten funktioniert dann durch die automatische Abbildung der Zugriff auf die Spalten über Ihren Namen, z.B.:
>
> $Tabelle | % { $_.Spaltenname }
>
> Ebenfalls funktioniert:
>
> $Tabelle | % { $_["UserSurname"] }
> $Tabelle | % { $_."UserSurname" }

Kapitel 33 Datenbanken

Diese beiden Syntaxformen braucht man aber nur, falls der Spaltenname ein Leerzeichen enthalten sollte.

Listing 33.7
Datenbankzugriff mit einem Dataset über einen providerspezifischen Datenadapter auf eine Access-Datenbank [DataSet Access.ps1]

```
# Eingabedaten
$Conn = "Provider=Microsoft.Jet.OLEDB.4.0;Data Source=h:\demo\
dokumente\users.mdb;"
$SQL = "Select * from users order by UserSurname"

# Datenbank öffnen
"Oeffne die Datenbank..."
$conn = New-Object System.Data.OleDb.OleDbConnection($Conn)
$conn.open()
"Zustand der Datenbank: " + $conn.State

# SQL-Befehl ausführen
"Befehl ausfuehren: " + $SQL
$cmd = New-Object System.Data.OleDb.OleDbCommand($sql,$conn)
$ada = New-Object System.Data.OleDb.OleDbDataAdapter($cmd)
$ds = New-Object System.Data.DataSet
$ada.Fill($ds, "Benutzer") | out-null

# Verbindung schließen
$conn.close

# Ausgabe
"Anzahl der Tabellen im Dataset: " + $ds.Tables.Count
"Anzahl der Datensätze in Tabelle 1: " + $ds.Tables[0].Rows.Count

"Ausgabe der Daten:"
$ds.Tables[0] | select-Object -first 15 | ft UserFirstName,
UserSurname, userid
```

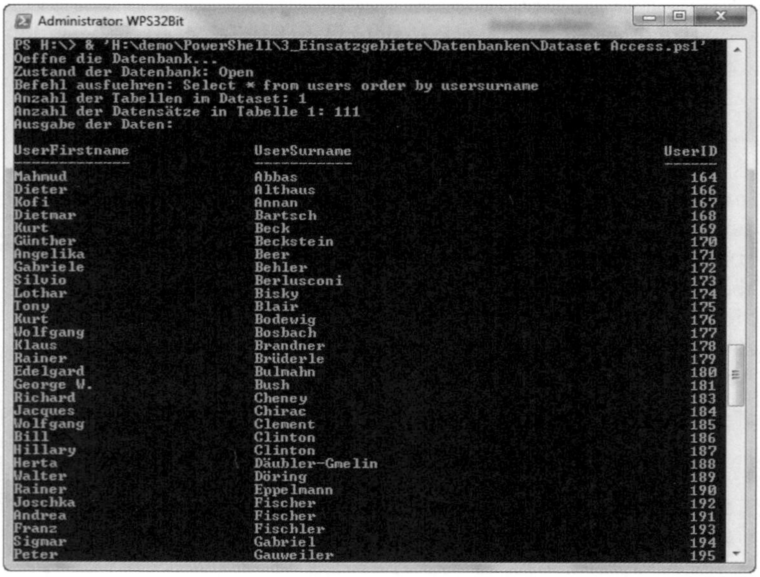

Abbildung 33.9 Ausgabe des Skripts

Providerneutrales Beispiel

Im zweiten Beispiel wird der Datenadapter von der Providerfabrik erzeugt.

Listing 33.8
Datenbankzugriff mit einem Dataset über einen providerneutralen Datenadapter auf eine Microsoft-SQL-Server-Datenbank [DataSet SQL Server1.ps1]

```
# Parameters
$PROVIDER = "System.Data.SqlClient"
$CONNSTRING = "Data Source=.\SQLEXPRESS;AttachDbFileName=H:\demo\
PowerShell\Datenbanken\users.mdf;Integrated Security=True;"
$SQL = "Select * from users"

# Create Factory
$provider =
[System.Data.Common.DbProviderFactories]::GetFactory($PROVIDER)

# Create Connection
$conn = $provider.CreateConnection()
$conn.ConnectionString = $CONNSTRING

# Open Connection
$conn.Open();
"Zustand der Datenbank: " + $conn.State

# Create Command
$cmd = $provider.CreateCommand()
$cmd.CommandText = $SQL
$cmd.Connection = $conn

# Create Adapter
[System.Data.Common.DbDataAdapter] $ada =
$provider.CreateDataAdapter()
$ada.SelectCommand = $cmd

# Create Dataset
$ds = New-Object System.Data.DataSet

# Retrieve data
$e = $ada.Fill($ds, "Benutzer")

# Datenbank schließen
$Conn.Close()
"Zustand der Datenbank: " + $conn.State

# Output
"Tabellenanzahl: " + $ds.Tables.Count
"Zeilenanzahl in Tabelle 1: " + $ds.Tables[0].Rows.Count

# Access table
$Tabelle = $ds.Tables[0]

# Print all rows
"Zeilen:"
$Tabelle | Select UserFirstName, UserSurname, userid
```

33.4 Datenzugriff mit den PowerShell-Erweiterungen

Commandlets Die *www.IT-Visions.de-PowerShell-Erweiterungen* stellen folgende Commandlets zur Verfügung:

- Test-DBConnection: zeigt an (True/False), ob ein Verbindungsaufbau möglich ist.
- Invoke-DBCommand: führt eine SQL-Anweisung auf der Datenquelle aus. Rückgabewert ist eine Zahl, die angibt, wie viele Zeilen betroffen waren.
- Get-DBTable: liefert eine Datenmenge gemäß SQL-Anweisung aus einer Datenquelle in Form einer Menge von DataRow-Objekten.
- Get-DBRow: liefert eine Zeile aus einer Datenquelle in Form eines ADO.NET-DataRow-Objekts. Sofern die angegebene SQL-Anweisung mehr als eine Zeile zurückgibt, wird nur die erste Zeile geliefert.
- Set-DBTable: speichert Änderungen in einem DataTable-Objekt in der Datenquelle.
- Set-DBRow: speichert Änderungen in einem DataRow-Objekt in der Datenquelle.

Alle Commandlets basieren auf providerneutraler Programmierung. Sofern Commandlets eine Verbindungszeichenfolge erwarten, erlauben sie auch die Angabe eines Providers (Parameter -Provider). Die Angabe des Providers ist optional, die Standardeinstellung ist „MSSQL". Andere mögliche Werte sind „OLEDB", „ODBC", „ORACLE" und „ACCESS". Bitte beachten Sie, dass diese Kürzel erwartet werden, nicht der vollständige „Provider Invariant Name".

Datenzugriff mit den PowerShell-Erweiterungen

Abbildung 33.10
Einsatz von Get-DataTable zum Zugriff auf eine Microsoft-SQL-Server-Tabelle, die Flugdaten enthält

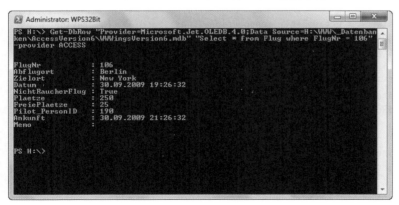

Abbildung 33.11
Einsatz von Get-DataRow zum Zugriff auf den ersten Datensatz in einer Access-Tabelle

Kapitel 33 Datenbanken

Beispiel Das folgende Skript zeigt die oben genannten Commandlets in Aktion. Das Skript erledigt alle Aufgaben der vorherigen Skripte – und das wesentlich prägnanter!

Listing 33.9 Datenbankzugriff mit den PowerShell Extensions von www.IT-Visions.de [/Datenbank/ITV Database Commandlet Demo.ps1]

```
# Requirements: www.IT-Visions.de Commandlet Extension Library
# http://www.PowerShell-doktor.de

# Parameters
$SQL = "Select * from users order by UserSurname"
$Conn = "Provider=Microsoft.Jet.OLEDB.4.0;Data Source=H:\demo\
PowerShell\Datenbanken\users.mdb;"
$Provider = "ACCESS"

"----------Test database connections:"
test-dbconnection -connection $Conn   -sql $SQL -provider $Provider

"---------- Execute Commands:"

$SQL1 = "Select count(*) from users"
$SQL2 = "insert into users ( UserFirstName, UserSurname) values
('Hans', 'Meier')"
$SQL3 = "delete from users where UserSurname='Meier'"

invoke-ScalarDbCommand -connection $Conn   -sql $SQL1 -provider
$Provider
invoke-DbCommand -connection $Conn   -sql $SQL2 -provider $Provider
invoke-ScalarDbCommand -connection $Conn   -sql $SQL1 -provider
$Provider
invoke-DbCommand -connection $Conn   -sql $SQL3 -provider $Provider
invoke-ScalarDbCommand -connection $Conn   -sql $SQL1 -provider
$Provider

"---------- Get Data "

$table = Get-DbTable -connection $Conn   -sql $SQL -provider
$Provider
$table | ft

"---------- Select Row "
$row = $table | where  { $_.usersurname -eq "Müller" }
$Row

"---------- Change Row "
$row.UsercreateDate = [DateTime] "14/10/2009"
$Row

"---------- Update Data "
$table | Set-DbTable -connection $Conn -sql $sql -provider
$Provider  -verbose
```

```
"---------- Get Row"
$SQL = "Select * from users where usersurname = 'Müller'"
$row = Get-DbRow $Conn $SQL $Provider
$row
```

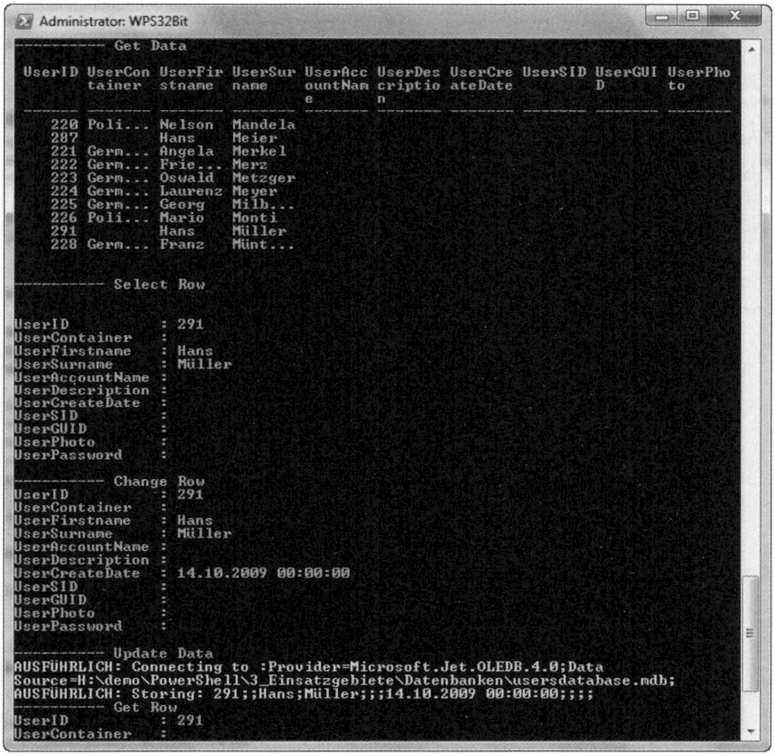

Abbildung 33.12
Ausgabe des obigen Skripts

33.5 Datenbankzugriff mit SQLPSX

Eine Alternative zu dem *www.IT-Visions.de-Commandlets* ist das Open Source-Projekt SQLPSX (*http://sqlpsx.codeplex.com/*). Das folgende Beispiel entspricht Beispiel aus Abschnitt *„Datenzugriff mit dem Datareader auf MySQL"* für einen Datenbankzugriff auf MySQL, nur dass dieses Mal das Modul `MySqlLib` aus dem `SQLPSX`-Modul zum Einsatz kommt. Es wird dadurch etwas kürzer und besser nachvollziehbar.

Listing 33.10
Datenbankzugriff auf MySQL mit SQLPSX

```
<#
.Synopsis
 Zugriff auf eine MySQL-Datenbank per SQLPSX
#>

Import-Module MySqlLib

$Server = "localhost"
$User = "root"
$Pw = ""
$Database = "LoginsDB"
$Cn = New-MySQLConnection -Server $server -User $User -Password $Pw
 -Database $Database
$Cursor = Invoke-MySQLQuery -Sql "Select * From Users Inner Join
Logins On Logins.UserID = Users.UserID" -Connection $Cn
foreach ($Rec in $Cursor)
{
  New-Object -TypeName PsObject -Property @{UserName=$Rec.UserName;
    LoginTime=$Rec.LoginTimeStamp}
}
```

34 Microsoft SQL Server-Administration

Autor: Peter Monadjemi

Microsoft SQL Server ist, neben Windows Server, sicherlich der wichtigste Server innerhalb der Server-Produktfamilie von Microsoft. Genau wie bei Exchange Server und SharePoint Server gibt es auch für den SQL Server eine dedizierte PowerShell, die z.B. über das Kontextmenü eines Objekts im *SQL Server Management Studio* aufgerufen wird. Anders als bei den ersten genannten Servern stellte Microsoft bis SQL Server 2008 R2 aber nur eine „Mini-Shell" zur Verfügung, die bezüglich ihrer Erweiterbarkeit eingeschränkt war und zudem lediglich ein weiteres Laufwerk und einen sehr kleinen Satz spezialisierter Commandlets zur Verfügung stellte. Erst mit SQL Server 2012 verwendet auch der SQL Server eine reguläre PowerShell und es gibt im Rahmen des *SQLPS*-Moduls von Microsoft eine etwas größere Auswahl an Commandlets. Wer per PowerShell Arbeitsabläufe mit einem SQL Server automatisieren oder Datenbankskripte ausführen möchte, muss aber nach wie vor entweder direkt auf die .NET-Klassenbibliothek *Server Management Objects* (SMO), die ein optionaler Bestandteil eines Microsoft SQL Server sind, zurückgreifen oder man verwendet die OpenSource-Bibliothek SQLPSX, die auf der Basis der SMO knapp 300 Funktionen und Commandlets zur Verfügung stellt. Möchte man lediglich T-SQL-Skripte zur Ausführung bringen, gibt es dafür das `Invoke-Sqlcmd`-Commandlet aus dem SQLPS-Modul, das wiederum ein optionaler Bestandteil von SQL Server 2012 bzw. SQL Server 2012 Express Edition ist.

Alle Datenbankbeispiele in diesem Kapitel beziehen sich, sofern es nicht anders angegeben ist, auf die Beispieldatenbank *Northwind*, die von einer Microsoft SQL Server 2012 Express-Instanz („.\SQLEXPRESS") verwaltet wird.

Für das Kennenlernen aller Funktionalitäten des SQL Server 2012 empfiehlt sich die Installation der Developer Edition (MSDN-Download).

34.1 Allgemeine Abfragen (ohne Hilfsmittel)

Auch ohne die Mitwirkung der von Microsoft oder der Community zur Verfügung gestellten SQL-Server-Module und Snap-Ins lassen sich bereits mit den Möglichkeiten der PowerShell und den Basisklassen des :NET Frameworks einfache Datenbankaktivitäten wie das Auflisten der SQL-Server-Instanzen oder das Ausführen von SQL-Kommandos erledigen.

Auflisten der SQL-Server-Instanzen

Für das Auflisten der Namen der SQL-Server-Instanzen genügt es im Allgemeinen, die zugrunde liegenden Dienste aufzulisten, da in den Namen der SQL-Server-Dienste auch der Name der jeweiligen Instanz enthalten ist (der Dienst für die Instanz „SQLEXPRESS" heißt z.B. „MSSQL$SQLEXPRESS").

Beispiel Der folgende Befehl listet alle lokalen Systemdienste auf, in denen das Wortfragment „SQL" enthalten ist.

Get-Service -Name "*SQL*"

Etwas komfortabler geht es mit Hilfe der Funktion Get-Sql aus dem SQLPSX-Modul, das in *Kapitel 34.5 „SQLPSX"* vorgestellt wird, da hier auch der Startmodus der einzelnen Dienste angezeigt wird:

Get-Sql -Computername (Hostname)

Ausführen von SQL-Befehlen

Das Ausführen von SQL-Befehlen zur Abfrage der Inhalte von Microsoft SQL Server-Datenbanken wurde bereits im *Kapitel 33 „Datenbanken"* behandelt und wird daher hier nicht erneut diskutiert.

34.2 PowerShell-Integration bei Microsoft SQL Server

Seit SQL Server 2008 steht die PowerShell als optionales Werkzeug für Datenbankadministratoren zur Verfügung. Die Berührungspunkte zwischen SQL Server und PowerShell fasst ein Blog-Eintrag eines Mitglieds des SQL-Server-Teams bei Microsoft unter der folgenden Adresse zusammen:

http://blogs.msdn.com/b/mwories/archive/2008/06/14/sql2008_5f00_PowerShell.aspx

PowerShell-Integration bei Microsoft SQL Server

Die PowerShell hält sich beim SQL Server aber dezent im Hintergrund. Mit einem SQL Server 2008 bzw. SQL Server 2008 R2 wird eine spezielle Form der PowerShell installiert, die als „Mini-Shell" bezeichnet wird. Der Zusatz „Mini" bedeutet aber nicht, dass nur ein eingeschränkter Befehlssatz zur Verfügung steht. Es handelt sich bei der Mini-Shell um eine vollständige PowerShell 1.0 bzw. 2.0. Die Einschränkung bezieht sich lediglich auf den Umstand, dass in einer Mini-Shell keine Erweiterungen in Gestalt von Snap-Ins hinzugefügt werden können. Die Mini-Shell lädt nach dem Start eine Reihe von SQL-Server-spezifischen Erweiterungen, die in einer externen Skriptdatei enthalten sind und denen von Anfang an vertraut wird. Es steht jedem Datenbankadministrator jedoch frei, die PowerShell in der Version 3.0 nachträglich zu installieren, sofern sie nicht bereits vorhanden ist, und die Snap-Ins (SQL Server 2008/R2) bzw. Module (SQL Server 2012) nachzuladen (im Rahmen des Profilskripts auch automatisch). Damit steht eine reguläre PowerShell ohne Einschränkungen und mit denselben Möglichkeiten der Mini-Shell zur Verfügung.

Die SQL-Server-PowerShell ist eine Datei mit dem Namen *Sqlps.exe* im *Binn*-Verzeichnis der SQL-Server-Installation (z.B. *C:\Programme\ Microsoft SQL Server\110\Tools\Bin*). Sie wird entweder direkt durch Eingabe des Programmnamens „SQLPS" oder im Rahmen vom *SQL Server Management Studio* gestartet. Dort befindet sich im Kontextmenü verschiedener Datenbankobjekte der Eintrag „PowerShell starten".

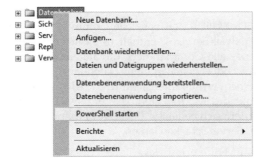

Abbildung 34.1
Die SQL-Server-PowerShell kann im Rahmen von SQL Server Management Studio gestartet werden

Im Unterschied zu einer PowerShell, bei der nach dem Start kein SQL Server-Snap-In bzw. -Modul geladen wird, wird durch das Laden von *SQLPS* ein Laufwerk „SQLServer" hinzugefügt, das unmittelbar nach dem Laden zum aktuellen Laufwerk gemacht wird. Je nachdem, von welchem Objekt die PowerShell im *SQL Server Management Studio* gestartet wurde, ist dieser Pfad bereits voreingestellt.

Abbildung 34.2
Die SQLPS-Power-Shell unmittelbar nach dem Start

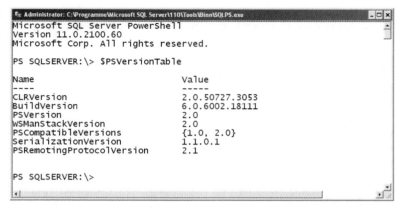

Mit dem aktuellen *SQL Server 2012* hebt Microsoft die Einschränkung von *SQLPS.exe* bezüglich des Ladens von Snap-Ins auf. Die Mini-Shell gibt es hier nicht mehr. Die SQL-Server-spezifischen Erweiterungen werden zudem als Module und nicht mehr als Snap-Ins geladen.

Nach dem Start von SQLPS wird eine PowerShell gestartet, in der bereits zwei Module geladen wurden:

- SQLASCOMMANDLETS
- SQLPS

Während das Modul SQLASCOMMANDLETS elf spezielle Commandlets für Aktivitäten rund um die „Analysis Services" enthält, umfasst das Modul *SQLPS* 30 ebenfalls recht spezielle Commandlets, die allgemeine Aufgaben wie das Sichern und Wiederherstellen einer Datenbank oder die Aktivierung des neuen Hochverfügbarkeitsfeatures („Always on") übernehmen. Im Mittelpunkt des Moduls steht das universelle Commandlet Invoke-SqlCmd, mit dem sich beliebige T-SQL-Kommandos oder T-SQL-Skripte an einen SQL Server schicken lassen.

Beispiel Der folgende Befehl listet mit Hilfe von Invoke-SqlCmd die Datensätze der Tabelle *Employees* der Datenbank *Northwind* auf dem SQL Server *.\SQLEXPRESS12* auf.

```
Invoke-SqlCmd -ServerInstance .\SQLEXPRESS12 -Database Northwind -Query "Select * From Employees" | Select-Object -Property EmployeeID, LastName, City
```

Die PowerShell-Unterstützung umfasst beim Microsoft SQL Server drei Bestandteile:

- Den PowerShell-Host *Sqlps.exe*, der sich von *PowerShell.exe* lediglich dadurch unterscheidet, dass mit dem Start zwei Snap-Ins *SqlServerCmdletSnapin100* und *SqlServerProviderSnapin100* (SQL Server 2008/R2) bzw. zwei Module SQLASCMDLETS und SQLPS (SQL Server 2012) mit Commandlets geladen werden und automatisch auf das Laufwerk „SQLServer" umgeschaltet wird.
- Einen Satz von Commandlets aus den beiden Snap-Ins bzw. Modulen, von denen das Invoke-SqlCmd-Commandlet im Modul SQLPS am wichtigsten ist.
- Ein Laufwerk mit dem Namen „SQLServer". Es wird vom Provider *SQLServer* zur Verfügung gestellt, der ebenfalls durch das SQLPS-Modul geladen wird.

34.3 SQL Server-Laufwerk

Über das *SQLServer*-Laufwerk werden die Objekte einer SQL-Server-Instanz angesprochen. Der Provider unterstützt aber nicht alle Möglichkeiten eines PowerShell-Laufwerks. Nicht unterstützt werden u.a. das Neuanlegen von Datenbankobjekten, das Kopieren von Objekten und das Abrufen von Properties über Get-ItemProperty. Das Löschen von Objekten ist jedoch möglich.

Ein Get-ChildItem macht deutlich, dass auf der obersten Ebene gleich neun Container existieren, über die die einzelnen „Elemente" eines SQL Server angesprochen werden. Wichtig: Der Zugriff auf die Daten einer Datenbank ist nicht möglich. Über das Get-ChildItem-Commandlet lassen sich zwar die Tabellen und Felder einer Datenbank auflisten, nicht aber ihre Inhalte. Dazu wird das Invoke-SqlCmd-Commandlet benötigt, mit dem sich beliebige SQL-Kommandos an einen SQL Server schicken lassen.

Das Get-ChildItem-Commandlet erfüllt zwar die gleiche Funktion wie bei den anderen Laufwerken, es besitzt aber weniger Parameter. Der Befehl

```
Set-Location -Path Sql (oder einfach "cd sql")
```

schaltet auf das Datenbankmodul mit den verfügbaren SQL Servern um. Ein

```
cd Server1
```

schaltet auf den SQL Server mit dem Namen „Server1" um. Ein weiteres „dir" listet die verfügbaren Instanzen auf diesem Server auf.

Ein Befehl, der von der obersten Ebene alle Datenbanken einer Instanz auflistet, könnte wie folgt lauten:

`dir sql\server1\sqlexpress\Databases`

Ein

`cd sql\server1\sqlexpress\Databases\Northwind`

setzt das aktuelle Verzeichnis auf die angegebene Datenbank. Ein weiteres „dir" listet die Inhalte der Datenbank wie Benutzer, gespeicherte Prozeduren, Rollen, Tabellen usw. auf. Ein

`dir sql\$(hostname)\sqlexpress\Databases\Northwind\Tables`

listet alle Tabellen der Datenbank „Northwind" auf dem lokalen Computer auf, die von der Instanz mit dem Namen „SQLExpress" verwaltet wird.

Auch wenn bei dem Provider von Microsoft (in erster Linie aus Sicherheitsgründen) nicht alle Laufwerksoperationen implementiert wurden, das Löschen einer Datenbank per `Remove-Item`-Commandlet (oder einfach „del") ist kein Problem.

Der folgende Befehl entfernt die Datenbank „PsTest":

`Remove-Item -Path PsTest`

Vorsicht: Das Löschen der Datenbank erfolgt ohne Bestätigungsanforderung.

Auch das Umbenennen einer Datenbank ist per `Rename-Item` einfach durchführbar:

`Rename-Item -Path Northwind -NewName NorthwindDB`

> Eine Möglichkeit, die von den Commandlets intern möglicherweise generierten SQL-Kommandos zu sehen, gibt es nicht.

34.4 Die SQL Server Management Objects (SMO)

Die *SQL Server Management Objects* (SMO) sind mehrere .NET-Framework-Assemblies, die eine Vielzahl von Klassen für den Zugriff auf Microsoft SQL Server-Instanzen und ihre Inhalte zur Verfügung stellen. Vereinfacht formuliert lassen sich mit ihrer Hilfe die Funktionen des SQL Server Management Studio im Rahmen einer Anwendung oder eines (PowerShell-)Skripts verwenden. Sie sind die offiziell von Microsoft zur Verfügung gestellte Funktionsbibliothek für das Scripting einer SQL-Server-Instanz und sind natürlich für den Einsatz im Rahmen eines PowerShell-Skripts prädestiniert. Sie lösen die *Distri-*

buted Managements Objects (DMO) ab, die in früheren SQL-Server-Versionen die Scripting-Schnittstelle gebildet hatten.

Die SMO werden bei SQL Server 2012 als Teil des *Client Tools SDK* installiert, das bei der Installation ausgewählt werden muss. Sie können als Teil des „Microsoft SQL Server 2012 Feature Pack", aber auch nachträglich einzeln installiert werden. Diese Option kann auch gewählt werden, wenn die SMO für SQL Server 2008 R2 installiert werden soll. Für die Express Editionen stehen die SMO (natürlich) auch zur Verfügung.

Die einzelnen Bestandteile des „Microsoft SQL Server 2012 Feature Pack" werden unter der Webadresse

http://www.microsoft.com/de-de/download/details.aspx?id=29065

aufgelistet. Für PowerShell-Anwender sind die folgenden Pakete interessant:

- *Microsoft Server 2012 Shared Management Objects*. Die MSI-Datei ist für jene Fälle interessant, dass ein PowerShell-Skript, das die SMO benutzt, auf einem Computer ausgeführt werden soll, auf dem die SMO noch nicht installiert sind. In diesem Fall müsste die MSI-Datei vor dem ersten Start des Skripts (z.B. auch als Teil des Skripts) ausgeführt werden.
- *Microsoft Windows PowerShell Extensions for Microsoft SQL Server 2012*. Die MSI-Datei installiert das PowerShell-Modul `SQLPS`.
- *Microsoft System CLR Types for Microsoft SQL Server 2012*. Dieses Paket ist Voraussetzung, um das PowerShell-Modul `SQLPS` installieren zu können.

Mit den SMO lassen sich auch ältere Versionen des SQL Server ansprechen (bis einschließlich SQL Server 2000).

Nach der Installation befinden sich die Assemblies im Verzeichnis *C:\Program Files\Microsoft SQL Server\110\SDK\Assemblies*.

Die SMO in einem PowerShell-Skript laden

Der einfachste Weg, um an die SMO heranzukommen, besteht darin, das *SQLPS*-Modul zu laden, auch wenn die Commandlets des Moduls nicht verwendet werden sollen. Die SMO können aber auch direkt über das *Add-Type*-Commandlet geladen werden, wobei aber der vollständige (und dadurch recht lange) Assembly-Name angegeben werden muss:

```
Add-Type -AssemblyName "Microsoft.SqlServer.Smo, Version=11.0.0.0,
Culture=neutral, PublicKeyToken=89845dcd8080cc91"
```

Kapitel 34 Microsoft SQL Server-Administration

Ein einfacher „Test", um festzustellen, ob die SMO-Assemblies geladen wurden, besteht darin, die Liste der aktuell geladenen Assemblies nach dem Begriff „Smo" zu durchsuchen:

```
[System.AppDomain]::CurrentDomain.GetAssemblies() -match "SMO"
```

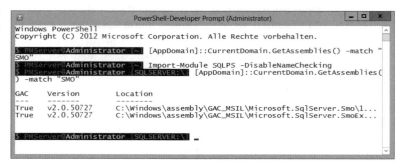

Abbildung 34.3
Die SMO werden über das SQLPS-Modul geladen.

Eine Übersicht über alle in der Assembly enthaltenen Klassen im relevanten Namensraum *Microsoft.SqlServer.Smo* liefert der folgende Befehl:

```
([System.AppDomain]::CurrentDomain.GetAssemblies() | Where Location -Match "SqlServer.smo").GetTypes() | `
Where-Object { $_.IsClass -and $_.IsPublic -and $_.Namensraum -like "Microsoft.SqlServer.Management.Smo" } |
 Select-Object -Property Name,Namensraum | Sort-Object -Property Name
```

Ein wenig anschaulicher ist das OpenSource-Tool *IlSpy* (Download unter *http:///www.ilspy.net*), das das „Innenleben" einer Assembly anzeigt (und damit auch alle in der Assembly enthaltenen Klassen) und eine Suchfunktion bietet, über die sich z.B. einzelne Klassen lokalisieren lassen.

Die SMO kennenlernen

Ein erster kleiner „Test" der SMO listet die Namen aller Datenbanken auf einem bestimmten SQL Server auf. Damit das Beispiel funktioniert, muss der Name der SQL-Server-Instanz angepasst werden.

Als Erstes wird das SQLPS-Modul importiert:

```
Import-Module -Name SQLPS -DisableNameChecking
```

Ohne den Parameter `DisableNameChecking` werden beim Laden des Moduls eine Reihe von Warnungen angezeigt, da einige Commandlets (z.B. `Encode-SqlName`) „inoffizielle" Verben besitzen.

Der Befehl, der alle Datenbanken auflistet, lautet wie folgt:

```
$InstanzName = ".\SQLEXPRESS"
$Server = New-Object -TypeName
Microsoft.SqlServer.Management.Smo.Server -ArgumentList
$InstanzName
$Server.Databases | Select-Object -ExpandProperty Name
```

Der Namensraum aller SMO-Klassen lautet „Microsoft.SqlServer.Management.Smo". Dieser Name muss jedem Typennamen, der auf den `TypeName`-Parameter von `New-Object` folgt, vorangestellt werden.

Anmelden an einen SQL Server

Das letzte Beispiel ging von einer Windows-Authentifizierung des aktuell angemeldeten Benutzers beim SQL Server aus. Ist diese nicht möglich, müssen Benutzername und Kennwort separat angegeben werden.

Das folgende Beispiel listet ebenfalls die Namen aller Datenbanken einer SQL-Server-Instanz auf, nur dass dieses Mal die Anmeldung am SQL Server über das *sa*-Konto erfolgt. Dazu muss der SQL Server gegebenenfalls auf gemischte Authentifizierung umgestellt und das *sa*-Benutzerkonto aktiviert werden.

Beispiel

```
Import-Module SQLPS -DisableNameChecking

$InstanzName = ".\SQLEXPRESS"
$Server = New-Object -TypeName
Microsoft.SqlServer.Management.Smo.Server -ArgumentList
$InstanzName

$Server.ConnectionContext.Set_LoginSecure($false)
$Cred = Get-Credential -UserName sa -Message "Kennwort für SQL-Server eingeben"
$UserName = $Cred.Username -replace "\\", "\"

$Pw = $Cred.Password
$Server.ConnectionContext.Set_Login($UserName)
$Server.ConnectionContext.Set_SecurePassword($Pw)
$Server.ConnectionString
$Server.Databases | Select-Object -ExpandProperty Name
```

SQL-Skripte ausführen

Das Ausführen von T-SQL-Skripten ist auf verschiedene Weisen möglich. Über eine `SqlCommand`-Klasse (Namensraum `System.Data.SqlClient`) und deren Methode `ExecuteReader`, über die SMO, über das `Invoke-SqlCmd`-Commandlet aus dem SQLPS-Modul und über einen Aufruf von *Sqlcmd.exe*. Die einfachste Variante ist die Verwendung des `Invoke-SqlCmd`-Commandlets, dem lediglich der Name der Instanz, der Name der Datenbank und die auszuführenden T-SQL-Befehle übergeben werden.

Kapitel 34 Microsoft SQL Server-Administration

Beispiel Das folgende Beispiel legt per T-SQL-Skript und `Invoke-SqlCmd` eine neue Datenbank mit dem Namen „TestDB" in der angegebenen SQL-Server-Instanz mit einer Tabelle an und löscht diese zuvor, sollte sie bereits existieren. Das T-SQL-Skript wird durch einen Here-String im Skript untergebracht. Am Ende werden die Namen der Tabellen der Datenbank ausgegeben.

```
<#
.Synapsis
T-SQL per SMO und Invoke-SqlCmd ausführen
#>

Import-Module -Name Sqlps -DisableNameChecking

$TSQL = @"
    Select LastName,City From Employees
"@

$TSQL = @"
USE master;
GO
IF EXISTS(SELECT * from sys.databases WHERE name='TestDB')
BEGIN
    ALTER DATABASE TestDB
    SET SINGLE_USER
    WITH ROLLBACK IMMEDIATE
    DROP DATABASE TestDB;
END

CREATE DATABASE TestDB
GO

USE TestDB
GO

CREATE TABLE dbo.Logins
    (LoginID int PRIMARY KEY NOT NULL,
    UserID int,
    LoginTime DateTime,
    Comment text NULL)
GO

"@

$SQLServerInstanz = ".\SQLEXPRESS"

Invoke-Sqlcmd -ServerInstance $SQLServerInstanz -Query $TSQL

$Server = New-Object -Typename
Microsoft.SqlServer.Management.Smo.Server -ArgumentList
$SQLServerInstanz
$Server.Databases["TestDB"].Tables
```

Direkter Aufruf von SQLCMD

Wer *Sqlcmd.exe* bereits kennt, kann das vielseitige Befehlszeilenwerkzeug natürlich auch im Rahmen der PowerShell ausführen.

Die folgende Befehlsfolge installiert die SQL-Server-Version der (bekannten) *Northwind*-Beispieldatenbank durch einen direkten Aufruf von *Sqlcmd.exe*, dem der Pfad der T-SQL-Datei übergeben wird.

Beispiel

```
$SQLScriptPath = "C:\SQL Server 2000 Sample Databases\Instnwnd.sql"
$Cmd = "sqlcmd -S .\SQLEXPRESS -E -i '$SQLScriptPath'"
Invoke-Expression $Cmd
```

Ein wenig einfacher, vor allem aber PowerShell-typischer, ist der Aufruf eines T-SQL-Skripts über das Invoke-SqlCmd-Commandlet aus dem SQLPS-Modul.

```
$InstanzName = ".\SQLEXPRESS"
$TSQLScriptPath = "C:\SQL Server 2000 Sample Databases\instnwnd.sql"
Invoke-SqlCmd -ServerInstance $InstanzName -InputFile $TSQLScriptPath
```

34.5 SQLPSX

SQLPSX ist ein OpenSource-Projekt, das bereits im Juli 2008 von *Chad Miller* (Projektusername „CMille19") gestartet wurde und seitdem bezüglich seiner Download-Zahlen zu den populärsten PowerShell-Erweiterungen beim *CodePlex*-Portal zählt. *SQLPSX* hat ein einfaches Ziel: den Umgang mit den SMO aus der Perspektive eines PowerShell-Anwenders so einfach und komfortabel wie möglich zu gestalten. Darüber hinaus erlaubt es das Anbinden anderer DBMS-Typen, wie *MySQL*, über eigene Module. *SQLPSX* ist der Sammelname für insgesamt neun Module (*Tabelle 34.1*), die durch das Importieren von *SQLPSX* der Reihe nach geladen werden. Das wichtigste Modul ist SQLServer, da es mit seinen insgesamt 76 Funktionen die Kernfunktionalität der SMO zur Verfügung stellt.

Tabelle 34.1
Die einzelnen Module von SQLPSX

Modul	Inhalt
SQLmaint	Bietet mit `Invoke-DBMaint` eine Funktion zur Ausführung eines Wartungsvorgangs.
SQLServer	Umfasst 76 Funktionen, die die SMO-Funktionalität zur Verfügung stellen.
Agent	Umfasst 14 Funktionen für die Ansteuerung des SQL-Server-Agenten, über den geplante Aufgaben, wie z.B. das Sichern einer Datenbank, durchgeführt werden.
Repl	Umfasst 20 Funktionen für die Steuerung einer SQL-Server-Replikation.
SSIS	Umfasst 15 Funktionen für die Verwaltung der SQL-Server-Paketierung im Rahmen der SQL Server Integration Services, mit dem z.B. ein Import aus einer externen Datenquelle durchgeführt wird.
Showmbrs	Umfasst vier Funktionen für den Umgang mit lokalen Gruppen und Active-Directory-Gruppen.
SQLParser	Umfasst die Funktionen `Out-SqlScript` und `Test-SqlScript`, durch die ein T-SQL-Skript formatiert ausgegeben und auf seine syntaktische Gültigkeit geprüft wird.
adolib	Umfasst sechs Funktionen für den direkten Zugriff auf eine Datenbank (z.B. über *Invoke*-Query).

Auch wenn sich jede Aktion aus dem Modul `SQLServer`, die mit den Funktionen und Commandlets aus der SQLPSX-Erweiterung möglich ist, auch direkt mit den SMO-Objekten umsetzen ließe, in der Regel ist die Verwendung der SQLPSX-Funktionalität die deutlich einfachere und komfortablere Variante.

Auf eine wichtige Einschränkung soll gleich zu Beginn hingewiesen werden. Das Modul *SQLISE*, das SQL-Abfragen direkt aus der PowerShell ISE heraus ermöglicht, funktioniert leider nicht in der PowerShell ISE 3.0.

Installation und Überblick

SQLPSX steht unter dem OpenSource-Projektportal *CodePlex* und der folgenden Adresse zur Verfügung:

http://sqlpsx.codeplex.com

SQLPX setzt das .NET Framework 3.5 SP1 voraus. Wer das Modul unter Windows XP einsetzen möchte, muss das .NET Framework 3.5 SP1 gegebenenfalls nachträglich installieren.

Der Download besteht aus der Datei *SQLPSX.msi*, die lediglich ausgeführt werden muss, um *SQLPSX* zu installieren. *SQLPSX* ist ein Open-Source-Projekt unter der *Microsoft Public Licence*. Auf der Projektseite stehen daher auch die Quellen zum Download zur Verfügung. Darüber hinaus gibt es dort auch eine kurze Installationsbeschreibung. Sehr löblich ist der Umstand, dass zu jeder Funktion eine relativ ausführliche Hilfe existiert und dass ein Diskussionsforum zur Verfügung steht, in dem man Fragen stellen kann, die vom Autor des Moduls beantwortet werden. Die einzelnen Funktionen werden in einer Online-Hilfe unter *http://www.sqlpsx.com/* beschrieben.

SQLPSX ist (für PowerShell-Verhältnisse) eine umfangreiche Angelegenheit, die im Kern acht Module umfasst und es damit auf 218 Funktionen und Commandlets bringt (bezogen auf die Version 2.3.2.1). Zusätzlich gibt es das Modul *SQLISE*, das sich in die PowerShell ISE einklinkt und das Ausführen von SQL-Abfragen erlaubt, die dazu lediglich in ein Skriptfenster eingegeben werden müssen.

Geladen werden alle Module über ein

```
Import-Module SQLPSX
```

SQLPSX selber ist kein „richtiges" Modul. Die Modulskriptdatei *Sqlpsx.psm1* besitzt lediglich die Aufgabe, die einzelnen Module der Reihe nach zu laden (sollte kein Oracle-Provider installiert sein, was im Allgemeinen der Fall ist, erscheint eine Warnung).

Über ein `Get-Module` erhält man eine Übersicht der geladenen Module.

Die ersten Schritte

Um mit SQLPSX arbeiten zu können, werden entweder alle Module oder einzelne Module importiert. Die für das Kennenlernen der Möglichkeiten interessantesten Module sind `SQLServer` und `AdoLib`, die sich auch einzeln laden lassen;

```
Import-Module -Name SQLServer, AdoLib
```

Der zweite Schritt kann darin bestehen, sich die Versionsnummer einer SQL-Server-Instanz ausgeben zu lassen:

```
Get-SqlVersion -SqlServer .\SQLEXPRESS
```

`Get-SqlVersion` ist eine Funktion aus dem Modul `SQLServer`. Eine Liste aller `Get`-Funktionen dieses Moduls liefert ein

```
Get-Command -Module SQLServer -Verb Get
```

Die insgesamt 55 Funktionen bieten einen guten Überblick über die Abfragemöglichkeiten, die mit dem Modul einhergehen. Ein

```
Get-SqlEdition -SqlServer .\SQLEXPRESS
```

liefert die Edition des SQL-Servers.

Zugriff auf einen SQL Server und seine Datenbanken

Die häufigsten Aktivitäten, die im Rahmen eines Skripts durchgeführt werden, haben etwas mit dem Zugriff auf einen SQL Server und seine Datenbanken zu tun. Diese Funktionalität ist im Modul *SQLServer* mit seinen 76 Funktionen enthalten.

Beispiel Das folgende Beispiel listet die Eckdaten aller Datenbanken auf der angegebenen SQL-Server-Instanz auf.

```
Import-Module SqlServer

$InstanzName = ".\SQLEXPRESS"

Get-SqlServer -Sqlserver $InstanzName | Select-Object -ExpandProperty Databases
```

Der folgende Befehl listet alle Tabellen innerhalb einer Datenbank auf:

```
Get-SqlDatabase -Sqlserver $InstanzName -Dbname Northwind | Select-Object -ExpandProperty Tables
```

Ähnlich sehen Befehle aus, die z.B. gespeicherte Prozeduren oder andere Objekte einer Datenbank auflisten.

Beim nächsten Beispiel, das alle gespeicherten Prozeduren einer Datenbank zurückgibt, kommt endlich der Pipe-Operator zum Einsatz, der sich natürlich auch bei Datenbankabfragen vorteilhaft einsetzen lässt:

```
Get-SqlDatabase -Sqlserver $InstanzName -Dbname Northwind | Get-SqlStoredProcedure
```

SQL-Abfragen und Änderungen an einer Datenbank durchführen und gespeicherte Prozeduren ausführen

Zum Abschluss des ersten Überblicks über die Möglichkeiten des SQLPSX-Moduls soll natürlich auch gezeigt werden, wie sich SQL-Abfragen, SQL-Kommandos und gespeicherte Prozeduren ausführen lassen. Dafür gibt es mindestens zwei Möglichkeiten: über die Funktionen `Invoke-Query` und `Invoke-Sql` im Modul `Adolib` und über die `Get-SqlData`-Funktion im Module `SqlServer`.

Ausführen einer SQL-Abfrage

Das erste Beispiel führt per `Invoke-Query`-Funktion eine einfache SQL-Abfrage gegen eine Datenbank aus. Da die Funktion nicht auf den SMO, sondern direkt auf den .NET-Basisklassen aufsetzt, wird die Verbindungszeichenfolge als Parameterwert übergeben.

Beispiel

```
Import-Module Adolib
Invoke-Query -Sql "Select * From Employees" `
 -Connection "Data Source=.\SQLEXPRESS;Integrated Security=true;Initial Catalog=Northwind"
```

Die Rückgabe besteht in diesem Fall aus *DataRow*-Objekten, die über eine Typenerweiterung um die Feldnamen der *Employees*-Tabelle erweitert wurden (dies lässt sich über ein `Get-Member` feststellen). Damit lassen sich die Felder als Properties ansprechen.

Die folgende Abfrage gibt nur Datensätze der *Employees*-Tabelle aus, deren Feld *City* den Wert „Seattle" besitzt:

```
Invoke-Query -Sql "Select * From Employees" `
 -Connection "Data Source=.\SQLEXPRESS;Integrated Security=true;Initial Catalog=Northwind" | Where-Object City -eq "Seattle"
```

> Wer etwas mehr über das „Innenleben" einer SQLPSX-Funktion erfahren möchte, kann dies jederzeit tun. Wie bei allen Funktionen lässt sich ihr Inhalt über das `Get-Content`-Commandlet sehr einfach abrufen:
>
> ```
> Get-Content -Path Function:Invoke-Query
> ```

Ausführen eines Update-Kommandos

Natürlich lassen sich auch SQL-Operationen ausführen, die keine Datensätze zurückgeben.

Das folgende Beispiel führt eine Update-Operation mit der Tabelle *Products* der *Northwind*-Datenbank aus, die den Wert aller Produkte um einen bestimmten Faktor senkt, deren *Discontinued*-Feld den Wert 1 besitzt.

Beispiel

Kapitel 34 Microsoft SQL Server-Administration

```
function Update-Products
{
  param([Double]$Factor)
  $CnSt = "Data Source=.\SQLEXPRESS;Initial Catalog=Northwind;Trusted_Connection=Yes"
  $TSQL = "Update Products Set UnitPrice = UnitPrice * $Factor Where Discontinued = 1"
  Invoke-Sql -sql $TSQL -connection $CnSt
}

Update-Products -Factor 0.5
```

Konnte das Update-Kommando ausgeführt werden, wird die Anzahl der von der Aktualisierung betroffenen Datensätze zurückgegeben.

Der Parameter Connection erwartet einen Wert vom Typ SqlConnection, der ein Verbindungsobjekt repräsentiert. Für diesen Parameter darf aber auch eine Zeichenkette übergeben werden, wenn diese eine gültige Verbindungszeichenfolge darstellt (sich aus ihr ein SqlConnection-Objekt ableiten lässt).

Ausführen einer Abfrage mit Parametern

Bei einer parametrisierten Abfrage (Abfrage mit Parametern) werden einzelne Werte der Abfrage variabel gehalten. Auch wenn die SQL-Abfrage bei einem PowerShell-Befehl lediglich PowerShell-Variablen enthalten müsste, ist eine offizielle Parameterabfrage über die Invoke-Query-Funktion des AdoLib-Moduls etwas flexibler.

Beispiel Das folgende Beispiel listet alle Datensätze der *Employees*-Tabelle der *Northwind*-Datenbank über eine parametrisierte Abfrage auf.

```
Import-Module -Name AdoLib

$ConString = "Data Source=.\SQLEXPRESS;Trusted_Connection=Yes;Initial Catalog=Northwind"

# Alle Mitarbeiter, die in einer bestimmten Stadt wohnen
$TSQL = "Select LastName, City From Employees Where City Like @City"

$Stadt = "Sea%"
Invoke-Query -Connection $ConString -Sql $TSQL -Parameters @{City=$Stadt}
```

Ausführen eines Insert-Kommandos und Rückgabe des Identitätswerts

Das folgende Beispiel fügt in die Tabelle *Employees* per Insert-Kommando einen neuen Datensatz ein und gibt den von der Datenbank erzeugten Identitätswert für das Feld EmployeeID (Primärschlüssel) zurück. Der „Trick" besteht darin, an das Insert-Kommando ein Select-Kommando mit der Variablen @@Identity anzuhängen und das ganze Kommando über Invoke-Query und nicht Invoke-Sql auszuführen, um den Id-Wert zurückzuerhalten.

```
$TSQL = "Insert Into Employees (FirstName, LastName,City)
Values('Peter','Monadjemi','Esslingen');Select @@Identity As
EmployeeID"
$CnSt = "Data Source=.\SQLEXPRESS;Initial
Catalog=Northwind;Trusted_Connection=Yes"
Invoke-Query -sql $TSQL -connection $CnSt
```

Ausführen eines T-SQL-Skripts

Über das Commandlet Invoke-SqlCmd aus dem SQLPS-Modul oder über die Funktion Invoke-Query aus dem AdoLib-Modul des SQLPSX-Moduls lassen sich auch mehrere SQL-Kommandos nacheinander ausführen.

Das folgende Beispiel ist etwas umfangreicher, denn es führt ein T-SQL-Kommando aus, das in der *Northwind*-Datenbank eine Tabelle mit dem Namen „CustomerRatings" und den Feldern „CustomerID" und „Rating" einfügt. In diese Tabelle werden anschließend 100 Datensätze eingefügt.

Beispiel

```
<#
 .Synopsis
 Tabelle mit Daten anlegen per T-SQL und Invoke-Query
#>

Import-Module AdoLib
Import-Module -Name SqlPs -DisableNameChecking
$VerbosePreference = "Continue"

$TSQL = @"
 DROP TABLE Ratings;
 CREATE TABLE dbo.Ratings
    (CustomerID nchar(5),
     RatingValue real,
     RatingTime nchar(32));
"@
```

Kapitel 34 Microsoft SQL Server-Administration

```
$InstanzName = ".\SQLEXPRESS"

# Invoke-Sqlcmd -ServerInstance $InstanzName -Database Northwind -
Query $TSQL

$CnSt = "Data Source=.\SQLEXPRESS;Initial
Catalog=Northwind;Trusted_Connection=Yes"
Invoke-Query -Sql $TSQL -Connection $CnSt

$TSQL = @"
  INSERT INTO Ratings VALUES ('$CustomerID',$Rating,'$Time')
"@

$Anzahl = 100
$i = 0
1..$Anzahl | Foreach-Object {
    $i++
    $Rating = 1..10 | Get-Random
    $CustomerID = "ALFKI", "ANTON","BLAUS","PARIS","WELLI" | Get-
Random
    $TSQL = "INSERT INTO Ratings VALUES
('$CustomerID',$Rating,'$Time')"
    Invoke-Query -sql $TSQL -connection $CnSt
    Write-Progress -Activity "Füge Datensätze ein" -Status
"Datensatz Nr. $i" -PercentComplete (($i/$Anzahl) * 100)
    $Time = Get-Date
    Start-Sleep -Seconds 1
}

Write-Verbose "$Anzahl Datensätze eingefügt."
$VerbosePreference = "SilentlyContinue"
```

Die zweite Alternative für das Ausführen einer Datenbankabfrage bietet die `Get-SqlData`-Funktion aus dem `SQLServer`-Modul, der die auszuführenden T-SQL-Befehle als Zeichenkette über den Parameter Qry übergeben werden.

Beispiel Der folgende Befehl führt eine einfache `Select`-Abfrage gegen die *Northwind*-Datenbank aus.

```
Get-Sqldata -sqlserver ".\SQLEXPRESS" -dbname Northwind -qry
"Select LastName, City From Employees"
```

Auch diese Abfrage gibt `DataRow`-Objekte (Namensraum `System.Data`) zurück, die um die Properties „LastName" und „City" erweitert wurden.

Aufruf einer gespeicherten Prozedur

Der Aufruf einer gespeicherten Prozedur fällt nicht in den „Zuständigkeitsbereich" von SMO, dafür sind die .NET-Basisklassen zuständig. Die einfachste Möglichkeit für den Aufruf einer gespeicherten Prozedur bietet die Funktion `Invoke-StoredProcedure` aus dem `AdoLib`-Modul des `SQLPSX`-Moduls.

Das folgende Beispiel ruft die gespeicherte Prozedur „Sales by Year" in der *Northwind*-Datenbank auf.

```
$CnSt = "Data Source=.\SQLEXPRESS;Initial
Catalog=Northwind;Trusted_Connection=Yes"

Invoke-StoredProcedure -Connection $CnSt -StoredProcName "[Sales by
Year]" -Parameters @{Beginning_Date="1.1.1997";Ending_
Date="31.12.1998"}
```

SQL-Abfragen direkt in der PowerShell ISE ausführen

Für das komfortable Ausführen von einfachen SQL-Kommandos sollte man nicht jedes Mal *SQL Server Management Studio* oder ein vergleichbares Tool starten müssen (eine empfehlenswerte Alternative für „das mal eben ein wenig SQL testen" ist *Query Express* – Download unter *http://www.albahari.com/queryexpress.aspx)*, theoretisch sollte das auch in der PowerShell ISE möglich sein. Diese Möglichkeit bietet das Modul `SQLISE` aus der `SQLPSX`-Modulsammlung, allerdings nur für die ISE 2.0. Die folgenden Beispiele setzen daher voraus, dass sie in der PowerShell ISE 2.0 ausgeführt werden.

Im ersten Schritt wird das Modul in der PowerShell ISE importiert:

```
Import-Module SQLISE
```

Danach steht im (gegebenenfalls neu angelegten) *Add-Ons*-Menü der Eintrag „SQLIse" zur Verfügung, der ein Untermenü mit über einem Dutzend Einträgen öffnet. Einer dieser Einträge ist „Execute", über den der aktuelle Inhalt des Fensters als SQL-Kommando an die aktuell ausgewählte Datenbank geschickt wird. Die Datenbank wird über das *SQLIse*-Menü ausgewählt.

Kapitel 34 Microsoft SQL Server-Administration

Abbildung 34.4
Nach dem Laden des SQLISE-Moduls wird eine Datenbank ausgewählt.

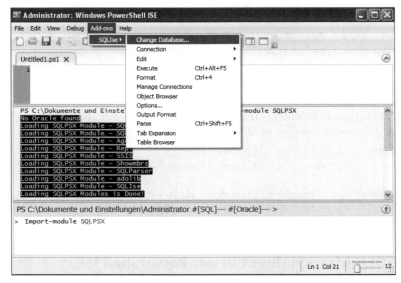

Nach Eingabe eines SQL-Kommandos wird es über [Strg]+[Alt]+[F5] ausgeführt. Das Ergebnis sehen Sie im Ausgabebereich.

Abbildung 34.5
Eine SQL-Abfrage wird in der PowerShell ISE 2.0 ausgeführt.

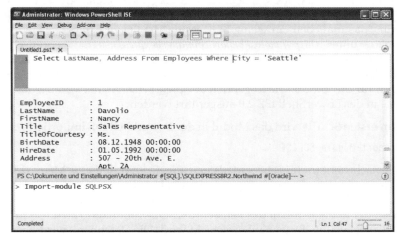

34.6 Microsoft SQL Server-Administration mit der PowerShell in der Praxis

In diesem Abschnitt werden eine Reihe von Aktivitäten vorgestellt, die in die Kategorie „Datenbankverwaltung" fallen. Dazu gehört z.B. die regelmäßige Sicherung einer Datenbankdatei. Die Aktivitäten werden entweder per *Invoke-SqlCmd*-Commandlet, über die *SMO* oder die Funktionen des *SQLPSX*-Moduls umgesetzt.

Umgang mit Agenten

Über einen SQL-Server-Agent wird eine geplante Aufgabe (Job) angelegt, die zu einem festgelegten Zeitpunkt und/oder in regelmäßigen Intervallen eine bestimmte Aufgabe erledigt. Im *SQL Server Management Studio* werden die Wartungspläne eines SQL Servers auf der Grundlage von Agenten durchgeführt. SQL Server-Agenten gibt es nicht bei der Express Edition vom SQL Server – hier fehlt der entsprechende Eintrag im *SQL Server Management Studio* und der SQL-Server-Agentendienst lässt sich nicht starten.

Das Modul `Agent` aus dem SQLPSX-Modul bietet 14 Funktionen für das Abfragen von Details, die mit Agenten-Jobs zu tun haben, und zum Starten eines Jobs. Das Anlegen eines Agenten-Jobs ist nur über die SMO möglich und stellt einen etwas umfangreicheren Vorgang dar, so dass das *SQL Server Management Studio* dafür im Allgemeinen die bessere Wahl ist, zumal hier alle Einstellmöglichkeiten übersichtlich angeboten werden.

Der folgende Befehl listet die Agenten-Jobs auf, die vom dem Jobserver verwaltet werden, der mit der SQL-Server-Instanz „.\SQLServer12" verknüpft sind.

Beispiel

```
Import-Module -Name Agent

$InstanzName = ".\SQLServer12"
$JobServer = Get-AgentJobServer -Sqlserver $InstanzName
Get-AgentJob -jobserver $JobServer | Select-Object -Property Name, JobID, NextRunDate
```

Kapitel 34 Microsoft SQL Server-Administration

Beispiel Das folgende Beispiel legt einen neuen Agenten-Job mit dem Namen „NwJob" an, der über das T-SQL-Kommando „DBCC CHECKDB" eine Konsistenzprüfung der *Northwind*-Datenbank auf dem SQL Server „.\SQLServer12" durchführt.

```
Import-Module SqlPs

try
{
 $InstanzName = ".\SQLServer12"
 $JobName = "NwJob"
 $Server = New-Object -TypeName
Microsoft.SqlServer.Management.Smo.Server -ArgumentList
$InstanzName
 $JobServer = $Server.JobServer
 $Job = New-Object -TypeName
Microsoft.SqlServer.Management.Smo.Agent.Job -ArgumentList
$JobServer, $JobName
  $Job.Create()
 $Job.ApplyToTargetServer($Server.Name)
 $JobStep = New-Object -TypeName
Microsoft.SqlServer.Management.Smo.Agent.JobStep -ArgumentList
$Job, "Schritt1"
 $JobStep.Subsystem =
[Microsoft.SqlServer.Management.Smo.Agent.AgentSubSystem]::Transact
Sql
 $JobStep.Command = "DBCC CHECKDB('Northwind') WITH NO_INFOMSGS";
 $JobStep.OnFailAction =
[Microsoft.SqlServer.Management.Smo.Agent.StepCompletionAction]::Qu
itWithFailure
 $JobStep.Create()
 Write-Host -ForegroundColor White -BackgroundColor Red -Object
"Job $JobName wurde angelegt..."
}
catch
{ "Fehler beim Anlegen des Jobs ($_)" }
```

Die angelegten Jobs werden sowohl im *SQL Server Management Studio* (im Zweig „SQL Server-Agent\Aufträge") aufgelistet als auch über das SQLServer-Laufwerk im Verzeichnis „\SQL\<Servername>\<SQL Server Instanz\Jobserver\jobs"). Dort wird auch angezeigt, ob der Job bereits ausgeführt wurde.

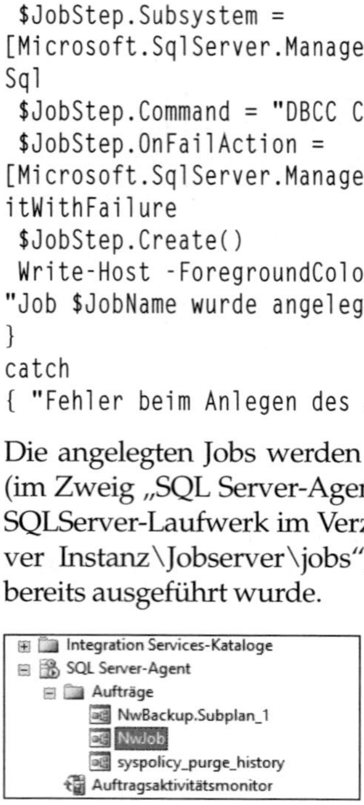

Abbildung 34.6
Der neue Job wird im SQL Server Management Studio angezeigt.

Gestartet wird ein Job über seine Start()-Methode.

Das folgende Beispiel startet den Job „NwJob" mit Hilfe der SMO.   **Beispiel**

```
<#
 .Synopsis
 Starten eines SQL Server-Job
 .Notes
 Steht unter der Express Edition nicht zur Verfügung
#>

Import-Module SqlPs -DisableNameChecking

$InstanzName = ".\SQLServer12"
$JobName = "NwJob"
$Server = New-Object -TypeName
Microsoft.SqlServer.Management.Smo.Server -ArgumentList
$InstanzName
$JobServer = $Server.JobServer
$Job = $JobServer.Jobs[$JobName]
try
{
 $Job.Start()
 # Ein wenig warten
 Start-Sleep -Seconds 5
 $Job.Refresh()
  Write-Host -ForegroundColor White -BackgroundColor Red -Object
"Job $JobName wurde um $($Job.LastRunDate) gestartet..."
}
catch
{ "Fehler beim Starten des Jobs ($_)" }
```

Mit Hilfe der Funktionen aus dem Agent-Modul im SQLPSX-Modul geht das Starten etwas einfacher:

```
$JobServer = Get-AgentJobServer -SqlServer .\SQLServer12
$J = Get-AgentJob -Jobserver $JobServer -name NwJob
$J.Start()
```

Datenbankdateien sichern

Auch wenn selbstverständlich jeder Datenbankadministrator das Sichern einer Datenbank über einen Wartungsplan erledigen lässt und es für das Sichern von Datenbanken und anderen SQL-Server-Inhalten im großen Stil komfortable GUI-Tools gibt, das Backup einer einzelnen SQL-Server-Datenbank ist auch mit der Funktion Invoke-SqlBackup aus dem *SqlServer*-Modul des *SQLPSX*-Moduls sehr einfach möglich.

Beispiel Das folgende Beispiel sichert die *Northwind*-Datenbank in ein Verzeichnis, das vorhanden sein muss.

```
Import-Module SqlServer

$InstanzName = ".\SQLEXPRESS"
Invoke-SqlBackup -Sqlserver $InstanzName -Dbname Northwind -
Filepath "C:\NwBackup\Northwind.bak"  -action Database -description
"Nw-Backup" -force
```

Datenbankdateien anhängen und entfernen

Für das Anhängen (engl. „attach") einer Datenbankdatei (diese trägt in der Regel die Erweiterung .*mdf*) an einen SQL Server gibt es mehrere Möglichkeiten. Die von Microsoft empfohlene Variante besteht in dem T-SQL-Kommando „Create Database" mit dem Anfang „For Attach".

Beispiel Das folgende Beispiel hängt die .*mdf*-Datei für die *Northwind*-Datenbank an einen SQL Server. Das T-SQL-Kommando wird über das Invoke-SqlCmd-Commandlet ausgeführt.

```
$MdfPath = "C:\Databases\Northwnd.mdf"
$MdfLogPath = "C:\Databases\Northwnd_log.ldf"

$DBName = "NorthwindNeu"

$TSQL = @"
    CREATE DATABASE $DBName
    ON (FILENAME = '$MdfPath'),
    (FILENAME = '$MdfLogPath')
    FOR ATTACH;
"@

$InstanzName = ".\SQLEXPRESS"
Invoke-Sqlcmd -ServerInstance $InstanzName -Query $TSQL
```

Das „Abhängen" (engl. „detach") einer Datenbank von einem SQL Server beschränkt sich auf den Aufruf der Detach-Methode des SMO-Server-Objekts.

```
Import-Module -Name SqlPs -DisableNameChecking

$InstanzName = ".\SQLEXPRESS"

$Server = New-Object -TypeName
Microsoft.SqlServer.Management.Smo.Server -ArgumentList
$InstanzName
```

```
$DBName = "NorthwindNeu"
try
{
 $Server.DetachDatabase( $DBName, $false)
}
catch
{
 "Datenbank $DBName kann nicht gelöst werden"
}
```

SQL-Server-Datenbanken kopieren

Das Kopieren einer Datenbank ist etwas umfangreicher, da mehrere Teilschritte abgearbeitet werden. Das Kopieren wird über die Methode TransferData() des SMO-Objekts Transfer durchgeführt, das mit der zu kopierenden Datenbank initialisiert wird.

Beispiel

Das folgende Beispiel kopiert die *Northwind*-Datenbank auf eine Datenbank mit dem Namen „Northwind2" innerhalb desselben SQL Server. Es verwendet dazu die SMO.

```
<#
 .Synopsis
 Kopieren einer Datenbank
#>

Import-Module -Name SqlPs -DisableNameChecking

$InstanzName = ".\SQLEXPRESS"
$DBName = "Northwind"

$Server = New-Object -TypeName
Microsoft.SqlServer.Management.Smo.Server -ArgumentList
$InstanzName

$DB = $Server.Databases[$DBName]

$DBCopyName = "Northwind2"
$DBCopy = New-Object -TypeName
Microsoft.SqlServer.Management.SMO.Database -ArgumentList $Server,
$DBCopyName
try
{
 $DBCopy.Create()
 Write-Verbose "Kopie-Datenbank wurde angelegt..."
}
catch
{
```

```powershell
            Write-Host -ForegroundColor White -BackgroundColor Red "Fehler beim
            Erstellen der Datenbank ($_)"
             break
            }
            $DBTransfer = New-Object -TypeName
            Microsoft.SqlServer.Management.SMO.Transfer -ArgumentList $DB
            $DBTransfer.CopyAllTables = $true
            $DBTransfer.Options.WithDependencies = $true
            $DBTransfer.Options.ContinueScriptingOnError = $true
            $DBTransfer.DestinationDatabase = $DBCopyName
            $DBTransfer.DestinationServer = $Server.Name
            $DBTransfer.DestinationLoginSecure = $true
            $DBTransfer.CopySchema = $true

            Write-Verbose "Erzeuge T-SQL-Skript für das Kopieren der
            Datenbank..."

            $DBTransfer.ScriptTransfer()

            Write-Verbose "Kopiere die Datenbank..."
            try
            {
             $DBTransfer.TransferData()
             Write-Host -ForegroundColor White -BackgroundColor Green
            "Datenbank wurde kopiert..."
            }
            catch
            {
             Write-Host -ForegroundColor White -BackgroundColor Red "Fehler
            beim Kopieren der Datenbank ($_)"
            }

            $Server.Databases | Select-Object -ExpandProperty Name
```

35 ODBC-Datenquellen

Autor: Peter Monadjemi

ODBC ist der Name einer Spezifikationen, durch die unterschiedliche Datenbankentypen über einen einheitlichen Satz an Funktionen angesprochen werden können. Diese Funktionen werden von Anwendungen verwendet, um auf eine Datenbank zugreifen zu können. Seit Windows 2000 ist *ODBC* in Gestalt der *Microsoft Data Access Components* (MDAC) ein fester Bestandteil des Betriebssystems. Auch wenn die von Microsoft Anfang der 1990er Jahre initiierte *Open Database Connectivity* (ODBC) bereits in die Jahre gekommen ist, werden über *ODBC* auch heute noch in Unternehmen und großen Organisationen z.B. DB2- oder Informix-Datenbanken oder Excel-Arbeitsmappen angesprochen. Auch Access-, FoxPro- und uralte dBase-Datenbanken können per *ODBC* genauso angesprochen werden wie eine Microsoft-SQL-Server-Datenbank. Damit eine Anwendung eine Datenbank über *ODBC* ansprechen kann, muss ein „Data Source Name" (DSN) vorhanden sein. Dieser fasst alle Einstellungen wie den Namen des ODBC-Treibers oder den Benutzernamen zusammen. Das Verwalten der DSN-Einträge war unter Windows in der Vergangenheit nur über das Verwaltungsprogramm *ODBC-Datenquellenverwaltung* möglich. Bei Windows Server 2012 ist dies nun auch per PowerShell möglich. Dazu stehen im Modul `WDAC` („Windows Data Access Components") insgesamt zwölf Funktionen zur Verfügung. Damit lassen sich u.a. DSNs für ODBC-Datenquellen anlegen, modifizieren und wieder entfernen. Außerdem lässt sich ein spezieller ODBC-Leistungsindikator ansprechen. *Tabelle 35.1* stellt die wichtigsten Funktionen zusammen.

Tabelle 35.1
Die wichtigsten Funktionen aus dem WDAC-Modul

Funktion	Bedeutung
Get-ODBCDriver	Gibt alle installierten ODBC-Treiber zurück.
Add-ODBCDSN	Fügt einen neuen DSN hinzu.
Get-ODBCDSN	Gibt alle vorhandenen DSNs zurück.
Enable-ODBCPerfCounter	Aktiviert den Leistungsindikator, der den Zugriff auf eine ODBC-Datenquelle überwacht. Sein Zustand wird über Get-OdbcPerfCounter abgerufen.
Remove-ODBCDsn	Entfernt einen DSN.
Set-ODBCDsn	Ändert einzelne Einstellungen eines DSN über die Parameter SetPropertyValue und RemovePropertyValue.
Set-ODBCDriver	Ändert einzelne Einstellungen eines ODBC-Treibers über die Parameter SetPropertyValue und RemovePropertyValue.

35.1 ODBC-Treiber und -Datenquellen auflisten

Eine ODBC-Datenquelle (DSN) ist nichts anderes als eine Zusammenfassung von Einstellungen im Textformat, die für den Zugriff auf die betreffende Datenbank verwendet und in der Registry von Windows oder in einer Datei abgelegt werden. Der wichtigste Bestandteil der Datenquelle ist der Name des ODBC-Treibers. Dieser lautet für den Microsoft SQL Server 2012 z.B. „SQL Server Native Client 11.0". Eine Liste aller aktuell installierten 32-Bit- und 64-Bit-Treiber liefert die Funktion Get-OBDCDriver aus dem WDAC-Modul:

```
Get-OdbcDriver | Select-Object -Property Name, Platform
```

Die Property Platform gibt an, ob der Treiber in einer 32- oder 64-Bit-Version oder in beiden Versionen vorliegt.

Eine Liste aller vorhandenen DSNs erhält man über die Funktion Get-OdbcDsn.

Beispiel Der folgende Befehl listet alle Benutzer-DSNs (diese stehen nur dem aktuellen Benutzer zur Verfügung) auf.

```
Get-OdbcDsn -DsnType User
```

Anlegen einer ODBC-Datenquelle

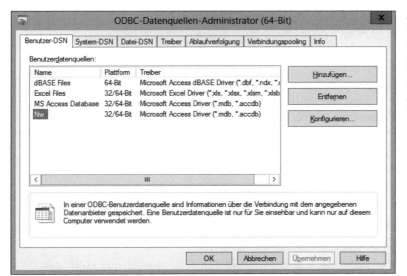

Abbildung 35.1
Die ODBC-Datenquellenverwaltung zeigt alle vorhandenen Datenquellen an und erlaubt das Anlegen neuer Datenquellen.

Bei Windows 8 und Windows Server 2012 wurde der ODBC-Datenquellen-Dialog etwas verbessert. Treiber, die nur für eine der beiden Plattformen 32- oder 64-Bit verfügbar sind, können nicht konfiguriert werden, wenn das Verwaltungsprogramm für eine Plattform angezeigt wird, auf der sie nicht verfügbar sind – die Buttons *Entfernen* und *Konfigurieren* sind in diesem Fall nicht aktiv.

35.2 Anlegen einer ODBC-Datenquelle

Eine ODBC-Datenquelle (DSN) kann auf drei verschiedene Weisen angesprochen werden:

1. Als Systemeintrag, der entweder für den aktuellen Benutzer oder für alle Benutzer zur Verfügung steht (System- und Benutzer-DSN).
2. Als Textdatei (Datei-DSN), in der alle Einstellungen für den Zugriff auf die Datenbank enthalten sind.
3. Als dritte Alternative können die Einstellungen direkt in die Verbindungszeichenfolge eingebaut werden. Die üblichste Variante ist ein System-DSN.

Beispiel Der folgende Befehl legt einen Benutzer-DSN mit dem Namen „Nw" an, über den Access-Datenbanken angesprochen werden.

```
Add-OdbcDsn -Name Nw -DriverName "Microsoft Access Driver (*.mdb)"
-DsnType User
```

Soll der DSN eine bestimmte Datenquelle ansprechen, muss die DBQ-Property den Pfad der Datendatenbankdatei erhalten, was über den Parameter `SetPropertyValue` geschieht, dem alle Einstellungen als Name-Wert-Paar-Array (und nicht als Hashtable) übergeben werden.

Der folgende Befehl legt einen DSN für eine Access-Datenbank an, deren Pfad in der Variablen $MdbPfad enthalten ist.

```
Add-OdbcDsn -Name Nw -DriverName "Microsoft Access Driver (*.mdb,
*.accdb)" -DsnType User -SetPropertyValue @("DBQ=$MdbPfad")
```

Der DSN-Name wird in die Verbindungsfolge eingebaut, die für den Zugriff auf die Datenbank zuständig ist.

Die folgende Verbindungszeichenfolge spricht mit Hilfe des DSN „Nw" eine Access-Datenbank an.

```
$CnSt = "DSN=Nw"
```

Umfasst der DSN nicht den Pfad der Datenbankdatei, muss dieser in die Verbindungszeichenfolge aufgenommen werden.

Die folgende Verbindungszeichenfolge spricht eine Access-Datenbank an, deren Pfad in der Variablen $MdbPfad enthalten ist.

```
$CnSt = "Driver={Microsoft Access Driver (*.mdb)};Dbq=$MdbPfad"
```

Wie dieser DSN für den Zugriff auf eine Access-Datenbank genutzt wird, wird am Ende des Kapitels am Beispiel eines PowerShell-Skripts gezeigt.

35.3 Zugriff auf eine ODBC-Datenquelle

Zum Abschluss soll natürlich auch gezeigt werden, wie sich eine Datenbank per ODBC ansprechen lässt. Das .NET Framework bietet dafür im Namensraum `System.Data.Odbc` eine Reihe von Klassen, die sich im Rahmen eines PowerShell-Skripts relativ einfach ansprechen lassen. Für den Zugriff auf die Datenbank per ODBC wird das WDAC-Modul nicht benötigt. Sollte die ODBC-Datenquelle nicht existieren, können die Verbindungsinformationen auch direkt in die Verbindungszeichenfolge eingesetzt werden.

Beispiel

Die folgende Funktion ist etwas umfangreicher. Sie greift über eine zuvor angelegte DSN auf eine Access-Datenbank zu, deren Pfad in der Variablen $MdbPfad enthalten ist, und gibt den Inhalt des ersten Felds einer Tabelle aus, die über einen SQL-Befehl angesprochen wird. Für den Datenzugriff werden die Klassen im Namensraum System.Data.Odbc verwendet.

Der DSN-Eintrag wird entweder mit dem Verwaltungsprogramm „ODBC-Datenquellen (64-Bit)" (bzw. „ODBC-Datenquellen (32-Bit)") angelegt oder mit der WDAC-Funktion Add-OdbcDsn. Der auskommentierte Befehl zeigt eine Verbindungszeichenfolge, die ohne DSN auskommt, indem die Angaben zur Datenquelle direkt in die Verbindungszeichenfolge eingebaut werden.

```
function Test-DB
{
  param([String]$Sql)
  $CnSt = "DSN=Nw;Dbq=$MdbPfad"
  # Alternativ geht es auch ohne DSN
  # $CnSt = "Driver={Microsoft Access Driver (*.mdb)};Dbq=$MdbPfad"
  $Cn = New-Object -TypeName System.Data.Odbc.OdbcConnection -ArgumentList $CnSt
  try
  {
    $Cn.Open()
    Write-Verbose "Datenbankverbindung steht."
    $Cmd = $Cn.CreateCommand()
    $Cmd.CommandText = $Sql
    $Dr = $Cmd.ExecuteReader()
    while ($Dr.Read())
    {
      $Dr.GetString($Dr.GetOrdinal("LastName"))
    }
  }
  catch
  {
    Write-Warning "Fehler beim Zugriff auf die Datenbank ($_)"
  }
  finally
  {
    if ($Cn -ne $Null)
    {
      $Cn.Close()
      Write-Verbose "Datenbankverbindung wurde geschlossen."
    }
  }
}

Test-DB -Sql "Select * From Employees"
```

36 Registrierungs- datenbank (Registry)

Für die Windows-Registrierungsdatenbank (Registry) steht in der PowerShell ein PowerShell Provider zur Verfügung. Dies bedeutet, dass die Navigations-Commandlets (`Set-Location`, `Get-ChildItem`, `New-Item`, `Get-ItemProperty` etc.) in der Registrierungsdatenbank zur Verfügung stehen.

Registrierungs- datenbank- Navigation

36.1 Schlüssel auslesen

Die Unterschlüssel eines Registrierungsdatenbankschlüssels listet man auf mit:

`Get-ChildItem hklm:\software (Alias: dir hklm:\software)`

Man kann auch mit CD den aktuellen Pfad in die Registrierungsdatenbank verlegen:

`Set-Location hklm:\software (Alias: cd hklm:\software)`

und dann einfach mit `Get-ChildItem` auflisten.

Zugriff auf einen einzelnen Schlüssel der Registrierungsdatenbank erhält man mit:

`Get-Item www.it-visions.de`

bzw. mit absolutem Pfad:

`Get-Item hklm:\software\www.it-visions.de`

Das Ergebnis sind .NET-Objekte des Typs `Microsoft.Win32.RegistryKey`. `Get-Item` liefert immer eine einzelne Instanz dieser Klasse. `Get-ChildItem` liefert keine, eine oder mehrere Instanzen.

In die Registrierungsdatenbank wechselt man mit dem Befehl:

`Cd hklm:\software\www.it-visions.de`

36.2 Schlüssel anlegen und löschen

Einen Schlüssel in der Registrierungsdatenbank erzeugt man mit:

`New-Item -path hklm:\software -name "www.IT-visions.de"`

oder

`md -path hklm:\software\www.IT-visions.de`

Kapitel 36 Registrierungsdatenbank (Registry)

 New-Item steht auch als md zur Verfügung. md ist jedoch kein Alias, sondern eine eingebaute Funktion.

Man kann ganze Schlüssel kopieren mit Copy-Item:

```
Copy-Item hklm:\software\www.it-visions.de hklm:\software\www.IT-Visions.de_Backup
```

Einen Schlüssel aus der Registrierungsdatenbank zusammen mit allen enthaltenen Werten löscht man mit:

```
Remove-Item "hklm:\software\www.it-visions.de" -Recurse
```

36.3 Laufwerke definieren

New-PSDrive Durch das Definieren eines neuen PowerShell-Laufwerks kann man eine Abkürzung zum schnellen Zugang zu Schlüsseln definieren:

```
New-PSDrive -Name ITV -PSProvider Registry -Root
    hklm:\software\www.it-visions.de
```

Danach kann man anstelle von

```
Get-Item hklm:\software\www.it-visions.de
```

auch schreiben:

```
Get-Item itv:
```

Zwei solcher Abkürzungen sind bereits vordefiniert (siehe *Tabelle 36.1*).

Tabelle 36.1 Definierte Abkürzungen für Registrierungsdatenbankhauptschlüssel

HKLM	HKEY_LOCAL_MACHINE
HKCU	HKEY_CURRENT_USER

36.4 Werte anlegen und löschen

New-Itemproperty Einen Zeichenkettenwert zu einem Schlüssel legt man an mit:

```
New-Itemproperty -path "hklm:\software\www.it-visions.de" -name
    "Inhaber" -value  "Dr. Holger Schwichtenberg" -type string
```

Einen Zahlenwert zu einem Schlüssel legt man an mit:

```
New-Itemproperty -path "hklm:\software\www.it-visions.de" -name
    "Gruendungsjahr" -value  1996 -type DWord
```

Eine Mehrfachzeichenkette zu dem Schlüssel legt man an mit:

```
$Websites = "www.IT-Visions.de", "www.IT-Visionen.de", "hs.IT-Visions.de"
New-Itemproperty -path "www.IT-visions.de" -name "Websites" -value
    $Websites -type multistring
```

Werte anlegen und löschen

Einen Binärwert zu dem Schlüssel legt man an mit:

```
$Werte = Get-Content
   H:\demo\PowerShell\Registry\www.IT-Visions.de_Logo.jpg -encoding
byte
New-Itemproperty -path "www.IT-visions.de" -name "Logo" -value
$Werte
   -type binary
```

Abbildung 36.1
Ergebnis der Registrierungs-datenbank-operationen

Die folgende Tabelle zeigt alle möglichen Datentypen und deren Verwendung in der PowerShell.

Registry-Datentyp	Bedeutung	Typbezeichner	Verarbeitung in der PowerShell
REG_BINARY	Array von Byte	Binary	Byte[]
REG_DWORD	Zahl	DWord	Int
REG_EXPAND_SZ	Zeichenkette mit Platzhaltern	Multistring	String[]
REG_MULTI_SZ	Mehrere Zeichenketten	ExpandString	String
REG_SZ	Einfache Zeichenkette	String	String

Tabelle 36.2: Datentypen in der Registrierungsdatenbank

Einen bestehenden Wert ändert man mit Set-ItemProperty:

```
# Wert verändern
$Websites = "www.IT-Visions.de", "www.IT-Visionen.de", "hs.IT-Visions.de",
    "IT-Visions.de"
Set-Itemproperty -path "www.IT-visions.de" -name "Websites" -value
$Websites
   -type multistring
```

Einen Wert aus einem Registrierungsdatenbankschlüssel löscht man mit Remove-ItemProperty:

```
Remove-ItemProperty -path "hklm:\software\www.it-visions.de" -name
"Inhaber"
```

36.5 Werte auslesen

Get-ItemProperty Die vorhandenen Werte in einem Registrierungsdatenbankschlüssel listet man auf mit:

```
Get-ItemProperty -Path "hklm:\software\www.it-visions.de"
```

Den Inhalt eines einzelnen Eintrags bekommt man durch:

```
(Get-Item "hklm:\software\www.it-visions.de").GetValue("Inhaber")
```

oder

```
(Get-ItemProperty "hklm:/software/firmenname").Inhaber
```

36.6 Praxisbeispiel

Das folgende Skript speichert Daten über Website-Konfiguration in der Registrierungsdatenbank.

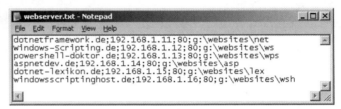

Abbildung 36.2
Eingabedaten

Abbildung 36.3
Ergebnis

Listing 36.1
Werte aus einer CSV-Datei in der Registrierungs- datenbank speichern [Einsatzgebiete/ Registry/Registry_ CreateWebsites- Keys.ps1]

```
# Registry-Schlüssel anlegen aus CSV-Daten

$Pfad = "hklm:/software/Websites"

if (Test-Path $Pfad) { del $Pfad -recurse -force }
if (!(Test-Path $Pfad )) { md $Pfad  }

$Websiteliste = Get-Content "H:\demo\PowerShell\Registry\webserver.txt"

foreach($Website in $WebsiteListe)
{
$WebsiteDaten = $Website.Split(";")
md ($Pfad + "\" + $WebsiteDaten[0])
New-Itemproperty -path ($Pfad + "\" + $WebsiteDaten[0]) -name "IP"
    -value $WebsiteDaten[1] -type String
```

```
New-Itemproperty -path ($Pfad + "\" + $WebsiteDaten[0]) -name
"Port"
   -value $WebsiteDaten[2] -type dword
New-Itemproperty -path ($Pfad + "\" + $WebsiteDaten[0]) -name
"Pfad"
   -value $WebsiteDaten[3] -type String
$WebsiteDaten[0] + " angelegt!"
}
```

37 Computerverwaltung

In PowerShell 1.0 wurde die Computerverwaltung nicht gut durch PowerShell Commandlets unterstützt. Neu seit PowerShell 2.0 ist die Unterstützung für Verwaltungsaufgaben rund um den Computer, die bisher nur aufwendiger über WMI möglich waren.

37.1 Computerinformationen

Für Informationen über den Computer gibt es kein eigenes Commandlet. Wichtige Informationen über den Computer und das installierte Betriebssystem erhält man mit den WMI-Klassen `Win32_Computersystem` und `Win32_OperatingSystem`.

Win32_Computersystem, Win32_OperatingSystem

```
Get-CimInstance win32_computersystem
Get-CimInstance win32_operatingSystem
```

Die Seriennummer des Betriebssystems erhält man mit:

```
Get-CimInstance Win32_OperatingSystem | select serialnumber
```

Die Versionsnummer des Betriebssystems erhält man über das Attribut `Version` in der WMI-Klasse `Win32_OperatingSystem` oder über die .NET-Klasse `System.Environment`:

```
Get-CimInstance Win32_OperatingSystem | select Version
[System.Environment]::OSVersion
```

Möchte man keine Versionsnummer, sondern den tatsächlichen Produktnamen, hilft das Commandlet `Get-OSVersion` aus dem Modul „PSSystemTools" aus dem PowerShellPack. `Get-OSVersion` übersetzt wie nachfolgend dargestellt.

```
Switch -regex ($os.Version)
    {
        "5.1.2600" { "Windows XP" }
        "5.1.3790" { "Windows Server 2003" }
        "6.0.6001" {
            if ($os.ProductType -eq 1) {
                "Windows Vista"
            } else {
                "Windows Server 2008"
            }
        }
        "6.1."     { "Windows 7" }
        DEFAULT { Throw "Version not listed" }
    }
```

Listing 37.1
Ausschnitt aus der Implementierung von Get-OSVersion

Noch etwas genauer ist `Get-WindowsEdition` (ebenfalls aus „PSSystem-Tools"). Hier erhalten Sie auch eine Information über die eingesetzte Variante (Home, Professional, Enterprise, Ultimate etc.).

Informationen über das BIOS gewinnt man über die WMI-Klasse `Win32_Bios`:

```
Get-CimInstance win32_bios
```

Die Startkonfiguration steht in `Win32_BootConfiguration`:

```
Get-CimInstance Win32_BootConfiguration
```

Das Windows-Systemverzeichnis steht wieder in `System.Environment`:

```
"Systemverzeichnis: "+ [System.Environment]::SystemDirectory
```

Den Status der Windows-Produktaktivierung findet man hier:

```
Get-CimInstance Win32_WindowsProductActivation
```

Es gibt auch Daten über die gewählten Wiederherstellungsoptionen des Windows-Betriebssystems:

```
Get-CimInstance Win32_OSRecoveryConfiguration
```

Die Umgebungsvariablen erhält man über das PowerShell-Laufwerk „env":

```
dir env:
```

Die Information über eine einzelne Umgebungsvariable erhält man, indem man den Namen der Umgebungsvariablen an das Laufwerk „env:" anfügt, z.B.:

```
dir env:/Path
```

Möchte man nur den Inhalt einer Umgebungsvariablen wissen, verwendet man am besten `Get-Content`:

```
Get-Content env:/Path
```

Den Wert, den `Get-Content` zurückliefert, kann man in eine Variable speichern, um diese weiterzuverwenden, z.B. zum Aufspalten der Path-Zeichenkette mit Hilfe der `Split()`-Methode aus der .NET-Klasse `System.String`:

```
$Pfade = Get-Content env:/Path
```

```
$Pfade.Split(";")
```

Wenn Sie wissen wollen, wie viele Dateien es in den Suchpfaden von Windows gibt, wäre folgender Befehl einzugeben:

```
(Get-Content env:/Path).Split(";") | Get-ChildItem | measure-Object
```

Die installierten Schriftarten listet `Get-Font` aus dem Modul „PSSystemTools" (PowerShellPack) auf.

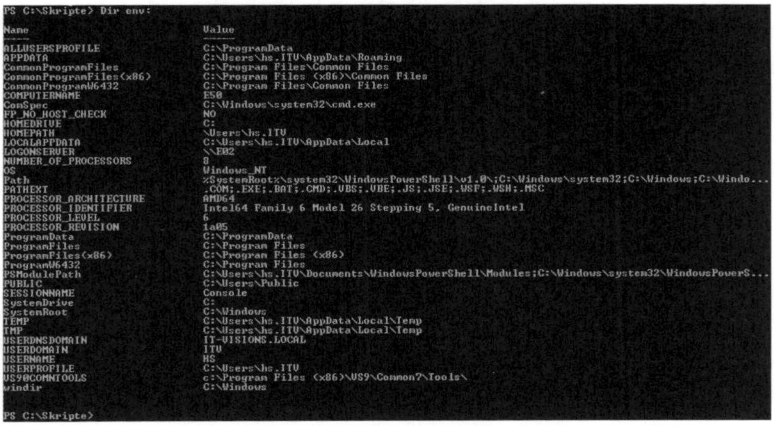

Abbildung 37.1
Auflisten der Umgebungsvariablen

37.2 Computername und Domäne

Zum Umbenennen eines Computers bietet PowerShell seit 2.0 den Befehl:

Umbenennen

```
Rename-Computer -NewComputerName NeuerName
```

Unter Angabe von `-ComputerName` kann man die Aktion auch für ein entferntes System ausführen:

```
Rename-Computer -ComputerName AlterName -NewComputerName NeuerName
```

Zum Hinzufügen des Computers zu einer Domäne oder Arbeitsgruppe steht zur Verfügung:

Zur Domäne hinzufügen

```
Add-Computer -DomainName fbi.org
```

Zusätzlich kann man mit `-Server` einen Domänencontroller und mit `-OU` einen Zielcontainer angeben. Alternativ kann man mit `-Workgroup` den Computer zu einer Arbeitsgruppe hinzufügen.

Auch das Entfernen aus einer Domäne ist möglich:

```
Remove-Computer
```

37.3 Herunterfahren und Neustarten

Seit PowerShell 2.0 gibt es die Commandlets `Stop-Computer` und `Restart-Computer`.

Bei beiden Commandlets kann man mit `-ComputerName` einen entfernten Computer festlegen und mit `-Credentials` ein Rechte-Objekt für den Wechsel der Identität angeben. Mit `-force` erzwingt man die Aktion, selbst wenn Benutzer angemeldet sind (siehe Bildschirmabbildung).

Restart-Computer Die folgende Abbildung zeigt den Einsatz von `Restart-Computer`.

*Abbildung 37.2
Herunterfahren
eines entfernten
Systems*

Bei `Restart-Computer` gibt es ab PowerShell 3.0 noch einen Parameter `-wait`, der dafür sorgt, dass das Skript angehalten wird, bis der Zielcomputer neu gestartet wurde. Das ist wichtig, wenn nach dem Neustart noch Aktionen erfolgen sollen. Mit `-Timeout` kann in Sekunden bestimmt werden, wie lange maximal gewartet wird. Mit dem `-For`-Parameter kann dann auch noch bestimmt werden, welche Dienste auf dem Zielsystem nach dem Neustart verfügbar sein müssen. Optionen sind hier WinRM, WMI und PowerShell.

37.4 Wiederherstellungspunkte verwalten

Systemwiederherstellung Für den Umgang mit Wiederherstellungspunkten bietet PowerShell:

`Checkpoint-Computer`: Wiederherstellungspunkt erstellen

`Disable-ComputerRestore`: deaktiviert die Systemwiederherstellung auf einem Laufwerk (dieses Laufwerk wird bei einer Wiederherstellung nicht zurückgesetzt)

`Enable-ComputerRestore`: aktiviert die Systemwiederherstellung für ein Laufwerk

`Get-ComputerRestorePoint`: Liste der verfügbaren Wiederherstellungspunkte

`Restore-Computer`: Zurücksetzen des Computers auf einen der Wiederherstellungspunkte

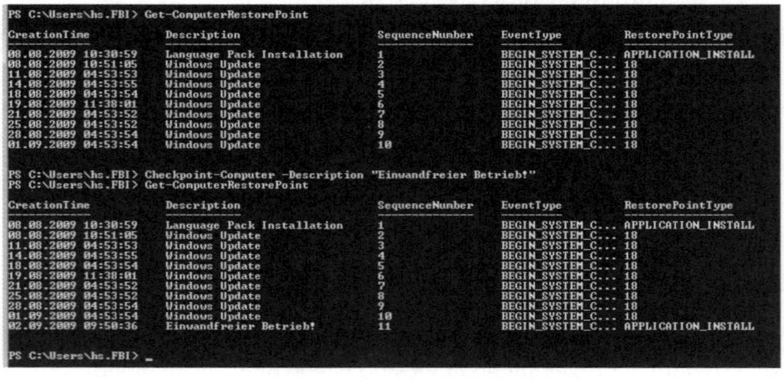

*Abbildung 37.3
Erstellen eines
Wiederherstellungspunkts und
Auflisten der
Wiederherstellungspunkte*

38 Hardwareverwaltung

Für den Zugriff auf Hardwareinformationen bietet die PowerShell 1.0 keine Commandlets. Hier bleibt aber der Zugriff auf WMI. Alternativ kann man einige Funktionen über die PowerShell-Erweiterungen von *www.IT-Visions.de* erreichen.

38.1 Hardwarebausteine

Informationen über die installierte Hardware erhält man innerhalb der Windows PowerShell über WMI, also über die Verwendung des Commandlets `Get-CimInstance` zusammen mit der entsprechenden WMI-Klasse (siehe Tabelle).

Hardwarebaustein	PowerShell-Befehl (Standard)	www.IT-Visions.de PowerShell Extensions	PSSystemTools im Power-Shell-Pack
Prozessoren	Get-CimInstance Win32_Processor	Get-Processor	Get-Processor
Hauptspeicher	Get-CimInstance Win32_MemoryDevice	Get-MemoryDevice	
Grafikkarte	Get-CimInstance Win32_VideoController	Get-Videocontroller	
Soundkarte	Get-CimInstance Win32_SoundDevice	Get-SoundDevice	
Festplatten	Get-CimInstance Win32_Diskdrive	Get-Disk	
Bandlaufwerke	Get-CimInstance Win32_Tapedrive	Get-Tapedrive	
Optische Laufwerke (CD/DVD)	Get-CimInstance Win32_CDRomdrive	Get-CDRomdrive	
Netzwerkkarten	Get-CimInstance Win32_NetworkAdapter	Get-Networkadapter	
USB-Controller	Get-CimInstance Win32_USBController	Get-USBController	Get-USB
Tastatur	Get-CimInstance Win32_Keyboard	Get-Keyboard	
Maus	Get-CimInstance Win32_PointingDevice	Get-PointingDevice	

Tabelle 38.1 *Abruf von Hardwareinformationen in der PowerShell*

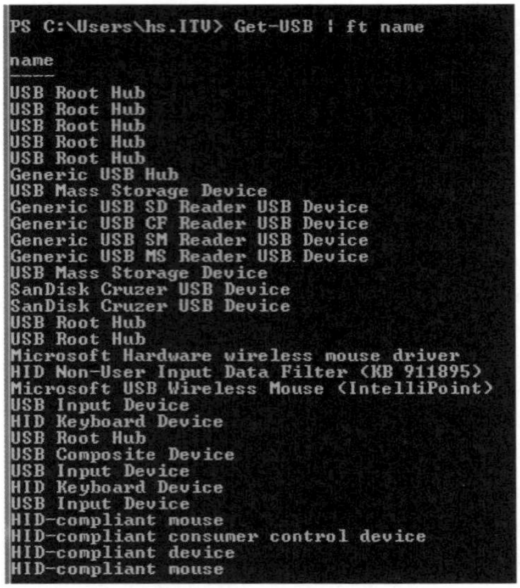

*Abbildung 38.1
Anwendung von
Get-USB zur
Anzeige der
USB-Geräte*

Prozessor

Die Anzahl der Prozessoren auf einem System erhält man auch über die .NET-Klasse `System.Environment`:

`"Anzahl der Prozessoren: " + [System.Environment]::ProcessorCount`

32- versus 64-Bit Die Frage, ob man ein 32- oder ein 64-Bit-System vor sich hat, kann man einfach über die Umgebungsvariable `$env:PROCESSOR_ARCHITECTURE` oder die Commandlets `Test-32Bit` und `Test-64Bit` aus dem Modul „PSSystemTools" aus dem PowerShellPack klären. Diese beiden Commandlets liefern `true` oder `false` als Ergebnis.

Details über die Prozessoren liefern `Get-CimInstance Win32_Processor` bzw. `Get-Processor` (aus den *www.IT-Visions.de* PowerShell Extensions oder im Modul `PSSystemTools` im PowerShellPack).

Anzeige

Win32_Video-Controller Informationen über die Grafikkarte liefert `Get-CimInstance Win32_VideoController` bzw. `Get-Videocontroller` (aus den *www.IT-Visions.de* PowerShell Extensions).

Die aktuelle Bildschirmauflösung liefert `Get-DisplaySetting` (aus dem Modul `PSSystemTools` im PowerShellPack. `Get-MultiTouchMaximum` (gleiches Modul) gibt die Anzahl der Finger wieder, die man zur Bedienung einsetzen kann. „0" bedeutet, dass keine Multi-Touch-Funktion verfügbar ist.

Batterien und USV

Batterien in Notebooks und Unterbrechungsfreie Stromversorgungen (USVs) an Servern kann man mit der WMI-Klasse `Win32_Battery` abfragen.

`Win32_Battery`

```
Get-CimInstance Win32_Battery -ComputerName E10 | fl name,
EstimatedChargeRemaining, EstimatedRunTime
```

```
PS P:\> Get-WmiObject Win32_Battery -ComputerName E10 | fl name, EstimatedChargeRemaining, EstimatedRunTime

name                     : Smart-UPS 1500 RM FW:667.18.I USB FW:7.3
EstimatedChargeRemaining : 100
EstimatedRunTime         : 41
```

Abbildung 38.2
Einsatz der WMI-Klasse Win32_Battery zur Abfrage der USV

38.2 Druckerverwaltung (ältere Betriebssysteme)

Auf Betriebssystemem vor Windows 8 und Windows Server 2012 verwaltet man den Drucker mit WMI-Klassen `Win32_Printer`, `Win32_Printjob` und `Win32_TCPIPPrinterPort`.

Der Befehl

`Win32_Printer`

```
Get-CimInstance Win32_Printer
```

liefert eine Liste der verfügbaren Drucker.

Mit

`Win32_Printjob`

```
Get-CimInstance Win32_Printjob
```

zeigt man alle aktuellen Druckaufträge.

Mit dem folgenden Befehl hält man alle Druckaufträge für einen bestimmten Drucker an:

```
Get-CimInstance Win32_Printjob -Filter "Drivername='HP LaserJet
2100 PCL6'" | foreach-Object { $_.pause() }
```

> Zum Ausgeben von Informationen zum Drucker verwendet man in der PowerShell `Out-Printer`. Dieses Commandlet wurde bereits vorher in diesem Buch besprochen (siehe *Kapitel 8 „Ausgaben"*).

Zum Löschen von Druckaufträgen ruft man die `Delete()`-Methode auf:

```
"Vorher:"
Get-CimInstance Win32_Printjob -Filter "Drivername='Dell MFP Laser
3115cn PCL6'"
"Löschen aller Aufträge:"
Get-CimInstance Win32_Printjob -Filter "Drivername='Dell MFP Laser
3115cn PCL6'" | Foreach-Object { $_.Delete() }
"Nachher:"
Get-CimInstance Win32_Printjob -Filter "Drivername='Dell MFP Laser
3115cn PCL6'"
```

Listing 38.1
Löschen von Druckaufträgen [Drucker/CancelAll.ps1]

Win32_TCPIPPrinterPort

Mit Hilfe von WMI kann man auch Druckerports verwalten:

Listing 38.2
Anlegen eines TCP-Druckerports [Drucker/CreatePort.ps1]

```
$p = [WmiClass] 'Win32_TCPIPPrinterPort'
#oder: $p = New-Object system.management.managementclass Win32_TCPIPPrinterPort
$Port = $p.CreateInstance()
$Port.Name = "IP_192.168.1.224"
$Port.Protocol = 1
$Port.HostAddress = "192.168.1.224"
$Port.PortNumber = 1234
$Port.SNMPEnabled = $FALSE
$Port.Put()
```

38.3 Druckerverwaltung (Windows 8 und Windows Server 2012)

Neu in Windows 8 und Windows Server 2012 ist das Modul `Print-Management` mit Commandlets zum Verwalten von Druckern und Druckaufträgen, was zuvor auch nur über WMI-Klassen möglich war.

Get-Print

Das Commandlet `Get-Printer` liefert eine Liste der installierten Drucker in Form von Instanzen der WMI-Klasse `ROOT/StandardCimv2/MSFT_Printer`. Gleichbedeutend kann man also schreiben: `Get-CimInstance MSFT_Printer -Namespace ROOT/StandardCimv2`. Oder man greift auf die „alte" WMI-Klasse `Win32_Printer` zurück (das geht natürlich auch ab Windows 8/Windows Server 2012 noch): `Get-CimInstance Win32_Printer`.

Der Benutzer kann die Ergebnismenge durch Angabe eines Druckernamens einschränken, Platzhalter sind erlaubt, z.B. `Get-Printer *großraumbüro*`.

Mit dem Parameter `–ComputerName` kann man auch Fernsysteme abfragen. Voraussetzung ist aber, dass dort PowerShell Remoting mit `Enable-PSRemoting` aktiviert wurde, denn sonst liefert `Get-Printer` die Fehlermeldungen „Der Spoolerdienst ist nicht erreichbar. Stellen Sie sicher, dass der Spoolerdienst ausgeführt wird.". Auf dem Fernsystem reicht aber eine PowerShell 2.0 und WMI Version 1, d.h., das Windows Management Framework 3.0 muss dort also nicht installiert sein.

Get-PrintConfiguration / Set-PrintConfiguration

Mit `Get-PrintConfiguration` und `Set-PrintConfiguration` kann man Druckereinstellungen auslesen und verändern. Für einige wichtige Einstellungen gibt es direkte Parameter in `Set-PrintConfiguration` (z.B. `PaperSize`, `Color`, `DuplexingMode`). Der folgende Befehl aktiviert den zweiseitigen Druck:

```
Get-Printer -Name "\\server21\Multifunktionsdrucker Großraumbüro" |
Set-PrintConfiguration -DuplexingMode TwoSidedLongEdge
```

Andere Einstellungen muss man in Form eines XML-Dokuments übergeben, das Microsoft Print Ticket XML nennt. Dazu findet man eine Spezifikation auf der Redmonder Website für Hardwareentwickler [http://msdn.microsoft.com/en-us/windows/hardware/gg463385.aspx].

Microsoft Print Ticket XML

Get-PrintJob liefert die aktuellen Druckaufträge. Dieses Commandlet lässt sich nicht ohne Eingabeparameter aufrufen; der Benutzer muss entweder die ID eines Druckauftrags angeben oder auf einen Drucker einschränken, den man über den Namen oder durch ein Druckerobjekt festlegt. Mit der Verkettung

Get-PrintJob

Get-Printer | Get-PrintJob

lassen sich dann dennoch alle Druckaufträge aller Drucker auf einem System ausgeben, einfach indem die PowerShell-Pipeline nacheinander alle Druckerobjekte an Get-PrintJob sendet.

Druckaufträge sind Instanzen der WMI-Klasse ROOT/StandardCimv2/ MSFT_PrintJob. Jeder Druckauftrag hat einen Job-Status (z.B. Spooling, Printing, Error, Pause, Deleting), den man durch Commandlets (Suspend-PrintJob, Resume-PrintJob, Restart-PrintJob, Remove-PrintJob) verändern kann. Alle diese Commandlets empfangen den zu modifizierenden Druckauftrag über die Druckauftrags-ID oder ein Druckauftragsobjekt, das von Get-PrintJob kommt. Um alle Druckaufträge von allen Druckern zu löschen, kann man also schreiben:

Druckaufträge verändern

Get-Printer | Get-PrintJob | Remove-PrintJob

> Zu beachten ist, dass Remove-PrintJob zwar die Standardparameter –confirm und –whatif besitzt, aber diese entgegen der Dokumentation keine Wirkung haben. Bei –confirm sollte die PowerShell vor jedem Löschvorgang den Benutzer um Bestätigung ersuchen. Bei -whatif sollte das Commandlet lediglich ausgeben, was es tun würde, aber nicht wirklich etwas tun. In beiden Fällen löscht jedoch Remove-PrintJob die Druckaufträge leider ohne Nachfrage.

39 Software-verwaltung

Zum Bereich Softwareverwaltung gehören:
- Inventarisierung der installierten Anwendungen
- Installieren von Anwendungen
- Deinstallieren von Anwendungen

Für die Softwareverwaltung bietet die PowerShell keine eigenen Commandlets. Die WMI-Klasse `Win32_Product` mit Informationen über die installierten MSI-Pakete steht zur Verfügung, sofern der „WMI-Provider für Windows Installer" installiert ist. Unter Windows Server 2003 ist dieser Provider eine Installationsoption von Windows und nicht mehr Standardinstallationsumfang.

`Win32_Product` gilt aber nur für Anwendungen, die mit Windows Installer installiert wurden. Alle Anwendungen, die man in der Systemsteuerung sieht, bekommt man nur über den Schlüssel *HKLM:\SOFTWARE\Microsoft\Windows\CurrentVersion\Uninstall* der Registrierungsdatenbank.

39.1 Softwareinventarisierung

Die Klasse `Win32_Product` liefert die installierten MSI-Pakete:

Win32_Products

```
Get-CimInstance Win32_Product
```

Natürlich kann man filtern. Der folgende Befehl listet nur die MSI-Pakete, deren Namen mit a beginnen:

```
Get-CimInstance Win32_Product | Where-Object { $_.name -like "a*" }
```

Der zweite Filter sortiert alle MSI-Pakete heraus, deren Hersteller Microsoft ist:

```
Get-CimInstance Win32_Product | Where-Object { $_.vendor -like "microsoft*" }
```

Kapitel 39 Softwareverwaltung

Sie können auch gezielt feststellen, ob eine bestimmte Anwendung installiert ist:

Listing 39.1
Prüfen, ob eine Software installiert ist
[Einsatzgebiete/ Software/Install-Check.ps1]

```
function Get-IsInstall($Application, $Computer, $Version)
{
$a = (Get-CimInstance -Class Win32_Product -Filter
"Name='$Application' and Version='$Version'" -computername
$Computer)
return ($a -ne $null)
}
$e = Get-IsInstall "QuickTime" "E01" "7.2.0.240"
if ($e) { "Software is installed!" }
else { "Software is not installed!" }
```

In einem Pipeline-Befehl kann man auch eine komplette Inventarisierungslösung schreiben, die nacheinander mehrere Computer gemäß einer Liste in einer Textdatei abgefragt hat und die gefundenen Anwendungen in eine CSV-Datei exportiert.

```
Get-Content "computernamen.txt" |
foreach { Get-CimInstance win32_product -computername $_ } |
where { $_.vendor -like "*Microsoft*" } |
export-csv "Softwareinventar.csv" -notypeinformation
```

Noch etwas verfeinern lässt sich die Inventarisierungslösung, indem man vor dem Zugriff auf den Computer mit einem Ping prüft, ob der Computer überhaupt erreichbar ist, um die lange Timeout-Zeit von WMI zu vermeiden. Da hierzu dann ein Pipelining-Befehl nicht mehr ausreicht und man ein Skript braucht, kann man auch direkt die Lösung besser parametrisieren.

Listing 39.2
Softwareinventarisierung per PowerShell-Skript
[SoftwareInventory _WMI_With-Ping.ps1]

```
$Hersteller = "*Microsoft*"
$Eingabedateiname = "computernamen.txt"
$Ausgabedateiname = "Softwareinventar.csv"

# Import der Computernamen
$Computernamen = Get-Content "computernamen.txt"
$Computernamen | foreach {

if (Ping($_))
{
Write-Host "Inventarisiere Software für Computer $_ ..."
# Auslesen der installierten MSI-Pakete auf allen Computern
$Software = foreach { Get-CimInstance win32_product -computername
$_ } |
  where { $_.vendor -like $Hersteller }

# Export in CSV
$Software | export-csv "Softwareinventar.csv" -notypeinformation
}
else
```

```
{
Write-Error "Computer nicht erreichbar!"
}
}
# Ping ausführen
function Ping
{
$status = Get-CimInstance Win32_PingStatus -filter
"Address='$args[0]'" | select StatusCode
return $status.Statuscode -eq 0
}
```

Die Liste der installierten Softwareaktualisierungen (Patches, Hotfixes) erhält man mit:

`Get-CimInstance Win32_Quickfixengineering`

Die installierten Audio-/Video-Codecs kann man sich so anzeigen lassen:

`Get-CimInstance Win32_CodecFile | select group,name`

Win32_Product gilt aber nur für Anwendungen, die mit Windows Installer installiert wurden. Alle Anwendungen, die man in der Systemsteuerung sieht, bekommt man nur über den Schlüssel *HKLM:\SOFTWARE\Microsoft\Windows\CurrentVersion\Uninstall* der Registrierungsdatenbank heraus.

```
Get-ChildItem HKLM:\SOFTWARE\Microsoft\Windows\CurrentVersion\
Uninstall
```

Vereinfachen kann man den Zugang dorthin, indem man ein neues PowerShell-Laufwerk definiert:

```
New-PSDrive -Name Software -PSProvider Registrierungsdatenbank -
Root HKLM:\SOFTWARE\Microsoft\Windows\CurrentVersion\Uninstall
```

Danach kann man einfach schreiben:

`Get-ChildItem Software:`

Beim Filtern muss man in jedem Fall beachten, dass die Eigenschaften (z.B. `DisplayName`, `Comments` und `UninstallString`) keine Attribute des Objekts vom Typ `Microsoft.Win32.RegistryKey` sind, sondern Unterelemente dieses Objekts. Daher muss `GetValue()` verwendet werden für den Zugriff auf die Daten.

```
Get-ChildItem Software: | Where-Object -FilterScript { $_
.GetValue("DisplayName") -like "a*"} | ForEach-Object -Process {$_
.GetValue("DisplayName") , $_.GetValue("Comments"), $_
.GetValue("UninstallString") }
```

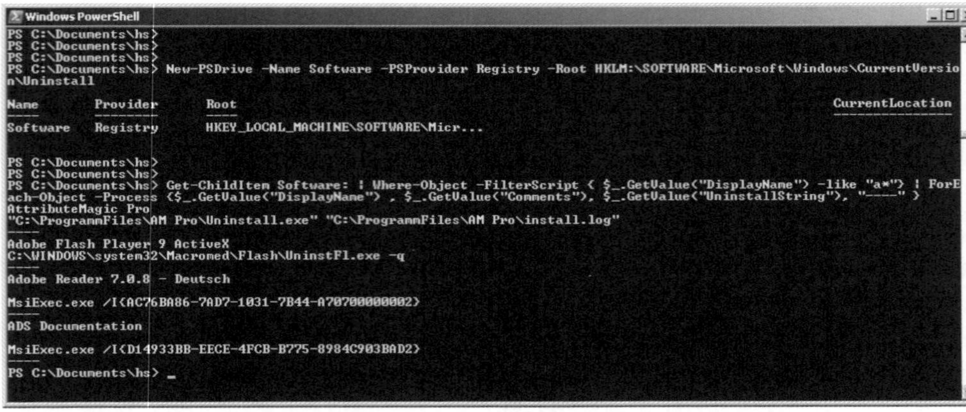

Kapitel 39 **Softwareverwaltung**

Abbildung 39.1: Auflisten der installierten Software, die mit „a" beginnt

Programme, die beim Systemstart automatisch gestartet werden, findet man in `Win32_StartupCommand`:

`Get-CimInstance Win32_StartupCommand`

39.2 Installation von Anwendungen

Install() Eine skriptbasierte Installation ist bei vielen Anwendungen möglich, allerdings ist die Vorgehensweise abhängig von der verwendeten Installationstechnologie. Microsoft liefert in WMI eine Installationsunterstützung für Installationspakete, die auf Windows Installer (alias Microsoft Installer), abgekürzt MSI, basieren.

WMI erlaubt den Aufruf des Microsoft Installers, um ein beliebiges MSI-Paket zu installieren. Die Klasse `Win32_Product` bietet dazu die Methode `Install()` an. Die Methode erwartet einen oder drei Parameter:

- den Pfad zu dem MSI-Paket,
- an das Paket zu übergebende Kommandozeilenparameter,
- die Entscheidung, ob die Anwendung für alle Benutzer (`True`) oder nur den angemeldeten Benutzer (`False`) installiert werden soll.

Zu beachten ist, dass die `Install()`-Methode eine statische Methode der WMI-Klasse `Win32_Product` ist. Eine Ferninstallation ist möglich unter Bezugnahme auf diese Klasse auf einem entfernten System.

Listing 39.3 Installation eines MSI-Pakets [Software_Installation.ps1]
```
$Anwendung = "H:\demo\PS\Setup_for_HelloWorld_VBNET.msi"
"Installiere Anwendung..." + $Anwendung
(Get-CimInstance -ComputerName E01 -List | Where-Object -FilterScript {$_.Name -eq "Win32_Product"}).Install($Anwendung)
"Fertig!"
```

39.3 Deinstallation von Anwendungen

Die WMI-Klasse Win32_Product bietet auch eine Uninstall()-Methode ohne Parameter zur Deinstallation von MSI-Paketen. Zu beachten ist, dass zur Identifizierung der zu deinstallierenden Anwendung nicht der Name des Installationspakets, sondern der Anwendungsname (Name oder Caption) oder der GUID (IdentifyingNumber) anzugeben ist. Im Fall von *Setup_for_HelloWorld_VBNET.msi* ist der Name „Hello World VB.NET".

Uninstall()

```
$Name = "Hello World VB.NET"
"Starte Deinstallation..."
$Ergebnis = (Get-CimInstance -Class Win32_Product -Filter
"Name='$Name'" -ComputerName E01).Uninstall().Returnvalue
if ($Ergebnis -ne 0) { Write-Error "Deinstallationsfehler:
$Ergebnis"; Exit }
"Deinstallation beendet!"
```

Listing 39.4
Deinstallation eines MSI-Pakets [Software_Installation.ps1]

Zu jeder Anwendung ist in der Registrierungsdatenbank ein sogenannter Uninstall-String angegeben, der sagt, was man ausführen muss, um die Anwendung zu deinstallieren. Dies funktioniert auch für nicht MSI-basierte Anwendungen.

Der folgende Befehl listet die Deinstallationsanweisungen für alle Anwendungen auf, deren Name mit „a" beginnt.

```
Get-ChildItem -Path HKLM:\SOFTWARE\Microsoft\Windows\
CurrentVersion\Uninstall
| Where-Object -FilterScript { $_.GetValue("DisplayName") -like
"a*"} | ForEach-Object -Process {$_.GetValue("DisplayName"), $_
.GetValue("UninstallString") }
```

Listing 39.5
Installationsdaten aus der Registrierungsdatenbank [SoftwareInventory_Registry.ps1]

39.4 Praxisbeispiel: Installationstest

Das folgende Skript installiert zum Test eine Anwendung und deinstalliert sie dann direkt wieder. Zu Beginn, nach der Installation und am Ende wird jeweils geprüft, ob die Anwendung installiert ist.

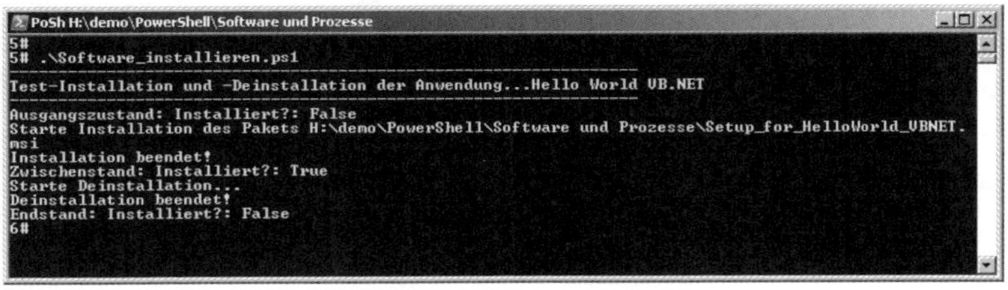

Abbildung 39.2
Ausgabe des Skripts

Listing 39.6 Testen einer Softwareinstallation [Software_Testinstallation.ps1]

```
function Get-IsInstall($Application, $Computer)
{
$a = (Get-CimInstance -Class Win32_Product -Filter
"Name='$Application'" -Computer $Computer)
return ($a -ne $null)
}

$Name = "Hello World VB.NET"
$Computer = "E01"
$Paket = "H:\demo\PowerShell\Software und Prozesse\Setup_for_
HelloWorld_VBNET.msi"

"-----------------------------------------------------------------"
"Testinstallation und -deinstallation der Anwendung..." + $Name
"-----------------------------------------------------------------"

"Ausgangszustand: Installiert?: " + (Get-IsInstall $Name $Computer)

"Starte Installation des Pakets " + $Paket
$Ergebnis = ([WMIClass] "Win32_
Product").Install($Paket).Returnvalue
if ($Ergebnis -ne 0) { Write-Error "Installationsfehler:
$Ergebnis"; Exit }
"Installation beendet!"

"Zwischenstand: Installiert?: " + (Get-IsInstall $Name $Computer)

"Starte Deinstallation..."
$Ergebnis = (Get-CimInstance -Class Win32_Product -Filter
"Name='$Name'" -ComputerName E01).Uninstall().Returnvalue
if ($Ergebnis -ne 0) { Write-Error "Deinstallationsfehler:
$Ergebnis"; Exit }
"Deinstallation beendet!"

"Endstand: Installiert?: " + (Get-IsInstall $Name $Computer)
```

39.5 Versionsnummer ermitteln

Get-FileVersion-Info

Die Versionsnummer einer ausführbaren Datei ermittelt man über Get-FileVersionInfo aus den PSCX (siehe *Abbildung 39.3*). Das Commandlet liefert eine Instanz der .NET-Klasse System.Diagnostics.FileVersionInfo.

Servermanager

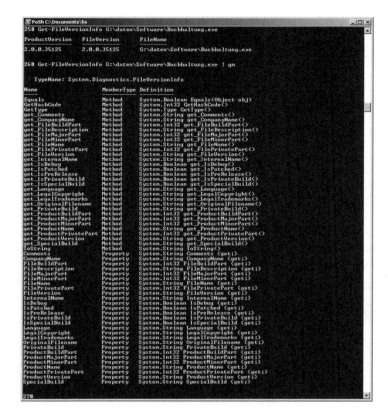

Abbildung 39.3
Get-FileVersionInfo

39.6 Servermanager

Das PowerShell-Modul „Servermanager", das seit Windows Server 2008 R2 mitgeliefert wird, ergänzt die PowerShell nur um bescheidende drei Commandlets, die aber nützlich zur Einrichtung des Betriebssystems sind:

- Get-WindowsFeature
- Add-WindowsFeature
- Remove-WindowsFeature

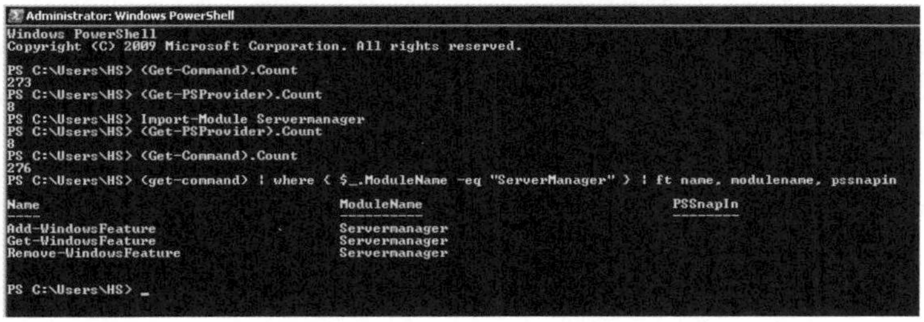

Abbildung 39.4
Importieren des Moduls „Server-Manager"

Kapitel 39 **Softwareverwaltung**

Get-WindowsFeature

Features auflisten `Get-WindowsFeature` liefert eine sehr ausführliche Liste aller installierbaren Betriebssystemoptionen in Windows Server 2008 R2 und Windows Server 2012. Hierbei ist der Begriff „WindowsFeature" in der PowerShell leider nicht gleichzusetzen mit „Feature" aus der Sicht der Server-Manager-Benutzerschnittstelle. „WindowsFeature" umfasst drei Konzepte der Benutzerschnittstelle:

- Rollen (Roles) sind zentrale Bereiche, z.B. Active Directory Rights Management Services.
- Rollendienste (Role Services) sind Teilbereiche von Rollen, z.B. „Identity Federation Support", innerhalb der Active Directory Rights Management Services.
- Features sind kleinere Funktionen bzw. Hilfsbausteine wie z.B. .NET Framework 3.5.1. Features sind zum Teil hierarchisch aufgebaut. Features können außerdem bei der Installation von Rollen erforderlich sein, z.B. .NET Framework 3.5.1 für die Rolle „Application Server".

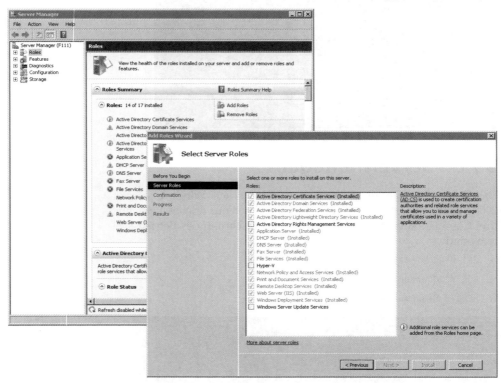

Abbildung 39.5: Rollen in Windows Server 2008 R2

`Get-WindowsFeature` zeigt alle installierbaren Rollen/Rollendienste/Features an – in einer hierarchischen Darstellung mit Markierung der installierten Teile.

Servermanager

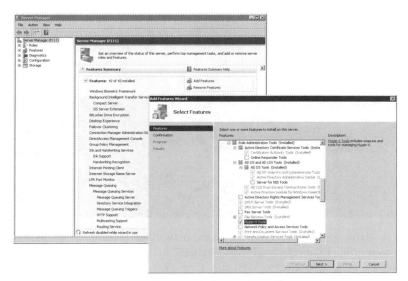

Abbildung 39.6
Features in
Windows Server
2008 R2

Abbildung 39.7: Darstellung von Get-WindowsFeature

Man könnte glauben, Get-WindowsFeature würde diese formatierte Darstellung direkt erzeugen (was den PowerShell-Prinzipien widersprechen würde). Dem ist aber nicht so: Get-WindowsFeature liefert (wie es sich für ein „ordentliches" Commandlet gehört) nur Objekte des Typs Microsoft.Windows.ServerManager.Commands.Feature.

Abbildung 39.8
Inhalt der Klasse Microsoft.Windows. ServerManager. Commands.Feature

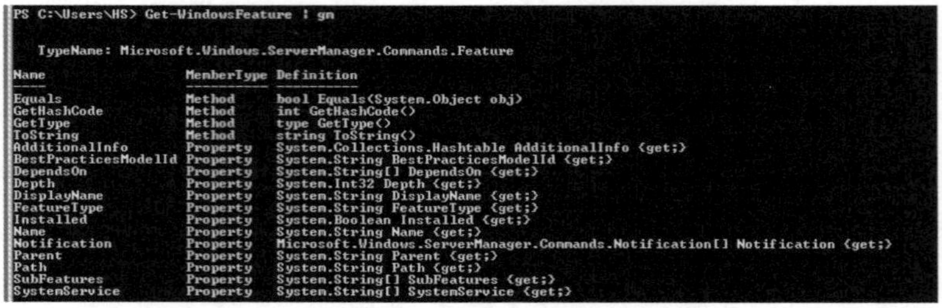

```
PS C:\Users\HS> Get-WindowsFeature | gm

   TypeName: Microsoft.Windows.ServerManager.Commands.Feature

Name                  MemberType   Definition
----                  ----------   ----------
Equals                Method       bool Equals(System.Object obj)
GetHashCode           Method       int GetHashCode()
GetType               Method       type GetType()
ToString              Method       string ToString()
AdditionalInfo        Property     System.Collections.Hashtable AdditionalInfo {get;}
BestPracticesModelId  Property     System.String BestPracticesModelId {get;}
DependsOn             Property     System.String[] DependsOn {get;}
Depth                 Property     System.Int32 Depth {get;}
DisplayName           Property     System.String DisplayName {get;}
FeatureType           Property     System.String FeatureType {get;}
Installed             Property     System.Boolean Installed {get;}
Name                  Property     System.String Name {get;}
Notification          Property     Microsoft.Windows.ServerManager.Commands.Notification[] Notification {get;}
Parent                Property     System.String Parent {get;}
Path                  Property     System.String Path {get;}
SubFeatures           Property     System.String[] SubFeatures {get;}
SystemService         Property     System.String[] SystemService {get;}
```

Die Darstellung wird durch die Standardvorlage Feature.format.ps1xml erzeugt, die man unter \Windows\System32\WindowsPowerShell\v1.0\Modules\ServerManager findet. Weil das Einrücken und die „Häkchen" für andere Fälle interessant sein könnten, sei diese Vorlage hier abgedruckt.

```
<View>
    <Name>Feature</Name>
    <ViewSelectedBy>
<TypeName>Microsoft.Windows.ServerManager.Commands.Feature</TypeName>
    </ViewSelectedBy>
    <TableControl>
<TableHeaders>
    <TableColumnHeader>
<Label>Display Name</Label>
<Width>55</Width>
<Alignment>left</Alignment>
    </TableColumnHeader>
    <TableColumnHeader>
<Label>Name</Label>
<Width>23</Width>
<Alignment>left</Alignment>
    </TableColumnHeader>
</TableHeaders>
<TableRowEntries>
    <TableRowEntry>
<TableColumnItems>
    <TableColumnItem>
            <ScriptBlock>
            $indent=""
for ($i=$_.Depth; $i -gt 1; $i--)
{
    $indent += "   "
}
```

Servermanager

```
            if ($_.Installed -eq $TRUE)
            {
                $indent += "[X] "
            }
            else
            {
                $indent += "[ ] "
            }

            $indent + $_.DisplayName
        </ScriptBlock>
      </TableColumnItem>
      <TableColumnItem>
        <PropertyName>Name</PropertyName>
      </TableColumnItem>
    </TableColumnItems>
      </TableRowEntry>
</TableRowEntries>
    </TableControl>
</View>
```

Ausschnitt aus Feature.format.ps1xml

Wie immer steht es dem PowerShell-Nutzer frei, eine von der Standarddarstellung abweichende Darstellung zu erzwingen, z.B. eine einfache Tabelle.

```
Get-WindowsFeature | ft name, installed
```

> Wenn durch eine Konfiguration ein Neustart des Systems aussteht, können Sie Get-WindowsFeature nicht aufrufen.

Abbildung 39.9: Get-WindowsFeature ist wegen eines ausstehenden Neustarts blockiert.

Add-WindowsFeature

Mit Add-WindowsFeature kann man Rollen, Rollendienste und Features hinzufügen. Abhängigkeiten werden dabei automatisch berücksichtigt. Anzugeben ist der „Name" (z.B. AS-NET-Framework), nicht der „DisplayName" (z.B. „.NET Framework 3.5.1"). Es können mehrere Features auf einmal installiert werden.

Features hinzufügen

Kapitel 39 Softwareverwaltung

Der folgende Befehl installiert für die Internet Information Services (IIS) die Features Server Side Includes („Web-Includes") und Web-DAV-Publishing („Web-DAV-Publishing").

```
Add-WindowsFeature Web-Includes, Web-DAV-Publishing
```

Abbildung 39.10
Während der Ausführung zeigt die PowerShell-Konsole eine Fortschrittsanzeige.

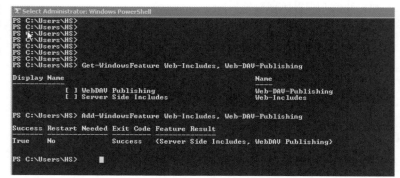

Abbildung 39.11
Ergebnis nach Abschluss von Add-WindowsFeature

 Mit dem Parameter -IncludeAllSubFeature kann man alle Unterfeatures zu einem Feature auch installieren lassen.

 Man kann Add-WindowsFeature nicht aufrufen, wenn währenddessen im Server Manager die Assistenten „Add/Remove Role" oder „Add/Remove Feature" gestartet sind. Gleiches gilt, wenn Add-WindowsFeature oder Remove-WindowsFeature schon in einer anderen Instanz der PowerShell laufen.

Abbildung 39.12: Add-WindowsFeature kann nicht arbeiten, weil parallel bereits einer der Server-Manager-Assistenten gestartet ist.

 Man kann durch den Zusatzparameter -concurrent erzwingen, dass das Commandlet auch arbeitet, wenn einer der Assistenten gestartet ist. Dies sollte man aber vermeiden, um Inkonsistenzen zu verhindern!

Remove-WindowsFeature

Mit `Remove-WindowsFeature` kann man Features deinstallieren, z.B.: **Features entfernen**

`Remove-WindowsFeature Web-Includes, Web-DAV-Publishing`

Auch dabei sieht der PowerShell-Nutzer eine Fortschrittsanzeige.

Umgang mit Neustarts

`Add-WindowsFeature` und `Remove-WindowsFeature` können nach Abschluss der Arbeiten einen Neustart erfordern. Das Beispiel zeigt, dass `Add-WindowsFeature Fax` keinen Neustart erfordert, aber `Remove-WindowsFeature Fax`! Dies wird durch eine Warnmeldung sowie die zurückgegebene Instanz der Klasse `Microsoft.Windows.ServerManager.Commands.FeatureOperationResult` angezeigt.

```
PS C:\Users\HS> Add-WindowsFeature Fax
Success Restart Needed Exit Code Feature Result
True    No             Success   {Fax Server}
PS C:\Users\HS> Remove-WindowsFeature Fax
WARNING: [Removal] Succeeded: [Fax Server] Fax Server. You must restart this server to finish the removal process.
Success Restart Needed Exit Code Feature Result
True    Yes            Succes... {Fax Server}
```

*Abbildung 39.13
Das Entfernen eines Features erfordert einen Neustart.*

Man kann einen Computer mit `Restart-Computer` dann neu starten. Man kann aber auch bei `Add-WindowsFeature` und `Remove-WindowsFeature` den Parameter `-Restart` angeben. Dann findet ein Neustart automatisch statt, sofern er erforderlich ist.

Ausgabe des Befehls Get-WindowsFeature auf einem Beispielsystem

```
Display Name                                          Name
------------                                          ----
[ ] Active Directory Certificate Services             AD-Certificate
    [ ] Certification Authority                       ADCS-Cert-Authority
    [ ] Certification Authority Web Enrollment        ADCS-Web-Enrollment
    [ ] Online Responder                              ADCS-Online-Cert
    [ ] Network Device Enrollment Service             ADCS-Device-Enrollment
    [ ] Certificate Enrollment Web Service            ADCS-Enroll-Web-Svc
    [ ] Certificate Enrollment Policy Web Service     ADCS-Enroll-Web-Pol
[ ] Active Directory Domain Services                  AD-Domain-Services
    [ ] Active Directory Domain Controller            ADDS-Domain-Controller
    [ ] Identity Management for UNIX                  ADDS-Identity-Mgmt
        [ ] Server for Network Information Services   ADDS-NIS
        [ ] Password Synchronization                  ADDS-Password-Sync
        [ ] Administration Tools                      ADDS-IDMU-Tools
[ ] Active Directory Federation Services              AD-Federation-Services
    [ ] Federation Service                            ADFS-Federation
    [ ] Federation Service Proxy                      ADFS-Proxy
    [ ] AD FS Web Agents                              ADFS-Web-Agents
        [ ] Claims-aware Agent                        ADFS-Claims
```

Kapitel 39 Softwareverwaltung

```
            [ ] Windows Token-based Agent                ADFS-Windows-Token
[ ] Active Directory Lightweight Directory Services      ADLDS
[ ] Active Directory Rights Management Services          ADRMS
    [ ] Active Directory Rights Management Server        ADRMS-Server
    [ ] Identity Federation Support                      ADRMS-Identity
[X] Application Server                                   Application-Server
    [X] .NET Framework 3.5.1                             AS-NET-Framework
    [X] Web Server (IIS) Support                         AS-Web-Support
    [ ] COM+ Network Access                              AS-Ent-Services
    [X] TCP Port Sharing                                 AS-TCP-Port-Sharing
    [X] Windows Process Activation Service Support       AS-WAS-Support
        [X] HTTP Activation                              AS-HTTP-Activation
        [X] Message Queuing Activation                   AS-MSMQ-Activation
        [X] TCP Activation                               AS-TCP-Activation
        [X] Named Pipes Activation                       AS-Named-Pipes
    [ ] Distributed Transactions                         AS-Dist-Transaction
        [ ] Incoming Remote Transactions                 AS-Incoming-Trans
        [ ] Outgoing Remote Transactions                 AS-Outgoing-Trans
        [ ] WS-Atomic Transactions                       AS-WS-Atomic
[ ] DHCP Server                                          DHCP
[ ] DNS Server                                           DNS
[ ] Fax Server                                           Fax
[X] File Services                                        File-Services
    [X] File Server                                      FS-FileServer
    [X] Distributed File System                          FS-DFS
        [X] DFS Namespaces                               FS-DFS-Namespace
        [X] DFS Replication                              FS-DFS-Replication
    [X] File Server Resource Manager                     FS-Resource-Manager
    [ ] Services for Network File System                 FS-NFS-Services
    [ ] Windows Search Service                           FS-Search-Service
    [ ] Windows Server 2003 File Services                FS-Win2003-Services
        [ ] Indexing Service                             FS-Indexing-Service
    [ ] BranchCache for network files                    FS-BranchCache
[ ] Hyper-V                                              Hyper-V
[ ] Network Policy and Access Services                   NPAS
    [ ] Network Policy Server                            NPAS-Policy-Server
    [ ] Routing and Remote Access Services               NPAS-RRAS-Services
        [ ] Remote Access Service                        NPAS-RRAS
        [ ] Routing                                      NPAS-Routing
    [ ] Health Registration Authority                    NPAS-Health
    [ ] Host Credential Authorization Protocol           NPAS-Host-Cred
[ ] Print and Document Services                          Print-Services
    [ ] Print Server                                     Print-Server
    [ ] LPD Service                                      Print-LPD-Service
    [ ] Internet Printing                                Print-Internet
    [ ] Distributed Scan Server                          Print-Scan-Server
[ ] Remote Desktop Services                              Remote-Desktop-Services
    [ ] Remote Desktop Session Host                      RDS-RD-Server
    [ ] Remote Desktop Virtualization Host               RDS-Virtualization
    [ ] Remote Desktop Licensing                         RDS-Licensing
    [ ] Remote Desktop Connection Broker                 RDS-Connection-Broker
    [ ] Remote Desktop Gateway                           RDS-Gateway
    [ ] Remote Desktop Web Access                        RDS-Web-Access
```

```
[X] Web Server (IIS)                                    Web-Server
    [X] Web Server                                      Web-WebServer
        [X] Common HTTP Features                        Web-Common-Http
            [X] Static Content                          Web-Static-Content
            [X] Default Document                        Web-Default-Doc
            [X] Directory Browsing                      Web-Dir-Browsing
            [X] HTTP Errors                             Web-Http-Errors
            [X] HTTP Redirection                        Web-Http-Redirect
            [ ] WebDAV Publishing                       Web-DAV-Publishing
        [X] Application Development                     Web-App-Dev
            [X] ASP.NET                                 Web-Asp-Net
            [X] .NET Extensibility                      Web-Net-Ext
            [X] ASP                                     Web-ASP
            [X] CGI                                     Web-CGI
            [X] ISAPI Extensions                        Web-ISAPI-Ext
            [X] ISAPI Filters                           Web-ISAPI-Filter
            [X] Server Side Includes                    Web-Includes
        [X] Health and Diagnostics                      Web-Health
            [X] HTTP Logging                            Web-Http-Logging
            [X] Logging Tools                           Web-Log-Libraries
            [X] Request Monitor                         Web-Request-Monitor
            [X] Tracing                                 Web-Http-Tracing
            [ ] Custom Logging                          Web-Custom-Logging
            [ ] ODBC Logging                            Web-ODBC-Logging
        [X] Security                                    Web-Security
            [X] Basic Authentication                    Web-Basic-Auth
            [X] Windows Authentication                  Web-Windows-Auth
            [X] Digest Authentication                   Web-Digest-Auth
            [X] Client Certificate Mapping Authentic... Web-Client-Auth
            [X] IIS Client Certificate Mapping Authe... Web-Cert-Auth
            [X] URL Authorization                       Web-Url-Auth
            [X] Request Filtering                       Web-Filtering
            [X] IP and Domain Restrictions              Web-IP-Security
        [X] Performance                                 Web-Performance
            [X] Static Content Compression              Web-Stat-Compression
            [X] Dynamic Content Compression             Web-Dyn-Compression
    [X] Management Tools                                Web-Mgmt-Tools
        [X] IIS Management Console                      Web-Mgmt-Console
        [X] IIS Management Scripts and Tools            Web-Scripting-Tools
        [X] Management Service                          Web-Mgmt-Service
        [X] IIS 6 Management Compatibility              Web-Mgmt-Compat
            [X] IIS 6 Metabase Compatibility            Web-Metabase
            [X] IIS 6 WMI Compatibility                 Web-WMI
            [X] IIS 6 Scripting Tools                   Web-Lgcy-Scripting
            [X] IIS 6 Management Console                Web-Lgcy-Mgmt-Console
    [ ] FTP Server                                      Web-Ftp-Server
        [ ] FTP Service                                 Web-Ftp-Service
        [ ] FTP Extensibility                           Web-Ftp-Ext
    [ ] IIS Hostable Web Core                           Web-WHC
[ ] Windows Deployment Services                         WDS
    [ ] Deployment Server                               WDS-Deployment
    [ ] Transport Server                                WDS-Transport
[ ] Windows Server Update Services                      OOB-WSUS
```

Kapitel 39 Softwareverwaltung

```
[X] .NET Framework 3.5.1 Features                    NET-Framework
    [X] .NET Framework 3.5.1                         NET-Framework-Core
    [X] WCF Activation                               NET-Win-CFAC
        [X] HTTP Activation                          NET-HTTP-Activation
        [X] Non-HTTP Activation                      NET-Non-HTTP-Activ
[ ] Background Intelligent Transfer Service (BITS)   BITS
    [ ] Compact Server                               BITS-Compact-Server
    [ ] IIS Server Extension                         BITS-IIS-Ext
[ ] BitLocker Drive Encryption                       BitLocker
[ ] BranchCache                                      BranchCache
[ ] Connection Manager Administration Kit            CMAK
[ ] Desktop Experience                               Desktop-Experience
[ ] DirectAccess Management Console                  DAMC
[X] Failover Clustering                              Failover-Clustering
[ ] Group Policy Management                          GPMC
[ ] Ink and Handwriting Services                     Ink-Handwriting
    [ ] Ink Support                                  IH-Ink-Support
    [ ] Handwriting Recognition                      IH-Handwriting
[ ] Internet Printing Client                         Internet-Print-Client
[ ] Internet Storage Name Server                     ISNS
[ ] LPR Port Monitor                                 LPR-Port-Monitor
[X] Message Queuing                                  MSMQ
    [X] Message Queuing Services                     MSMQ-Services
        [X] Message Queuing Server                   MSMQ-Server
        [ ] Directory Service Integration            MSMQ-Directory
        [ ] Message Queuing Triggers                 MSMQ-Triggers
        [ ] HTTP Support                             MSMQ-HTTP-Support
        [ ] Multicasting Support                     MSMQ-Multicasting
        [ ] Routing Service                          MSMQ-Routing
    [ ] Message Queuing DCOM Proxy                   MSMQ-DCOM
[X] Multipath I/O                                    Multipath-IO
[ ] Network Load Balancing                           NLB
[ ] Peer Name Resolution Protocol                    PNRP
[ ] Quality Windows Audio Video Experience           qWave
[ ] Remote Assistance                                Remote-Assistance
[ ] Remote Differential Compression                  RDC
[X] Remote Server Administration Tools               RSAT
    [X] Role Administration Tools                    RSAT-Role-Tools
        [ ] Active Directory Certificate Services Tools  RSAT-ADCS
            [ ] Certification Authority Tools        RSAT-ADCS-Mgmt
            [ ] Online Responder Tools               RSAT-Online-Responder
        [ ] AD DS and AD LDS Tools                   RSAT-AD-Tools
            [ ] AD DS Tools                          RSAT-ADDS
                [ ] AD DS Snap-Ins and Command-Line ...  RSAT-ADDS-Tools
                [ ] Active Directory Administrative ...  RSAT-AD-AdminCenter
                [ ] Server for NIS Tools             RSAT-SNIS
            [ ] AD LDS Snap-Ins and Command-Line Tools   RSAT-ADLDS
            [ ] Active Directory module for Windows ...  RSAT-AD-PowerShell
        [ ] Active Directory Rights Management Servi...  RSAT-RMS
        [ ] DHCP Server Tools                        RSAT-DHCP
        [ ] DNS Server Tools                         RSAT-DNS-Server
        [ ] Fax Server Tools                         RSAT-Fax
        [X] File Services Tools                      RSAT-File-Services
```

```
            [X] Distributed File System Tools              RSAT-DFS-Mgmt-Con
            [X] File Server Resource Manager Tools        RSAT-FSRM-Mgmt
            [ ] Services for Network File System Tools    RSAT-NFS-Admin
        [ ] Hyper-V Tools                                  RSAT-Hyper-V
        [ ] Network Policy and Access Services Tools       RSAT-NPAS
        [ ] Print and Document Services Tools              RSAT-Print-Services
        [ ] Remote Desktop Services Tools                  RSAT-RDS
            [ ] Remote Desktop Session Host Tools          RSAT-RDS-RemoteApp
            [ ] Remote Desktop Gateway Tools               RSAT-RDS-Gateway
            [ ] Remote Desktop Licensing Tools             RSAT-RDS-Licensing
            [ ] Remote Desktop Connection Broker Tools     RSAT-RDS-Conn-Broker
        [X] Web Server (IIS) Tools                         RSAT-Web-Server
        [ ] Windows Deployment Services Tools              RSAT-WDS
    [X] Feature Administration Tools                       RSAT-Feature-Tools
        [ ] BitLocker Drive Encryption Administratio...    RSAT-BitLocker
            [ ] BitLocker Drive Encryption Tools           RSAT-Bitlocker-DriveEnc
            [ ] BitLocker Recovery Password Viewer         RSAT-Bitlocker-RecPwd
        [ ] BITS Server Extensions Tools                   RSAT-Bits-Server
        [X] Failover Clustering Tools                      RSAT-Clustering
        [ ] Network Load Balancing Tools                   RSAT-NLB
        [ ] SMTP Server Tools                              RSAT-SMTP
        [ ] WINS Server Tools                              RSAT-WINS
[ ] RPC over HTTP Proxy                                    RPC-over-HTTP-Proxy
[ ] Simple TCP/IP Services                                 Simple-TCPIP
[ ] SMTP Server                                            SMTP-Server
[ ] SNMP Services                                          SNMP-Services
    [ ] SNMP Service                                       SNMP-Service
    [ ] SNMP WMI Provider                                  SNMP-WMI-Provider
[ ] Storage Manager for SANs                               Storage-Mgr-SANS
[ ] Subsystem for UNIX-based Applications                  Subsystem-UNIX-Apps
[ ] Telnet Client                                          Telnet-Client
[ ] Telnet Server                                          Telnet-Server
[ ] TFTP Client                                            TFTP-Client
[ ] Windows Biometric Framework                            Biometric-Framework
[ ] Windows Internal Database                              Windows-Internal-DB
[X] Windows PowerShell Integrated Scripting Environm...    PowerShell-ISE
[X] Windows Process Activation Service                     WAS
    [X] Process Model                                      WAS-Process-Model
    [X] .NET Environment                                   WAS-NET-Environment
    [X] Configuration APIs                                 WAS-Config-APIs
[ ] Windows Server Backup Features                         Backup-Features
    [ ] Windows Server Backup                              Backup
    [ ] Command-line Tools                                 Backup-Tools
[ ] Windows Server Migration Tools                         Migration
[ ] Windows System Resource Manager                        WSRM
[ ] Windows TIFF IFilter                                   TIFF-IFilter
[ ] WinRM IIS Extension                                    WinRM-IIS-Ext
[ ] WINS Server                                            WINS-Server
[ ] Wireless LAN Service                                   Wireless-Networking
[ ] XPS Viewer                                             XPS-Viewer
```

39.7 Softwareeinschränkungen mit dem PowerShell-Modul „AppLocker"

Application Control Policies

Das AppLocker-Modul dient der Steuerung der Funktion "Application Locker" (AppLocker) (alias: „Application Control Policies") seit Windows 7 (wirksam nur in Ultimate und Enterprise) und seit Windows Server 2008 R2, mit der man den Start von Anwendungen einschränken kann. AppLocker ist der Nachfolger der Software Restriction Policies (SRP).

AppLocker basiert wie SRP auf Regeln, die man in Gruppenrichtlinien hinterlegt (siehe *Abbildung 39.14*). Es gibt dort Regeln für ausführbare Dateien (EXE), Bibliotheken (DLL), Windows Installer (MSI) und Skripte (Script). Regeln basieren wie bei SRP auf Kriterien (z.B. Standort, Datei-Hashwert, Hersteller). Anders als bei SRP kann es aber Ausnahmen von Regeln geben. Im Gruppenrichtlinieneditor kann man Standardregeln aktivieren, die verhindern, dass man sich selbst aussperrt. Außerdem kann man automatisch Regeln für Inhalte von Ordnern erstellen lassen („Automatically Generated Rules"). Regeln lassen sich als XML-Dateien importieren oder exportieren.

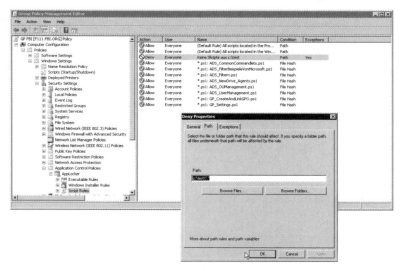

Abbildung 39.14
Definition einer Einschränkungsregel für Skripte

Regeln gelten erst, wenn die Regelart unter „Configure Rule Enforcement" auch aktiviert wurde.

DLL-Regeln sind im Standard nicht sichtbar. Diese muss man erst unter „Configure Rule Enforcement/Advanced" aktivieren.

Softwareeinschränkungen mit dem PowerShell-Modul „AppLocker"

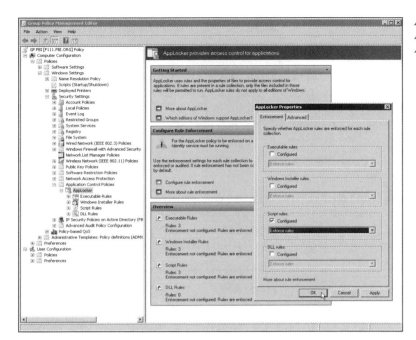

Abbildung 39.15
Aktivieren der AppLocker-Regeln

Das AppLocker-Modul enthält folgende Commandlets:

Commmandlets

- `Get-AppLockerPolicy`: gibt eine Liste der AppLocker-Regeln aus, wahlweise den lokalen PC (`-local`) oder eine Gruppenrichtlinie (`-domain` zusammen mit `-ldap`). Man kann auch die aktuell wirkenden Regeln ausgeben (`-effective`).
- `New-AppLockerPolicy`: erzeugt eine neue AppLocker-Regel.
- `Get-AppLockerFileInformation`: liefert zu einer Datei ein Objekt des Typs `Microsoft.Security.ApplicationId.PolicyManagement.PolicyModel.FileInformation`, das dazu dienen kann, mit `New-AppLockerPolicy` eine neue Regel zu erstellen.
- `Set-AppLockerPolicy`: legt eine AppLocker-Regel in einer Gruppenrichtlinie fest.
- `Test-AppLockerPolicy`: prüft, wie sich Regeln auf bestimmte Dateien auswirken.

Abbildung 39.16
Inhalt des AppLocker-Moduls

601

Auflisten von Regeln

Get-AppLocker-Policy Get-AppLockerPolicy liefert ein einzelnes Objekt vom Typ AppLocker-Policy aus dem Namensraum Microsoft.Security.ApplicationId.Policy Management.PolicyModel. Hier ist das Attribut RuleCollections vom Typ RuleCollection interessant. Es gibt jeweils ein RuleCollection-Objekt für jede der vier Regelarten (EXE, DLL, MSI, Script). In dieser Rule-Collection sind dann die Regeln enthalten (FilePathRule, FilePublisher Rule, FileHashRule).

Mit Get-AppLockerPolicy -local fragt man die lokalen AppLocker-Einstellungen ab.

Mit dem Schalter -Domain kann man die AppLocker-Einstellungen aus einem einzelnen Gruppenrichtlinienobjekt abfragen, z.B.:

Get-AppLockerPolicy -Domain -LDAP "LDAP:// CN={685A9EAA-2CA5-4552-B553-92A027F9E2B6},CN=Policies,CN=System,DC=FBI,DC=ORG"

Die wirkenden AppLocker-Regeln lassen sich wie folgt ermitteln:

Get-AppLockerPolicy -Effective

Um die einzelnen Regeln auszugeben, muss man zumindest die Rule-Collections-Menge mit Foreach-Object aufspalten:

foreach { $_.RuleCollections }

Oder man schreibt noch ausführlicher:

foreach { $_.RuleCollections } | foreach { $_ }

Dann hat man Zugriff auf die einzelnen Regel-Objekte.

Beispiel Das folgende Beispiel listet die einzelnen Regeln in Form einer Tabelle auf, in der man die Regelart und die Regelbedingung (nicht aber die Ausnahmen) sehen kann.

Get-AppLockerPolicy -Effective | foreach { $_
.RuleCollections.GetEnumerator() } | foreach { $_ } | sort name |
ft Name, { $_.GetType().Name }, PathConditions, HashConditions,
PublisherConditions

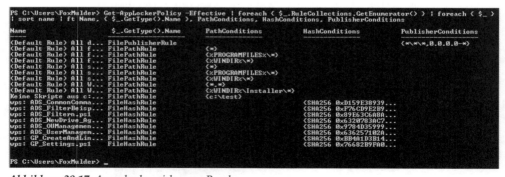

Abbildung 39.17: Ausgabe der wirksamen Regeln

Die folgende Bildschirmabbildung zeigt, wie sich durch Aktualisierung der Gruppenrichtlinien mit `gpupdate /force` die Anzahl der wirkenden Regeln verändern kann.

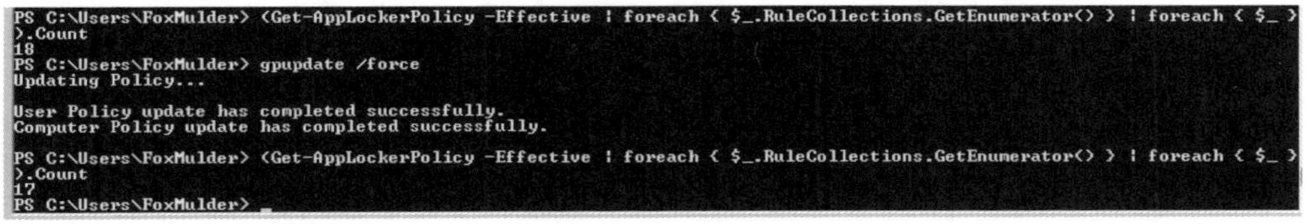

Abbildung 39.18: Nach dem Löschen einer Regel in einer der wirkenden Gruppenrichtlinien reduziert sich die Anzahl der Regeln von 18 auf 17.

Prüfen der Regelwirkung

Mit `Test-AppLockerPolicy` kann man prüfen, wie sich Regeln auf bestimmte Dateien auswirken.

Test-AppLocker-Policy

Das Beispiel prüft, wie sich die wirksamen Regeln auf einen bestimmten Benutzer für die Skripte in `c:\test` auswirken.

Beispiel

```
Get-AppLockerPolicy -Effective | Test-AppLockerPolicy -path C:\
test\*.ps1 -user FBI\DanaScully
```

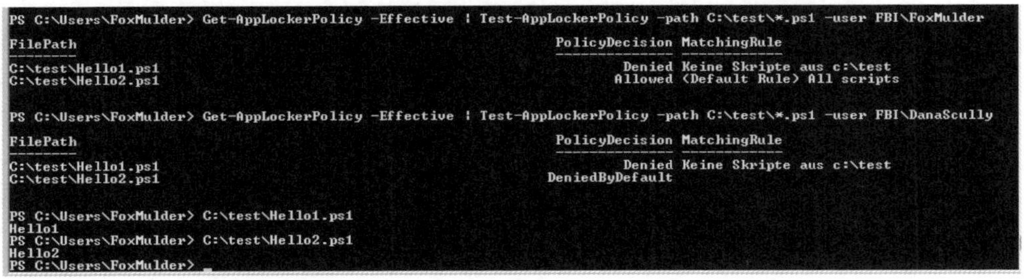

Abbildung 39.19: Testergebnisse für zwei verschiedene Benutzer

Erstellen neuer Regeln

Das Erstellen von Regeln kann aufwändig sein, wenn viele Anwendungen erlaubt sein sollen. Beim Erstellen von Regeln unterstützt die PowerShell. Mit `Get-AppLockerFileInformation` erhält man Informationen über Dateien in Form von Instanzen der Klasse `Microsoft.Security.ApplicationId.PolicyManagement.PolicyModel.FileInformation`. Diese Objekte enthalten zu der Datei den Path, Hash und Publisher. Aus den Instanzen der Klasse `FileInformation` kann man mit `New-AppLockerPolicy` Regeln generieren lassen. Diese Regeln kann man anschließend mit `Set-AppLockerPolicy` in lokalen Richtlinien oder Gruppenrichtlinien speichern.

Der folgende Befehl erstellt genau eine Hashregel für alle Skripte in dem Ordner `c:\wps` und seinen Unterordnern. Die Regel wird in einer Gruppenrichtlinie gespeichert. Die bestehenden Regeln der Gruppenrichtlinie bleiben erhalten, was `-merge` bewirkt.

Beispiel

Kapitel 39 Softwareverwaltung

```
Get-AppLockerFileInformation -Directory c:\Wps\ -recurse -filetype
script |
New-AppLockerPolicy -RuleType Hash -User Everyone -optimize |
Set-AppLockerPolicy -merge
-LDAP:"LDAP://CN={685A9EAA-2CA5-4552-B553-
92A027F9E2B6},CN=Policies,CN=System,DC=FBI,DC=ORG"
```

> Dass hier nur eine Regel insgesamt und nicht eine Regel pro Skript entsteht, liegt an dem Parameter -optimize.

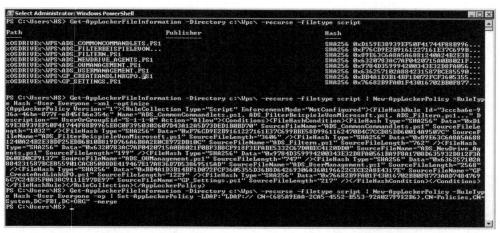

Abbildung 39.20: *Der obige Befehl mit Zwischenschritten: Erst werden nur die Dateiinformationen ausgegeben, dann die erzeugte Regel in XML-Form (Parameter –xml). Zum Schluss wird die Regel in die Gruppenrichtlinie gesetzt (hier ohne –xml!).*

Abbildung 39.21
Ergebnis der Ausführung des Befehls zur Erzeugung von Regeln für die Skripte in c:\wps

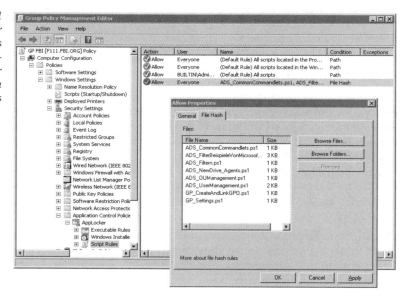

604

40 Prozessverwaltung

Die Verwaltung der laufenden Prozesse ist im Kern der Windows PowerShell mit den Commandlets `Get-Process` und `Start-Process` sowie `Stop-Process` gut unterstützt.

40.1 Prozesse auflisten

Das Commandlet `Get-Process` (Aliase `ps` oder `gps`) wurde schon im Kapitel mit der PowerShell-Einführung sehr häufig verwendet. Es liefert Instanzen der .NET-Klassen `System.Diagnostics.Process`.

Get-Process

Eine Liste aller Prozesse erhält man mit:

`Get-Process`

Informationen zu einem Prozess liefert der folgende Befehl: `Get-Process iexplore`

Eine Liste aller Prozesse, die mit einem „i" anfangen, erhält man so: `Get-Process i*`

Ein interessanter Pipeline-Befehl ist:

`Get-Process | Get-Item -ErrorAction SilentlyContinue | Group-Object Directory | Sort-Object Count -Descending`

Mit ihm erhält man eine Liste aller Verzeichnisse, aus denen aktuelle Prozesse gestartet wurden. Das kann hilfreich sein, wenn man sich wundert, dass man ein Verzeichnis nicht löschen, verschieben oder umbenennen kann.

Abbildung 40.1
Ausgabe des obigen Befehls

Kapitel 40 **Prozessverwaltung**

40.2 Prozesse starten

Prozesse starten Wenn man ein Commandlet oder eine Kommandozeilenanwendung in der PowerShell aufruft, dann starten diese im Prozess der PowerShell. Wenn man eine Windows-Anwendung (z.B. *Notepad.exe*) aufruft, dann startet diese in einem eigenen Prozess. In jedem Fall läuft der externe Prozess unter dem gleichen Benutzerkonto wie der aufrufende Prozess.

Mit Start-Process (Alias: saps) kann man seit PowerShell 2.0 Prozesse unter einer anderen Identität starten (vgl. runas.exe), d.h. mit anderen Rechten als denen des angemeldeten Benutzers. Man kann durch den Parameter -Credential ein Objekt vom Typ PSCredential mit anderen Anmeldedaten übergeben. Ein Objekt vom Typ PSCredential erhält man von Get-Credential.

Beispiel Zum Starten eines zweiten PowerShell-Fensters unter einem anderen Benutzerkonto (als Administrator) gibt man also ein:

```
Start-Process PowerShell.exe -credential Get-credential
```

Dies dokumentieren die nachstehenden zwei Abbildungen.

Abbildung 40.2
Aufruf von Start-Process durch einen normalen Benutzer

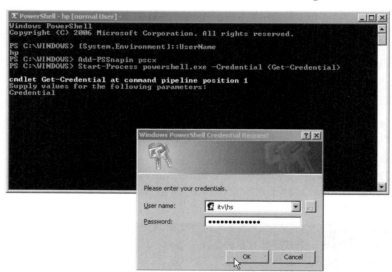

In PowerShell 1.0 konnte man Start-Process über die PowerShell Community Extensions nutzen.

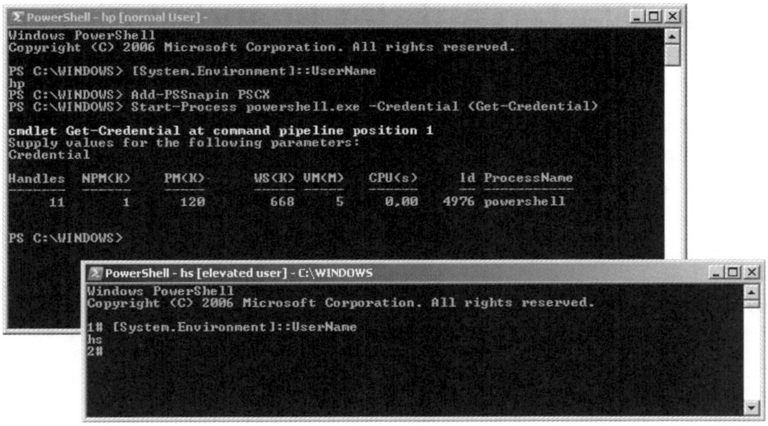

Abbildung 40.3
Nach Eingabe der Anmeldedaten erhält man ein zweites PowerShell-Fenster für einen Benutzer, der zur Administratoren-Gruppe gehört.

40.3 Prozesse beenden

Einen Prozess beenden kann man wahlweise durch Aufruf der Kill()-Methode:

Prozesse beenden

```
Get-Process | Where-Object { $_.name -eq "iexplore" } | Foreach-Object { $_.Kill() }
```

oder prägnanter durch das Commandlet Stop-Process:

```
Stop-Process -name iexplore
```

Stop-Process erwartet als Parameter normalerweise die Prozessnummer. Wenn man den Prozessnamen angeben will, muss man den Parameter -name verwenden.

Stop-Process

Weitere Beispiele:

▶ Beenden aller Prozesse, deren Name mit „P" anfängt:

```
Get-Process p* | Stop-Process
```

▶ Beenden aller Prozesse, die mehr als 10 Megabyte RAM verbrauchen:

```
Get-Process | where { $_.WS -gt 10M } | stop-process
```

40.4 Warten auf das Beenden einer Anwendung

WaitForExit() Mit den folgenden Befehlen wartet die PowerShell darauf, dass Microsoft Outlook beendet wird:

Listing 40.1 Warten auf das Ende eines Prozesses [Einsatzgebiete/ Prozessverwaltung/ WaitingFor-Outlook.ps1]

```
$p = Get-Process outlook
if ($p)
{
$p.WaitForExit()
"Outlook wurde beendet!"
}
else
{
"Outlook war nicht gestartet!"
}
```

Dies kann man seit PowerShell 2.0 auch mit Wait-Process erreichen. Der Prozess wird durch seinen Namen, seine Prozess-ID oder ein Process-Objekt festgelegt.

Beispiele:

```
Wait-Process -id 4040
Wait-Process -name notepad
Wait-Process -name $p
```

Hintergrundprozesse Nicht vorhanden in der PowerShell 1.0 ist eine Prozessverwaltung für Hintergrundprozesse, wie man sie von Unix kennt. Dies kann der Administrator aber durch eigene Skripte erreichen, siehe [Truher01].

41 Systemdienste

Die Arbeit mit den Windows-Systemdiensten (oft auch „NT-Dienste" genannt) unterstützt die PowerShell mit den Commandlets:

- Get-Service
- New-Service
- Restart-Service
- Resume-Service
- Set-Service
- Start-Service
- Stop-Service
- Suspend-Service

Get-Service

Darüber hinaus steht die WMI-Klasse Win32_Service zur Verfügung.

41.1 Dienste auflisten

Eine Liste der Systemdienste in Form von Instanzen der .NET-Klasse System.ServiceProcess.ServiceController liefert das Commandlet Get-Service.

Die Liste der laufenden Systemdienste erhält man mit:

```
Get-Service | Where-Object {$_.status -eq "running"}
```

Die Liste der gestoppten Dienste liefert dementsprechend:

```
Get-Service | Where-Object {$_.status -eq "stopped"}
```

Man kann per Skript prüfen, ob ein Dienst installiert ist:

```
$service = Get-Service -name iisadmin
if ( ! $service ) { "IIS ist nicht installiert auf diesem Computer." }
else
{ "IIS Server hat Status: " + $service.Status }
```

Listing 41.1
Prüfung, ob der IIS installiert ist [Einsatzgebiete/ Systemdienste/Is Service installed.ps1]

In PowerShell 1.0 war die Fernabfrage mit Get-Service nicht möglich. Seit PowerShell 2.0 gibt es den Parameter -ComputerName.

Fernabfrage

```
Get-Service -ComputerName ServerF112| Where-Object {$_.status -eq "running"}
```

Kapitel 41 Systemdienste

In PowerShell 1.0 ist lediglich über den Umweg über die Windows Management Instrumentation (WMI) ein Zugang zu anderen Systemen möglich. Dafür steht das Commandlet Get-CimInstance zur Verfügung. Der folgende Befehl liest die laufenden Systemdienste von dem Computer mit Namen „ServerF112" aus:

```
Get-CimInstance Win32_Service -computer ServerF112 -filter
"State='running'"
```

Zu beachten ist dabei, dass das Ergebnis der Operation nunmehr keine Instanzen von der .NET-Klasse System.ServiceProcess.ServiceController, sondern Instanzen der WMI-Klasse root\cimv2\Win32_Service sind, die in die .NET-Klasse System.Management.ManagementObject verpackt wurden. Das Commandlet Get-Member stellt diesen komplexen Typ wie folgt dar: "System.Management.ManagementObject verpackt # root\cimv2\ Win32_Service". Get-CimInstance hat eine andere Filter-Syntax (hier ist das Gleichheitszeichen anstelle von -eq zu verwenden) und außerdem steht der Zustand eines Dienstes in der WMI-Klasse im Attribut State und nicht wie mit der .NET-Klasse in Status. Einsteiger kommen hier schnell durcheinander.

Wenn man die abhängigen Dienste eines Dienstes ermitteln will, muss man auf die Eigenschaft DependentServices des .NET-Objekts System.ServiceProcess.ServiceController zugreifen:

```
Get-service iisadmin | % { $_.DependentServices }
```

Das Ergebnis für Windows Server 2003 Release 2 zeigt *Abbildung 41.1*.

Abbildung 41.1
Die von IISAdmin abhängigen Dienste

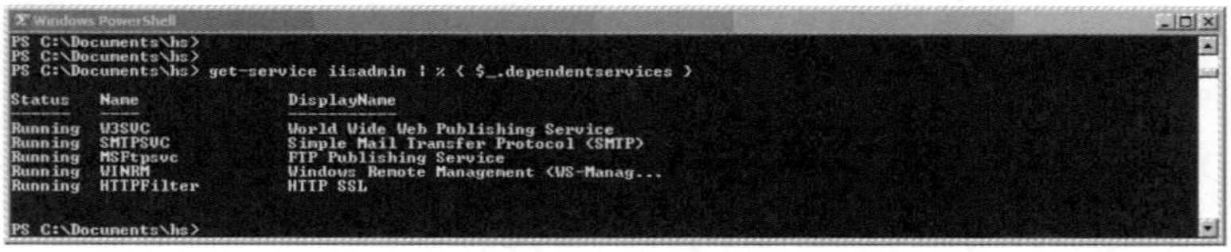

Abhängige Systemdienste ermitteln
Die abhängigen Dienste eines Systemdienstes kann man alternativ auch in WMI durch die Methode GetRelated() in der Klasse ManagementObject in der .NET-Klassenbibliothek ermitteln. Der folgende Befehl ermittelt die Dienste, die von dem Dienst "IISAdmin" abhängig sind.

```
(Get-CimInstance win32_service -filter "Name =
'iisadmin'").GetRelated($null,"Win32_
DependentService",$null,$null,$null,"Antecedent",$false,$null) |
select name
```

Die gleiche Objektmenge erhält man auch über eine WQL-Abfrage mit Bezug auf den feststehenden Ausdruck AssocClass:

```
([wmiSearcher]"Associators of {Win32_Service.Name='iisadmin'} Where
AssocClass=Win32_DependentService Role=Antecedent").get()
```

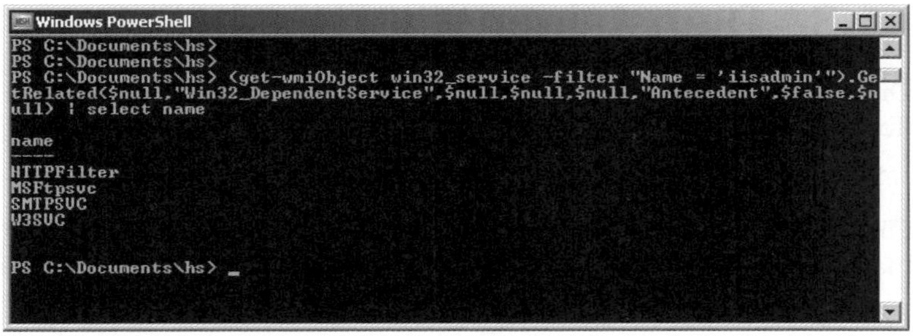

Dienstzustand ändern

Abbildung 41.2
Ermitteln der abhängigen Dienste

41.2 Dienstzustand ändern

Zur Beeinflussung des Dienststatus stehen folgende Commandlets zur Verfügung: Suspend-Service, Resume-Service, Stop-Service, Start-Service und Restart-Service. Dabei ist jeweils der Dienstname als Parameter anzugeben.

Weitere Dienst-Commandlets

Der folgende Befehl startet also den Dienst "IISAdmin":

Start-Service IISADMIN

Bei Systemdiensten, die abhängige Dienste besitzen, ist außerdem -force hinzuzufügen:

Start-Service IISADMIN -force

Da das Commandlet Start-Service (ebenso wie alle anderen Aktions-Commandlets rund um Dienste) nur für den lokalen Computer wirkt, muss man auf die WMI-Klasse Win32_Service zurückgreifen, um einen Dienst auf einem entfernten System zu starten. Leider wird bei diesen Commandlets der Schalter -ComputerName auch in der Version 2 der PowerShell noch nicht unterstützt.

Der folgende Befehl startet einen Systemdienst auf einem anderen Rechner:

Get-CimInstance -computer XY win32_service -filter "name='tlntsvr'"
|
    foreach-Object {$_.startservice()}

Das Commandlet Restart-Service führt einen Neustart eines Dienstes (erst stoppen, dann starten) durch. Wenn der Dienst nicht gestartet war, wird er gestartet.

41.3 Diensteigenschaften ändern

Die Eigenschaften von Diensten, z.B. die Startart, beeinflusst man über Set-Service:

Set-Service IISADMIN -startuptype "manual"

Für weitergehende Änderungen, z.B. Setzen des Dienstkontos, braucht man dann wieder WMI.

Listing 41.2
ChangeService-Configuration.ps1

```
# Change Service Configuration
"Before:"
Get-CimInstance Win32_Service -filter "name='WWWAppServer'" |
select startname, startmode

$service = Get-CimInstance Win32_Service -filter
"name='WWWAppServer'"
$service.change($null,$null,$null,$null,"manual",$null,"itv\hs",
"secret+123")

"After:"
Get-CimInstance Win32_Service -filter "name='WWWAppServer'" |
select startname, startmode
```

42 Netzwerk

Dieses Kapitel thematisiert Automatisierungsaufgaben rund um Netzwerkfunktionen. Dazu gehören die Konfiguration der Netzwerkkarten, die Namensauflösung, die Prüfung der Erreichbarkeit, das Abrufen von Informationen per HTTP und das Senden von E-Mails.

42.1 Netzwerkkonfiguration (ältere Betriebssysteme)

Auf Betriebssystemen vor Windows 8 und Windows Server 2012 verwaltet man die Netzwerkverbindungen mit der WMI-Klasse Win32_NetworkAdapterConfiguration.

IP-Adressen auflisten

In der WMI-Klasse Win32_NetworkAdapterConfiguration sind die IP-Adressen als ein Array in IpAddress abgespeichert.

```
Get-CimInstance Win32_NetworkAdapterConfiguration -Filter
"IPEnabled=true" | select Description,IPAddress
```

IP-Adresse vergeben

Die WMI-Klasse Win32_NetworkAdapterConfiguration ermöglicht auch zahlreiche Einstellungen für die Netzwerkkarten.

Praxisbeispiel: Umschalten zwischen statischer IP-Adresse und DHCP

Das folgende PowerShell-Skript wechselt für eine Netzwerkkarte zwischen DHCP und statischer IP-Adresse.

```
# Wechsel zwischen DHCP und statischer IP-Adresse
$config = Get-CimInstance Win32_NetworkadapterConfiguration -Filter
"IPEnabled=true" | where { $_.Description -like "*Controller #2*" }
"DHCP-Status Vorher: " + $Config.dhcpenabled
Get-CimInstance Win32_Networkadapterconfiguration -Filter
"IPEnabled=true" | select Description,IPAddress
if (!$Config.dhcpenabled)
{
"Aktiviere DHCP..."
$Config.EnableDHCP()
}
else
{
```

*Listing 42.1
Änderung der Netzwerkkonfiguration
[Einsatzgebiete/
Netzwerk/Switch_
DHCP_
StaticIP.ps1]*

Kapitel 42 Netzwerk

```
"Aktiviere statische IP-Addresse..."
[array] $ip =   "192.168.1.15"
[array] $subnet = "255.255.255.0"
$Config.EnableStatic($ip, $subnet)
}
$config = Get-CimInstance Win32_NetworkadapterConfiguration -Filter
"IPEnabled=true" | where { $_.Description -like "*Controller #2*" }
"DHCP-Status nachher: " + $Config.dhcpenabled
Get-CimInstance Win32_Networkadapterconfiguration -Filter
"IPEnabled=true" | select Description,IPAddress
```

Die WMI-Methode EnableStatic() funktioniert nur, wenn die Netzwerkkarte aktiviert ist.

Den aktuellen DHCP-Server ermitteln Sie durch das Commandlet Get-DHCPServer aus den PSCX.

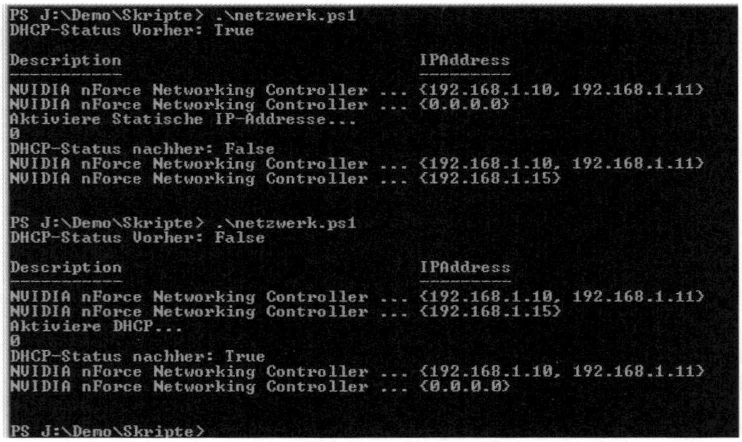

Abbildung 42.1
Ausgabe des Praxisbeispiels bei zweimaligem Aufruf

42.2 Netzwerkkonfiguration (ab Windows 8 und Windows Server 2012)

Auch die Konfiguration der Netzwerkschnittstellen von Windows erforderte bisher einiges an Wühlereien in WMI-Klassen. Auch dafür gibt es jetzt in Windows 8 und Windows Server 2012 aus den neuen WMI-Klassen heraus generierte Commandlets, die sich allerdings auf drei verschiedene PowerShell-Module (NetAdapter, NetTCPIP und DnsClient) verteilen, was die Arbeit etwas unübersichtlich macht.

Netzwerkkonfiguration (ab Windows 8 und Windows Server 2012)

Zudem ist ein Grundverständnis der Begrifflichkeiten auch hier notwendig. Das, was in der Windows-Benutzeroberfläche als „Netzwerkverbindung" bezeichnet wird, ist aus der Sicht des PowerShell-Moduls `NetAdapter` eben ein solcher `NetAdapter`. Die Elemente einer Netzwerkverbindung (vgl. Eigenschaftendialog) nennen sich dort `NetAdapterBinding`. Das Commandlet `Get-NetAdapter` liefert also eine Liste aller Netzwerkverbindungen. `Get-NetAdapterBinding` liefert hingegen eine Liste aller Elemente aller Netzwerkverbindungen, die man in der Benutzeroberfläche im Eigenschaftendialog sieht (z.B. „Client für Microsoft-Netzwerke" und „Internetprotokoll Version 4 (TCP/IPv4)").

NetAdapter

Typischerweise wird der Benutzer die Elemente filtern wollen, was über die Commandlet-Parameter `Name` und `Displayname` möglich ist, wobei `Name` den Namen der Netzwerkverbindung bezeichnet und `Displayname` den Namen des Elements. Um IPv6 für die Netzwerkverbindung „Ethernet" zu deaktivieren, würde man also ausführen:

```
Get-NetAdapterBinding -Name Ethernet -DisplayName *tcp/ipv6* |
Disable-NetAdapterBinding
```

```
PS C:\Windows\system32> Get-NetAdapterBinding -Name Ethernet

Name       DisplayName                                              ComponentID    Enabled
----       -----------                                              -----------    -------
Ethernet   Link-Layer Topology Discovery Responder                  ms_rspndr      True
Ethernet   Link-Layer Topology Discovery Mapper I/O Driver          ms_lltdio      True
Ethernet   Microsoft LLDP Protocol Driver                           ms_lldp        True
Ethernet   Microsoft Network Adapter Multiplexor Protocol           ms_implat      False
Ethernet   Client for Microsoft Networks                            ms_msclient    True
Ethernet   QoS Packet Scheduler                                     ms_pacer       True
Ethernet   File and Printer Sharing for Microsoft Networks          ms_server      True
Ethernet   Internet Protocol Version 6 (TCP/IPv6)                   ms_tcpip6      True
Ethernet   Internet Protocol Version 4 (TCP/IPv4)                   ms_tcpip       True

PS C:\Windows\system32> Get-NetAdapterBinding -Name Ethernet -DisplayName *tcp/ipv6* | Disable-NetAdapterBinding
PS C:\Windows\system32> Get-NetAdapterBinding -Name Ethernet

Name       DisplayName                                              ComponentID    Enabled
----       -----------                                              -----------    -------
Ethernet   Link-Layer Topology Discovery Responder                  ms_rspndr      True
Ethernet   Link-Layer Topology Discovery Mapper I/O Driver          ms_lltdio      True
Ethernet   Microsoft LLDP Protocol Driver                           ms_lldp        True
Ethernet   Microsoft Network Adapter Multiplexor Protocol           ms_implat      False
Ethernet   Client for Microsoft Networks                            ms_msclient    True
Ethernet   QoS Packet Scheduler                                     ms_pacer       True
Ethernet   File and Printer Sharing for Microsoft Networks          ms_server      True
Ethernet   Internet Protocol Version 6 (TCP/IPv6)                   ms_tcpip6      False
Ethernet   Internet Protocol Version 4 (TCP/IPv4)                   ms_tcpip       True
```

Abbildung 42.2: Ausgabe der Elemente einer Netzwerkverbindung und Deaktivierung von IPv6

Um die statistischen Daten (Anzahl gesendeter und empfangener Bytes) abzurufen, kann der Benutzer `Get-NetAdapterStatistics -Name Ethernet` verwenden. Das nachfolgende Befehl `Format-List *` sorgt dafür, dass man alle ermittelten Werte in der Ausgabe sieht (siehe Abbildung).

Get-NetAdapter-Statistics

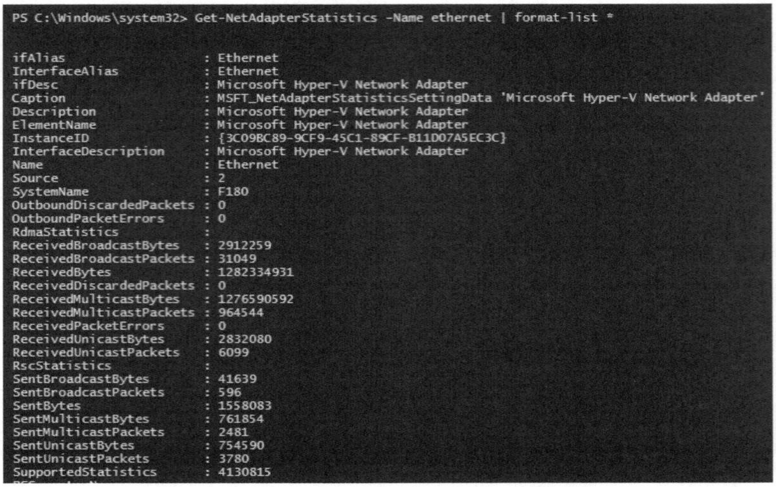

Abbildung 42.3
Beispielausgabe des Commandlets Get-NetAdapterStatistics

```
PS C:\Windows\system32> Get-NetAdapterStatistics -Name ethernet | format-list *

ifAlias                   : Ethernet
InterfaceAlias            : Ethernet
ifDesc                    : Microsoft Hyper-V Network Adapter
Caption                   : MSFT_NetAdapterStatisticsSettingData 'Microsoft Hyper-V Network Adapter'
Description               : Microsoft Hyper-V Network Adapter
ElementName               : Microsoft Hyper-V Network Adapter
InstanceID                : {3C09BC89-9CF9-45C1-89CF-B11D07A5EC3C}
InterfaceDescription      : Microsoft Hyper-V Network Adapter
Name                      : Ethernet
Source                    : 2
SystemName                : F180
OutboundDiscardedPackets  : 0
OutboundPacketErrors      : 0
RdmaStatistics            :
ReceivedBroadcastBytes    : 2912259
ReceivedBroadcastPackets  : 31049
ReceivedBytes             : 1282334931
ReceivedDiscardedPackets  : 0
ReceivedMulticastBytes    : 1276590592
ReceivedMulticastPackets  : 964544
ReceivedPacketErrors      : 0
ReceivedUnicastBytes      : 2832080
ReceivedUnicastPackets    : 6099
RscStatistics             :
SentBroadcastBytes        : 41639
SentBroadcastPackets      : 596
SentBytes                 : 1558083
SentMulticastBytes        : 761854
SentMulticastPackets      : 2481
SentUnicastBytes          : 754590
SentUnicastPackets        : 3780
SupportedStatistics       : 4130815
```

Praxisbeispiel: Umschalten zwischen statischer IP-Adresse und DHCP

Für eine typische Netzwerkkonfigurationsaufgabe, wie dem Umschalten einer Netzwerkverbindung zwischen statischer IP-Adresse und DHCP-Betrieb (dynamische IP-Adresse), kommt man mit dem Modul NetAdapter leider nicht weiter. Hier braucht man vor allem das Modul NetTCPIP. Dort werden die Netzwerkverbindungen als ein „NetIPInterface" angesehen. Get-NetIPInterface liefert den aktuellen Konfigurationszustand einer TCP/IP-Netzwerkverbindung.

DHCP Über Set-NetIPInterface kann der Benutzer mit dem Parameter -Dhcp die Verwendung einer dynamischen IP-Adresse ein- oder ausschalten.

IP-Adresse, Subnetzmaske, Gateway Statische IP-Adresse und Gateways weist man hingegen über New-NetIPAddress zu. Der Parameter IPAddress erwartet genau eine IP-Adresse. Die Subnetzmaske vergibt man dabei über den Parameter PrefixLength, wobei 16 für die Subnetzmaske 255.255.0.0 und 24 für 255.255.255.0 steht. IP-Adressen entfernen kann man über Remove-NetIPAddress. Das Gateway wird man jedoch nur wieder los mit Remove-NetRoute.

DNS-Server Dann fehlt noch die explizite Zuweisung von DNS-Server-IP-Adressen. Das erledigt ein weiteres Modul, DNSClient, mit dem Commandlet Set-DnsClientServerAddress. Mit dem Parameter -ServerAddresses legt man eine oder mehrere Adressen fest. Mit -ResetServerAddresses löscht man sie wieder.

Netzwerkkonfiguration (ab Windows 8 und Windows Server 2012)

KRITIK: Hier ist leider einiges inkonsistent und nicht intuitiv zu verstehen: Bei `New-NetIPAddress` kann man immer nur eine IP-Adresse angeben, bei `Set-DnsClientServerAddress` direkt mehrere. Das Löschen erfolgt in einem Fall über ein „Remove"-Commandlet mit gleichem Substantiv, im zweiten Fall über ein „Remove"-Commandlet mit einem anderen Substantiv und im dritten Fall über einen Parameter eines Set-Commandlets. Die Dokumentation der PowerShell-Module (vgl. Kasten „PowerShell-Hilfe") hilft auch nicht weiter, denn da wird jedes Commandlet nur für sich mit einfachen Einzeiler-Beispielen beschrieben und es fehlt ein Dokument, das Commandlets in konkreten Situationen im Zusammenspiel beschreibt.

Die also dann doch leider nicht so triviale Lösung für das Umschalten zwischen dynamischer und statischer IP-Adresse sieht man im folgenden Listing. Zudem ist zu berücksichtigen, dass die Remove-Commandlets nur dann ohne Nachfrage, also auch unbeaufsichtigt, arbeiten, wenn man `-confirm:$false` als Parameter mit angibt.

```
$dhcpEingeschaltet = (Get-NetIPInterface -InterfaceAlias ethernet).Dhcp
"Aktueller Status:"
if ($dhcpEingeschaltet) { "DHCP eingeschaltet" } else { "Statische IP-Adressen aktiv" }
if ($dhcpEingeschaltet -eq "enabled")
{
 "DHCP wird ausgeschaltet..."
 Set-NetIPInterface -InterfaceAlias ethernet -Dhcp Disabled
  "Statische IP-Adressen werden eingeschaltet..."
 New-NetIPAddress -InterfaceAlias ethernet -IPAddress 192.168.1.209 -DefaultGateway 192.168.1.253 -PrefixLength 24 | out-null
 New-NetIPAddress -InterfaceAlias ethernet -IPAddress 192.168.1.210 -PrefixLength 24 | out-null
 Set-DnsClientServerAddress -InterfaceAlias ethernet -ServerAddresses 192.168.1.10,192.168.1.20
}
else
{
 foreach($a in Get-NetIPAddress -InterfaceAlias ethernet -ea SilentlyContinue) {
 "Entfernet IP-Adresse: " + $a.IPAddress
 Remove-NetIPAddress -Confirm:$false -IPAddress ($a.IPAddress)   }

 #Get-NetIPAddress -InterfaceAlias ethernet -ea SilentlyContinue | Remove-NetIPAddress -Confirm:$false
 "Entferne Gateway..."
 Remove-NetRoute -InterfaceAlias ethernet -Confirm:$false
 "Entferne DNS-Server-Einträge..."
```

Listing 42.2
Umschalten einer Windows-Netzwerkverbindung zwischen statischer und dynamischer IP-Adresse

```
        Set-DnsClientServerAddress -InterfaceAlias ethernet -ResetSer-
verAddresses
 "DHCP wird eingeschaltet..."
 Set-NetIPInterface -InterfaceAlias ethernet -Dhcp Enabled
}
"Fertig!"
```

42.3 Windows Firewall

Autor: Peter Monadjemi

Die Windows Firewall war bereits in der Vergangenheit dank des `NetSh`-Kommandos bzw. einer einfach gestrickten Scripting-Schnittstelle per (PowerShell-)Skripts konfigurierbar. Mit Windows Server 2012 und Windows 8 stehen im Modul `NetSecurity` insgesamt 80 Funktionen und vier Commandlets zur Verfügung, mit denen sich die Einstellungen der Firewall und IPSec-Einstellungen setzen und abfragen lassen. Damit lassen sich z.B. vorhandene Regeln der Firewall sowohl lokal als auch im Netzwerk auflisten, ändern und neu anlegen oder Profile aktivieren und deaktivieren und mit Gruppenrichtlinien in Einklang bringen.

Ein erster Überblick

Tabelle 42.1 stellt zur ersten Orientierung einige der wichtigsten Funktionen aus dem umfangreichen Modul `NetSecurity` zusammen. Der „Einstieg" in ein neues Modul beginnt am besten mit dem Ausprobieren einiger der `Get`-Commandlets. Wer die Windows-Firewall kennt, weiß, dass sie aus einem Satz von Regeln (engl. „rules") besteht, die in Profilen organisiert sind. Es gibt die Profile „Public", „Domain" und „Private". Möchte man z.B. die Firewall deaktivieren, geschieht dies, in dem einzelne oder alle Profile deaktiviert werden.

Beispiel Ein

`Get-NetfirewallProfile -All`

listet die Einstellungen zu allen Profilen auf. Die Eigenschaft `Enabled` gibt an, ob das jeweilige Profil aktiv ist, die Eigenschaft `LogAllowed` gibt anbestimmt, ob erlaubte Zugriffe protokolliert werden.

Das Aktivieren eines Profils übernimmt die Funktion `Set-FirewallProfile`. Der folgende Befehl deaktiviert das öffentliche Profil:

`Get-NetfirewallProfile -Name Public | Set-NetFirewallProfile -Enabled False`

Der folgende Befehl aktiviert die Protokollierung sowohl für erlaubte wie auch für nicht erlaubte Zugriffe:

```
Get-NetfirewallProfile -Name Public | Set-NetFirewallProfile -
LogAllowed true -LogBlocked true
```

Dass für den Wert der Parameter `LogAllowed` und `LogBlocked` „true" und nicht `$True` übergeben wurde ist kein Zufall. Der Parameter ist vom `GpoBoolean` und nicht vom Typ `Boolean`, so dass `$True` einfach der „falsche" Datentypen ist (und von der PowerShell nach der Eingabe keine implizite Typenkonvertierung durchgeführt wird).

Abbildung 42.4
Die Firewall-Einstellungen für ein Profil werden per Get-NetFirewall abgefragt und per Set-NetFirewall gesetzt.

Funktion	Bedeutung
Copy-NetFirewallRule	Kopiert eine Regel in einen anderen oder denselben „Policy Store" unter einem anderen Namen (dies ist mit dem Netsh-Kommando nicht möglich).
Disable-NetFirewallRule	Deaktiviert eine einzelne Regel.
Enable-NetFirewallRule	Aktiviert eine einzelne Regel.
Get-NetFirewallAddressFilter	Holt die Filtereinstellungen für eine Regel bezüglich der IP-Adressen.
Get-NetFirewallApplicationFilter	Holt die Filtereinstellungen für eine Regel bezüglich der Anwendungen.
Get-NetFirewallInterfaceFilter	Holt die Filtereinstellungen für eine Regel bezüglich der Netzwerkadapter.
Get-NetFirewallInterfaceTypeFilter	Holt die Filtereinstellungen für eine Regel bezüglich der Netzwerkadaptertypen.
Get-NetFirewallPortFilter	Holt die Filtereinstellungen für eine Regel bezüglich der Ports.
Get-NetFirewallProfile	Holt die Einstellungen zu allen oder einem bestimmten Netzwerkprofil.

Tabelle 42.1
Die wichtigsten Funktionen aus dem NetSecurity-Modul

Kapitel 42 Netzwerk

Funktion	Bedeutung
Get-NetFirewallRule	Holt alle oder eine bestimmte Firewall-Regel.
New-NetFirewallRule	Legt eine neue Firewall-Regel an.
Remove-NetFirewallRule	Löscht eine Firewall-Regel.
Rename-NetFirewallRule	Gibt einer Firewall-Regel einen neuen Namen.
Set-NetFirewallPortFilter	Ändert den Portfilter für eine bestimmte Firewall-Regel.
Set-NetFirewallProfile	Ändert einzelne Einstellungen bei einem Firewall-Profil.
Set-NetFirewallRule	Ändert einzelne Einstellungen bei einer Firewall-Regel.
Show-NetFirewallRule	Listet alle Firewall-Regeln im Stile des Netsh-Kommandos auf, was eventuell übersichtlicher ist als die Ausgabe per Get-Firewall ist.

Firewall-Regeln abfragen, anlegen und ändern

Das Abfragen vorhandener Regeln übernimmt die `Get-FirewallRule`-Funktion. Regeln können sowohl anhand ihres Namens als auch anhand ihres Anzeigennamens abgefragt werden, wobei sowohl beim `Name`- als auch beim `DisplayName`-Parameter Platzhalter erlaubt sind.

Beispiel Der folgende Befehl prüft den Zustand der Firewall-Regel, die auch für PowerShell-Remoting zuständig ist.

```
Get-NetFirewallRule -DisplayName "Windows-Remoteverwaltung (HTTP eingehend)"
```

Da der Anzeigename einer Regel im Allgemeinen recht lang ist, kommen die PowerShell-Platzhalter als praktische Abkürzung ins Spiel:

```
Get-NetFirewallRule -DisplayName "*Remoteverwaltung*" | Select-Object -Property Name, DisplayName, Enabled
```

Der Name der Windows- Remoting-Regel lautet „WINRM-HTTP-In-TCP".

Berücksichtigen der Gruppennamen

Jede Firewall-Regel gehört zu einer Gruppe, z.B. „Remotedienstverwaltung". Möchte man nur Regeln einer bestimmten Gruppe sehen, geschieht dies am einfachsten über die GroupDisplay-Property.

Der folgende Befehl listet nur die Regeln der Gruppe „Remotedienstverwaltung" auf.

Beispiel

```
Get-NetFirewallRule | Where-Object DisplayGroup -eq
"Remotedienstverwaltung"
```

Abfragen der Filter

Möchte man z.B. die Ports oder IP-Adressen sehen, die einer Regel zugeordnet sind, erhält man diese über verschiedene Get-NetFirewall<Typ>Filter-Funktionen, wobei <Typ> für den Filtertyp steht. Das Filterkriterium für eine Firewall-Regel kann eine IP-Adresse, eine Portnummer, ein Programm- oder Dienstname, ein Netzwerkadaptername oder ein Netzwerkadaptertyp sein. Die Funktion Get-NetFirewallAddressFilter gibt z.B. die IP-Adressen des Filters zurück.

Der folgende Befehl listet alle Firewall-Regeln auf, für die ein Adressfilter gesetzt ist:

```
Get-NetFirewallRule | Get-NetFirewallAddressFilter | Where-Object
LocalAddress -ne "Any"
```

Der folgende Befehl listet alle Anwendungspfade auf, für die eine Firewall-Regel existiert:

```
Get-NetFirewallRule | Get-NetFirewallApplicationFilter | Where-
Object Programm -ne "Any" | Where-Object Program -ne "System" |
Where-Object Program -ne "Any" | Select-Object -ExpandProperty
Program | Sort-Object -Unique
```

Dank des praktischen Unique-Parameters bei Sort-Object werden mehrfach vorkommende Namen ausgefiltert.

Der folgende Befehl listet nur die numerischen TCP-Ports einer Firewall-Regel in aufsteigender Reihenfolge auf:

```
Get-NetFirewallRule -DisplayName "*Remoteverwaltung*" | Get-
NetFirewallPortFilter | Where-Object -Property Protocol -eq "TCP" |
Where-Object { try { [int]$_.LocalPort -gt 0  } catch {0} } |
Select-Object -Property @{Name="Port";Expression={[Int]$_
.LocalPort}} | Sort-Object -Property Port
```

Der Befehl ist etwas umfangreicher, da die Property LocalPort als Zahl behandelt werden soll, damit eine Sortierung nach der Portnummer möglich ist. Außerdem werden nur jene Einstellungen ausgegeben, bei denen der Wert für LocalPort eine Zahl ist.

Anlegen neuer Regeln

Das Anlegen einer neuen Firewall-Regel übernimmt die `New-NetFirewallRule`-Funktion. Um sich mit den insgesamt 46 und damit zahlreichen Parametern der Funktion vertraut zu machen, empfiehlt es sich, einen Blick in das Verwaltungstool *Windows Firewall mit erweiterter Sicherheit* zu werfen und im Rahmen der GUI eine „Test-Regel" anzulegen, da die im Registerkartendialogfeld angebotenen Einstellungen 1:1 auf die Parameter von `NewFirewallRule` abgebildet werden.

Beispiel Der folgende Befehl legt für alle Profile eine neue eingehende Regel für den TCP-Port 8088 an.

```
New-NetFirewallRule -Name PSMessengerClient -DisplayName
"PSMessenger - Erlaubt den PowerShell-Messenger" -Profile Any -
Protocol TCP -LocalPort 8088
```

Da die Funktion das angelegte Regelobjekt in die Pipeline legt, kann es gleich von der nächsten Funktion weiterverarbeitet werden.

Im Vergleich mit dem „Vorläufer" `Netsh` unterscheidet sich das Anlegen einer neuen Regel nicht grundsätzlich, es ist aber dank benannter Parameter, der Parametervervollständigung per ⇆-Taste, der Parameterauswahlliste in der PowerShell ISE und nicht zuletzt der Hilfe deutlich komfortabler.

Ändern von Regeln

Auch das Ändern von Firewall-Regeln ist ein wichtiger Vorgang. So muss bei einem Windows-Computer zuerst die Echoanforderungs-Rregel („Echo Request") aktiviert werden, damit ein „Anpingen" des Computers möglich ist.

Der folgende Befehl listet zunächst alle in Frage kommenden Regeln mit ihrem aktuellen Wert der `Enabled`-Property auf.

```
Get-NetFirewallRule -DisplayName "*Echoanforderung*" | Select-
Object Name,DisplayName,Enabled
```

Beispiel Die besagte Regel trägt den Namen „FPS-ICMP4-ERQ-In". Sie wird durch den folgenden Befehl aktiv:

```
Set-NetFirewallRule -Name "FPS-ICMP4-ERQ-In" -Enabled True
```

Praktisch gegenüber `Netsh` ist der Umstand, dass die Regel nicht nur über den Anzeigenamen, sondern auch über ihren internen Namen angesprochen werden kann, und dass bei beiden Parametern auch Platzhalter erlaubt sind, so dass sich mit einem Aufruf auch mehrere Regeln ändern lassen.

Der folgende Befehl ändert die Portzuordnung für die Regel „PSMessengerClient".

```
Get-NetFirewallRule -Name "PSMessengerClient" | Set-NetFirewallRule -LocalPort 8089
```

Der folgende Befehl listet die neue Portzuordnung dieser Regel auf:

```
Get-NetFirewallRule -Name "PSMessengerClient" | Get-NetFirewallPortFilter
```

Regeln löschen

Eine Firewall-Regel wird über die Funktion `Remove-NetFirewallRule` gelöscht.

Der folgende Befehl löscht die Regel mit dem Namen „Test". **Beispiel**

```
Remove-NetFirewallRule -Name Test
```

Aktivieren des Firewall-Protokolls

Damit die Windows Firewall durchgelassene und abgewiesene Pakete protokolliert, müssen die Einstellungen `LogAllowed` und `LogBlocked` auf „True" gesetzt werden.

Der folgende Befehl aktiviert die Protokollierung für alle Profile und **Beispiel** setzt auch den Pfad der Log-Datei für alle drei Profile neu.

```
Set-NetFirewallProfile -All -LogAllowed True -LogBlocked True -LogFileName (Join-Path -Path ($Env:AppData) -ChildPath "PFirewall.log")
```

Der voreingestellte Pfad der Firewall-Protokolldatei ist `C:\Windows\System32\LogFiles\Firewall\pfirewall.log`. Für das Auswerten der Logdatei gibt es keine Commandlets oder Funktionen. Dies lässt sich am besten mit Hilfe regulärer Ausdrücke bewerkstelligen, die z.B. IP-Adressen oder Portnummern herausfischen. Dass dies sehr einfach sein kann, beweist der folgende Befehl, der alle Zeilen der Log-Datei anzeigt, in denen die Portnummer „5985" (PowerShell-Remoting) enthalten ist.

```
$Logpfad = Get-NetFirewallProfile -Name Private | Select-Object -ExpandP
Select-String -Path $LogPfad -Pattern "5985"
```

Je nachdem, ob der Firewall-Dienste Schreibberechtigungen auf das `System32`-Verzeichnis besitzen, kann es erforderlich sein, den Pfad für die Log-Datei auf das Benutzerverzeichnis umzulegen.

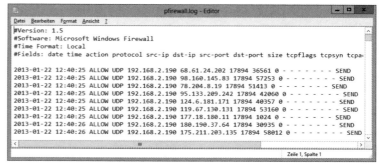

Abbildung 42.5
Ein Blick in die Windows- Firewall- Logdatei

Firewall-Einstellungen im Netzwerk abfragen

Auf der Basis der CIM-Commandlets ist auch das Abfragen von Firewall-Einstellungen im Netzwerk möglich. Voraussetzung ist, dass auf dem Zielcomputer entweder PowerShell-Remoting aktiviert wurde oder die einzelnen Schritte der WinRM-Konfiguration einzeln durchgeführt wurden. Ansonsten wird es nicht funktionieren.

Beispiel Der folgende Befehl listet im Rahmen einer zuvor angelegten CIM-Session die Firewall-Regeln auf dem Computer „Server1" auf. Die Angaben für Benutzername und Passwort müssen ebenfalls angepasst werden.

```
$ComputerName = "Server1"
$Passwort = "geheim"
$UserName = "Administrator"
$Pw = ConvertTo-SecureString -String $Passwort -AsPlainText -Force
$Cred = New-Object -Typename
System.Management.Automation.PsCredential $UserName, $Pw
$CIMSes = New-CimSession -ComputerName $ComputerName Credential $Cred
Get-NetFirewallRule -CimSession $CIMSes
```

Das Netzwerkkartenprofil setzen

Eine lästige Kleinigkeit bei der PowerShell 2.0 war der Umstand, dass die Aktivierung von PowerShell-Remoting über das Commandlet `Enable-PSRemoting` nur dann funktionierte, wenn kein öffentliches Netzwerkprofil vorhanden war. Bei der PowerShell 3.0 existiert dieses kleine Problem nicht mehr. Zum einen ist das `Enable-PSRemoting`-Commandlet dank des `SkipNetworkProfileCheck`-Parameters etwas großzügiger, durch den die Netzwerkprofilprüfung ausgelassen wird, etwas großzügiger. Zum anderen ist es dank des neuen `Set-NetConnectionProfile`-Commandlets sehr einfach geworden, das Netzwerkprofil z.B. auf „Privat" zu setzen.

Der folgende Befehl setzt das Profil für den Adapter mit dem Namen „Ethernet" auf „Private". **Beispiel**

```
Set-NetConnectionProfile -InterfaceAlias "Ethernet" -
NetworkCategory Private
```

42.4 Erreichbarkeit prüfen (Ping)

Einen „Ping" (Internet Control Message Protocol-/ICMP-Anfrage) zur Prüfung der Erreichbarkeit eines anderen Rechners (vgl. ping.exe) erzeugt man mit Win32_PingStatus oder Test-Connection.

Ping über WMI

Zur Prüfung der Erreichbarkeit eines Computers konnte man die WMI-Klasse Win32_PingStatus einsetzen: **Win32_PingStatus**

```
Get-CimInstance Win32_PingStatus -filter "Address='www.Windows-Scripting.de'" | select protocoladdress, statuscode, responsetime
```

Die PowerShell Community Extensions (PSCX) bieten auch ein Commandlet Ping-Host, das eine Datenstruktur des Typs Pscx.Commands.Net.PingHostStatistics liefert:

```
Ping-Host 'www.Windows-Scripting.de'
```

Abbildung 42.6
Anwendung von Ping-Host

Kapitel 42 **Netzwerk**

Ping über Test-Connection

Ping Seit PowerShell 2.0 gibt es ein eigenes Commandlet für „Ping". Test-Connection erwartet als Parameter mindestens einen Rechnernamen oder eine IP-Adresse. Beim Rückgabewert gibt es zwei Optionen: Entweder werden Instanzen der WMI-Klasse Win32_PingStatus geliefert oder aber nur ein Boolean-Wert (True oder False), wenn man dies mit -Quiet erzwingt.

Abbildung 42.7 Einsatz von Test-Connection

Mit Test-Connection kann man auch von einem oder mehreren dritten Computern einen Ping ausführen lassen. Der folgende Befehl führt jeweils zwei Pings von den drei Rechnern F171, F172 und F173 zu F111 aus.

Test-Connection -Source F171,F172,F173 -ComputerName F111 -count 2

Abbildung 42.8 Beispiel für einen entfernten „Multi-Ping"

> Für die Fernausführung eines Pings muss PowerShell-Remoting nicht aktiviert sein.

Namensauflösung

Resolve-Host Zur Unterstützung der Namensauflösung gibt es das Commandlet Resolve-Host in den PSCX. Das Ergebnis ist eine Instanz der .NET-Klasse System.Net.IPHostEntry. Das Ergebnis der folgenden drei Beispiele sehen Sie in der Bildschirmabbildung:

- Resolve-Host E02
- Resolve-Host E02 | fl
- Resolve-Host www.IT-Visions.de

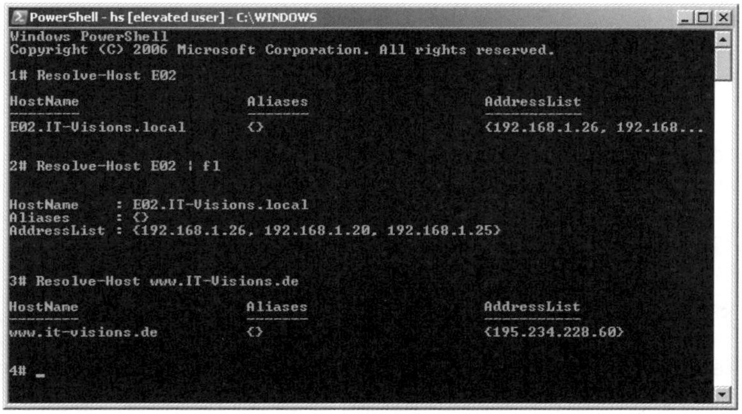

E-Mails senden (SMTP)

Abbildung 42.9
Einsatz von Resolve-Host

In Windows 8 und Windows Server 2012 bietet das DnsClient-Modul über die Konfiguration der DNS-Server-IP-Adressen hinaus (vgl. Kapitel 42.2 „Netzwerkkonfiguration (ab Windows 8 und Windows Server 2012)") noch einige sinnvolle Funktionen, z.B. die Namensauflösung mit Resolve-DnsName, die Auflistung aller Namen im DNS-Zwischenspeicher mit Get-DnsClientCache und das Löschen des Zwischenspeichers mit Clear-DnsClientCache.

Windows 8 und Windows Server 2012: Modul DnsClient

42.5 E-Mails senden (SMTP)

Zum Versenden einer E-Mail über SMTP gibt es folgende Möglichkeiten:
- .NET-Klassen im Namensraum System.Net.Mail
- Send-SmtpMail aus den PSCX
- Send-MailMessage (seit PowerShell 2.0)

E-Mail senden mit System.Net.Mail

Zum Versenden einer E-Mail-Nachricht per SMTP können Sie die .NET-Klassen System.Net.Mail.MailMessage und System.Net.Mail.SmtpClient verwenden.

SendSmtpMail

```
# Mail ohne Attachment
$client = New-Object System.Net.Mail.SmtpClient

$client.Host = "E01.IT-Visions.local"

$client.Send("hs@E01.IT-Visions.local","hp@E01.IT-Visions.local","Test2", "Test TEst")

# Mail mit Anhang
[System.Net.Mail.MailMessage]  $message = New-Object System.Net.Mail.MailMessage(
```

Listing 42.3
Beispiel zum Einsatz der .NET-Klassenbibliothek zum Senden einer E-Mail [Einsatzgebiete/ Netzwerk/Email_FCL.ps1]

```
                          "hs@E01.IT-Visions.local",
                          "hp@E01.IT-Visions.local",
                          "Aktueller Auftragsbericht.",
                          "Siehe anliegender Bericht.")

            $data = New-Object System.Net.Mail.Attachment("C:\TEMP\
            Auftragsbericht.txt")

            $client.Send($message)
```

E-Mail senden mit Send-SmtpMail

Send-SmtpMail ist ein Commandlet aus den PowerShell Community Extensions.

Listing 42.4
Beispiel zum Einsatz von Send-SmtpMail [Einsatzgebiete/Netzwerk/ SendMail_ PSCX.ps1]

```
# Parameters
$Subject = "PowerShell Skript"
$Body = "Your daily script executed succefully!"
$From = "script@E01.IT-Visions.local"
$To = "hs@E01.IT-Visions.local"
$MailHost = "E01.IT-Visions.local"

# Send Mail
Send-SmtpMail -SmtpHost $MailHost -To $To -From $from -Subject
$subject  -Body $body
```

Wenn eine Authentifizierung notwendig ist, können Sie diese mit dem Parameter -Credential und dem Commandlet Get-Credential anfordern. Dann aber fragt Windows immer durch einen Anmeldedialog nach einem Benutzerkonto und eine interaktionslose Ausführung ist nicht mehr möglich.

E-Mail senden mit Send-MailMessage

E-Mail

Mit Send-MailMessage (seit PowerShell 2.0) kann man eine E-Mail über SMTP senden. Die Parameter sind selbsterklärend. Auch hier gibt es den Parameter -Credential.

```
Send-Mailmessage -from "Alien Detection Skript <ADS@FBI.org>" -to
"Fox Mulder <fm@fbi.org>", "Dana Scully <ds@fbi.org>" -subject "New
Alien detected" -body "Please see attachment" -Attachment "c:\data\
log.txt" -priority High -dno onSuccess, onFailure -smtpServer
smtp.FBI.org
```

42.6 Abruf von Daten von einem HTTP-Server

Das folgende Skript zeigt, wie man eine HTML-Seite von einem Webserver abruft. Zum Einsatz kommt hier die Klasse System.Net.WebClient aus der .NET-Klassenbibliothek. Diese Klasse bietet eine Methode DownloadString() an, die den Inhalt der angegebenen URL in einer Zeichenkette liefert. Mit Hilfe des Commandlets Set-Content wird die Zeichenkette dann im lokalen Dateisystem abgelegt. Die letzten vier Zeilen sind die Fehlerbehandlung, die dafür sorgt, dass bei Fehlern in dem Skript eine Meldung ausgegeben wird.

System.Net. WebClient

```
# Eingabeparameter
$Url = "http://www.PowerShell-doktor.de"
$Ziel = "c:\temp\hauptseite.htm"

# Skript
Write-Host "Lade Webseite " $url "..."
$html = (New-Object System.Net.WebClient).DownloadString($Url)
$html | Set-Content -Path $ziel
Write-host "Heruntergeladene Seite wurde gespeichert unter " $Ziel

trap [System.Exception]
 {
    Write-host "Fehler beim Laden der URL: `"$url`"" `n
    exit
 }
```

Listing 42.5
Herunterladen einer Datei per HTTP [Einsatzgebiete/ Netzwerk/HTTP-Download.ps1]

Das nächste Beispiel zeigt, wie man die Titel der letzten acht Nachrichten aus einem RSS-Feed (Weblog) abruft. Auch hier kommt wieder DownloadString() aus der Klasse System.Net.WebClient zum Einsatz. Da der Inhalt in XML-Form vorliegt, ist eine Auswertung über die direkte Notation $blog.RDF.item möglich.

```
Write-Host "Aktuelle Nachrichten im Weblog von Dr. Holger Schwichtenberg:"
$Url = " http://www.heise.de/developer/rss/dotnet-doktor/blog-atom.xml"
$blog = [xml](New-Object System.Net.WebClient).DownloadString($Url)
$blog.RDF.item | select title -first 8
```

Listing 42.6
Laden und Filtern eines RSS-Feeds [Einsatzgebiete/ Netzwerk/RSS_ Download.ps1]

Abbildung 42.10
Beispiel für ein RSS-Dokument

```xml
<?xml version="1.0" encoding="utf-8" ?>
- <rdf:RDF xmlns:rdf="http://www.w3.org/1999/02/22-rdf-syntax-ns#"
    xmlns="http://my.netscape.com/rdf/simple/0.9/">
  - <channel>
      <title>iX Blog - Der Dotnet-Doktor</title>
      <link>http://www.heise.de/ix/blog/1/</link>
      <description>Aktuelle Artikel im iX-Blog</description>
    </channel>
  - <item>
      <title>Fachbücher zu ASP.NET 2.0 erschienen</title>
      <link>http://www.heise.de/ix/blog/artikel/77803/from/rss09</link>
      <description>Mein Buch zu ASP.NET 2.0 gibt es jetzt sowohl in einer Variante
        mit Visual Basic 2005 als auch C# 2005.</description>
    </item>
  - <item>
      <title>Release Candidate 1 für Windows Vista und das .NET Framework
        3.0</title>
      <link>http://www.heise.de/ix/blog/artikel/77660/from/rss09</link>
      <description>Microsoft hat einen "Release Candidate" für das neue
        Betriebssystem Vista und für das Microsoft .NET Framework 3.0
        veröffentlicht.</description>
    </item>
  - <item>
      <title>Visual Studio 2005 für .NET 1.1 nutzen mit MSBee</title>
      <link>http://www.heise.de/ix/blog/artikel/77534/from/rss09</link>
      <description>Mit dem kostenlosen Add-On MSBuild Extras – Toolkit for .NET
        1.1 (MSBee) kann man mit Visual Studio 2005 Projekte auch in .NET-1.1-
        Code übersetzen lassen.</description>
    </item>
```

In den PowerShell Community Extensions (PSCX) gibt es ein Commandlet `Get-HttpResource`, das die Verwendung von `DownloadString()` kapselt.

`Get-HttpResource http://www.it-visions.de`

Das Ergebnis ist eine Zeichenkette. Als Parameter kann man z.B. eine Browseridentifikationszeichenkette (UserAgent), für Websites, die verschiedene Inhalte für verschiedene Browser bieten, oder eine Zeichenkodierung (Encoding) angeben.

`Get-HttpResource http://www.it-visions.de -Encoding Unicode`

42.7 Aufrufe von SOAP-Webdiensten

Webdienste `New-WebServiceProxy` (seit PowerShell 2.0) ist ein sehr mächtiges Commandlet zum Aufruf von XML-Webservices, die das SOAP-Format verwenden und eine Metadatenbeschreibung in WSDL besitzen. `New-WebServiceProxy` ist in der Lage, einen Webservice-Proxy dynamisch zur Laufzeit zu erzeugen und der PowerShell als Objekt zur Verfügung zu stellen.

Aufrufe von SOAP-Webdiensten

> REST-basierte HTTP-Dienste, die Daten in „einfachem" XML oder JSON-Format liefern, kann man über die im vorherigen Kapitel vorgestellte .NET-Klasse System.Net.WebClient verwenden.

Als Beispiel soll hier der öffentliche Webservice *http://www.it-visions.de/Webservices/leser.asmx* verwendet werden, über den sich Leser dieses Buchs für das Leser-Portal und den Newsletter registrieren können. Der Webservice bietet zwei Methoden:

Beispiel

- RegisterReader(Buch, Name, Firma, E-Mail) erlaubt die Registrierung eines Lesers. Rückgabetyp ist eine Zeichenkette.
- GetBooks() liefert eine Liste aller Bücher, zu denen es im Leser-Portal Unterstützung gibt. Rückgabetyp ist eine Instanz der .NET-Klasse System.Data.DataTable.

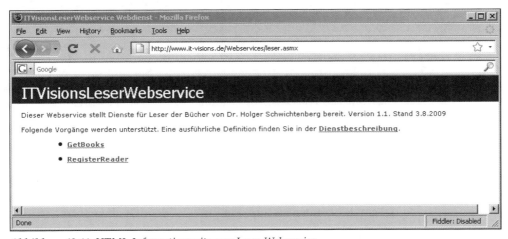

Abbildung 42.11: HTML-Informationsseite zum Leser-Webservice

Um einen Proxy zu erzeugen, muss man lediglich die URL angeben, unter der man die Dienstbeschreibung in der Web Service Description Language (WSDL) findet.

```
$ws = New-WebServiceProxy -URI http://www.IT-Visions.de/
Webservices/leser.asmx?WSDL
```

Hinweis: Bei einem .NET-basierten Webservice wie diesem dürfte man die Zeichenkette ?WSDL am Ende auch weglassen.

Danach kann man sofort auf die von dem Webservice bereitgestellten Methoden zugreifen, z.B.:

```
$ws.RegisterReader("WS6","Holger Schwichtenberg","www.IT-
Visions.de","hs@IT-Visions.de")
```

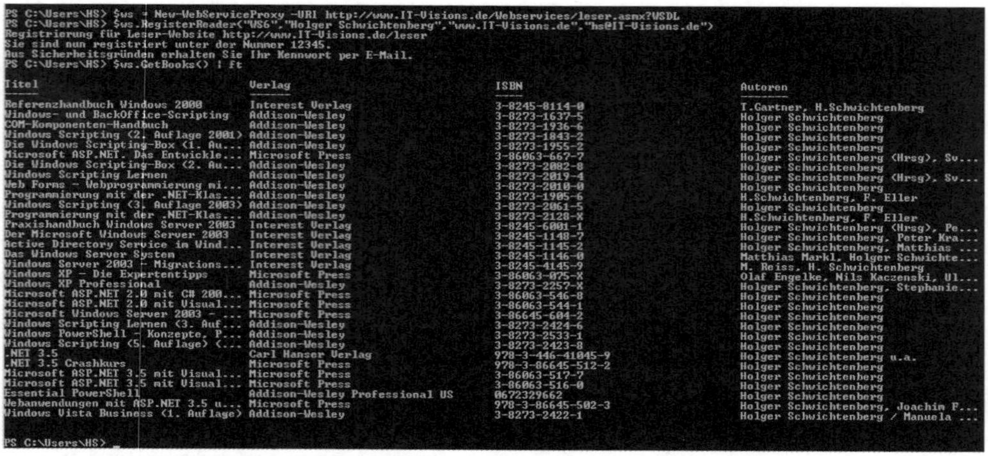

Kapitel 42 Netzwerk

Abbildung 42.12: Ergebnis des Aufrufs der beiden Webservice-Methoden

> Sie können sich gerne tatsächlich auf diesem Weg für das Leser-Portal registrieren. Ihr Kennwort erhalten Sie per E-Mail. Mit Ihrer E-Mail-Adresse und dem Kennwort können Sie sich dann unter *http://www.IT-Visions.de/leser* anmelden. „WS6" beschreibt in dem obigen Aufruf das Buch „Windows Scripting, 6. Auflage".

Weitere Möglichkeiten des Commandlets `New-WebserviceProxy`: Über den Schalter `-UseDefaultCredential` können Sie Ihre aktuellen Windows-Anmeldedaten an den Webservice weitergeben, wenn dieser eine Authentifizierung verlangt. Über den Schalter `-Credential Get-Credential` können Sie auch eine andere Identität übergeben.

43 Ereignisprotokolle

Für die Windows-Ereignisprotokolle gibt es seit PowerShell 2.0 zusätzlich zu dem Get-EventLog aus PowerShell 1.0 auch noch die Commandlets New-EventLog, Remove-EventLog und Write-EventLog sowie Limit-EventLog.

43.1 Protokolleinträge auslesen

Informationen über und aus Ereignisprotokollen stellt das Commandlet Get-EventLog bereit.

Get-EventLog

Eine Liste der auf dem System verfügbaren Ereignisprotokolle liefert:

```
Get-EventLog -list
```

Das Ergebnis sind Instanzen der Klasse System.Diagnostics.EventLog.

System. Diagnostics. EventLog

Ruft man hingegen das Commandlet Get-EventLog ohne den Parameter -list und stattdessen mit dem Namen eines Ereignisprotokolls auf, liefert das Commandlet alle Einträge in dem Ereignisprotokoll in Form von Objekten des Typs System.Diagnostics.EventLogEntry.

```
Get-EventLog Application
```

Hier ist eine Einschränkung sinnvoll, weil die Operation sonst sehr lange dauert. Das Commandlet besitzt eine eingebaute Filterfunktion:

Ereignisprotokolleinträge des heutigen Tages

```
Get-EventLog Application -newest 30
```

Mit einer kleinen Hilfsroutine ist es möglich, die Protokolleinträge auf die Einträge des heutigen Tages zu begrenzen:

```
function isToday ([datetime]$date)
{[datetime]::Now.Date  -eq  $date.Date}

Get-EventLog Application -newest 2048 |where {isToday $_
.TimeWritten}
```

Listing 43.1
Protokolleinträge von heute [Einsatzgebiete/Ereignisprotokolle/ EventLog_ Misc.ps1]

Kapitel 43 Ereignisprotokolle

Oder alle Einträge der letzten drei Tage abzurufen:

Listing 43.2
Protokolleinträge der letzten drei Tage
[Einsatzgebiete/ Ereignisprotokolle/ EventLog_ Misc.ps1]

```
function isWithin([int]$days, [datetime]$Date)
{
    [DateTime]::Now.AddDays($days).Date -le $Date.Date
}

Get-EventLog Application |where {isWithin -3 $_.TimeWritten}
```

Interessant ist es, die Einträge nach Ereignisnummer zu gruppieren, um wiederkehrende Probleme zu identifizieren:

```
Get-EventLog Application | Group-Object eventid | Sort-Object Count
```

Show-EventLog (seit PowerShell 2.0) ist ein außergewöhnliches Commandlet für eine konsolenbasierte Shell, weil es die grafische Benutzerschnittstelle der Windows-Ereignisanzeige öffnet.

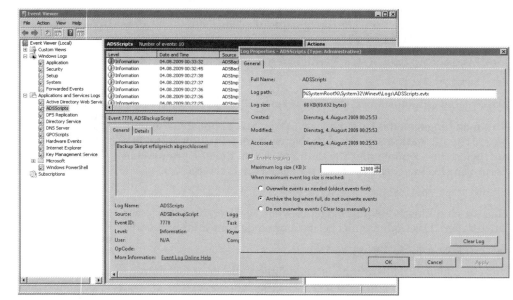

Abbildung 43.1: Ein neues Ereignisprotokoll mit Einträgen

43.2 Ereignisprotokolle erzeugen

Mit `New-EventLog` kann man ein neues Ereignisprotokoll mit einer Ereignisquelle in Windows anlegen:

New-EventLog

```
New-EventLog -LogName "ADSScripts" -Source "ADSImportScript"
```

Um für ein bestehendes Ereignisprotokoll eine neue Quelle zu registrieren, wiederholt man den Befehl mit einer anderen Zeichenkette bei „-source":

```
New-EventLog -LogName "GPOScripts" -Source "GPOBackupScript"
```

43.3 Protokolleinträge erzeugen

Mit `Write-EventLog` kann man in das Ereignisprotokoll schreiben:

Write-EventLog

```
Write-EventLog -LogName ADSScripts -Source ADSBackupScript -EventID
7778 -Message "Backup Skript erfolgreich abgeschlossen!" -EntryType
Information
```

43.4 Protokollgröße festlegen

Die Größe des Ereignisprotokolls kann man einschränken:

Limit-EventLog

```
Limit-EventLog -LogName ADSScripts -MaximumSize 256KB -
OverFlowAction OverWriteAsNeeded
```

43.5 Protokolleinträge löschen

`Clear-Eventlog` löscht alle Einträge aus einem Protokoll. Mit `Remove-EventLog` kann man das Ereignisprotokoll zusammen mit allen vorhandenen Einträgen löschen. Beide Commandlets haben im Standard keine Sicherheitsabfrage.

ClearEventlog

44 Leistungsdaten

Zum Zugriff auf Leistungsindikatoren gibt es zwei Möglichkeiten:
- Zugriff über WMI (seit PowerShell 1.0)
- Commandlets Get-Counter (seit PowerShell 2.0)

44.1 Zugriff auf Leistungsindikatoren über WMI

WMI ermöglicht über den *Performance Counters Provider* Zugriff auf zahlreiche Leistungsdaten des Windows-Systems. Die Klassen beginnen mit der Zeichenfolge Win32_PerfRawData. Wenn Sie diese Klassen nicht finden, starten Sie den WMI-Dienst einmalig manuell an der Kommandozeile mit Winmgmt /resyncperf.

Win32_Perf-RawData

Informationen über die Speichernutzung der laufenden Prozesse liefert:

```
Get-CimInstance Win32_PerfRawData_PerfProc_Process | select Name,Workingset
```

Daten über den verfügbaren Hauptspeicher gibt es hier:

```
Get-CimInstance Win32_PerfRawData_PerfOS_Memory
```

Die Auslastung des Prozessors kann man so auslesen:

```
Get-CimInstance Win32_PerfRawData_PerfOS_Processor
```

> Win32_PerfRawData ist die abstrakte Basisklasse über alle Leistungsdatenklassen. Den Befehl Get-CimInstance Win32_PerfRawData sollten Sie aber nicht ausführen, da Sie sonst sehr, sehr viele Objekte erhalten.

44.2 Get-Counter

Get-Counter dient seit PowerShell 2.0 der Abfrage von Leistungsindikatoren (Performance Countern).

Leistungsindikatoren

Get-Counter ohne Parameter liefert einige ausgewählte der vielen Leistungsindikatoren.

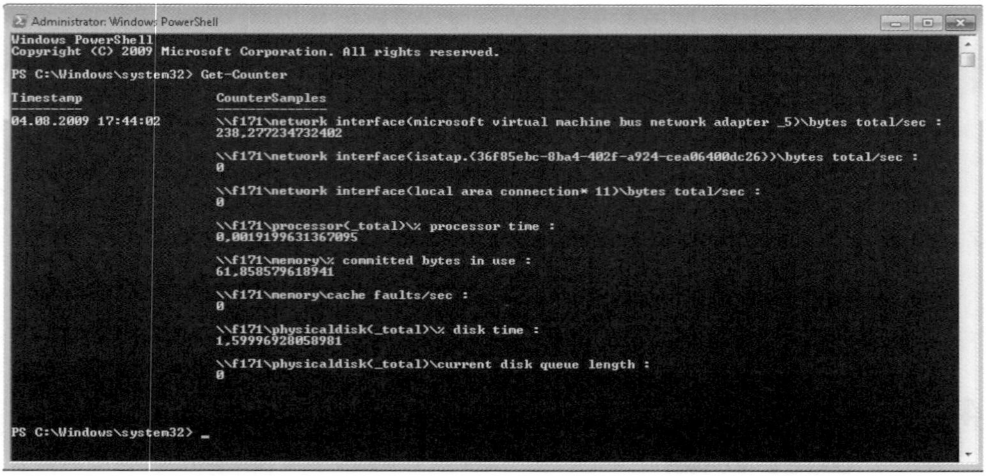

Kapitel 44 Leistungsdaten

![Screenshot der PowerShell-Ausgabe von Get-Counter]

Abbildung 44.1: Standardausgabe von Get-Counter

Die Leistungsindikatoren sind in Mengen organisiert. Der Aufruf

```
Get-counter -listset *
```

liefert eine Liste der Mengen.

Eine Liste der einzelnen Leistungsindikatoren, die jeweils über einen Pfad adressiert werden, bekommt man über:

```
Get-counter -listset * | foreach { $_.Paths }
```

Unter Angabe des Pfads kann man gezielt einzelne Leistungsindikatoren abfragen:

```
Get-Counter "\processor(_total)\% processor time"
```

Auch Fernzugriffe sind möglich unter Angabe des Rechnernamens im Pfad oder im Parameter -computername:

```
Get-counter "\\F111\processor(_total)\% processor time"
Get-counter "\processor(_total)\% processor time" -computername f111
```

 Wenn man sowohl im Pfad als auch als Parameter einen Computernamen angibt, wird der Parameter ignoriert!

Durch die Angabe von -Continuous erhält man fortwährende Ergebnisse bis zum Abbrechen mit [STRG] + [C]. Das Intervall ist eine Sekunde. Dies kann man mit -sampleinterval ändern.

```
Get-Counter "\\F111\processor(_total)\% processor time" -Continuous
-sampleinterval 2
```

Grundlagen

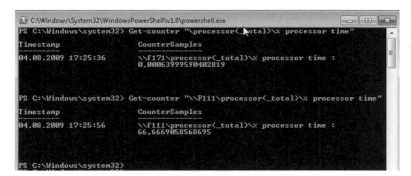

Abbildung 44.2
Get-Counter mit gezielten Pfaden

Mit `Export-Counter` kann man Daten von Leistungsindikatoren exportieren als .blg-Datei (binäre Protokolldatei), .csv (Comma Separated Value) oder .tsv (Tabulator Separated Value). Diese Daten kann man später mit `Import-Counter` wieder importieren.

Sicherheitseinstellungen

Ressourcen wie Dateisystemobjekte und Registrierungsdatenbankeinträge werden durch Zugriffsrechtelisten (Access Control Lists – ACLs) geschützt. Die PowerShell bietet zwei eingebaute Commandlets für die Arbeit mit ACLs:

Get-Acl
Set-Acl

- `Get-Acl`
- `Set-Acl`

Diese erledigen die Grundfunktionen des Ladens und Speicherns einer Zugriffsrechteliste abhängig von dem abgegebenen Ressourcenpfad. Derzeit unterstützt werden aber nur das Dateisystem und die Registrierungsdatenbank.

Neben den oben genannten Commandlets ist auch Wissen aus dem .NET-Namensraum `System.Security.AccessControl` erforderlich.

44.3 Grundlagen

Zum besseren Verständnis der Nutzung und der Veränderungen von Sicherheitseinstellungen seien an dieser Stelle kurz die Grundlagen der Windows-Sicherheit dargestellt.

Security Identifier (SID)

SID

Jeder Benutzer und jede Benutzergruppe besitzen einen sogenannten *Security Identifier* (kurz: *SID*), der den Benutzer bzw. die Gruppe eindeutig identifiziert. Ein SID ist ein Zahlenarray variabler Länge.

Security Descriptor (SD)

SD Jedes Objekt (z.B. eine Datei, ein Dateiordner, ein Eintrag im Active Directory, ein Registrierungsschlüssel) besitzt zur Speicherung der Zugriffsrechte einen sogenannten *Security Descriptor* (kurz: *SD*; dt. Sicherheitsbeschreiber). Ein SD besteht aus drei Teilen:

- Aus dem *Security Identifier (SID)* des Besitzers. Ein SID ist ein Zahlenarray variabler Länge.
- Aus einer *Discretionary ACL (DACL)*, welche die Zugriffsrechte beschreibt.
- Aus einer *System ACL (SACL)*, welche die Überwachungseinstellungen enthält.

Access Control List (ACL)

ACE, ACL Eine *Access Control List (ACL)* (sowohl DACL als auch SACL) besteht aus *Access Control Entries (ACE)*. Eine ACE wiederum enthält folgende Informationen:

- **Identity** (alias **Trustee**): der SID des Benutzers bzw. der Benutzergruppe.
- **Access Mask**: Die Zugriffsmaske definiert die Rechte. Für jeden Objekttyp (z.B. Dateisystemeintrag, Registrierungsdatenbankeintrag, Active-Directory-Eintrag) gibt es unterschiedliche Rechte. Jedes Recht ist dabei ein Bit bzw. eine Kombination von Bits in diesem Long-Wert. Eine Zugriffsmaske besteht in der Regel aus der Addition mehrerer einzelner Zugriffsrechte.
- **Access Control Type**: Der Typ ist entweder Zulassen (ALLOW) oder Verbieten (DENY).
- **Inheritance Flags**: Über die Inheritance Flags wird die Vererbung der Rechte nach unten im Baum gesteuert. `ObjectInherit` bedeutet, dass die ACE ihre Einstellung an untergeordnete Blatt-Objekte (z.B. Dateien im Dateisystem) vererbt. `ContainerInherit` bedeutet, dass die ACE ihre Einstellung an untergeordnete Container-Objekte (z.B. Ordner im Dateisystem) vererbt. `ObjectInherit` und `ContainerInherit` können miteinander kombiniert werden. Alternativ kann keine Vererbung (NONE) definiert werden.
- **Propagation Flags**: Über die Propagation Flags erfolgt eine weitere Steuerung der Vererbung. `InheritOnly` bedeutet, dass die ACE nur vererbt wird, aber nicht bei dem aktuellen Objekt selbst wirkt. `NoPropagateInherit` bedeutet, dass die ACE vererbt wird, aber nicht von den erbenden Objekten nochmals weitervererbt werden darf.

Zugriffsmasken Die folgende Liste enthält beispielhaft die möglichen Rechte für Einträge im Dateisystem.

> Die folgende Tabelle wird aus der MSDN-Dokumentation unverändert zitiert [MSDN51]. Autor der Tabelle ist Microsoft.

Grundlagen

Recht	Beschreibung
AppendData	Gibt die Berechtigung an, Daten an das Ende einer Datei anzufügen.
ChangePermissions	Gibt die Berechtigung an, die einer Datei zugeordneten Sicherheits- und Überwachungsregeln zu ändern.
CreateDirectories	Gibt die Berechtigung an, einen Ordner zu erstellen. Für diese Berechtigung ist der Synchronize-Wert erforderlich. Beachten Sie, dass der Synchronize-Wert beim Erstellen einer Datei oder eines Ordners automatisch festgelegt wird, wenn Sie ihn nicht explizit festlegen.
CreateFiles	Gibt die Berechtigung an, eine Datei zu erstellen. Für diese Berechtigung ist der Synchronize-Wert erforderlich. Beachten Sie, dass der Synchronize-Wert beim Erstellen einer Datei oder eines Ordners automatisch festgelegt wird, wenn Sie ihn nicht explizit festlegen.
Delete	Gibt die Berechtigung an, einen Ordner oder eine Datei zu löschen.
DeleteSubdirectoriesAndFiles	Gibt die Berechtigung an, einen Ordner und sämtliche in diesem Ordner enthaltenen Dateien zu löschen.
ExecuteFile	Gibt die Berechtigung an, eine Anwendungsdatei auszuführen.
FullControl	Gibt die Berechtigung für einen Vollzugriff auf eine Datei oder einen Ordner an sowie die Berechtigung, die Zugriffs- und Überwachungsregeln zu ändern. Dieser Wert stellt die Berechtigung dar, jede mögliche Aktion für diese Datei durchzuführen. Er ist eine Kombination aller Werte dieser Enumeration.
ListDirectory	Gibt die Berechtigung an, den Inhalt eines Verzeichnisses zu lesen.
Modify	Gibt die Berechtigung an, den Inhalt eines Ordners zu lesen, zu schreiben und aufzulisten, Dateien und Ordner zu löschen und Anwendungsdateien auszuführen. Diese Berechtigung schließt die Berechtigungen ReadAndExecute, Write und Delete ein.
Read	Gibt die Berechtigung an, Ordner oder Dateien schreibgeschützt zu öffnen und zu kopieren. Diese Berechtigung schließt die Berechtigungen ReadData, ReadExtendedAttributes, ReadAttributes und ReadPermissions ein.
ReadAndExecute	Gibt die Berechtigung an, Ordner oder Dateien schreibgeschützt zu öffnen und zu kopieren und Anwendungsdateien auszuführen. Diese Berechtigung schließt die Read-Berechtigung und die ExecuteFile-Berechtigung ein.
ReadAttributes	Gibt die Berechtigung an, Dateisystemattribute einer Datei oder eines Ordners zu öffnen und zu kopieren. Dieser Wert gibt z.B. die Berechtigung an, das Erstellungsdatum oder das Änderungsdatum einer Datei zu lesen. Dies schließt nicht die Berechtigung ein, Daten, erweiterte Dateisystemattribute oder Zugriffs- und Überwachungsregeln zu lesen.

Tabelle 44.1: Zugriffsrechte auf dem Windows-Dateisystem (Quelle: [MSDN51])

Recht	Beschreibung
ReadData	Gibt die Berechtigung an, eine Datei oder einen Ordner zu öffnen und zu kopieren. Dies schließt nicht die Berechtigung ein, Dateisystemattribute, erweiterte Dateisystemattribute oder Zugriffs- und Überwachungsregeln zu lesen.
ReadExtendedAttributes	Gibt die Berechtigung an, erweiterte Dateisystemattribute einer Datei oder eines Ordners zu öffnen und zu kopieren. Dieser Wert gibt zum Beispiel die Berechtigung an, den Autor oder Inhaltsinformationen anzuzeigen. Dies schließt nicht die Berechtigung ein, Daten, Dateisystemattribute oder Zugriffs- und Überwachungsregeln zu lesen.
ReadPermissions	Gibt die Berechtigung an, Zugriffs- und Überwachungsregeln für eine Datei oder einen Ordner zu öffnen und zu kopieren. Dies schließt nicht die Berechtigung ein, Daten, Dateisystemattribute oder erweiterte Dateisystemattribute zu lesen.
Synchronize	Gibt an, ob die Anwendung warten kann, bis ein Dateihandle mit dem Abschluss eines E/A-Vorgangs synchronisiert ist. Der Synchronize-Wert wird automatisch festgelegt, wenn der Zugriff gewährt wird, und automatisch ausgeschlossen, wenn der Zugriff verweigert wird. Für die Berechtigung, eine Datei oder einen Ordner zu erstellen, ist dieser Wert erforderlich. Beachten Sie, dass dieser Wert beim Erstellen einer Datei automatisch festgelegt wird, wenn Sie ihn nicht explizit festlegen.
TakeOwnership	Gibt die Berechtigung an, den Besitzer eines Ordners oder einer Datei zu ändern. Beachten Sie, dass Besitzer einer Ressource über einen Vollzugriff auf diese Ressource verfügen.
Traverse	Gibt die Berechtigung an, den Inhalt eines Ordners aufzulisten und in diesem Ordner enthaltene Anwendungen auszuführen.
Write	Gibt die Berechtigung an, Ordner und Dateien zu erstellen, Dateien und Daten hinzuzufügen und Daten aus Dateien zu entfernen. Diese Berechtigung schließt die Berechtigungen WriteData, AppendData, WriteExtendedAttributes und WriteAttributes ein.
WriteAttributes	Gibt die Berechtigung an, Dateisystemattribute einer Datei oder eines Ordners zu öffnen und zu schreiben. Dies schließt nicht die Berechtigung ein, Daten, erweiterte Attribute oder Zugriffs- und Überwachungsregeln zu schreiben.
WriteData	Gibt die Berechtigung an, eine Datei oder einen Ordner zu öffnen und in die Datei bzw. den Ordner zu schreiben. Dies schließt nicht die Berechtigung ein, Dateisystemattribute, erweiterte Dateisystemattribute oder Zugriffs- und Überwachungsregeln zu öffnen und zu schreiben.
WriteExtendedAttributes	Gibt die Berechtigung an, erweiterte Dateisystemattribute einer Datei oder eines Ordners zu öffnen und zu schreiben. Dies schließt nicht die Berechtigung ein, Daten, Attribute oder Zugriffs- und Überwachungsregeln zu schreiben.

Tabelle 44.1: Zugriffsrechte auf dem Windows-Dateisystem (Quelle: [MSDN51]) (Forts.)

Programmierschnittstellen

Der Namensraum `System.Security.AccessControl` enthält zahlreiche Klassen zur Verwaltung von Berechtigungen (Access Control Lists, ACLs). Dieser Namensraum wird insbesondere von den Klassen `System.IO.File`, `System.IO.Directory`, `Microsoft.Win32.RegistryKey` und `System.Threading.Semaphore` verwendet. Für jede Art von Ressource, deren ACLs verwaltet werden können, bietet der Namensraum `AccessControl` eine Klasse an, die von `System.Security.AccessControl.ObjectSecurity` abgeleitet ist. Beispielsweise dient `System.Security.AccessControl.FileSecurity` dazu, die ACLs einer Datei im Dateisystem zu lesen und zu verarbeiten.

System. Security. AccessControl

Die folgende Abbildung zeigt diese Klassen im Vererbungsbaum der .NET-Klassenbibliothek. Die anderen dort genannten Ressourcen (z.B. Active Directory) können derzeit noch nicht über `Get-Acl` abgefragt werden. Hier ist aber eine direkte Ansprache über die .NET-Klassenbibliothek möglich.

Über die gesamte .NET-Klassenbibliothek verteilt findet man Klassen, die eine Methode `GetAccessControl()` besitzen, die ein von der Klasse `ObjectSecurity` abgeleitetes Objekt liefert. Beispiele für solche Klassen sind:

- `System.IO.File`
- `System.IO.Directory`
- `System.IO.FileInfo`
- `System.IO.DirectoryInfo`
- `Microsoft.Win32.RegistryKey`
- `System.Threading.Semaphore`

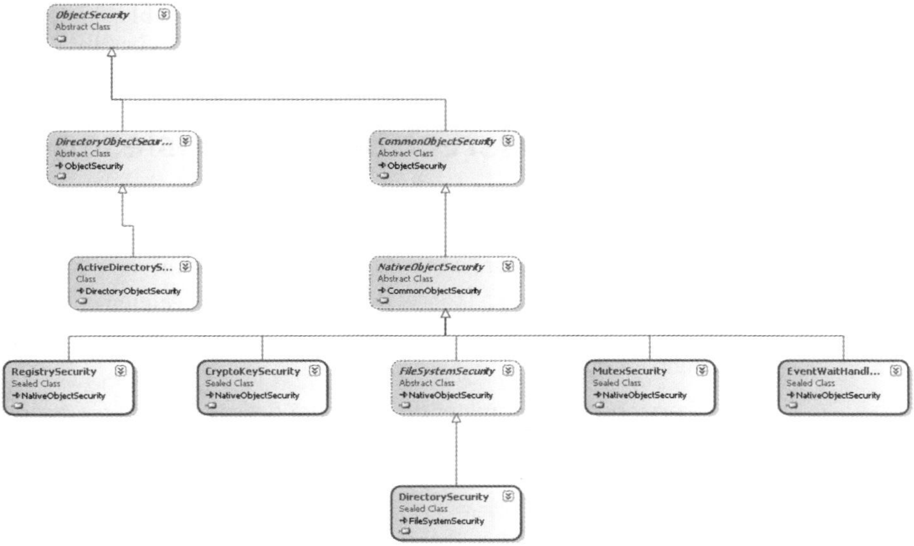

Abbildung 44.3: Vererbungshierarchie der Klassen zur ACL-Speicherung

Die Basisklasse `ObjectSecurity` vererbt u.a. folgende Mitglieder, so dass diese in allen untergeordneten Klassen zur Verfügung stehen:
- `GetOwner()`: ermittelt den Besitzer des Objekts
- `SetOwner()`: setzt den Besitzer
- `GetAccessRules()`: liefert eine Liste der Rechteeinträge (Access Control Entry – ACE). Der Rückgabewert hat den Typ `AuthorizationRuleCollection`. Die enthaltenen Elemente sind vom Ressourcentyp abhängig (z.B. `FileSystemAccessRule` oder `RegistryAccessRule`).
- `GetAuditRules()`: liefert die Einträge der System-ACL (SACL).
- `IsSddlConversionSupported`: zeigt an, ob die Zugriffsrechteliste in SDDL ausgedrückt werden kann.
- `GetSecurityDescriptorSddlForm()`: liefert die Zugriffsrechteliste als SDDL-Zeichenkette.

Kontenname und SID

Principal Der Namensraum `System.Security.AccessControl` verwendet Klassen aus `System.Security.Principal` zur Darstellung der Berechtigungsträger (Benutzer und Gruppen). `System.Security.Principal` unterstützt die beiden in Windows bekannten Bezeichner für Berechtigungsträger:
- Prinzipalname (z.B. „ITVisions\hs") durch die Klasse `System.Security.Principal.NTAccount`
- Security Identifier (z.B. `S-1-5-21-565061207-3232948068-1095265983-500`) durch die Klasse `System.Security.Principal.SecurityIdentifier`

Jeder Benutzer und jede Benutzergruppe besitzen einen sogenannten Security Identifier (kurz: SID), der den Benutzer bzw. die Gruppe eindeutig identifiziert. Ein SID ist ein Zahlen-Array variabler Länge. In Textform wird der SID mit einem beginnenden „S" dargestellt.

44.4 Zugriffsrechtelisten auslesen

Get-Acl `Get-Acl` liefert abhängig vom Ressourcentyp Instanzen folgender .NET-Klassen:
- `System.Security.AccessControl.DirectorySecurity` (für Verzeichnisse)
- `System.Security.AccessControl.FileSecurity` (für Dateien)
- `System.Security.AccessControl.RegistrySecurity` (für Registrierungsdatenbankschlüssel)

`Get-Acl` erwartet als Parameter den Pfad der Ressource, deren Zugriffsrechteliste ermittelt werden soll, z.B.:
- `Get-Acl hklm:/software/www.IT-visions.de`
- `Get-Acl g:\daten\kunden`
- `Get-Acl g:\daten\kunden\Kundenliste.csv`

Die Standardausgabe erfolgt mit Format-Table. Die Ausgabe mit Format-List bietet sich an, damit die Ausgabe besser lesbar ist.

Die folgende Abbildung zeigt die Anwendung von Get-Acl auf ein Verzeichnis im Dateisystem. Die *Abbildung 44.5* zeigt die gleiche Zugriffsrechteliste im Windows Explorer.

Abbildung 44.4
Beispiel für das Auslesen einer ACL

Access ist keine Eigenschaft der .NET-Klasse ObjectSecurity, sondern ein PowerShell Code Property, intern wird hier GetAccessRules() aufgerufen. Der Rückgabewert ist in beiden Fällen eine AuthorizationRuleCollection.

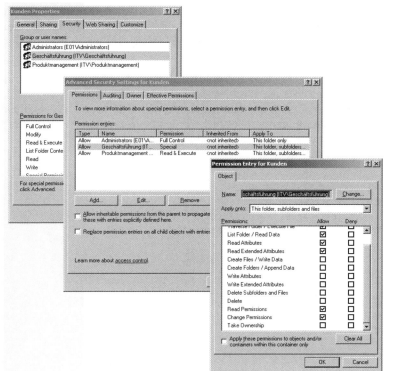

Abbildung 44.5
Tatsächliche Einstellungen

44.5 Einzelne Rechteeinträge auslesen

GetAccessRules() Möchte man die einzelnen Rechteeinträge eines Systembausteins genauer betrachten, dann sollte man selbst über die Rechteliste iterieren. Die von Access bzw. GetAccessRules() gelieferte Liste des Typs AuthorizationRuleCollection enthält im Falle des Dateisystems Objekte vom Typ FileSystemAccessRule. Diese Objekte enthalten wiederum folgende Attribute:

- IdentityReference: Subjekt (Benutzer oder Gruppe), das Rechte hat
- FileSystemRights: Rechte
- AccessControlType: Rechteart (erlaubt oder verboten)
- IsInherited: zeigt an, ob die Regel geerbt ist
- InheritanceFlags: zeigt die Art der Vererbung nach unten an

Benutzerkonten können in zwei Formen ausgedrückt werden: im Klartext oder durch Security Identifiers (SIDs). Bei der Verwendung von GetAccessRules() muss man angeben, wie man die Benutzer sehen will: [System.Security.Principal.NTAccount] (Klartext) oder [System.Security.Principal.SecurityIdentifier] (SID). Davor besitzt die Methode noch zwei Parameter, mit denen man steuern kann, welche Regeln man sehen will: die explizit auf dem Objekt gesetzten Regeln (erste Parameter) und/oder die vererbten Regeln (zweite Parameter). Die expliziten ACEs erscheinen immer zuerst in der Liste.

Der Zugriff auf das Code Property Access ist gleichbedeutend mit GetAccessRules ($true, $true, [System.Security.Principal.NTAccount]). Möchte man andere Informationen, muss man GetAccessRules() explizit nutzen. In dem folgenden Beispiel werden beim zweiten Ausgeben der Liste nur die geerbten Regeln in SID-Form aufgeführt.

Listing 44.1 Details aus ACEs auslesen [Einsatzgebiete/Sicherheitseinstellungen/ Filesystem_ACL_Read.ps1]

```
$a = Get-Acl g:\daten\kunden

# Rechte als NT-Konten holen
$aces =$a.access
# entspricht: $aces =$a.GetAccessRules($true, $true,
[System.Security.Principal.NTAccount])

Write-Host "Alle Regeln:" -F yellow
foreach ($ace in $aces)
{
Write-host $ace.IdentityReference.ToString() "hat Zugang"
$ACE.FileSystemRights $ACE.AccessControlType "Vererbt?"
$ACE.IsInherited
}

$aces =$a.GetAccessRules($true, $false,
```

```
[System.Security.Principal.SecurityIdentifier])

Write-Host  "Nur die expliziten Regeln, in SID-Form:"  -F yellow
foreach ($ace in $aces)
{
Write-host $ace.IdentityReference.ToString() "hat Zugang"
$ACE.FileSystemRights $ACE.AccessControlType "Vererbt?"
$ACE.IsInherited
}
```

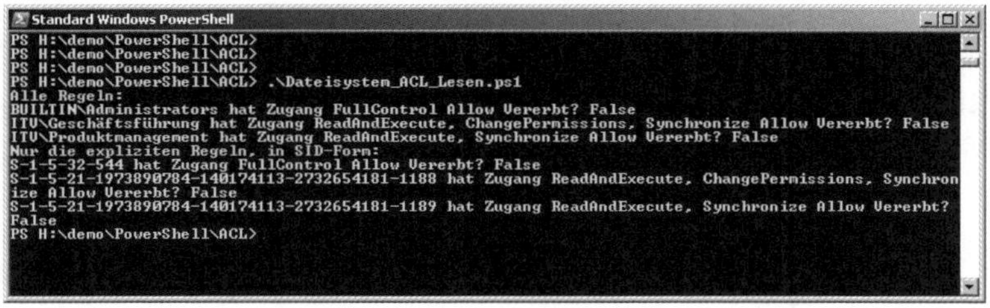

Abbildung 44.6
Ausgabe des obigen Skripts

44.6 Besitzer auslesen

Den Besitzer eines Systembausteins liest man über das Code Property `Owner` aus dem von `ObjectSecurity` abgeleiteten und von der PowerShell erweiterten Objekt aus, das `Get-Acl` zurückgibt. Alternativ kann man auch `GetOwner()` verwenden und hat dabei wieder die Wahl der Form. Zwischen den beiden Formen der Benutzerdarstellung kann man auch mit Hilfe der `Translate()`-Methode konvertieren.

GetOwner()

```
"Besitzerinformationen:"
$a = Get-Acl g:\daten\kunden
$a.Owner
$a.GetOwner([System.Security.Principal.NTAccount]).Value
$a.GetOwner([System.Security.Principal.SecurityIdentifier]).Value

# Übersetzen zwischen Kontoname und SID
$konto = $a.GetOwner([System.Security.Principal.NTAccount])
$konto.Translate([system.security.principal.securityidentifier]).value

# Übersetzen zwischen SID und Kontoname
$konto = $a.GetOwner([System.Security.Principal.SecurityIdentifier])
$konto.Translate([system.security.principal.NTAccount]).value
```

Listing 44.2
Besitzerinformationen auslesen [Einsatzgebiete/ Sicherheitseinstellungen/Filesystem_Owner.ps1]

44.7 Benutzer und SID

Translate() Möchte man für einen beliebigen Benutzer dessen SID ermitteln, kann man auch eine Instanz von System.Security.Principal.NtAccount unter Angabe des Benutzernamens in Textform erzeugen und dann Translate() aufrufen.

Umwandeln zwischen Benutzername und SID

Das folgende Skript zeigt die Umwandlung eines Prinzipalnamens in einen SID und umgekehrt mit Hilfe der Methode Translate() in der Klasse IdentityReference, welche die Basisklasse für NTAccount und SecurityIdentifier ist.

Listing 44.3
SID ermitteln
[Einsatzgebiete/
Sicherheitseinstel-
lungen/SID.ps1]

```
# Umwandlung zwischen Kontoname und SID

# Hole Konto
$Account = New-Object system.security.principal.ntaccount("itv\hs")
# Übersetze in SID
$SID =
$Account.Translate([system.security.principal.securityidentifier]).
value
$SID

# Übersetze in Kontonamen
$Account = New-Object
system.security.principal.securityidentifier("S-1-5-32-544")
$Name =
$Account.Translate([system.security.principal.ntaccount]).value
$Name
```

Well-Known Security Identifier verwenden

Bekannte Benutzer Neben Benutzern und Gruppen kennt Windows auch Pseudo-Gruppen wie „Jeder", „Interaktive Benutzer" und „System". Diese Gruppen werden *Well-Known Security Principals* genannt. Im Active Directory sind die *Well-Known Security Principals* im *ConfigurationNamingContext* im Container cn=Well Known Security Principals abgelegt. Sie finden diese Benutzer jedoch nicht im *DefaultNamingContext*.

> Verwechseln Sie die *Well-Known Security Principals* nicht mit den *BuiltIn-Konten* (z.B. *Gäste, Administratoren, Benutzer*). Letztere finden Sie in Active Directory im *DefaultNamingContext* in cn=BuiltIn.

Tabelle 44.2
SIDs der Well-Known Security Principals

Well-Known Security Principal	SID
Anonymous Logon	1;1;0;0;0;0;0;5;7;0;0;0
Authenticated Users	1;1;0;0;0;0;0;5;11;0;0;0
Batch	1;1;0;0;0;0;0;5;3;0;0;0
Creator Group	1;1;0;0;0;0;0;3;1;0;0;0
Creator Owner	1;1;0;0;0;0;0;3;0;0;0;0
Dialup	1;1;0;0;0;0;0;5;1;0;0;0
Enterprise Domain Controllers	1;1;0;0;0;0;0;5;9;0;0;0
Everyone	1;1;0;0;0;0;0;1;0;0;0;0
Interactive	1;1;0;0;0;0;0;5;4;0;0;0
Network	1;1;0;0;0;0;0;5;2;0;0;0
Proxy	1;1;0;0;0;0;0;5;8;0;0;0
Restricted	1;1;0;0;0;0;0;5;12;0;0;0
Self	1;1;0;0;0;0;0;5;10;0;0;0
Service	1;1;0;0;0;0;0;5;6;0;0;0
System	1;1;0;0;0;0;0;5;18;0;0;0
Terminal Server User	1;1;0;0;0;0;0;5;13;0;0;0

.NET stellt eine Auflistung System.Security.Principal.WellKnownSid-Type bereit, die man zur Instanziierung der Klasse SecurityIdentifier einsetzen kann. Man umgeht damit die sprachspezifischen Unterschiede des Betriebssystems („Guests" / „Gäste").

```
# Bekannte Konten
$SID =
[System.Security.Principal.WellKnownSidType]::BuiltinAdministrators
Sid
$Account = New-Object
system.security.principal.securityidentifier($SID, $null)
$Name =
$Account.Translate([system.security.principal.ntaccount]).value
$Name
```

Listing 44.4
Zugriff auf ein Konto über die SID [Einsatzgebiete/Sicherheitseinstellungen/Accounts_and_SID.ps1]

Einige eingebaute Benutzer und Gruppen beinhalten den SID der Domäne in ihrem eigenen SID. In diesem Fall muss bei der Instanziierung der Klasse SecurityIdentifier der Domänen-SID mit angegeben werden. Leider schweigt sich die Dokumentation darüber aus, woher man den Domänen-SID mit .NET-Methoden bekommt. Auch im WWW findet man noch kein Beispiel dafür.

SDDL verwenden

SDDL Eine andere Möglichkeit zum Zugriff auf eingebaute Benutzer und Gruppen besteht in der Verwendung der in der Security Descriptor Definition Language (SDDL) definierten Abkürzungen für die eingebauten Benutzer und Gruppen (siehe *Tabelle 39.3*).

Listing 44.5 Ermitteln einer SID aus einem SDDL-Kürzel [Einsatzgebiete/Sicherheitseinstellungen/SID.ps1]

```
# SDDL-Namen
$Account = New-Object
System.Security.Principal.SecurityIdentifier("BA")
$Account.Value
```

Tabelle 44.3 SDDL-Abkürzungen für eingebaute Benutzer und Gruppen

SDDL-Abkürzung	Bedeutung
"AO"	Account operators
"AN"	Anonymous logon
"AU"	Authenticated users
"BA"	Built-in administrators
"BG"	Built-in guests
"BO"	Backup operators
"BU"	Built-in users
"CA"	Certificate server administrators
"CG"	Creator group
"CO"	Creator owner
"DA"	Domain administrators
"DC"	Domain computers
"DD"	Domain controllers
"DG"	Domain guests
"DU"	Domain users
"EA"	Enterprise administrators
"ED"	Enterprise domain controllers
"WD"	Everyone
"PA"	Group Policy administrators
"IU"	Interactively logged-on user
"LA"	Local administrator
"LG"	Local guest
"LS"	Local service account
"SY"	Local system
"NU"	Network logon user
"NO"	Network configuration operators

SDDL-Abkürzung	Bedeutung
"NS"	Network service account
"PO"	Printer operators
"PS"	Personal self
"PU"	Power users
"RS"	RAS servers group
"RD"	Terminal server users
"RE"	Replicator
"RC"	Restricted code
"SA"	Schema administrators
"SO"	Server operators
"SU"	Service logon user

Tabelle 44.3
SDDL-Abkürzungen für eingebaute Benutzer und Gruppen (Forts.)

44.8 Hinzufügen eines Rechteeintrags zu einer Zugriffsrechteliste

Das folgende Skript zeigt das Ergänzen eines Rechteeintrags zu einer Rechteliste einer Datei im Dateisystem. Neue Rechteobjekte vom Typ `FileSystemAccessRule` benötigen fünf Angaben:

FileSystem-AccessRule

- Kontoobjekt (`NTAccount`-Objekte oder `SecurityIdentifier`-Objekte)
- Zu vergebende Rechte (Werte aus der `FileSystemRights`-Aufzählung)
- Ziele der Vererbung (Werte aus der `InheritanceFlags`-Aufzählung)
- Art der Vererbung (Werte aus der `PropagationFlags`-Aufzählung)
- Art der Regel: Erlauben oder Verbieten (Werte aus der `AccessControlType`-Aufzählung)

Das folgende Skript gewährt einem Benutzer Leserechte auf ein Verzeichnis:

```
# ACL schreiben: Lese- und Schreibrechte fuer einen Benutzer setzen

# Eingabedaten
$DIR = "g:\daten\kunden"
$BENUTZER = "HS"

# Hole ACL
$ACL = Get-Acl $DIR
```

Listing 44.6
ACE anfügen
[Einsatzgebiete/Sicherheitseinstellungen/Filesystem_ACL_Write.ps1]

Kapitel 44 Leistungsdaten

```
"ACL vorher:"
$acl | format-list

# ACE definieren
$Rights = [System.Security.AccessControl.FileSystemRights]
"ReadData, ReadExtendedAttributes, ReadAttributes, ReadPermissions"
$Access=[System.Security.AccessControl.AccessControlType]::Allow
$Inherit=[System.Security.AccessControl.InheritanceFlags]::ContaineŕInherit `-bor
[System.Security.AccessControl.InheritanceFlags]::ObjectInherit
$Prop=[System.Security.AccessControl.PropagationFlags]::InheritOnly
$AccessRule = New-Object
System.Security.AccessControl.FileSystemAccessRule `
($BENUTZER,$Rights,$Inherit,$Prop,$Access)

# ACE an ACL anfügen
$ACL.AddAccessRule($AccessRule)

# ACL speichern
Set-Acl -AclObject $ACL -Path $DIR

# Kontrolle
$ACL = Get-Acl  $DIR
"ACL nachher:"
$acl | format-list
```

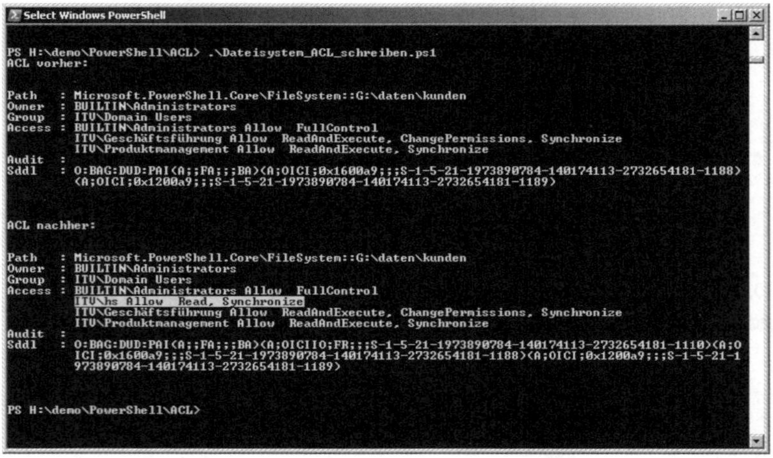

Abbildung 44.7
Ausführung des Skripts, das einem Benutzer Leserechte gewährt

Entfernen eines Rechteeintrags aus einer Zugriffsrechteliste

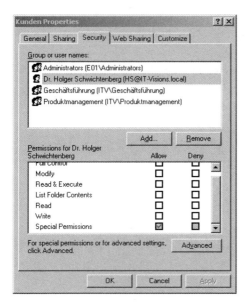

Abbildung 44.8
Ansicht der Rechte im Windows Explorer

> Wenn in einem Parameter mehrere Flags zu setzen sind, sind diese mit einem binären Oder zu verknüpfen (Operator `-bor` in der Power-Shell-Sprache).
>
> ```
> $Rights= [System.Security.AccessControl.FileSystemRights]::Read `
> -bor [System.Security.AccessControl.FileSystemRights]::
> ReadExtendedAttributes `
> -bor [System.Security.AccessControl.FileSystemRights]::
> ReadAttributes `
> -bor [System.Security.AccessControl.FileSystemRights]::
> ReadPermissions
> ```
>
> Prägnanter kann man die Aufzählungswerte auch in eine durch Kommata getrennte Zeichenkette schreiben.
>
> ```
> $Rights = [System.Security.AccessControl.FileSystemRights]
> "ReadData, ReadExtendedAttributes, ReadAttributes,
> ReadPermissions"
> ```

44.9 Entfernen eines Rechteeintrags aus einer Zugriffsrechteliste

Zum Entfernen eines Rechteeintrags (Access Control Entry – ACE) aus der Zugriffsrechteliste dient die Methode `RemoveAccessRule()`, die von `NativeObjectSecurity` an alle Rechteklassen vererbt wird. Die Methode erwartet als Parameter ein Objekt vom Typ `AccessContolEntry`.

ACE

Kapitel 44 Leistungsdaten

Möchte man alle Einträge zu einem Benutzer entfernen, kann man `PurgeAccessRules()` unter Angabe eines Benutzerkontoobjekts (nicht des Kontonamens!) verwenden.

Beispiel 1 Das folgende Skript löscht aus einer Zugriffsrechteliste alle Rechteeinträge zu einem bestimmten Benutzer.

Listing 44.7 ACL schreiben: Alle ACEs eines Benutzers löschen [Einsatzgebiete/ Sicherheitseinstellungen/Filesystem_ ACL_Delete.ps1]

```
# ACL schreiben: Alle ACEs eines Benutzers loeschen

# Eingabedaten
$DIR = "g:\daten\kunden"
$BENUTZER = "itv\HS"
$Count = 0

# Kontrollausgabe
$acl = Get-Acl $DIR
"ACL vorher:"
$acl | format-list

# ACL holen
$acl = Get-Acl g:\daten\kunden

$Account = New-Object system.security.principal.ntaccount("itv\hs")
$acl.PurgeAccessRules($Account)

# ACL speichern
Set-acl -AclObject $ACL -Path $DIR

# Kontrollausgabe
$acl = Get-Acl $DIR
"ACL nachher:"
$acl | format-list
```

Beispiel 2 Das folgende Skript löscht aus einer Zugriffsrechteliste alle Rechteeinträge, in denen das Lese- und Ausführungsrecht ("ReadAndExecute") vergeben wurde.

Listing 44.8 Aus einer Zugriffsrechteliste alle Rechteeinträge löschen, in denen das Lese- und Ausführungsrecht vergeben wurde ("ReadAndExecute") [Einsatzgebiete/ Sicherheitseinstellungen/Filesystem_ ACL_ReadAllReadAndExecute.ps1]

```
# ACL schreiben: Aus einer Zugriffsrechteliste alle Rechteeinträge
löschen, in denen das Lese- und Ausführungsrecht ("ReadAndExecute")
steht
# Eingabedaten
$DIR = "g:\daten\kunden"
$BENUTZER = "itv\HS"
$Count = 0

# Kontrollausgabe
$acl = Get-Acl $DIR
"ACL vorher:"
$acl | format-list

# Zugriff auf ACEs
```

```
$aces =$acl.GetAccessRules($true, $true,
[System.Security.Principal.NTAccount])

# Schleife über alle ACEs
foreach ($ace in $aces)
{
Write-host $ace.IdentityReference.ToString() "hat Zugang"
$ACE.FileSystemRights $ACE.AccessControlType "Vererbt?"
$ACE.IsInherited
# Selektives Löschen
if ($ace.FileSystemRights.ToString() -match "ReadAndExecute")
 {
  "...wird entfernt!"
  $Ergebnis = $acl.RemoveAccessRule($ace)
if ($Ergebnis) { echo "Wurde entfernt!"; $Count++ }
 }
}

# ACL speichern
Set-acl -AclObject $ACL -Path $DIR

echo ($Count.ToString() + " ACEs wurden entfernt!")

# Kontrollausgabe
$acl = Get-Acl  $DIR
"ACL nachher:"
$acl | format-list
```

44.10 Zugriffsrechteliste übertragen

Durch die Kombination von Get-Acl und Set-Acl kann man auf einfache Weise eine Zugriffsrechteliste von einem Dateisystemobjekt auf ein anderes übertragen.

Get-Acl, Set-Acl

```
# Übertragen einer ACL von einer Datei auf eine andere
Get-Acl g:\daten\kunden | Set-Acl g:\daten\lieferanten

# Übertragen einer ACL von einer Datei auf eine Menge von Dateien
$acl = Get-Acl g:\Daten\kunden
Get-ChildItem g:\Daten | foreach-Object { Set-acl $_.Fullname $acl;
"Übertragen auf $_" }
```

Listing 44.9
Übertragen einer ACL zwischen zwei Dateien [Einsatzgebiete/Sicherheitseinstellungen/Filesystem_ACL_Transfer.ps1]

44.11 Zugriffsrechteliste über SDDL setzen

Die Security Descriptor Definition Language (SDDL) ist ein Textformat zur Beschreibung von Access Control Lists (ACLs) mit einzelnen ACEs in Windows (eingeführt mit Windows 2000).

Ein Beispiel für eine SDDL-Zeichenkette ist:

```
O:BAG:DUD:PAI(A;;FA;;;BA)(A;OICI;0x1600a9;;;S-1-5-21-1973890784-
140174113-2732654181-1188)(A;OICI;0x1200a9;;;S-1-5-21-1973890784-
140174113-2732654181-1189)
```

Beispiel Das folgende Skript nutzt SDDL zur Übertragung einer Zugriffsrechteliste von einem Verzeichnis auf ein anderes. Zwischenzeitlich wird die Zugriffsrechteliste im Dateisystem gespeichert, so dass man das Auslesen und Setzen zeitlich entkoppeln könnte.

Listing 44.10
Übertragen einer ACL zwischen zwei Dateien [Einsatzgebiete/Sicherheitseinstellungen/SDDL.ps1]

```
# Übertragen einer ACL via SDDL

$QUELLE = "g:\daten\kunden"
$ZIEL = "g:\daten\lieferanten"

function replace-acl
{
Param (
  $sObject,
  $sSDDL
  )
  $acl = Get-Acl $sObject
  $acl.SetSecurityDescriptorSddlForm($sSDDL)

  Set-Acl -aclObject $acl $sObject
}

# SDDL lesen und in Textdatei speichern
(Get-Acl $QUELLE).SDDL > g:\Daten\acl.txt

# SDDL aus Textdatei lesen
$sddl = Get-Content g:\Daten\acl.txt
replace-acl $ZIEL $sddl

"Folgende Rechte wurden übertragen: " + $sddl
```

45 Active Directory

Die PowerShell Version 1.0 stellte keine Commandlets für den Zugriff auf die Windows-Benutzerdatenbank „SAM", das Active Directory oder andere Verzeichnisdienste bereit. In der Beta-Phase gab es einen Active-Directory-Navigationsprovider, der wurde jedoch bis zur Version 1.0 entfernt. — **WPS 1.0**

Ein solcher Provider zur Navigation im Active Directory ist derzeit im Rahmen der PowerShell Community Extensions [CODEPLEX01] verfügbar. Dort gibt es auch das Commandlet `Get-ADObject` zur Suche im Active Directory. — **PSCX**

Mit der PowerShell 1.0 (ohne PSCX) ist ein Zugriff auf Verzeichnisdienste nur mit klassischen Programmiertechniken möglich. Hier sind die .NET-Klassen aus dem Namensraum `System.Directory-Services` der .NET-Klassenbibliothek und zum Teil auch die COM-Komponente Active Directory Service Interfaces (ADSI) zu verwenden. Wenige Funktionen stehen auch mit WMI zur Verfügung. Hier boten die Active-Directory-Erweiterungen von *www.IT-Visions.de* eine Verbesserung. — **.NET-Klassen**

Seit Windows Server 2008 R2 und Windows 7 (mit Fernverwaltungswerkzeugen) gibt es ein PowerShell-Modul für das Active Directory („ADPowerShell"). Die „Remote Server Administration Tools (RSAT)" können hier heruntergeladen werden: — **WPS**

Remote Server Administration Tools for Windows 7

http://www.microsoft.com/en-us/download/details.aspx?id=7887

Remote Server Administration Tools for Windows 8

http://www.microsoft.com/en-us/download/details.aspx?id=28972

> ADPowerShell ist die beste Möglichkeit, die Sie nutzen sollten, wenn Sie eines der von ADPowerShell unterstützten Betriebssysteme verwenden.

Fallbeispiel „FBI"

Dieses Kapitel verwendet als Fallbeispiel die Domänen „FBI.net" (Windows Server 2003) und „FBI.org" (Windows Server 2008).

System.DirectoryServices

Dieses Beispiel dreht sich komplett um das Active Directory für die Fernsehserie „Akte X" (engl. X-Files). Die Domänen heißen mit dem NETBIOS-Namen „FBI". Die Domänencontroller heißen „XFilesServer11" und „XFilesServer2". Die PCs sind mit „F171" bis „F179" benannt. Als Organisationseinheiten und Benutzer existieren bzw. werden im Rahmen dieses Kapitels angelegt:

- Organisationseinheit „Agents" mit Benutzern wie „Fox Mulder", „Dana Scully", „John Doggett" und „Monica Reyes"
- Organisationseinheit „Directors" mit Benutzern wie „Walter Skinner" und „Alvin Kersh"
- Organisationseinheit „Conspirators" mit „Smoking Man" und „Deep Throat"
- Organisationseinheit „Aliens" mit zahlreichen Außerirdischen

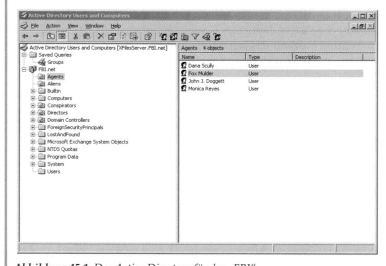

Abbildung 45.1: Das Active Directory für das „FBI"

45.1 Benutzer- und Gruppenverwaltung mit WMI

Die Möglichkeiten der Benutzerverwaltung mit WMI sind leider beschränkt. ADSI bzw. `System.DirectoryServices` bieten hier wesentlich mehr.

Der folgende Befehl liefert eine Objektliste der erreichbaren Benutzer und Gruppen: **Win32_Account**

```
Get-CimInstance Win32_Account
```

Nur die Benutzerkonten erreicht man mit:

```
Get-CimInstance Win32_UserAccount
```

Nur die Gruppen erreicht man mit:

```
Get-CimInstance Win32_Group
```

Natürlich kann man damit gezielt Objekte herausfiltern:

```
# Name und Domäne der Benutzerkonten, deren Kennwort niemals verfällt
Get-CimInstance Win32_useraccount | Where-Object {$_.Kennwortexpires
-eq 0 } | Select-Object Name,Domain
```

Dies kann man alternativ auch so ausdrücken:

```
Get-CimInstance Win32_Useraccount -filter "Kennwortexpires='false'"
| Select-Object Name,Domain
```

Die WMI-Klasse Win32_Desktop enthält Einstellungen der Benutzer. Mit dem folgenden Befehl bringt man in Erfahrung, ob der Benutzer „FBI\FoxMulder" einen Bildschirmschoner auf dem Computer „AgentPC04" aktiviert hat. **Win32_Desktop**

```
Get-CimInstance Win32_Desktop -computer AgentPC04 | where { $_.Name
-eq "DBI\FoxMulder" } | select screensaveractive
```

45.2 Einführung in System.DirectoryServices

Die Klassen des .NET-Namensraums System.DirectoryServices sind eine Kapselung des Active Directory Service Interface (ADSI). Leider sind in der .NET-Bibliothek nicht alle Funktionen gekapselt, so dass auch ADSI in der PowerShell eine Rolle spielt.

Die Klassen im Namensraum System.DirectoryServices funktionieren nur, wenn auch die ADSI-COM-Komponente installiert ist.

> Auf die ADSI-COM-Komponente wird in diesem Buch mit dem Begriff „klassisches ADSI" Bezug genommen.

Architektur

Die Klassen im .NET-Namensraum System.DirectoryServices bieten nur sehr allgemeine Mechanismen für den Zugriff auf Verzeichnisdienste. Es gibt keine spezifischen Klassen mehr für einzelne Verzeich- **Allgemeine Mechanismen**

Kapitel 45 Active Directory

nisdienste, wie sie in der ADSI-COM-Komponente vorhanden sind. Bestimmte Operationen (z.B. Ändern des Kennworts in einem Benutzerobjekt) müssen daher direkt oder indirekt über die ADSI-COM-Komponente aufgerufen werden.

Zugriffsmöglichkeiten Die folgende Grafik zeigt die Architektur von ADSI unter .NET. Ein .NET-Programm (Managed Code) hat drei Möglichkeiten, auf einen Verzeichnisdienst zuzugreifen:

1. Verwendung von Objekten im Namensraum `System.DirectoryServices` zur Ausführung von Verzeichnisdienstoperationen
2. Verwendung von Objekten im Namensraum `System.DirectoryServices` für den Aufruf von Operationen in der ADSI-COM-Komponente
3. Direkte Verwendung der ADSI-COM-Komponente via COM-Interoperabilität

Abbildung 45.2
Programmierschnittstellen für das Active Directory

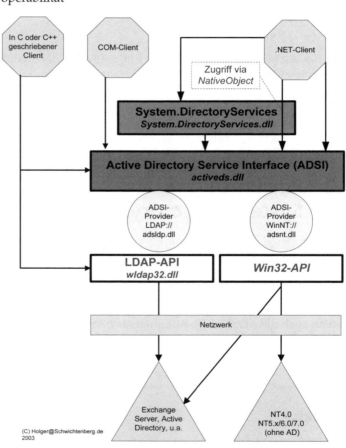

Einführung in System.DirectoryServices

Weiterreichen an ADSI

Den Beweis dafür, dass alle Aufrufe in `System.DirectoryServices` in ADSI umgesetzt werden, liefern die Fehlermeldungen der .NET-Klassenbibliothek. Zum Beispiel liefert die Klasse `DirectoryEntry` beim Aufruf von `CommitChanges()` folgende Fehlermeldung, wenn das anzulegende Objekt bereits vorhanden ist:

Kapselung

```
System.Runtime.InteropServices.COMException (0x80071392):
Das Objekt ist bereits vorhanden.
   at System.DirectoryServices.Interop.IAds.SetInfo()
   at System.DirectoryServices.DirectoryEntry.CommitChanges()
```

Dies bedeutet nichts anderes, als dass der Aufruf `CommitChanges()` in der Klasse `DirectoryEntry` intern weitergereicht wurde an die Methode `SetInfo()` in der Schnittstelle `System.DirectoryServices.Interop.IAds`. Dabei ist `SetInfo()` die aus der klassischen ADSI-COM-Komponente bekannte Methode, um den Eigenschaftenzwischenspeicher (engl. Property Cache) an den Verzeichnisdienst zurückzuliefern und damit alle Änderungen persistent zu machen.

Eigenschaftenzwischenspeicher

> Der Namensraum `System.DirectoryServices.Interop` ist undokumentiert und im Objektkatalog von Visual Studio nicht sichtbar. In diesem Namensraum sind die aus dem klassischen ADSI bekannten Schnittstellen `IADs`, `IADsContainer` etc. definiert. Da in .NET eine Instanziierung von Schnittstellen nicht mehr möglich ist, mussten die Schnittstellen zu Klassen zusammengefasst werden.

Objektmodell

Die Klassen im Namensraum `System.DirectoryServices` lassen sich in zwei Gruppen einteilen:

- Allgemeine Klassen für den Zugriff auf Blätter und Container
- Klassen für die Ausführung von LDAP-Suchanfragen

Allgemeine Klassen

Die beiden zentralen Klassen in diesem Namensraum sind `DirectoryEntry` und `DirectoryEntries`.

Blätter und Container

Klasse „DirectoryEntry"

Die Klasse `DirectoryEntry` repräsentiert einen beliebigen Verzeichniseintrag, egal ob es sich um ein Blatt oder einen Container handelt. Diese Klasse besitzt ein Attribut `Children` vom Typ `DirectoryEntries`. Diese Objektmenge ist nur dann gefüllt, wenn das Objekt ein Container ist, also Unterobjekte besitzt. Die Objektmenge existiert aber auch in einem Blattobjekt; sie ist dann allerdings leer.

Property Objektmenge

Kapitel 45 Active Directory

Property-Collection
Die `DirectoryEntry`-Klasse besitzt im Attribut `Property` eine Objektmenge vom Typ `PropertyCollection`, welche die Menge der Verzeichnisattribute des Verzeichnisobjekts repräsentiert. Die `PropertyCollection` verfügt über drei untergeordnete Objektmengen:

- `PropertyNames` zeigt auf ein `KeysCollection`-Objekt, das Zeichenketten mit den Namen aller Verzeichnisattribute enthält.
- `Values` zeigt auf eine `ValuesCollection`, die wiederum einzelne Objektmengen vom Typ `PropertyValueCollection` enthält. Dies ist notwendig, da jedes Verzeichnisattribut mehrere Werte haben kann. Die `ValuesCollection` repräsentiert die Menge der Werte aller Verzeichnisattribute, die `PropertyValueCollection` steht für die einzelnen Werte eines Verzeichnisattributs.
- Das Attribut `Item(ATTRIBUTNAME)` liefert für einen als Parameter zu übergebenden Attributnamen die zugehörige `PropertyValueCollection`.

> Der Zugriff über das Attribut `Values` kommt in der Regel nicht vor, da man normalerweise die Werte ohne die Namen der Attribute benötigt. Der normale Weg ist entweder die direkte Verwendung von `Item()`, wenn der Attributname bekannt ist, oder aber die Iteration über `PropertyNames` und darauffolgend die Verwendung von `Item()`, wenn alle Attribute mit ihren Werten aufgelistet werden sollen.

NativeObject
Jedes `DirectoryEntry`-Objekt besitzt ein Attribut mit Namen `NativeObject`, das einen Verweis auf das zugehörige ADSI-COM-Objekt liefert. Damit ist ein schneller Wechsel zur klassischen ADSI-Programmierung möglich.

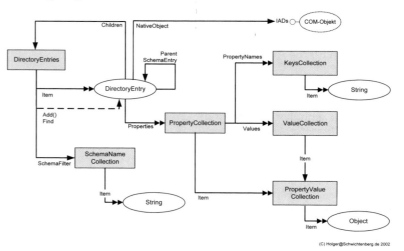

Abbildung 45.3
Objektmodell der Klassen im Namensraum „System.DirectoryServices" – Teil 1

Klasse „DirectoryEntries"

Die Klasse `DirectoryEntries` unterstützt die Schnittstelle `IEnumerable` und ermöglicht daher die Auflistung ihrer Mitglieder über eine `foreach`-Schleife. Die Menge kann gefiltert werden, indem über die `SchemaNameCollection` eine Menge von Verzeichnisdienstklassen spezifiziert wird, die berücksichtigt werden sollen. Die Methode `Find()` liefert ein `DirectoryEntry`-Objekt. Wenn das anhand des Namens spezifizierte Objekt nicht in diesem Container vorhanden ist, gibt es eine *InvalidOperationException*.

Containerobjekte

Die Klasse `DirectoryEntries` kann nicht instanziiert werden. Sie erhalten ein `DirectoryEntries`-Objekt immer nur über das Attribut `Children` eines `DirectoryEntry`-Objekts.

Klassen für die Ausführung von Suchanfragen

LDAP-Suchanfragen wurden in ADSI über die ActiveX Data Objects (ADO) bzw. einen OLEDB-Provider ausgeführt. In .NET gibt es nun eigene Klassen für die Ausführung von LDAP-Suchanfragen, die unabhängig von ADO.NET sind und direkt auf die LDAP-Implementierung von Windows zugreifen.

LDAP-Suchanfragen

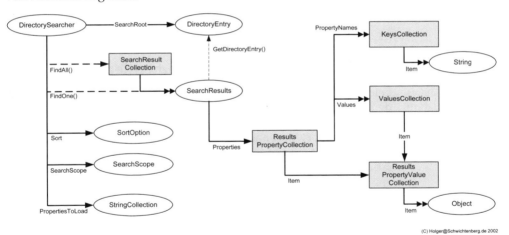

Abbildung 45.4: *Objektmodell der Klassen im Namensraum „System.DirectoryServices" – Teil 2*

Kapitel 45 Active Directory

Vergleich zwischen System.DirectoryServices und ADSI

Die folgende Tabelle zeigt, dass es für viele Schnittstellen aus der ADSI-COM-Komponente keine entsprechende spezifische Klasse in System.DirectoryServices mehr gibt.

Tabelle 45.1 System.Directory-Services vs. ADSI

Verzeichniseintrag im Active Directory	ADSI in COM	ADSI in .NET (System.DirectoryServices)
Blatt	Schnittstelle IADs	Klasse DirectoryEntry
Container/Ast	Schnittstelle IADsContainer	Klasse DirectoryEntries
Klasse „User"	Schnittstelle IADsUser	--- (DirectoryEntry)
Klasse „Computer"	Schnittstelle IADsComputer	--- (DirectoryEntry)
Klasse „Group"	Schnittstelle IADsGroup	--- (DirectoryEntry)
LDAP-Suche	Klassen ADODB.Connection und ADODB.RecordSet	Klassen DirectorySearcher und SearchResultCollection

Unzulänglichkeiten der Implementierung

ADSI vs. System. Directory-Services. DirectoryEntry

Leider hat Microsoft damals zwischen dem Release Candidate 1 und dem Release Candidate 2 der Windows PowerShell 1.0 einen fundamentalen Richtungswechsel vollzogen, was die Unterstützung für Active Directory und andere Verzeichnisdienste angeht. Dieser Richtungswechsel kam nicht nur unerwartet, sondern führt nun auch in die falsche Richtung, weshalb an dieser Stelle massive Kritik an Microsoft angebracht ist.

Bis Release Candidate 1 der PowerShell 1.0 musste man für diese Scripting-Aufgaben direkt die .NET-Klassen aus dem .NET-Namensraum System.DirectoryServices verwenden. Diese Klassen basieren intern auf COM-Schnittstellen des Active Directory Services Interface (ADSI) und in einigen Fällen musste man für das Scripting auf ADSI „durchgreifen".

Ab Release Candidate 2 der PowerShell 1.0 hat Microsoft eine Vereinfachung einführen wollen mit dem eigenen PowerShell-Typ [ADSI]. Die Absicht ist gut, die Umsetzung ist jedoch eine absolute Katastrophe:

1. [ADSI] instanziiert den Typ System.DirectoryServices.DirectoryEntry, bietet aber nur Attribute und keine Methoden dieser Klasse an. Die Methoden werden über das Extended Type System (ETS) versteckt.

Einführung in System.DirectoryServices

2. Das erzeugte PowerShell-Objekt bietet stattdessen die Methoden der zu Grunde liegenden ADSI-COM-Klasse an.
3. Das Analyse-Commandlet `Get-Member` zeigt weder die einen noch die anderen Methoden an.
4. Auch bei direkter Instanziierung von `System.DirectoryServices.DirectoryEntry` gilt das obige Methodenchaos.
5. Die Methoden der Klasse `System.DirectoryServices.DirectoryEntry` stehen über das Unterobjekt `PSBase` zur Verfügung.
6. `DirectoryEntry`-Objekte können in der PowerShell-Pipeline nicht mit den üblichen Commandlets `Select-Object`, `Format-Table` etc. weiterverarbeitet werden. Möglich ist nur der objektbasierte Stil.

Das ist eine sehr unlogische Implementierung. Schon im Windows Script Host (WSH) war das Verzeichnisdienst-Scripting nicht einfach, jetzt wird es noch schwieriger zu erlernen. Die folgende Abbildung dokumentiert noch einmal das konzeptionelle Chaos:

Konzeptionelles Chaos

- Ein Verzeichnisdienstobjekt in einem Verzeichnisdienst besitzt eigentlich nur Attribute.
- Verzeichnisdienstoperationen werden durch das jeweilige Protokoll (z.B. LDAP) bereitgestellt. Ein ADSI-COM-Objekt kapselt diese Operationen für jeweils ein Verzeichnisobjekt in Methoden.
- Ein .NET-Objekt des Typs `DirectoryEntry` kapselt das ADSI-COM-Objekt, bietet dabei aber andere Methoden an (die intern wieder auf ADSI aufsetzen). Das Objekt `DirectoryEntry` eröffnet über das Unterobjekt `NativeObject` einen direkten Zugang zu den ADSI-Methoden.
- Das PowerShell-Objekt, das wiederum eine Kapsel um das `DirectoryEntry`-Objekt darstellt, verwendet nun aber nicht die Methoden von `DirectoryEntry`, sondern die Methoden des inneren ADSI-Objekts.
- Das PowerShell-Objekt bietet über das Unterobjekt `PSBase` einen Zugang zu den Methoden des `DirectoryEntry`-Objekts.

Aruk Kumaravel, Windows PowerShell Development Manager bei Microsoft, gibt in [Kumaravel01] zu, dass es unklug war, Methoden zu verstecken: „In retrospect, maybe we should have exposed these."

Außerdem ist übrigens noch sehr kritisch anzumerken, dass Microsoft eine solch fundamentale Änderung zwischen einem RC1 und einem RC2 vornimmt. Alle bis dahin geschriebenen PowerShell-Skripte für das Active Directory konnte man damit über den Haufen werfen. Eine solche Änderung erwartet man in der Beta-Phase, nicht aber kurz vor dem Erscheinen.

Abbildung 45.5
Chaos bei den Verzeichnisdienstoperationen

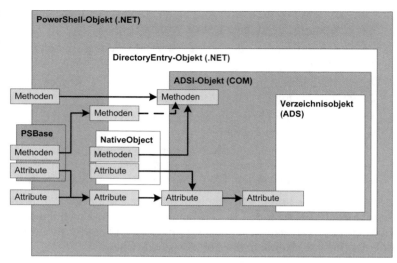

Objektidentifikation in Verzeichnisdiensten (Verzeichnisdienstpfade)

Zum Programmieren mit Verzeichnisdiensten ist es zwingend notwendig, die einzelnen Einträge im Verzeichnisdienst identifizieren zu können.

Verzeichnispfade ADSI bedient sich für Pfadangaben auch unter .NET der sogenannten COM-Moniker (engl. für „Spitzname"), um einzelne Einträge in verschiedenen Verzeichnisdiensten anzusprechen und einen Zeiger auf das Stellvertreterobjekt zu erhalten. Der Moniker hat die Form

`<Namenraum-ID>:<providerspezifischer Teil>`

und wird in diesem Zusammenhang Verzeichnispfad (oder ADSI-Pfad) genannt.

 Bei der Namensraum-ID werden Groß- und Kleinschreibung berücksichtigt, also muss man „LDAP" statt „ldap" oder „Ldap" verwenden!

DN und RDN Der providerspezifische Teil des Verzeichnisdienstpfads enthält den Distinguished Name (DN) des Verzeichnisobjekts und dazu einen Servernamen (siehe folgende Tabelle).

Einführung in System.DirectoryServices

Namensraum	Beispiele für Verzeichnispfade
Active Directory (via LDAP)	LDAP://server/cn=Agents,dc=FBI,dc=NET LDAP://XFilesServer101.FBI.net/cn=Fox Mulder, OU=Agents,dc=FBI,dc=NET
NT 4.0-Domänen und lokale Windows-Benutzerdatenbanken (SAM)	WinNT://Domaene/Computer/Benutzer WinNT://Computername/Gruppenname WinNT://domaene/benutzer
Novell 3.x	NWCOMPAT://NWServer/Druckername
Novell 4.x (NDS)	NDS://Server/O=FBI/OU=Washington/cn=Agents
Internet Information Services (IIS)	IIS://ComputerName/w3svc/1

Tabelle 45.2: Beispiele für ADSI-Pfade in verschiedenen Verzeichnisdiensten

Objektidentifikation im Active Directory

Für die Adressierung der Einträge in einem Active Directory werden Verzeichnispfade der Form *LDAP://server:port/DN* verwendet. Dabei sind alle Bestandteile optional: **Active Directory**

- Ohne Servername wird der sogenannte *Locator Service* verwendet. Beim serverlosen Binden sucht der Active Directory Locator Service mit Hilfe des Domain Name Service (DNS) den besten Domänencontroller für den angegebenen Verzeichniseintrag. Dabei erhalten Domain Controller, zu denen eine schnelle Verbindung besteht, den Vorzug.
- Ohne Portangabe wird der Standard-LDAP-Port 389 verwendet.
- Ohne DN wird der *DefaultNamingContext* in der aktuellen Domäne angesprochen.

Beim Active Directory sollten Sie immer den Namen des „nächstgelegenen" Domänencontrollers als Servernamen verwenden. Den Servernamen des Domänencontrollers ermitteln Sie über das Commandlet `Get-DomainController` (enthalten in den PSCX). Das Binden ohne Angabe eines Servers (serverloses Binden) ist möglich, aber aus Leistungsgesichtspunkten nicht empfehlenswert.

Bei der Adressierung über einen Textpfad besteht die Gefahr, dass Verzeichnisobjekte zwischenzeitlich umbenannt wurden. Active Directory ermöglicht daher die Bindung über einen GUID, der für ein Verzeichnisobjekt unveränderlich ist. Der GUID muss natürlich für ein Objekt bekannt sein. **Bindung über GUIDs**

`LDAP://XFilesServer1/<GUID=228D9A87C30211CF9AA400AA004A5691>`

Kapitel 45 Active Directory

Well-Known Objects
Für die Standardcontainer in einem Active Directory gibt es eine besondere Unterstützung. Für diese sogenannten *Well-Known Objects* besteht ein vordefinierter GUID (Well-Known GUID), der in jedem Active Directory gleich ist.

```
LDAP://<WKGUID=a9d1ca15768811d1aded00c04fd8d5cd,dc=fbi,dc=net>
```

Bitte beachten Sie, dass hierbei die Ansprache über `WKGUID=` erfolgt und der dahinter angegebene GUID nicht der wirkliche GUID des Objekts ist. Auch die Standardcontainer erhalten bei der Installation eines Active Directory einen individuellen GUID; der WKGUID ist ein allgemeingültiger Alias.

Tabelle 45.3 Liste der Well-Known Objects

Well-Known Object	GUID
cn=Deleted Objects	18E2EA80684F11D2B9AA00C04F79F805
cn=Infrastructure	2FBAC1870ADE11D297C400C04FD8D5CD
cn=LostAndFound	AB8153B7768811D1ADED00C04FD8D5CD
cn=System	AB1D30F3768811D1ADED00C04FD8D5CD
ou=Domain Controllers	A361B2FFFFD211D1AA4B00C04FD7D83A
cn=Computers	AA312825768811D1ADED00C04FD8D5CD
cn=Users	A9D1CA15768811D1ADED00C04FD8D5CD

Überblick über die Programmiermechanismen

Dieses Kapitel dokumentiert die wichtigsten Mechanismen der Verzeichnisdienstprogrammierung mit `System.DirectoryServices`.

Bindung an einen Verzeichniseintrag

Instanziierung von Directory-Entry
Voraussetzung für den Zugriff auf Objekte des Verzeichnisdienstes ist die Bindung eines ADSI-Objekts an einen Verzeichniseintrag. Während unter dem klassischen ADSI der Bindungsvorgang über die Methode `GetObject()` stattfand, wird dies in `System.DirectoryServices` über einen Parameter bei der Instanziierung der Klasse `DirectoryEntry` erledigt.

```
$o = New-Object system.directoryservices.directoryEntry("LDAP://XFilesServer1")
```

[ADSI]
Hierfür gibt es auch eine Kurzform über den integrierten PowerShell-Datentyp [ADSI]:

```
$o = [ADSI] "LDAP://XFilesServer1"
```

Nach dieser Operation enthält die Variable `$o` die Instanz der Klasse `DirectoryEntry`. Beim Zugriff auf `$o` erscheint an der Konsole der relative Pfad.

Einführung in System.DirectoryServices

*Abbildung 45.6
Zugriff auf einen
Active-Directory-
Eintrag*

Ohne Angabe eines LDAP-Pfads wird bei der Instanziierung von DirectoryEntry eine Verbindung zum Standardnamenskontext (Default Naming Context) des Active Directory aufgebaut, zu dem der Computer gehört.

New-Object System.DirectoryServices.DirectoryEntry

Impersonifizierung

Im Standard meldet sich die Klasse DirectoryEntry unter dem Benutzerkonto beim Active Directory an, das den Befehl bzw. das Skript gestartet hat. Es ist aber möglich, durch Impersonifizierung einen anderen Benutzer für die Kommunikation mit dem Active Directory zu verwenden, wenn der startende Benutzer nicht genug Rechte besitzt.

Wechsel des Benutzerkontextes

Die Klasse DirectoryEntry verwendet den ADSI-Impersonifizierungsmodus durch Angabe eines Benutzernamens und eines Kennworts bei der Instanziierung der Klasse DirectoryEntry als zweiten und dritten Parameter. Bitte bedenken Sie, dass bei diesem Befehl das Kennwort im Klartext verwendet wird.

$o = New-Object system.directoryservices.directoryEntry("LDAP://XFilesServer1/CN=Fox Mulder,OU=Agents,DC=FBI,DC=net", "FoxMulder", "I+love+Scully")

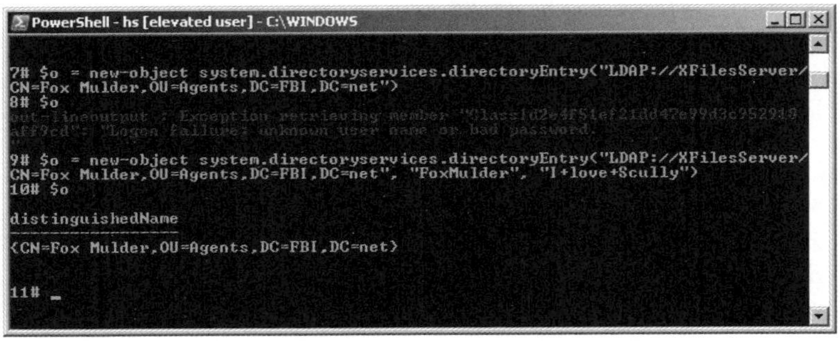

*Abbildung 45.7
Zugriff ohne und
mit Impersonifizierung*

Prüfung auf Existenz eines Verzeichniseintrags

Exists() Das klassische ADSI hatte keine eingebaute Methode, um die Existenz eines Verzeichnisobjekts zu überprüfen. Man war dort auf die (zeitaufwendige) Methode „Versuch und Irrtum" [WPE01] angewiesen. Unter .NET bietet die Klasse DirectoryEntry die statische Methode Exists() an, mit der sich prüfen lässt, ob ein anhand seines ADSI-Pfads spezifiziertes Verzeichnisobjekt existiert.

```
$janein = [system.directoryservices.directoryEntry]::Exists("LDAP:/
/XFilesServer1/CN=Fox Mulder,OU=Agents,DC=FBI,DC=net")
```

Dies kann man abkürzen mit:

```
$janein = [ADSI]::Exists("LDAP://XFilesServer1/CN=Fox
Mulder,OU=Agents,DC=FBI,DC=net")
```

Verzeichnisattribute lesen

Attribute lesen über die Properties-Objektmenge Eigentlich ist das Objektmodell von System.DirectoryServices sehr kompliziert: In einem DirectoryEntry-Objekt sind die einzelnen Werte nur verschachtelt über die Mengen Properties und PropertyValue-Objektmenge erreichbar. Die PowerShell kennt aber diesen Mechanismus und macht es dem Benutzer daher einfacher, er kann schreiben:

```
$xy = $obj.Attributname
```

Auch mehrwertige Attribute können so ausgelesen werden.

Im folgenden Beispiel werden Daten über einen Benutzer ausgelesen:

Listing 45.1 Auslesen eines Verzeichnisobjekts [ADS_Einzelobjekte.ps1]
```
New-Object system.directoryservices.directoryEntry("LDAP://
XFilesServer1/CN=Fox Mulder,OU=Agents,DC=FBI,DC=net")
"Name: "+ $o.sn
"Ort: " + $o.l
"Telefon: " +$o.Telephonenumber
"Weitere Rufnummern: " +$o.OtherTelephone
```

Der Zugriff auf ein Verzeichnisattribut, das es nicht gibt, führt nicht zum Fehler. Achten Sie also auf die genaue Schreibweise!

Zum Auslesen des Verzeichnispfads eines Verzeichniseintrags, auf den Sie bereits einen Verweis in der Form einer Variable besitzen, müssen Sie auf .psbase.path zugreifen, z.B. $o.psbase.path.

ADSI Property Cache

Da ADSI-Objekte nur Stellvertreter für Verzeichniseinträge sind, werden die Attributwerte in einem Eigenschaftenzwischenspeicher verwaltet. Beim ersten Zugriff auf ein Attribut lädt ADSI alle Attributwerte in den Eigenschaftenzwischenspeicher. Schreibzugriffe sind durch Zuweisungen an die Attribute möglich.

Zwischenspeicherung

Alle Schreibzugriffe müssen mit einem Aufruf der Methode CommitChanges() (SetInfo() unter klassischem ADSI) abgeschlossen werden. Erst dann wird der Eigenschaftenzwischenspeicher an den zu Grunde liegenden Verzeichnisdienst übergeben. Damit wird auch die Transaktionssicherheit gewährleistet: Entweder werden alle Änderungen ausgeführt oder keine. Auch für das Einlesen der Attribute in den Eigenschaftenzwischenspeicher gibt es eine Methode: RefreshCache() (entspricht GetInfo() unter klassischem ADSI). Das Programm sollte sie explizit aufrufen, wenn nicht sicher ist, ob die Werte im Eigenschaftenzwischenspeicher noch aktuell sind. Mit RefreshCache() können auch Änderungen verworfen werden, wenn zwischen den Änderungen und dem RefreshCache() kein CommitChanges() steht. Durch Angabe eines Arrays mit Attributnamen bei RefreshCache(ARRAY_OF_STRING) können vor einem ersten Attributzugriff gezielt einzelne Werte in den Eigenschaftenzwischenspeicher gelesen werden, um zur Verringerung der Netzwerklast die Übertragung aller Attribute zu vermeiden.

GetInfo(), SetInfo()

Im Gegensatz zu ADSI bietet System.DirectoryServices die Möglichkeit, den Eigenschaftenzwischenspeicher auszuschalten. Dazu ist nach der Instanziierung des DirectoryEntry-Objekts folgender Befehl notwendig:

Abschalten des Property Cache

```
$o.PSBase.UsePropertyCache = 0
```

> Die Abschaltung des Eigenschaftenzwischenspeichers funktioniert nicht beim Anlegen von Verzeichnisobjekten von Verzeichnisklassen, die Pflichtattribute haben, da der Verzeichnisdienst den Eintrag erst erzeugt, wenn alle Pflichtattribute übergeben wurden.

Verzeichnisattribute schreiben

Das Beschreiben eines Verzeichnisattributs ist ebenso einfach. Man weist dem betreffenden Verzeichnisattribut entweder einen einfachen Wert oder ein Array von Werten (bei einem mehrwertigen Attribut) zu.

Attribute schreiben über die Properties-Objektmenge

Wichtig ist nur, dass am Ende der Eigenschaftenzwischenspeicher (Property Cache) auch geschrieben wird. Hier gibt es aufgrund des Methodenchaos nun zwei Alternativen:

1. Aufruf der COM-Methode SetInfo()
2. Aufruf der .NET-Methode CommitChanges() über das Unterobjekt PSBase

Die Methode heißt in der .NET-Welt nicht SetInfo(), sondern Commit-Changes().

Listing 45.2 Ändern eines Verzeichnisobjekts [ADS_Einzelobjekte.ps1]

```
$o.Telephonenumber = "+49 201 7490700"
$o.OtherTelephone = "+01 111 222222","+01 111 333333","+49 111 44444"
$o.SetInfo()
# oder:
$o.PSBase.CommitChanges()
```

45.3 Basiseigenschaften

Mitglieder der DirectoryEntry-Klasse

Die Metaklasse DirectoryEntry besitzt einige wenige Attribute, die Basiseigenschaften eines Verzeichnisdienstobjekts enthalten. Dies sind:

- Name: Relative Distinguished Name des Objekts
- Path: Distinguished Name des Objekts
- SchemaClassName: Name der Verzeichnisdienstklasse im Schema des Verzeichnisdienstes
- Guid: Global Unique Identifier (GUID) des Metaobjekts
- NativeGuid: der Global Unique Identifier (GUID) für das Verzeichnisdienstobjekt
- Children: Liste der untergeordneten Objekte
- UsePropertyCache: Flag, das anzeigt, ob der Eigenschaftenzwischenspeicher verwendet werden soll

> In der aktuellen endgültigen Version der PowerShell kann man diese allgemeinen Attribute leider nicht direkt abrufen, sondern nur über PSBase.
>
> ```
> $o = New-Object system.directoryservices.directoryEntry("LDAP://XFilesServer1/CN=Fox Mulder,OU=Agents,DC=FBI,DC=net",
> "FoxMulder", "I+love+Scully")
> "Klasse: " + $o.PSBase.SchemaClassName
> "GUID: " + $o.PSBase.Guid
> ```
>
> *Listing 45.3: Zugriff auf Basiseigenschaften eines Verzeichnisobjekts [Einsatzgebiete\VerzeichnisdiensteADS_User_Misc.ps1]*

Zugriff auf Containerobjekte

Containerobjekte

Die Bindung an Containerobjekte und der Zugriff auf deren Verzeichnisattribute erfolgen vollkommen identisch zum Zugriff auf Blattobjekte, also über die Klasse DirectoryEntry. Sollen die Unterobjekte des Containers aufgelistet werden, muss jedoch das Unterobjekt Children angesprochen werden, das ein DirectoryEntries-Objekt lie-

Basiseigenschaften

fert. Das `DirectoryEntries`-Objekt enthält eine Instanz der Klasse `DirectoryEntry` für jeden untergeordneten Verzeichniseintrag.

Wieder ist zu beachten, dass das Unterobjekt `Children` nicht direkt, sondern nur über die `PSBase` zur Verfügung steht.

```
$pfad= "LDAP://XFilesServer1/OU=Agents,DC=FBI,DC=net"
$con = New-Object system.directoryservices.directoryEntry($pfad)
$con.PSBase.Children
```

Listing 45.4
Liste der Unterobjekte eines Containers [ADS_Container_List.ps1]

Eigentlich besitzt die DirectoryEntries-Menge keinen numerischen Index. Die PowerShell macht jedoch mit einem Trick den Zugriff auf die Elemente der Liste möglich.

```
"Das zweite Element ist " +
@($con.PSBase.Children)[1].distinguishedName
```

Alternativ kann man mit `Find()` auch ein Element in dem Container anhand seines CN suchen:

```
"Suche nach einem Element " + $con.PSBase.Children.find("cn=Dr. Holger Schwichtenberg").distinguishedName
```

Verzeichnisobjekt anlegen

Ein Verzeichnisobjekt wird über den übergeordneten Container angelegt, weil nur dieser weiß, ob er eine bestimmte Verzeichnisklasse als Unterobjekt überhaupt zu akzeptieren bereit ist. Die Methode `Add()` der .NET-Klasse `DirectoryEntries` erwartet im ersten Parameter den Relative Distinguished Name (RDN) des neuen Objekts und im zweiten Parameter den Namen der Verzeichnisdienstklasse, die als Schablone für das Objekt verwendet werden soll. Nach dem Setzen eventuell vorhandener Pflichtattribute muss noch `CommitChanges()` aufgerufen werden.

Add()

```
"Anlegen einer OU..."
$pfad= "LDAP://XFilesServer1/DC=FBI,DC=net"
$con = New-Object system.directoryservices.directoryEntry($pfad)
$ou = $con.PSBase.Children.Add("ou=Directors","organizationalUnit")
$ou.PSBase.CommitChanges()
$ou.Description = "FBI Directors"
$ou.PSBase.CommitChanges()
"OU wurde angelegt!"
```

Listing 45.5
Anlegen einer Organisationseinheit [ADS_OU_DeleteAndCreate.ps1]

Verzeichnisobjekt löschen

Ein Objekt wird entweder durch einen Methodenaufruf auf sich selbst (`DeleteTree()`) oder über die Ausführung von `Remove()` auf einem übergeordneten Containerobjekt gelöscht. Dabei ist als Parameter das `DirectoryEntry`-Objekt, welches das zu löschende Verzeichnisobjekt repräsentiert, anzugeben. Der Aufruf von `CommitChanges()`

Remove()

673

ist nicht nötig. DeleteTree() hat den Vorteil, dass es rekursiv auch alle Unterobjekte löscht.

Listing 45.6
Löschen einer Organisationseinheit [ADS_OU_DeleteAndCreate.ps1]

```
$oupfad= "LDAP://XFilesServer1/ou=Directors,DC=FBI,DC=net"
$ou = New-Object system.directoryservices.directoryEntry($oupfad)
if ([system.directoryservices.directoryEntry]::Exists($oupfad))
{
"OU existiert schon und wird jetzt erst gelöscht!"
$ou.PSBase.DeleteTree()
}
```

45.4 Benutzer- und Gruppenverwaltung im Active Directory

Dieses Kapitel liefert Ihnen einige Beispiele zur Verwendung der Klassen des Namensraums System.DirectoryServices zum Zugriff auf das Microsoft Active Directory.

Die Active-Directory-Verzeichnisklasse „user"

Ein Benutzerobjekt im Active Directory (AD-Klasse "user") besitzt zahlreiche Verzeichnisattribute. Ein Pflichtattribut, das alle Benutzerobjekte besitzen, ist SAMAccountName, das den NT3.51/NT 4.0-kompatiblen Anmeldenamen enthält.

LDAP-Namen Die folgende Tabelle zeigt weitere Verzeichnisattribute eines Benutzerobjekts im Active Directory. Es gibt sowohl unglaublich kurze Namen, wie z.B. „l" für Stadt, als auch unglaublich lange Namen wie „physicalDeliveryOfficeName" für das Büro.

Name	Pflicht	Mehrwertig	Datentyp (Länge)
cn	Ja	Nein	DirectoryString (1–64)
nTSecurityDescriptor	Ja	Nein	ObjectSecurityDescriptor (0–132096)
objectCategory	Ja	Nein	DN
objectClass	Ja	Ja	OID
objectSid	Ja	Nein	OctetString (0–28)
sAMAccountName	Ja	Nein	DirectoryString (0–256)
accountExpires	Nein	Nein	INTEGER8
accountNameHistory	Nein	Ja	DirectoryString
badPwdCount	Nein	Nein	INTEGER

Tabelle 45.4: Ausgewählte Attribute der Active-Directory-Klasse „user"

Name	Pflicht	Mehrwertig	Datentyp (Länge)
comment	Nein	Nein	DirectoryString
company	Nein	Nein	DirectoryString (1–64)
createTimeStamp	Nein	Nein	GeneralizedTime
department	Nein	Nein	DirectoryString (1–64)
description	Nein	Ja	DirectoryString (0–1024)
desktopProfile	Nein	Nein	DirectoryString
displayName	Nein	Nein	DirectoryString (0–256)
displayNamePrintable	Nein	Nein	PrintableString (1–256)
distinguishedName	Nein	Nein	DN
division	Nein	Nein	DirectoryString (0–256)
employeeID	Nein	Nein	DirectoryString (0–16)
employeeType	Nein	Nein	DirectoryString (1–256)
expirationTime	Nein	Nein	UTCTime
dacsimileTelephoneNumber	Nein	Nein	DirectoryString (1–64)
givenName	Nein	Nein	DirectoryString (1–64)
homeDirectory	Nein	Nein	DirectoryString
HomeDrive	Nein	Nein	DirectoryString
homeMDB	Nein	Nein	DN
initials	Nein	Nein	DirectoryString (1–6)
internationalISDNNumber	Nein	Ja	NumericString (1–16)
l	Nein	Nein	DirectoryString (1–128)
lastLogoff	Nein	Nein	INTEGER8
LastLogon	Nein	Nein	INTEGER8
logonCount	Nein	Nein	INTEGER
LogonHours	Nein	Nein	OctetString
logonWorkstation	Nein	Nein	OctetString
manager	Nein	Nein	DN
middleName	Nein	Nein	DirectoryString (0–64)
Mobile	Nein	Nein	DirectoryString (1–64)
name	Nein	Nein	DirectoryString (1–255)
objectGUID	Nein	Nein	OctetString (16–16)
objectVersion	Nein	Nein	INTEGER
otherFacsimileTelephoneNumber	Nein	Ja	DirectoryString (1–64)
OtherHomePhone	Nein	Ja	DirectoryString (1–64)
physicalDeliveryOfficeName	Nein	Nein	DirectoryString (1–128)

Tabelle 45.4: Ausgewählte Attribute der Active-Directory-Klasse „user" (Forts.)

Kapitel 45 Active Directory

Name	Pflicht	Mehrwertig	Datentyp (Länge)
PostalAddress	Nein	Ja	DirectoryString (1–4096)
postalCode	Nein	Nein	DirectoryString (1–40)
postOfficeBox	Nein	Ja	DirectoryString (1–40)
profilePath	Nein	Nein	DirectoryString
sAMAccountType	Nein	Nein	INTEGER
scriptPath	Nein	Nein	DirectoryString
street	Nein	Nein	DirectoryString (1–1024)
streetAddress	Nein	Nein	DirectoryString (1–1024)
TelephoneNumber	Nein	Nein	DirectoryString (1–64)
title	Nein	Nein	DirectoryString (1–64)
userWorkstations	Nein	Nein	DirectoryString (0–1024)
whenChanged	Nein	Nein	GeneralizedTime
whenCreated	Nein	Nein	GeneralizedTime
wWWHomePage	Nein	Nein	DirectoryString (1–2048)

Tabelle 45.4: Ausgewählte Attribute der Active-Directory-Klasse „user" (Forts.)

Einige mehrwertige Eingabefelder aus den Dialogen des MMC-Snap-In „Active Directory-Benutzer und -Computer" werden im Active Directory in mehr als einem Attribut gespeichert. Ein gutes Beispiel dafür ist die Liste der Telefonnummern. Die Haupttelefonnummer ist in dem einwertigen Attribut telephoneNumber gespeichert, während die weiteren Telefonnummern in dem mehrwertigen Attribut otherTelephone stehen. Andere Fälle dieser Art sind:

- mobile/otherMobile,
- mail/otherMailbox und
- logonWorkstation/otherLoginWorkstations.

Übrigens handelt es sich bei den beiden letztgenannten Attributen nicht um Tippfehler des Buchautors (Login – Logon), sondern um Inkonsistenzen im Active Directory, für die man die Verantwortlichen in Redmond suchen muss.

Benutzer- und Gruppenverwaltung im Active Directory

Eine komplette Liste aller Verzeichnisattribute findet man in der Dokumentation des Active-Directory-Schemas [MSDN59]. Dabei sind im Skript die LDAP-Namen der Eigenschaften zu verwenden, die in der Dokumentation als „LDAP-Display-Name" eingetragen sind (*Abbildung 45.8*).

Abbildung 45.8: Dokumentation des Active-Directory-Schemas

Der LDAP-Eigenschaftsname ist leider zum Teil sehr weit entfernt von den Namen in der MMC-Konsole. Das Dokument „User Object User Interface Mapping" [MSDN60] hilft beim Auffinden der richtigen LDAP-Namen. Eine andere Möglichkeit ist, mit dem Werkzeug „ADSI Edit" aus den „Support Tools" für Windows Server direkt auf das „rohe" Verzeichnis zu blicken und dort die LDAP-Namen herauszusuchen.

Benutzerkonto anlegen

Da das Anlegen eines Objekts vom übergeordneten Container ausgeht, muss im ersten Schritt der Container an `DirectoryEntry` gebunden werden. Die Erzeugung eines neuen Objekts erfolgt mit `Add()`, wobei im ersten Parameter der RDN des neuen Objekts und im zweiten Parameter der AD-Klassenname `user` anzugeben sind.

„user"-Verzeichnisobjekt anlegen

Commit- Das Setzen der Eigenschaft SAMAccountName ist Pflicht. Sofern der Eigen-
Changes() schaftenzwischenspeicher nicht ausgeschaltet wurde, muss nach dem
Setzen aller Eigenschaften CommitChanges() ausgeführt werden, da
sonst das Benutzerobjekt nicht angelegt wird.

Im Standard ist ein neues Benutzerkonto im Active Directory deaktiviert. Die einfachste Möglichkeit zur Aktivierung ist der Zugriff auf das Attribut AccountDisabled in der COM-Schnittstelle IADsUSer.

Beispiel In der folgenden Routine wird ein Benutzerkonto „Walter Skinner" mit dem Anmeldenamen „WalterSkinner" angelegt. Als optionales Attribut werden nur die Stadt (l) und die Beschreibung (Description) gesetzt.

Listing 45.7
Anlegen eines User-
Objekts im Active
*Directory [ADS_*
User_Create.ps1]

```
# ADS-Benutzer anlegen
$pfad= "LDAP://XFilesServer1/OU=Directors,DC=FBI,DC=net"
$name = "Walter Skinner"
$NTname = "WalterSkinner"
$ou = New-Object DirectoryServices.DirectoryEntry($pfad)
$user = $ou.PSBase.Children.Add("CN=" + $name,'user')
$user.PSBase.CommitChanges()
$user.SAMAccountName = $NTname
$user.l = "Washington"
$user.Description = "FBI Director"
$user.PSBase.CommitChanges()
"Benutzer wurde angelegt: " + $user.PBase.Path
```

Kennwort des Benutzers setzen

Kennwort Das Kennwort eines Benutzerkontos kann erst gesetzt werden, nach-
festlegen dem das Benutzerkonto im Verzeichnisdienst angelegt wurde. Auch
mit Set- bei dieser Operation ist unter .NET die Impersonifizierung notwen-
Kennwort() dig. Hier kommt dem Nutzer nun einmal zugute, dass die PowerShell die ADSI-Methoden und nicht die COM-Methoden veröffentlicht, denn die Methode zum Setzen des Kennworts (SetPassword()) gibt es nicht in der .NET-Ebene. Als Parameter ist das neue Kennwort in Form einer Zeichenkette zu übergeben. Erst nach der Vergabe eines Kennworts sollte man den Benutzer aktivieren.

Listing 45.8
Kennwort für ein
AD-Benutzerkonto
*setzen [ADS_User_*
Create.ps1]

```
$user.SetKennwort("secret-123")
"Kennwort wurde gesetzt"
$user.Accountdisabled = $false
$user.PSBase.CommitChanges()
```

Benutzerauthentifizierung

Benutzername Leider gibt es keine eingebaute Methode, die eine Authentifizierung
und Kennwort mit Benutzername und Kennwort gegen das Active Directory ermög-
überprüfen licht. Um dies zu realisieren, bleibt nur die Versuch-und-Irrtum-Methode [WPE01]: Man versucht einen Zugriff auf das Active Direc-

tory unter Anwendung der Impersonifizierung mit den zu prüfenden Anmeldedaten. Ist ein Zugriff auf das Attribut NativeGuid möglich, dann stimmen die Daten. Wenn die Daten nicht stimmen, erhält man eine Fehlermeldung. Dies ist in der nachfolgenden Hilfsroutine Authenticate-User() realisiert.

Listing 45.9
Authentifizierung beim ADS [ADS_Authentication.ps1]

```
Function Authenticate-User {

trap [System.Exception] { "Fehler!"; return $false; }
"Versuche, Benutzer " + $args[1] + " mit dem Kennwort " + $args[2]
+ " zu authentifizieren bei " + $args[0] + "..."
$o = New-Object
system.directoryservices.directoryEntry([string]$args[0],
[String]$args[1], [String]$args[2])

$o.PSBase.NativeGUID
return $true
}

$o = New-Object system.directoryservices.directoryEntry("LDAP://
E02")
$o.get_NativeGUID()
$e = Authenticate-User "LDAP://XFilesServer1" "fbi\foxmulder"
"I+love+Scully"
$e
if ($e) { "Benutzer konnte authentifiziert werden!" }
else { "Benutzer konnte NICHT authentifiziert werden!" }
```

Benutzerkonto löschen

Um einen Benutzer zu löschen, kann man wieder DeleteTree() einsetzen, auch wenn ein Benutzer ein Blattobjekt ist, d.h. keine Unterobjekte besitzt.

Listing 45.10
Löschen eines Benutzers [ADS_User_Create.ps1]

```
$pfad= "LDAP://XFilesServer1/CN=Fox Mulder,OU=Agents,DC=FBI,DC=net"
$benutzer = New-Object
system.directoryservices.directoryEntry($pfad)
if ([system.directoryservices.directoryEntry]::Exists($pfad))
{
"Benutzer existiert schon und wird jetzt erst gelöscht!"
$benutzer.PSBase.DeleteTree()
}
```

Benutzerkonto umbenennen

Für das Umbenennen eines Verzeichnisdienstobjekts bietet die Klasse DirectoryEntry mit der Methode Rename() ein sehr einfaches Verfahren. Unter klassischem ADSI musste dazu die IADsContainer-Methode MoveHere() verwendet werden.

Rename()

Beispiel Im folgenden Beispiel wird das Benutzerkonto „Dana Scully" in „Dana Mulder" umbenannt (auch wenn es bisher weder in der Serie noch in den Filmen zu dieser Hochzeit kam).

Listing 45.11
Umbenennen eines
AD-Benutzerkontos
*[ADS_User_*
Misc.ps1]

```
# Benutzer umbenennen
$pfad= "LDAP://XFilesServer1/CN=Dana Scully,OU=Directors,DC=FBI,DC=net"
$user = New-Object system.directoryservices.directoryEntry($pfad)
$user.PSBase.Rename("cn=Dana Mulder")
"Benutzer wurde umbenannt!"
```

Benutzerkonto verschieben

MoveTo() Als Äquivalent zur COM-Methode `IADSContainer.MoveHere()` gibt es in der FCL-Klasse `DirectoryEntry` die Methode `MoveTo()`. Sie verschiebt ein Verzeichnisobjekt in einen anderen Container. Der Zielcontainer ist in Form eines zweiten `DirectoryEntry`-Objekts als Parameter zu übergeben.

Beispiel In der folgenden Routine wird der Benutzer „Fox Mulder" aus der Organisationseinheit „Agents" in den Standardbenutzercontainer „Users" verschoben (diese Degradierung kam in der Serie tatsächlich vor).

Listing 45.12
Verschieben eines
AD-Benutzerkontos
*[ADS_User_*
Misc.ps1]

```
# Benutzer verschieben
$pfad= "LDAP://XFilesServer1/CN=Walter Fox Mulder,OU=Agents,DC=FBI,DC=net"
$ziel = "LDAP://XFilesServer1/CN=Users,DC=FBI,DC=net "
$user = New-Object system.directoryservices.directoryEntry($pfad)
$user.PSBase.MoveTo($ziel)
"Objekt verschoben!"
```

Gruppenverwaltung

Member In einem Verzeichnisobjekt des Typs `group` existiert ein Attribut `Member` mit den LDAP-Pfaden zu den Gruppenmitgliedern. Zum Anzeigen der Mitglieder einer Gruppe braucht man daher nur einen Einzeiler. Der folgende Befehl zeigt die Mitglieder der Gruppe aller FBI-Agenten:

```
(New-Object directoryservices.directoryentry
("LDAP://XFilesServer1/CN=All Agents,DC=FBI,DC=net")).member
```

Dieser Befehl liefert aber nur die direkten Mitglieder. Wenn eine Gruppe aber eine andere Gruppe enthält, dann gibt es auch indirekte Mitglieder. Die im folgenden Listing implementierte Funktion `Get-Members` liefert rekursiv alle direkten und indirekten Mitglieder einer Gruppe im Active Directory.

```
"Direct Group Members:"
$gruppe = New-Object directoryservices.directoryentry("LDAP://
xfilesserver/CN=All FBI Employees,DC=FBI,DC=net")
$gruppe.member

function Get-Members ($group){
  if ($group.objectclass[1] -eq 'group') {
    "-- Gruppe $($group.cn)"
    $Group.member | foreach-Object {
      $de = New-Object directoryservices.directoryentry("LDAP://
xfilesserver/" + $_)

      if ($de.objectclass[1] -eq 'group') {
        Get-Members $de
      }
      Else {
        $de.distinguishedName
      }
    }
  }
  Else {
    Throw "$group is not a group."
  }
}
""
"All Members (including non-direct):"
Get-Members(New-Object directoryservices.directoryentry("LDAP://
xfilesserver/CN=All FBI Employees,DC=FBI,DC=net"))
```

Listing 45.13
Auflisten indirekter Gruppenmitglieder [ADS_Group_Create.ps1]

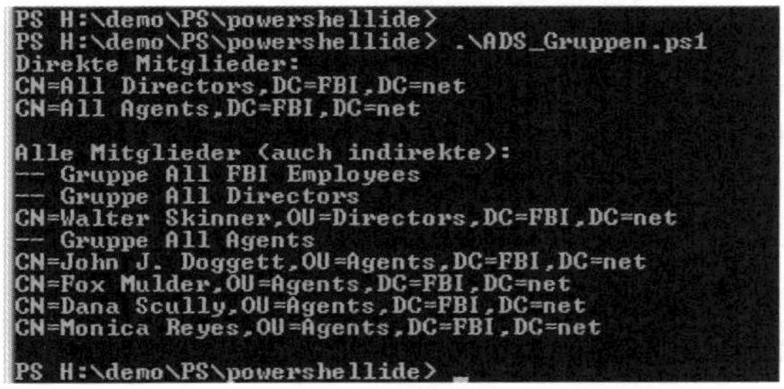

Abbildung 45.9
Auflisten direkter und indirekter Gruppenmitglieder

Anlegen und Befüllen einer Gruppe

Das Anlegen einer Gruppe erfolgt analog zum Anlegen eines Benutzers. Add()

Beachten Sie beim Anlegen von Gruppen im Vergleich zum Anlegen von Benutzern den anderen Klassennamen (group).

```
"Anlegen einer Gruppe..."
$pfad= "LDAP://XFilesServer1/DC=FBI,DC=net"
$con = New-Object system.directoryservices.directoryEntry($pfad)
$ou = $con.PSBase.Children.Add("cn=All Directors","group")
$ou.PSBase.CommitChanges()
```

Listing 45.14
Gruppe anlegen [ADS_Gruppe-Anlegen.ps1]

```
$ou.samaccountname = "AllDirectors"
$ou.Description = "Group for FBI Directors"
$ou.PSBase.CommitChanges()
"Gruppe wurde angelegt!"
```

Für die Zuordnung von Benutzern zu Gruppen gibt es in der Klasse `DirectoryEntry` keine spezifischen Methoden. Hier ermöglicht das PowerShell-Objekt wieder den Zugang zu den in der COM-Schnittstelle `IADsGroup` definierten Methoden `Add()` und `Remove()`.

Listing 45.15 Hinzufügen von Benutzern in Gruppen [ADS_Group_Members.ps1]

```
# Hinzufuegen eines Gruppenmitglieds
$pfad= "LDAP://XFilesServer1/cn=All Directors,DC=FBI,DC=net"
$gr = New-Object system.directoryservices.directoryEntry($pfad)
$Benutzer = "LDAP://XFilesServer1/CN=Walter Skinner,OU=Directors,DC=FBI,DC=net"
$gr.Add($Benutzer)
"Benutzer " + $Benutzer + " wurde der Gruppe " + $gr + " hinzugefuegt"
```

Listing 45.16 Entfernen von Benutzern aus Gruppen [ADS_Group_Members.ps1]

```
# Entfernen eines Gruppenmitglieds
$pfad= "LDAP://XFilesServer1/cn=All Directors,DC=FBI,DC=net"
$gr = New-Object system.directoryservices.directoryEntry($pfad)
$Benutzer = "LDAP://XFilesServer1/CN=Walter Skinner,OU=Directors,DC=FBI,DC=net"
$gr.Remove($Benutzer)
"Benutzer " + $Benutzer + " wurde aus der Gruppe " + $gr + " entfernt!"
```

Testen der Gruppenmitgliedschaft

Die Prüfung, ob ein Benutzer Mitglied einer Gruppe ist, erfolgt am einfachsten mit dem Commandlet `Test-UserGroupMembership` aus den PowerShell Community Extensions.

```
Test-UserGroupMembership -Identity hs -GroupName Administrators
```

45.5 Verwaltung der Organisationseinheiten

organizationalUnit
Das Erstellen und Löschen von Organisationseinheiten (Verzeichnisdienstklasse `organizationalUnit`) wurde bereits innerhalb des Überblicks über die Programmiertechniken gezeigt.

Beachten Sie beim Anlegen von Organisationseinheiten im Vergleich zum Anlegen von Benutzern den anderen Klassennamen (`organizationalUnit`) im ersten Parameter und den anderen Attributnamen (`OU`) im ersten Parameter bei `Add()`.

```
# Skript zum Neuanlegen einer OU (Die OU wird geloescht, wenn sie
schon existiert!)

$oupfad= "LDAP://XFilesServer1/ou=Directors,DC=FBI,DC=net"
$ou = New-Object system.directoryservices.directoryEntry($oupfad)
if ([system.directoryservices.directoryEntry]::Exists($oupfad))
{
"OU existiert schon und wird jetzt erst gelöscht!"
$ou.PSBase.DeleteTree()
}

"Anlegen einer OU..."
$pfad= "LDAP://XFilesServer1/DC=FBI,DC=net"
$con = New-Object system.directoryservices.directoryEntry($pfad)
$ou = $con.PSBase.Children.Add("ou=Directors","organizationalUnit")
$ou.PSBase.CommitChanges()
$ou.Description = "FBI Directors"
$ou.PSBase.CommitChanges()
"OU wurde angelegt!"
```

Listing 45.17
Skript zum Neuanlegen einer OU [ADS_OU_DeleteAndCreate.ps1]

45.6 Suche im Active Directory

Im Active Directory können – wie in anderen LDAP-basierten Verzeichnisdiensten auch – Einträge, die bestimmten Kriterien entsprechen, containerübergreifend gesucht werden.

Suche via LDAP

LDAP-Suchanfragen

Für LDAP-Suchanfragen existiert eine spezielle Syntax nach [RFC1960] und [RFC2254]. Dabei sind anzugeben:

- *Wurzel* ein LDAP-Pfad inkl. *LDAP://*. Der Pfad kann sowohl in Little-Endian- als auch in Big-Endian-Form angegeben werden.

  Beispiel: `LDAP://XFilesServer101/dc=FBI,dc=net`

- *Filter* eine Bedingung in umgekehrt polnischer Notation (UPN oder Postfix-Notation). Diese Notation zeichnet sich dadurch aus, dass die Operatoren am Anfang stehen. Erlaubte Operationen sind & (und), | (oder) und ! (nicht). Zum Vergleich stehen =, <= und >= zur Verfügung, nicht aber < und >.

  Beispiel: `(&(objectclass=user)(name=h*))`

- *Attribute* – eine Attributliste der gewünschten Verzeichnisattribute, die in die Tabelle aufgenommen werden sollen. Diese Angabe ist nicht optional, der Sternoperator („*") wie bei SQL ist nicht erlaubt.

  Beispiel: `AdsPath,Name,SamAccountname`

- *Geltungsbereich* – eine der in der folgenden Tabelle genannten Konstanten.

Tabelle 45.5
Suchtiefen bei
LDAP-Such-
abfragen

Konstante (LDAP-Syntax)	Erläuterung
BASE	Es wird nur auf der Ebene des angegebenen Eintrags gesucht. Die Ergebnismenge umfasst keinen oder einen Datensatz.
ONELEVEL	Es wird in den Einträgen gesucht, die dem angegebenen Eintrag untergeordnet sind.
SUBTREE	Es werden alle darunterliegenden Ebenen durchsucht.

EXKURS

In dem Active-Directory-MMC-Snap-In „Benutzer und Computer" gibt es ab Windows Server 2003 einen neuen Ast „Gespeicherte Abfragen", mit dem LDAP-Abfragen entworfen und ausgeführt werden können.

Programmierschnittstellen für die Suche

Im klassischen ADSI wurde die Suchfunktionalität durch einen OLEDB-Provider gekapselt. Dieser steht grundsätzlich auch in ADO.NET über den Managed Provider für OLEDB noch zur Verfügung. Allerdings bietet der Namensraum System.DirectoryServices eine elegantere Möglichkeit zur Ausführung von LDAP-Suchanfragen.

Während der OLEDB-Provider für ADSI-Anfragen sowohl LDAP-Query-Syntax als auch SQL-Befehle unterstützt, können mit den in der .NET-Klassenbibliothek eingebauten Klassen nur LDAP-Query-Syntaxanfragen gestellt werden.

Ebenso wie mit dem OLEDB-Provider lassen sich auch mit den FCL-Klassen nur LDAP-fähige Verzeichnisdienste abfragen. Die LDAP-Query-Syntax ist ein Standard ([RFC1960] und [RFC2254]) und daher nicht anders als bei der COM-Implementierung.

Ausführung einer Abfrage in der PowerShell

Suche definieren Eine LDAP-Abfrage wird mit .NET-Klassen in folgenden Schritten ausgeführt:

- ▶ Instanziierung der Klasse DirectorySearcher
- ▶ Festlegung des Ausgangspunkts der Anfrage durch Zuweisung eines Zeigers auf ein DirectoryEntry-Objekt, das an den Ausgangspunkt gebunden ist, an das Attribut SearchRoot
- ▶ Setzen des Filterteils der LDAP-Abfrage im Attribut Filter
- ▶ Festlegung der Attribute durch Füllen der Objektmenge PropertiesToLoad
- ▶ Festlegung des Geltungsbereichs in dem Attribut SearchScope

Suche im Active Directory

Suche starten
- Starten der Anfrage durch die Methode FindAll()
- FindAll() liefert eine Objektmenge vom Typ SearchResultCollection zurück.

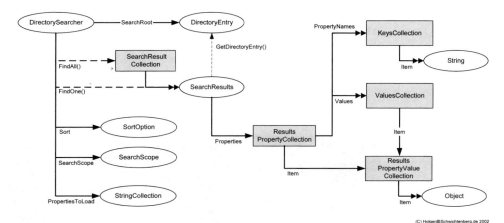

Abbildung 45.10: Objektmodell für LDAP-Suche

Ergebnis auswerten
- Die SearchResultCollection enthält einzelne SearchResult-Objekte.
- Von einem SearchResult-Objekt kann man entweder lesend auf die abgefragten Attribute zugreifen oder aber man lässt sich von der Methode GetDirectoryEntry() ein DirectoryEntry-Objekt für den gefundenen Verzeichniseintrag liefern. Das so ermittelte DirectoryEntry-Objekt ermöglicht auch den Schreibzugriff.

Beispiel

Suchbeispiel
- Die SearchResultCollection enthält einzelne SearchResult-Objekte.
- Von einem SearchResult-Objekt kann man entweder lesend auf die abgefragten Attribute zugreifen oder aber man lässt sich von der Methode GetDirectoryEntry() ein DirectoryEntry-Objekt für den gefundenen Verzeichniseintrag liefern. Das so ermittelte DirectoryEntry-Objekt ermöglicht auch den Schreibzugriff.

In dem folgenden Beispiel werden im ganzen Active Directory alle Benutzerkonten gesucht, deren Verzeichnisnamen mit dem Buchstaben „Alien" beginnen.

```
$Wurzel = New-Object
system.directoryservices.directoryEntry("LDAP://XFilesServer1/
DC=FBI,DC=net", "FoxMulder", "I+love+Scully")
$Filter = "(&(objectclass=user)(name=alien*))"
$Attribute =
"CN","ObjectClass","ObjectCategory","distinguishedName","lastLogon
Timestamp",
```

Listing 45.18
Ausführen einer
LDAP-Suche im
*AD [ADS_Search_*
NamePattern.ps1]

Kapitel 45 Active Directory

```
"description","department","displayname"

# Suche zusammenstellen
$Searcher = New-Object DirectoryServices.DirectorySearcher($Wurzel)
$searcher.PageSize = 900
$searcher.Filter = $Filter
$searcher.SearchScope = "subtree"
$Attribute | foreach {[void]$searcher.PropertiesToLoad.Add($_)}
# Suche ausführen
$ergebnis = $searcher.findAll()
"Anzahl der Ergebnisse: " + $ergebnis.Count
$ergebnis
```

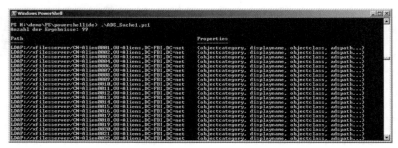

Abbildung 45.11
Suchergebnisse

Suche nach einem Benutzer mit seinem Anmeldenamen

LDAP-Pfad aus SAMAccount-Name ermitteln

Wenn für einen Benutzer dessen NT-4.0-kompatibler Anmeldename, aber nicht der Pfad des Verzeichnisdiensteintrags bekannt ist, dann hilft nur die Suche im Active Directory mit einer ADSI-Suchanfrage über das Attribut SAMAccountName. Wichtig ist dabei, dass hier nur der Benutzername, nicht auch der NT-4.0-kompatible Domänenname anzugeben ist.

Listing 45.19
Verzeichnisdiensteintrag zu einem Benutzer suchen, dessen SAMAccountName bekannt ist [ADS_Search_SamAccountName.ps1]

```
$Benutzername = "FoxMulder"
"Suche Benutzer " + $benutzername + "..."
$Wurzel = New-Object
system.directoryservices.directoryEntry("LDAP://XFilesServer1/
DC=FBI,DC=net", "FoxMulder", "I+love+Scully")
$Filter = "(SAMAccountName=" + $benutzername +")"
$Attribute =
"CN","ObjectClass","ObjectCategory","distinguishedName","lastLogonT
imestamp","description","department","displayname"

# Suche zusammenstellen
$Searcher = New-Object DirectoryServices.DirectorySearcher $Wurzel
$searcher.PageSize = 900
$searcher.Filter = $Filter
$searcher.SearchScope = "subtree"
$Attribute | foreach {[void]$searcher.PropertiesToLoad.Add($_)}
# Suche ausführen
$searcher.findAll()
```

Tipps und Tricks zur Suche

Dieses Unterkapitel enthält Tipps und Tricks zur Suche im Active Directory. **Tipps**

Verwendung indizierter Attribute

Sie sollten möglichst viele indizierte Attribute in Suchanfragen verwenden. Welche Attribute indiziert sind, erfahren Sie in der Dokumentation des Active Directory. Die folgende Abbildung zeigt, wo Sie die Dokumentation der Active-Directory-Attribute im Active-Directory-Schema in der MSDN-Bibliothek finden. Der Eintrag „Is Indexed: True" zeigt indizierte Attribute an.

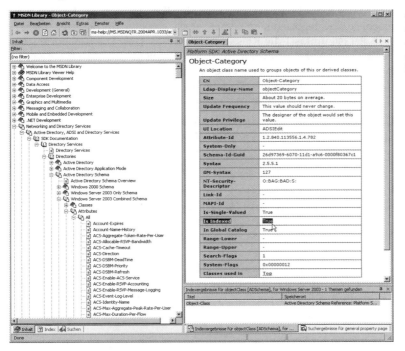

Abbildung 45.12
Dokumentation der AD-Attribute in der MSDN-Entwicklerbibliothek

Vermeidung mehrwertiger Attribute

Die Anfrage

`(&(objectClass=user)(name=f*))`

ist korrekt, aber aus Leistungsgründen nicht optimal. Schneller ist folgende Anfrage:

`(objectCategory=person)(objectClass=user)(name=f*))`

Sie werden feststellen, dass die zweite, längere Abfrage wesentlich schneller ausgeführt wird. Dabei ist die Reihenfolge der Attribute in der Bedingung beliebig; das Active Directory optimiert selbst.

Auffällig in dieser modifizierten Anfrage ist, dass neben der `objectClass` auch ein Bezug auf das Attribut `objectCategory` in der Anfrage enthalten ist. Der Grund dafür liegt darin, dass `objectClass` ein mehrwertiges Attribut ist, das die komplette Vererbungshierarchie der Verzeichnisklasse abbildet. Beispielsweise ist dort für ein `user`-Objekt „top, person, organizationalPerson, user" abgelegt. Bei einem `computer`-Objekt erkennt man interessanterweise, dass ein Computer eine Spezialisierung eines Benutzers ist, weil `objectClass` für einen Computer enthält: „top, person, organizationalPerson, user, computer". Eine Suche über ein mehrwertiges Attribut ist sehr zeitaufwendig. Leider existiert im Active Directory kein Attribut, das den Klassennamen in einem einwertigen Attribut enthält.

objectCategory Neben der Klasse existiert aber auch eine Kategorisierung der Verzeichnisobjekte. Kategorien sind `person`, `group`, `computer` und `organizationalUnit`. `Person` umfasst die Klassen `user` und `contact`. Die Kategorie eines Verzeichnisobjekts ist in `objectCategory` abgelegt und `objectCategory` ist ein indiziertes Attribut, das eine sehr schnelle Suche ermöglicht. Aus diesem Grund ist es sinnvoll, sowohl `objectClass` als auch `objectCategory` in die Bedingungen aufzunehmen.

Die wichtigsten Bedingungen Die folgende Liste zeigt die korrekten Bedingungen für eine schnelle Suche für verschiedene Verzeichnisklassen:

- Kontakte: `(&(objectclass=contact)(objectcategory=person)`
- Benutzer: `(&(objectclass=user)(objectcategory=person)`
- Gruppen: `(&(objectclass=group)(objectcategory=group)`
- Organisationseinheiten: `(&(objectclass=organizationalUnit)`
- `(objectcategory=organizationalUnit)`
- Computer: `(&(objectclass=user)(objectcategory=computer)`

Vermeidung des Sternoperators Als weiteren Tipp zur Optimierung von Active-Directory-Suchanfragen sollten Sie die Verwendung von Platzhaltern (Stern-Operator *) am Anfang einer Zeichenkette vermeiden.

Begrenzung für Suchanfragen Das Active Directory begrenzt in der Standardkonfiguration die Anzahl der Suchergebnisse auf 1000. Diese Einstellung können Sie in den Domänenrichtlinien ändern.

Listing 45.20
Änderung der Domänenrichtlinie für die Suchbegrenzung durch ntdsutil.exe

```
C:\> ntdsutil
ntdsutil: ldap policies
ldap policy: connections
server connections: connect to server SERVERNAME
Connected to SERVERNAME using credentials of locally logged on user
server connections: q
ldap policy: show values
```

Suche im Active Directory

```
Policy                          Current(New)

...MaxPageSize                  1000...
ldap policy: set maxpagesize to ##### (for example, 50000)
ldap policy: commit changes
ldap policy: q
ntdsutil: q
Disconnecting from SERVERNAME ...
```

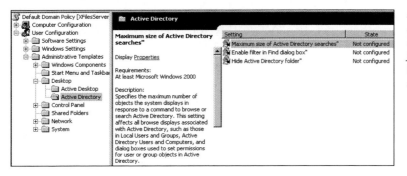

Abbildung 45.13
Änderung der Domänenrichtlinie für die Suchbegrenzung durch die MMC

Weitere Beispiele für LDAP-Suchanfragen

Die folgende Liste enthält weitere Beispiele für mögliche Filter bei der Suche nach Benutzerkonten:

- Alle Benutzer, deren Name mit s beginnt:

  `(&(objectCategory=person)(objectClass=user)(name=s*))`

- Alle Benutzer, für die es keine Beschreibung gibt:

  `(&(objectCategory=computer)(!description=*))`

- Alle Benutzer, die deaktiviert sind:

  `(&(objectCategory=person)(objectClass=user)(userAccountControl:1.2.840.113556.1.4.803:=2))`

  Die Herausforderung in diesem Fall besteht darin, dass die Deaktivierungsinformation in einem einzelnen Bit in `userAccountControl` abgelegt ist. Ein Vergleich auf einen bestimmten Wert nur mit dem Gleichheitszeichen würde nicht zum Ziel führen. Notwendig ist ein bitweises UND. Leider wird dies in LDAP kompliziert durch die Angabe „1.2.840.113556.1.4.803" ausgedrückt. Ein bitweises ODER wäre der Wert „1.2.840.113556.1.4.804".

- Alle Benutzer, bei denen „Kennwort läuft nie ab" gesetzt ist:

  `(&(objectCategory=person)(objectClass=user)`
  `(userAccountControl:1.2.840.113556.1.4.803:=65536))`

- Alle Benutzer, die nach dem 10.11.2004 angelegt wurden:

  `(&(objectCategory=person)(objectClass=user)`
  `(whenCreated>=20041110000000.0Z))`

Kapitel 45 **Active Directory**

 Eine Abfrage, die nur aus der Bedingung class=* besteht, funktioniert nicht. Um alle Verzeichnisobjekte zurückzuliefern, muss der Sternoperator auf ein anderes Attribut angewendet werden.

Verwendung von Get-ADObject

Die PowerShell Community Extensions beinhalten das Commandlet Get-ADObject, mit dem man Einträge, die bestimmten Kriterien entsprechen, aus dem Active Directory filtern kann. Ausgabeobjekte sind vom Typ System.DirectoryServices.DirectoryEntry.

Tabelle 45.6
Beispiel für den Einsatz von Get-ADObject

Get-ADObject -Class user
Liefert alle Benutzerkonten (Instanzen der Verzeichnisdienstklasse „user")
Get-ADObject -value "*domain*"
Liefert alle Verzeichnisdienstobjekte, deren Name das Wort „Domain" enthält
Get-ADObject -Filter "(&(objectCategory=person)(objectClass=user) (userAccountControl:1.2.840.113556.1.4.803:=2))"
Liefert alle deaktivierten Benutzerkonten
Get-ADObject -Server E02 -SizeLimit 10
Liefert die ersten zehn Verzeichniseinträge von Domänencontroller E02
Get-ADObject -Server E02 -Scope subtree -DistinguishedName "CN=Users,DC=IT-Visions,DC=local"
Liefert alle Einträge in dem Container „Users" und seinen Untercontainern

45.7 Navigation im Active Directory mit den PowerShell Extensions

PowerShell Provider Durch Installation der PowerShell Community Extensions (PSCX) [CODEPLEX01] steht das Active Directory als Navigationscontainer (alias PowerShell Provider) bereit. Beim Start der PowerShell erzeugen die PSCX automatisch ein neues Laufwerk für das Active Directory, zu dem der Computer gehört. Das Laufwerk wird benannt wie der NT-4.0-kompatible Domänenname (also z.B. „FBI:" für die Domäne mit dem DNS-Namen „fbi.net").

Der folgende Befehl selektiert aus dem „users"-Container des Active Directory alle Gruppen, die das Wort „Domain" im Namen tragen, und gibt diese Liste nach Namen sortiert aus.

```
dir FBI:/users | where { ($_.name -match "domain") -and ($_.Type -match "group") } | sort name
```

Um eine neue Organisationseinheit mit Namen „Directors" anzulegen, braucht man nur einen Befehl:

```
New-Item -path FBI://Directors -type organizationalunit
```

45.8 Verwendung der Active-Directory-Erweiterungen von www.IT-Visions.de

Die Commandlet-Bibliothek von *www.IT-Visions.de* stellt einige Commandlets für die Verzeichnisdienstverwaltung bereit, welche die Arbeit wesentlich vereinfachen. Dort enthalten sind folgende Commandlets:

- Get-DirectoryEntry: Zugriff auf ein einzelnes Verzeichnisobjekt
- Get-DirectoryChildren: Zugriff auf den Inhalt eines Containerobjekts (listet die Unterelemente auf)
- Add-User: Anlegen eines Benutzerkontos mit Kennwort
- Add-DirectoryObject: Anlegen eines Verzeichnisobjekts, das kein Kennwort benötigt
- Remove-DirectoryObject: Löschen eines Verzeichnisobjekts
- Get-DirectoryValue: Auslesen eines Werts für ein Verzeichnisattribut
- Set-DirectoryValue: Festlegen eines Werts für ein Verzeichnisattribut

Die Commandlets unterstützen sowohl den Commandlet-basierten Programmierstil:

```
Add-User -RDN $Name -Container ("WinNT://" + $Computer) -
Password "geheim"
Set-DirectoryValue -Path ("WinNT://" + $Computer +"/" + $Name) -
Name "Fullname" -Value "Dr. Holger Schwichtenberg"
```

als auch den objektbasierten Stil, da die Commandlets die entsprechenden Objekte in die Pipeline legen:

```
$u = Add-User -Password "geheim" -RDN $Name -Container ("WinNT:/
/" + $Computer)
$u.Fullname
$u.PSBase.CommitChanges()
```

Das folgende Beispiel zeigt die Anwendung der Commandlets – wahlweise für eine lokale Windows-Benutzerdatenbank (getestet auf einem Windows-Server-2003-Mitgliedsserver) oder ein Active Directory (getestet auf einem Windows-Server-2003-Domänencontroller).

Beispiel

Kapitel 45 Active Directory

Listing 45.21
Beispiel für verschiedene Verzeichnisdienstoperationen mit dem Win-NT-Provider unter Verwendung der www.IT-Visions.de-Commandlets [Einsatzgebiete\ Benutzer\Local-User_IT-Visions_Commandlets.PS1]

```
##############################################
## Testskript für Verzeichnisdienstzugriff mit den
## www.IT-Visions.de PowerShell Commandlets
## Dr. Holger Schwichtenberg 2007 - 2010
##############################################

# Parameter

# WinNT
$Name = "FoxMulder"
$Computer = "F171"
$Container = "WinNT://$Computer"


# LDAP (ADS)
$Name = "cn=FoxMulder"
$Container = "LDAP://XFilesServer1/OU=Agents,DC=FBI,DC=net"

Write-Host "Zugriff auf Container" -ForegroundColor yellow
Get-DirectoryEntry $Container | select name
# Alternative: Get-DirectoryEntry "WinNT://$Computer" | select name

Write-Host "Benutzer anlegen" -ForegroundColor yellow
$u = Add-User -Name $Name -Container $Container -Password "sdd%24343423" -verbose

Write-Host "Attribute setzen - Commandlet-Stil" -ForegroundColor yellow
Set-DirectoryValue -Path $u.psbase.path -Name "Description" -Value "Autor dieses Buchs"

Write-Host "Attribute setzen - Objektstil" -ForegroundColor yellow
$u.Description = "Autor dieses Buchs"
$u.PSBase.CommitChanges()
# Alternative: Set-DirectoryValue -Path ("WinNT://" + $Computer +"/" + $Name) -Name "Fullname" -Value "Agent Fox Mulder"

Write-Host "Benutzer auslesen - Objektstil" -ForegroundColor yellow
$u = Get-DirectoryEntry $u.psbase.path
"Name: " + $u.Description

Write-Host "Benutzer auslesen - Commandlet-Stil" -ForegroundColor yellow
Get-DirectoryValue -Path $u.psbase.path -Name "Description"

Write-Host "Benutzer löschen" -ForegroundColor yellow
Remove-DirectoryEntry $u.psbase.path

Write-Host "Liste aller Containerelement" -ForegroundColor yellow
Get-DirectoryChildren $Container | select name
```

PowerShell-Modul „Active Directory" (ADPowerShell)

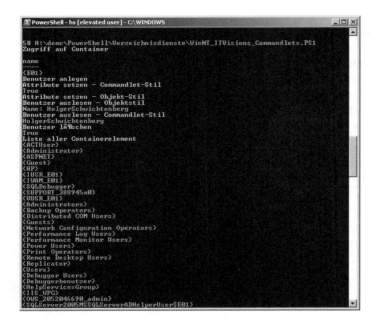

Abbildung 45.14
Ausschnitt aus der Ausgabe des obigen Skripts

45.9 PowerShell-Modul „Active Directory" (ADPowerShell)

Windows Server enthält seit Version 2008 Release 2 ein Active-Directory-PowerShell-Modul mit 76 Commandlets und einem Navigationsprovider. Das Modul wird bei Microsoft „Active Directory PowerShell" (kurz: ADPowerShell) genannt. Das Modul kann man im Rahmen von RSAT auch auf einem Windows Client (ab Version Windows 7) installieren.

ADPowerShell

> Man kann auch Instanzen von Active Directory Lightweight Directory Services (AD LDS) mit dem Modul verwalten.

> Das neue GUI-Werkzeug für das Active Directory seit Windows Server 2008 R2, das Active Directory Administrative Center (ADAC), basiert komplett auf dem ADPowerShell-Modul.

> Zu dem Active-Directory-Modul gibt es ein eigenes Weblog: *http://blogs.msdn.com/adPowerShell/*.

Architektur und Installation

Das Active-Directory-Modul nutzt für den Zugriff auf einen Domänencontroller nicht das LDAP-Protokoll, sondern Webservices. Vor-

ADWS

Kapitel 45 Active Directory

aussetzung ist daher, dass auf dem Domänencontroller die Active Directory Web Services (ADWS) installiert sind. ADWS wird automatisch auf einem Windows-Server-2008-R2-Domänencontroller installiert. ADWS basieren auf der .NET-Kommunikationsinfrastruktur „Windows Communication Foundation (WCF)" und diversen W3C-Standards wie WS-Transfer sowie Microsoft-eigenen Erweiterungen (z.B. WS-Enumeration).

ADWS verwendet TCP-Port 9389 und ist implementiert im Windows-Systemdienst „ADWS" (Microsoft.ActiveDirectory.WebServices.exe). Das Installationsverzeichnis ist C:\Windows\ADWS. Die Konfiguration ist möglich über Microsoft.ActiveDirectory.WebServices.exe.config.

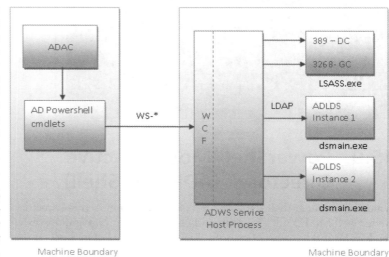

Abbildung 45.15
Das Schaubild zeigt den Weg vom Active Directory Administrative Center (ADAC) über die PowerShell und WCF bis zum Dienst lsass.exe (für Active Directory Domain Services) bzw. dsmain.exe (für Lightweight Directory Services). [Quelle: http://blogs.msdn.com/adPowerShell/archive/2009/04/06/active-directory-web-services-overview.aspx]

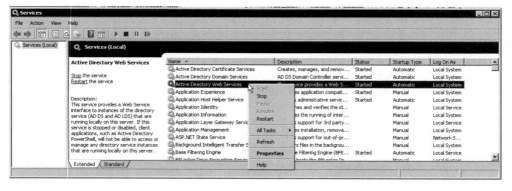

Abbildung 45.16: Der Systemdienst „Active Directory Web Services" (Microsoft.ActiveDirectory.WebServices.exe), der ADWS realisiert

PowerShell-Modul „Active Directory" (ADPowerShell)

Beim Auftreten des Fehlers „Unable to find a default server with Active Directory Web Services running". Prüfen Sie, ob der ADWS-Dienst läuft und erreichbar ist.

ADWS sind für Windows Server 2008 (mit oder ohne SP2) sowie Windows Server 2003 (auch R2, mit SP2) als Zusatzkomponenten verfügbar. Dazu muss man dort den „Active Directory Management Gateway Service" (ADMGS) installieren. ADMGS basiert auf .NET Framework 3.5 mit SP1, das vorher installiert sein muss [MS04].

ADMGS

Hinweis: ADMGS entspricht hinsichtlich der Funktionalität ADWS unter Windows Server seit Version 2008 R2. Warum hier zwei Namen notwendig waren, bleibt schleierhaft.

Auf einem Windows Server 2008 R2 oder Windows Server 2012, der nicht Domänencontroller ist, kann man das ADPowerShell-Modul einzeln (z.B. mit Hilfe des PowerShell-Moduls Servermanager) installieren (RSAT steht hier für „Remote Server Administration Tools"):

```
import-module servermanager
Add-WindowsFeature -Name "RSAT-AD-PowerShell" -IncludeAllSubFeature
```

Unter Windows Client (seit Version 7) kann man das AD-Modul ebenfalls nutzen (zum Zugriff auf entsprechend ausgestattete Domänencontroller). Hier muss man die Microsoft Remote Server Administration Tools (RSAT) für Windows Client installieren und danach unter den optionalen Features das „Active Directory Module for Windows PowerShell" aktivieren (siehe *Abbildung 45.17*).

RSAT

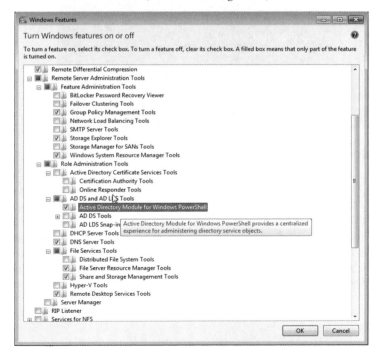

Abbildung 45.17
Aktivieren von ADPowerShell

695

Aktivieren des Active-Directory-Moduls

Das Active-Directory-Modul ist im Standard nicht aktiv, wenn man die Windows PowerShell auf Windows Server 2008 R2 oder 2012 startet. Es gibt zwei Möglichkeiten:

> Start des Eintrags „Active Directory-Module für Windows PowerShell" unter „Administrative Tools" im Startmenü. Dies startet eine PowerShell-Konsole mit aktiviertem Active-Directory-Modul.

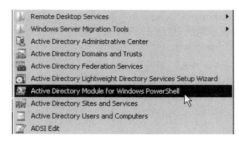

Abbildung 45.18
Active-Directory-Werkzeuge in Windows Server 2008 R2 und 2012

> Eingabe von „Import-Module ActiveDirectory" in einer normalen PowerShell-Konsole

Wie die folgende Bildschirmabbildung zeigt, erhöht sich die Anzahl der Commandlets/Funktionen um 76 und die Anzahl der Navigationsprovider um eins.

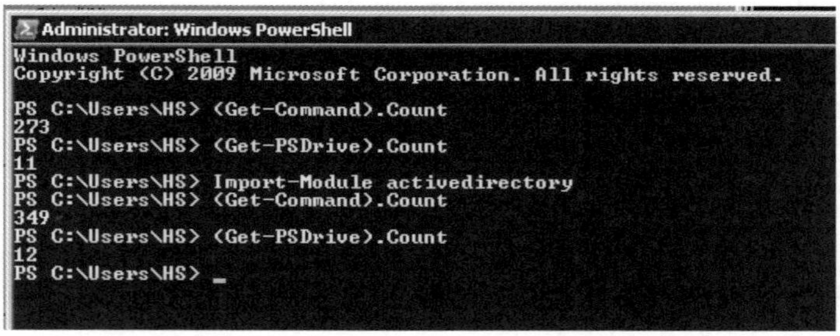

Abbildung 45.19
Veränderungen nach dem Import des Moduls

Active-Directory-Navigationsprovider

AD: Der PowerShell-Navigationsprovider für das Active Directory trägt den Namen „ActiveDirectory". Auf einem Windows-Server-2008-R2-Domänencontroller oder einem Windows-7-System mit aktiviertem ADPowerShell-Modul wird durch die Aktivierung des Active-Directory-Moduls automatisch ein Laufwerk „AD:" eingerichtet, das zur Wurzel des Active Directory, dem Element „rootDSE", führt. Unter diesem existieren der DefaultNamingContext, der ConfigurationNamingContext und der SchemaNamingContext.

```
PS C:\Users\HS> Dir ad:

Name                ObjectClass          DistinguishedName
----                -----------          -----------------
FBI                 domainDNS            DC=FBI,DC=org
Configuration       configuration        CN=Configuration,DC=FBI,DC=org
Schema              dMD                  CN=Schema,CN=Configuration,DC=FBI,DC=org
DomainDnsZones      domainDNS            DC=DomainDnsZones,DC=FBI,DC=org
ForestDnsZones      domainDNS            DC=ForestDnsZones,DC=FBI,DC=org
```

Abbildung 45.20
Ausführung von Dir ad

Zu beachten ist, dass zur Navigation im Active Directory der Provider nicht den Namen, sondern den DN (Distinguished Name) verwendet. Falsch ist also:

```
Dir ad:\FBI
```

(auch wenn die Anzeige von `DIR ad:` dies suggeriert), sondern richtig ist:

```
Dir ad:\"dc=FBI,dc=org"
```

(mit den Anführungszeichen!).

```
PS C:\Users\HS> Dir ad:\"DC=FBI,DC=org"

Name                ObjectClass          DistinguishedName
----                -----------          -----------------
Agents              organizationalUnit   OU=Agents,DC=FBI,DC=org
Aliens              organizationalUnit   OU=Aliens,DC=FBI,DC=org
Builtin             builtinDomain        CN=Builtin,DC=FBI,DC=org
Computers           container            CN=Computers,DC=FBI,DC=org
Directors           organizationalUnit   OU=Directors,DC=FBI,DC=org
Domain Controllers  organizationalUnit   OU=Domain Controllers,DC=FBI,DC=org
ForeignSecurityPr... container           CN=ForeignSecurityPrincipals,DC=FBI,DC=org
Infrastructure      infrastructureUpdate CN=Infrastructure,DC=FBI,DC=org
Lone Gunmen         organizationalUnit   OU=Lone Gunmen,DC=FBI,DC=org
LostAndFound        lostAndFound         CN=LostAndFound,DC=FBI,DC=org
Managed Service A... container           CN=Managed Service Accounts,DC=FBI,DC=org
NTDS Quotas         msDS-QuotaContainer  CN=NTDS Quotas,DC=FBI,DC=org
Program Data        container            CN=Program Data,DC=FBI,DC=org
Syndicate           organizationalUnit   OU=Syndicate,DC=FBI,DC=org
System              container            CN=System,DC=FBI,DC=org
The Lone Gunmen     organizationalUnit   OU=The Lone Gunmen,DC=FBI,DC=org
Users               container            CN=Users,DC=FBI,DC=org
```

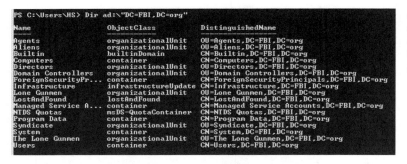

Abbildung 45.21
Auflisten des DefaultNaming-Context im Active Directory „FBI.org"

```
PS C:\Users\HS> Dir ad:\"OU=Agents,DC=FBI,DC=org"

Name                ObjectClass          DistinguishedName
----                -----------          -----------------
All Agents          group                CN=All Agents,OU=Agents,DC=FBI,DC=org
Dana Scully         user                 CN=Dana Scully,OU=Agents,DC=FBI,DC=org
Fox Mulder          user                 CN=Fox Mulder,OU=Agents,DC=FBI,DC=org
John Doggett        user                 CN=John Doggett,OU=Agents,DC=FBI,DC=org
Monica Reyes        user                 CN=Monica Reyes,OU=Agents,DC=FBI,DC=org
```

Abbildung 45.22
Auflisten der Organisationseinheit „Agents" im Active Directory „FBI.org"

Man kann mit `CD` den aktuellen Pfad ins Active Directory setzen

```
cd ad:"ou=Agents,dc=FBI,dc=org"
```

oder einen neuen Laufwerksnamen definieren:

```
New-PSDrive -Name Agents -PSProvider ActiveDirectory -Root
AD:"ou=Agents,dc=FBI,dc=org"
Dir Agents:
```

Mit `Get-Item` kann man gezielt auf einzelne Active-Directory-Einträge zugreifen. Allerdings stellt man schnell fest, dass man auf diesem Wege nur die Basisinformationen für einen Eintrag, nicht aber die spezifischen Attribute erreichen kann.

Kapitel 45 Active Directory

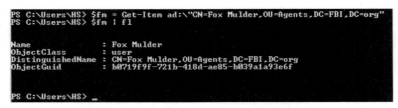

Abbildung 45.23
Einsatz von Get-Item

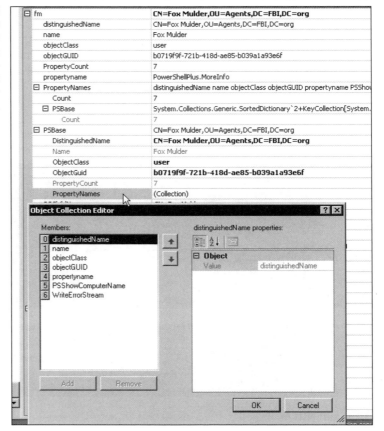

Abbildung 45.24
PowerShellPlus offenbart, dass es keine spezifischen Objektinformationen über den Navigationsprovider gibt.

Objektmodell

Die Commandlets des ADPowerShell-Moduls bieten mehr Möglichkeiten als der Provider. Die Commandlets verwenden ein eigenes Objektmodell zur Abbildung der ADS-Strukturen. Die Vererbungshierarchie der Datenklassen im Active-Directory-Modul entspricht nicht der Vererbungshierarchie im Active-Directory-Schema. Im AD-Schema ist z.B. „Computer" eine Spezialisierung von „User". Im ADPowerShell-Objektmodell sind ADUser und ADComputer auf gleicher Ebene Unterklassen von ADAccount.

PowerShell-Modul „Active Directory" (ADPowerShell)

```
ADEntity
   ADRootDSE
   ADObject
      ADFineGrainedPasswordPolicy
      ADOptionalFeature
      ADOrganizationalUnit
      ADPartition
         ADDomain
      ADPrincipal
         ADAccount
            ADComputer
            ADServiceAccount
            ADUser
         ADGroup
      ADDefaultDomainPasswordPolicy
   ADForest
   ADDirectoryServer
      ADDomainController
```

Abbildung 45.25
Das Vererbungsmodell der Datenklassen im Active-Directory-Modul (Quelle: Hilfe zum Modul „ADPowerShell")

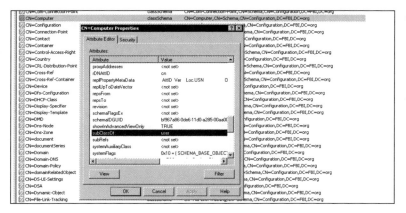

Abbildung 45.26
Im ADS-Schema ist „Computer" eine Unterklasse von „User" (hier angezeigt im Werkzeug ADSI Edit).

Die PowerShell-Klassen repräsentieren Klassen im Active Directory, z.B. ADUser entspricht User. Einige Eigenschaften eines Objekts werden aus dem Active Directory automatisch geladen, andere müssen explizit geladen werden.

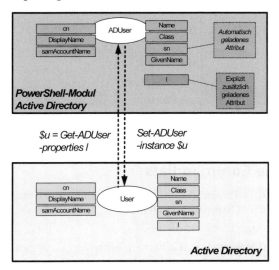

Abbildung 45.27
Abbildung der PowerShell-Klassen auf Active Directory-Klassen

699

Die Datenklassen besitzen zwei Arten von Attributen:

- Direkt aus dem Active Directory stammende Attribute (z.B. `ObjectClass`, `City`, `GivenName`). Die Attribute haben zum Teil von den LDAP-Namen abweichende Bezeichnungen (z.B. „City" statt „l").
- Zusammengesetzte Attribute, die mehrere Daten aus dem Active Directory zusammenfassen. Ein Beispiel dafür ist `ProtectedFromAccidentalDeletion`. Dieser Boolean-Wert (Ja-/Nein-Wert) ergibt sich aus `nTSecurityDescriptor`, `sdRightsEffective`, `instanceType` und `isDeleted`.

Tabelle 45.7 Abbildung von LDAP-Namen auf Namen im AD-Modul

Name des Attributs im AD-Modul	LDAP-Name
Name	name
ObjectClass	objectClass
ObjectGUID	objectGUID
CN	cn
DistinguishedName	distinguishedName
DisplayName	displayName
Description	description
Title	title
Surname	sn
GivenName	givenName
City	l
StreetAddress	street
Country	c
Office	physicalDeliveryOfficeName
Fax	facsimileTelephoneNumber
EmailAddress	mail
SamAccountName	sAMAccountName
HomeDrive	homeDrive
HomeDirectory	homeDirectory
ProfilePath	profilePath
ProtectedFromAccidentalDeletion	nTSecurityDescriptor, sdRightsEffective, instanceType, isDeleted

Überblick über die Commandlets

Arten von Commandlets im ADPowerShell-Modul

Die beim Active-Directory-PowerShell-Modul mitgelieferten Commandlets lassen sich in drei Gruppen unterteilen:

- Allgemeine Verwaltungs-Commandlets
- Kontenverwaltung (Organisationseinheiten, Benutzer, Gruppen, Computer) mit den Untergruppen:

PowerShell-Modul „Active Directory" (ADPowerShell)

Lebenszyklusverwaltung
Kontoeigenschaftenverwaltung
Dienstkontenverwaltung
Gruppenmitgliedschaftsverwaltung
Kennwortrichtlinienverwaltung
▶ Topologieverwaltung
Verwaltung der Domänen und Wälder
Verwaltung der Domänencontroller
Verwaltung der optionalen Features
Verwaltung der Replikationsrichtlinien

In dem folgenden Schaubild sind zusätzlich die allgemeinen PowerShell-Commandlets für die Providerverwaltung erwähnt.

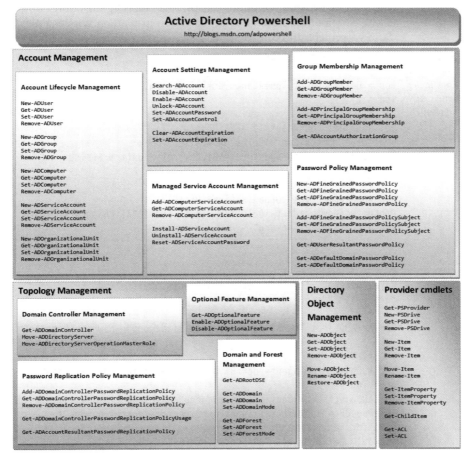

Abbildung 45.28: Post der Commandlets aus dem Active-Directory-PowerShell-Modul [Quelle: http://blogs.msdn.com/adPowerShell/archive/2009/03/05/active-directory-PowerShell-overview.aspx]

Allgemeine Verwaltungs-Commandlets

Das Active-Directory-Modul stellt folgende allgemeine Commandlets bereit, mit denen sich Active-Directory-Objekte unabhängig von der Verzeichnisdienstklasse verwalten lassen:

- `Get-ADObject`: holt ein AD-Objekt
- `Set-ADObject`: setzt Werte in einem AD-Objekt
- `New-ADObject`: erzeugt ein neues AD-Objekt (unter Angabe des Klassennamens)
- `Remove-ADObject`: löscht ein AD-Objekt
- `Rename-ADObject`: Umbenennen eines AD-Objekts
- `Move-ADObject`: Verschieben eines AD-Objekts
- `Restore-ADObject`: Wiederherstellen eines gelöschten AD-Objekts

Das folgende Listing zeigt ein Skript, das eine Organisationseinheit löscht, an einem anderen Ort unter anderem Namen wieder anlegt, dann verschiebt und umbenennt.

Listing 45.22
Beispielskript für den Einsatz der allgemeinen AD-Commandlets [WPS2_ADS_Common-Commandlets.ps1]

```
"Delete and Recreate an OU....."

$ou = Get-ADObject "ou=Agents,dc=FBI,dc=org"
$ou | fl

Set-adobject "ou=Agents,dc=FBI,dc=org" -protectedFromAccidentalDeletion $false
Remove-ADObject "ou=Agents,dc=FBI,dc=org" -confirm:$false -recursive

New-ADObject -type "OrganizationalUnit" -ProtectedFromAccidentalDeletion $false -name "Alien-Agents" -Path "ou=Aliens,dc=FBI,dc=org"

"Move an OU..."

Move-ADObject -Identity "ou=Alien-Agents,ou=Aliens,dc=FBI,dc=org" -targetpath "dc=FBI,dc=org"

Rename-ADObject "ou=Alien-Agents,dc=FBI,dc=org" -newname "Agents"

# Option #1
Set-ADObject "ou=Agents,dc=FBI,dc=org" -description "FBI Agents"
# Option #2
Set-ADObject "ou=Agents,dc=FBI,dc=org" -replace @{ManagedBy="cn=Walter Skinner,ou=Directors,dc=fbi,dc=org"}
# Option #3
$newou = Get-ADObject "ou=Agents,dc=FBI,dc=org"
$newou.ManagedBy = "cn=Walter Skinner,ou=Directors,dc=fbi,dc=org"
Set-ADObject -instance $newou
```

```
"Ergebnis:"
$ou = Get-ADObject  "ou=Agents,dc=FBI,dc=org"
$ou | fl
```

Interessant im obigen Listing sind vor allem die drei Wege, auf denen `Set-ADObject` arbeitet:

- Option 1: Es gibt einige wenige AD-Attribute bzw. Attribute der AD-Modul-Klassen, die Parameter des Commandlets `Set-ADObject` sind (z.B. `Description` und `ProtectedFromAccidentalDeletion`). Diese können direkt gesetzt werden.
- Option 2: Andere Attribute können entweder unter Angabe im „Replace"-Parameter gesetzt werden (hier z.B. „Managedby").
- Option 3: Oder diese Attribute können in objektorientierter Vorgehensweise in das Objekt geschrieben werden. `Set-ADObject` sorgt dann für die Übermittlung der Änderungen an das AD.

Das Commandlet `Remove-ADObject` bietet leider nicht den sonst üblichen Parameter `-Force`, mit dem man schreibgeschützte AD-Einträge („ProtectedFromAccidentalDeletion") einfach löschen kann. Daher muss man vorher `ProtectedFromAccidentalDeletion = $false` setzen, da sonst `Remove-ADObject` mit einem Fehler abbrechen könnte!

Filtern und Suchen

Mit `Get-ADObject` kann man Objekte suchen. Dabei bietet ADPowerShell wahlweise die LDAP-Filtersyntax (mit Präfix-Notation) oder eine vereinfachte Infix-Notation an, die an die PowerShell-Ausdruckssyntax angelehnt ist.

LDAP-Filtersyntax

Mit `-searchbase` legt man den Ausgangspunkt der Suche fest, z.B.:

```
-searchbase "ou=agents,dc=fbi,dc=org"
```

Mit `-searchscope` legt man die Tiefe der Suche fest. Erlaubt sind: `Base`, `OneLevel` und `SubTree`, z.B.:

```
-SearchScope SubTree
```

Der folgende Befehl liefert aus dem aktuellen Active-Directory-Pfad die ersten fünf Einträge, deren Name mit „F" beginnt.

```
Get-ADObject -Filter 'Name -like "f*"' -SearchScope SubTree -resultSetsize 5
```

Der folgende Befehl liefert alle Einträge, was durch `$null` bei `resultSetsize` anzugeben ist (im Standard würden sonst nur die ersten 1000 ausgegeben!).

```
Get-ADObject -Filter 'Name -like "f*"' -SearchScope SubTree -resultSetsize $null
```

Der folgende Befehl listet alle Einträge auf, in denen der Vorname mit „F" und der Nachname mit „M" beginnt.

```
Get-ADObject -Filter 'givenname -like "f*" -and sn -like "m*"' -SearchScope SubTree -resultSetsize $null
```

Man muss die LDAP-Attributnamen (z.B. „sn") verwenden, nicht die Attributnamen der PowerShell (wie „surname").

Anstelle der moduleigenen Filtersyntax kann man auch die LDAP-Suchsprache verwenden. Das folgende Beispiel sucht korrekt in allen Benutzerkonten, die mit „F" beginnen.

```
Get-ADObject -LDAPFilter '(&(objectCategory=person)(objectClass=user)(name=f*))' -SearchScope SubTree -resultSetsize $null
```

Die gleichzeitige Verwendung von `objectCategory` und `objectClass` in der Suchanfrage steigert die Leistung.

Die Tabelle zeigt die PowerShell-Filter und die äquivalenten LDAP-Filter.

Tabelle 45.8 Vergleich der Filtersprachen (Quelle: [MSBlog01])

PowerShell-Operator	LDAP-Operator	Beschreibung
-eq	=	Gleich
-ne	! x = y	Ungleich
-like	=	Mustergleichheit
-notlike	! x = y	Musterungleichheit
-le	<=	Kleiner gleich
-lt	! x >= y	Kleiner
-ge	>=	Größer gleich
-gt	! x <= y	Größer
-and	&	Und
-or	|	Oder
-not	!	Nicht
-bor	:1.2.840.113556.1.4.804:=	Bitweise Oder
-band	:1.2.840.113556.1.4.803:=	Bitweise Und

Die PowerShell-Suchsyntax kann viel einfacher als die LDAP-Syntax sein, wie ein abschließendes Beispiel zeigt. Aufgabe ist es, alle Benutzer zu finden, die sich in den letzten fünf Tagen angemeldet haben.

```
$date = (Get-date) - (New-Timespan -days 5)
Get-ADUser -Filter { lastLogon -gt $date }
```

Mit der LDAP-Syntax wäre dies (die Zeitangabe erfolgt in Einheiten zu 100 Nanosekunden seit dem 1.1.1601):

```
Get-ADUser -LDAPFilter "(&(lastLogon)=128812906535515110)
(objectClass=user)(!(objectClass=computer)))"
```

Verwaltung von Organisationseinheiten

Zur Verwaltung von Organisationseinheiten stehen folgende spezielle Commandlets zur Verfügung: **OU**

- `Get-ADOrganizationalUnit`
- `New-ADOrganizationalUnit`
- `Remove-ADOrganizationalUnit`
- `Set-ADOrganizationalUnit`

Die Neufassung des Skripts aus dem *Abschnitt „Allgemeine Verwaltungs-Commandlets"* weiter vorne in diesem Kapitel unter Einsatz dieser Commandlets zeigt das folgende Listing. Die größten Unterschiede sind:

- Bei `New-ADOrganizationalUnit` muss man im Gegensatz zu `New-AD-Object` keinen Klassennamen („Type") angeben.
- Mit `Set-ADOrganizationalUnit` kann man das Attribut `ManagedBy` direkt setzen.

```
"Delete and Recreate an OU....."

$ou = Get-ADObject "ou=Agents,dc=FBI,dc=org"
$ou | fl

Set-adobject "ou=Agents,dc=FBI,dc=org" -
protectedFromAccidentalDeletion $false
Remove-ADOrganizationalUnit "ou=Agents,dc=FBI,dc=org" -
confirm:$false -recursive

New-ADOrganizationalUnit -ProtectedFromAccidentalDeletion $false -
name "Alien-Agents" -Path "ou=Aliens,dc=FBI,dc=org"

"Move an OU..."

Move-ADObject -Identity "ou=Alien-Agents,ou=Aliens,dc=FBI,dc=org" -
targetpath "dc=FBI,dc=org"

Rename-ADObject "ou=Alien-Agents,dc=FBI,dc=org" -newname "Agents"

Set-ADOrganizationalUnit "ou=Agents,dc=FBI,dc=org" -ManagedBy
"cn=Walter Skinner,ou=Directors,dc=fbi,dc=org"

"Ergebnis:"
$ou = Get-ADObject  "ou=Agents,dc=FBI,dc=org"
$ou | fl
```

*Listing 45.23
Beispielskript für den Einsatz der „OU"-Commandlets [WPS2_ADS_OUManagement.ps1]*

Verwaltung von Benutzerkonten

Konten Zur Verwaltung von Benutzerkonten stehen im PowerShell-AD-Modul die folgenden Commandlets zur Verfügung:

- `Get-ADUser`: Benutzerkontenliste oder Daten eines Benutzerkontos
- `New-ADUser`: Benutzerkonto anlegen
- `Remove-ADUser`: Benutzerkonto löschen
- `Set-ADUser`: Eigenschaften eines Benutzers festlegen

Zugriff auf Benutzer Zugriff auf einzelne Benutzer oder Mengen von Benutzern ermöglicht `Get-ADUser`.

Der folgende Befehl holt den Benutzer „FoxMulder“:

```
Get-ADUser FoxMulder
```

Allerdings liefert `Get-ADUser` im Standard nur eine sehr kleine Teilmenge aller Attribute eines Benutzers (z.B. `GivenName`, `Surname`, `SamAcccountname`).

Abbildung 45.29 *Standardattribute bei Get-ADUser*

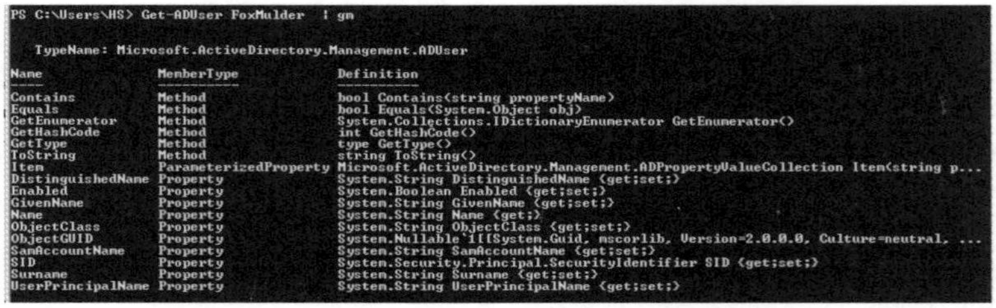

```
PS C:\Users\HS> Get-ADUser FoxMulder  | gm

   TypeName: Microsoft.ActiveDirectory.Management.ADUser

Name              MemberType            Definition
----              ----------            ----------
Contains          Method                bool Contains(string propertyName)
Equals            Method                bool Equals(System.Object obj)
GetEnumerator     Method                System.Collections.IDictionaryEnumerator GetEnumerator()
GetHashCode       Method                int GetHashCode()
GetType           Method                type GetType()
ToString          Method                string ToString()
Item              ParameterizedProperty Microsoft.ActiveDirectory.Management.ADPropertyValueCollection Item(string p...
DistinguishedName Property              System.String DistinguishedName {get;set;}
Enabled           Property              System.Boolean Enabled {get;set;}
GivenName         Property              System.String GivenName {get;set;}
Name              Property              System.String Name {get;}
ObjectClass       Property              System.String ObjectClass {get;set;}
ObjectGUID        Property              System.Nullable`1[[System.Guid, mscorlib, Version=2.0.0.0, Culture=neutral, ...
SamAccountName    Property              System.String SamAccountName {get;set;}
SID               Property              System.Security.Principal.SecurityIdentifier SID {get;set;}
Surname           Property              System.String Surname {get;set;}
UserPrincipalName Property              System.String UserPrincipalName {get;set;}
```

Möchte man mehr Attribute nutzen, muss man diese explizit angeben:

```
Get-ADUser FoxMulder -properties City, Company, Office
```

Abbildung 45.30 *Zusätzliche Attribute bei Get-ADUser*

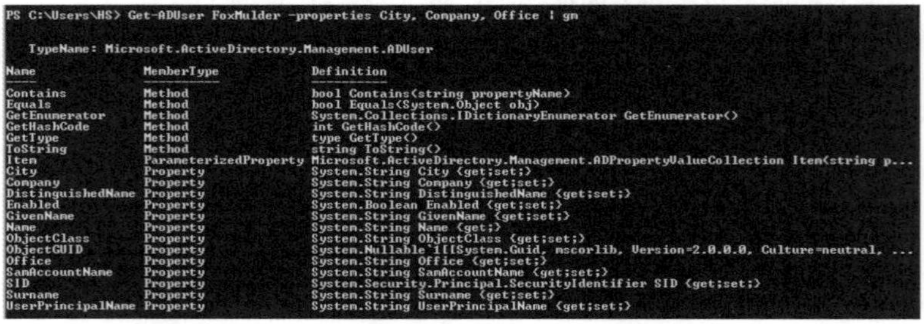

```
PS C:\Users\HS> Get-ADUser FoxMulder -properties City, Company, Office | gm

   TypeName: Microsoft.ActiveDirectory.Management.ADUser

Name              MemberType            Definition
----              ----------            ----------
Contains          Method                bool Contains(string propertyName)
Equals            Method                bool Equals(System.Object obj)
GetEnumerator     Method                System.Collections.IDictionaryEnumerator GetEnumerator()
GetHashCode       Method                int GetHashCode()
GetType           Method                type GetType()
ToString          Method                string ToString()
Item              ParameterizedProperty Microsoft.ActiveDirectory.Management.ADPropertyValueCollection Item(string p...
City              Property              System.String City {get;set;}
Company           Property              System.String Company {get;set;}
DistinguishedName Property              System.String DistinguishedName {get;set;}
Enabled           Property              System.Boolean Enabled {get;set;}
GivenName         Property              System.String GivenName {get;set;}
Name              Property              System.String Name {get;}
ObjectClass       Property              System.String ObjectClass {get;set;}
ObjectGUID        Property              System.Nullable`1[[System.Guid, mscorlib, Version=2.0.0.0, Culture=neutral, ...
Office            Property              System.String Office {get;set;}
SamAccountName    Property              System.String SamAccountName {get;set;}
SID               Property              System.Security.Principal.SecurityIdentifier SID {get;set;}
Surname           Property              System.String Surname {get;set;}
UserPrincipalName Property              System.String UserPrincipalName {get;set;}
```

Tipp Alle Attribute bekommt man mit:

```
Get-ADUser FoxMulder -properties *
```

Man kann mit `Get-ADUser` auch Filter anwenden (vgl. *Abschnitt „Filtern und Suchen“*). Der folgende Befehl liefert alle Benutzer in der Organisationseinheit „Agents“, deren Anmeldename mit „F“ beginnt:

PowerShell-Modul „Active Directory" (ADPowerShell)

```
Get-ADUser -searchbase "ou=agents,dc=fbi,dc=org" -Filter
'samaccountname -like "F*"'
```

Der folgende Befehl liefert alle Benutzer in der Organisationseinheit „Agents":

```
$oupath = "ou=Agents,dc=FBI,dc=org"
Get-ADUser -Searchbase $oupath -Filter "*"
```

Benutzerkonto anlegen

Zum Anlegen von Benutzerkonten kommt `New-ADUser` zum Einsatz. Dabei kann man zahlreiche Kontoeigenschaften direkt setzen. Auf eine detaillierte Besprechung der Parameter wird hier zur Einsparung von Platz verzichtet, da diese größtenteils selbst erklärend sind.

New-ADUser

```
$fm = New-ADUser -path $oupath -Name "Fox Mulder" -SamAccountName
"FoxMulder" -DisplayName "Fox Mulder" -Title "Agent" -Enabled $true
-ChangePasswordAtLogon $false -AccountPassword (ConvertTo-
SecureString "I+love+Scully" -AsPlainText -force) -PassThru -
PasswordNeverExpires:$true -Description "FBI Agent" -HomePage
"www.xfiles.com" -Company "FBI"
```

Listing 45.24
Anlegen des Agenten „Fox Mulder" unter Angabe des Kennworts im Skripttext [WPS2_ADS_UserManagement.ps1]

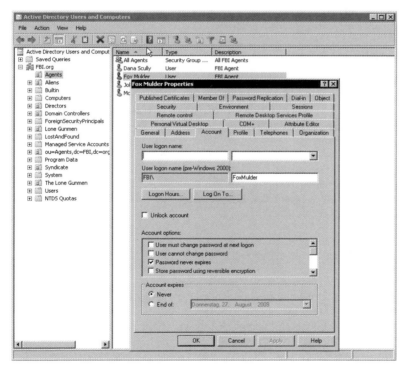

Abbildung 45.31
Ergebnis der Ausführung des oben genannten Befehls

707

Massenanlegen von Benutzerkonten

Benutzer aus einer CSV-Datei anlegen

Das folgende Skript erwartet als Eingabedatei eine CSV-Datei mit Namen, Titel und Organisationseinheit:

Vorname;Name;Titel;Organisationseinheit

Fox;Mulder;Agent;Hauptdarsteller

Dana;Scully;Agent;Hauptdarsteller

John;Doggett;Agent;Nebendarsteller

Monica;Reyes;Agent;Nebendarsteller

Very;Grey;Alien;Subjekt

Für jede Zeile prüft das Skript zunächst, ob des die Organisationseinheit gibt und legt diese gegebenenfalls an. Dann erzeugt das Skript den Benutzer und weist dabei ein zufällig gewähltes zehnstelliges Kennwort zu, das am Ende zusammen mit dem Benutzernamen auf dem Bildschirm ausgeben wird.

Listing 45.25 Massenanlegen von Benutzern aus einer CSV-Datei [WPS2_ADS_UserCreateFromFile.ps1]

```
import-module activedirectory

$Eingabedatei    = "H:\TFS\Demo\PowerShell\BuchDE\3_einsatzgebiete\ver-
zeichnisdienste\WPSModule\NeueBenutzer.csv"
$oupfad = "ou=test,dc=FBI,dc=org"

Function New-Password([int] $Anzahl)
{
$kennwort = ""
$zufallszahlgenerator = New-Object System.Random
for($i=0;$i -lt $Anzahl;$i++) { $kennwort = $kennwort +[char]$zufalls-
zahlgenerator.next(33,127) }
return $kennwort
}

"Einlesen der Benutzerliste..."
$benutzerliste = Import-Csv $Eingabedatei -Delimiter ";"
"Anlegen der Benutzer..."
$i = 0

foreach($benutzer in $benutzerliste){
$i++

$unteroupath = "ou=" + $benutzer.Organisationseinheit + "," + $oupfad

if (-not (Test-Path AD:"$unteroupath" -WarningAction silentlycontinue))
{
  $ou = New-ADOrganizationalUnit -Name $benutzer.Organisationseinheit -
path $oupfad -PassThru
  "OU angelegt: " + $ou.distinguishedname
```

```
}


# Eigenschaften des Benutzers
$verzeichnisname = $benutzer.Vorname + "_" + $benutzer.Name
$Anzeigename = $benutzer.Vorname + " " + $benutzer.Name
$SamAccountName = $benutzer.Vorname.Substring(0,1) + $benutzer.Name
$kennwort = New-Password 10
$title = $benutzer.Titel

# Benutzer anlegen
$benutzerObj = New-ADUser -path $unteroupath -Name $verzeichnisname -
SamAccountName $SamAccountName -DisplayName $Anzeigename -Title $title -
Enabled $true -ChangePasswordAtLogon $true -AccountPassword (ConvertTo-
SecureString $Kennwort -AsPlainText -force) -PassThru

if ($benutzerObj -ne $null){
    "Benutzer #" +$i + ":" + $Anzeigename + " angelegt: SID=" + $benutzer-
Obj.Sid + " Kennwort=" + $kennwort
    }
}

"Skript ist fertig!"
```

Abbildung 45.32
Ausgabe des obigen Skripts

Verwaltung von Benutzergruppen

Zur Gruppenverwaltung gibt es acht Commandlets, davon beziehen sich vier auf die Gruppen und vier auf die Gruppenmitgliedschaften:

- Get-ADGroup: Benutzergruppen auflisten
- New-ADGroup: Anlegen einer Benutzergruppe
- Set-ADGroup: Eigenschaften einer Benutzergruppe setzen
- Remove-ADGroup: eine Benutzergruppe entfernen
- Get-ADGroupMember: Auflisten der Mitglieder einer Benutzergruppe
- Get-ADPrincipalGroupMembership: Auflisten der direkten Mitglieder einer Benutzergruppe
- Add-ADGroupMember: Hinzufügen eines Gruppenmitglieds
- Remove-ADGroupMember: Entfernen eines Gruppenmitglieds

Das folgende Listing erzeugt die Gruppe „All Agents" mit vier Agenten. Danach wird eine Agentin „entlassen" und daher aus der Gruppe entfernt.

Listing 45.26
Verwaltung von Benutzergruppen [WPS2_ADS_User-Management.ps1]

```
"--- Gruppe anlegen..."
New-ADGroup -path $oupath -Name "All Agents" -SamAccountName
"AllAgents" -GroupScope Global -GroupCategory Security -Description
"All FBI Agents" -PassThru
"--- Mitglieder in die Gruppe aufnehmen..."
Add-ADGroupMember -Identity AllAgents -Members FoxMulder
Add-ADGroupMember -Identity AllAgents -Members DanaScully
Add-ADGroupMember -Identity AllAgents -Members JohnDoggett
Add-ADGroupMember -Identity AllAgents -Members MonicaReyes
"--- Gruppenmitglieder:"
Get-ADGroupMember -Identity AllAgents
"--- Mitglied entfernen..."
Remove-ADGroupMember -Identity AllAgents -Members MonicaReyes -Confirm:$false
"--- Gruppenmitglieder:"
Get-ADGroupMember -Identity AllAgents
```

Mit

```
Get-ADPrincipalGroupMembership -Identity FoxMulder
```

listet man alle Gruppen auf, in denen Fox Mulder direkt Mitglied ist.

45.10 PowerShell-Modul „ADDSDeployment"

Dcpromo.exe Auf Windows Server 2012 ist nun auch die Installation eines Active Directory (bisher über dcpromo.exe erfolgt) über PowerShell-Commandlets möglich. Dcpromo.exe verweist beim Start auf den Servermanager.

Abbildung 45.33
Dcpromo weist Sie auf die neue Installationsart über den Servermanager hin.

Windows Features installieren Zunächst einmal sind per Server Manager die Rollen „Active Directory Domain Services" und „DNS" zu installieren. Dies kann man auch mit dem PowerShell-Modul „ServerManager" (vgl. auch *Kapitel 39 „Softwareverwaltung"*) erledigen:

```
Add-WindowsFeature DNS
```

```
Add-WindowsFeature Ad-Domain-Services
```

PowerShell-Modul „ADDSDeployment"

*Abbildung 45.34
Active Directory
Domain Services
per PowerShell
installieren*

*Abbildung 45.35
Domain Name
Server per Power-
Shell installieren*

> Man kann auch beides in einem Befehl installieren:
> Add-WindowsFeature DNS, Ad-Domain-Services

Danach kann man im Server Manager die Domänenkonfiguration über einen Assistenten starten. Dieser Assistent erzeugt aber nun nach dem Vorbild der Microsoft-Exchange-Verwaltungkonsole ein PowerShell-Skript für alle zusammengeklickten Aktionen (siehe *Abbildung 45.36*).

Assistent mit Skriptausgabe

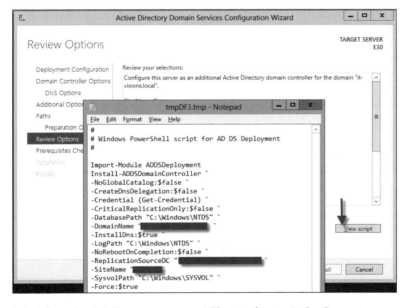

*Abbildung 45.36
Ausgabe eines
PowerShell-Skripts
am Ende des ADS-
Konfigurtations-
assistenten*

Die folgenden Listings zeigen zwei Skripte für typische Szenarien:
- Installation eines neuen Active Directory (AD Forest)
- Hinzufügen eines Domain Controllers zu einer bestehenden Domäne

Listing 45.27
Installation eines neuen Active Directory (AD Forest)

```
Import-Module ADDSDeployment
Install-ADDSForest `
-DatabasePath "C:\Windows\NTDS" `
-DomainMode "Win2012" `
-DomainName "MeineDomain.net" `
-ForestMode "Win2012" `
-InstallDNS:$false `
-LogPath "C:\Windows\NTDS" `
-RebootOnCompletion:$false `
-SafeModeAdministratorPassword (Read-Host -AsSecureString -Prompt "Enter Password") `
-SYSVOLPath "C:\Windows\SYSVOL"
```

Listing 45.28
Hinzufügen eines Domain Controllers zu einer bestehenden Domäne

```
Import-Module ADDSDeployment
Install-ADDSDomainController `
-NoGlobalCatalog:$false `
-CreateDnsDelegation:$false `
-Credential (Get-Credential) `
-CriticalReplicationOnly:$false `
-DatabasePath "C:\Windows\NTDS" `
-DomainName "FBI.net" `
-InstallDns:$true `
-LogPath "C:\Windows\NTDS" `
-NoRebootOnCompletion:$false `
-ReplicationSourceDC "F111.FBI.net" `
-SiteName "Essen" `
-SysvolPath "C:\Windows\SYSVOL" `
-Force:$true
```

Mit mehreren Test-Commandlets kann man vor der Installation prüfen, ob die Voraussetzungen erfüllt sind:
- Test-ADDSForestInstallation
- Test-ADDSDomainInstallation
- Test-ADDSDomainControllerInstallation
- Test-ADDSReadOnlyDomainControllerAccountCreation

Weitere Informationen zu den Optionen bei der Installation eines Active Directory mit dem PowerShell-Modul ADDSDeployment finden Sie hier: [*http://technet.microsoft.com/de-de/library/hh472162.aspx*]

45.11 Informationen über die Active-Directory-Struktur

Informationen über die Active-Directory-Struktur (z.B. Liste der Domänencontroller) gewinnt man über die .NET-Klassenbibliothek oder das ADPowerShell-Modul.

Informationen über die Domäne durch die .NET-Klassenbibliothek

Zusätzlich zu dem Namensraum `System.DirectoryServices`, der allgemeine Klassen zur Verzeichnisdienstprogrammierung enthält, gibt es in .NET seit Version 2.0 den Unternamensraum `System.DirectoryServices.ActiveDirectory` (alias Active Directory Management Objects – ADMO). Dieser Namensraum implementiert einige Active-Directory-spezifische Funktionen, die nicht auf andere Verzeichnisdienste anwendbar sind.

System.DirectoryServices.ActiveDirectory

Insbesondere bietet dieser Namensraum Klassen zur Verwaltung der Gesamtstruktur eines Active Directory, beispielsweise `Forest`, `Domain`, `ActiveDirectoryPartition`, `DomainController`, `GlobalCatalog` und `ActiveDirectorySubnet`. Auch einige spezielle Klassen für den Active Directory Application Mode (ADAM), eine funktionsreduzierte Version des Active Directory zum Einsatz als Datenspeicher für eigene Anwendungen, werden mit Klassen wie `ADAMInstanceCollection` und `ADAMInstance` unterstützt.

Beispiel 1: Informationen über die Domäne und den Domänenwald

Das Beispiel liefert Informationen über die Domäne, zu welcher der aktuelle Computer gehört, und über die Gesamtstruktur (Forest), zu der diese Domäne gehört.

```
# Aktuelle Domain ermitteln
$d = 
[System.DirectoryServices.ActiveDirectory.Domain]::GetCurrentDomain();

# Informationen über aktuelle Domäne
"Name: " + $d.Name
"Domain Mode: " + $d.DomainMode
"Inhaber der InfrastructureRole: " + $d.InfrastructureRoleOwner.Name
"Inhaber der PdcRole: " + $d.PdcRoleOwner.Name

# Informationen über Forest der aktuellen Domäne
$f = $d.Forest;
"Name der Gesamtstruktur: " + $f.Name
"Modus der Gesamtstruktur: " + $f.ForestMode
```

Listing 45.29
Informationen über die Domäne und den Forest [ADS_Domain_Info.ps1]

Beispiel 2: Liste der Domänencontroller und ihrer Rollen

Im zweiten Beispiel werden alle Domänencontroller (und deren Rollen) aus einer speziellen Domäne aufgelistet.

Listing 45.30
Informationen über die Domänencontroller und ihre Rollen [ADS_Domaincontroller_Info.ps1]

```
# Aktuelle Domain ermitteln
$d =
[System.DirectoryServices.ActiveDirectory.Domain]::GetCurrentDomain()
$DCs = $d.DomainControllers
# Schleife über alle Domänencontroller
foreach ($DC in $DCs)
{
    "Name: " + $DC.Name
    "IP: " + $DC.IPAddress.ToString()
    "Zeit: " + $DC.CurrentTime.ToString()
    "Rollen:"
    # Schleife über alle Rollen des DC
    foreach ($R in $DC.Roles)
    {
      "- " + $R.ToString()
    }
}
```

Informationen über die Domäne durch das Modul ADPowerShell

Domäneninformationen Folgende Commandlets im PowerShell-AD-Modul liefern Daten über die Domäne:

- Get-ADDomain: liefert Daten über die Domäne.
- Get-ADDomainController: liefert Daten über die Domänencontroller.
- Get-ADForest: liefert Informationen über die AD-Gesamtstruktur.
- Get-ADOptionalFeature: liefert eine Liste der optionalen Features des Active Directory.
- Get-ADRootDSE: liefert die Wurzel des Active Directory.

Informationen über die Active-Directory-Struktur

```
Administrator: Windows PowerShell
Windows PowerShell
Copyright (C) 2009 Microsoft Corporation. All rights reserved.

PS C:\Users\HS> Import-Module activedirectory
PS C:\Users\HS> Get-ADDomain

AllowedDNSSuffixes              : {}
ChildDomains                    : {}
ComputersContainer              : CN=Computers,DC=FBI,DC=org
DeletedObjectsContainer         : CN=Deleted Objects,DC=FBI,DC=org
DistinguishedName               : DC=FBI,DC=org
DNSRoot                         : FBI.org
DomainControllersContainer      : OU=Domain Controllers,DC=FBI,DC=org
DomainMode                      : Windows2008Domain
DomainSID                       : S-1-5-21-3934977428-1652703760-2451573622
ForeignSecurityPrincipalsContainer : CN=ForeignSecurityPrincipals,DC=FBI,DC=org
Forest                          : FBI.org
InfrastructureMaster            : F111.FBI.org
LastLogonReplicationInterval    :
LinkedGroupPolicyObjects        : {CN={31B2F340-016D-11D2-945F-00C04FB984F9},CN=Policies,CN=System,DC=FBI,DC=org}
LostAndFoundContainer           : CN=LostAndFound,DC=FBI,DC=org
ManagedBy                       :
Name                            : FBI
NetBIOSName                     : FBI
ObjectClass                     : domainDNS
ObjectGUID                      : 929d0043-a7e8-458e-99af-19bf55b42228
ParentDomain                    :
PDCEmulator                     : F111.FBI.org
QuotasContainer                 : CN=NTDS Quotas,DC=FBI,DC=org
ReadOnlyReplicaDirectoryServers : {}
ReplicaDirectoryServers         : {F111.FBI.org}
RIDMaster                       : F111.FBI.org
SubordinateReferences           : {DC=ForestDnsZones,DC=FBI,DC=org, DC=DomainDnsZones,DC=FBI,DC=org, CN=Configuratio
                                  n,DC=FBI,DC=org}
SystemsContainer                : CN=System,DC=FBI,DC=org
UsersContainer                  : CN=Users,DC=FBI,DC=org


PS C:\Users\HS> Get-ADDomainController

ComputerObjectDN         : CN=F111,OU=Domain Controllers,DC=FBI,DC=org
DefaultPartition         : DC=FBI,DC=org
Domain                   : FBI.org
Enabled                  : True
Forest                   : FBI.org
HostName                 : F111.FBI.org
InvocationId             : 8450a514-6db1-4cc6-bc21-6d878e2b3e08
IPv4Address              : 192.168.1.111
IPv6Address              :
IsGlobalCatalog          : True
IsReadOnly               : False
LdapPort                 : 389
Name                     : F111
NTDSSettingsObjectDN     : CN=NTDS Settings,CN=F111,CN=Servers,CN=Default-First-Site-Name,CN=Sites,CN=Configuration,D
                           C=FBI,DC=org
OperatingSystem          : Windows Server 2008 R2 Enterprise
OperatingSystemHotfix    :
OperatingSystemServicePack :
OperatingSystemVersion   : 6.1 (7100)
OperationMasterRoles     : {SchemaMaster, DomainNamingMaster, PDCEmulator, RIDMaster...}
Partitions               : {DC=ForestDnsZones,DC=FBI,DC=org, DC=DomainDnsZones,DC=FBI,DC=org, CN=Schema,CN=Configurat
                           ion,DC=FBI,DC=org, CN=Configuration,DC=FBI,DC=org...}
ServerObjectDN           : CN=F111,CN=Servers,CN=Default-First-Site-Name,CN=Sites,CN=Configuration,DC=FBI,DC=org
ServerObjectGuid         : 96523bb3-3147-49da-8113-4facda9bf9f4
Site                     : Default-First-Site-Name
SslPort                  : 636

PS C:\Users\HS>
```

Abbildung 45.37: Ausgabe von Get-ADDomain und Get-ADDomainController in der Beispieldomäne FBI.org

46 Gruppenrichtlinien

Das PowerShell-Modul „Group Policy" (seit Windows Server 2008 R2 und optional mit RSAT auch im Client seit Windows 7) bietet Commandlets, die den Funktionen der Gruppenrichtlinienverwaltungskonsole (GPMC) bzw. der zugehörigen COM-Komponente „GPM" entsprechen.

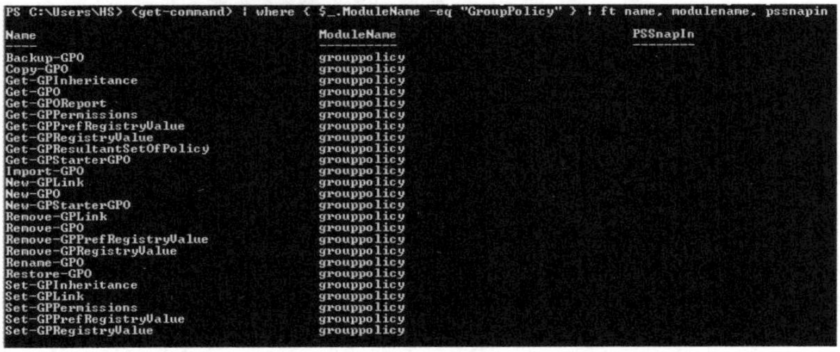

GPMC

Abbildung 46.1
Übersicht über die Commandlets im Group-Policy-Modul

Anders als bei der „GPM"-COM-Komponente kann man mit den PowerShell-Commandlets auch Einstellungen innerhalb der Gruppenrichtlinien skriptbasiert erstellen.

46.1 Verwaltung der Gruppenrichtlinien

Folgende Commandlets dienen der Verwaltung der Gruppenrichtlinien:

Commandlets

- `Get-GPO`: listet alle Gruppenrichtlinien bzw. Zugriff auf eine Gruppenrichtlinie.
- `New-GPO`: erzeugt eine neue, leere Gruppenrichtlinie.
- `Remove-GPO`: entfernt eine Gruppenrichtlinie sowohl aus dem Active Directory als auch aus dem System Volume Folder (SysVol). Anders als bei der GPM-COM-Komponente werden dadurch auch alle Verknüpfungen entfernt.
- `Rename-GPO`: Umbenennen einer Gruppenrichtlinie.
- `Copy-GPO`: Kopieren einer Gruppenrichtlinie (auch zwischen Domänen in einer AD-Gesamtstruktur). Beim Kopieren zwischen Domänen kann man Einstellungen abändern lassen.

Kapitel 46 Gruppenrichtlinien

- New-GPStarterGPO: Erstellen einer neuen, auf andere Domänen transferierbaren Gruppenrichtlinienvorlage („Starter GPO", vgl. Gruppenrichtlinienmanagementkonsole ab Version 2.0).
- Get-GPStarterGPO: Auflisten der Gruppenrichtlinienvorlagen.

Die Datenobjekte sind vom Typ Microsoft.GroupPolicy.GPO (siehe Bildschirmabbildung).

Abbildung 46.2
Datenobjekte, die Get-GPO liefert

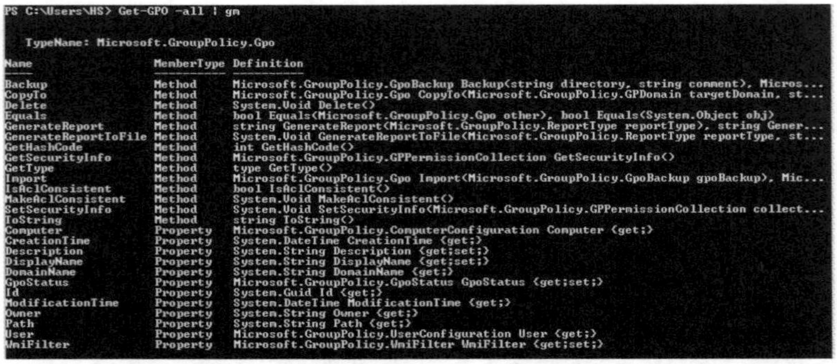

Datensicherung und Wiederherstellung

Zur Datensicherung und Wiederherstellung von Gruppenrichtlinien gibt es Backup-GPO, Restore-GPO und Import-GPO.

Backup-GPO erstellt eine Sicherung von einer oder mehreren Gruppenrichtlinien. Die Angabe einer Gruppenrichtlinie erfolgt durch -Name oder -GUID. Der Parameter -All liefert alle Gruppenrichtlinien. Man kann auch GPO-Objekte sichern, die in der Pipeline sind, z.B.:

```
# Datensicherung für alle bestehenden FBI-Gruppenrichtlinien
Get-GPO -all | where { $_.displayname -like "*FBI*" } | Backup-GPO
-Path "c:\wps\GPO_backups"
```

Abbildung 46.3
Ergebnis der Sicherung von drei Gruppenrichtlinien im Dateisystem

Die Wiederherstellung mit Restore-GPO erfolgt anhand des Namens, der GUID oder durch -all für alle gesicherten Gruppenrichtlinien.

```
Restore-GPO "GP FBI" -Path "c:\wps\GPO_backups"
Restore-GPO -all -Path "c:\wps\GPO_backups"
```

Import-GPO erlaubt durch -TargetName die Wiederherstellung unter einem anderen Namen.

46.2 Verknüpfung der Gruppenrichtlinien

Zur Verknüpfung der Gruppenrichtlinien mit Containern im Active Directory stehen zur Verfügung:

GPLink

- New-GPLink: verknüpft eine Gruppenrichtlinie mit einem Container (Site, Domäne oder Organisationseinheit).
- Remove-GPLink: entfernt eine Verknüpfung zwischen Gruppenrichtlinie und Container, behält aber die Gruppenrichtlinie selbst.
- Set-GPLink: setzt die Eigenschaften Enabled, Enforced und Order für eine Verknüpfung.

Beispiel

Das folgende Skript legt drei leere Gruppenrichtlinien an und verlinkt diese mit zwei Organisationseinheiten. (Vorher wurden die Gruppenrichtlinien gelöscht, falls sie schon existierten.)

```
Import-Module grouppolicy

Remove-GPO "GP for FBI Agents"
Remove-GPO "GP FBI"
Remove-GPO "GP for FBI Directors"

New-GPO -name "GP FBI" -Comment "Standard Policy for all FBI Employees"
New-GPO -name "GP for FBI Directors" -Comment "Standard Policy for all FBI Directors"
New-GPO -name "GP for FBI Agents" -Comment "Standard Policy for all FBI Agents"

New-GPLink -name  "GP FBI" -target "dc=org" -Linkenabled Yes
New-GPLink -name  "GP for FBI Agents" -target "ou=agents,dc=fbi,dc=org" -Linkenabled Yes
New-GPLink -name  "GP for FBI Directors" -target "ou=directors,dc=fbi,dc=org" -Linkenabled Yes
```

Listing 46.1
Beispiel zum Anlegen und Verlinken von Gruppenrichtlinien [WPS2_GP_CreateAndLink-GPO.ps1]

*Abbildung 46.4
Zustand der Gruppenrichtlinien nach Ausführung des obigen Skripts*

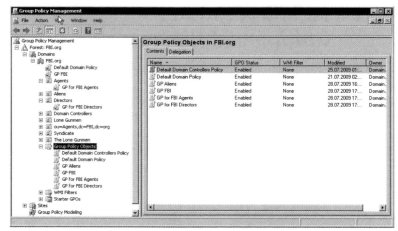

46.3 Berichte

`Get-GPOReport` erstellt einen Bericht über eine Gruppenrichtlinie inklusive ihrer Einstellungen und aller Verknüpfungen. Das Ausgabeformat ist wahlweise HTML oder XML.

```
Get-GPOReport "GP FBI"   -Reporttype html >c:\wps\go_report.htm
```

*Abbildung 46.5
Gruppenrichtlinienbericht in HTML-Form*

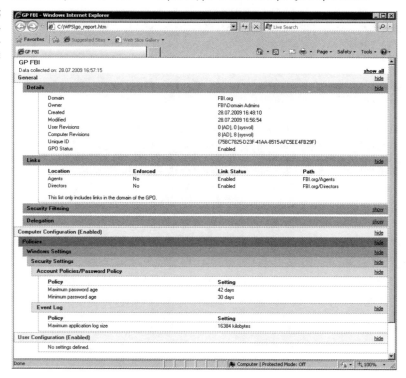

Gruppenrichtlinienvererbung

Ein Richtlinienergebnisbericht (engl. Resultant Set Of Policy) zeigt an, welche Gruppenrichtlinien auf einen Computer oder einen konkreten Benutzer eines Computers bei der Anmeldung an diesem Computer wirken.

Richtlinienergebnisbericht

Diesen Bericht erstellt das Commandlet `Get-GPResultantSetOfPolicy` in HTML- oder XML-Form.

Der folgende Befehl erstellt den Bericht für den Benutzer „Fox Mulder" auf dem Computer „F171":

```
Get-GPResultantSetOfPolicy -user "FoxMulder" -computer "F171" -ReportType HTML -path c:\wps\rsop.htm
```

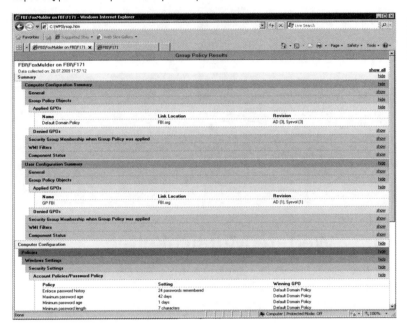

Abbildung 46.6
Richtlinienergebnisbericht in HTML-Form

46.4 Gruppenrichtlinienvererbung

Auf einen Container wirken Gruppenrichtlinien, die direkt verknüpft sind oder die geerbt werden. Mit `Get-GPInheritance` kann eine Liste aller wirkenden Gruppenrichtlinien für einen Container ermittelt werden.

Get-GPInheritance

```
Get-GPInheritance -target "ou=agents,dc=fbi,dc=org"
```

Die Bildschirmabbildung zeigt, dass „GP for FBI Agents" direkt verknüpft ist, während „GP FBI" und „Default Domain Policy" geerbt werden.

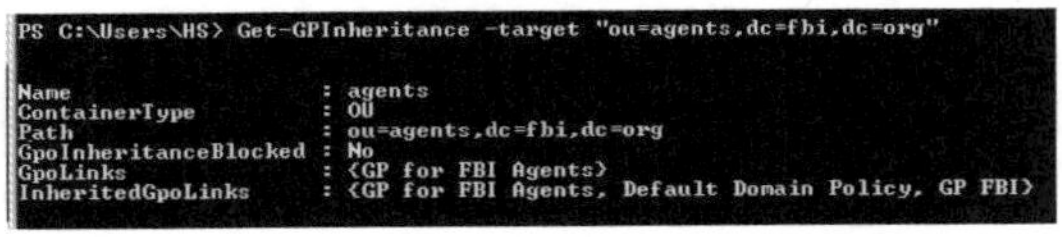

Abbildung 46.7
Ergebnis der Ausführung von Get-GPInheritance

> Mit `Set-GPInheritance` kann man steuern, ob ein Container Gruppenrichtlinien von übergeordneten Containern erben soll.

Der folgende Befehl verhindert, dass die „Aliens“ die Richtlinien „GP FBI“ und „Default Domain Policy“ erben:

```
Set-GPInheritance -target "ou=aliens,dc=fbi,dc=org" -isblocked yes
```

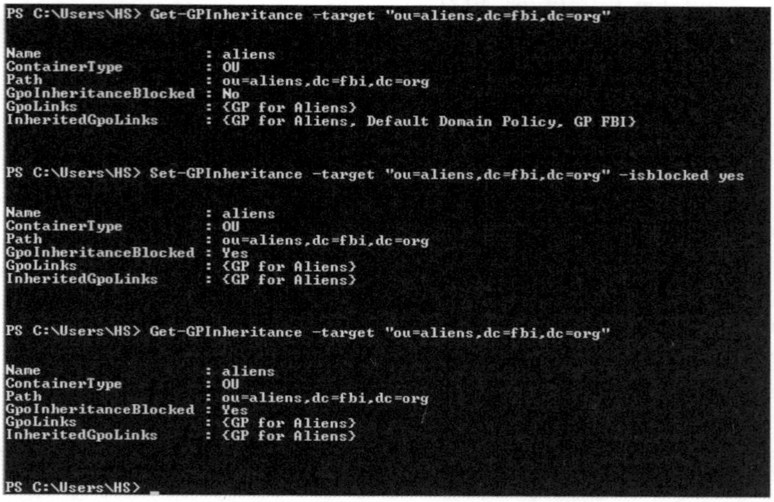

```
PS C:\Users\HS> Get-GPInheritance -target "ou=aliens,dc=fbi,dc=org"

Name                   : aliens
ContainerType          : OU
Path                   : ou=aliens,dc=fbi,dc=org
GpoInheritanceBlocked  : No
GpoLinks               : {GP for Aliens}
InheritedGpoLinks      : {GP for Aliens, Default Domain Policy, GP FBI}


PS C:\Users\HS> Set-GPInheritance -target "ou=aliens,dc=fbi,dc=org" -isblocked yes

Name                   : aliens
ContainerType          : OU
Path                   : ou=aliens,dc=fbi,dc=org
GpoInheritanceBlocked  : Yes
GpoLinks               : {GP for Aliens}
InheritedGpoLinks      : {GP for Aliens}


PS C:\Users\HS> Get-GPInheritance -target "ou=aliens,dc=fbi,dc=org"

Name                   : aliens
ContainerType          : OU
Path                   : ou=aliens,dc=fbi,dc=org
GpoInheritanceBlocked  : Yes
GpoLinks               : {GP for Aliens}
InheritedGpoLinks      : {GP for Aliens}


PS C:\Users\HS> _
```

Abbildung 46.8 *Veränderte Vererbung durch Einsatz von Set-GP-Inheritance*

46.5 Weitere Möglichkeiten

Mit den folgenden Commandlets kann man Einstellungen in den Gruppenrichtlinien vornehmen, lesen oder löschen:

- `Set-GPRegistryValue`
- `Set-GPPrefRegistryValue`
- `Get-GPPrefRegistryValue`
- `Get-GPRegistryValue`
- `Remove-GPPrefRegistryValue`
- `Remove-GPRegistryValue`

Außerdem gibt es noch Commandlets zur Verwaltung der Zugriffsrechte auf Gruppenrichtlinien:

- `Set-GPPermissions`
- `Get-GPPermissions`

Eine Besprechung ist hier aufgrund der verlegerischen Seitenrestriktionen leider nicht möglich!

47 Virtuelle Systeme mit Hyper-V

Autor: Peter Monadjemi

Hyper-V ist der Name der Virtualisierungstechnik von Microsoft, die die Ausführung mehrerer „Gast"-Betriebssysteme - alias „Virtuelles System" oder „Virtuelle Maschine" (VM) - unter einem „Host-Betriebssystem" ermöglicht. Das Host-Betriebssystem ist Windows Server (ab 2008) oder Windows Client (ab Version 8), die auszuführenden Client-Betriebssysteme können beliebige Betriebssysteme für x86- bzw. x64-Prozessoren sein. Neben Windows kommt z.B. auch Linux in Frage.

Der Kern der Hyper-V-Software ist der *Hypervisor*, der als Schicht unmittelbar oberhalb der Hardware des Computers sowohl das Host-Betriebssystem (auch Elternpartition genannt) als auch die verschiedenen virtuellen Maschinen (Kindpartitionen) ausführt. Neben Windows kommen für virtuelle Maschinen offiziell auch verschiedene Linux-Varianten wie *Red Hat Enterprise Linux* und *Suse Linux Enterprise Server* in Frage. Eine virtuelle Maschine besitzt, wie ihr physikalisches Pendant, einen Prozessor mit einer Typenbezeichnung, der auf Wunsch auch mehrere Kerne besitzen kann, ein BIOS und Arbeitsspeicher, dessen Größe beim Einrichten der virtuellen Maschine festgelegt wird. Der Zugriff auf das Netzwerk erfolgt bei Hyper-V über einen virtuellen Netzwerkadapter (Switch). Die physikalische Festplatte wird durch eine virtuelle Festplatte ersetzt (bei Hyper-V 2012 eine Datei im VHDX-Format, die eine maximale Kapazität von 64 TByte erlaubt). Eine ISO-Datei (eine Image-Datei einer kompletten CD/DVD inklusive Dateisystem nach ISO-Norm), über die z.B. ein Betriebssystem installiert wird, wird als virtuelles DVD-Laufwerk angesprochen. Auch andere Hardwaregeräte wie ein Lautsprecher oder ein USB-Laufwerk stehen im Rahmen einer virtuellen Maschine zur Verfügung. Die virtuellen Maschinen können sowohl in ein lokales Netzwerk als auch in eine Domäne eingebunden werden.

Hyper-V wurde erstmals mit Windows Server 2008 eingeführt und existiert sowohl als Serverrolle als auch als eigenständiges Produkt. Ein *Windows Server 2012 Hyper-V* ist ein Windows Server 2012 ohne eine grafische Benutzeroberfläche, aber mit PowerShell 3.0 (als Alternative zu *Cmd.exe*) und dem Hyper-V-Modul mit seinen Commandlets. Hyper-V ist der direkte Konkurrent zur Virtualisierungslösung *vSphere* von *VMWare*, dem derzeitigen Marktführer in diesem Bereich. Auch bei *Windows 8 Professional* ist Hyper-V unter dem Namen „Client Hyper-

V" dabei. Es löst den Virtual PC von Windows 7 ab. *Client Hyper-V* ist ein Hyper-V-Server ohne einige der fortgeschrittenen Merkmale wie Live-Migration oder die Möglichkeit, Fibre-Channel-Speichersysteme direkt einbinden zu können.

Mit Windows Server 2012 wurden bei Hyper-V wichtige Verbesserungen eingeführt, die sowohl mehr Komfort für Administratoren als auch mehr Möglichkeiten mit sich bringen. Die wichtigste Neuerungen ist die Möglichkeit einer unterbrechungsfreien Live-Migration von virtuellen Maschinen auf einen anderen Hyper-V-Server während des laufenden Betriebs. Anders als beim Vorgänger ist dazu kein ausfallsicherer Cluster mehr erforderlich. Weitere wichtige Neuerungen sind der Umstand, dass virtuelle Maschinen auf einer Freigabe eingerichtet werden können, und die Unterstützung für Fibre-Channel-Speichermedien.

Auch die technischen Daten von Hyper-V 2012 sind beeindruckend: Für eine virtuelle Maschine können bis zu 320 logische Prozessoren (beim Vorgänger 64), bis zu 64 virtuelle Prozessoren (beim Vorgänger 4), bis zu 4 TByte Arbeitsspeicher (beim Vorgänger 1 TByte) und bis zu 1TByte RAM (beim Vorgänger 64 GByte) konfiguriert werden.

47.1 Das Hyper-V-Modul von Microsoft

Vor der Einführung von Windows 8 / Windows Server 2012 gab es für die Hyper-V-Administration im Wesentlichen drei Alternativen:

1. Der direkte Aufruf von WMI-Funktionen des Hyper-V-WMI-Providers (diese Variante wurde im Zusammenhang mit VBScript und dem Windows Scripting Host genutzt).
2. Die PowerShell Management Library for Hyper-V von *James O`Neill* und *Mike Kolitz*, das als OpenSource-Projekt im *Codeplex*-Portal zur Verfügung steht (*http://pshyperv.codeplex.com*). Es basiert auf der Funktionalität eines Hyper-V-Servers 2008.
3. Die Verwendung von *System Center Virtual Machine Manager 2008 R2* (SCVMM). Hier steht ein umfangreicher Satz von PowerShell-Commandlets zur Verfügung, auf denen auch die SVMM-Verwaltungskonsole aufsetzt.

Mit Windows Server 2012 und Windows 8 gibt es (endlich) eine weitere Alternative, die allen Administratoren zur Verfügung steht: das Hyper-V-Modul mit seinen insgesamt 164 Commandlets. Dieses Modul wird über die Hyper-V-Server-Rolle installiert. Bei Windows 8 steht es zur Verfügung, wenn die *Remote Server Administration Tools for Windows 8* (*RSAT*) installiert wurden.

Das Hyper-V-Modul von Microsoft

Um einen besseren Überblick über das umfangreiche Modul zu geben, stellt *Tabelle 47.1* die wichtigsten Commandlets zusammen, die für den Umgang mit virtuellen Maschinen (VM) zuständig sind. Damit ergibt sich eine Übersicht über jene Aktivitäten, die mit einer oder mehreren VMs durchgeführt werden können. Ein „Backup-VM"-Commandlet gibt es nicht. Die Komplettsicherung eines Hyper-V-Servers wird in der Praxis entweder im Rahmen einer Replikation einzelner VMs auf einen anderen Hyper-V-Server oder über die Windows-Server-Sicherung durchgeführt. *Tabelle 47.1* stellt weitere Commandlets aus dem Hyper-V-Modul zusammen, die in der Praxis häufig zum Einsatz kommen.

Commandlet	Was macht es?
Checkpoint-VM	Speichert den aktuellen Zustand der VM als „Snapshot" ab.
Compare-VM	Prüft die Konfigurationsdatei einer VM auf die „Rahmenbedingungen" des aktuellen Hyper-V-Servers und gibt ein Objekt zurück, das mögliche „Inkompatibilitäten" umfasst. Dieses Objekt kann beim *Import-VM*- oder *MoveVM*-Commandlet angegeben werden.
Export-VM	Speichert die VM in einem angegebenen Verzeichnis ab, aus dem sie später wieder, eventuell auf einem anderen Server, importiert werden kann.
Get-VM	Holt ein Objekt, das die angegebene VM repräsentiert.
Import-VM	Importiert eine exportierte VM.
Measure-VM	Führt eine Leistungsmessung mit VMs durch. Die Leistungsmessung muss zuvor über das Enable-VMResourceMetering-Commandlet aktiviert worden sein.
Move-VM	Verschiebt eine VM auf einen anderen Hyper-V-Server.
New-VM	Legt eine neue VM mit einigen Voreinstellungen bezüglich seiner Eckdaten wie Speichergröße und Anzahl der CPUs an.
Remove-VM	Entfernt eine VM aus einem VM-Host und löscht alle Dateien der VM.
Rename-VM	Gibt einer VM einen anderen Namen.
Repair-VM	Ändert die Einstellungen einer VM auf der Grundlage eines zuvor angefertigten Kompatibilitätsreports.
Restart-VM	Startet eine VM neu.
Resume-VM	Setzt die Ausführung einer angehaltenen VM fort.

Tabelle 47.1
Weitere wichtige Commandlets aus dem Hyper-V-Modul

Tabelle 47.1
Weitere wichtige Commandlets aus dem Hyper-V-Modul (Forts.)

Commandlet	Was macht es?
Save-VM	Schaltet eine VM aus und speichert ihren aktuellen Zustand, so dass die Ausführung bei einem erneuten Start an diesem Punkt fortgesetzt wird.
Set-VM	Ändert die Einstellungen wie Anzahl der Prozessoren, den Verzeichnispfad des Snapshots, den Namen der VM oder ihren Startmodus.
Start-VM	Startet eine VM.
Stop-VM	Beendet eine VM (entspricht dem Ausschalten im Hyper-V-Manager).
Suspend-VM	Hält eine VM vorrübergehend an.
Add-VMHardDiskDrive	Fügt zu einer virtuellen Maschine eine Festplatte hinzu.
Add-VMSwitch	Fügt zu einer virtuellen Maschine einen virtuellen (Netzwerk-)Switch hinzu.
Connect-VMNetworkAdapter	Verbindet einen Netzwerkadapter mit einem virtuellen Switch.
Convert-VHD	Konvertiert eine virtuelle Maschine, z.B. in das neue VHDX-Format.
Get-VMHost	Holt den Host des Hypervisor als VMHost-Objekt (Microsoft.HyperV.PowerShell).
New-VMSwitch	Legt einen neuen Netzwerkswitch an, der auf einem vorhandenen Netzwerkadapter basiert.
Resize-VHD	Ändert die Größe einer virtuellen Festplatte.
Test-VHD	Testet eine virtuelle Festplattendatei auf ihre Brauchbarkeit für den Einsatz unter einer VM.

47.2 Die ersten Schritte mit dem Hyper-V-Modul

Die ersten Schritte zum Kennenlernen des Hyper-V-Moduls bestehen aus dem Abfragen vorhandener Hyper-V-Maschinen auf einem Server (die eventuell bereits im Rahmen der Hyper-V-Managementkonsole angelegt wurden).

Alle Beispiele in diesem Kapitel, sofern nicht anders angegeben, gehen davon aus, dass sie auf dem lokalen Hyper-V-Server ausgeführt werden. Über den Parameter `ComputerName` kann jedes Commandlet aus dem Hyper-V-Modul auf dem angegebenen Hyper-V-Server ausgeführt werden.

Abfragen aller virtuellen Maschinen

Das Commandlet `Get-VM` listet alle virtuellen Maschinen auf dem lokalen bzw. per `ComputerName`-Parameter angegebenen Hyper-V-Server auf.

Der folgende Befehl gibt einige ausgewählte Eckdaten der VMs auf dem angegebenen Hyper-V-Server aus.

Beispiel

```
Get-VM | Select-Object -Property Name, Status, State, UpTime, VMIntergrationService | Format-Table
```

Wie in anderen Bereichen profitieren Administratoren auch bei der Hyper-V-Administration von der Leichtigkeit, mit der sich bei der PowerShell beliebige Abfragen zusammenstellen lassen. Der folgende Befehl sortiert die virtuellen Maschinen mehrerer Server nach der Dauer, die sie bereits in Betrieb sind.

```
Get-VM -ComputerName Server1, Server2 | Where-Object Uptime -gt 0 | Sort-Object -Property Uptime -Descending
```

Sehr praktisch ist dabei der Umstand, dass die Property *Uptime*, die für einen `TimeSpan`-Wert (also eine Zeitspanne) steht, mit der Zahl 0 verglichen werden kann.

Sehr praktisch ist in diesem Zusammenhang das `Out-GridView`-Commandlet, das bei der PowerShell 3.0 auch eine Auswahlmöglichkeit bietet. Möchte man z.B. mehrere VMs für eine bestimmte Aktion, etwa eine Live-Migration, auswählen, ist das dank des Commandlets einfach und komfortabel möglich.

Der folgende Befehl zeigt alle VMs eines Hyper-V-Servers in einem Fenster. Nach der Auswahl eines oder mehrerer Einträge werden die ausgewählten Objekte in die Pipeline gelegt.

Kapitel 47 Virtuelle Systeme mit Hyper-V

```
$HVServerName = "Server1"
Get-VM -ComputerName $HVSereverName | Out-GridView -Title "Wähle
VM für Live-Migration" -OutputMode Multiple
```

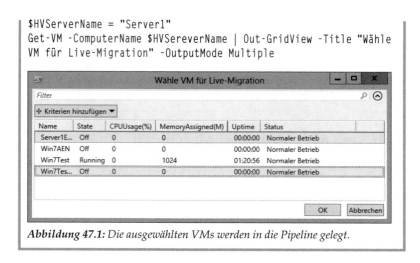

Abbildung 47.1: Die ausgewählten VMs werden in die Pipeline gelegt.

Abfragen von Details zu einer virtuellen Maschine

Ist man an technischen Details zu einer virtuellen Maschine interessiert, werden diese von Commandlets wie Get-VMBIOS, Get-VMMemory oder Get-VMProcessor geliefert.

Beispiel Der folgende Befehl gibt die wichtigsten Eckdaten einer zuvor per New-VM-Commandlet angelegten virtuellen Maschine aus, die über die Parameter NewVhdPath und NewVhdSizeBytes bereits mit einer (neuen) virtuellen Festplatte ausgestattet wurde.

```
$VMName = "VMNTest"
$VM = New-VM -Name $VMName -MemoryStartupBytes 1GB -NewVHDPath "C:\
VHDS\VMTest.vhdx" -NewVHDSizeBytes 40GB
Get-VMMemory -VMName $VMName
Get-VMNetworkAdapter -VMName $VMName
Get-VMHardDiskDrive -VMName $VMName
```

Änderungen an einer virtuellen Maschine durchführen

Änderungen an den Einstellungen einer virtuellen Maschine nimmt das Set-VM-Commandlet vor.

Beispiel Der folgende Befehl setzt den Pfad für Snapshots auf einen neuen Pfad.

```
$VM = Get-VM -Name VMTest
Set-VM -VM $VM -SnapshotFileLocation "C:\VMSnapshots"
```

Konfiguration der Integrationsdienste

Die Hyper-V-Integrationsdienste („Integration Services", kurz IS) stellen einen Satz von insgesamt fünf Diensten und einem optimierten Hypervisor-Treiber dar, durch die die Performance und die Verwaltbarkeit einer VM verbessert wird. Ein Beispiel für einen der Dienste ist der „Heartbeat-Service" (Taktdienst), der auf Anfragen antwortet, die der Hypervisor in regelmäßigen Abständen an alle VMs schickt, um auf diese Weise feststellen zu können, ob eine VM noch „am Leben" ist. Die aktuellen Einstellungen der einzelnen Integrationsdienste für eine VM liefert das `Get-VMIntegrationService`-Commandlet. Ob die Integrationsdienste auf einer VM installiert sind, verrät die Eigenschaft `IntegrationServicesVersion`, welche die Versionsnummer der Dienste angibt.

Beispiel Der folgende Befehl gibt alle VMs auf dem aktuellen Hyper-V-Server aus, auf denen die Integrationsdienste installiert sind.

```
Get-VM -Name * | Where-Object IntegrationServicesVersion -ne $null
```

Die Versionsnummer der Integrationsdienste auf dem Hyper-V-Server ist in der Registry in einem Eintrag des Schlüssels *HKLM:\SOFTWARE\Microsoft\Windows NT\CurrentVersion\Virtualization\GuestInstaller\Version* hinterlegt.

Beispiel Der folgende Befehl fragt die Versionsnummer der Integrationsdienste auf dem aktuellen Hyper-V-Server ab.

```
Get-ItemProperty -Path "HKLM:\SOFTWARE\Microsoft\Windows NT\
CurrentVersion\Virtualization\GuestInstaller\Version" |
 Select-Object -ExpandProperty Microsoft-Hyper-V-Guest-Installer
```

Die Versionsnummer der Integrationsdienste bei Windows Server 2012 ist 6.2.9200.16384.

Über die Commandlets `Enable-VMIntegrationService` und `Disable-VMIntegrationService` werden die Integrationsdienste auf einer VM aktiviert bzw. deaktiviert.

Die Integrationsdienste werden im Fenster der VM über das *Aktion*-Menü und den Eintrag „Installationsdatenträger für Integrationsdienste einlegen" installiert. Die Auswahl führt dazu, dass die ISO-Datei *Vmguest.iso* als DVD-Laufwerk eingebunden und die Integrationsdienste installiert werden.

Das Installieren der Integrationsdienste per PowerShell ist etwas aufwendiger, denn dafür gibt es leider kein Commandlet. Für die Installation muss die ISO-Datei *Vmguest.iso* (im Verzeichnis *C:\Windows\System32* des Hyper-V-Servers) mit einem DVD-Laufwerk der VM verbunden und die Datei *Setup.exe* im Verzeichnis *Support\x86* des Laufwerks auf der VM gestartet werden.

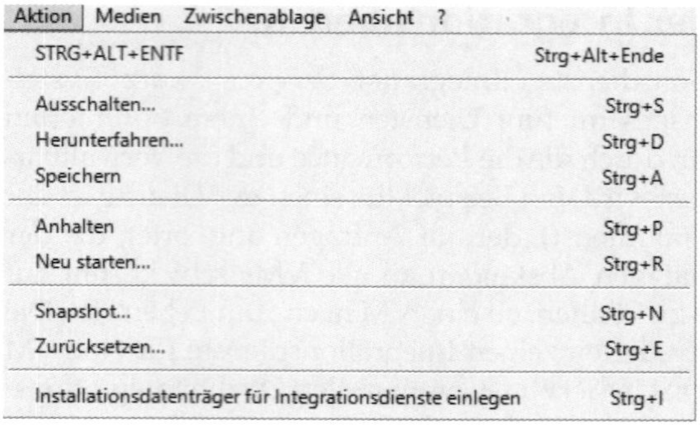

Abbildung 47.2
Installation der Hyper-V-Integrationsdienste in einer VM

Die Hyper-V-Manager-Konsole zur besseren Orientierung

Wer sich dem komplexen Thema Virtualisierung auf der Grundlage von Hyper-V nähert, benötigt zuerst einen Überblick über die Möglichkeiten, die Administratoren zur Verfügung stehen. Bei 164 Commandlets läuft man am Anfang Gefahr, den sprichwörtlichen Wald vor lauter Bäumen nicht mehr zu sehen. Eine gute Gelegenheit, einen Überblick zu erhalten, bietet die *Hyper-V-Manager-Konsole*, die z.B. über den Server-Manager gestartet wird. Sie bietet zwar keine Power-Shell-Schnittstelle, dafür macht sie sehr übersichtlich deutlich, welche Optionen z.B. beim Anlegen einer virtuellen Maschine oder eines virtuellen Laufwerks zur Verfügung stehen. Diese Optionen stehen auch über die PowerShell-Commandlets aus dem Hyper-V-Modul und ihre Parameter zur Verfügung. Über das *Aktion*-Menü oder das Kontextmenü, das sich nach dem Anklicken einer virtuellen Maschine mit der rechten Maustaste öffnet, werden die Aktionen angeboten, die mit der virtuellen Maschine durchgeführt werden können. Ein Doppelklick auf einen Eintrag öffnet die virtuelle Maschine in einem eigenen Fenster.

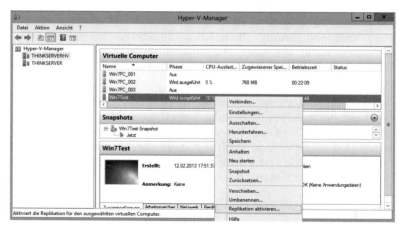

Abbildung 47.3
Die Hyper-V-Managerkonsole

47.3 Virtuelle Maschinen anlegen

Das Anlegen einer neuen virtuellen Maschine ist grundsätzlich sehr einfach. Im einfachsten Fall wird das *New-VM*-Commandlet lediglich mit dem Namen der neuen virtuellen Maschine aufgerufen. Weitere Angaben sind nicht erforderlich. Soll die virtuelle Maschine mit einer vorhandenen Festplatte oder einer ISO-Datei in Gestalt eines DVD-Laufwerks verknüpft werden, über die nach dem Start das Betriebssystem installiert wird, wird es etwas aufwendiger, so dass die vertraute Hyper-V-Manager-Konsole eventuell als die etwas attraktivere Alternative erscheinen mag. Aber auch hier gilt, dass sobald ein halbes Dutzend virtueller Maschinen und mehr „in einem Rutsch" angelegt und konfiguriert werden sollen, ein PowerShell-Skript beinahe alternativlos ist, da sich nur auf diese Weise der Ablauf parametrisieren, beliebig oft wiederholen und protokollieren lässt. Sobald ein PowerShell-Skript die Aufgabe erledigt, lassen sich Abläufe in wenigen Minuten erledigen, die „zu Fuß" viele Stunden in Anspruch nehmen würden.

Anlegen einer neuen virtuellen Maschine

Das Anlegen einer neuen virtuellen Maschine beschränkt sich im einfachsten Fall auf den Aufruf des New-VM-Commandlets mit dem Namen der neuen virtuellen Maschine. Für technische Details wie die Größe des Arbeitsspeichers oder die Art des Netzwerkadapters werden Default-Werte eingesetzt. Es ist bemerkenswert, dass der Name einer VM mehrfach vorkommen kann, da die VMs intern anhand ihrer ID unterschieden werden.

Der folgende Befehl legt eine VM mit dem Namen „VMTest" an.   **Beispiel**

```
New-VM -Name VMTest
```

Das Ergebnis ist eine Konfigurationsdatei (Erweiterung *.Xml*) im „Virtual Machine"-Verzeichnis des Hyper-V-Servers, die alle Konfigurationseinstellungen enthält. Diese Datei repräsentiert die virtuelle Maschine auf dem Server (der Dateiname entspricht der ID der virtuellen Maschine) und kann z.B. dazu benutzt werden, die virtuelle Maschine auf einem anderen Hyper-V-Server über das Import-VM-Commandlet zu importieren.

> Anders als bei anderen Virtualisierungslösungen (u.a. Virtual PC) besteht eine virtuelle Hyper-V-Maschine nicht nur aus einer Vhd(x)-Datei (virtuelle Festplatte) und einer Konfigurationsdatei. Dazu gehören u.a. die Snapshots (sofern vorhanden) und der aktuelle Zustand, der in einem Unterverzeichnis, dessen Name der ID der VM entspricht, abgelegt wird.

Beispiel Im folgenden Beispiel legt ein kleines Skript mehrere VMs auf einmal an. Ihre Namen werden beim Aufruf des Skripts über den VMName-Parameter übergeben.

```
<#
 .Synopsis
 Anlegen einer oder mehrere VMs
#>

[CommandletBinding()]

param([String[]]$VMName, [String]$ComputerName)

Import-Module -Name Hyper-V

$VMListe = @()
foreach($VM in $VMName)
{
   $VMliste += New-VM -Name $VM -ComputerName $ComputerName -Verbose
}

"$($VMListe.Count) virtuelle Maschinen wurden angelegt."
```

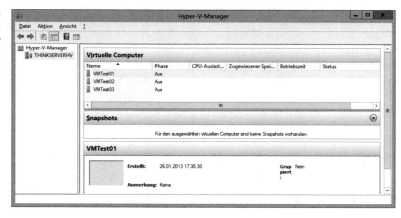

Abbildung 47.4
Die neu angelegten VMS werden in der Hyper-V-Manager-Konsole angezeigt.

Löschen „verwaister" Verzeichnisse

Im Laufe der Zeit kann es passieren, dass Verzeichnisse für nicht mehr existierende virtuelle Maschinen übrig bleiben, die gelöscht werden sollten. Da es im Explorer anhand der langen Verzeichnisnamen nicht ganz einfach ist zu erkennen, für welche Unterverzeichnisse keine XML-Konfigurationsdatei mit dem gleichen Namen existiert, wird das Löschen einem kleinen PowerShell-Skript übertragen.

Beispiel

Das folgende kleine Skript löscht alle Unterverzeichnisse im Verzeichnis der virtuellen Maschinen, für die es im selben Verzeichnis keine gleichnamige XML-Datei gibt. Vor dem Start des Skripts muss der Pfad der virtuellen Maschinen, der über die Variable `$VMPath` festgelegt wird, angepasst werden. Die Pfade der gelöschten Verzeichnisse werden in die Datei *C:\ VMLoeschProtokoll.txt* geschrieben.

Aus Sicherheitsgründen wird der `Whatif`-Parameter gesetzt, so dass das Skript in der aktuellen Fassung keine Verzeichnisse löscht. Die Benutzung geschieht auf eigenes Risiko.

```
<#
.Synopsis
Löschen nicht benötigter Hyper-V-Verzeichnisse
#>

$SB = {
    $VMPath = "C:\VMS\Virtual Machines"
    $XMLDateien = Get-ChildItem -Path $VMPath\*.xml | Select-Object -Property
@{Name="Name";Expression={[IO.Path]::GetFileNameWithoutExtension($_.Name)}} |
    Select-Object -ExpandProperty Name
    # Jetzt alle Verzeichnisse durchgehen, für die es keine XML-Dateien gibt
    Get-ChildItem -Path $VMPath -Directory | Where-Object {
$XMLDateien -NotContains $_.Name } | Tee-Object -FilePath C:\
VMLoeschProtokoll.txt | Remove-Item -Recurse -Force -WhatIf
}

Invoke-Command -ScriptBlock $SB
```

Auch wenn das Skript lokal ausgeführt wird, wird es über das `Invoke-Command`-Commandlet und einen ScriptBlock ausgeführt, da dadurch lediglich der Name des Computers hinzugefügt werden muss, wenn es auf einem anderen Computer ausführen soll.

Anlegen von virtuellen Maschinen mit einer VHDX-Datei

Liegt eine fertige VHDX-Datei als virtuelle Festplatte bereits vor, gibt es beim Anlegen einer neuen virtuellen Maschine zwei Möglichkeiten: Die virtuelle Maschine legt eine neue virtuelle Festplatte vom Typ „Differenzierend" (`Differencing`-Parameter beim `New-VHD`-Commandlet) an, die auf der vorhandenen Festplatte aufsetzt. Oder die vorhandene Festplatte wird für jede VM in ein eigenes Verzeichnis kopiert und der VM hinzugefügt. Im Folgenden wird die zweite Variante umgesetzt.

Beispiel Das folgende Skript legt eine festgelegte Anzahl an VMs (voreingestellt sind drei) in einem neuen Verzeichnis an und weist der VM eine bereits existierende VHDX-Datei zu, die zuvor in dieses Verzeichnis kopiert wurde. Das Skript ist so konzipiert, dass es das Kopieren der VHDX-Datei per Remoting auf dem Hyper-V-Server ausführt. Beim Anlegen der VM wird dieser Server angegeben. Wichtig: Vor der Ausführung des Skripts müssen noch verschiedene Einstellungen, wie der Basisname der VMs, das Verzeichnis mit der VHDX-Datei und der Name des Hyper-V-Servers angepasst werden.

```
<#
 .Synopsis
 Anlegen von VMs mit einer existierenden VHDX-Datei
#>

Set-StrictMode -Version 2.0

Import-Module -Name Hyper-V

$AnzahlVM = 3
$VMBasisName = "Win7PC"
$SwitchName = "Standard"
$VHDPath = "C:\VHDS\Win7Test_VHD.vhdx"
$VMNr = 0
$ServerName = "Server1"

$VhdCopySB = {
                param([String]$VHDPath, [String]$VMName)
                $VMPath = "C:\VHDS\$VMName"
                if (!(Test-Path -Path $VMPath)) { MkDir -Path $VMPath }
                Copy-Item -Path $VHDPath -Destination (Join-Path -Path $VMPath -ChildPath "$VMName.vhdx")
              }
1..$AnzahlVM | Foreach-Object {
        $VMNr++
        $VMName = "$VMBasisName`_{0:000}" -f $_
        $VMVHDPath = "C:\VHDS\$VMName\$VMName.vhdx"
        # VHDX-Datei auf dem Remote-Computer kopieren
        Invoke-Command -ScriptBlock $VhdCopySB -ComputerName $ServerName -ArgumentList $VHDPath,$VMName
            Write-Progress -Activity "VMs werden angelegt" -Status "VM $VMName wird angelegt." -PercentComplete (($VMNr/$AnzahlVM)*100)
        $VM = New-VM -Name $VMName -MemoryStartupBytes 768MB -SwitchName $SwitchName `
           -VHDPath $VMVHDPath -ComputerName $ServerName
        Set-VM -VM $VM -ProcessorCount 2
}
```

Einrichten einer virtuellen Maschine mit einer vorbereiteten ISO-Datei

Soll eine virtuelle Maschine (VM) mit einer ISO-Datei eingerichtet werden, die als DVD-Laufwerk eingebunden wird, so dass auf diese Weise anschließend ein Betriebssystem installiert werden kann, sind ein paar zusätzliche Schritte erforderlich.

Beispiel

Die folgende Befehlsfolge richtet eine neue VM ein, verknüpft sie mit einer Windows-7-Installations-DVD in Gestalt einer ISO-Datei und startet die VM anschließend mit `Start-VM`, so dass dadurch die Installation von Windows 7 in Gang gesetzt wird. Damit die Installation nach dem Start der VM möglich ist, muss die neu angelegte Festplatte eingerichtet werden. Was vor Windows Server 2012 noch eine relativ knifflige Angelegenheit gewesen wäre, da für das `DiskPart`-Kommando eine Befehlszeile nicht nur hätte zusammengebaut, sondern auch getestet werden müssen, geht dank der Commandlets in dem neuen `Storage`-Modul sehr einfach. Diese werden im Rahmen einer CIM-Session auf dem Hyper-V-Server ausgeführt.

Damit die Befehlsfolge funktioniert, müssen außerdem wieder einmal die verschiedenen Angaben wie der Name des Servers und der Pfad der ISO-Datei angepasst werden. Auf dem Hyper-V-Server müssen ferner die Verzeichnisse *C:\VHDS* und *C:\VMS* existieren. Außerdem wird davon ausgegangen, dass ein Netzwerkswitch mit dem Namen „Standard" bereits angelegt wurde.

```
<#
.Synopsis
Anlegen einer kompletten VM mit einem ISO-DVD-Laufwerk
#>

Import-Module -Name Hyper-V

$ServerName = "ThinkserverHV"
$NetAdapter = "Ethernet 3"

#New-VMSwitch -ComputerName $ServerName -Name Standard -NetAdapterName $NetAdapter

$VMName = "Win7Test"
$SwitchName = "Standard"
$VhdPath = "C:\VHDS\$VMName`_VHD.vhdx"
$VHDSize = 40GB

$VM = New-VM -Name $VMName -MemoryStartupBytes 1GB -SwitchName $SwitchName -ComputerName $ServerName
```

Kapitel 47 Virtuelle Systeme mit Hyper-V

```
New-VHD -Path $VhdPath -SizeBytes $VHDSize -Dynamic -ComputerName
$ServerName | Out-Null
Add-VMHardDiskDrive -ComputerName $ServerName -ControllerNumber 0 -
ControllerType IDE -VM $VM -Path $VhdPath | Out-Null
Mount-VHD -Path $VhdPath -ComputerName $ServerName

$CIMSession = New-CimSession -ComputerName $ServerName

$D = Get-Disk -CimSession $CIMSession -FriendlyName "Microsoft
Virtual Disk"
Initialize-Disk -Number $D.Number -CimSession $CIMSession -
PartitionStyle MBR

New-Partition -DiskNumber $D.Number -UseMaximumSize -CimSession
$CIMSession -AssignDriveLetter

Dismount-VHD -Path $VhdPath -ComputerName $ServerName

Remove-CimSession -CimSession $CIMSession

$Win7ISOPath = "C:\ISOS\de_windows_7_ultimate_with_sp1_x64_dvd_u_
677306.iso"

Set-VMDVdDrive -VMName $VM.VMName -Path $Win7ISOPath -ComputerName
$ServerName

# Jetzt kann es endlich losgehen
Start-VM -VM $VM
```

Abbildung 47.5 Die frisch angelegte VM wurde gestartet.

Entfernen von virtuellen Maschinen

Das Entfernen virtueller Maschinen übernimmt das `Remove-VM`-Commandlet. Dabei werden auch alle Konfigurationsdateien gelöscht, die im Zusammenhang mit der VM angelegt wurden (die VHD-Dateien bleiben natürlich erhalten).

Beispiel Das folgende Beispiel entfernt eine im Betrieb befindliche VM. Durch das Verketten der beteiligten Commandlets per `Pipe`-Operator wird die Befehlskette kurz und zudem gut „lesbar".

```
Get-VM -Name Win7TestVM | Stop-VM -Force -PassThru | Remove-VM -Force
```

Der `PassThru`-Parameter bei `Stop-VM` sorgt dafür, dass für die beendete VM ein Objekt an das `Remove-VM`-Commandlet weitergereicht wird.

47.4 Umgang mit virtuellen Festplatten

Die virtuellen Festplatten einer virtuellen Maschine liegen als Dateien mit der Erweiterung *.vhdx* vor. Das VHDX-Format wurde mit Hyper-V-Server 2012 eingeführt und löst das VHD-Format ab. Virtuelle Festplatten im VHD-Format können aber auch bei Hyper-V-Server 2012 verwendet werden. Über das `Convert-VHD`-Commandlet wird eine VHD-Datei in eine VHDX-Datei oder umgekehrt konvertiert.

Das Hyper-V-Modul umfasst insgesamt zehn Commandlets für den Umgang mit virtuellen Laufwerken.

Tabelle 47.2
Die Commandlets für den Umgang mit virtuellen Laufwerken

Commandlet	Was macht es?
Convert-VHD	Konvertiert eine VHD-Datei in eine VHDX-Datei und umgekehrt.
Dismount-VHD	Hebt die Bindung eines virtuellen Laufwerks wieder auf.
Get-VHD	Holt das Objekt (Typ `VirtualHardDisk` im Namensraum `Microsoft.Vhd.PowerShell`), das ein virtuelles Laufwerk repräsentiert.
Merge-VHD	Fasst mehrere virtuelle Laufwerke, die „Kindlaufwerke" eines Differenzlaufwerks sind, zu einem virtuellen Laufwerk zusammen.
Mount-VHD	Verbindet ein virtuelles Laufwerk, so dass es als Laufwerk angesprochen werden kann.
New-VHD	Legt ein neues virtuelles Laufwerk an.

Kapitel 47 Virtuelle Systeme mit Hyper-V

Tabelle 47.2
Die Commandlets
für den Umgang
mit virtuellen
Laufwerken (Forts.)

Commandlet	Was macht es?
Optimize-VHD	Optimiert die Belegung eines dynamischen bzw. differenzierenden Laufwerks, indem Speicherblöcke so zusammengelegt werden, dass sich eine Reduzierung der Größe ergibt.
Resize-VHD	Ändert die Größe eines virtuellen Laufwerks.
Set-VHD	Ändert einzelne Einstellungen eines virtuellen Laufwerks wie z.B. die Zuordnung zu einem Eltern-Laufwerk.
Test-VHD	Testet die Einsetzbarkeit eines virtuellen Laufwerks.

Virtuelle Festplatten auflisten

Eine Liste aller virtuellen Festplatten liefert das Get-VHD-Commandlet.

Beispiel Die folgende Befehlsfolge listet alle virtuellen Festplatten aller VMs mit einigen Eckdaten auf.

```
$Filter = "*"
foreach($VM in Get-VM -Name $Filter -ComputerName $HVServerName) {
  # Ausgeben der Eckdaten der VHD
  Get-VHD -ComputerName $HVServerName -VMId $VM.VMId | Select-
Object -Property @{Name="VM";Expression={$VM.Name}},VhdFormat,
VhdType, Size, Path | Format-Table -Property
VM,VhdFormat,VhdType,@{Label="Size(GB)";Expression={$_.Size/
1GB};Format="n2"} -AutoSize
}
```

Virtuelle Festplatten neu anlegen

Das Anlegen einer neuen virtuellen Festplatte könnte einfacher nicht sein. Der Aufruf des New-VHD-Commandlets mit der Angabe des Pfads der VHDX- oder VHD-Datei und eine Größenangabe in Bytes genügen. *Tabelle 47.2* enthält die wichtigsten Parameter des Commandlets.

Der folgende Befehl legt eine neue virtuelle Festplatte mit 40 GByte Größe an.

```
New-VHD -Path C:\VHDS\Extra.vhdx -SizeBytes 40GB
```

Parameter	Bedeutung
SizeBytes	Größe der Festplatte in Bytes
Dynamic	Legt fest, dass ein dynamisches Laufwerk angelegt wird (Switch-Parameter). Dynamische Laufwerke wachsen mit zunehmender Belegung. Die VHDX-Datei ist daher am Anfang nur wenige Mbyte groß.
Fixed	Legt fest, dass für das Laufwerk eine Datei fester Größe angelegt wird (Switch-Parameter). Dieser Laufwerkstyp bietet einen schnelleren Zugriff als ein dynamisches Laufwerk, dafür belegt die Datei von Anfang an die angegebene Größe, was z.B. bei einem Backup eine Rolle spielt.
Differencing	Legt fest, dass ein Differenz-Laufwerk angelegt wird (Switch-Parameter).

Tabelle 47.3
Die wichtigsten Parameter des New-VHD-Commandlets

Virtuelle Festplatten hinzufügen

Das Hinzufügen einer virtuellen Festplatte zu einer VM übernimmt das Add-VMHardDiskDrive-Commandlet.

Beispiel

Der folgende Befehl fügt zu einer VM eine VHDX-Datei hinzu. Der Name der VM und der Pfad der VHDX-Datei werden über Variablen festgelegt.

```
# Laufwerk einer anderen VM zuordnen
$VMName = "VMName"
$VhdPath = "C:\VHDS\VHDNeu.vhdx"
$VM = Get-VM -Name $VMName
$VM | Add-VMHardDiskDrive -Path $VHdPath
```

Virtuelle Festplatten einrichten

Damit ein über das Add-VMHardDisk-Commandlet hinzugefügtes virtuelles Laufwerk eingesetzt werden kann, muss eine Partition eingerichtet und formatiert werden. Dies ist mit den Funktionen aus dem Storage-Modul von Windows Server 2012 zum Glück relativ einfach.

Beispiel Das folgende Skript fügt zu einer VM eine neue virtuelle Festplatte hinzu und richtet auf dieser eine Partition ein. Vor der Ausführung des Skripts müssen die Variablen, über die der Name des Hyper-V-Servers, des Laufwerks und der virtuellen Maschine festgelegt werden, angepasst werden. Am Ende des Skripts wird die VM mit dem neuen Laufwerk an Bord gestartet.

```
<#
.Synopsis
 Hinzufügen eines Laufwerks zu einer VM mit Einrichten der
Partition
#>

Import-Module -Name Hyper-V

$HVServerName = "ThinkServerHV"
$DriveName = "ExtraDrive"
$VMName = "Win7PC_001"

# Anlegen einer neuen VHDX-Datei
New-VHD -ComputerName $HVServerName -Dynamic -Path C:\VHDS\
$DriveName.vhdx -SizeBytes 40GB -Verbose | Out-Null

# VM holen
$VM = Get-VM -Name $VMName -ComputerName $HVServerName

# CIM-Session für Storage-Commandlets anlegen
$CIMSession = New-CIMSession -ComputerName $HVServerName

# VHDX-Datei als Laufwerk bereitstellen
$VHD = Mount-VHD -ComputerName $HVServerName -Path C:\VHDS\
$DriveName.vhdx -Passthru

# Laufwerk holen
$Disk = Get-Disk -CimSession $CIMSession -Number $VHD.DiskNumber

# Laufwerk initialisieren
$Disk | Initialize-Disk -PartitionStyle GPT -CimSession $CIMSession
-ErrorAction  SilentlyContinue

# Neue Partition anlegen
$NewPart = New-Partition -DiskPath $Disk.Path -AssignDriveLetter -
UseMaximumSize -CimSession $CIMSession

# Partition formatieren
$NewPart | Format-Volume -FileSystem NTFS -CimSession $CIMSession -
NewFileSystemLabel "ExtraDrive" -Confirm:$False
```

```
# Laufwerk wieder "freigeben"
Dismount-VHD -ComputerName $HVServerName -Path C:\VHDS\
$DriveName.vhdx -Passthru

# Laufwerk zur VM anfügen
$VM | Add-VMHardDiskDrive -ComputerName $HVServerName -Path C:\
VHDS\$DriveName.vhdx

# VM mit neuem Laufwerk starten
$VM | Start-VM
```

Virtuelle Festplatten konvertieren

Das Konvertieren einer VHD- in eine VHDX-Datei und umgekehrt erledigt das `Convert-VHD`-Commandlet, das dazu am besten als Job gestartet wird, da die Konvertierung naturgemäß etwas länger dauert.

Der folgende Befehl konvertiert eine VHD- in eine VHDX-Datei. **Beispiel**

```
Convert-VHD -Path .\Win7Test_VHD.vhd -VHDType Dynamic -
DestinationPath .\Win7Test_VHD.vhdx -AsJob
```

47.5 Konfiguration virtueller Maschinen

In diesem Abschnitt werden allgemeine Konfigurationsaktivitäten beim Einrichten einer virtuellen Maschine beschrieben.

Einrichten einer Netzwerkverbindung

Das Einrichten einer Netzwerkverbindung ist bei Hyper-V etwas anders gelöst als bei anderen Virtualisierungslösungen wie *VMWare Workstation* oder *VirtualBox*. Voraussetzung ist ein (virtueller) Netzwerkswitch, der mit einer vorhandenen Netzwerkkarte verbunden wird.

Der folgende Befehl legt einen Switch mit dem Namen „Standard" an, **Beispiel**
der den Netzwerkadapter mit dem Namen „Ethernet 1" verwendet.

```
$NetAdapter = "Ethernet 2"
New-VMSwitch -Name Standard -NetAdapterName $NetAdapter
```

Umgang mit Snapshots

Ein Snapshot ist eine Momentaufnahme einer virtuellen Maschine. Mit einem Snapshot wird eine VM auf einen früheren Stand gebracht. Snapshots können daher auch als einfach zu erstellende Backups verwendet werden. Ein Snapshot einer VM kann sowohl offline als auch „online" erfolgen. Ein Snapshot führt dazu, dass in dem angegebenen Verzeichnis eine Reihe von Dateien angelegt werden (u.a. eine differenzierende VHD-Datei, die die virtuelle Festplatte enthält – zu erkennen an der Erweiterung *.avhd*). Beschrieben wird ein Snapshot durch eine XML-Konfigurationsdatei, die den Zustand der VM beschreibt. Ein Snapshot wird über das `Checkpoint-VM`-Commandlet erstellt, dem die VM und der Name des Snapshots übergeben werden.

Tabelle 47.4 Commandlets für den Umgang mit Snapshots

Commandlet	Was macht es?
Export-VMSnapshot	Exportiert einen Snapshot.
Get-VMSnapshot	Holt die Snapshots für eine virtuelle Maschine.
Remove-VMSnapshot	Entfernt einen Snapshot einer virtuellen Maschine.
Rename-VMSnapshot	Gibt einem Snapshot einen neuen Namen.
Restore-VMSnapshot	Stellt einen Snapshot für eine virtuelle Maschine wieder her.

Beispiel Das folgende Beispiel legt für eine virtuelle Maschine einen Snapshot an. Zu Beginn werden alle für die VM bereits vorhandenen Snapshots über das `Remove-VMSnapshot`-Commandlet gelöscht (was natürlich nicht erforderlich wäre), am Ende wird der neu angelegte Snapshot über das `Get-VMSnapshot`-Commandlet aufgelistet. Vor der Ausführung des Skripts müssen der Name des Hyper-V-Servers und der Name der VM über die entsprechenden Variablen gesetzt werden.

```
<#
 .Synopsis
 Snapshot einer VM anlegen
#>

Import-Module Hyper-V

$HVServerName = "ThinkServer"
$VMName = "Win7Test"
$VM = Get-VM -ComputerName $HVServerName -Name $VMName

# Alle vorhandenen Snapshots entfenren
$VM | Remove-VMSnapshot

# Speicherort für Snapshots neu anlegen
Set-VM -VMName $VM.Name  -SnapshotFileLocation "C:\VMSnapshots" -ComputerName $HVServerName
```

```
# Snapshot anlegen

$SnapshotName = "$($VM.Name)-Snapshot"
Checkpoint-VM -VM $VM -SnapshotName $SnapshotName

# Snapshots auflisten
Get-VMSnapshot -VM $VM
```

Einen Snapshot wiederherstellen

Die wichtigste Daseinsberechtigung eines Snapshots ist natürlich, dass sich mit seiner Hilfe der Zustand einer VM wiederherstellen lässt. Das erledigt das `Restore-VMSnapshot`-Commandlet für eine ausführende VM.

Beispiel Der folgende Befehl stellt für die angegebene VM den Snapshot mit dem angegebenen Namen wieder her. Die Angabe `-Confirm:$False` sorgt dafür, dass das Wiederherstellen nicht bestätigt werden muss.

```
$VMName = "Win7Test"
$SnapshotName = "$VMName-Snapshot"
$HVServerName = "Server1"
Restore-VMSnapshot -VMName $VMName -Name $SnapshotName -ComputerName $HVServerName -Confirm:$False
```

Virtuelle Maschinen exportieren und importieren

Das Exportieren und Importieren einer VM geschieht mit den Commandlets `Export-VM` und `Import-VM`. Über den Export kann eine VM über einen anschließenden Import auf einen anderen Hyper-V-Server übertragen werden. Das ist eine einfache Alternative zu einer Migration, die zuerst konfiguriert werden muss.

Beispiel Das folgende Skript exportiert die angegebene, nicht ausführende VM auf dem angegebenen Hyper-V-Server in das angegebene Verzeichnis (der Export einer VM kann sehr lange dauern).

```
Import-Module Hyper-V

$HVServerName = "ThinkServer"
$VMName = "Win7Test"

$VM = Get-VM -ComputerName $HVServerName -Name $VMName

Export-VM -Path C:\HyperVExport -ComputerName $HVServerName -Name $VMName
```

Beim Import einer VM über das `Import-VM`-Commandlet muss lediglich der Pfad der XML-Konfigurationsdatei der zu importierenden VM angegeben werden. Über den Parameter `GenerateNewId` erhält die importierte VM eine neue ID. Da der neue Hyper-V-Host in einer anderen physikalischen Umgebung ausführen kann, gibt es die Möglichkeit, dass über den `CompatibilityReport`-Parameter ein zuvor über das `Compare-VM`-Commandlet angelegter Kompatibilitätsreport berücksichtigt wird.

Beispiel Der folgende Befehl importiert eine zuvor exportierte VM auf der Grundlage ihrer Konfigurationsdatei.

```
$ServerName = "Server1"
$VMConfigPath = "C:\Virtual Machines\EEDCC326-861B-4CAA-91E1-
04AF691455D8.xml"
Import-VM -ComputerName $ServerName-Path $VMConfigPath -
GenerateNewId -Copy
```

Anlegen eines Kompatibilitätsreports

Ein „Kompatibilitätsreport" einer VM enthält Angaben zur „Verträglichkeit" einer VM in Bezug auf die Ausführung unter einem Hyper-V-Host. Eine solche Inkompatibilität kann ein falscher VHD-Pfad sein, der auf dem neuen Host nicht existiert. Der Kompatibilitätsreport wird beim Importieren einer VM über das `Import-VM`-Commandlet angegeben und daher vor dem Importieren mit dem `Compare-VM`-Commandlet angelegt. Im einfachsten Fall wird das Commandlet mit dem `Path`-Parameter aufgerufen, der den Pfad der XML-Konfigurationsdatei der virtuellen Maschine angibt. Wichtig: Die VM darf nicht bereits mit einem Hyper-V-Server verbunden sein, ansonsten resultiert ein Fehler. Der Kompatibilitätsreport besteht aus einem Objekt (Typ `VMCompatibilityReport`), dessen `Incompatibilities`-Property alle Inkompatibilitäten zusammenfasst. Die Aufgabe besteht darin, die Inkompatibilitäten, eventuell durch Editieren der XML-Konfigurationsdatei, zu beheben.

Beispiel Der folgende Befehl legt auf der Grundlage der Konfigurations-datei einer VM einen Kompatibilitätsreport für eine nicht verbundene VM an.

```
Compare-VM -Path .\7F7460BE-22C6-40E3-B7EA-8D12C427DD3F.xml |
Select-Object -ExpandProperty Incompatibilities
```

Nicht benötigte ISO-Dateien auflisten

Um einen Überblick über alle aktuell als DVD-Laufwerke im Einsatz befindlichen ISO-Dateien zu erhalten, muss man lediglich jene ISO-Dateien auflisten, die aktuell keiner virtuellen Maschine zugeordnet sind.

Die folgende Befehlsfolge listet alle ISO-Dateien auf, die aktuell keiner virtuellen Maschine zugeordnet sind.

Beispiel

```
<#
 .Synopsis
 Auflisten nicht verbundener ISO-Dateien
#>

$HVServerName = "Server1"

$SB = {
  param([String]$HVServerName)
  $ISOOrdner = "C:\ISOS"
  $VMOrdner = "C:\VMS"
  $ISOFiles = Get-ChildItem -Path $ISOOrdner -Recurse -Include *.Iso
  $VMISOFiles = Get-VM -ComputerName $HVServerName | Get-VMDvdDrive | Select-Object -Property Path | Where-Object Path -like "*.iso" | Select-Object -ExpandProperty Path
  foreach($ISO in $ISOFiles)
  {
    if ($VMISOFiles -notcontains $ISO)
    {
      $ISO
    }
  }
}

Invoke-Command -ComputerName $HVServerName -ScriptBlock $SB -ArgumentList $HVServerName
```

47.6 PowerShell Management Library for Hyper-V (für ältere Betriebssysteme)

Wer noch nicht auf Windows Server 2012 (oder Virtualisierung mit Hyper-V auf Windows 8 nutzt) und auch nicht den *System Center Virtual Machine Manager (SCVVM)* als Teil von *System Center* einsetzt, für den ist die „PowerShell Management Library for Hyper-V" von *James O'Neill* und *Mike Kolitz* eventuell eine Hilfe, da sie mit ihren Funktionen das Automatisieren von Aktivitäten im Rahmen einer Hyper-V-Administration ähnlich komfortabel gestaltet wie das Hyper-V-Modul von Microsoft. Die Download-Adresse ist:

http://pshyperv.codeplex.com

Die PowerShell Management Library for Hyper-V basiert auf WMI und Hyper-V Server 2008. Auch wenn es unter Windows Server 2012 (allerdings mit kleinen Einschränkungen) eingesetzt werden kann, sollte man davon absehen, da die Hyper-V-Commandlets die deutlich bessere Alternative darstellen. Wer bereits Skripte mit der PowerShell Management Library for Hyper-V im Einsatz hat, sollte diese mit geringem Aufwand auf die Microsoft Hyper-V-Commandlets umstellen können. Für viele Funktionen gibt es namensgleiche Commandlets, wenngleich für einige der Funktionen aus der PowerShell Management Library for Hyper-V (noch) kein Pendant im Microsoft Hyper-V-Modul existiert. Ein weiterer Grund, der gegen den Einsatz des Hyper-V-Moduls unter Windows Server 2012 spricht, ist, dass es offenbar nicht mehr weiterentwickelt wird (die Veröffentlichung der neuesten Version datiert von Anfang 2011).

> Wer es trotzdem probieren möchte: Damit dieses Modul unter Windows Server 2012 fehlerfrei geladen wird, müssen in der Datei *Menu.ps1* im Modulverzeichnis zwei kleine Änderungen durchgeführt werden, die im Codeplex-Forum z.B. unter *http://pshyperv.codeplex.com/discussions/400194* beschrieben werden.

Die Installation des dieses Moduls ist für ein PowerShell-Modul etwas ungewöhnlich. Sie besteht aus dem Auspacken der ZIP-Datei (das „Zulassen" in den Eigenschaften der ZIP-Datei nicht vergessen) in ein leeres Verzeichnis und dem Ausführen der Cmd-Datei mit Administratorberechtigungen (etwaige Fehlermeldungen bitte ignorieren). Anschließend startet eine weitere PowerShell-Konsole, in der das Hyper-V-Modul mit seinen insgesamt 122 Funktionen enthalten ist.

> Dieser Hinweis wurde zu Beginn des Kapitels bereits gegeben, soll hier aber noch mal wiederholt werden: Das Modul Hyper-V als Teil von Windows Server 2012 von Microsoft und das OpenSource-Modul „PowerShell Management Library for Hyper-V", das oft auch kurz einfach „Hyper-V" genannt wird, können aufgrund ihrer Namensähnlichkeit leicht verwechselt werden.

Leider gibt es zu der PowerShell Management Library for Hyper-V keine eigene Dokumentation in Gestalt einer Einführung, aber zu jeder Funktion existieren ein paar Beispiele im Rahmen der Hilfe. Diese steht auf der *Codeplex*-Seite noch einmal in Gestalt einer PDF-Datei zur Verfügung. Da die PowerShell Management Library for Hyper-V auf dem Stand von Hyper-V-Server 2008 basiert, werden natürlich einige der mit der aktuellen Version eingeführten Merkmale, wie Live-Migration ohne das Vorhandensein eines Clusters, nicht unterstützt. Das Exportieren und Importieren von VMs wird unterstützt, der Umgang mit Snapshots ebenso und auch das Verschieben einer VM innerhalb eines Cluster-Verbunds ist möglich. Zusätzlich gibt es ein paar interessante Funktionen, die im Hyper-V-Modul von Microsoft nicht enthalten sind. Dazu gehört vor allem die Funktion `Get-VMBuildScript`, die aus einer laufenden VM PowerShell-Befehle ableitet, mit denen sich die VM neu anlegen lässt. Diese Funktion ist vor allem zum Kennenlernen der Hyper-V-Funktionen gut geeignet. Einen interessanten Ansatz bieten Funktionen wie `Show-HyperVMenu` und `Show-VMMenu`, die im Stile einer Windows Server Core-Administration ein textbasierendes Menü für die Konfiguration eines Hyper-V-Servers oder einer VM anzeigen und dem Administrator damit eine Menge Arbeit ersparen, da die einzelnen Funktionalitäten aus einem Menü ausgewählt werden können. Dies ist ein Ansatz, den Microsoft im Rahmen der PowerShell leider vernachlässig hat. Nett ist auch die Funktion `Get-VMThumbNail`, die ein Bildschirmfoto einer laufenden VM anfertigt und dieses im PNG-Format speichert.

Der wichtigste Unterschied zwischen der PowerShell Management Library for Hyper-V und dem offiziellen Hyper-V-Modul von Microsoft ist, dass Ersteres auf WMI unter Verwendung des DCOM-Protokolls basiert und daher die Regeln für die WMI-Verwaltung in der Firewall aktiviert sein müssen. Das Microsoft Hyper-V-Modul basiert auf WS-Management, so dass es „out of the box" funktioniert.

Ein paar Beispiele

Die folgenden Beispiele sollen den Umgang mit den Funktionen der Hyper-V-Bibliothek veranschaulichen und gehen nicht in die Tiefe, da davon ausgegangen wird, dass die PowerShell Management Library for Hyper-V aufgrund der stetig wachsenden Verfügbarkeit von Windows Server 2012 nur noch in Ausnahmefällen eingesetzt wird.

Der folgende Befehl legt eine neue VM ohne Konfigurationseinstellungen mit Hilfe der `New-VM`-Funktion auf dem angegebenen Server an.

Beispiel

```
$HVServerName = "Server1"
New-VM -Name TestVM -Server $HServerName
```

Das folgende Skript legt ebenfalls eine neue VM an. Dieses Mal werden ihr aber eine bereits vorhandene VHD-Datei (VHDX-Dateien werden offenbar nicht erkannt), ein DVD-Laufwerk, ein Netzwerkadapter, der auf einem bereits vorhandenen Switch basiert, und 1 GByte Arbeitsspeicher hinzugefügt. Nach dem Anlegen wird die VM gestartet. Vor der Ausführung des Skripts müssen die einzelnen Variablen mit passenden Werten belegt werden.

Beispiel

Kapitel 47 Virtuelle Systeme mit Hyper-V

```
$HVServerName = "ThinkServer"
$VMName = "Win7Test"
$VhdPath = "C:\VHDS\Win7Test_VHD.vhd"
$VM = New-VM -Name $VMName -Server $HVServerName
$VM | Add-VMDisk -Path $VhdPath -ControllerID 0 -Server
$HVServerName | Out-Null
$VM | Add-VMDrive -ControllerID 1 -OpticalDrive -LUN 0 -Server
$HVServerName | Out-Null
$VM | Add-VMNic -Server $HVServerName -VirtualSwitch Standard |
Out-Null
$VM | Set-VMMemory -Memory 1GB -Dynamic -Server $HVServerName |
Out-Null
Write-Verbose "VM wurde angelegt." -Verbose
Get-VMState -VM $VM -Server $HVServerName
Start-VM -VM $VM -Server $HVServerName
```

Tabelle 47.5
Einige interessante
Funktionen aus dem
Hyper-V-Modul

Funktion	Bedeutung
Add-VMDisk	Fügt ein virtuelles Festplattenlaufwerk hinzu und hängt es als Laufwerk an.
Add-VMDrive	Fügt ein DVD-Laufwerk hinzu und verknüpft es optional mit einer ISO-Datei.
Add-VMNIC	Fügt einen Netzwerkadapter hinzu und verknüpft diesen mit einem Switch.
Get-VMBuildScript	Liefert ein PowerShell-Skript in Bezug auf eine laufende VM, mit der sich die VM neu erstellen lässt.
Get-VMSummary	Liefert eine Zusammenfassung der Eckdaten aller laufenden VMs.
Get-VMThumbnail	Liefert eine PNG-Bitmap einer laufenden VM.
New-VM	Legt eine neue VM an. Als Parameter werden nur Name und Server festgelegt.
Ping-VM	Testet die Erreichbarkeit einer VM.
Set-VMMemory	Setzt die Speichergröße einer VM.
Start-VM	Startet eine VM.

Möchte man die Hilfe zu einer Funktion der PowerShell Management Library for Hyper-V abrufen, für die es ein gleichnamiges Commandlet im Hyper-V-Modul gibt, zeigt `Get-Help` lediglich die Namensvetter an. Um die Hilfe gezielt abzurufen, muss der Funktionsname durch den Modulnamen qualifiziert werden (z.B. `Get-Help hyperv\get-vm -Examples`).

48 Internet Information Server (IIS)

Das Modul „WebAdministration" (seit Windows Server 2008 R2 sowie Windows Client seit Version 7 mit Installieren der Fernverwaltungswerkzeuge) dient der Verwaltung des in Windows Client und Windows Server integrierten Webservers „Internet Information Services" (IIS). Mit dem Modul lässt sich aber nur der IIS 7.x/8.0 verwalten, der ab Windows Vista bzw. Windows Server 2008 in Windows enthalten ist. Auch der in Windows Server 2008 R2 enthaltene IIS 7.5 sowie der IIS 8.0 von Windows 8 und Windows Server 2012 lässt sich damit verwalten.

IIS-Verwaltung

48.1 Überblick

Das Modul „WebAdministration" enthält einen gleichnamigen Power-Shell-Navigationsprovider sowie zahlreiche Commandlets:

- Add-WebConfiguration
- Add-WebConfigurationLock
- Add-WebConfigurationProperty
- Backup-WebConfiguration
- Clear-WebConfiguration
- Clear-WebRequestTracingSettings
- ConvertTo-WebApplication
- Disable-WebGlobalModule
- Disable-WebRequestTracing
- Enable-WebGlobalModule
- Enable-WebRequestTracing
- Get-WebAppDomain
- Get-WebApplication
- Get-WebAppPoolState
- Get-WebBinding
- Get-WebConfigFile
- Get-WebConfiguration
- Get-WebConfigurationBackup
- Get-WebConfigurationLocation

Kapitel 48 Internet Information Server (IIS)

- Get-WebConfigurationLock
- Get-WebConfigurationProperty
- Get-WebFilePath
- Get-WebGlobalModule
- Get-WebHandler
- Get-WebItemState
- Get-WebManagedModule
- Get-WebRequest
- Get-Website
- Get-WebsiteState
- Get-WebURL
- Get-WebVirtualDirectory
- New-WebApplication
- New-WebAppPool
- New-WebBinding
- New-WebFtpSite
- New-WebGlobalModule
- New-WebHandler
- New-WebManagedModule
- New-Website
- New-WebVirtualDirectory
- Remove-WebApplication
- Remove-WebAppPool
- Remove-WebBinding
- Remove-WebConfigurationBackup
- Remove-WebConfigurationLocation
- Remove-WebConfigurationLock
- Remove-WebConfigurationProperty
- Remove-WebGlobalModule
- Remove-WebHandler
- Remove-WebManagedModule
- Remove-Website
- Remove-WebVirtualDirectory
- Rename-WebConfigurationLocation
- Restart-WebAppPool
- Restart-WebItem
- Restore-WebConfiguration
- Select-WebConfiguration

- Set-WebBinding
- Set-WebConfiguration
- Set-WebConfigurationProperty
- Set-WebGlobalModule
- Set-WebHandler
- Set-WebManagedModule
- Start-WebAppPool
- Start-WebCommitDelay
- Start-WebItem
- Start-Website
- Stop-WebAppPool
- Stop-WebCommitDelay
- Stop-WebItem
- Stop-Website

48.2 Navigationsprovider

Das Modul „WebAdministration" legt beim Import für den Navigationsprovider „WebAdministration" ein „Laufwerk" „IIS:" an. Unterhalb des Wurzelordners gibt es die Unterordner: „AppPools", „Sites" und „SslBinding". Sites enthält die HTTP-Websites (siehe *Abbildung 48.1*).

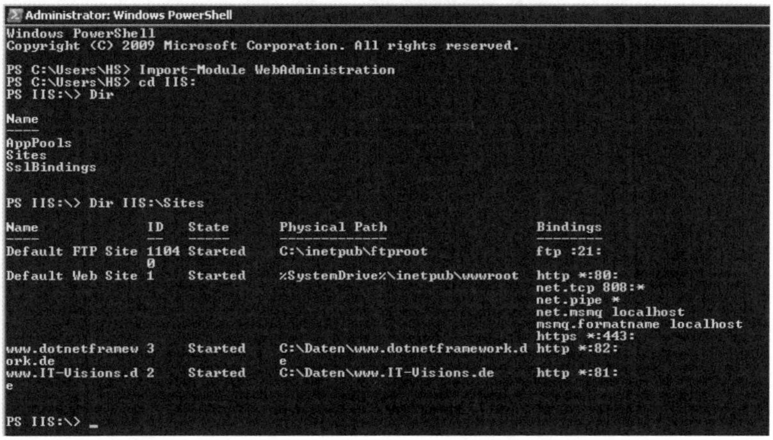

IIS

Abbildung 48.1
Auflisten der vorhandenen Websites

Abbildung 48.2 *Mit Get-Item | Select-Object * sieht man Details über eine Website.*

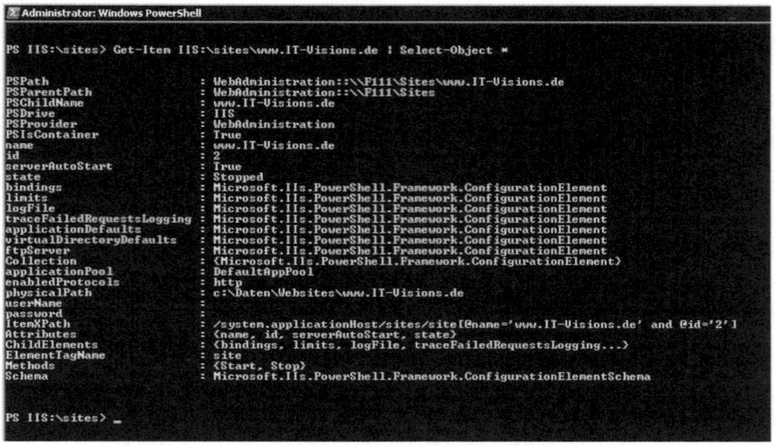

```
Administrator: Windows PowerShell

PS IIS:\sites> Get-Item IIS:\sites\www.IT-Visions.de | Select-Object *

PSPath                     : WebAdministration::\\F111\Sites\www.IT-Visions.de
PSParentPath               : WebAdministration::\\F111\Sites
PSChildName                : www.IT-Visions.de
PSDrive                    : IIS
PSProvider                 : WebAdministration
PSIsContainer              : True
name                       : www.IT-Visions.de
id                         : 2
serverAutoStart            : True
state                      : Stopped
bindings                   : Microsoft.IIs.PowerShell.Framework.ConfigurationElement
limits                     : Microsoft.IIs.PowerShell.Framework.ConfigurationElement
logFile                    : Microsoft.IIs.PowerShell.Framework.ConfigurationElement
traceFailedRequestsLogging : Microsoft.IIs.PowerShell.Framework.ConfigurationElement
applicationDefaults        : Microsoft.IIs.PowerShell.Framework.ConfigurationElement
virtualDirectoryDefaults   : Microsoft.IIs.PowerShell.Framework.ConfigurationElement
ftpServer                  : Microsoft.IIs.PowerShell.Framework.ConfigurationElement
Collection                 : {Microsoft.IIs.PowerShell.Framework.ConfigurationElement}
applicationPool            : DefaultAppPool
enabledProtocols           : http
physicalPath               : c:\Daten\Websites\www.IT-Visions.de
userName                   :
password                   :
ItemXPath                  : /system.applicationHost/sites/site[@name='www.IT-Visions.de' and @id='2']
Attributes                 : {name, id, serverAutoStart, state}
ChildElements              : {bindings, limits, logFile, traceFailedRequestsLogging...}
ElementTagName             : site
Methods                    : {Start, Stop}
Schema                     : Microsoft.IIs.PowerShell.Framework.ConfigurationElementSchema

PS IIS:\sites> _
```

Get-Website Alternativ kann man zum Auflisten der Inhalte die Commandlets `Get-Website`, `Get-WebvirtualDirectory` und `Get-WebApplication` verwenden.

Abbildung 48.3 *Get-Websites ignoriert den Parameter „-name".*

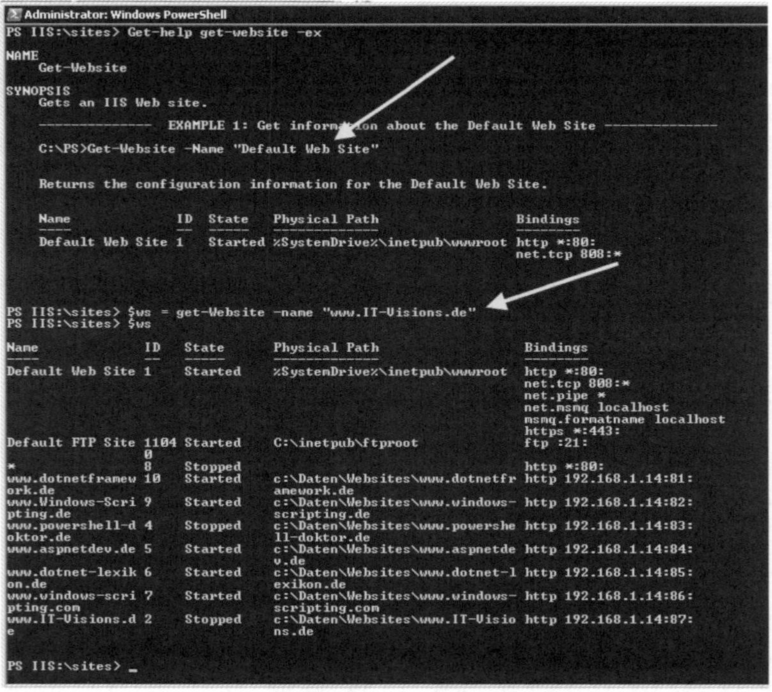

```
Administrator: Windows PowerShell
PS IIS:\sites> Get-help get-website -ex

NAME
    Get-Website

SYNOPSIS
    Gets an IIS Web site.

    -------------- EXAMPLE 1: Get information about the Default Web Site --------------

    C:\PS>Get-Website -Name "Default Web Site"

    Returns the configuration information for the Default Web Site.

    Name             ID  State   Physical Path                  Bindings
    ----             --  -----   -------------                  --------
    Default Web Site 1   Started %SystemDrive%\inetpub\wwwroot http *:80:
                                                                net.tcp 808:*


PS IIS:\sites> $ws = get-Website -name "www.IT-Visions.de"
PS IIS:\sites> $ws

Name             ID   State      Physical Path                  Bindings
----             --   -----      -------------                  --------
Default Web Site 1    Started    %SystemDrive%\inetpub\wwwroot  http *:80:
                                                                net.tcp 808:*
                                                                net.pipe *
                                                                net.msmq localhost
                                                                msmq.formatname localhost
                                                                https *:443:
Default FTP Site 1104 Started    C:\inetpub\ftproot             ftp :21:
                 0
*                8    Stopped                                   http *:80:
www.dotnetframew 10   Started    c:\Daten\Websites\www.dotnetfr http 192.168.1.14:81:
ork.de                           amework.de
www.Windows-Scri 9    Started    c:\Daten\Websites\www.windows- http 192.168.1.14:82:
pting.de                         scripting.de
www.powershell-d 4    Stopped    c:\Daten\Websites\www.powershe http 192.168.1.14:83:
oktor.de                         ll-doktor.de
www.aspnetdev.de 5    Started    c:\Daten\Websites\www.aspnetde http 192.168.1.14:84:
                                 v.de
www.dotnet-lexik 6    Started    c:\Daten\Websites\www.dotnet-l http 192.168.1.14:85:
on.de                            exikon.de
www.windows-scri 7    Started    c:\Daten\Websites\www.windows- http 192.168.1.14:86:
pting.com                        scripting.com
www.IT-Visions.d 2    Stopped    c:\Daten\Websites\www.IT-Visio http 192.168.1.14:87:
e                                ns.de

PS IIS:\sites> _
```

Anlegen von Websites

Um dies zu umgehen, muss man `Where-Object` benutzen:

`$ws = Get-Website | where { $_.name -eq "www.IT-Visions.de" }`

Grundsätzlich kann man auch `Get-Item` verwenden:

`$ws2 = Get-Item "iiS:\sites\ www.IT-Visions.de"`.

Der Unterschied ist nur, dass im ersten Fall die PowerShell den Pipeline-Inhalt als Instanzen „Microsoft.IIs.PowerShell.Framework.ConfigurationElement#site" identifiziert und im zweiten Fall die PowerShell dort lediglich „System.Object" erkennt, obwohl die Attribute, die `Get-Member` anzeigt, in beiden Fällen gleich sind.

48.3 Anlegen von Websites

Zum Anlegen eines virtuellen Webservers („Website") verwendet man `New-Website`, z.B.: **New-Website**

`New-Website -Name "www.PowerShell-Doktor.de" -PhysicalPath "c:\Daten\www.PowerShell-doktor.de" -Port 83`

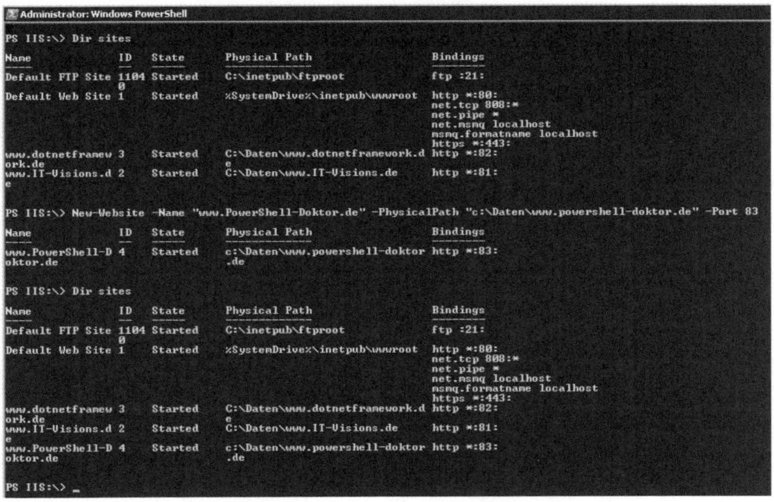

*Abbildung 48.4
Vor und nach dem Anlegen einer Website*

Das angegebene Verzeichnis im Dateisystem muss vorher existieren!

48.4 Massenanlegen von Websites

Es sei folgende Textdatei gegeben, aus der virtuelle Webserver („Websites") erzeugt werden sollen.

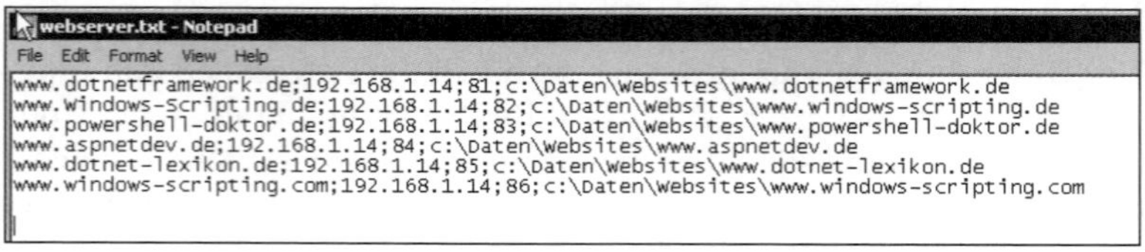

Abbildung 48.5 Datei webserver.txt

```
www.dotnetframework.de;192.168.1.14;81;c:\Daten\websites\www.dotnetframework.de
www.windows-Scripting.de;192.168.1.14;82;c:\Daten\websites\www.windows-scripting.de
www.powershell-doktor.de;192.168.1.14;83;c:\Daten\websites\www.powershell-doktor.de
www.aspnetdev.de;192.168.1.14;84;c:\Daten\websites\www.aspnetdev.de
www.dotnet-lexikon.de;192.168.1.14;85;c:\Daten\websites\www.dotnet-lexikon.de
www.windows-scripting.com;192.168.1.14;86;c:\Daten\websites\www.windows-scripting.com
```

Ohne das WebAdministration-Modul müsste man das folgende Skript starten, das WMI verwendet.

Listing 48.1 Massenanlegen von Websites mit PowerShell ohne das WebAdministration-Modul [Einsatzgebiete\IIS\IIS_CreateSites.ps1]

```
# =====================
# IIS Script: Websites anlegen ohne das WebAdministration-Modul
# (C) Dr. Holger Schwichtenberg
# =====================

# === Get WMI Object with DCOM encryption
Function Get-WMIObjectEx($Namespace, $Path)
{
#Write-Host $Namespace $Path
$connection = New-Object System.Management.ConnectionOptions
$connection.Authentication =
[System.Management.AuthenticationLevel]::PacketPrivacy
$scope = New-Object System.Management.ManagementScope($Namespace,
$connection)
$path = New-Object System.Management.ManagementPath($Path)
$GetOptions = New-Object System.Management.ObjectGetOptions
$WMI = New-Object
System.Management.ManagementObject($scope,$path,$GetOptions)
return $WMI
}

# === Get WMI class with DCOM encryption
Function Get-WMIClassEx($Namespace, $Path)
{
Write-Host $Namespace $Path
$connection = New-Object System.Management.ConnectionOptions
$connection.Authentication =
[System.Management.AuthenticationLevel]::PacketPrivacy
$scope = New-Object System.Management.ManagementScope($Namespace,
$connection)
$path = New-Object System.Management.ManagementPath($Path)
$GetOptions = New-Object System.Management.ObjectGetOptions
return New-Object
System.Management.ManagementClass($scope,$path,$GetOptions)
}

# === Create Site
```

Massenanlegen von Websites

```
function New-IISVirtWeb ([string]$Computer, [string]$Name,
[string]$IP, [string]$Port, [string]$Hostname, [string]$RootDir)
{
$Namespace = "\\" + $Computer + "\root\MicrosoftIISv2"
$Path1 = $Namespace + ":ServerBinding"
$Path2 = $Namespace + ":IIsWebService='W3SVC'"


# Create Binding
$class = Get-WMIClassEx $Namespace $Path1
$binding = $class.CreateInstance()
$binding.IP = $IP
$binding.Port = $Port
$binding.Hostname = $Hostname
[array] $bindings = $binding

# Create Site
$Webservice = Get-WMIObjectEx $Namespace  $Path2
$Website = $Webservice.CreateNewSite($Name, $bindings, $RootDir)

Write-Host "Webserver" $Name "angelegt auf Computer" $Computer "!"
}


# --- Parameters
$InputFile = "H:\demo\WPS\B_IIS\webserver.txt"
$Computer = "F171"

# Read textfile and create a new webserver for each line
Get-Content $InputFile | Foreach-Object {
$a = $_.Split(";")
# Create directory if it does not exist!
mkdir  $a[3] -erroraction silentlycontinue
# Create Websitegm
New-IISVirtWeb $Computer  $a[0]   $a[1] $a[2] "" $a[3]
}
```

Mit dem WebAdministration-Modul ist diese Aufgabe wesentlich kürzer zu erledigen.

```
# --- Parameters
$InputFile = "c:\wps\webserver.txt"
$Computer = "F111"

# --- Read textfile and create a new webserver for each line
Get-Content $InputFile | Foreach-Object {
$a = $_.Split(";")
# Create directory if it does not exist!
mkdir  $a[3] -erroraction silentlycontinue
# Create Website
New-Website -Name $a[0] -IPAddress  $a[1] -port $a[2] -PhysicalPath $a[3] -force
}
```

Listing 48.2
Massenanlegen von Websites mit PowerShell mit dem WebAdministration-Modul [WPS2_IIS-CreateWebsites_From_CSV.ps1]

48.5 Ändern von Eigenschaften von Websites

Get-Website Zum Ändern von Eigenschaften einer Website greift man auf die Website mit `Get-Item` (oder `Get-Website`) zu. Dann kann man auf die Attribute schreibend zugreifen. Nach dem Beschreiben sorgt man mit `Set-Item` für die Speicherung der Änderungen.

Achtung: Anders als der Dateisystemprovider der PowerShell speichert der WebAdministration-Provider erst nach einem expliziten Speichervorgang!

Abbildung 48.6
Verändern des Standorts für die Protokolldaten

Ohne den Neuabruf der Daten mit `Get-Item` nach dem `Set-Item` hätte man in dem obigen Beispiel keinen Beweis, dass die Änderung wirklich gespeichert wurde.

48.6 Anwendungspool anlegen

New-WebApp-Pool Sofern man keinen Anwendungspool angibt, landet die neue Website im Standardpool. Alternativ kann man vorher mit `New-WebAppPool` einen Pool anlegen und bei `New-Website` den Namen des Pools im Parameter `-ApplicationPool` angeben:

```
$pool = New-WebAppPool -name "PowerShell-Doktor Pool"
$site = New-Website -Name "www.PowerShell-Doktor.de" -PhysicalPath
"c:\Daten\www.PowerShell-doktor.de" -Port 83 -ApplicationPool
$pool.name
```

Außerdem kann man die Identität des Anwendungspools setzen:

```
Set-ItemProperty "iis:\apppools\PowerShell-Doktor Pool" -name
processModel -value @{userName="PSDoktor Pool
User";password="Very!Secret!09";identitytype=3}
```

Die PowerShell-Commandlets prüfen nicht, ob die angegebene Identität existiert.

Virtuelle Verzeichnisse und IIS-Anwendungen

Abbildung 48.7: Nach dem Anlegen des Anwendungspools und dem Zuweisen der Identität

48.7 Virtuelle Verzeichnisse und IIS-Anwendungen

Das Anlegen eines virtuellen Verzeichnisses ist ebenfalls sehr einfach:

New-WebVirtual-Directory

```
New-WebVirtualDirectory -Site "www.PowerShell-doktor.de" -PhysicalPath "c:\Daten\WPSSkripte" -Name "Skripte"
```

Aus einem virtuellen Verzeichnis kann man eine IIS-Anwendung erzeugen:

```
ConvertTo-WebApplication -PSPath "IIS:\sites\www.IT-Visions.de\Skripte"
```

Oder man kann direkt eine IIS-Anwendung anlegen:

New-WebApplication

```
New-WebApplication -Site "www.PowerShell-doktor.de" -Name "PowerShell Skripte" -PhysicalPath "C:\Daten\Skripte"
```

48.8 Website-Zustand ändern

Mit `Get-WebitemState` kann man abfragen, ob eine Website läuft oder gestoppt ist:

Starten und Stoppen

```
Get-WebitemState "IIS:\sites\www.PowerShell-doktor.de"
```

Mit Start-Website und Stop-Website kann man den Status einer IIS-Website ändern (siehe Beispiel in der Bildschirmabbildung).

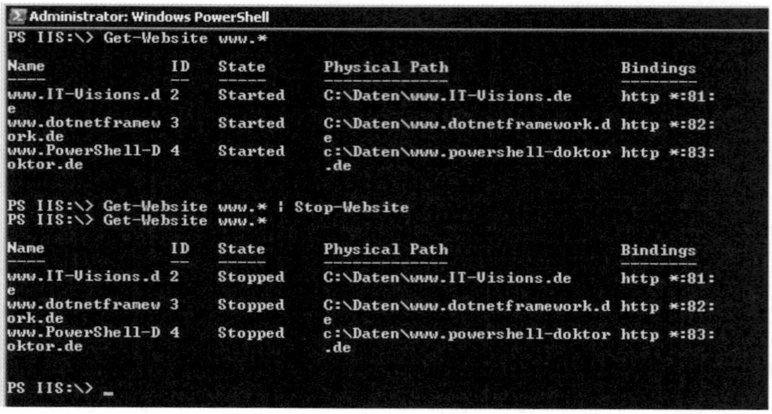

Abbildung 48.8
Anhalten einer Website, deren Name mit „www." beginnt

48.9 Anwendungspools starten und stoppen

Get-Webitem-State

Mit Get-WebitemState kann man auch den Status von Anwendungspools abfragen:

Get-WebitemState "IIS:\Apppools\PowerShell-Doktor Pool"

Hier erfolgt die Statusänderung mit Start-Webitem und Stop-Webitem, z.B.:

Stop-Webitem "IIS:\Apppools\PowerShell-Doktor Pool"
Start-Webitem "IIS:\Apppools\PowerShell-Doktor Pool"

Will man einen laufenden Pool einfach neu starten, kann man auch Restart-Webitem verwenden:

Restart-Webitem "IIS:\Apppools\PowerShell-Doktor Pool"

> Die Commandlets mit „Webitem" im Namen lassen sich auch auf Websites anwenden.

48.10 Löschen von Websites

Remove

Zum Löschen von Einträgen im IIS gibt es diverse Commandlets, z.B. Remove-Website, Remove-WebApplication, Remove-WebVirtualDirectory und Remove-WebAppPool.

Achtung: Die Commandlets arbeiten im Standard ohne Nachfrage. Der Befehl „Remove-WebSite www*" löscht alle Websites, deren Name mit „www" beginnt.

49 Microsoft Exchange Server

Microsoft Exchange Server 2007 war das damals erste Microsoft-Server-Produkt mit einer kompletten PowerShell-Unterstützung.

Nach dem Start der auf PowerShell basierenden Exchange Management Shell erhält man mit dem Befehl

`Get-ExCommand`

eine Liste der Exchange-Server-spezifischen Commandlets.

49.1 Daten abrufen

Eine Liste aller Postfächer erhält man durch: **Datenabruf**

`Get-Mailbox`

Die Liste der Datenbanken liefert:

`Get-Mailboxdatabase`

Und die Speichergruppen bekommt man mit:

`Get-Storagegroup`

Die Funktionsfähigkeit eines Exchange Servers kann man testen mit:

`Test-ServiceHealth`

49.2 Postfächer verwalten

Eine Speichergruppe legt man an mit: **Postfachverwaltung**

`New-Storagegroup "Autorenspeichergruppe" -server "E12"`

Eine Datenbank für Postfächer erstellt man mit:

`New-Mailboxdatabase "Autorenpostfachdatenbank" -storagegroup "Autorenspeichergruppe"`

Zum Erstellen eines Postfachs kann man folgenden Befehl verwenden:

`New-Mailbox -alias "HSchwichtenberg" -name HolgerSchwichtenberg -userprincipalname HS@IT-Visions.de -database "E12\First Storage Group\Mailbox Database" -org users`

Wenn der Benutzer im Active Directory schon existiert, ist der Befehl kürzer:

```
Enable-Mailbox hs@IT-Visions.de -database "E12\First Storage Group\Mailbox Database"
```

Nach dem Anlegen kann man mit `Get-Mailbox` bzw. `Set-Mailbox` auf die Eigenschaften des Postfachs zugreifen. Das nachträgliche Ergänzen einer E-Mail-Adresse funktioniert durch Neusetzen der Eigenschaft `EMailAddresses` unter Berücksichtigung der bisherigen Adressen:

```
Set-Mailbox HS@IT-Visions.de -EmailAddresses ((Get-Mailbox hs@IT-Visions.de).EmailAddresses + "HSchwichtenberg@IT-Visions.de ")
```

Das Postfach kann man zu einer Verteilerliste hinzufügen:

```
Add-DistributionGroupMember Autoren -Member "hs@IT-Visions.de"
```

Das Postfach lässt sich in eine andere Datenbank verlagern:

```
Move-Mailbox hs@IT-Visions.de -targetdatabase "Autorenpostfachdatenbank"
```

Oder man begrenzt den Speicherplatz:

```
Get-Mailbox hs@IT-Visions.de | Set-Mailbox -UseDatabaseQuotaDefaults:$false -ProhibitSendReceiveQuota 100MB -ProhibitSendQuota 90MB -IssueWarningQuota 80MB
```

Begrenzen kann man auch die Größe für eingehende E-Mails für eine Verteilerliste:

```
Set-DistributionGroup Autoren -MaxReceiveSize 5000KB
```

Auch zum Deaktivieren eines Postfachs gibt es ein Commandlet:

```
Disable-Mailbox hs@IT-Visions.de
```

49.3 Öffentliche Ordner verwalten

Öffentliche Ordner Eine Datenbank für öffentliche Ordner erstellt man mit:

```
New-PublicFolderDatabase "Autorenordnerdatenbank" -storagegroup "Autorenspeichergruppe "
```

Einen öffentlichen Ordner legt man an mit:

```
New-PublicFolder "\Dokumente" -Path \pubfolders -Server "E12"
```

Rechte auf einen Ordner vergibt man mit:

```
Add-PublicFolderPermission "\ManuScripte" -User hs -AccessRights "CreateItems"
```

Die Speicherplatzgrenzen für einen öffentlichen Ordner setzt man mit:

```
Set-PublicFolder "\Dokumente" -PostStorageQuota 20MB -MaxItemSize 2MB
```

Weitere Informationen Weitere PowerShell-Skripte zur Exchange-Verwaltung finden Sie unter [TNET02].

50 Optimierungen und Problemlösungen

Seit Windows 7 und Windows Server 2008 R2 gibt es zwei Module, die dabei helfen, das Betriebssystem optimal zu konfigurieren und Probleme zu lösen.

50.1 PowerShell-Modul „TroubleshootingPack"

Ein „Troubleshooting Pack" (Problemlösungspaket) ist seit Windows 7 und Windows Server 2008 R2 eine Möglichkeit für den Windows-Benutzer, Problemunterstützung zu erhalten. Man findet die Problemlöser als Benutzer in der Systemsteuerung. Microsoft spricht auch von der Windows Troubleshooting Platform (WTP).

Windows Troubleshooting Platform

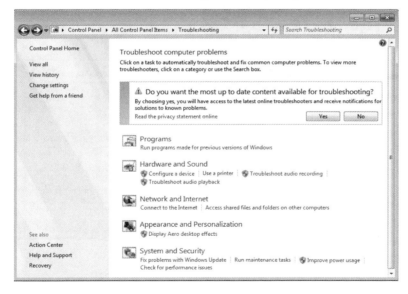

Abbildung 50.1
Problemlösungsangebote in der Windows-7-Systemsteuerung

Kapitel 50 Optimierungen und Problemlösungen

Abbildung 50.2
Der Problemlöser für den Drucker, der nicht gefunden wurde

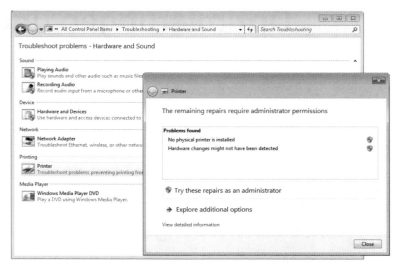

Implementiert sind die Problemlöser in Form von DLLs und Power-Shell-Skripten (die zum Teil wiederum aus C#-Programmcode bestehen, der ad-hoc kompiliert wird). Die Problemlöser liegen unter *C:\Windows\Diagnostics*.

Abbildung 50.3
Troubleshooting Packs in Windows Server 2008 R2

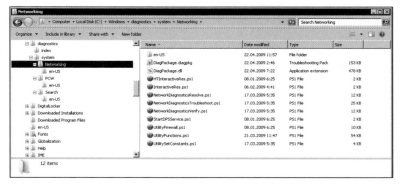

PowerShell-Modul „TroubleshootingPack"

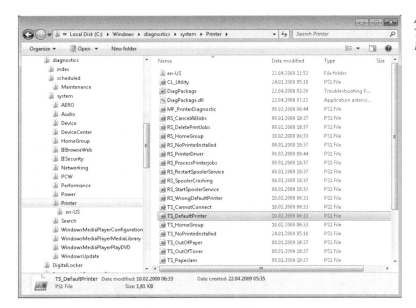

Abbildung 50.4
Troubleshooting Packs in Windows 7

Das Modul „TroubleshootingPack" enthält nur zwei Commandlets:
- Get-TroubleshootingPack
- Invoke-TroubleshootingPack

Mit dem Commandlet Get-TroubleshootingPack kann man Informationen über ein durch den Standort im Dateisystem spezifiziertes Problemlösungspaket abrufen, z.B.:

Get-TroubleshootingPack C:\Windows\diagnostics\system\printer

Rückgabeobjekt ist eine Instanz der Klasse Microsoft.Windows.Diagnosis.DiagPack.

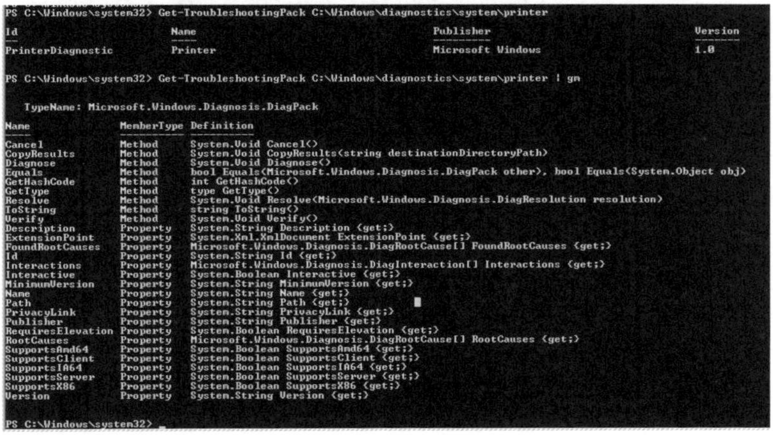

Abbildung 50.5
Aufruf von Get-TroubleshootingPack

Kapitel 50 Optimierungen und Problemlösungen

Mit `Invoke-TroubleshootingPack` kann man ein zuvor mit `Get-TroubleshootingPack` geladenes Paket aufrufen, z.B.

```
Get-TroubleshootingPack C:\Windows\diagnostics\system\printer |
Invoke-TroubleshootingPack
```

Die Interaktion ist dann kommandozeilenbasiert (siehe *Abbildung 50.6*).

Abbildung 50.6
Aufruf des Problemlösers für den Drucker mit Administratorrechten

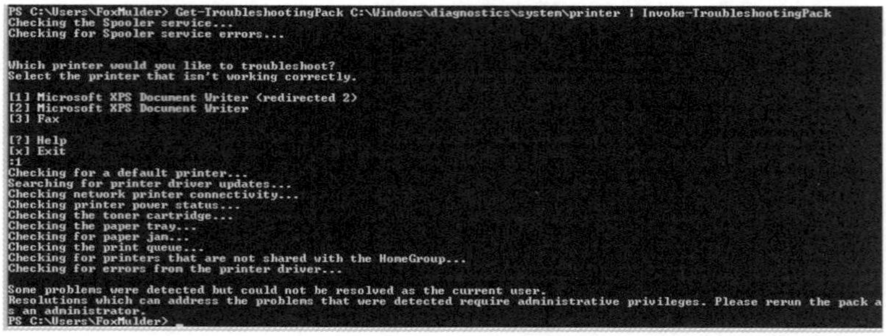

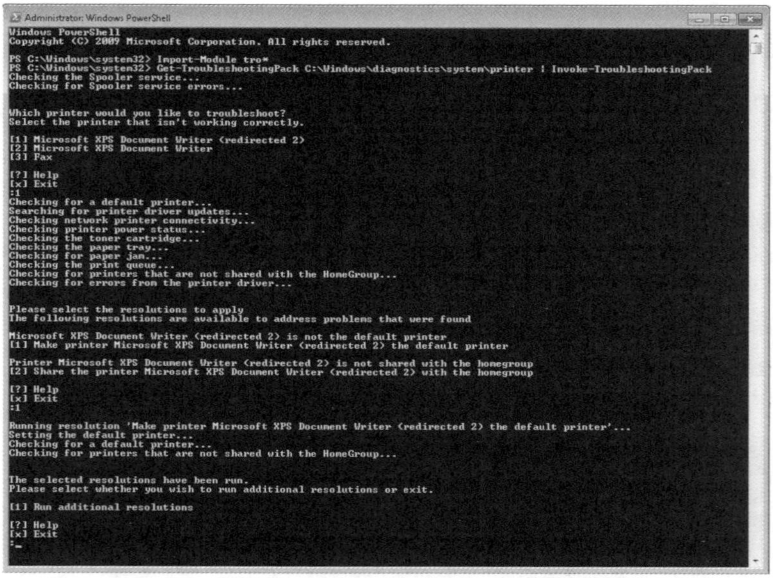

50.2 PowerShell-Modul „Best Practices"

BPA-Modelle Ein „Best Practices Analyzer-Modell" (kurz: „BPA-Modell") ist seit Windows Server 2008 R2 eine Prüfroutine, ob Windows-Funktionen gemäß den Richtlinien von Microsoft eingesetzt werden.

PowerShell-Modul „Best Practices"

Das Modul umfasst vier Commandlets:

- `Get-BPAModel`: Liste der installierten Best-Practices-Modelle
- `Invoke-BPAModel`: Aufruf eines BPA-Modells
- `Get-BPAResult`: Anzeige der Prüfergebnisse eines BPA-Modells (es wird immer nur der letzte Prüfvorgang für das angegebene Modell gespeichert)
- `Set-BPAResult`: dient dem Ausschluss von Ergebnissen aus der Liste der Prüfergebnisse, die `Get-BPAResult` liefert

`Get-BPAModel` zeigt auf einem Windows Server 2008 R2 mit nahezu allen installierten Rollen und Funktionen (Ausnahme: HyperV und Active Directory Rights Management Services) die in nachstehender Bildschirmabbildung dokumentierten BPA-Modelle.

Abbildung 50.7
Anzeige der installierten BPA-Modelle

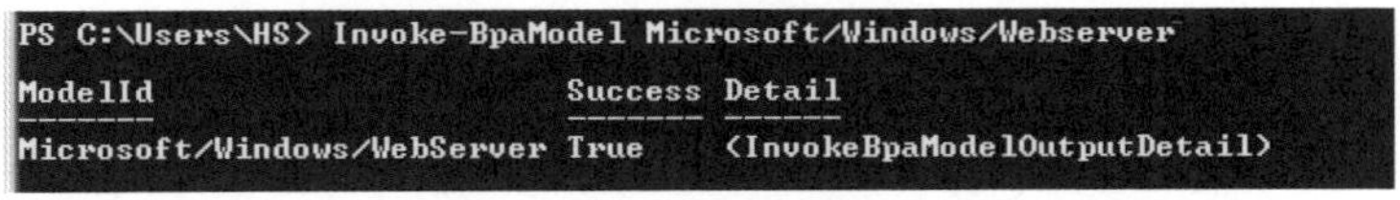

Abbildung 50.8
Aufruf eines BPA-Modells

Abbildung 50.9
Aufruf der Prüfergebnisse mit Get-BPAResult

Mit `Set-BPAResult` kann man einzelne Teilergebnisse („Results") ausschließen. Der folgende Befehl schließt alle Ergebnisse mit einem bestimmten Titel aus:

```
Get-Bparesult Microsoft/Windows/Webserver | where { $_.Title -eq
"Grant a handler execute/script or write permissions, but not both"
} | Set-BPAResult Microsoft/Windows/Webserver -exclude $true
```

Die „Result"-Einträge werden dadurch nicht gelöscht, aber mit „Excluded: True" markiert.

Anschließend kann man dann mit

```
Get-Bparesult Microsoft/Windows/Webserver | where { $_.excluded -eq
$false }
```

auf die verbliebenen Ergebnisse zugreifen.

`Set-BPAResult` ist sinnvoll, um bei einer großen Menge von Ergebnissen den Überblick zu behalten, was man schon bearbeitet/erledigt hat bzw. was man ignorieren möchte.

51 Grafische Benutzeroberflächen

Die Microsoft Shell besitzt keine eingebauten Commandlets zur Anzeige grafischer Benutzerschnittstellen. Es spricht aber nichts dagegen, die `System.Windows.Forms`-Bibliothek (kurz: Windows Forms oder WinForms) von .NET direkt zu nutzen. Auch die Windows Presentation Foundation (WPF) kann man verwenden. In dem PowerShellPack aus dem Windows 7 Resource Kit gibt es ein PowerShell-Modul, das in rund 700 Commandlets die Funktionen von WPF kapselt. Lesen Sie dazu den *Abschnitt „WPF PowerShell Kit (WPK)"* später in diesem Kapitel.

System.Windows.Forms

Für die ausführliche Erläuterung der Windows-Forms-Bibliothek (einige Hundert Klassen!) ist in diesem Buch kein Raum. Zwei Beispiele sollen den Ansatz erläutern.

51.1 Eingabemasken

Das folgende Skript erzeugt eine Eingabemaske für drei Werte. Zur Vereinfachung gelten folgende Einschränkungen:

▶ Die Eingabefelder werden automatisch angeordnet und nicht absolut positioniert („Flussgestaltung", vgl. HTML).

▶ Das Formular kann nur über das Kreuz in der Fensterzeile geschlossen werden. Es gibt keine zusätzliche Schaltfläche (weil es kompliziert ist, in einem Formular mit der PowerShell Programmcode zu hinterlegen).

Abbildung 51.1
Ein mit Windows Forms in der PowerShell erzeugtes Eingabefenster

Das folgende PowerShell-Skript zeigt das Beispiel, in dem ein Formular (`Form`), ein Flussgestaltungsbereich (`FlowLayoutPanel`), drei Beschriftungsfelder (`Label`) und drei Eingabefelder (`Textbox`) zum Einsatz kommen. Wichtig ist, dass der Bereich das Formular ausfüllt (`[System.`

Form

Kapitel 51 Grafische Benutzeroberflächen

Windows.Forms.DockStyle]::Fill) und man die Steuerelemente korrekt hintereinander verschachtelt (Controls.Add()).

Listing 51.1
Eingabefenster anzeigen und auswerten [Einsatzgebiete\GUI\GUI_Form.ps1]

```
# Windows Forms laden
[System.Reflection.Assembly]::LoadWithPartialName("System.windows.forms")

# Fenster erzeugen
$form = New-Object "System.Windows.Forms.Form"
$form.Size = New-Object System.Drawing.Size @(200,200)
$form.topmost = $true
$form.text = "Eingabeformular"

# Bereich erzeugen
$Bereich = New-Object "System.Windows.Forms.FlowGestaltungBereich "
$Bereich.Dock = [System.Windows.Forms.DockStyle]::Fill
$form.Steuerelements.Add($Bereich)

# Textfelder erzeugen
$L1 = New-Object "System.Windows.Forms.Label"
$L2 = New-Object "System.Windows.Forms.Label"
$L3 = New-Object "System.Windows.Forms.Label"
$T1 = New-Object "System.Windows.Forms.Texteingabefeld"
$T2 = New-Object "System.Windows.Forms.Texteingabefeld"
$T3 = New-Object "System.Windows.Forms.Texteingabefeld"
$B1 = New-Object "System.Windows.Forms.Schaltfläche"

# Texte setzen
$L1.Text = "Name:"
$L2.Text = "E-Mail:"
$L3.Text = "Website:"

# Größen setzen
$T1.Width = 180
$T2.Width = 180
$T3.Width = 180

# Elemente zum Bereich hinzufügen
$Bereich.Steuerelements.Add($L1)
$Bereich.Steuerelements.Add($T1)
$Bereich.Steuerelements.Add($L2)
$Bereich.Steuerelements.Add($T2)
$Bereich.Steuerelements.Add($L3)
$Bereich.Steuerelements.Add($T3)

# Fenster anzeigen
$form.showdialog()

# Werte ausgeben
"Eingegeben wurden: " + $T1.Text + ";" + $T2.Text + ";" + $T3.Text
```

51.2 Universelle Objektdarstellung

Wenn man ein Objekt mit vielen Eigenschaften darstellen möchte, ist die obige Vorgehensweise der einzelnen Erzeugung von Windows-Forms-Elementen sehr aufwendig. Einfacher geht es mit dem in Windows Forms definierten Steuerelement PropertyGrid, an das man jedes beliebige .NET-Objekt binden kann und das erfolgte Änderungen auch an das Objekt weitergibt.

PropertyGrid

*Abbildung 51.2
Anzeige und Änderung eines Process-Objekts mit einem Windows Forms PropertyGrid*

```
# Windows Forms laden
[System.Reflection.Assembly]::LoadWithPartialName("System.windows.
forms")

# Fenster erzeugen
$form = New-Object "System.Windows.Forms.Form"
$form.Size = New-Object System.Drawing.Size @(700,800)
$form.topmost = $true

# PropertyGrid erzeugen
$PG = New-Object "System.Windows.Forms.PropertyGrid"
$PG.Dock = [System.Windows.Forms.DockStyle]::Fill
$form.Steuerelemente.Add($PG)
```

*Listing 51.2
Anzeige und Änderung eines Process-Objekts mit einem Windows Forms PropertyGrid [GUI_Propertygrid.ps1]*

```
# Inhalt an PropertyGrid zuweisen
$i = Get-Process  outlook
$PG.selectedobject = $i

# Fenster anzeigen
$form.showdialog()
```

51.3 Zwischenablage

Zwischenablage Zum Befüllen und Auslesen der Zwischenablage gibt es in den PSCX die Commandlets:

- Write-Clipboard
- Set-Clipboard
- Get-Clipboard

Abbildung 51.3
Einsatz von Set-Clipboard

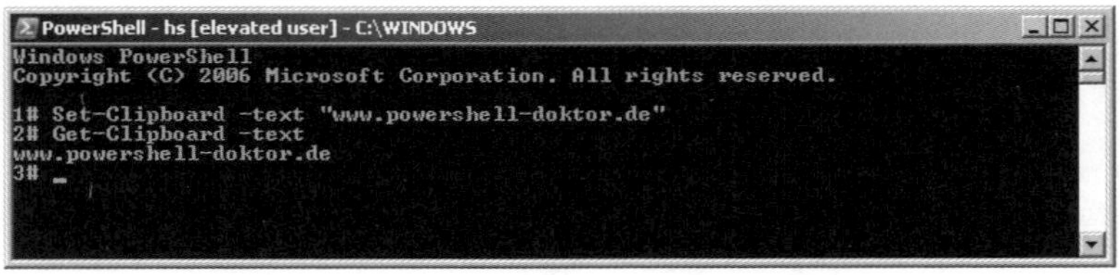

Abbildung 51.4
Einsatz von Write-Clipboard

51.4 WPF PowerShell Kit (WPK)

Thread-Modell Die Verwendung der Windows Presentation Foundation (WPF) war in PowerShell 1.0 nicht möglich, weil das Thread-Modell der PowerShell (MTA) und von WPF (STA) nicht zueinander passten. In PowerShell ist MTA der Standard, aber die PowerShell lässt sich mit einem Schalter in den STA-Modus versetzen:

```
PowerShell.exe -sta
```

Die ISE hat das Problem nicht, denn da die ISE selbst in WPF geschrieben ist, verwendet sie im Standard „STA".

Man kann die WPF-Bibliothek (System.Windows) direkt verwenden. Sehr viel eleganter ist die Verwendung aber mit dem WPF PowerShell Kit (WPK) aus dem Windows 7 Resource Kit PowerShellPack. Dieses Modul enthält 716 Commandlets.

Das WPK-Modul aktiviert man mit Import-Module WPK. Dieser Import kann aufgrund seiner Größe einige Sekunden dauern.

Hello World mit WPF

Einführende Beispiele geben immer den Text „Hello World" auf dem Bildschirm aus. So soll es auch hier sein. Die Lösung ist mit einem einzigen Commandlet realisierbar.

```
New-Label "Hello World" -Show
```

New-Label

Abbildung 51.5
Hello-World-Bildschirm mit WPK

Es gibt zwar einen Parameter -AsJob, aber auch hierbei wird die PowerShell am Weiterarbeiten gehindert. (Es erscheint keine neue Befehlsaufforderung.)

Für das Bezeichnungsfeld stehen zahlreiche Formatierungen zur Verfügung, z.B.

```
New-Label "Hello World" -Show -FontSize 30 -Foreground red -Background yellow -FontStyle Italic -FontWeight Bold
```

Unzureichende Dokumentation

Eine gravierende Schwäche des WPK ist, dass keine hinreichende Dokumentation mitgeliefert wird. Die nachfolgende Bildschirmabbildung zeigt die Dokumentation zu New-Label, die leider repräsentativ für die ganze Bibliothek ist.

Dokumentation

Letztlich kann man WPK nur dann nutzen, wenn man auf die Entwicklerdokumentation im Microsoft Developer Network (MSDN) zum Namensraum System.Windows (*http://msdn.microsoft.com/en-us/library/system.windows.aspx*) zurückgreift. Aber auch hier ist das natürlich mühsam, denn New-Label gibt es hier nicht.

Kapitel 51 Grafische Benutzeroberflächen

Abbildung 51.6
Ausschnitte aus der unzureichenden Dokumentation des WPK am Beispiel von New-Label

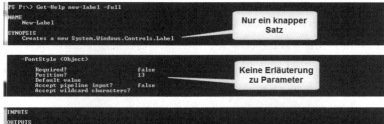

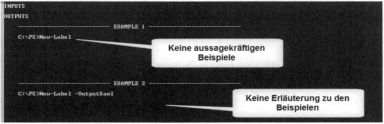

Hintergründe Um die MSDN-Dokumentation nutzen zu können, muss man insbesondere Folgendes verstehen:

▶ Die Commandlets der Form „New-XY" beziehen sich auf eine Steuerelementklasse, die man im Namensraum System.Windows.Controls findet. New-Label erzeugt also die Klasse System.Windows.Controls.Label. Den Namen der Klasse inklusive Namensraum erhält man auch mit New-XY | Get-Member.

▶ Die Attribute (Properties) der WPF-Klasse sind Parameter des Commandlets. In der Detailansicht der einzelnen Properties erhält man auch eine Liste der möglichen Werte.

▶ Ebenso sind die Ereignisse als Parameter verfügbar, aber mit vorangestelltem „On_", also „On_Click" statt „Click".

Abbildung 51.7
MSDN-Dokumentation zu den möglichen Werten für FontStyle

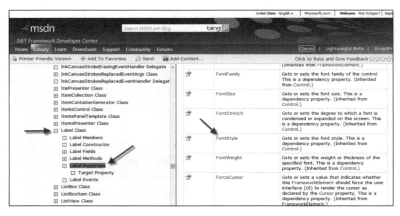

WPF PowerShell Kit (WPK)

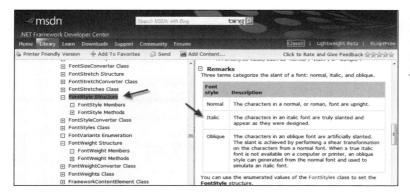

Abbildung 51.8
MSDN-Dokumentation zu den möglichen Werten für FontStyle

Alternativ kann man sich auch durch Ausprobieren durcharbeiten. Nutzen Sie die Tabulator-Vervollständigungsfunktion der PowerShell-Konsole oder die IntelliSense-Unterstützung eines Editors wie PowerShellPlus, um die vorhandenen Attribute zu erforschen. Geben Sie dann einfach irgendeinen Wert an, z.B. -FontStyle xy. Die PowerShell wird Ihnen eine Fehlermeldung zeigen, die etwas weiterhilft: *Cannot convert value "xy" to type "System.Windows.FontStyle"*. Durch diese Fehlermeldung wissen Sie genau, wonach Sie suchen müssen. Wenn Sie „System.Windows.FontStyle" bei Google eingeben, steht der richtige Treffer meist direkt oben. Kurioserweise hat Microsofts Suchmaschine Bing die MSDN-Entwicklerdokumentation nicht so gut indiziert (siehe Abbildung 51.9).

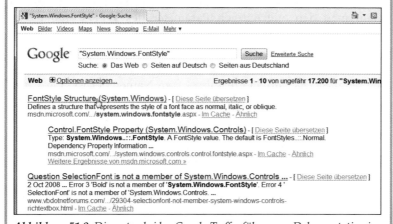

Abbildung 51.9: Die ersten beiden Google-Treffer führen zur Dokumentation in Englisch und Deutsch.

Kapitel 51 Grafische Benutzeroberflächen

Abbildung 51.10: *Bing kommt zwar in die Nähe der Lösung, findet aber nicht genau die richtige Seite.*

Schaltflächen und Ereignisse

New-Button Eine Schaltfläche erstellt man mit New-Button. Wirklich Sinn macht eine Schaltfläche aber nur, wenn man auf das Klicken auch reagieren kann. Alle WPF-Steuerelemente stellen zahlreiche Ereignisse bereit. Zu einem Ereignis kann man eine Ereignisbehandlung hinterlegen, indem man den zugehörigen Parameter des WPK-Commandlets belegt. Diese Parameter beginnen alle mit „On_".

Mit Get-Help new-button -parameter "on_*" | ft name erhält man eine Liste der Commandlets-Ereignisse des Button-Steuerelements. Erschrecken Sie nicht: Es sind 95 Ereignisse! Vom Namen her ist „On_Click" das richtige Ereignis. In dem Parameter gibt man dann einen Skriptblock an.

 Wichtig ist, dass der Skriptblock in der Zeile beginnt, in der auch der Parameter steht. Erst nach der geschweiften Klammer darf ein Zeilenumbruch erfolgen.

Falsch	New-Button "Klick mich" -Show -On_Click { Aktion }

Richtig	New-Button "Klick mich" -Show -On_Click {
	Aktion
	}

774

Es folgt ein Beispiel.

```
Set-Variable -name count -Value 10 -Scope global

New-Button "Klick mich"  -Show -On_Click {
$this.Content = "Countdown: $Count" ;
$Count--;
if ($Count -lt 0) {
 [System.Windows.MessageBox]::Show("Ende!", "WPK-
Beispiel:CountDown");
 $Window.Close();
 };
}
```

Listing 51.3
Beispiel für die Ereignisbehandlung im WPK

Abbildung 51.11
Nach dem Start des Beispiels

Abbildung 51.12
Nach dem ersten Klick

Abbildung 51.13
Nach dem elften Klick

Zu beachten sind folgende Punkte:

Hinweise

- Die Ereignis-Skriptblöcke sehen nur Variablen aus dem umgebenden Skript, die mit Set-Variable den Gültigkeitsbereich „Global" bekommen haben. Eine alternative Syntax wäre: $global:Variable = Wert.
- Ebenso sieht das aufrufende Skript die in den Ereignisbehandlungsroutinen definierten Variablen nur, wenn diese global definiert sind.
- In der Ereignisbehandlung adressiert $this das das Ereignis auslösende Steuerelement, also hier die Schaltfläche.
- In der Ereignisbehandlung adressiert $window das aktuelle Fenster. Über die Methode Close() kann man es schließen. Eine Alternative wäre: Close-Control $Window.

Panel-Elemente zum Anordnen von Steuerelementen

Panel Bisher bestand das Fenster immer nur aus einem Steuerelement. Das führt natürlich nicht sehr weit. Um mehrere Steuerelemente zu nutzen, muss man diese in einem sogenannten Panel verwenden. WPF kennt mehrere verschiedene Panels, die eine unterschiedliche Anordnung der Elemente durchführen.

*Tabelle 51.1
Panel-Elemente
in WPF*

Name	Erläuterung
Canvas	Positionierung mit relativen Koordinaten. Das Panel-Element legt keine Gestaltung fest; die enthaltenen Elemente müssen selbst die Position bestimmen (vgl. absolute Positionierung in CSS).
Grid	Gitternetz-Layout (Tabelle mit Zeilen und Spalten). Die Steuerelemente bestimmen die Position im Gitter durch die Attribute Row und Column. In einer Gitterzelle ist die absolute Positionierung möglich, so dass im Fall der Reduktion auf eine Zelle (Standardeinstellung) das Grid dem Canvas sehr ähnlich ist.
UniformGrid	Gitternetz-Layout mit gleich großen Zellen
WrapPanel	Aneinanderreihung von links nach rechts bzw. unten nach oben mit automatischem Umbruch (vgl. HTML-Standardlayout)
DockPanel	Horizontale oder vertikale Aneinanderreihung mit automatischem Umbruch nach jedem Element
StackPanel	Horizontale oder vertikale Aneinanderreihung
VirtualizingStack-Panel	Ein Stackpanel, bei dem nur die wirklich sichtbaren Elemente auch verarbeitet werden (nur relevant bei Datenbindung)
TabPanel	Registerkarten in einem TabControl-Steuerelement

Zielsetzung soll es sein, das nachstehend abgebildete Anmeldefenster zu entwickeln. Das Fenster besteht aus zwei Label-Steuerelementen (New-Label), einem Texteingabe-Steuerelement (New-TextBox), einem Password-Steuerelement (New-PasswordBox) und einer Schaltfläche (New-Button). Als Panel kommt ein Grid (New-Grid) zum Einsatz. Das Ganze ist eingebettet in ein Fenster (New-Window). Der Farbübergang zwischen Hellgrün und Grün (möglicherweise in dem schwarzweiß gedruckten Buch schlecht zu erkennen) ist ein LinearGradientBrush.

> Fenster wurden in den bisherigen Beispielen implizit erzeugt. Die explizite Erzeugung ermöglicht Einfluss auf Größe und Überschrift.

Abbildung 51.14
Ein Anmeldefenster mit Hilfe von WPK

Die Verschachtelung der Elemente (Window enthält Grid, Grid enthält andere Steuerelemente) erfolgt durch geschweifte Klammern. Zu beachten ist dabei, dass eine Verschachtelung nur dann gebildet wird, wenn die geschweifte Klammer in der gleichen Zeile steht wie das Commandlet, das das übergeordnete Steuerelement erzeugt. Erst innerhalb der Klammer darf ein Zeilenumbruch erfolgen.

Verschachtelung der Elemente

Falsch:	`New-Windows -Title "xy"`
	`{ New-Grid ...`
	`}`

Richtig:	`New-Windows -Title "xy" {`
	`New-Grid ...`
	`}`

Gleiches gilt für die Ereignisbehandlungsroutine, die für das Click-Ereignis um Button-Steuerelemente (On_Click) definiert wird.

Es folgt der PowerShell-Skriptcode für das Beispiel.

```
Import-Module WPK

# Farbübergang für Hintergrund definieren
$global:b = New-LinearGradientBrush -GradientStops {
New-GradientStop -color Green -Offset 0
New-GradientStop -color lightGreen -Offset 1
}

# Fenster mit Unterelementen definieren
New-Window -Title "WPK-Demo: Anmeldung" -background $b -Width 400 -
Height 200 -WindowStartupLocation centerscreen -show {
  New-Grid -Rows 3  -Width 300 -Height 130 -Columns 'Auto','1*' {
    New-Label "Benutzername" -FontSize 14
    New-TextBox -Name UserName -Column 1 -FontSize 14 -Height 30 -
    On_Loaded { Set-Variable C_UserName $this -Scope Global }
    New-Label "Kennwort" -Row 1 -FontSize 14
    New-PasswordBox -Name Password -Column 1 -FontSize 14 -Height
    30 -Row 1 -On_Loaded { $global:C_Password = $this }
    New-Button -Name Login -FontSize 14 -Content "Anmelden" -
    Column 1 -Row 2 -On_Click{
      $Window.Close(); } # Ende Event
```

Listing 51.4
Implementierung des Anmeldefensters (im Schachtelungsstil)

Kapitel 51 Grafische Benutzeroberflächen

```
    } # Ende Grid
  } # Ende Window

"Eingegeben wurden folgende Anmeldedaten: {0} / {1}" -f $C_
UserName.Text, $C_Password.Password
```

Die Schachtelung von Elementen kann unübersichtlich werden. Beim `LinearGradientBrush` ist das Schachtelungsprinzip schon zu Gunsten des Verweisprinzips durchbrochen: Der Pinsel ist erst definiert und dann später über eine Variable ($b) referenziert.

Man könnte das Skript auch so schreiben:

Listing 51.5
Implementierung des Anmeldefensters (im Verweisstil)

```
Import-Module WPK

# Farbübergang für Hintergrund definieren
$global:b = New-LinearGradientBrush -GradientStops {
  New-GradientStop -color Green -Offset 0
  New-GradientStop -color lightGreen -Offset 1
}

$global:l1 = New-Label "Benutzername" -FontSize 14
$global:tb = New-TextBox -Name UserName -Column 1 -FontSize 14 -
Height 30 -On_Loaded { $global:C_UserName = $this }
$global:l2 = New-Label "Kennwort" -Row 1 -FontSize 14
$global:pw = New-PasswordBox -Name Password -Column 1 -FontSize 14
-Height 30 -Row 1 -On_Loaded { $global:C_Password = $this }
$global:bt = New-Button -Name Login -FontSize 14 -Content
"Anmelden" -Column 1 -Row 2 -On_Click { $Window.Close() }

$global:g = New-Grid -Rows 3  -Width 300 -Height 130 -Columns
'Auto','1*'  { $l1, $tb, $l2, $pw, $bt }
$global:w = New-Window -Title "WPK-Demo: Anmeldung" -background $b
-Width 400 -Height 200 -WindowStartupLocation centerscreen -show {
$g }

"Eingegeben wurden folgende Anmeldedaten: {0} / {1}" -f $C_
UserName.Text, $C_Password.Password
```

Weitere Möglichkeiten

Ausblick WPF ist eine derart komplexe Bibliothek, dass dieses Buch hier nur einen kleinen Ausschnitt wiedergeben kann. Zu erwähnen sind noch folgende Möglichkeiten:

- ▶ Weitere Eingabesteuerelemente wie `New-CheckBox`, `New-ComboBox`, `New-ListBox`, `New-Menu`, `NewRichTextBox`, `New-ScrollBar`, `New-TreeView`, `New-Slider`, `New-RadioButton`

- ▶ Weitere Textanzeigesteuerelemente wie `New-TextBlock`, `New-StatusBar`, `New-ProgressBar`

WPF PowerShell Kit (WPK)

- Anzeige von Videos (`New-MediaElement`)
- Zeichnen mit Elementen wie `New-Line`, `New-Ellipse`, `New-Rectangle` und `New-Image`
- Transformationen von Elementen wie Kippen (z.B. Parameter `RenderTransform`)
- Animationen von Elementen (z.B. `New-Int64Animation` und `New-Storyboard`)
- Komposition von Elementen (z.B. ein Kontrollkästchen in einer Schaltfläche)
- Nahtlose Vergrößerung von Elementen (`New-ViewBox`)
- Datenbindung (z.B. `-ItemsSource`, `Get-PowerShellDataSource`, `ConvertTo-DataTemplate`)
- Definition von Oberflächen in XML-Form durch die XML Application Markup Language (XAML)

```xml
<?xml version="1.0" encoding="utf-16"?>
<Window Title="WPK-Demo: Anmeldung"
WindowStartupLocation="CenterScreen" Width="400" Height="200"
xmlns="http://schemas.microsoft.com/winfx/2006/xaml/presentation"
xmlns:sma="clr-
namespace:System.Management.Automation;assembly=System.Management.
Automation" xmlns:x="http://schemas.microsoft.com/winfx/2006/xaml"
xmlns:sc="clr-namespace:System.Collections;assembly=mscorlib">
  <Window.Background>
    <LinearGradientBrush>
      <LinearGradientBrush.GradientStops>
        <GradientStop Color="#FF008000" Offset="0" />
        <GradientStop Color="#FF90EE90" Offset="1" />
      </LinearGradientBrush.GradientStops>
    </LinearGradientBrush>
  </Window.Background>
  <Window.Resources>
    <sma:PSObject x:Key="Scripts" />
    <sc:Hashtable x:Key="TemporaryControls" />
    <sma:PSObject x:Key="Timers" />
  </Window.Resources>
  <Grid Width="300" Height="130">
    <Grid.ColumnDefinitions>
      <ColumnDefinition Width="Auto" />
      <ColumnDefinition Width="*" />
    </Grid.ColumnDefinitions>
    <Grid.RowDefinitions>
      <RowDefinition Height="*" />
      <RowDefinition Height="*" />
      <RowDefinition Height="*" />
    </Grid.RowDefinitions>
    <Grid.Resources>
      <sma:PSObject x:Key="Scripts" />
```

Listing 51.6
Das Anmeldefenster in XAML-Form

Kapitel 51 Grafische Benutzeroberflächen

```xml
            <sc:Hashtable x:Key="TemporaryControls" />
            <sma:PSObject x:Key="Timers" />
        </Grid.Resources>
        <Label FontSize="14">
          <Label.Resources>
            <sma:PSObject x:Key="Scripts" />
            <sc:Hashtable x:Key="TemporaryControls" />
            <sma:PSObject x:Key="Timers" />
          </Label.Resources>Benutzername</Label>
        <TextBox FontSize="14" Name="UserName" Height="30"
    Grid.Column="1" xml:space="preserve">
          <TextBox.Resources>
            <sc:Hashtable x:Key="EventHandlers">
              <RoutedEventHandler x:Key="On_Loaded" />
            </sc:Hashtable>
            <sma:PSObject x:Key="Scripts" />
            <sc:Hashtable x:Key="TemporaryControls" />
            <sma:PSObject x:Key="Timers" />
          </TextBox.Resources>
        </TextBox>
        <Label FontSize="14" Grid.Row="1">
          <Label.Resources>
            <sma:PSObject x:Key="Scripts" />
            <sc:Hashtable x:Key="TemporaryControls" />
            <sma:PSObject x:Key="Timers" />
          </Label.Resources>Kennwort</Label>
        <PasswordBox FontSize="14" Name="Password" Height="30"
    Grid.Column="1" Grid.Row="1">
          <PasswordBox.Resources>
            <sc:Hashtable x:Key="EventHandlers">
              <RoutedEventHandler x:Key="On_Loaded" />
            </sc:Hashtable>
            <sma:PSObject x:Key="Scripts" />
            <sc:Hashtable x:Key="TemporaryControls" />
            <sma:PSObject x:Key="Timers" />
          </PasswordBox.Resources>
        </PasswordBox>
        <Button FontSize="14" Name="Login" Grid.Column="1"
    Grid.Row="2">
          <Button.Resources>
            <sc:Hashtable x:Key="EventHandlers">
              <RoutedEventHandler x:Key="On_Click" />
            </sc:Hashtable>
            <sma:PSObject x:Key="Scripts" />
            <sc:Hashtable x:Key="TemporaryControls" />
            <sma:PSObject x:Key="Timers" />
          </Button.Resources>Anmelden</Button>
    </Grid>
</Window>
```

Teil IV

Profiwissen – Erweitern der PowerShell

In diesem Buchteil werden die Möglichkeiten zur Erweiterung der PowerShell behandelt.

Die PowerShell lässt sich wie folgt erweitern:

Erweiterungsoptionen

1. Entwicklung eigener Commandlets per PowerShell-Skript (siehe funktionsbasierte Commandlets)
2. Entwicklung eigener Commandlets per C# (alternativ auch Visual Basic oder eine andere .NET-Sprache)
3. Entwicklung eigener PowerShell-Provider per C# (alternativ auch Visual Basic oder eine andere .NET-Sprache)
4. Außerdem ist es möglich, die PowerShell in Anwendungen als Scripting-Umgebung zu integrieren (PowerShell-Hosting). Dies geht nur mit einer „richtigen" .NET-Sprache.

> Der dritte Punkt in der Liste ist derart aufwendig, dass er nicht in diesem Buch behandelt werden kann.

Es ist besonders darauf hinzuweisen,

Erforderliches Vorwissen

- dass hier Punkte behandelt werden, die über das hinausgehen, was die meisten Systemadministratoren mit der PowerShell unternehmen werden.
- dass einige dieser Möglichkeiten Kenntnisse in der Programmiersprache C# und der Entwicklungsumgebung Visual Studio erfordern. Diese Kenntnisse können in diesem Buch allein schon aus Platzgründen nicht vermittelt werden. Hier sei zum Beispiel auf [SCH02] verwiesen.

52 Entwicklung von Commandlets in der PowerShell-Sprache

Schon im Laufe des Buchs wurden an verschiedenen Stellen PowerShell-Funktionen erstellt (z.B. `Get-DirSize`), die wie Commandlets heißen und sich genau wie Commandlets aufrufen lassen. Diese Funktionen waren aber keine echten Commandlets. Echte Commandlets bieten noch einige weitere Möglichkeiten:

Funktionsbasierte Commandlets

- Sie können Bedingungen für die übergebenen Parameter festlegen.
- Sie können festlegen, wie Inhalte der Pipeline auf die Parameter abgebildet werden, wenn sie in einer Pipeline verwendet werden.
- Sie können asynchron arbeiten, d.h., sie beginnen mit der Verarbeitung schon, wenn das erste Objekt angeliefert wird.
- Man kann mit `Get-Help` Hilfetexte abrufen.

PowerShell-Funktionen können aber auch echte Commandlets werden. Der Schritt zwischen einer PowerShell-Funktion und einem skriptbasierten Commandlet (auch „funktionsbasierte Commandlets" oder „Advanced Function" genannt) ist nicht sehr groß.

Für dieses Kapitel dieses Buchteils werden keine C#-Kenntnisse benötigt.

52.1 Aufbau eines skriptbasierten Commandlets

Ein skriptbasiertes Commandlet besteht aus folgenden Teilen:

- Mindestens eine in der PowerShell-Sprache geschriebene Funktion, deren Name wie ein Commandlet aus Verb und Substantiv aufgebaut ist
- Eine Liste von Parametern
- Ein Unterblock mit dem Namen `begin`, der einmalig zu Beginn der Verarbeitung des Commandlets ausgeführt wird
- Ein Unterblock `process`, der für jedes Objekt in der Pipeline ausgeführt wird. ACHTUNG: `Process` wird auch bei leerer Pipeline genau einmal aufgerufen.
- Ein Unterblock `end`, der einmalig zum Ende der Verarbeitung ausgeführt wird

Kapitel 52 Entwicklung von Commandlets in der PowerShell-Sprache

Beispiel: Test-Pipeline

Test-Pipeline Das folgende skriptbasierte Commandlet ist zunächst nur ein Test, um die Wirkungsweise eines solchen Commandlets zu demonstrieren. In jeder der drei Phasen macht das Commandlet eine Ausgabe. In process wird für jedes Objekt in der Pipeline der Typ ausgegeben. Das Commandlet besitzt einen Parameter. Der Skriptcode besteht neben der Definition der Methode mit den drei Verarbeitungsschritten aus zwei „freien" Befehlen, die bei der Installation ausgeführt werden: einer Alias-Definition und einer Meldung für die erfolgreiche Installation.

Der folgende Programmcode muss in einer PowerShell-Skriptdatei abgespeichert werden. Dann muss diese PowerShell-Datei mit einer speziellen Operation in die Shell eingebunden werden. Die Operation besteht aus dem Operator „." und dem vollständigen Pfad zur Skriptdatei (das Verfahren heißt im Englischen „Dot Sourcing", übersetzt „Punktquelle"), z.B.:

```
. H:\demo\PowerShell\Test-pipeline.ps1
```

Den obigen Befehl legt man üblicherweise in der *profile.ps1*-Datei ab, damit der Befehl immer beim Start der PowerShell schon ausgeführt wird.

Danach kann das skriptbasierte Commandlet wie ein normales Commandlet mit oder ohne Parameter und mit oder ohne Pipeline-Inhalt aufgerufen werden:

```
Test-Pipeline "Hello Welt!"
Test
Get-Process a* | Test-Pipeline
```

Die dem Listing folgende Bildschirmabbildung zeigt die Reaktion der Shell auf die obigen drei Anweisungen.

Wichtig ist, dass das Skript nach jeder Änderung an seinem Quelltext neu in die PowerShell eingebunden werden muss.

Listing 52.1
Definition eines skriptbasierten Commandlets [Test-Pipeline.ps1]

```
# ------------------------------------------------------------
# Author:        Dr. Holger Schwichtenberg
# Description:   Demo for a function based Commandlet
# Usage:         This file contains a function-based Commandlet.
#                In order to use
#                it, you must include the file into your shell:
#                PS> . c:\bin\Test-Pipeline.ps1
# Date:          09/25/2006
# Website:       http://www.PowerShell-Doktor.de
# ------------------------------------------------------------
```

Aufbau eines skriptbasierten Commandlets

```
# Function
function Test-Pipeline {
    param([string[]]$Parameter)

    begin {

if ($Parameter)
     { "Commandlet starts with Parameter " + $Parameter + "..." }
    else
  { "Commandlet starts without Parameter..." }
}
    process {
if ($_)
 {
 "Commandlet receives a pipeline objekt of type " + $_.GetType()
     }
else
 {"The Pipeline is empty!"
 }
 }
    end {
   "Commandlet ends..."
     }
}

# Define alias for function
Set-Alias test test-pipeline

# Confirm installation
"Function-based Commandlet Test-Pipeline (alias: Test) successfully
installed!"
```

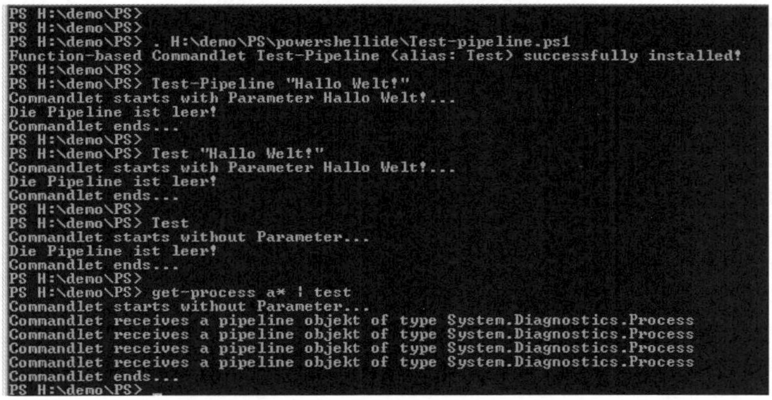

*Abbildung 52.1
Beispiel zur
Installation und
Ausführung des
funktionsbasierten
Commandlets Test-
Pipeline*

> Das obige Commandlet Test-Pipeline dient der Veranschaulichung des Grundprinzips skriptbasierter Commandlets, bietet aber in der Praxis nur einen geringen Wert. Im Folgenden finden Sie skriptbasierte Commandlets zur Verzeichnisdienststeuerung.

52.2 Parameterfestlegung

Bei funktionsbasierten Commandlets kann man Parameter auf die gleiche Weise definieren und übergeben wie bei normalen Funktionen, also wahlweise im Funktionskopf, z.B.:

```
function Add-LDAPObject([string]$Container, [string]$Class,
[string]$RDN) {
    ...
}
```

oder mit param(...) im Funktionsrumpf:

```
function Add-LDAPObject {
    param([string]$Container, [string]$Class, [string]$RDN)
    ...
}
```

> Die zweite Form bietet mehr Möglichkeiten, wie im Folgenden noch aufzeigt werden wird.

Beispiel: Commandlets für den Verzeichnisdienstzugriff

Das Beispiel umfasst Commandlets zur Automatisierung von LDAP-basierten Verzeichnisdiensten wie dem Active Directory. Diese Commandlets kapseln die Möglichkeiten des FCL-Namensraums System.DirectoryServices.

> Dieses Beispiel wurde für die PowerShell 1.0 erstellt. Inzwischen gibt es für die PowerShell derartige Commandlets in Windows 7/8 und Windows Server 2008 R2/2012. Für ältere Betriebssysteme sind die Commandlets aber weiterhin eine wichtige Ergänzung.

Get-LDAPObject Für den Administrator ist die Active-Directory-Automatisierung mit eigenen Commandlets einfacher als mit den FCL-Klassen. Sinnvoll ist z.B.:

```
Get-LDAPObject "LDAP://XFilesServer1/CN=Fox
Mulder,OU=Agents,DC=FBI,DC=net" | Select-Object sn, l, mail,
telephonenumber
```

genauso wie:

```
"LDAP://XFilesServer1/CN=Fox Mulder,OU=Agents,DC=FBI,DC=net" | Get-
LDAPObject | Select-Object sn, l, mail, telephonenumber
```

Parameterfestlegung

zum Zugriff auf ein Einzelobjekt und

`Get-LDAPChildren "LDAP://XFilesServer1/OU=Agents,DC=FBI,DC=net"`

Get-LDAP-Children

zum Auflisten eines Containers.

Am besten sollte man die beiden Commandlets auch kombinieren können:

`Get-LDAPObject "LDAP://XFilesServer1/OU=Agents,DC=FBI,DC=net" | Get-LDAPChildren`

Abbildung 52.2
Die Commandlets Get-LDAPObject und Get-LDAP-Children im Einsatz

Auch das Anlegen und Löschen von Objekten wäre so viel schöner:

```
"OU anlegen..."
Add-LDAPObject "LDAP://XFilesServer1/OU=Agents,DC=FBI,DC=net" -class "organizationalUnit" -rdn "ou=formerAgents"
"Benutzer anlegen..."
Add-LDAPObject "LDAP://XFilesServer1/ou=formerAgents,OU=Agents,DC=FBI,DC=net" "user" "cn=AlexKrycek"
"Auflisten..."
Get-LDAPChildren "LDAP://XFilesServer1/ou=formerAgents,OU=Agents,DC=FBI,DC=net"
"Alle Objekte im Container löschen..."
Get-LDAPChildren "LDAP://XFilesServer1/ou=formerAgents,OU=Agents,DC=FBI,DC=net" | Remove-LDAPObject | select name
"Container selbst löschen..."
Remove-LDAPObject "LDAP://XFilesServer1/ou=formerAgents,OU=Agents,DC=FBI,DC=net" | select name
```

Add-Directory-Object, Remove-DirectoryObject

Kapitel 52 Entwicklung von Commandlets in der PowerShell-Sprache

Skriptbasiertes Commandlet

Das folgende Skript zeigt die Realisierung von vier skriptbasierten Commandlets zur Steuerung des Active Directory oder anderer LDAP-basierter Verzeichnisdienste aus der PowerShell heraus:

- Get-LDAPObject: Zugriff auf ein einzelnes Verzeichnisobjekt
- Get-LDAPChildren: Zugriff auf den Inhalt eines Containerobjekts (listet die Unterelemente auf)
- Add-LDAPObject: Anlegen eines Verzeichnisobjekts
- Remove-LDAPObject: Löschen eines Verzeichnisobjekts

Das Commandlet Get-LDAPObject akzeptiert als Eingabe ein Array mit LDAP-Pfaden als Zeichenketten als Parameter oder in der Pipeline.

Beide folgenden Befehle sind also gültige Anweisungen:

- Get-LDAPObject "LDAP://XFilesServer1/OU=Agents,DC=FBI,DC=net"
- "LDAP://XFilesServer1/OU=Agents,DC=FBI,DC=net"| Get-LDAPObject

Get-LDAPChildren und Remove-LDAPObject akzeptieren als Eingabe:

- ein Array mit LDAP-Pfaden als Zeichenketten als Parameter oder in der Pipeline und/oder

eine Menge von DirectoryEntry-Objekten in der Pipeline.

Alle vier folgenden Befehle sind also gültige und gleichbedeutende Anweisungen:

- Get-LDAPChildren "LDAP://XFilesServer1/OU=Agents,DC=FBI,DC=net"
- "LDAP://XFilesServer1/OU=Agents,DC=FBI,DC=net" | Get-LDAPChildren
- Get-LDAPObject "LDAP://XFilesServer1/OU=Agents,DC=FBI,DC=net" | Get-LDAPChildren
- "LDAP://XFilesServer1/OU=Agents,DC=FBI,DC=net"| Get-LDAPObject | Get-LDAPChildren

Bei Add-LDAPObject können als Eingabe nur drei Zeichenkettenparameter verwendet werden.

> Bitte beachten Sie, dass die skriptbasierten Commandlets erst mit dem .-Befehl („Dot Sourcing") unter Angabe des kompletten Dateisystempfads eingebunden werden müssen:
>
> . H:\demo\PS\LDAP_Commandlets.ps1

Listing 52.2 Commandlets für den Zugriff auf das Active Directory und andere LDAP-Server [LDAP_Commandlets.ps1]

```
# ------------------------------------------------------------------
# ----
# Author:    Dr. Holger Schwichtenberg
# Desc:      PowerShell Commandlets for handling LDAP-Objects
# Usage:     This file contains a function-based Commandlet. In
#            order to use it, you must dot source the file into
#            your shell e.g.:
#            PH> . c:\PSExtensions\LDAP_Commandlets.ps1
```

```
# Date:        10/05/2006
# Version: 2.0
# Host:        PowerShell
# ----------------------------------------------------------------
----

# Get single LDAP object
function Get-LDAPObject {
    param([string[]]$LDAPPath)

    begin {
    }
    process {
 if ($_)
 {
   if ($_ -is [string])
   {
    new-object system.directoryservices.directoryEntry($_)
   }
   else
   { throw "Pipeline input must be [string]."
   }
 }
    }
    end {
        if ($LDAPPath) {
           foreach ($Path in $LDAPPath) {
              new-object system.directoryservices.directoryEntry($Path)
           }
        }
    }
}
# Hilfsroutine
function getContainer([string] $path)
{
$con = new-object system.directoryservices.directoryEntry($path)
$con.PSBase.Children
}

# Get content of an LDAP container
function Get-LDAPChildren {
    param([string[]]$LDAPPath)

    begin {     }

    process {
    if ($_)
 {
   if ($_ -is [string])
   {
        getContainer($_)
```

Kapitel 52 Entwicklung von Commandlets in der PowerShell-Sprache

```
        }
            elseif ($_ -is [System.DirectoryServices.DirectoryEntry])
        {
          getContainer($_.PSBase.Path)
        }
        else
        { throw "Pipeline input must be [string] or
[System.DirectoryServices.DirectoryEntry]."
        }
     }
        }
        end {
            if ($LDAPPath) {
               foreach ($Path in $LDAPPath) {
                getContainer($Path)
                }
               }
            }
 }
# Remove an object from an LDAP container
function Remove-LDAPObject {
     param([string[]]$LDAPPath)

     begin {

function remove([string] $path)
{
if ([system.directoryservices.directoryEntry]::Exists($path))
        {
  $obj = new-object system.directoryservices.directoryEntry($path)
       $obj.PSBase.DeleteTree()
   $obj
        }
else
 {
 throw "Object does not exists!"
 }
}
        }
        process {
         if ($_)
     {
       if ($_ -is [string])
       {
            remove($_)
       }
            elseif ($_ -is [System.DirectoryServices.DirectoryEntry])
        {
          remove($_.PSBase.Path)
        }
        else
        { throw "Pipeline input must be [string] or
```

Parameterfestlegung

```
            [System.DirectoryServices.DirectoryEntry]."
         }
      }
   }
      end {
         if ($LDAPPath) {
           foreach ($Path in $LDAPPath) {
             remove($Path)
           }
         }
      }
}

# Add a new object to a LDAP container
function Add-LDAPObject {
    param([string]$Container, [string]$Class, [string]$RDN)

    begin { }

    process { }


    end {
    if ($Container -and $Class -and $RDN) {

 Write-Warning "Adding Object $RDN of type $Class to $Container"
if ([system.directoryservices.directoryEntry]::Exists($Container))
      {
 $obj = new-object
system.directoryservices.directoryEntry($Container)
  $newobj = $obj.PSBase.Children.Add([string]$RDN,[string]$Class)
     $newobj.PSBase.CommitChanges()
      }
else
 {
 throw "Container does not exists!"
 }
}
   }
}

# Define aliases for commandlet functions
Set-Alias LDP Get-LDAPObject
Set-Alias LDC Get-LDAPObject
Set-Alias RLDP RemoveLDAPObject
Set-Alias ALDP Add-LDAPObject

# Confirm installation
"Function-based commandlets for LDAP successfully installed!"
```

52.3 Auszeichnung der Parameterdefinitionen

Seit PowerShell 2.0 hat Microsoft die Möglichkeiten zum Erstellen von skriptbasierten Commandlets stark verbessert, so dass diese nun fast alle Möglichkeiten von .NET-basierten Commandlets haben. Insbesondere wurden zahlreiche Möglichkeiten ergänzt, die Parameter näher festzulegen. Solche Commandlets nennt Microsoft „Fortgeschrittene Funktionen" (Advanced Functions).

Eine Advanced Function muss durch den Zusatz [CmdletBinding()] nach der geschweiften Klammer und vor der Parameterfestlegung deklariert werden.

Auszeichnungen zur Parameterdefinition

Die Möglichkeiten umfassen insbesondere die Festlegung:

- ob ein Parameter eine Pflichtangabe ist: [Parameter(Mandatory=$true)] oder seit PowerShell 3.0 auch einfach [Parameter(Mandatory)]
- dass ein Parameter seinen Wert aus der Pipeline erhalten darf, wobei das ganze Objekt gebunden wird [Parameter(ValueFromPipeline=$true)]
- dass ein Parameter seinen Wert aus der Pipeline erhalten darf, wobei ein einzelnes Attribut des Objekts gebunden wird [Parameter(ValueFromPipelineByPropertyName=$true)]
- einer Position für einen Parameter: [Parameter(Position=0)]
- eines Hilfetextes: [Parameter(HelpMessage="Eine Hexadezimalzahl mit 1 bis 5 Stellen")]
- der Anzahl der erlaubten Parameter: [ValidateCount(2,5)]
- ob leere Werte erlaubt sind: [AllowNull()],[AllowEmptyString()], [AllowEmptyCollection()],[ValidateNotNull()]
- der Länge einer Zeichenkette: [ValidateLength(1,5)]
- des Aufbaus einer Zeichenkette, beschrieben durch einen regulären Ausdruck: [ValidatePattern("[0-9A-F]*")]
- eines Ausdrucks, der wahr sein muss: [ValidateScript({$_.StartsWith("A")})]
- dass ein Parameter ein Wert aus einem Wertebereich sein muss: [ValidateRange(0,100)]

Beispiel: Validate-CustomerID

In dem folgenden Beispiel wird ein Commandlet Validate-CustomerID in Form einer erweiterten Funktion definiert. Das Command selbst macht nur Testausgaben. Alle Prüfungen erfolgen durch die Beschreibungen der Parameter. Erlaubte Eingaben sind zwei Buchstaben gefolgt von ein bis drei Zahlen.

Auszeichnung der Parameterdefinitionen

Listing 52.3
Beispiel „Validate-CustomerID" als erweiterte Funktion

```powershell
# ------------------------------------------------------
# Author:      Dr. Holger Schwichtenberg
# Description: Demo for a function based Commandlet
# Usage:       This file contains an advanced function. In order
#              to use it, you must include the file into your shell:
#              PS> . c:\bin\Validate-Customer.ps1
# Date:        09/25/2006
# Website:     http://www.Windows-Scripting.com/PowerShell
# ------------------------------------------------------

# Function

function Validate-CustomerID {
[CmdletBinding()]
param(
[Parameter(Position=0,Mandatory=$true,
ValueFromPipelineByPropertyName=$true,
ValueFromPipeline=$true,HelpMessage="A Customer ID has two letters
and one to three digits.")]
[AllowNull()]
[ValidateLength(3,5)]
[ValidatePattern("[A-Z][A-Z][0-9]{1,3}")]
[ValidateScript({$_.StartsWith("A")})]
[string[]]
$CustomerID)

begin {

if ($CustomerID -eq $null)
{Write-Verbose "Commandlet starts without Parameter..." }
else
{Write-Verbose "Commandlet starts with Parameter $CustomerID ..." }
}

process {
Write-Verbose "Customer ID = $CustomerID"
if ($_)
{
Write-Verbose ("Commandlet receives a pipeline object of type " +
$_.GetType())
}
else
{
Write-Verbose "The Pipeline is empty!"
}
# Add Logic here (e.g. check database)
return $true
}
```

Kapitel 52 Entwicklung von Commandlets in der PowerShell-Sprache

```
            end {
            "Commandlet ends..."

            }
          }
```

Listing 52.4
Beispiele zum
Aufruf „Validate-
CustomerID"

```
# Define alias for function
Set-Alias CID Validate-CustomerID

# Confirm installation
"Function-based Commandlet Test-Pipeline (alias: Test) successfully
installed!"

# Run Tests
"--- Test 1: (correct)"
CID "AB1"
"--- Test 2: (correct)"
CID "AB123"
"--- Test 3: (correct)"
"AB123" | CID
"--- Test 4: (wrong)"
"CD124" | CID
"--- Test 5: (wrong)"
"AB12456" | CID
```

Wie die nachstehende Bildschirmabbildung zeigt, schlagen die Tests 4 und 5 fehl, weil die PowerShell Verletzungen der für den Parameter CustomerID hinterlegten Regeln erkennt.

Abbildung 52.3
Ausgabe des
obigen Skripts

52.4 Dokumentation

Advanced Functions erlauben eine eigene Dokumentationssyntax. Die Dokumentation steht in einem <# #>-Block zu Beginn des Funktionsrumpfs. Die Dokumentation kennt verschiedene Sektionen (.Synopsis, .Description, .Parameter, .Notes, .Example). Get-Help wertet diese Sektionen aus, wenn ein Nutzer Hilfe zu dem funktionsbasierten Commandlet aufruft.

Beispiel: Validate-CustomerID mit Dokumentation

Das folgende Listing zeigt Validate-CustomerID mit zusätzlicher Dokumentation.

```
# -----------------------------------------------------------------
# Author:       Dr. Holger Schwichtenberg
# Description: Demo for a function based Commandlet
# Usage:        This file contains an advanced function. In order
#               to use it, you must include the file into your
shell:
#               PS> . c:\bin\Validate-Customer.ps1
# Date:         09/25/2006
# Website:      http://www.Windows-Scripting.com/PowerShell
# -----------------------------------------------------------------


# Function

function Validate-CustomerID {
<#
    .Synopsis
    Validates if a given string is a valid customer ID

    .Description
The commandlets implements logic for checking if the customer ID
exists.

    Return values are: $true or $false

.Parameter CustomerID
A Customer ID has two letters and one to three digits.

    .Notes
    This commandlet is a demo only.

    .Example
    C:PS> Get-CustomerID AB123

#>
[CmdletBinding()]
```

Listing 52.5 Validate-CustomerID mit Dokumentation

Kapitel 52 Entwicklung von Commandlets in der PowerShell-Sprache

```
param(
[Parameter(Position=0,Mandatory=$true,
ValueFromPipeline=$true,HelpMessage="A Customer ID das two letters
and one to three digits.")]
[AllowNull()]
[ValidateLength(3,5)]
[ValidatePattern("[A-Z][A-Z][0-9]{1,3}")]
[ValidateScript({$_.StartsWith("A")})]
[string[]]
$CustomerID)

begin {

if ($CustomerID -eq $null)
{Write-Verbose "Commandlet starts without Parameter..." }
else
{Write-Verbose "Commandlet starts with Parameter $CustomerID ..." }
}

process {
Write-Verbose "Customer ID = $CustomerID"
if ($_)
{
Write-Verbose ("Commandlet receives a pipeline object of type " +
$_.GetType())
}
else
{
Write-Verbose "The Pipeline is empty!"
}
# Add Logic here (e.g. check database)
return $true
}

end {
"Commandlet ends..."

}
}
```

Den Vorteil der Commandlet-Dokumentation belegen die beiden nachfolgenden Bildschirmabbildungen.

Dokumentation

```
PS P:\> Get-Help Validate-CustomerID
Validate-CustomerID [-CustomerID] <String[]> [-Verbose] [-Debug] [-ErrorAction
<ActionPreference>] [-WarningAction <ActionPreference>] [-ErrorVariable <String
>] [-WarningVariable <String>] [-OutVariable <String>] [-OutBuffer <Int32>]

PS P:\>
```

Abbildung 52.4
Anzeige von Get-Help für Validate-Customer ohne Dokumentation

```
PS P:\> Get-Help Validate-CustomerID -full

NAME
    Validate-CustomerID

SYNOPSIS
    Validates if a given string is a valid customer ID

SYNTAX
    Validate-CustomerID [-CustomerID] <String[]> [<CommonParameters>]

DESCRIPTION
    The commandlets implements logic for checking if the customer ID exists.

    Return values are: $true or $false

PARAMETERS
    -CustomerID <String[]>
        A Customer ID has two letters and one to three digits.

        Required?                    true
        Position?                    1
        Default value
        Accept pipeline input?       true (ByValue)
        Accept wildcard characters?

    <CommonParameters>
        This cmdlet supports the common parameters: Verbose, Debug,
        ErrorAction, ErrorVariable, WarningAction, WarningVariable,
        OutBuffer and OutVariable. For more information, type,
        "get-help about_commonparameters".

INPUTS

OUTPUTS

NOTES

        This commandlet is a demo only.

    -------------------------- EXAMPLE 1 --------------------------

    C:PS>Get-CustomerID AB123

    Checks if a Customer with ID AB123 exists.
```

Abbildung 52.5
Anzeige von Get-Help für Validate-Customer mit Dokumentation

53 Entwicklung eigener Commandlets mit C#

Statt der auf PowerShell-Skriptfunktionen basierten Commandlets kann man Commandlets auch in einer beliebigen .NET-Programmiersprache erstellen und in kompilierter Form als eine DLL (alias „Snap-In") verbreiten.

.NET-basierte Commandlets sind aufwendiger als die auf PowerShell-Skripten basierenden Commandlets, bieten aber mehr Optionen und den Vorteil, dass sie mit den komfortablen Möglichkeiten der Entwicklungsumgebung Visual Studio erstellt und in kompilierter Form verbreitet werden können.

Dieses Kapitel verlangt Grundkenntnisse in den Programmiersprachen C# oder Visual Basic .NET. Leider kann dieses Buch diese Grundkenntnisse nicht vermitteln, denn Grundlagenbücher zu Visual Basic .NET oder C# sind zwischen 500 und 1000 Seiten dick. Unmöglich kann dieser Stoff mit in dieses Buch aufgenommen werden. Dieses Kapitel dürfen Sie also nur als Ergänzung zu den dicken Grundlagenbüchern sehen, die üblicherweise nicht das Erstellen von PowerShell-Commandlets behandeln.

Grundsätzlich können Commandlets auch mit Visual Basic .NET, C++/CLI oder anderen .NET-Sprachen erstellt werden. Leider ist in diesem Buch kein Raum, die Beispiele in mehr als einer .NET-Programmiersprache abzudrucken. Der Autor hat sich für C# entschieden.

53.1 Technische Voraussetzungen

Zum Erstellen eines Commandlets sollten Sie eine Variante von Visual Studio 2005 oder Visual Studio 2008 oder Visual Studio 2010 verwenden. Es reicht dabei, wenn Sie eine der kostenfreien Express-Varianten (also Visual C# Express, Visual C++ Express oder Visual Basic Express) nutzen. Grundsätzlich ist eine Erstellung von Commandlets auch mit einem einfachen Texteditor und den im .NET Framework mitgelieferten Kommandozeilencompilern möglich. Dies ist jedoch deutlich mühsamer als die Verwendung von Visual Studio.

Entwicklungsumgebung

Kapitel 53 Entwicklung eigener Commandlets mit C#

Mit Visual Web Developer Express (VWD) können Sie keine Commandlets, sondern nur Webanwendungen erstellen.

Aufgrund der vielen Übersetzungsfehler in der deutschen Version von Visual Studio verwendet der Autor nur die englische Version der Entwicklungsumgebung und alle Angaben zu Menüpunkten beziehen sich auf die englische Version.

Vorlagen In dem Download-Paket zu diesem Buch sind Projektvorlagen für Visual Studio zur Erstellung von Commandlets enthalten. Diese ersparen ebenfalls Arbeit und sollten nach der Installation von Visual Studio zusätzlich aktiviert werden. Es gibt zwei Vorlagen:

- *Windows PowerShell (CS).vsi* enthält die Vorlage für die Erstellung von Commandlets in C#.
- *Windows PowerShell (VB).vsi* enthält die Vorlage für die Erstellung von Commandlets in Visual Basic .NET.

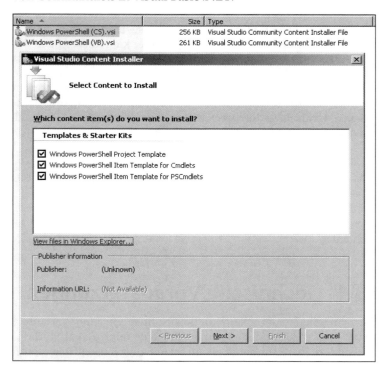

Abbildung 53.1
Installation der Visual-Studio-Projektvorlagen zur Erstellung von Commandlets

53.2 Grundkonzept der .NET-basierten Commandlets

.NET-basierte Commandlets werden in Form von Commandlet-Klassen im Rahmen eines sogenannten PowerShell-Snap-In erstellt.

Commandlet-Klassen

Jedes .NET-basierte Commandlet ist eine öffentliche .NET-Klasse (deklariert als public), die von einer bestimmten Basisklasse (Cmdlet oder PSCmdlet, beide im Namensraum System.Management.Automation) erbt und in einer DLL kompiliert wird. Die Commandlet-Klasse muss neben der Basisklasse auch noch eine Annotation [Cmdlet] besitzen, in welcher der Verbname und der Substantivname des Commandlets definiert werden. Der Name der .NET-Klasse ist für die Sichtbarkeit und die Anzeige in der PowerShell nicht maßgeblich.

Cmdlet oder PSCmdlet

Die Basisklasse PSCmdlet bietet für das Commandlet mehr Möglichkeiten als Cmdlet, z.B. den Zugriff auf die in der PowerShell deklarierten Variablen. Commandlets, die von Cmdlet abgeleitet sind, haben aber den Vorteil, dass sie auch außerhalb der Windows PowerShell genutzt werden können. Commandlet-Klassen, die von PSCmdlet erben, funktionieren hingegen nur in der PowerShell.

Methoden

Die Commandlet-Klasse muss mindestens eine der Methoden durch Überschreiben der gleichnamigen Methode der Basisklasse implementieren und mit Code ausstatten:

Überschreiben der Methoden der Basisklasse

- BeginProcessing(): wird genau einmal zu Beginn der Verarbeitung aufgerufen (vgl. „begin" bei funktionsbasierten Commandlets).
- ProcessRecord(): wird einmal für jedes Objekt in der Pipeline aufgerufen. Bei leerer Pipeline wird ProcessRecord jedoch auch genau einmal aufgerufen. (vgl. „process" bei funktionsbasierten Commandlets).
- EndProcessing(): wird genau einmal am Ende der Verarbeitung aufgerufen (vgl. „end" bei funktionsbasierten Commandlets).
- StopProcessing(): wird nur dann einmal aufgerufen, wenn der Anwender den Abbruch der Verarbeitung anfordert.

Mindestens eine der drei ersten Methoden muss implementiert sein.

Zusammenfassend gibt es also folgende Anforderungen an die Commandlet-Klasse:

- Die Klasse erbt von System.Management.Automation.Cmdlet.
- Die Klasse ist öffentlich.
- Das Verb-Substantiv-Paar, auf welches das Commandlet reagiert, gibt der PowerShell die Klasse über eine Annotation [Cmdlet("Verb","Substantiv")] bekannt.
- Die Klasse implementiert mindestens eine der Methoden BeginProcessing(), ProcessRecord() oder EndProcessing().

Ausgabe des Commandlets

WriteObject() Ein Commandlet kann in jeder der Methoden die Ausgabepipeline mit einzelnen Objekten befüllen. Hierzu kommt die aus der Basisklasse geerbte Methode WriteObject() zum Einsatz.

Commandlets erzeugen die Ausgabe in ProcessRecord(), wenn die einzelnen Eingabeobjekte unabhängig voneinander sind. Ein Beispiel dafür ist ein Filter-Commandlet wie Where-Object, in dem jedes einzelne Objekt für sich geprüft wird und die Reihenfolge der Ausgabeobjekte der Reihenfolge der Eingabeobjekte entspricht. Dagegen erzeugen Commandlets die Ausgabe in EndProcessing(), wenn die Ausgabe von allen (!) Eingabeobjekten abhängig ist, z.B. Sort-Object, wo das letzte Eingabeobjekt das erste Ausgabeobjekt sein kann.

Die Ausgabeobjekte des Commandlets dürfen nicht mit dem C#-Sprachkonstrukt return an den PowerShell Pipeline Processor übergeben werden.

Snap-In-Klasse

PSSnapIn oder CustomPSSnapIn Mehrere Commandlets können zu einer DLL zusammengefasst werden. Neben den Commandlet-Klassen muss es in der DLL auch noch eine Snap-In-Klasse (Basisklasse: PSSnapIn oder CustomPSSnapIn) geben.

Während die meisten .NET-basierten Anwendungen und .NET-Softwarekomponenten nicht mehr mit Einträgen in der Registrierungsdatenbank arbeiten und daher durch einfaches Kopieren verbreitet werden können (das sogenannte „XCopy-Deployment"), erfordert ein PowerShell-Snap-In Einträge in der Registrierungsdatenbank. Nach dem Kompilieren muss die DLL also erst in der PowerShell installiert werden. Dazu kann man ein MSI-Paket oder das Kommandozeilenwerkzeug *installutil.exe* verwenden. Nach der Installation ist ein weiterer Schritt notwendig, nämlich die Aktivierung des Snap-In in der PowerShell-Konsole mit Add-PsSnapin.

53.3 Schrittweise Erstellung eines minimalen Commandlets

Die Erstellung des ersten einfachen Commandlets wird relativ ausführlich beschrieben. Aus Platzgründen wird dann bei den weiteren Commandlets auf die schrittweisen Erläuterungen verzichtet.

Anlegen eines Visual-Studio-Projekts

Wenn Sie eine Variante von Visual Studio installiert und zusätzlich die PowerShell-Vorlagen eingefügt haben, erscheint beim Anlegen eines neuen Projekts die Option „Windows PowerShell" (siehe *Abbildung 53.2*).

Neues Projekt

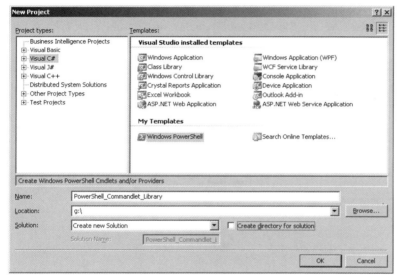

Abbildung 53.2
Anlegen eines neuen PowerShell-Projekts

Danach erscheint ein Visual-Studio-DLL-Projekt, das bereits folgende wichtige Voreinstellungen enthält:

Standardinhalte

- Eine Referenz zu der Assembly *System.Management.Automation.dll*
- Eine Datei *PSSnapin.cs*, welche die Snap-In-Klasse realisiert

Das folgende Listing zeigt einen Ausschnitt aus dem Standardinhalt der Datei *PSSnapin.cs*. Sie können die Namen anpassen.

```
using System;
using System.Collections.Generic;
using System.Text;
using System.Management.Automation;
using System.ComponentModel;

namespace PowerShell_Commandlet_Library
```

Kapitel 53 Entwicklung eigener Commandlets mit C#

```
{
[RunInstaller(true)]
public class PowerShell_Commandlet_LibrarySnapIn : PSSnapIn
Automatisch generierte Snap-In-Klasse
```

 Wenn Sie die Projektvorlagen nicht verwenden wollen, können Sie, um zum gleichen Ziel zu kommen, auch selbst eine einfache Klassenbibliothek („Class Library"-Projekt) in Visual Studio anlegen, die Referenz auf die oben genannte Assembly einfügen und den Programmcode für die Snap-In-Klasse in Ihr Projekt aufnehmen.

Anlegen des Commandlets

Noch nicht in dem Projekt enthalten ist eine Vorlage für ein Commandlet. Wählen Sie dazu *Add/New Item* und dann *PowerShell Cmdlet*. Geben Sie „Get-Computername" als Namen an.

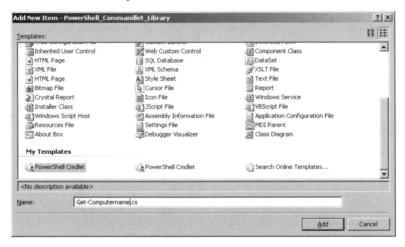

Abbildung 53.3
Anlegen eines Commandlets

Visual Studio erzeugt dann eine Datei *Get-Computername.cs* mit dem nachstehend dargestellten Inhalt.

Listing 53.1
Standardinhalt der Elementvorlage für Commandlet-Klassen

```
using System;
using System.Text;
using System.Management.Automation;
using System.Management.Automation.Provider;
namespace PowerShell_Commandlet_Library
{
    #region Get_ComputernameCommand

    /// <summary>
    /// This class implements the Get_Computername cmdlet
    /// </summary>
```

```csharp
[Cmdlet(VerbsCommon.Get, "",
    DefaultParameterSetName = "")]
public class Get_Computername : PSCmdlet
{
 #region Parameters

    //    [Parameter(
    //        Position = 0,
    //        ParameterSetName = "ID",
    //        ValueFromPipeline = true,
    //        ValueFromPipelineByPropertyName = true)]
    //    [ValidateNotNullOrEmpty]
    //    public string[] ID
    //    {
    //        get { return _ID; }
    //        set { _ID = value; }
    //    }

    #endregion Parameters

    #region Cmdlet Overrides
    protected override void BeginProcessing()
    {

    }

    protected override void ProcessRecord()
    {

    }

    #endregion Overrides
    #region Private Data


        #endregion Private Data

} //Get_ComputernameComand

#endregion
}
```

Implementierung des Commandlets

Get-Computername
Das folgende Listing zeigt eine einfache Implementierung von Get-Computername in der Programmiersprache C#. Aufgabe des Commandlets ist es, den Namen des Computers zu ermitteln und diesen als eine Zeichenkette an die PowerShell zu übergeben. Diese Information findet man in der .NET-Klasse System.Environment.MachineName. Das Commandlet liefert als Rückgabe eine Instanz der Klasse System.String (also eine Zeichenkette).

Neben den notwendigen Pflichtangaben für eine Commandlet-Klasse enthält das Listing nur eine einzige Zeile, in welcher der Computername mit WriteObject() in die Ausgabepipeline gelegt wird.

> In diesem Beispiel macht es keinen Unterschied, ob die Ausgabe in ProcessRecord() oder EndProcessing() erzeugt wird. Sogar BeginProcessing() wäre möglich.

Listing 53.2
Implementierung des Commandlets Get-Computername

```csharp
using System;
using System.Text;
using System.Management.Automation;

namespace de.ITVisions.PowerShell
{

 /// <summary>
 /// Commandlet-Klasse für das Commandlet Get-Computername
 /// </summary>
 [Cmdlet(VerbsCommon.Get, "Computername")]
 public class GetComputernameCommand : PSCmdlet
 {

  protected override void BeginProcessing()
  {
  }

  protected override void ProcessRecord()
  {
  }

  protected override void EndProcessing()
  {
   this.WriteObject(System.Environment.MachineName);
  }

  protected override void StopProcessing()
  {
  }
 }
}
```

Schrittweise Erstellung eines minimalen Commandlets

Sie können den Inhalt der Datei *Get-Computername.cs* entweder komplett löschen und an dieser Stelle das nachstehende Listing eintragen oder aber die bestehende Datei anpassen. Im Prinzip sind nur die fett markierten Zeilen zu übertragen. (Sollten Sie übrigens keine fett markierten Zeilen im Buch sehen, hat wahrscheinlich der Setzer eine Formatierung nicht beachtet.) Die leeren Methoden könnten Sie weglassen.

Kompilieren des Commandlets

Nach dem Kompilieren der DLL mit der Funktion *Build Solution* sollte Visual Studio „1 succeeded" melden (siehe *Abbildung 53.4*).

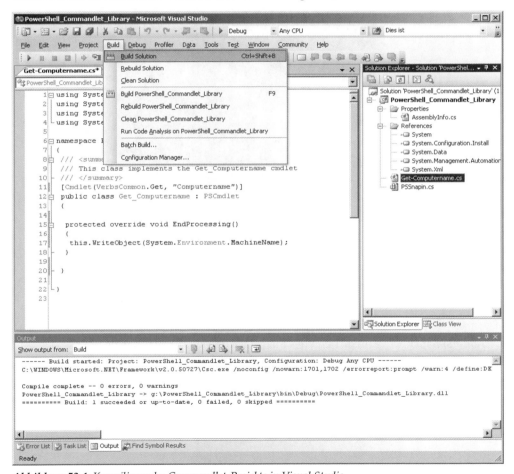

Abbildung 53.4: Kompilieren des Commandlet-Projekts in Visual Studio

Kapitel 53 **Entwicklung eigener Commandlets mit C#**

Installation des Commandlets

installutil.exe Bereits in *Teil I „PowerShell-Basiswissen"* wurde die Installation von PowerShell-Erweiterungen angesprochen. Um Platz in diesem Buch für andere Themen zu sparen, soll das Thema hier nur kurz wiederholt werden.

Folgende Schritte sind sowohl auf dem Entwicklungssystem als auch später auf allen Zielsystemen notwendig:

▶ Registrieren der DLL (alias Assembly), welche die Commandlets enthält

```
installutil.exe G:\PowerShell_Commandlet_Library\bin\release\
PowerShell_Commandlet_Library.dll
```

Abbildung 53.5
Ausgabe von
InstallUtil.exe

Add-PSSnapin ▶ Hinzufügen des Snap-In zur PowerShell-Konsole

```
Add-PSSnapin PowerShell_Commandlet_Library
```

Schrittweise Erstellung eines minimalen Commandlets

Zum permanenten Laden der Erweiterung beim Start der Konsole hat man zwei Möglichkeiten:

▶ Aufnahme der entsprechenden Add-PSSnapIn-Anweisungen in Ihre systemweite oder benutzerspezifische Profildatei (*Profile.ps1*, siehe auch *Abschnitt 29.5 „Profileinstellungen für die PowerShell-Konsole"*)

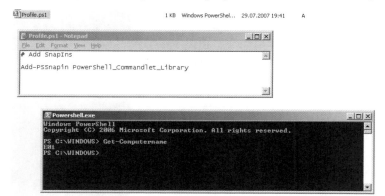

Abbildung 53.6
Laden eines Snap-In in der Profildatei

▶ Exportieren einer Konsolenkonfigurationsdatei mit Export-Console. Sie müssen allerdings vorher erst das Snap-In in der aktuellen Konsole hinzufügen und dann diese aktuelle Konsole exportieren. Dabei entsteht eine XML-Datei mit der Dateinamenserweiterung *.psc1*. Diese *.psc1*-Datei muss dann beim Starten der PowerShell über den Kommandozeilenparameter PSConsoleFile angegeben werden.

Export-Console

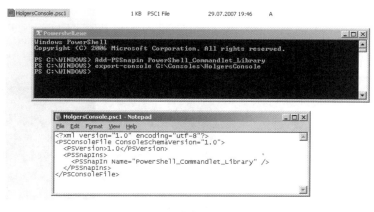

Abbildung 53.7
Exportieren einer Konsolenkonfigurationsdatei

Am besten legt man sich eine Verknüpfung im Dateisystem an mit folgendem Ziel:

```
%SystemRoot%\system32\WindowsPowerShell\v1.0\PowerShell.exe -PSConsoleFile "G:\Consoles\HolgersConsole.psc1"
```

809

Kapitel 53 Entwicklung eigener Commandlets mit C#

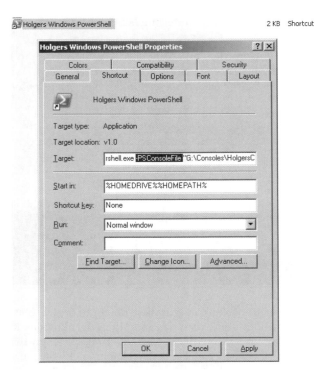

Abbildung 53.8
Anlegen einer Verknüpfung zur PowerShell-Konsole, die automatisch eine bestimmte Konsolenkonfigurationsdatei mitlädt

Verwendung des Commandlets

Die nachfolgende Bildschirmabbildung zeigt, dass das neue Commandlet sofort nach dem Start der PowerShell zur Verfügung steht, wenn die Add-PSSnapIn-Anweisung in die Profildatei aufgenommen oder eine Konsolendatei erstellt und eingebunden wurde.

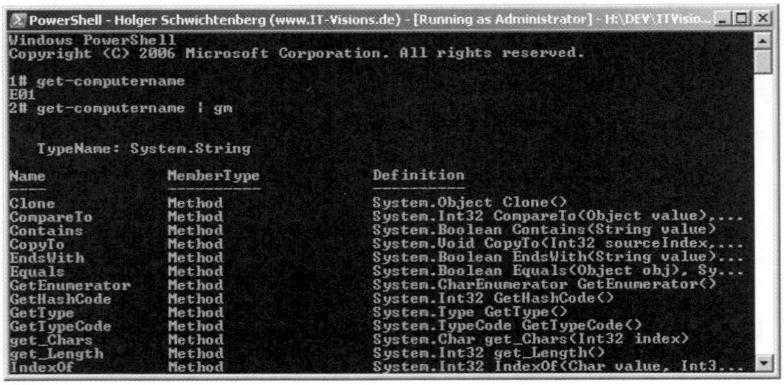

Abbildung 53.9
Einsatz von Get-Computername

Weiterentwicklung der Commandlet-Erweiterungen

Im Folgenden werden Sie weitere Commandlet-Implementierungen kennenlernen, die Sie in eigenen Commandlet-Bibliotheken oder in derselben Commandlet-Bibliothek speichern können. Wenn Sie dieselbe Command-Bibliothek verwenden, müssen Sie einige Schritte nicht wiederholen. Sie müssen immer nur ein neues Commandlet anlegen, dieses implementieren und kompilieren. Die Installation und das Laden der Commandlet-Bibliothek entfallen, solange Sie nicht die Pfade im Dateisystem ändern.

Weiteres Vorgehen

> Wenn Sie die Commandlet-Bibliothek erneut kompilieren, darf die Bibliothek in keinem Konsolenfenster geladen sein. Falls die Commandlet-Bibliothek geladen ist, scheitert der Übersetzungsvorgang mit dem Fehler:
>
> "Error2Unable to copy file "obj\Debug\PowerShell_Commandlet_Library.dll" to "bin\ Debug\PowerShell_Commandlet_Library.dll". The process cannot access the file 'bin\ Debug\PowerShell_Commandlet_Library.dll' because it is being used by another process.PowerShell_Commandlet_Library"

53.4 Erstellung eines Commandlets mit einem Rückgabeobjekt

Commandlets geben in der Regel nicht einzelne elementare Typen wie Zeichenketten, sondern komplexere Objekte zurück. Ein Commandlet kann Instanzen jeder beliebigen .NET-Klasse in die Pipeline legen. Es gibt keine besonderen Voraussetzungen. Die Klasse der Ausgabeobjekte (alias Rückgabeobjekte) muss weder öffentlich noch serialisierbar sein.

Beispiel

In dem folgenden Beispiel wird eine Datenstruktur mit Namen `ComputerInfo` durch das Commandlet `Get-ComputerInfo` geliefert. Die Datenstruktur ist in Form der selbst definierten Klasse `ComputerInfo` realisiert und wird mit Informationen aus verschiedenen Klassen der .NET-Klassenbibliothek (`System.Environment`, `System.Globalization.CultureInfo` und `System.Net.NetworkInformation.NetworkInterface`) „gefüttert".

Get-Computer-Info

```
using System;
using System.Text;
using System.Management.Automation;

namespace de.ITVisions.PowerShell
{
```

Listing 53.3 Implementierung des Commandlets Get-ComputerInfo

Kapitel 53 Entwicklung eigener Commandlets mit C#

```csharp
internal class ComputerInfo
{
 public string ComputerName;
 public int ProcessorCount;
 public string Domain;
 public string Culture;
 public bool Connected;
}
/// <summary>
/// Commandlet-Klasse
/// </summary>

[Cmdlet(VerbsCommon.Get, "ComputerInfo")]

public class GetComputerInfoCommand : PSCmdlet
{

 protected override void BeginProcessing()
 {
 }

 protected override void ProcessRecord()
 {
 }

 protected override void EndProcessing()
 {
  ComputerInfo i = new ComputerInfo();
  i.ComputerName = Environment.MachineName;
  i.ProcessorCount = Environment.ProcessorCount;
  i.Domain = Environment.UserDomainName;
  i.Culture =
System.Globalization.CultureInfo.CurrentUICulture.ToString();
   i.Connected = System.Net.NetworkInformation.NetworkInterface.
            GetIsNetworkAvailable();
  this.WriteObject(i);
 }

 protected override void StopProcessing()
 {
 }

 }
}
```

Bitte beachten Sie, dass zu diesem Beispiel nicht noch einmal alle Schritte zum Anlegen eines Projekts, Kompilieren und Installieren besprochen werden können. Sie können Get-ComputerInfo und alle weiteren Commandlets in das bestehende Projekt als zusätzliche C#-Quellcodedatei einfügen.

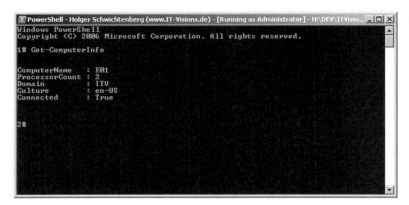

Abbildung 53.10
Einsatz von Get-ComputerInfo

53.5 Erstellung eines Commandlets mit mehreren Rückgabeobjekten

Ein einzelnes Commandlet darf beliebig viele Objekte in die Ausgabepipeline legen. Das folgende Listing implementiert Get-Disk, ein Commandlet, das Informationen über die verfügbaren Laufwerke liefert. Diese Information gewinnt das Commandlet aus der Windows Management Instrumentation (WMI) in Form von Instanzen der WMI-Klasse Win32_LogicalDisk.

Get-Disk

> Bitte verwechseln Sie nicht System.Management.Automation und System.Management. Der Namensraum System.Management.Automation gehört zur Windows PowerShell und enthält Klassen für die PowerShell, z.B. die Basisklasse PSCmdlet. Der Namensraum System.Management gehört zum .NET Framework und enthält Klassen für den Zugriff auf WMI, z.B. ManagementClass, ManagementObject, ManagementObjectCollection, ManagementObjectSearcher. Hier muss sich Microsoft eine Namensgebung vorwerfen lassen, die Einsteigern das Leben nur erschwert. Nach einer Zeit des Arbeitens mit .NET hat man aber solche Ungereimtheiten verinnerlicht.

Aufspalten einer Menge

Die Instanzen der WMI-Klassen werden mit Hilfe einer WMI-Query-Language-(WQL-)Abfrage ermittelt und – genau wie die Einzelobjekte in den bisherigen Beispielen – durch WriteObject() in die Ausgabepipeline gelegt.

Bei WriteObject() sieht man in dem Beispiel eine Besonderheit: Neben der zurückzugebenden Menge ist noch als zweiter Wert ein true für den Parameter EnumerateCollection angegeben. Dies bedeutet, dass nicht die Menge der WMI-Objekte als solches in die Pipeline gelegt werden soll, sondern jedes einzelne in der Menge enthaltene Objekt.

Enumerate-Collection

Kapitel 53 Entwicklung eigener Commandlets mit C#

Die beiden folgenden Bildschirmabbildungen zeigen, dass auf den ersten Blick kein Unterschied besteht, aber bei weiterer Verwendung diese Option einen großen Unterschied macht. Die Eingabe Get-Disk liefert – sowohl für den Fall, dass true gesetzt wurde, als auch im Fall, dass false gesetzt würde, das gleiche Ergebnis, weil am Ende der Pipeline die Standardausgabe der PowerShell Objektmengen in ihre Einzelteile zerbricht. Wenn man allerdings vorher in der Pipeline die Objekte verarbeiten möchte, z.B. filtern mit Where-Object, dann funktioniert die Pipeline ohne das „true" nicht wie gewünscht. Die Bildschirmabbildung zeigt, dass alle Laufwerke ungefiltert durch Where-Object gehen, auch wenn sie mehr als den in der Bedingung angegebenen Speicher von einem GB haben. Dies erklärt sich bei der Betrachtung des Pipeline-Inhalts mit Get-Member: Wenn EnumerateCollection auf true gesetzt ist, dann liegen Instanzen der Klasse System.Management.ManagementObject# root\cimv2\Win32_LogicalDisk in der Pipeline. Wenn false oder kein Wert angegeben ist, dann liegt eine Instanz von System.Management.ManagementObjectCollection in der Pipeline. Die Klasse System.Management.ManagementObjectCollection besitzt aber kein Attribut FreeSpace und die meisten Commandlets (so auch Where-Object) spalten Mengen nicht selbstständig auf. In diesem Fall müsste der Nutzer erst die Menge mit Foreach-Object spalten und das wäre unschön und entspricht nicht der Philosophie der PowerShell.

Abbildung 53.11
Verwendung von Get-Disk bei richtiger Implementierung

Erstellung eines Commandlets mit mehreren Rückgabeobjekten

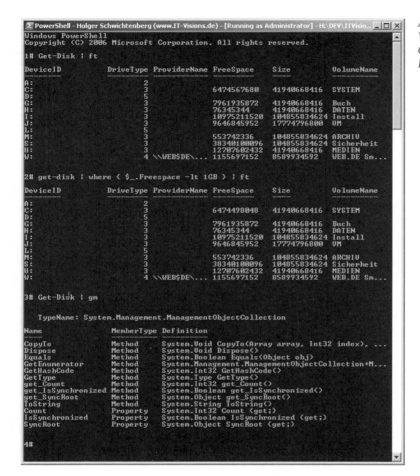

Abbildung 53.12
Verwendung von Get-Disk bei falscher Implementierung

Alternativ zum Befehl this.WriteObject(DiskMenge, true) könnte man auch die Objektmenge selbst mit einer foreach-Schleife innerhalb des Commandlets aufspalten:

```
foreach (ManagementObject Disk in DiskMenge)
{
this.WriteObject(Disk);
}
```

Dies führt zum exakt gleichen Ergebnis aus der Sicht des Nutzers des Commandlets. Der Entwickler hätte hiermit also nur mehr unnötige Arbeit. An dieser Stelle ist diese Option nur wiedergegeben, um das Verständnis für die Funktionsweise von WriteObject() zu fördern.

Kapitel 53 Entwicklung eigener Commandlets mit C#

Listing 53.4
Implementierung
des Commandlets
Get-Disk

```csharp
using System;
using System.Text;
using System.Management.Automation;
using System.Management.Automation.Provider;
using System.Management;

namespace de.ITVisions.PowerShell
{

  [Cmdlet(VerbsCommon.Get, "Disk")]
  public class GetDiskCommand : PSCmdlet
  {

   protected override void BeginProcessing()
   {
   }

   protected override void ProcessRecord()
   {
    string ABFRAGE = "Select * from Win32_LogicalDisk";
    string Computer = ".";

    System.Management.ManagementObjectCollection DiskMenge;
    ManagementScope ms = new ManagementScope("\\\\" + Computer +
                                             "\\root\\cimv2");
    ObjectQuery oq = new ObjectQuery(ABFRAGE);
    System.Management.ManagementObjectSearcher suche =
         new System.Management.ManagementObjectSearcher(ms, oq);
    DiskMenge = suche.Get();

    // Objekte einzeln zurückgeben
    this.WriteObject(DiskMenge, true);

    // Alternative
    //foreach (ManagementObject Disk in DiskMenge)
    //{
    // this.WriteObject(Disk);
    //}
   }

   protected override void StopProcessing()
   {
   }

  }
}
```

53.6 Erstellen eines Commandlets mit Parametern

Alle bisherigen Commandlets besitzen überhaupt keine Parameter. Am Beispiel von `Get-Disk` soll die Parametrisierung gezeigt werden. Dies ist einfach realisierbar, da WMI den Fernzugriff auf andere Computer über das Protokoll Distributed Component Object Model (DCOM) unterstützt. An der WQL-Abfrage muss nichts verändert werden, es muss nur dafür gesorgt werden, dass der Computername nicht statisch im Programmcode gesetzt wird (bisher war das ein Punkt „." für den lokalen Computer), sondern von der PowerShell-Konsole als Parameter empfangen wird.

Dazu definiert man `Computer` nicht mehr als lokale Variable in `Process-Record()`, sondern als ein Attribut der Commandlet-Klassen. Damit dieses Attribut von der PowerShell mit Parametern befüllt werden kann, muss die Annotation `[Parameter]` hinzugefügt werden. Außerdem muss das Attribut öffentlich (`public`) sein.

[Parameter]

```
[Parameter()]
public string Computer = ".";
```

Die obige Implementierung ist ausreichend, erzwingt aber immer einen benannten Parameter der Form:

```
Get-Disk -Computer E02
```

Soll der Anwender den Parameternamen auch weglassen können, muss der Entwickler des Commandlets eine Positionsangabe ergänzen, die wichtig ist, um bei mehreren unbenannten Parametern die Positionszuordnung zu machen.

Position

```
[Parameter(Position = 0)]
public string Computer = „.";
```

Die folgende Bildschirmabbildung zeigt, dass nun `Get-Disk` bei sowohl benannten als auch unbenannten Parametern funktioniert und auf andere Systeme zugreifen kann.

> Die Standardvorgabe (= ".", wobei ein Punkt in WMI für den lokalen Computer steht) sorgt dafür, dass beim Weglassen eines Werts für diesen Parameter der Zugriff auf das lokale System erfolgt.
>
> Alternativ kann der Parameter durch den Zusatz `Mandatory = true` in der Annotation als Pflichtattribut deklariert werden. Dann fordert die PowerShell bei ihrem Benutzer einen Wert an, falls er den Parameter weglässt.

Kapitel 53 Entwicklung eigener Commandlets mit C#

*Abbildung 53.13
Get-Disk mit
Parameter*

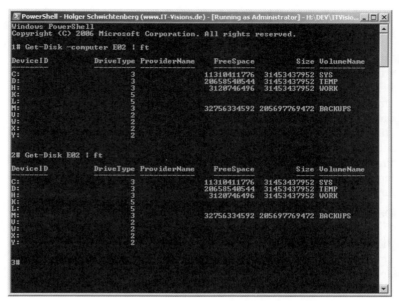

*Listing 53.5
Variante der Implementierung von
Get-Disk mit
einem Parameter*

```csharp
using System;
using System.Text;
using System.Management.Automation;
using System.Management.Automation.Provider;
using System.Management;

namespace de.ITVisions.PowerShell
{
 [Cmdlet(VerbsCommon.Get, "Disk")]
 public class GetDiskCommand : PSCmdlet
 {

   [Parameter(Position = 0)]
   public string Computer = ".";

   protected override void BeginProcessing()
   {
   }

   protected override void ProcessRecord()
   {
    string ABFRAGE = "Select * from Win32_LogicalDisk";

    System.Management.ManagementObjectCollection DiskMenge;
    ManagementScope ms = new ManagementScope("\\\\" + Computer +
                                             "\\root\\cimv2");
    ObjectQuery oq = new ObjectQuery(ABFRAGE);
    System.Management.ManagementObjectSearcher suche =
```

```
        new System.Management.ManagementObjectSearcher(ms, oq);
    DiskMenge = suche.Get();

    // Objekte einzeln zurückgeben
    this.WriteObject(DiskMenge, true);

    // Alternative
    //foreach (ManagementObject Disk in DiskMenge)
    //{
    // this.WriteObject(Disk);
    //}
    }
    protected override void StopProcessing()
    {
    }
  }
}
```

53.7 Verarbeiten von Pipeline-Eingaben

Viele eingebaute Commandlets können Werte aus der Pipeline beziehen. Für das selbst definierte Commandlet Get-Disk würde man sich wünschen, den Namen eines Computers und auch die Namen mehrerer Computer über die Pipeline zu übergeben, z.B.:

```
"E02" | Get-Disk
"E01", "E02", "E04" | Get-Disk
```

Die Unterstützung für Parameter bedeutet nicht automatisch auch, dass ein Commandlet Eingaben von der Pipeline akzeptiert, wie die Fehlermeldungen in *Abbildung 53.14* zeigen.

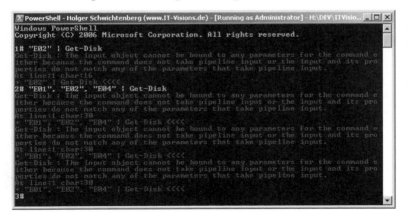

Abbildung 53.14
Get-Disk akzeptiert keine Pipeline-Inhalte – weder einzelne Zeichenketten noch Mengen.

Kapitel 53 **Entwicklung eigener Commandlets mit C#**

ValueFrom-Pipeline Die Unterstützung für Eingabeobjekte aus der PowerShell-Pipeline ist jedoch sehr einfach herstellbar, indem man die Annotation [Parameter] um `ValueFromPipeline = true` ergänzt:

```
[Parameter(Position = 0, ValueFromPipeline = true)]
public string Computer = ".";
```

Abbildung 53.15
Get-Disk akzeptiert nun Pipeline-Inhalte.

Listing 53.6
Variante der Implementierung von Get-Disk mit Akzeptanz von Pipeline-Inhalten

```
using System;
using System.Text;
using System.Management.Automation;
using System.Management.Automation.Provider;
using System.Management;

namespace de.ITVisions.PowerShell
{


  [Cmdlet(VerbsCommon.Get, "Disk")]
  public class GetDiskCommand : PSCmdlet
  {
    [Parameter(Position = 0, ValueFromPipeline = true)]
    public string Computer = ".";
```

```
protected override void BeginProcessing()
{
}

protected override void ProcessRecord()
{
 string ABFRAGE = "Select * from Win32_LogicalDisk";

 System.Management.ManagementObjectCollection DiskMenge;
 ManagementScope ms = new ManagementScope("\\\\" + Computer +
                                          "\\root\\cimv2");
 ObjectQuery oq = new ObjectQuery(ABFRAGE);
 System.Management.ManagementObjectSearcher suche =
     new System.Management.ManagementObjectSearcher(ms, oq);
 DiskMenge = suche.Get();

 // Objekte einzeln zurückgeben
 this.WriteObject(DiskMenge, true);

 // Alternative
 //foreach (ManagementObject Disk in DiskMenge)
 //{
 // this.WriteObject(Disk);
 //}
}

protected override void StopProcessing()
{
}

}
}
```

> Alternativ zur Angabe ValueFromPipeline = true kann man durch ValueFromPipelineByPropertyName = true festlegen, dass nicht ein ganzes Objekt aus der Eingabepipeline auf ein Attribut der Commandlet-Klasse abgebildet wird, sondern nur ein einzelnes gleichnamiges Attribut des Eingabeobjekts.

53.8 Verkettung von Commandlets

Ihre ganze Macht können Commandlets im Zusammenspiel mit anderen Commandlets entfalten. Es gibt drei Kopplungsformen:

Drei Kopplungsarten

- Kopplung auf Basis elementarer Datentypen (insbesondere String)
- Kopplung auf Basis von typisierten Objekten
- Generische Kopplung

Kopplung auf Basis elementarer Datentypen

Die Kopplung auf Basis elementarer Datentypen (insbesondere String) ist die einfachste Verbindungsform, die aber die Möglichkeiten der PowerShell nicht ausschöpft. Viele Commandlets nehmen Eingaben als Zeichenkette entgegen und auch viele klassische Kommandozeilenwerkzeuge können damit arbeiten.

Die Akzeptanz von Pipeline-Inhalten funktioniert natürlich nur, wenn die Pipeline auch sinnvolle Daten enthält. Der Befehl `Get-Process | Get-Disk` würde zwar von der PowerShell ausgeführt werden, es würde aber so viele Fehler geben, wie es Prozesse gibt, denn `Get-Disk` würde Computer suchen, die „System.Diagnostics.Process (xy)" heißen, wobei xy der Prozessname ist.

Umwandlung in Zeichenketten

In diesem Fall macht es keinen Sinn, die beiden Commandlets zu koppeln. Da es grundsätzlich aber sein könnte, dass ein Commandlet sinnvolle Textdaten für ein anderes Commandlet enthält, stellt sich die Frage, woher der Text „System.Diagnostics.Process (xy)" kommt. Hinter den Kulissen passiert Folgendes: `Get-Process` legt Instanzen von `System.Diagnostics.Process` in die Pipeline und übergibt diese nacheinander an `Get-Disk`. `Get-Disk` erwartet aber eine Zeichenkette und die PowerShell konvertiert nun mit Hilfe der Methode `ToString()` die Prozessobjekte in Zeichenketten. Im Fall von `System.Diagnostics.Process` werden der Klassenname und der Prozessname ausgegeben. Dies kann man leicht mit `gps | foreach { $_.tostring() }` ermitteln (siehe *Abbildung 53.16*).

Jedes .NET-Objekt besitzt eine Methode `ToString()`, denn `ToString()` ist in der „Mutter aller .NET-Klassen" `System.Object` implementiert und wird an alle .NET-Klassen und somit auch deren Instanzen weitergegeben. Ob `ToString()` eine sinnvolle Ausgabe liefert, hängt von der jeweiligen Klasse ab. Bei der Klasse `System.ServiceProcess.ServiceController`, deren Instanzen von `Get-Service` geliefert werden, ist die Konvertierung hingegen nicht so gut, denn die Zeichenkette enthält nur den Klassennamen, so dass die einzelnen Instanzen gar nicht unterschieden werden können.

> Die Konvertierung in den Klassennamen ist das Standardverhalten, das von `System.Object` geerbt wird, und dieses Standardverhalten ist leider auch üblich, da sich die Entwickler der meisten .NET-Klassen bei Microsoft nicht die „Mühe" gemacht haben, eine sinnvolle Zeichenkettenrepräsentanz zu definieren.

Verkettung von Commandlets

Abbildung 53.16
Anwendung von ToString() auf Instanzen der Klasse System.Diagnostics.Process

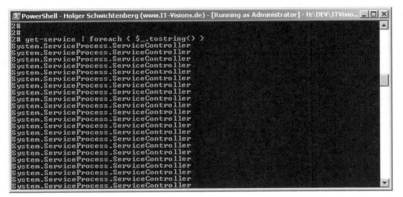

Abbildung 53.17
Anwendung von ToString() auf Instanzen der Klasse System.Service-Process.Service-Controller

> Die PowerShell Extensions von *www.IT-Visions.de* enthalten das Commandlet Get-PipelineInfo, mit dem man sowohl den Klassennamen als auch die Zeichenkettenrepräsentation aller Objekte in der Pipeline auf einen Blick sehen kann.

Abbildung 53.18
Anwendung von GetPipelineInfo

Kopplung auf Basis von typisierten Objekten

Typisierte Kopplung bedeutet, dass ein Objekt eines bestimmten Typs von einem Commandlet in die Pipeline gelegt und von einem anderen ausgewertet werden kann. (Beispiel: Get-Process erzeugt Process-Objekte, die Stop-Process verarbeiten kann.)

823

Kapitel 53 Entwicklung eigener Commandlets mit C#

InputObject Für die typisierte Kopplungsform müssen beide Commandlets die betreffende Klasse kennen, d.h., die Klasse liegt entweder in der .NET-Klassenbibliothek vor oder die selbst definierte Klasse liegt zusammen mit beiden Commandlets in einem Snap-In. Das sendende Commandlet muss nicht deklarieren, welche Objekttypen es in die Pipeline legt. Genau genommen kann das sendende Commandlet das auch gar nicht deklarieren, denn einen solchen Mechanismus gibt es nicht in der PowerShell (was übrigens die Implementierung von komfortablen Entwicklungsumgebungen für die PowerShell erschwert bzw. das vorherige schrittweise Durchlaufen erfordert – vgl. Einzelschritt-Debugging im PowerShell Plus Editor). Das empfangene Commandlet muss einen Parameter dieses Typs deklarieren, der von der Pipeline empfangen werden darf. Diesen Parameter soll man laut den Commandlet-Konventionen [MSDN57] von Microsoft InputObject nennen. Ein anderer Name ist aber technisch möglich.

Beispiel

Get-DirectoryEntry und Remove-DirectoryEntry Als Beispiel finden Sie im folgenden Listing die Implementierung von Get-DirectoryEntry und Remove-DirectoryEntry. Get-DirectoryEntry besitzt ein Attribut Path, dem per Parameter oder Pipeline eine Zeichenkette mit der Pfadangabe für einen Verzeichniseintrag übergeben werden kann. Get-DirectoryEntry liefert als Rückgabe das zugehörige Verzeichnisobjekt.

Die Commandlet-Klasse RemoveDirectoryEntryCommand besitzt zwei Attribute:

- Wenn ein Verzeichnisobjekt über die Pipeline geliefert wird, landet es in dem Attribut InputObject und der Verzeichniseintrag wird durch Aufruf von Remove() bei Einzelobjekten bzw. DeleteTree() bei Containern gelöscht.

- Wenn kein Verzeichnisattribut geliefert wird, wird nachgesehen, ob es einen Inhalt im Attribut Path (entweder über Parameter oder aus einer Zeichenkette in der Pipeline) gibt. Wenn es einen Pfad gibt, wird das zugehörige Verzeichnisobjekt instanziiert, um dann den Eintrag zu löschen.

InputObject hat durch die Reihenfolge der Bedingung im Programmcode Priorität, d.h., wenn es von der Pipeline schon ein Verzeichnisobjekt gibt, wird ein möglicher zusätzlicher Parameter ignoriert.

Bei der Ausführung von

```
Get-DirectoryEntry "WinNT://XFilesServer/FoxMulder" | Remove-DirectoryEntry "WinNT://XFilesServer/DanaScully"
```

würde also nur das Konto „FoxMulder" gelöscht. „DanaScully" bliebe unangetastet.

```
[Cmdlet(VerbsCommon.Get, "DirectoryEntry")]
public class GetDirectoryEntryCommand : PSCmdlet
{
 [Parameter(Position = 0, ValueFromPipeline = true)]
 public string Path = "WinNT://localhost";
 protected override void ProcessRecord()
 {
  System.DirectoryServices.DirectoryEntry d =
     new System.DirectoryServices.DirectoryEntry(Path);

  this.WriteObject(d, false);
 }
}
```

Listing 53.7
Implementierung von Get-Directory-Object

```
[Cmdlet(VerbsCommon.Remove, "DirectoryEntry")]
 public class RemoveDirectoryEntryCommand : PSCmdlet
 {
  [Parameter(ValueFromPipeline = true)]
  public System.DirectoryServices.DirectoryEntry InputObject = null;

  [Parameter(Position = 0, ValueFromPipeline = true)]
  public string Path = "";
  protected override void ProcessRecord()
  {
   System.DirectoryServices.DirectoryEntry d = null;
   if (InputObject != null)
   {
    d = InputObject;
   }
   else
   {
    if (Path != "")   d = new
    System.DirectoryServices.DirectoryEntry(Path);
   }
   if (d != null)
   {
    try
    {
     (d.Parent.Children as
        System.DirectoryServices.DirectoryEntries).Remove(d);
    }
    catch (Exception)
    {
     try
     {
         d.DeleteTree();
     this.WriteObject(true);
     }
     catch (Exception ex)
     {
```

Listing 53.8
Implementierung von Remove-DirectoryObject

```
        throw ex;
      }
    }

  }
  else
  {
   this.WriteObject(false);
  }
}
```

Generische Kopplung

Bei der generischen Kopplung kann jedes beliebige Objekt weitergegeben werden. In der Regel wird durch Parametrisierung des empfangenen Commandlets definiert, was es in den Objekten in der Pipeline suchen soll. Beispiele für die zweite Kategorie sind `Where-Object` und `Select-Object`.

System.Object Wenn Sie eine generische Kopplung implementieren wollen, müssen Sie einen Parameter anlegen, der als Typ `System.Object` hat und der seinen Inhalt von der Pipeline beziehen kann:

```
Parameter(ValueFromPipeline = true)]
public System.Object InputObject;
```

Die Arbeit mit diesem Objekt erfordert einen Mechanismus namens Reflection. Dies sind höhere Weihen der .NET-Programmierung, für die an dieser Stelle auf [SCH01] und [SCH02] verwiesen sei.

53.9 Fehlersuche in Commandlets

Visual Studio Debugger Mit dem in Visual Studio 2005/2008 integrierten Debugger können Sie PowerShell-Commandlets „debuggen", d.h. schrittweise ablaufen lassen und währenddessen die Zustände aller Variablen verfolgen und verändern.

Dazu sind folgende Schritte notwendig:

- Festlegung der *PowerShell.exe* als Startanwendung *C:\WINDOWS\system32\windowsPowerShell\v1.0\PowerShell.exe* (in den Projekteigenschaften – (siehe Abbildung 53.20))
- Laden des Snap-In durch *Profile.ps1* oder durch Festlegung des Kommandozeilenarguments *–PSConsoleFile* (in den Projekteigenschaften – (siehe Abbildung 53.21) oder durch `-noexit` und `-command` Angabe einer Skriptdatei, die `Add-PSSnapIn` aufruft.

Fehlersuche in Commandlets

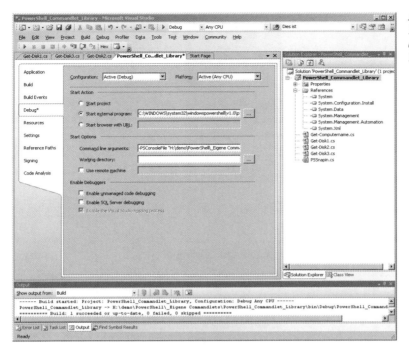

Abbildung 53.19
Konfiguration für das Commandlet-Debugging

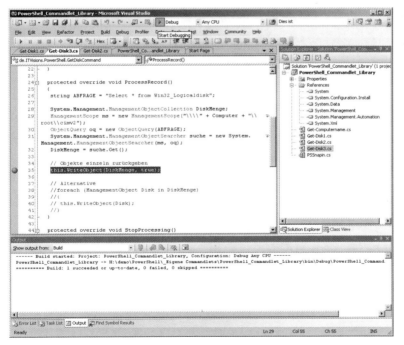

Abbildung 53.20
Start des Debuggings mit einem Haltepunkt

Kapitel 53 Entwicklung eigener Commandlets mit C#

Abbildung 53.21
Ansicht von Variablen während des Debuggings

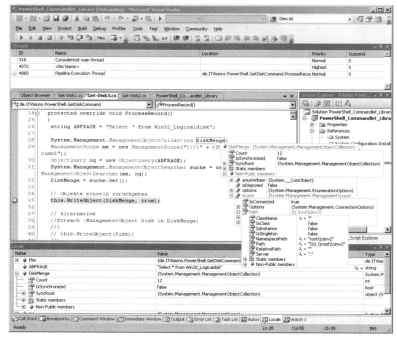

Abbildung 53.22
Im Fehlerfall zeigt der Debugger die Details zum Fehler direkt an der betreffenden Programmcodezeile an.

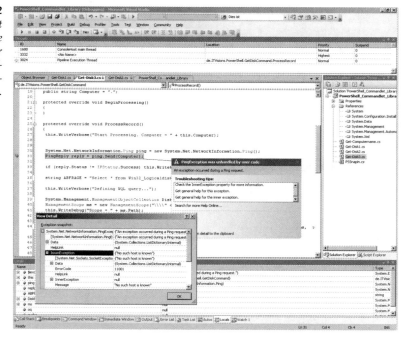

53.10 Statusinformationen

Ein Commandlet sollte niemand direkt ins Konsolenfenster mit `Console.WriteLine()` schreiben. Microsoft hat vorgesehen, dass es abseits der Übergabe von Objekten durch die Pipeline noch andere Wege gibt, wie sich ein Commandlet der Außenwelt mitteilen kann. Ob und wie diese Mitteilungen angezeigt werden, hängt von der PowerShell-Konsole ab. Der Endbenutzer kann das Verhalten durch die Parameter –verbose und –debug sowie die Umgebungsvariablen $VerbosePreference und $DebugPreference beeinflussen.

Verbose, Debug, Error, Progress

- `WriteVerbose(String)`: Texte werden ausgegeben, wenn das Commandlet mit dem Parameter –Verbose oder -Debug gestartet wird.
- `WriteDebug(String)`: Texte werden ausgegeben, wenn das Commandlet mit dem Parameter -Debug gestartet wird.
- `WriteWarning(String)`: Texte werden immer ausgegeben.
- `WriteError(ErrorRecord)`: Fehlerinformationen werden ausgegeben.
- `WriteProgress(ProgressRecord)`: wird in Form einer Fortschrittsanzeige ausgegeben.

> Der Unterschied zwischen `WriteError()` und dem Auslösen eines Fehlers mit dem C#-Sprachkonstrukt `throw` ist, dass nach `WriteError()` zwar ein Fehler ausgegeben wird, aber das Commandlet arbeitet weiter (Non-Terminating Error). Bei einem mit `throw` (oder `this.ThrowTerminatingError()`) ausgelösten Fehler (und allen vom .NET Framework ausgelösten Fehlern, die nicht abgefangen wurden) bricht das Commandlet sofort ab (Terminating Error).

Beispiel

In der folgenden Variante der Implementierung von `Get-Disk` sind Aufrufe von `WriteVerbose()`, `WriteDebug()`, `WriteWarning()`, `WriteError()` eingebaut. In der Implementierung wird eine Warnung ausgegeben, wenn ein Ping an einem Computer nicht möglich ist. Dennoch wird anschließend ein WMI-Aufruf probiert (da Ping gesperrt sein könnte, DCOM aber möglich ist).

Get-Disk

```
using System;
using System.Text;
using System.Management.Automation;
using System.Management.Automation.Provider;
using System.Management;
using System.Net.NetworkInformation;

namespace de.ITVisions.PowerShell
{
 [Cmdlet(VerbsCommon.Get, "Disk")]
 public class GetDiskCommand : PSCmdlet
```

*Listing 53.9
Implementierung
von Get-Disk mit
Statusinformationen*

Kapitel 53 Entwicklung eigener Commandlets mit C#

```csharp
{
 //   [Parameter()]
 //[Parameter(Position = 0, ValueFromPipeline = true)]

 [Parameter(Position = 0, ValueFromPipeline = true)]
 public string Computer = ".";

 protected override void BeginProcessing()
 {
 }

 protected override void ProcessRecord()
 {
  this.WriteVerbose("Start Processing. Computer = " +
this.Computer);

  // Check if computer is reachable
  if (Computer != ".")
  {
   System.Net.NetworkInformation.Ping ping = new
      System.Net.NetworkInformation.Ping();
   PingReply reply = ping.Send(Computer);
   if (reply.Status != IPStatus.Success) this.
      WriteWarning("Cannot ping computer!");
  }

  // define WQL query

  string ABFRAGE = "Select * from Win32_LogicalDisk";

  this.WriteVerbose("Defining WQL query...");
  System.Management.ManagementObjectCollection DiskMenge = null;
  ManagementScope ms = new ManagementScope("\\\\" + Computer +
                                          "\\root\\cimv2");
  this.WriteDebug("Scope = " + ms.Path);
  ObjectQuery oq = new ObjectQuery(ABFRAGE);
  this.WriteDebug("Query = " + ms.Path);
  System.Management.ManagementObjectSearcher suche =
     new System.Management.ManagementObjectSearcher(ms, oq);
  // Run WQL query

  this.WriteVerbose("Starting WQL query...");
  try
  {
   DiskMenge = suche.Get();
  }
  catch (Exception ex)
  {
   ErrorRecord er = new ErrorRecord(ex, "WQL Query Error",
```

```
            ErrorCategory.ResourceUnavailable, Computer);
         this.WriteError(er);
      }


      if (DiskMenge != null)
      {
       this.WriteDebug("Count = " + DiskMenge.Count);
       // Put objects to pipeline
       this.WriteObject(DiskMenge, true);
      }

      // Alternative
      //foreach (ManagementObject Disk in DiskMenge)
      //{
      // this.WriteObject(Disk);
      //}

         this.WriteVerbose("Finished Processing. Computer = " +
   this.Computer);
      }

      protected override void StopProcessing()
      {
      }

   }
}
```

Die folgenden Bildschirmabbildungen zeigen die Auswirkungen der Statusinformationen.

- Durch Angabe des Parameters -verbose werden alle Texte, die mit WriteVerbose() übergeben wurden, in gelber Farbe ausgegeben.
- Durch Angabe des Parameters -debug werden alle Texte, die mit WriteVerbose() und WriteDebug() übergeben wurden, in gelber Farbe ausgegeben. Außerdem erfolgt nach jeder Ausgabe die Nachfrage, ob die Ausführung fortgesetzt werden soll.
- An WriteWarning() übergebene Texte werden immer ausgegeben.
- Das an WriteError() übergebene Fehlerobjekt wird in roter Farbe ausgegeben. Danach wird die Abarbeitung fortgesetzt (Non-Terminating Error).

Kapitel 53 Entwicklung eigener Commandlets mit C#

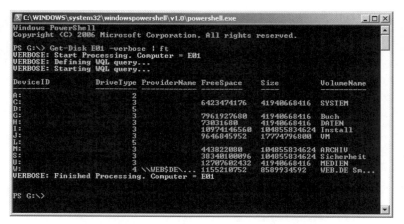

Abbildung 53.23
Start von Get-Disk mit der Option -verbose

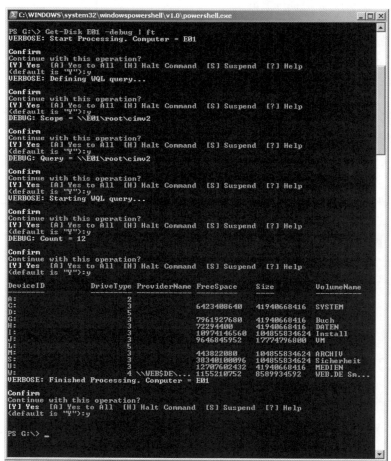

Abbildung 53.24
Start von Get-Disk mit der Option -debug

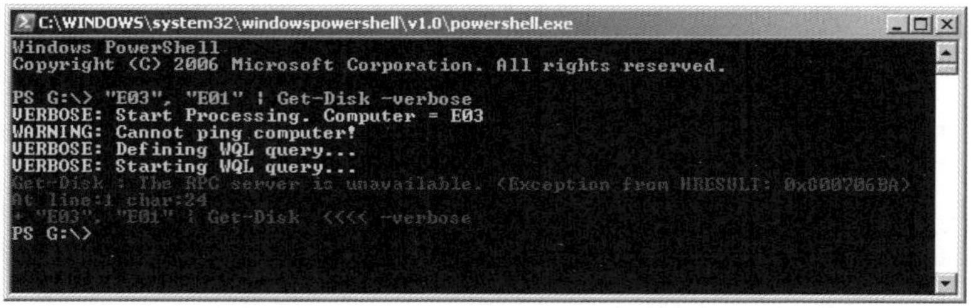

Unterstützung für Sicherheitsabfragen

Abbildung 53.25
Wenn die Möglichkeit, dass ein Computer nicht erreichbar ist, nicht abgefangen wird, bricht das Commandlet ab. Alle folgenden Objekte in der Pipeline werden nicht mehr beachtet.

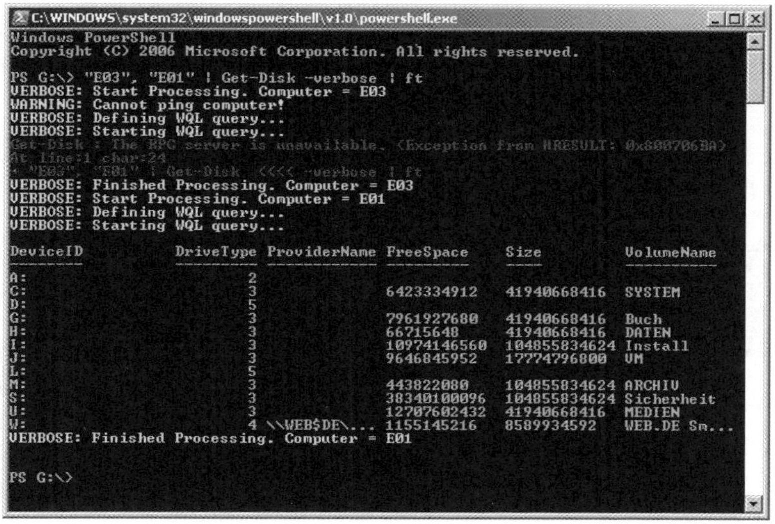

Abbildung 53.26
Wenn ein Fehler abgefangen und mit WriteError() ausgegeben wird, arbeitet das Commandlet weiter.

53.11 Unterstützung für Sicherheitsabfragen

Viele Commandlets, die Änderungen am System ausführen, unterstützen die Sicherheitsabfrage mit -Confirm und -WhatIf. Diese Sicherheitsabfrage kann man auch eigenen Commandlets hinzufügen. Dazu sind zwei Dinge zu tun:

Confirm und WhatIf

- In der Annotation vor der Commandlet-Klasse ist der Parameter SupportsShouldProcess = true anzugeben.

  ```
  [Cmdlet(VerbsCommon.Remove, "DirectoryEntry",
  SupportsShouldProcess = true)]
    public class Remove_DirectoryEntry : PSCmdlet
  ```

- Im Programmcode ist vor der eigentlichen Aktion, die das System verändert, ShouldProcess() aufzurufen. Dabei kann man wahlweise einen, zwei oder drei Parameter angeben, welche die Aktion beschreiben. ShouldProcess() erzeugt in Abhängigkeit von dem

Kapitel 53 Entwicklung eigener Commandlets mit C#

angegebenen Parameter die Ausgabe. Wenn `ShouldProcess()` den Wert `false` liefert, sollte das Commandlet die Aktion nicht ausführen. Im Fall von `-whatif` liefert `ShouldProcess` immer `false`. Bei `-confirm` kommt `false`, wenn der Benutzer die Aktion nicht explizit bestätigt hat.

Das folgende Beispiel zeigt `ShouldProcess()` mit einem Parameter und der zugehörigen Ausgabe von `-WhatIf` und `-Confirm`.

Listing 53.10
Bedingte Aktionsausführung mit einem Parameter bei ShouldProcess(), der den Pfad des zu löschenden Objekts enthält

```
if (ShouldProcess(d.Path))
{
// Aktion
}
```

Abbildung 53.27
Auswirkungen der obigen Verwendung von ShouldProcess() auf -whatif und -confirm

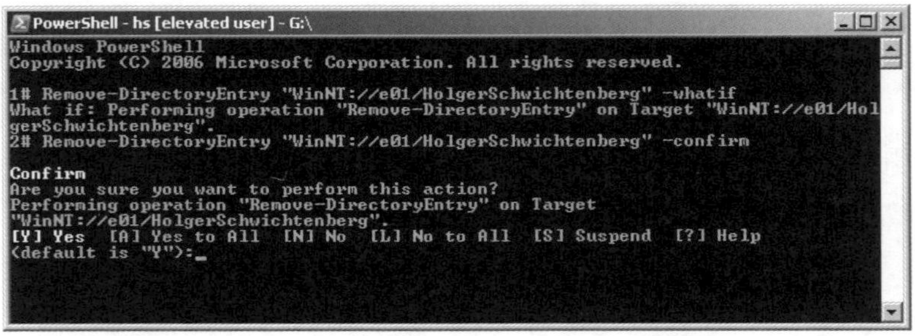

Listing 53.11
Bedingte Aktionsausführung mit drei Parametern bei ShouldProcess()

```
if (ShouldProcess("Remove: " + d.Path, "Do you want to delete this
    entry permanently?", "Please confirm:"))
{
// Aktion
}
```

Abbildung 53.28
Auswirkungen der obigen Verwendung von ShouldProcess() auf -whatif und -confirm

Beispiel

Das folgende Listing zeigt ein komplettes Beispiel zur Anwendung von `ShouldProcess()`.

Listing 53.12
Einsatz von ShouldProcess() beim Commandlet Remove-DirectoryEntry

```
[Cmdlet(VerbsCommon.Remove, "DirectoryEntry", SupportsShouldProcess
 = true)]
  public class Remove_DirectoryEntry : PSCmdlet
  {
    [Parameter(ValueFromPipeline = true)]
```

```csharp
    public System.DirectoryServices.DirectoryEntry DirectoryObject =
null;

    [Parameter(Position = 0, ValueFromPipeline = true)]
    public string Path = "";
    protected override void ProcessRecord()
    {

     System.DirectoryServices.DirectoryEntry d = null;

     if (DirectoryObject != null)
     { // Input was a Directory Object
      d = DirectoryObject;
     }
     else

     { // Input was a Directory Path

      if (Path != "") d = new
System.DirectoryServices.DirectoryEntry(Path);
     }

     if (d != null)
     {


      if (ShouldProcess("Remove: " + d.Path,
           "Do you want to delete this entry permanently?", "Please
confirm:"))
      {
       try
       {
        (d.Parent.Children as
            System.DirectoryServices.DirectoryEntries).Remove(d);
       }

       catch (Exception)
       {
        try
        {
         d.DeleteTree();
         this.WriteObject(true);
        }
        catch (Exception ex)
        {
         throw ex;
        }
       }
      }
```

Kapitel 53 Entwicklung eigener Commandlets mit C#

```
  }
  else
  {
    this.WriteObject(false);
  }
}
```

53.12 Festlegung der Hilfeinformationen

MAML Hilfeinformationen für die Commandlets, die durch Get-Help ausgelesen werden können, sind in XML-Dateien gespeichert. Das verwendete XML-Format heißt Microsoft Assistance Markup Language (MAML).

Zur Erstellung solcher MAML-Dateien existiert eine Anwendung (Cmdlet Help Editor, siehe [FAY01]), die ein Microsoft-Mitarbeiter entwickelt hat, die aber keine offizielle Microsoft-Anwendung ist und nicht vom Microsoft Support betreut wird.

> Eine Hilfedatei zu einer Snap-In-Assembly muss den Namen der Snap-In-Assembly mit angehängtem *–help.xml* haben, also:
>
> *PowerShell_Commandlet_Library.dll-Help.xml*

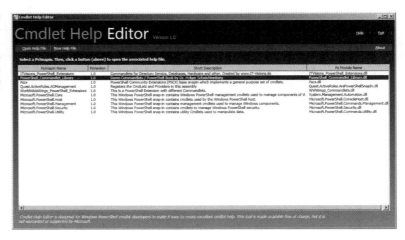

*Abbildung 53.29
Auswahl der Commandlet-Bibliothek, für die eine Hilfedatei erstellt werden soll*

Festlegung der Hilfeinformationen

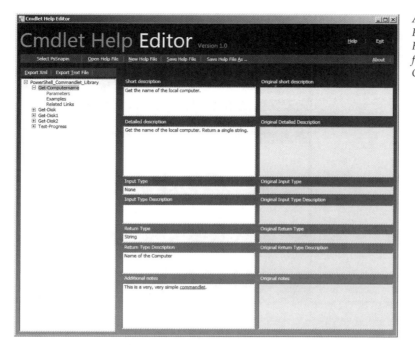

Abbildung 53.30
Festlegung der Hilfeinformationen für das Commandlet Get-Computername

Abbildung 53.31
Festlegung der Hilfeinformationen für einen Parameter für das Commandlet Get-Disk

Kapitel 53 Entwicklung eigener Commandlets mit C#

Abbildung 53.32
Definition eines Anwendungsbeispiels für das Commandlet Get-Disk

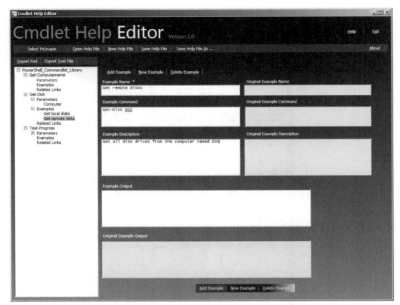

 Die Hilfedatei muss in dem gleichen Verzeichnis gespeichert werden wie die DLL und den Namen der DLL mit dem Zusatz „-Help.xml" tragen, z.B. *PowerShell_Commandlet_Library.dll-Help.xml*.

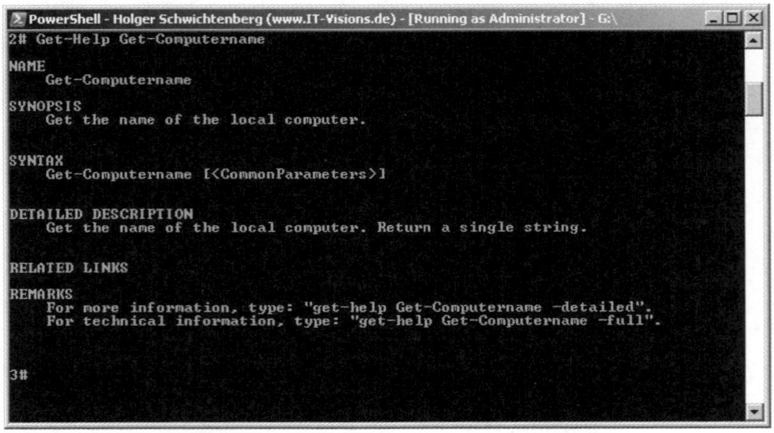

Abbildung 53.33
Ausgabe der Hilfeinformationen für das Commandlet Get-Computername

Festlegung der Hilfeinformationen

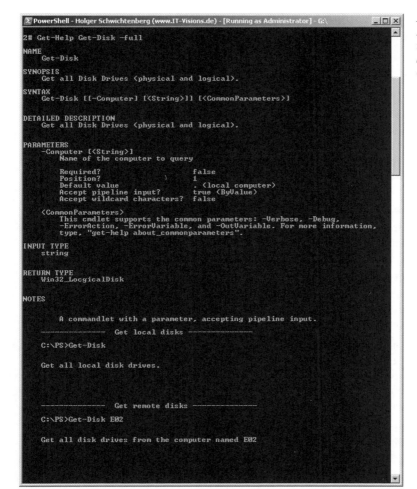

Abbildung 53.34
Ausgabe der Hilfeinformationen für das Commandlet Get-Disk

Weitere Information über das MAML-Format der PowerShell-Hilfe finden Sie unter [MSDN52].

53.13 Erstellung von Commandlets für den Zugriff auf eine Geschäftsanwendung

Alle bisherigen Beispiele zur Erstellung eigener Commandlets in diesem Buch beziehen sich auf die Windows-Infrastruktur, also das Auslesen und Verändern von Systeminformationen. In Zukunft werden auch Geschäftsprozessanwendungen kommandozeilenbasierte Schnittstellen auf Basis der Windows PowerShell bereitstellen, um bestehende Geschäftslogiken für iterative Systemadministration und Scripting bereitzustellen.

Für eine Besprechung dieses Themas stehen leider in diesem Buchprojekt nicht ausreichend Seiten zur Verfügung. Sie finden im Download-Paket zu diesem Buch jedoch ein mehrschichtiges .NET-Fallbeispiel, das auch eine Unterstützung für die PowerShell bietet.

World Wide Wings „World Wide Wings" ist eine fiktive Fluggesellschaft, die als Fallbeispiel für eine mehrschichtige, komponentenbasierte .NET-Anwendung dient. Dieses Fallbeispiel wird vom Autor dieses Buchs in einigen .NET-Büchern sowie seinen .NET-Schulungen verwendet.

Die Fluggesellschaft World Wide Wings (kurz WWWings oder WWW) ist eine Charter-Fluggesellschaft. Sie bietet nationale, europäische und interkontinentale Flüge an. Die verschiedenen Desktop-, Konsolen- und webbasierten WWWings-Anwendungen verwalten Flüge, Passagiere, Flugbuchungen und Mitarbeiter der Fluggesellschaft.

In dem Beispiel sind u.a. folgende Commandlets für den Zugriff auf die Geschäftslogik realisiert:

- Get-Flugziel: liefert eine Liste der Abflughäfen, von denen die Gesellschaft losfliegt, oder bei Angabe eines Flughafens die Ziele, welche die Gesellschaft von dort ansteuert. Die Rückgabe ist immer eine Menge von Zeichenketten.
- Get-Flug: liefert Informationen über einen Flug anhand der Flugnummer, alle Flüge auf einer Route anhand zweier Flughäfen oder die Flugziele.
- Get-Passagier: liefert Informationen über einen Passagier inklusive einer Liste seiner Buchungen.
- New-Buchung: erstellt eine neue Buchung für einen Passagier.
- Remove-Buchung: löscht eine Buchung für einen Passagier.

Konventionen für Commandlets

Alle Commandlets haben direkt Auswirkungen auf die Geschäftsprozessdatenbank von World Wide Wings, die sich in einem Microsoft SQL Server befindet.

Die folgende Bildschirmabbildung zeigt den Einsatz dieses Commandlets, insbesondere auch die Kopplung der Commandlets durch typisierte Objekte. So nimmt z.B. das Commandlet New-Buchung wahlweise für den Flug eine Flugnummer oder ein Flug-Objekt und für den Passagier eine Passagiernummer oder ein Passagier-Objekt entgegen.

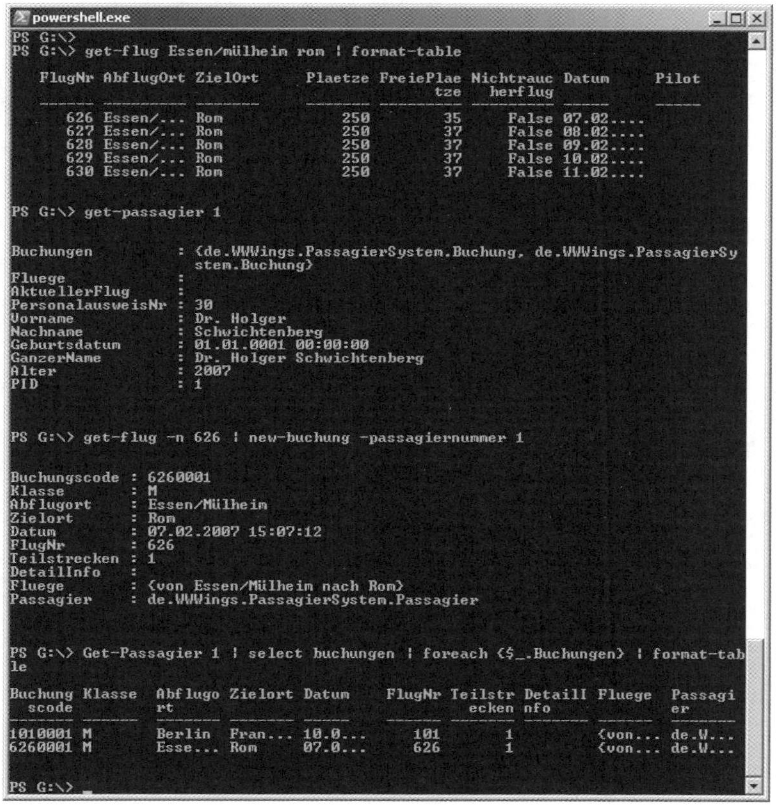

Abbildung 53.35
Einsatz der World Wide Wings-Commandlets

53.14 Konventionen für Commandlets

Bei den Verbnamen sollte man möglichst auf die bestehenden Verbnamen zurückgreifen, die Microsoft in sechs Gruppen vordefiniert hat (siehe *Tabelle 53.1*).

Namenskonventionen

Kapitel 53 Entwicklung eigener Commandlets mit C#

Tabelle 53.1
Vordefinierte Verben
für Commandlets

VerbsCommon	Add	Clear
	Copy	Get
	Join	Lock
	Move	New
	Remove	Rename
	Select	Set
	Split	Unlock
VerbsCommunications	Connect	Disconnect
	Read	Receive
	Send	Write
VerbsData	Backup	Checkpoint
	Compare	Convert
	ConvertFrom	ConvertTo
	Dismount	Export
	Import	Initialize
	Limit	Merge
	Mount	Out
	Restore	Update
VerbsDiagnostic	Debug	Measure
	Ping	Resolve
	Test	Trace
VerbsLifeCycle	Disable	Enable
	Install	Restart
	Resume	Start
	Stop	Suspend
	Uninstall	
VerbsSecurity	Block	Grant
	Revoke	Unblock

Außerdem gibt es folgende Grundsätze für die Erstellung von Commandlets:

▶ Ein Commandlet sollte Objekte zurückliefern und keine Zeichenketten.

▶ Ein Commandlet sollte auch „in der Mitte" in einer Pipeline eingesetzt werden können, d.h., es sollte Objekte entgegennehmen und wieder Objekte erzeugen.

▶ Ein Commandlet sollte niemals direkt Ausgaben mit .NET Framework-Funktionen wie `Console.WriteLine()` etc. erzeugen.

▶ Ein Commandlet sollte Objekte zurückliefern und keine Zeichenketten.

▶ Ein Commandlet sollte die Ausgabeobjekte immer einzeln in die Pipeline legen.

▶ Nach der Übergabe von Objekten an die Pipeline sollte das Commandlet die Objekte nicht mehr verwenden, da diese bereits von dem nachfolgenden Commandlet bearbeitet werden könnten.

▶ Ein Commandlet sollte sich nicht auf eine bestimmte Ausführungsreihenfolge von Commandlets in einem PowerShell-Befehl verlassen.

- Wenngleich der Name der Commandlet-Klasse nicht maßgeblich ist, schlägt Microsoft vor, die Klasse nach der Konvention „VerbSubstantivCommand" zu nennen, also für das Commandlet Add-DirectoryObject sollte die Klasse AddDirectoryObjectCommand heißen.
- Bei der Namensgebung für Parameter sollte PascalCasing (am Anfang und für jedes neue Wort ein Großbuchstabe) verwendet werden.
- Die folgenden Zeichen dürfen in Commandlet-Namen nicht verwendet werden: # , () {} [] & - / \ $; : " '<> | ? @ `
- Für Ja-/Nein-Parameter (alias „Schalter") soll die Klasse Switch-Parameter anstelle von Boolean zum Einsatz kommen, damit man solche Schalter einfach durch -Schalter anstelle von -Schalter true setzen kann.
- Ein Commandlet sollte immer -verbose und -debug unterstützen.
- Ein Commandlet, das Veränderungen am System vornimmt, sollte -whatif und -confirm unterstützen.

> Weitere Empfehlungen finden Sie in den „Cmdlet Development Guidelines" [MSDN57].

53.15 Weitere Möglichkeiten

Folgende Möglichkeiten bei der Erstellung von Commandlets können in diesem Buch aus Platzgründen nicht weiter thematisiert werden.

Noch mehr Möglichkeiten

- Ein Commandlet kann Objekte, die es aus der Pipeline empfängt, um neue Attribute und Methoden anreichern. Anders als im Kern von .NET geht das nicht nur mit Methoden. Die PowerShell hat dazu ihr eigenes Extended Type System (ETS).
- Commandlets mit vielen Parametern können Parametergruppen (Parameter Sets) zur Festlegung unterschiedlicher Parametermengen definieren.
- Der Entwickler kann Bedingungen für Parameter deklarieren, die die PowerShell automatisch überprüft, z.B. [ValidateLength(1,5)], [ValidatePattern("[0-9A-F]*")] und [ValidateNotNull()].
- Die Standardformatierung für die von den Commandlets gelieferten Objekte kann man in der Typbeschreibungsdatei der PowerShell (*Produktname.Format.ps1xml*) festlegen.
- Ein Commandlet kann auch auf die laufende PowerShell-Konsole zugreifen, z.B. die belegten Variablen mit this.GetVariableValue().
- Ein Commandlet kann in Parametern Platzhalter (Wildcards) unterstützen.

> Weitere Informationen zu diesen Punkten finden Sie im PowerShell SDK [MSDN53].

54 Hosting der Windows PowerShell

Architektur der PowerShell

Die Windows PowerShell besteht logisch aus drei Schichten: den Windows-PowerShell-Grundfunktionen wie dem Pipelining und dem Providerkonzept, den Windows-PowerShell-Commandlets sowie -Providern und dem Windows-PowerShell-Host, der den Windows-Prozess und gegebenenfalls eine grafische Benutzeroberfläche bereitstellt. Microsoft liefert mit PowerShell zwei verschiedene Hosts aus: die PowerShell-Konsole (PowerShell.exe) und das Integrated Scripting Environment (PowerShell_ise.exe). Microsoft erlaubt es lizenzkostenfrei (!), die PowerShell-Grundfunktionen und die von Microsoft gelieferten Commandlets und Provider in eigene Anwendungen zu integrieren.

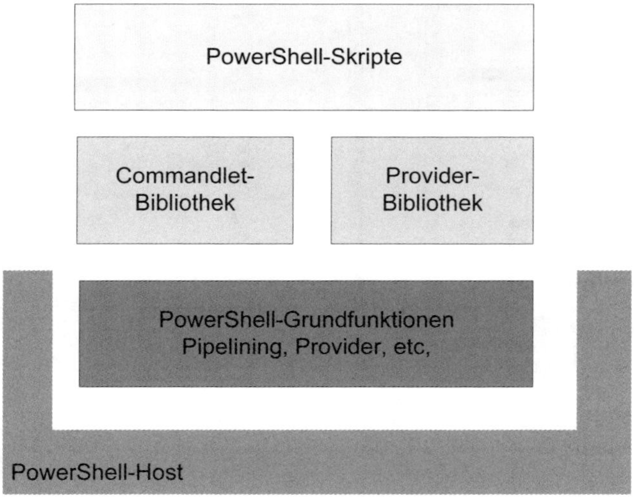

*Abbildung 54.1
Schichtenmodell
der Windows
PowerShell*

```
        ┌─────────────────────────────────┐
        │      PowerShell-Skripte         │
        └─────────────────────────────────┘

     ┌──────────────┐    ┌──────────────┐
     │ Commandlet-  │    │  Provider-   │
     │  Bibliothek  │    │  Bibliothek  │
     └──────────────┘    └──────────────┘

        ┌─────────────────────────────────┐
        │  PowerShell-Grundfunktionen     │
        │  Pipelining, Provider, etc,     │
        └─────────────────────────────────┘
   PowerShell-Host
```

Neben der bereits in PowerShell 1.0 enthaltenen Hosting-Möglichkeit, die relativ komplex war, bietet die PowerShell seit Version 2.0 eine zusätzliche vereinfachte Hosting-Schnittstelle.

> Jede beliebige .NET-Anwendung kann PowerShell hosten, also sowohl Windows-Forms- und WPF-Anwendungen als auch Konsolenanwendungen und Dienste ohne Benutzerschnittstelle.

54.1 Voraussetzungen für das Hosting

System.Management.Automation

Für das Hosting der PowerShell benötigt man die Assembly *System.Management.Automation.dll*. Unter Windows XP, Vista und Windows Server 2003/2008 findet man diese Assembly unter *C:\Windows\System32\WindowsPowerShell\v1.0*. In Windows 7/8 und Windows Server 2008 R2/2012 muss man in den Global Assembly Cache sehen unter *C:\Windows\assembly\GAC_MSIL\System.Management.Automation\1.0.0.0__31bf3856ad364e35*.

Leider hat Microsoft die Versionsnummer der Assembly nicht hochgezählt. Auch in PowerShell 3.0 steht daher im Global Assembly Cache noch „1.0". Man kann die DLLs aber anhand der Dateiversionsnummer unterscheiden: 6.0.6000 für PowerShell 1.0 und 6.1.7600 für PowerShell 2.0 und 3.0.

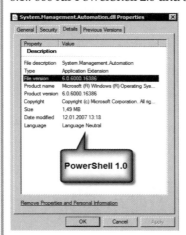
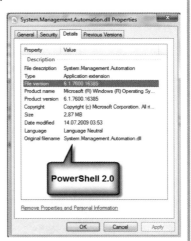

Abbildung 54.2: Vergleich der Versionsnummern der System.Management.Automation.dll

54.2 Hosting mit PSHost

PSHost

Für die „ältere" Form des Hosting sind drei Klasse zu implementieren:

- Eine Klasse, die von `PSHost` erbt. Hier sind einige wenige Attribute und Methoden zu implementieren mit Basisinformationen über den Host wie z.B. Name, Versionsnummer und aktuelle Sprache.
- Eine Klasse, die von `PSHostUserInterface` erbt. Diese Klasse realisiert die Entgegennahme von Eingaben (Prompt) sowie Ausgaben (Write).
- Eine Klasse, die von `PSHostRawUserInterface` erbt. Hierin sind Funktionen wie Farben und Fenstergröße abzulegen.

Hosting mit PSHost

Alle drei Basisklassen findet man im Namensraum System.Management.Automation.Host. Eine detaillierte Diskussion jeder einzelnen zu implementierenden Eigenschaft muss hier aus Platzgründen entfallen. Vielmehr soll anhand eines Beispiels eine praktische Einführung gegeben werden.

Beispiel

Die folgende Bildschirmabbildung zeigt eine Windows-Forms-Anwendung mit einer Eingabezeile und einem größeren Ausgabebereich. Die Eingabezeile erlaubt beliebige PowerShell-Commandlets und auch andere Arten von Befehlen wie Berechnungen.

Beispiel

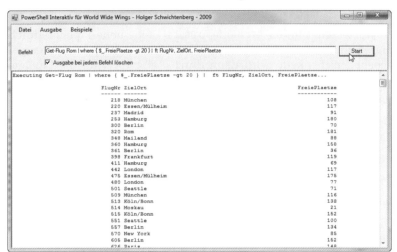

Abbildung 54.3
Hosting der PowerShell in einer Windows-Forms-Anwendung

Die folgende Abbildung zeigt die Architektur des Beispiels. Neben jeweils einer Klasse zur Implementierung der drei oben genannten Klassen gibt es zwei weitere Klassen. Die Klasse „Program", die den PSHost und einen sogenannten Runspace erzeugt sowie die grafische Benutzeroberfläche startet. Der Runspace verweist dabei auf Host und der Runspace ist zu öffnen.

```
pshost = new WWWingsHost(this, w);
runspace = RunspaceFactory.CreateRunspace(pshost);
runspace.Open();
```

Die in WWWingsHostWindow implementierte Benutzeroberfläche weiß im Sinne guter Schichtentrennung gar nicht, dass die eingegebenen Befehle von der PowerShell ausgeführt werden. Nach einem Klick auf die Start-Schaltfläche (Name „C_Start") erzeugt die Benutzeroberfläche ein Ereignis vom Typ CommandEntered(), wobei die in der Textbox C_Eingabe erfasste Zeichenkette als Parameter übergeben wird. Konsument des Ereignisses ist die Klasse Program.

Kapitel 54 Hosting der Windows PowerShell

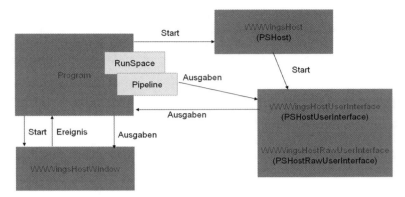

Abbildung 54.4
Architektur des Beispiels

Aufruf der Pipeline

Program erzeugt in der Methode Execute() eine neue Pipeline durch die Methode CreatePipeline() in dem Runspace-Objekt. Die eingegebene Zeichenkette wird dann durch AddScript() an die Pipeline übergeben:

currentPipeline.Commands.AddScript(cmd);

Durch das Hinzufügen von Out-Default an der Pipeline wird die Standardausgabe für viele Commandlets aktiviert.

currentPipeline.Commands.Add("Out-Default");

Die Ausführung der Pipeline startet man mit

currentPipeline.Invoke();

Diese Methode liefert kein direktes Ergebnis. Vielmehr sendet die Pipeline die Ausgaben an den Runspace, der Runspace an den Host und der Host nutzt zur Ausgabe das PSHostUserInterface, das sich wiederum zum Teil des PSHostRawUserInterface bedient. Das PSHostUserInterface sendet an das Programm die Ausgabe und das Programm sendet diese an die Benutzerschnittstelle.

Listing 54.1
Methode Execute() in der Klasse Program

```
void Execute(string cmd, object input)
{
    // Just ignore empty command lines...
    if (String.IsNullOrEmpty(cmd))
        return;

    // Create the pipeline object and make it available
    // to the ctrl-C handle through the currentPipeline
        instance
    // variable

    lock (instanceLock)
    {
        currentPipeline = myRunSpace.CreatePipeline();
    }
```

Hosting mit PSHost

```csharp
            // Create a pipeline for this execution - place the
               result in the currentPipeline
            // instance variable so it is available to be stopped.
            try
            {
                currentPipeline.Commands.AddScript(cmd);

                // Now add the default outputter to the end of the
                   pipe and indicate
                // that it should handle both output and errors
                   from the previous
                // commands. This will result in the output being
                   written using the PSHost
                // and PSHostUserInterface classes instead of
                   returning objects to the hosting
                // application.

                currentPipeline.Commands.Add("out-default");

currentPipeline.Commands[0].MergeMyResults(PipelineResultTypes.Error,
PipelineResultTypes.Output);

                // If there was any input specified, pass it in,
                   otherwise just
                // execute the pipeline...

                if (input != null)
                {
                    currentPipeline.Invoke(new object[] { input });
                }
                else
                {
                    currentPipeline.Invoke();
                }
            }
            finally
            {
               // Dispose of the pipeline line and set it to null,
                  locked because currentPipeline
               // may be accessed by the ctrl-C handler...
               lock (instanceLock)
               {
                   currentPipeline.Dispose();
                   currentPipeline = null;
               }
            }
        }
```

54.3 Vereinfachtes Hosting seit PowerShell 2.0

Klasse PowerShell

Die Windows PowerShell bietet seit Version 2.0 alternativ eine starke vereinfachte Möglichkeit zur Ausführung von PowerShell-Befehlen, bei der keine einzige der PowerShell-Basisklassen implementiert werden muss. Man erzeugt einfache eine Instanz der PowerShell (mit Hilfe der Klasse System.Management.Automation.PowerShell), übergibt den auszuführenden Befehl (oder die Befehlskette) und erhält eine Menge von Objekten zurück mit dem Inhalt der Pipeline nach Ende der Ausführung in Form von Instanzen der Klasse PSObject. Leider gibt es auch einen Haken: Um die Ausgabe muss man sich nun selbst kümmern. Dies bedeutet, dass weder die Standardausgabe mit Out-Default noch die Format-Commandlets funktionieren.

Das folgende Listing zeigt die Anwendung von Get-Process und die anschließende Ausgabe von drei Attributen der Klasse in einer Tabelle.

Listing 54.2
Vereinfachtes Hosting der PowerShell

```
public static void Run1()
{
  PowerShell ps = PowerShell.Create();

  // Einzelbefehl
  ps.AddCommand("Get-Process");

  // Kopfzeile
  Console.WriteLine("Prozess                    ID       Speicher");
  Console.WriteLine("-----------------------------------------");

  // Ausführung
  Collection<PSObject> ErgebnisMenge = ps.Invoke();

  // Ergebnismenge darstellen
  foreach (PSObject Ergebnis in ErgebnisMenge)
  {
   Console.WriteLine(
          "{0,-24}{1,-10}{2}",
          Ergebnis.Members["ProcessName"].Value,
          Ergebnis.Members["Id"].Value,
          Ergebnis.Members["WorkingSet64"].Value);
  }
}
```

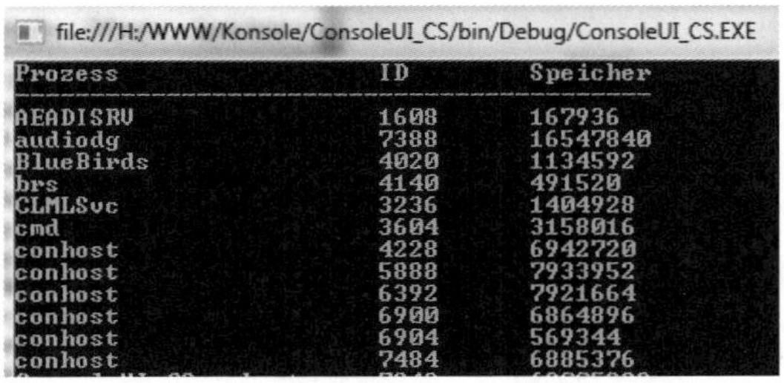

Vereinfachtes Hosting seit PowerShell 2.0

Abbildung 54.5
Ausgabe des obigen Beispiels

> Mit `AddCommand()` kann man nur einzelne Befehle der PowerShell übergeben. Mehrere Befehle, die durch eine Pipeline verkettet sind, muss man mit `AddScript()` übergeben:
>
> ```
> ps.AddScript("Get-Process | where { $_.workingset64 -gt
> 100000000} ");
> ```

Das folgende Listing zeigt ein Beispiel für eine generische Ausgabe einer Menge von Instanzen der Klasse `PSObject`. Dabei kommt uns zu Gute, dass `PSObject` bereits Metainformationen über den Objektinhalt enthält. Über die Menge „Properties" kann man den Namen der Attribute und deren Wert auslesen. `Print()` druckt aus Platzgründen jeweils nur die ersten fünf Attribute und verkürzt diese jeweils auf 15 Zeichen.

Listing 54.3
Funktionen für die generische Ausgabe für Mengen von PSObject-Objekten

```
const byte Spalten = 5;
  const byte ZeichenProSpalte = 15;
  /// <summary>
  /// Generische Ausgaben für Mengen von PSObject-Objekten
  /// </summary>
  /// <param name="Menge">Auszugebende Menge</param>
  public static void Print(Collection<PSObject> Menge)
  {
   bool HeaderPrinted = false;

   foreach (PSObject result in Menge)
   {

    if (!HeaderPrinted)
    {
     HeaderPrinted = true;
     byte hcount = 0;
     foreach (PSMemberInfo p in result.Properties)
     {
      hcount++;
      if (hcount > Spalten) break;
      Print(p.Name);
     }
     Console.WriteLine();
```

Kapitel 54 Hosting der Windows PowerShell

```
      Console.WriteLine("-------------------------------------
-------------------------------");
    }

    byte count = 0;
    foreach (PSMemberInfo p in result.Properties)
    {
     count++;
     if (count > Spalten) break;
     string value = "";
     try
     {
      value = p.Value.ToString();
     }
     catch (Exception)
     {
     }
     Print(value);
    }

    Console.WriteLine("");
   }
  }

  /// <summary>
  /// Ausgabe einer auf 15 Zeichen begrenzten Zeichenkette
  /// </summary>
  /// <param name="s">Zeichenkette</param>
  public static void Print(string s)
  {
   if (s.Length > ZeichenProSpalte) s = s.Substring(0,
ZeichenProSpalte-3) + "...";
   Console.Write(string.Format("{0," + ZeichenProSpalte +"}", s));
  }
```

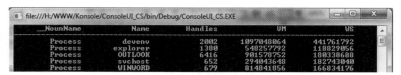

Abbildung 54.6
Generische Ausgabe
der ersten fünf
Attribute

55 PowerShell-Module erstellen

Die Grundlagen und die Anwendung von PowerShell-Modulen finden Sie bereits in *Teil II „PowerShell-Aufbauwissen“*. Dieses Kapitel behandelt nun das Erstellen von PowerShell-Modulen.

Modularten

Bei der Erstellung von Modulen sind drei Fälle zu unterscheiden:

- Skriptmodul
- Binärmodul
- Manifestmodul

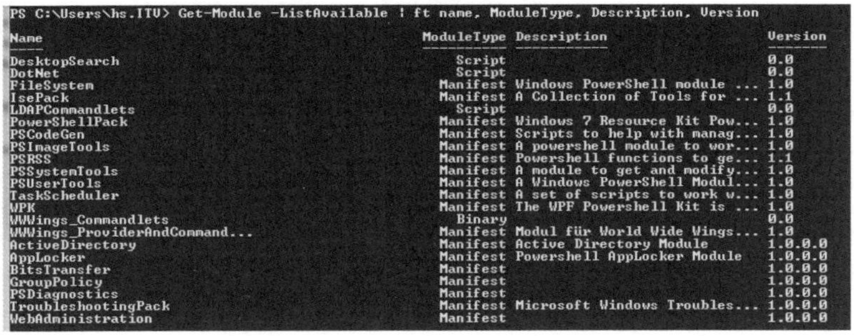

```
PS C:\Users\hs.ITV> Get-Module -ListAvailable ¦ ft name, ModuleType, Description, Version

Name                             ModuleType Description                          Version
----                             ---------- -----------                          -------
DesktopSearch                        Script                                      0.0
DotNet                               Script                                      0.0
FileSystem                         Manifest Windows PowerShell module ...        1.0
IsePack                            Manifest A Collection of Tools for ...        1.1
LDAPCommandlets                      Script                                      0.0
PowerShellPack                     Manifest Windows 7 Resource Kit Pow...        1.0
PSCodeGen                          Manifest Scripts to help with manag...        1.0
PSImageTools                       Manifest A powershell module to wor...        1.0
PSRSS                              Manifest Powershell functions to ge...        1.1
PSSystemTools                      Manifest A module to get and modify...        1.0
PSUserTools                        Manifest A Windows PowerShell Modul...        1.0
TaskScheduler                      Manifest A set of scripts to work w...        1.0
WPK                                Manifest The WPF Powershell Kit is ...        1.0
WWWings_Commandlets                  Binary                                      0.0
WWWings_ProviderAndCommand...      Manifest Modul für World Wide Wings...        1.0
ActiveDirectory                    Manifest Active Directory Module              1.0.0.0
AppLocker                          Manifest Powershell AppLocker Module          1.0.0.0
BitsTransfer                       Manifest                                      1.0.0.0
GroupPolicy                        Manifest                                      1.0.0.0
PSDiagnostics                      Manifest                                      1.0.0.0
TroubleshootingPack                Manifest Microsoft Windows Troubles...        1.0.0.0
WebAdministration                  Manifest                                      1.0.0.0
```

Abbildung 55.1 *Den Modultyp kann man bei Get-Module erkennen.*

55.1 Erstellen eines Skriptmoduls

Ein Skriptmodul besteht aus einer PowerShell-Skriptdatei mit der Dateinamenserweiterung .psm1. Die Skriptdatei muss so heißen wie das Modul, also lautet z.B. für das Modul LDAPCommandlets der Dateiname LDAPCommandlets.psm1. An den Aufbau der .psm1-Datei gibt es keine Anforderung. Jede Skriptdatei, die Funktionen definiert, ist möglich. Die definierten Funktionen werden alle als funktionsbasierte Commandlets exportiert. So gesehen ist also für ein Skriptmodul nicht mehr zu tun, als eine .ps1-Datei in .psm1 umzubenennen und die Datei in ein Verzeichnis mit gleichem Namen unterhalb eines der PowerShell-Modulverzeichnisse abzulegen.

Kapitel 55 PowerShell-Module erstellen

Anders als beim „DotSourcing" einer Skriptdatei werden aber „freie" Befehle in der .psm1-Datei nicht ausgeführt.

Bei einem Skriptmodul kann man ebenso wie beim „DotSourcing" nicht auswählen, welche Funktionen exportiert (d.h. zum Aufruf veröffentlicht) werden. Es werden alle enthaltenen Funktionen veröffentlicht.

Abbildung 55.2
Ein PowerShell-Skript-Modul, das die Funktion Get-LDAPObject exportiert, von außen und innen

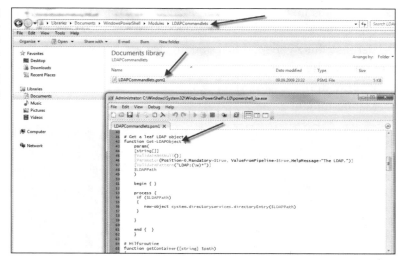

Modulverzeichnisse sind im Standard \Windows\System32\WindowsPowerShell\v1.0\Modules sowie $home\Documents\WindowsPowerShell\Modules für jeden einzelnen Benutzer. Die Umgebungsvariable PSModulePath liefert den Pfad zu den Benutzermodulen. Man kann diesen Pfad ändern oder auch weitere Pfade hinzufügen, z.B. $env:psmodulepath = $env:psmodulepath + „;h:\WPSModules" (siehe auch *Teil II „PowerShell-Aufbauwissen"*).

55.2 Erstellen eines Moduls mit Binärdateien

Analog zum Skriptmodul ist ein Binärmodul ein Modul mit einer DLL, deren Name dem Modulnamen entspricht. Das Binärmodul kann weitere abhängige DLLs im gleichen Verzeichnis haben. Es werden aber nur die in der Haupt-DLL enthaltenen Commandlets und Provider exportiert.

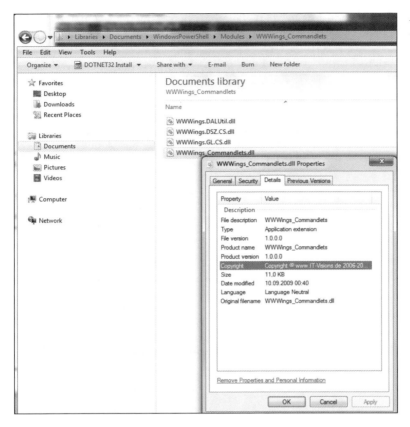

Abbildung 55.3
Ein Binärmodul

55.3 Erstellen eines Moduls mit Manifest

Ein Modul mit Manifest ist die flexibelste Form eines PowerShell-Moduls, weil hier zahlreiche Skript- und/oder Binärdateien in einem Modul zusammengefasst werden können. Ein Modul-Manifest ist eine Textdatei mit Meta-Informationen. Die wesentliche Information im Modul-Manifest sind die Dateien, die zu dem Modul gehören.

Das Manifest ist eine Textdatei mit der Dateinamenserweiterung (.psd1). Inhalt der Datei sind Name-Wert-Paare (in Form einer Hash-Tabelle) sowie optional Kommentare, die mit „#" beginnen. Beispiele für Name-Wert-Paare sind:

- ModuleVersion = '1.0'
- Author = 'Dr. Holger Schwichtenberg'
- NestedModules = „Access_Provider.dll", „WWWings_Commandlets.dll", „Start.ps1", „StartProvider.ps1", „StartCommandlets.ps1"

Die folgende Tabelle zeigt alle möglichen Namen. Die einzige Pflichtangabe ist ModuleVersion. Alle anderen Angaben sind optional.

Tabelle 55.1 Elemente eines Modul-Manifests

Schlüssel	Datentyp	Beschreibung
ModuleVersion	Zeichenkette im Format von System.Version, z.B. 1.2.3.4	Version des Moduls
GUID	Zeichenkette in Form einer GUID, z.B. 0093ae2d-89e4-494c-81a6-35881fafb6f2	Global Unique Identifier für das Modul
Author	Zeichenkette	Name des Modulautors
CompanyName	Zeichenkette	Firma des Modulautors
Copyright	Zeichenkette	Hinweis auf Rechteinhaber
Description	Zeichenkette	Beliebiger Beschreibungstext
PowerShellVersion	Zeichenkette im Format von System.Version, z.B. 2.0	Notwendige Version der PowerShell. Diese muss mindestens 2.0 sein, denn vorher gab es noch keine Module.
CLRVersion	Zeichenkette im Format von System.Version, z.B. 4.0	Notwendige Version der Common Language Runtime, z.B. 2.0 oder 4.0. Zu beachten ist, dass die CLR-Version für .NET 2.0, 3.0 und 3.5 jeweils 2.0 ist, da sich die CLR in .NET 3.0 und 3.5 nicht verändert hat.
DotNetFrameworkVersion	Zeichenkette im Format von System.Version, z.B. 3.5	Notwendige Version des .NET Frameworks, z.B. 3.0, 3.5 oder 4.0
RequiredModules	Eine Liste von Zeichenketten in der Form @("ModulName", "ModulName")	Liste von abhängigen Modulen, die bereits importiert sein müssen. Zu beachten ist, dass diese Anweisung nicht dazu führt, dass diese Module auch tatsächlich importiert werden.

Erstellen eines Moduls mit Manifest

Tabelle 55.1
Elemente eines Modul-Manifests (Forts.)

Schlüssel	Datentyp	Beschreibung
RequiredAssemblies	Eine Liste von Zeichenketten in der Form @("AssemblyName", "AssemblyName")	Liste von .NET-Assemblies, die geladen werden sollen. Die Assemblies können sich im Global Assembly Cache (GAC), dem zentralen Komponentenverzeichnis von .NET oder aber im Modulverzeichnis befinden. Der Assembly-Name darf mit oder ohne „.dll" am Ende angegeben werden.
ScriptsToProcess	Eine Liste von Zeichenketten in der Form @("Skriptname.ps1", " Skriptname.ps1")	Liste von PowerShell-Skripten, die ausgeführt werden sollen, bevor der Import durchgeführt wird
TypesToProcess	Eine Liste von Zeichenketten in der Form @("Typ. ps1xml", "Typ. ps1xml")	Liste von PowerShell-Typdateien (.ps1xml), die mit Hilfe von Update-TypeData ausgeführt werden sollen
FormatsToProcess	Eine Liste von Zeichenketten in der Form @("Typ. ps1xml", "Typ. ps1xml")	Liste von PowerShell-Typdateien (.ps1xml), die mit Hilfe von Update-FormatData ausgeführt werden sollen
NestedModules	Eine Liste von Zeichenketten in der Form @("Datei.dll", "Skript.ps1")	Liste von Skript- und Binärdateien (.ps1, .psm1, .psd1, .dll), die zum Modul gehören. Die Skriptdateien werden global verfügbar gemacht („DotSourcing") und die in den DLLs enthaltenen Commandlets und Provider werden aktiviert.
ModuleToProcess	String	Name des untergeordneten Moduls, das das Hauptmodul werden soll. Wenn hier nichts angegeben ist, wird das Manifest selbst zum Hauptmodul.

*Tabelle 55.1
Elemente eines
Modul-Manifests
(Forts.)*

Schlüssel	Datentyp	Beschreibung
ExportedFunctions	Eine Liste von Zeichenketten in der Form `@("Funktionsname", "Funktionsname")`	Liste von Funktionen, die das Modul exportieren soll. Das Exportieren ist die Voraussetzung dafür, dass eine Funktion in der PowerShell interaktiv oder in Skripten genutzt werden kann. Nicht exportierte Funktionen können nur innerhalb des Moduls selbst verwendet werden. Meist exportiert man alle Funktionen, was man durch die Angabe „*" festlegt. Eine leere Zeichenkette "" bedeutet, dass keine Funktionen exportiert werden sollen. In anderen Fällen ist die Liste der zu exportierenden Commandlets explizit anzugeben.
ExportedVariables	Eine Liste von Zeichenketten in der Form `@("Variablenname", "Variablenname")`	Liste von Variablen, die das Modul exportieren soll. Das Exportieren ist die Voraussetzung dafür, dass Variablen in der PowerShell interaktiv oder in Skripten genutzt werden können. Nicht exportierte Variablen können nur innerhalb des Moduls selbst verwendet werden. Meist exportiert man alle Variablen, was man durch die Angabe „*" festlegt. Eine leere Zeichenkette "" bedeutet, dass keine Variable exportiert werden soll. In anderen Fällen ist die Liste der zu exportierenden Variablen explizit anzugeben.

Tabelle 55.1
Elemente eines Modul-Manifests (Forts.)

Schlüssel	Datentyp	Beschreibung
ExportedAliases	Eine Liste von Zeichenketten in der Form @("Aliasname", "Aliasname")	Liste von Aliasen, die das Modul exportieren soll. Das Exportieren ist die Voraussetzung dafür, dass Aliase in der PowerShell interaktiv oder in Skripten genutzt werden können. Nicht exportierte Aliase können nur innerhalb des Moduls selbst verwendet werden. Meist exportiert man alle Aliase, was man durch die Angabe „*" festlegt. Eine leere Zeichenkette "" bedeutet, dass kein Alias exportiert werden soll. In anderen Fällen ist die Liste der zu exportierenden Aliasen explizit anzugeben.
FileList	Eine Liste von Zeichenketten in der Form @("Datei.dll", "Skript.ps1", "Text.txt")	Eine Liste aller Dateien, die zu dem Modul gehören
PrivateData	Object	Daten, die an das Hauptmodul übergeben werden sollen

Versionsanforderungen

Die Anforderungen an Versionen, die im Manifest hinterlegt sind, werden tatsächlich beim Importieren des Moduls geprüft. Wenn zum Beispiel dort gefordert ist, dass .NET Framework 4.0 installiert ist, dies aber nicht erfüllt ist, führt Import-Module zum Fehler „*The module 'C:\Users\hs.ITV\Documents\WindowsPowerShell\Modules\WWWings_ProviderAndCommandlets\WWWings_ProviderAndCommandlets.psd1' requires the following version of the .NET Framework: 4.0. The required version is not installed.*"

Dachmodule

Ein Modul kann als „Dachmodul" für andere unabhängige Module fungieren mit der Zielsetzung, eine Reihe von Modulen entweder einzeln oder zusammen importieren zu können. Dies macht das PowerShellPack vor. Das Modul „PowerShellPack" ist ein Skriptmodul, das nur aus Import-Module-Befehlen für andere Module besteht.

Abbildung 55.4
Aufbau des Moduls „PowerShellPack"

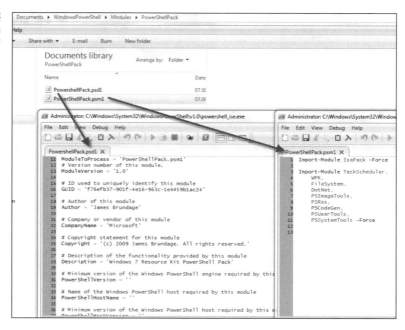

Es macht aber einen kleinen Unterschied, ob man `Import-ModulePowerShellPack` oder einen Import eines Einzelmoduls durchführt: Die einzelnen Commandlets verweisen entweder auf das Einzelmodul oder das Dachmodul (siehe Abbildung 55.5).

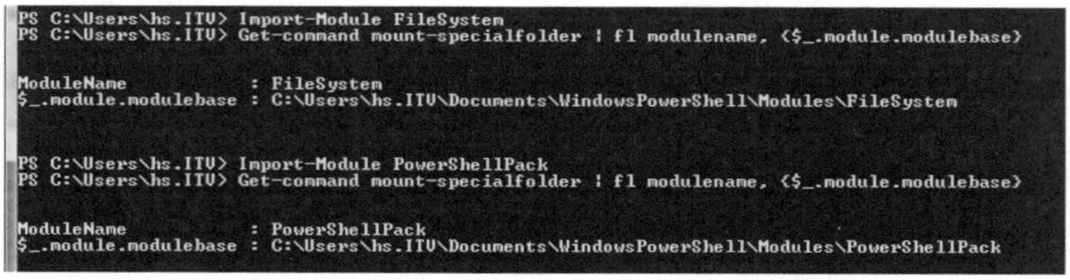

Abbildung 55.5
Auswirkungen des Imports eines Dachmoduls versus Import eines Einzelmoduls

Beispiel

Es soll ein Manifest für ein Modul mit den nachfolgend dargestellten Bestandteilen erstellt werden. Dabei haben die Dateien folgende Bedeutung:

- „ModulInit.ps1" ist ein Skript, das vor dem Importieren ausgeführt werden soll (es zeigt einen Hinweistext).
- „Access_Provider.dll" ist ein PowerShell-Provider.
- „WWW_Commandlets.dll" implementiert zahlreiche Commandlets.
- „WWWings.DALUtil.dll", „WWWings.DSZ.CS.dll" und „WWWings.GL.CS.dll" sind Bibliotheken, die „WWW_Commandlets.dll" benötigt. Sie implementieren keine eigenen Commandlets.

Erstellen eines Moduls mit Manifest

- „WWingsVersion6.mdb" ist eine Beispieldatenbank für „Access_Provider.dll".
- „StartCommandlets.ps1" und „StartProvider.ps1" enthalten Skripte, die „Access_Provider.dll" und „WWW_Commandlets.dll" testen.

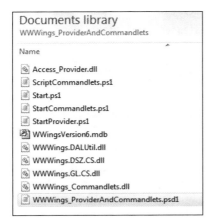

Abbildung 55.6
Inhalt des Modulverzeichnisses

Das folgende Listing zeigt die zugehörige Manifestdatei.

Listing 55.1
Beispiel für ein Modul-Manifest

```
#
# Module manifest
# Autor: Dr. Holger Schwichtenberg
# 18/01/2010
#

@{

# Script module or binary module file associated with this manifest
ModuleToProcess = 'WWWings_Commandlets.dll'

# Script files (.ps1) that are run in the caller's environment
prior to importing this module
ScriptsToProcess = @("ModulInit.ps1"  )

# Modules to import as nested modules of the module specified in
ModuleToProcess
NestedModules     = @("Access_Provider.dll", "WWWings_
Commandlets.dll", "ScriptCommandlets.ps1", "StartProvider.ps1",
"StartCommandlets.ps1")

# Version number of this module.
ModuleVersion = '1.0'

# ID used to uniquely identify this module
GUID = '0093ae2d-89e4-494c-81a6-35881fafb6f2'

# Author of this module
```

Kapitel 55 PowerShell-Module erstellen

```
Author = 'Dr. Holger Schwichtenberg'

# Company or vendor of this module
CompanyName = 'www.IT-Visions.de'

# Copyright statement for this module
Copyright = '(c) 2009 www.IT-Visions.de. All rights reserved.'

# Description of the functionality provided by this module
Description = 'Modul für World Wide Wings PowerShell-
Erweiterungen.'

# Minimum version of the Windows PowerShell engine required by this
module
PowerShellVersion = '2.0'

# Name of the Windows PowerShell host required by this module
PowerShellHostName = ''

# Minimum version of the Windows PowerShell host required by this
module
PowerShellHostVersion = ''

# Minimum version of the .NET Framework required by this module
DotNetFrameworkVersion = '3.5'

# Minimum version of the common language runtime (CLR) required by
this module
CLRVersion = '2.0'

# Processor architecture (None, X86, Amd64, IA64) required by this
module
ProcessorArchitecture = ''

# Modules that must be imported into the global environment prior
to importing this module
RequiredModules = @()

# Assemblies that must be loaded prior to importing this module
RequiredAssemblies = @("System.Windows.Forms.dll", "WWWings_
Commandlets.dll")

# Type files (.ps1xml) to be loaded when importing this module
TypesToProcess = @()

# Format files (.ps1xml) to be loaded when importing this module
FormatsToProcess = @()

# Functions to export from this module
```

```
FunctionsToExport = '*'

# Cmdlets to export from this module
CmdletsToExport = 'Get-Flug'

# Variables to export from this module
VariablesToExport = '*'

# Aliases to export from this module
AliasesToExport = '*'

# List of all files packaged with this module
FileList = @("Access_Provider.dll", "ModulInit.ps1","WWW_
Commandlets.dll", "StartCommandlets.ps1", "StartProvider.ps1",
"WWingsVersion6.mdb", "WWWings.DALUtil.dll",
"WWWings.DSZ.CS.dll","WWWings.GL.CS.dll" )

# Private data to pass to the module specified in ModuleToProcess
PrivateData = ''

}
```

Das Commandlet New-ModuleManifest hilft beim Erstellen eines Manifests. Das Commandlet fragt die wichtigsten Name-Werte-Paare für das Manifest interaktiv ab. Alternativ kann man die Werte auch als Parameter des Commandlets angeben.

Abbildung 55.7: Interaktive Nutzung von New-ModuleManifest

Teil V

Anhang

Dieser Buchteil enthält hilfreiche weiterführende Informationen.

A Crashkurs „Objektorientierung"

Systemadministratoren sind oft mit dem Konzept der Objektorientierung (OO), das aus der Welt der Softwareentwicklung stammt, nicht vertraut. Dieser Exkurs bietet eine kompakte Einführung in die Basiskonzepte der Objektorientierung. Wenn Sie damit bereits vertraut sind, überspringen Sie diesen Exkurs.

Was ist ein Objekt?

In der Softwareentwicklung hat sich ein Konzept durchgesetzt, das sich Objektorientierung nennt. Dabei programmiert man mit sogenannten Objekten. Dieser Objektbegriff ist hier ähnlich zu sehen wie der Objektbegriff in der menschlichen Sprache:

Objekt

- Ein Objekt hat Eigenschaften wie beispielsweise einen Namen, eine Farbe und eine Größe.
- Man kann mit einem Objekt Dinge tun, zum Beispiel es bewegen oder seine Farbe verändern.
- Objekte können Signale aussenden, beispielsweise Töne erzeugen.

Ein Objekt kann drei verschiedene Arten von Bestandteilen haben. Diesen Bestandteilen hat man folgende Fachbegriffe gegeben:

Mitglieder eines Objekts

- Attribute (auch: Eigenschaften), engl.: Attributes/Properties
- Methoden, engl.: Methods
- Ereignisse, engl.: Events

Man sagt, ein Objekt **hat** (oder **besitzt**) Attribute, Methoden und Ereignisse, wobei ein Objekt jeweils **beliebig viele** Attribute, Methoden oder Ereignisse besitzen kann. Es ist nicht zwingend notwendig, dass ein Objekt alle drei Arten besitzen muss. Zusammenfassend werden diese drei Konzepte als „Mitglieder" eines Objekts bezeichnet, damit man nicht immer „Attribute, Methoden und Ereignisse" aufzählen muss.

Attribute sind die Daten des Objekts; sie können gelesen oder gesetzt werden. Methoden können aufgerufen werden und dabei Parameter übergeben bekommen. Sie können entweder einen, keinen oder mehrere Werte zurückliefern. Ereignisse löst das Objekt selbst aus. Auf Ereignisse kann man reagieren, indem man Programmcode hinterlegt, der für den Fall der Auslösung des Ereignisses abgearbeitet werden soll. Diesen Programmcode nennt man eine Ereignisbehandlungsroutine.

Attribute, Methoden, Ereignisse

Anhang A Crashkurs „Objektorientierung"

Objekte in der realen Welt sind z.B. ein Haus, ein Baum, ein Tisch, ein Auto oder ein Mensch (an dieser Stelle soll der Begriff „Objekt" als Oberbegriff zu sehen und daher die Versachlichung des Menschen gestattet sein). Bei der objektorientierten Programmierung ist es üblich, Programm-Objekte zu bilden, die realen Objekten entsprechen: ein Haus-Objekt für ein Haus, ein Baum-Objekt für einen Baum etc. Es ist aber natürlich auch möglich, Programm-Objekte zu bilden, die es in der Realität nicht gibt.

Objekte bei der PowerShell Die PowerShell arbeitet durchweg mit Objektorientierung und Objekten. Objekte bei der PowerShell sind zum Beispiel eine Datei (engl. File), ein Benutzer (engl. User), eine Domäne (engl. Domain) oder eine Netzwerkkarte (engl. Network Adapter). Dies sind Objekte, die in der Realwelt „Betriebssystem" vorkommen. Daneben gibt es bei der PowerShell auch Objekte wie System.Environment, das verschiedene Funktionen zusammenfasst, die in der Realwelt so nicht zusammengefasst existieren.

> Ein Konstruktor ist Programmcode in einem Objekt, der beim Erzeugen eines Objekts („Instanziieren") aufgerufen wird. Ein Konstruktor enthält Initialisierungscode. Ein Destruktor ist das Gegenteil: Er wird durch die Vernichtung des Objekts aufgerufen, um „aufzuräumen".

Was ist eine Klasse?

Klassen Es gibt Objekte (z.B. Datei, Benutzer), von denen nicht nur ein, sondern mehrere oder sogar beliebig viele Exemplare existieren können. Mit dem Begriff **Klasse** fasst man alle gleichartigen Objekte zusammen. Ein Beispiel: In der Klasse „Datei" gibt es die Objekte „abc.doc", „xyz.txt" und „rst.xls". Ein Objekt bezeichnet man auch als **Instanz** einer Klasse. Eine Klasse definiert, welche Mitglieder (Attribute, Methoden und Ereignisse) jede Instanz oder jedes Exemplar der Klasse haben soll. Und eine Klasse enthält auch den Programmcode, der ausgeführt werden soll, wenn eine Methode aufgerufen wird. Dieser Programmcode ist in allen Instanzen einer Klasse gleich (und wird daher auch nur einmal im Speicher abgelegt). Eine Klasse ist eine Schablone zur Erzeugung von Objekten. Synonym zur Klasse wird oft auch der Begriff **Objekttyp** verwendet.

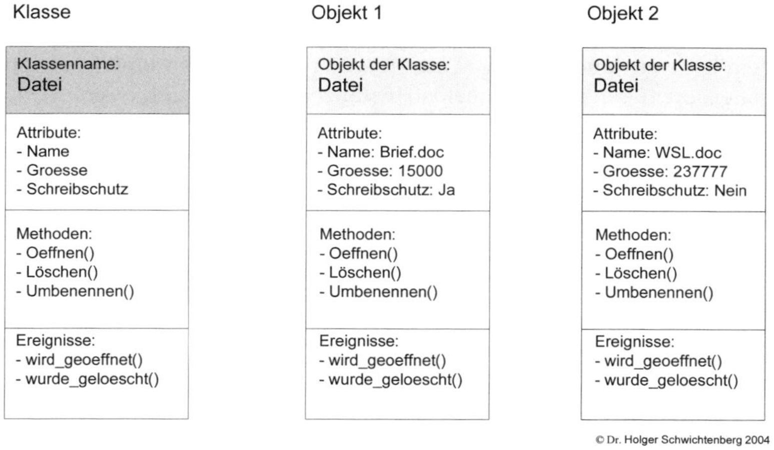

Was ist eine Klasse?

Klasse	Objekt 1	Objekt 2
Klassenname: Datei	**Objekt der Klasse:** Datei	**Objekt der Klasse:** Datei
Attribute: - Name - Groesse - Schreibschutz	Attribute: - Name: Brief.doc - Groesse: 15000 - Schreibschutz: Ja	Attribute: - Name: WSL.doc - Groesse: 237777 - Schreibschutz: Nein
Methoden: - Oeffnen() - Löschen() - Umbenennen()	Methoden: - Oeffnen() - Löschen() - Umbenennen()	Methoden: - Oeffnen() - Löschen() - Umbenennen()
Ereignisse: - wird_geoeffnet() - wurde_geloescht()	Ereignisse: - wird_geoeffnet() - wurde_geloescht()	Ereignisse: - wird_geoeffnet() - wurde_geloescht()

© Dr. Holger Schwichtenberg 2004

Abbildung A.1
Klasse vs. Objekt

> Es ist eine Konvention, dass man nach dem Namen einer Methode und eines Ereignisses ein rundes Klammernpaar schreibt, unabhängig davon, ob hier Parameter erwartet werden. Zudem sind Umlaute in Namen zu vermeiden.

Instanzen

In der objektorientierten Programmierung geht man so vor, dass man zunächst eine Klasse definiert und danach Instanzen einer Klasse erzeugt, die man dann zur Programmierung verwendet. Den Vorgang, aus einer Klasse eine Instanz zu bilden, nennt man **Instanziierung** (teilweise in der Literatur auch mit einem i geschrieben: **Instanzierung**). Man sagt, eine Klasse wird **instanziiert**. Die Klasse ist eine Schablone für Objekte, die aus rohem Computerspeicher ein Objekt einer bestimmten Form erzeugt.

Beispiele für Instanzen sind:

▶ Der Opel mit dem Kennzeichen „E-GO123" ist eine Instanz der Klasse Auto.

▶ Der Benutzer mit dem Namen „HS" ist eine Instanz der Klasse Benutzer.

Rohmaterial — Klasse als Schablone — Objekt
Unbenutzter Speicher — Instanziierung — Fertige Instanz

Abbildung A.2
Ein Objekt entsteht aus dem rohen Speicher durch die Anwendung einer Klasse als Schablone.

Klassen bei der PowerShell

Bei der PowerShell arbeiten Sie mit Klassen, die Microsoft (oder andere Hersteller) definiert haben. Das Windows-Betriebssystem und das Microsoft .NET Framework erzeugen automatisch im laufenden

Betrieb unzählige Instanzen dieser Klassen. Ihre Aufgabe als Skriptentwickler ist es lediglich, die gewünschte Instanz zu finden und gemäß Ihren Anforderungen auszulesen oder zu verändern. In vielen Fällen erzeugen Sie auch selbst Instanzen, z.B. wenn Sie eine neue Datei oder einen neuen Benutzer anlegen. Mit der Definition eigener Klassen haben Sie zunächst nichts zu tun: Dies erfordert eine höherwertige Programmiersprache wie C# oder Visual Basic und kommt nur im *Teil IV „Profiwissen – Erweitern der PowerShell"* vor.

Klassennamen Die von Microsoft und anderen Herstellern definierten Klassen haben englische Namen (oder Kunstnamen), die oftmals aus mehreren Wörtern bestehen und zum Teil abgekürzt sind. Beispiele für Klassennamen sind:

- Process
- DriveInfo
- FileInfo
- Service
- ManagementObject (manchmal werden die Begriffe Class oder Object als Teil des Namens einer Klasse verwendet, was verwirrend sein kann)

Damit Sie Klassennamen im Text sofort erkennen, sind diese (ebenso wie Befehle, Variablen etc.) in diesem Buch in einer anderen Schriftart dargestellt.

In der objektorientierten Programmierung gibt es einen Unterschied zwischen einer *Schnittstelle* (engl. *Interface*) und einer Klasse/einem Objekt. Da dieser Unterschied jedoch im Rahmen der in diesem Buch vorgestellten Beispiele kaum Bedeutung hat, wird im Folgenden auf die nähere Erläuterung und Verwendung des Begriffs Schnittstelle verzichtet.

Kapselung

Als Kapselung bezeichnet man in der objektorientierten Welt die Fähigkeiten einer Klasse, darüber zu entscheiden, wer die Mitglieder der Klasse sehen und nutzen darf. Hier werden nicht, wie man es aus dem Betriebssystem kennt, Zugriffsrechte auf Ebene von Benutzern oder Gruppen vergeben, sondern es wird recht pauschal definiert, wie andere Klasse damit umgehen dürfen. Die beiden Standardzugriffsmöglichkeiten sind:

- Privat (Private): Nur die Klasse selbst darf dieses Mitglied nutzen. Es handelt sich um interne Daten oder interne Routinen, die die Außenwelt nichts angehen oder die diese nicht sinnvoll nutzen kann.
- Öffentlich (Public): Auch andere Klassen dürfen dieses Mitglied nutzen.

Objektbeziehungen

> Darüber hinaus gibt es die Zugriffseinstellung „geschützt" (Protected), die man aber nur kennen muss, wenn man selbst Klassen definiert. Private und Public kann man auch auf Klassen anwenden.

Objektbeziehungen

In der Realität sind Objekte miteinander verbunden: Ein Baum hat Äste und Zweige, ein Auto hat einen Motor und Räder etc. Auch bei Betriebssystem-Objekten gibt es solche Zusammenhänge: Eine Domäne enthält Benutzer und Computer, ein Computer besteht aus einem Prozessor und mehreren Festplatten usw. Diese Zusammenhänge müssen durch Programmier-Objekte abgebildet werden.

Die Lösung zur Abbildung dieser Zusammenhänge ist einfach: Ein Mitglied eines Objekts kann selbst wieder ein Objekt sein. Zum Beispiel kann ein Attribut ein Objekt beinhalten oder eine Methode ein Objekt als Ergebnis liefern.

Objekte verweisen auf andere Objekte

Daraus ergibt sich eine Objekthierarchie, die man in Form eines Objektbaums darstellen kann. Wir zeigen an einigen Stellen diese Objektbäume, weil sie gut geeignet sind, die Zusammenhänge zwischen den Objekten zu verstehen.

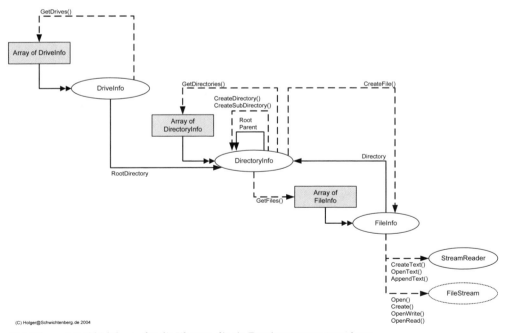

Abbildung A.3: *Objektbaum für die Klassen, die ein Dateisystem repräsentieren*

Die möglichen Zusammenhänge zwischen den Objekten sind in der Definition einer Klasse hinterlegt. In der Regel steht dort geschrieben, welche Arten von Objekten miteinander verbunden sind. Es ist aber auch möglich, dass in einer Klasse definiert ist, dass ein Mitglied ein beliebiges Objekt enthalten kann.

Befehlskette Bei den Mitgliedern einer Klasse muss man zwischen Mitgliedern unterscheiden, die einfache Daten – wie eine Zahl oder eine Zeichenkette – liefern, und Mitgliedern, die ein Objekt liefern. Mitglieder, die selbst wieder Objekte sind, haben nämlich wieder Mitglieder, so dass eine lange Befehlskette entstehen kann.

```
Objekt1.UnterObjekt2.UnterObjekt3.UnterObjekt4.Methode_von_
Unterobjekt4()
```

> Die zur Darstellung eines Objektbaums verwendete Notation lässt sich in fünf einfachen Regeln erklären:
> 1. Einzelne Objekte sind durch Ovale dargestellt. In dem Oval steht der Name der Klasse.
> 2. Objektmengen (also Listen von mehreren Objekten) sind durch Rechtecke dargestellt. In dem Rechteck steht der Name der Klasse.
> 3. Durchgezogene Linien sind Attribute, die auf andere Objekte verweisen.
> 4. Gestrichelte Linien sind Methoden, die ein Objekt als Ergebnis liefern.
> 5. Eine einfache Pfeilspitze bedeutet, dass auf genau ein einzelnes Objekt verwiesen wird (1:1-Beziehung). Eine doppelte Pfeilspitze bedeutet, dass eine Objektmenge beliebig viele Objekte dieses Typs enthalten kann (1:n-Beziehung).

Vererbung

Vererbung in der Welt der Objektorientierung bedeutet, dass eine Klasse die Mitglieder (Attribute, Methoden, Ereignisse) einer anderen Klasse übernimmt. Ziel ist die Wiederverwendung: Wenn Klassen sich sehr ähnlich sind, dann soll man nicht alles das, was schon einmal in einer Klasse definiert wurde, erneut definieren müssen. Vererbung ermöglicht es, Attribute, Methoden und Ereignisse, die mehreren Klassen gemein sind, an einer zentralen Stelle zu definieren.

Vererbung

An der Vererbung (in der Welt der PowerShell) sind immer zwei Klassen beteiligt: die vererbende Klasse und die erbende Klasse. Die vererbende Klasse wird auch Oberklasse, Basisklasse, Superklasse oder Elternklasse genannt. Die erbende Klasse wird Unterklasse, abgeleitete Klasse, Subklasse oder Kinderklasse genannt. Unterklassen können wiederum Oberklassen für andere Klassen sein. Daraus ergibt sich eine baumartige *Vererbungshierarchie* (auch Klassenhierarchie genannt). Die visuelle Darstellung heißt Vererbungsdiagramm oder Klassendiagramm.

> Es gibt Programmierumgebungen, in denen eine Klasse mehrere Elternklassen besitzen kann. Dies bezeichnet man als Mehrfachvererbung. Mehrfachvererbung wird in .NET und in der PowerShell nicht unterstützt. Hier gibt es nur Einfachvererbung.

Die folgende Abbildung zeigt ein konkretes Vererbungsbeispiel aus dem Microsoft .NET Framework. Die Klasse `DirectoryInfo` repräsentiert ein Verzeichnis (Ordner) im Dateisystem. Die Klasse `FileInfo` repräsentiert eine einzelne Datei. Beide Elemente im Dateisystem haben zahlreiche gemeinsame Eigenschaften, z.B. Name, Pfad (`FullName`), Erzeugungsdatum (`CreationTime`) und letzter Zugriffszeitpunkt (`LastAccessTime`). Ebenso gibt es gemeinsame Aktionen, die man durch Methoden ausdrücken kann, z.B. Löschen (`Delete()`) und Aktualisieren (`Refresh()`). Diese Gemeinsamkeiten sind nicht in den Klassen `FileInfo` oder `DirectoryInfo` definiert, sondern in der gemeinsamen Basisklasse `FileSystemInfo`, von der beide Klassen erben. Die Klasse `FileSystemInfo` hat noch die Besonderheit, dass es keinen Sinn macht, von ihr selbst Instanzen zu erzeugen. Daher hat sie den Zusatz „abstract". Eine abstrakte Klasse ist eine Klasse, von der man keine Instanzen erzeugen kann. Die Klassen `FileInfo` oder `DirectoryInfo` haben den Zusatz `sealed`, was bedeutet, dass man von diesen Klassen nicht mehr erben darf.

Die Klasse `FileSystemInfo` hat wiederum eine Basisklasse namens `MarshalByRefObject`. Die hier implementierten Mitglieder haben nur Bedeutung für die .NET-Infrastruktur und bleiben daher hier außerhalb der Betrachtung. Wichtiger ist dann aber wieder die Basisklasse `Object`, die über `MarshalByRefObject` steht. Die Klasse `Object` ist die ultimative Basisklasse aller .NET-Klassen. Jede .NET-Klasse muss von ihr erben. Sie stellt einige wenige Mitglieder bereit, die jedes .NET-Objekt braucht. Das wichtigste Mitglied ist die Methode `ToString()`, die es ermöglicht, dass man zu jedem Objekt eine Zeichenkette ausgeben kann, die Informationen über das Objekt liefert (oft allerdings nur den Klassennamen).

Anhang A Crashkurs „Objektorientierung"

Abbildung A.4
Vererbungshierarchie für die Klassen FileInfo und DirectoryInfo im .NET Framework, erstellt mit der Klassendiagrammfunktion in Visual Studio 2008

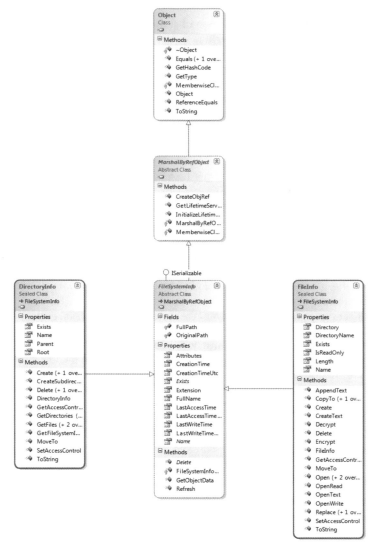

 In der Grafik sind alle Mitglieder der Klasse dargestellt, auch wenn diese nicht „Public" sind. In der PowerShell können Sie ohne Weiteres nur die öffentlichen Mitglieder nutzen. Diese erkennt man daran, dass sie kein kleines Schlüsselsymbol neben dem Namen haben.

Weitere Konzepte

Es gibt weitere Konzepte der Objektorientierung (z.B. Schnittstellen und Polymorphismus), die jedoch nicht so wichtig für die PowerShell sind.

B Crashkurs „.NET Framework"

Die Windows PowerShell basiert (seit der ersten Version) auf dem Microsoft .NET Framework. Man kann wesentlich erfolgreicher mit der PowerShell arbeiten, wenn man Grundlagen des .NET Frameworks beherrscht.

.NET

Das Microsoft .NET Framework ist eine Laufzeitumgebung für Anwendungen, die mit einer sogenannten .NET-fähigen Programmiersprache (z.B. C#, Visual Basic ab Version 7.0, F#) entwickelt wurden.

Die aktuelle .NET-Version zum Erscheinen dieses Buchs ist Version 4.5.

> In Windows Vista und Windows Server 2008 R2 ist das .NET Framework in den Versionen 2.0 und 3.0 im Standardinstallationsumfang des Betriebssystems enthalten. In Windows 7 und Windows Server 2008 R2 inbegriffen ist .NET 3.5 Service Pack 1. Windows 8 und Windows Server 2012 enthalten .NET 4.5. Die PowerShell 3.0 erfordert als Basis mindestens .NET Framework 4.0 (die aktuelle Version 4.5 ist aber auch möglich!).

Das Microsoft .NET Framework ist ein extrem komplexes Gebilde. Zum Versionsstand 4.5 besteht es aus 13524 öffentlichen Klassen (nicht zu verwechseln mit den rund 12000 WMI-Klassen), es gibt mehr als 40 Programmiersprachen und weit mehr als 1000 Werkzeuge und Erweiterungen von Drittanbietern. Die Dokumentation umfasst schätzungsweise mehr als 600.000 Seiten und eine seriöse Schulung dauert mindestens drei Monate. Jeglicher Versuch, hier auf drei Seiten .NET komplett erklären zu wollen, ist zum Scheitern verurteilt. Dieses Buch kann nur einige Begriffe in den Raum werfen, die Erinnerungen an Ihnen bereits bekannte Konzepte aus Java oder anderen objektorientierten Hochsprachen wecken.

10.000 Klassen

Anhang B   Crashkurs „.NET Framework"

> Eine kompakte Einführung in .NET auf rund 1000 Seiten finden Sie vom gleichen Autor in [SCH07].

Abbildung B.1
Ein Blick in den .NET Framework-Installationsordner (Hinweis: .NET 4.5 installiert sich kurioserweise im Ordner .NET 4.0.30319!)

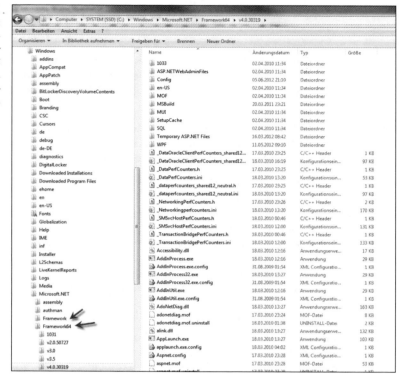

Was ist das .NET Framework?

Das .NET Framework ist eine plattformunabhängige und programmiersprachenunabhängige Softwareentwicklungsplattform mit Unterstützung für die Programmierparadigmen:

- Objektorientierung (OOP)
- Komponentenorientierung (COP)
- Serviceorientierung (SOA)

Was ist das .NET Framework?

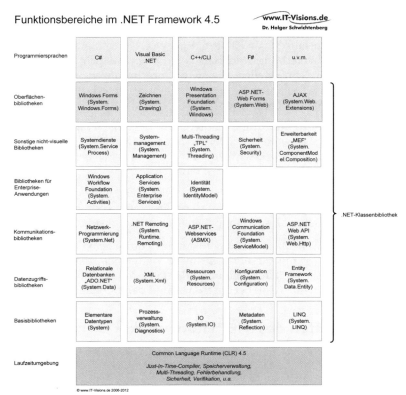

Abbildung B.2
Wichtige Bausteine und Abstraktionsebenen des .NET Frameworks

Plattformunabhängig bedeutet, dass .NET-Anwendungen ohne Neukompilierung auf jedem Prozessor und jedem Betriebssystem laufen können. .NET-Anwendungen liegen normalerweise nicht in Maschinencode, sondern in einem neutralen Zwischencode (Common Intermediate Language – CIL) vor. CIL wird erst zur Laufzeit durch den Just-In-Time-Compiler der .NET-Laufzeitumgebung (Common Language Runtime – CLR) in plattformspezifischen Maschinencode umgewandelt.

Common Intermediate Language

Programmiersprachenunabhängig bedeutet, dass .NET-Anwendungen in einer Vielzahl verschiedener Programmiersprachen geschrieben werden können. Die Sprachcompiler müssen sich dazu lediglich an Regelwerke halten, die Common Type System (CTS) und Common Language Specification (CLS) heißen. Innerhalb einer Anwendung können verschiedene Programmiersprachen gemischt werden.

Common Type System

Softwareentwicklungsplattform bedeutet, dass .NET zur Entwicklung von Software eingesetzt wird. Mit .NET kann man fast alle Arten von Software (Konsolenanwendungen, grafische Desktop-Anwendungen, Webanwendungen, Dienste) entwickeln. Ausgenommen sind Betriebssystemtreiber.

Beliebige Anwendungstypen

Anhang B Crashkurs „.NET Framework"

Klassen und Objekte **Objektorientierung** bedeutet, dass das .NET Framework konsequent die Konzepte *Klasse*, *Objekt*, *Schnittstellen* und *Vererbung* einsetzt. Objekte sind Instanzen von Klassen. Klassen erben von maximal einer Klasse (Einfachvererbung). Mehrfachvererbung wird nicht unterstützt. Klassen haben Schnittstellen, die sie an ihre Instanzen weitergeben. Eine Klasse bzw. Schnittstelle besteht aus Attributen (Daten), Methoden (Operation) und Ereignissen.

Assembly **Komponentenorientierung** bedeutet, dass das .NET Framework die Zerlegung von Software in wiederverwendbare Bausteine unterstützt. Diese Bausteine heißen Assemblies und sind von außen betrachtet Bibliotheken (*.dll*) oder startbare Anwendungen (*.exe*).

Services **Serviceorientierung** bedeutet, dass das .NET Framework die Entwicklung verteilter Systeme (Verteilung von Programmcode auf mehrere Rechnersysteme) mit lose gekoppelten Diensten unterstützt.

Das .NET Framework ist der Nachfolger des Component Object Model (COM), wobei es mit diesem nicht mehr viel gemein hat. Das .NET Framework ist in weiten Teilen unter der Bezeichnung Common Language Infrastructure (CLI) bei der ECMA und der ISO standardisiert.

Eigenschaften des .NET Frameworks

Basiseigenschaften Einige weitere Eigenschaften des .NET Frameworks sollen hier erwähnt werden:

- Die Ausführungsgeschwindigkeit von .NET-Anwendungen ist trotz der Zwischensprache hoch. Sie ist langsamer als in C++ geschriebene Anwendungen, aber weit schneller als Anwendungen, die mit Visual Basic 6.0 oder einer Skriptsprache wie VBScript geschrieben wurden.

- Mehrere Versionen des .NET Frameworks und mehrere Versionen einer in .NET geschriebenen Software können auf einem System (problemlos) koexistieren (Side-by-Side Executing).

- Die Laufzeitumgebung entlastet den Programmierer, indem sie Routineaufgaben automatisch erledigt (z.B. automatische Speicherverwaltung und -bereinigung, Verifikation des Codes) bzw. mächtige Grundfunktionen bereitstellt (z.B. Multithreading, Fehlerbehandlung).

- Die .NET-Klassenbibliothek stellt viele Funktionen bereit und ist konsistenter aufgebaut als die bisherigen C++- und COM-basierten Bibliotheken.

- Das .NET Framework setzt XML-Dateien zur Konfiguration von Anwendungen ein. Der Einsatz der Registrierungsdatenbank ist verpönt.

- Viele .NET-Anwendungen können durch einfaches Kopieren der Programmdateien auf einem System betrieben („installiert") werden. Man spricht vom sogenannten *XCopy-Deployment*.
- Jede .NET-Assembly enthält zahlreiche Metadaten über die enthaltenen Klassen. Diese Metadaten können durch einen Mechanismus mit Namen *Reflection* ausgewertet werden.
- .NET-Anwendungen werden durch die Laufzeitumgebung in ihrem Wirken beschränkt (Sandkastenprinzip, vgl. Java). In vielen Fällen müssen zunächst explizite Sicherheitsfreigaben erfolgen.
- Schnittstellenverträge sind in .NET weniger streng, so dass Ergänzungen an Komponenten möglich sind und die Komponenten dadurch inkompatibel zu Software werden, die ältere Versionen einer Komponente verwendet.
- Das .NET Framework ist interoperabel zu anderen Plattformen: COM, C/C++ (Win32API), XML-Webservices (Drittanbieter: Java, CORBA).

> **.NET für Unix, Linux und Mac OS**
>
> Mit dem OpenSource-Produkt **Novell Mono** [MON01] steht inzwischen eine kompatible Portierung des .NET Frameworks für andere Betriebssysteme zur Verfügung, so dass viele Anwendungen ohne Neukompilierung portiert werden können.

.NET-Klassen

Die PowerShell basiert auf .NET-Klassen. Ein Nutzer der PowerShell benötigt ein Grundwissen über den Aufbau von .NET-Klassen, wenn er die PowerShell optimal nutzen möchte.

Namensgebung von .NET-Klassen (Namensräume)

Klassen werden in .NET nicht mehr durch GUIDs, sondern durch Zeichenketten eindeutig benannt. Diese Zeichenketten sind hierarchische Namen. Ein absoluter Klassenname besteht aus dem relativen Namen der Klasse und dem Namensraum (engl. Namespace). Ein Wurzelnamensraum (der Namensraum, der vorne steht im absoluten Klassennamen) kann auch Unternamensräume enthalten, so dass eine Namensraumhierarchie entsteht.

Namensräume

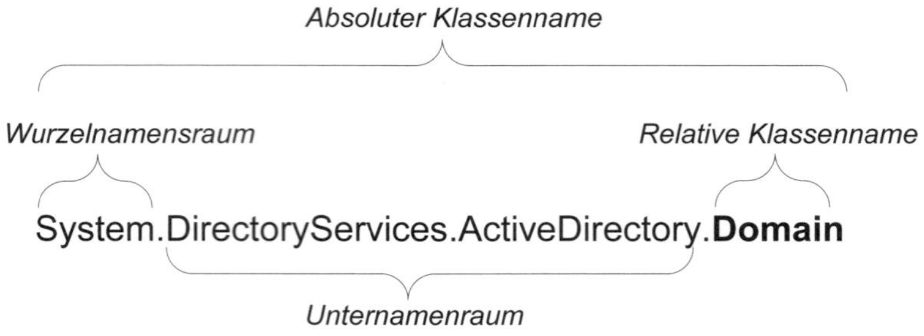

Abbildung B.3
Beispiel für eine .NET-Klasse mit Namensraumhierarchie

```
           Absoluter Klassenname
    ┌──────────────────────────────────┐
Wurzelnamensraum              Relative Klassenname
    System.DirectoryServices.ActiveDirectory.Domain
          └──────────────────────────┘
                  Unternamenraum
```

Der relative Name muss nur innerhalb eines Namensraums eindeutig sein. Über alle Namensräume hinweg kann der Klassenname mehrfach vorkommen, denn der Namensraum ermöglicht im Zweifel die Unterscheidung. Dies ist vergleichbar mit Dateien und Ordnern in einem Dateisystem.

Wurzelnamensräume

Im .NET Framework können beliebig viele Namensraumhierarchien parallel existieren, denn es gibt nicht nur einen, sondern mehrere Wurzelnamensräume. Die .NET-Klassenbibliothek besitzt zwei Wurzelnamensräume: System und Microsoft. Die speziellen Klassen für die PowerShell befinden sich unterhalb von System.Management.Automation.

Im normalen Programmcode (C#, VB.NET etc.) wird eine Klasse über den absoluten Klassennamen oder – wenn der Namensraum vorher eingebunden wurde – über den relativen Klassennamen angesprochen. In der PowerShell muss immer der absolute Klassenname verwendet werden, da es keine Abkürzungsmöglichkeit gibt.

Da es keine zentrale Stelle gibt, welche die Bezeichner für Namensräume vergibt, besteht grundsätzlich die Gefahr, dass es zu doppelten Typnamen kommt. Im Rahmen des CLI-Standards wurde deshalb folgende Notation festgelegt:

```
Firmenname.Technologiename
```

Beispiele für Namensräume sind:

```
Microsoft.Office
PowerSoft.PowerBuilder
Corel.CorelDraw
AddisonWesley.Scripting
```

Es ist auch üblich, den Internetdomänennamen in umgekehrter Reihenfolge zu verwenden, also z.B. com.Microsoft.Office oder de.AddisonWesley.Scripting.

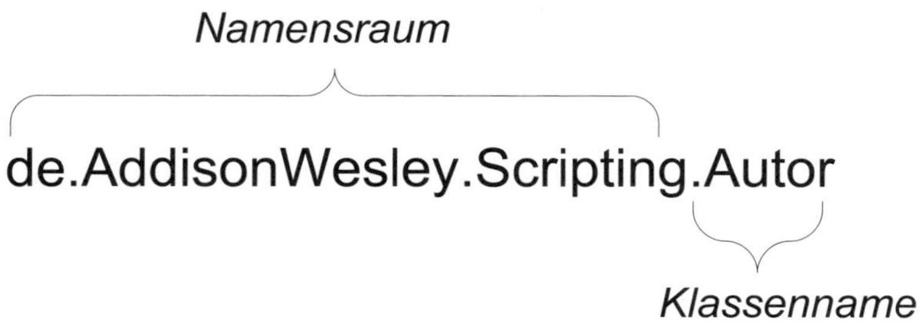

Namensraum

de.AddisonWesley.Scripting.Autor

Klassenname

Abbildung B.4
Vergabe eines Namensraums

Auch für die Namensgebung von Typen gibt es Regeln, die im CLI-Standard manifestiert sind. Für die Groß-/Kleinschreibung gilt grundsätzlich *PascalCasing*, d.h., ein Bezeichner beginnt grundsätzlich mit einem Großbuchstaben und jedes weitere Wort innerhalb des Bezeichners beginnt ebenfalls wieder mit einem Großbuchstaben. Ausnahmen gibt es lediglich für Abkürzungen, die nur aus zwei Buchstaben bestehen. Diese dürfen komplett in Großbuchstaben geschrieben sein (z.B. UI und IO). Alle anderen Abkürzungen werden entgegen ihrer normalen Schreibweise in Groß-/Kleinschreibung geschrieben (z.B. Xml, Xsd und W3c).

Es gibt weitergehende Regeln, die aber weit über den Rahmen dieses Buchs hinausführen würden.

Namensräume und Softwarekomponenten

Ein Namensraum ist eine Gruppierung von Klassen, die in Assemblies (Softwarekomponenten) implementiert sind. Der Namensraum ist unabhängig von dem Namen der Assembly. Ein Namensraum kann in beliebig vielen Assemblies implementiert werden, ebenso wie jede Assembly Typen zu beliebig vielen verschiedenen Namensräumen beisteuern kann. In der nachstehenden Abbildung sind die vertikalen dreidimensionalen Kästen die Assemblies und die horizontalen flachen Kästen die Namensräume. Man sieht, dass System.IO in *System.dll* und *mscorlib.dll* implementiert ist, es also keine *System.IO.dll* gibt.

Hierarchien

Die Gruppierung, also die Auswahl der Typen, die zu einem Namensraum gehören, sollte nach logischen oder funktionellen Prinzipien erfolgen. Im Gegensatz dazu sollte die Zusammenfassung von Typen zu einer Assembly gemäß den Bedürfnissen zur Verbreitung der Klassen (engl. Deployment) erfolgen.

Anhang B Crashkurs „.NET Framework"

Ein Durchlaufen aller Namensräume auf einem System ist nicht ohne Weiteres möglich, weil es kein globales Verzeichnis aller Namensräume gibt. Dies würde eine Registrierung von Komponenten voraussetzen und daher dem Gedanken des *XCopy-Deployment* widersprechen. Möglich wäre aber die Suche nach *.dll-/.exe*-Dateien im Dateisystem und eine Einzelprüfung dieser DLLs darauf, ob sie Typen enthalten.

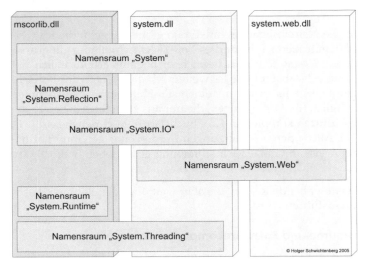

Abbildung B.5
Der Namensraum ist unabhängig vom Namen der Assembly.

Referenzierung Um die Klassen aus einem .NET-Namensraum nutzen zu können, muss die Assembly, die diesen Teil des Namensraums implementiert, in der Anwendung, welche die Klasse nutzen möchte, eingebunden (referenziert) werden. Man erstellt Referenzen auf Assemblies, nicht auf Namensräume. Die PowerShell referenziert automatisch alle wichtigen Assemblies der .NET-Klassenbibliothek. Möchte man zusätzliche Assemblies (z.B. auch von Drittanbietern) nutzen, so muss man diese einbinden.

Bestandteile einer .NET-Klasse

Eine .NET-Klasse ist ein Typ im Sinne der objektorientierten Programmierung und besteht daher aus der Vereinigung von Daten und Operationen. Eine .NET-Klasse besteht aus fünf Arten von Mitgliedern: Attribute, Methoden, Ereignisse, Konstruktoren und maximal ein Destruktor.

Attribute ▶ **Attribute**

Attribute sind Datenmitglieder einer Klasse. Es gibt in .NET zwei Unterarten von Attributen: Felder (engl. Fields) und Eigenschaften (engl. Properties).

Fields sind Attribute, bei denen der Nutzer des Objekts direkt **Field**
einen bestimmten Speicherplatz innerhalb des Objekts beschreibt.
Er kann alle dem Datentyp des Felds entsprechenden Werte in das
Feld schreiben, ohne dass eine weitere Prüfung erfolgt.

Im Gegensatz dazu wird bei einer Property bei jedem Schreib- und **Property**
Lesezugriff Programmcode ausgeführt, bei dem z.B. Prüfungen
durchgeführt werden können. So kann der Gültigkeitsbereich auf
beliebige Werte beschränkt werden. Zu einer Property gehört eine
Getter-Methode (`Get`) und/oder eine *Setter*-Methode (`Set`). Wie und
ob überhaupt die übergebenen Werte verarbeitet werden, ist in diesen Methoden zu implementieren. In der Regel gehört zu einem
Property ein privates, also nur innerhalb des Objekts zugängliches
Feld.

Aus der Sicht des Nutzers der Klasse gibt es fast keinen Unter- **Indexer**
schied zwischen Fields und Properties. Eine Property kann jedoch
Parameter besitzen und wird dann *Indexer* (*indiziertes Attribut*)
genannt. Der Lesezugriff sieht aus wie der Aufruf einer Methode:
```
element = collection.item(0)
```
Beim Schreibzugriff fällt allerdings schon auf, dass es sich nicht
um eine Methode handelt, denn einer solchen könnte kein Wert
zugewiesen werden:
```
collection.item(2) = "Guten Tag"
```
Ein Indexer kann als ein Array von Attributen betrachtet werden.

▶ **Methoden** **Methode**

Methoden sind in Klassen implementierte Unterprogramme. Eine
Klasse enthält in der Regel eine Implementierung zu den Methoden. Eine Klasse kann aber auch einzelne *abstrakte* Methoden (auch
virtuelle Methoden genannt) besitzen oder aber komplett abstrakt
(auch *rein virtuelle Klasse* genannt) sein. Eine abstrakte Klasse kann
nicht instanziiert werden.

Ein Konstruktor ist eine Programmroutine, die bei der Instanziie- **Konstruktor**
rung der Klasse aufgerufen wird. Konstruktoren können Parameter haben, die bei der Instanziierung anzugeben sind.

Auch ein Destruktor gehört zu den Programmroutinen. Jede Klasse **Destruktor**
kann einen Destruktor mit dem Namen `Finalize()` besitzen, der
aufgerufen wird, bevor die automatische Speicherverwaltung die
Instanz im Speicher freigibt.

▶ **Ereignisse** **Ereignisse**

Nutzer eines Objekts können ihr Interesse an von der Klasse definierten Ereignissen bekunden, indem sie dem Objekt einen Zeiger
auf ein Unterprogramm übergeben, welches das Objekt beim Eintritt bestimmter Bedingungen aufruft.

Instanzmitglieder vs. Klassenmitglieder

Mitglieder einer Klasse können den einzelnen Instanzen (Instanzmitglieder) und der Klasse selbst (Klassenmitglieder oder statische Mitglieder genannt) zugeordnet sein. Eine Klasse wird als statische Klasse bezeichnet, wenn sie nur statische Mitglieder besitzt. Statische Klassen und statische Mitglieder erfordern eine Sonderbehandlung in der PowerShell, die an gegebener Stelle erläutert werden wird.

Vererbung

.NET unterstützt (Einfach-)Vererbung zwischen Klassen, d.h., eine Klasse kann Mitglieder von maximal einer anderen Klasse übernehmen. Als Nutzer der PowerShell haben Sie zunächst wenig mit Vererbung zu tun, in der Dokumentation werden Sie aber auf Hinweise auf Vererbung stoßen.

Schnittstellen

.NET erlaubt die explizite Definition von Schnittstellen zur Entkopplung der Beschreibung der Mitglieder einer Klasse von der Implementierung dieser Mitglieder. Schnittstellen sind für den Nutzer der PowerShell nicht relevant. Wichtig ist nur, dass Sie wissen, dass man Schnittstellen nicht mit dem PowerShell-Commandlet New-Object instanziieren kann. Schnittstellen erkennt man an dem vorangestellten großen „I", z.B. IDataAdapter.

C Literatur

Diese Liste enthält alle Bücher, Zeitschriftenartikel und Websites, auf die im Text verwiesen wird.

[CODEPLEX01]	PowerShell Community Extensions	http://www.codeplex.com/PowerShellCX/
[CODEPLEX02]	PowerShell SharePoint Provider	http://www.codeplex.com/PSSharePoint
[DOTNET01]	.NET Framework Community Website	http://www.dotnetframework.de
[DOTNET02]	.NET-Werkzeugliste	http://www.dotnetframework.de/tools.aspx
[FAY01]	PowerShell Help Editor	http://www.wassimfayed.com/PowerShell/CmdletHelpEditor.zip
[Kumaravel01]	Arul Kumaravel: AD access change/break in RC2	http://groups.google.de/group/microsoft.public.windows.PowerShell/browse_thread/thread/7cf4b1bb774dfb90/17ad75cae89a341 d?lnk=st&q=%22Folks%2C+I+know+that+many+of%22&rnum=6&hl=de#17ad75cae 89a341d
[MON01]	Novell Mono	http://www.mono-project.com
[MON02]	Mono-Projekt (CLI auf Unix/Linux)	http://www.go-mono.org
[MS01]	Windows PowerShell Graphical Help File	http://www.microsoft.com/downloads/details.aspx?familyid=3b3f7ce4-43ea-4a21-90cc-966a7fc6c6e8&displaylang=en
[MS02]	Bennutzerdokumentation zur PowerShell	http://www.microsoft.com/downloads/details.aspx?familyid=B4720B00-9A66-430F-BD56-EC48BFCA154F&displaylang=en
[MS03]	PowerShell 3.0 Download (Windows Management Framework)	http://www.microsoft.com/en-us/download/details.aspx?id=34595
[MS04]	Active Directory Management Gateway Service (Active Directory Web Service for Windows Server 2003 and Windows Server 2008)	http://www.microsoft.com/downloads/details.aspx?FamilyID=008940c6-0296-4597-be3e-1d24c1cf0dda&displaylang=en

Anhang C Literatur

[MSBlog01]	http://blogs.msdn.com/adPowerShell/archive/2009/04/14/active-directory-PowerShell-advanced-filter-part-ii.aspx	Active Directory PowerShell – Advanced Filter
[MSDN51]	.NET Framework-Klassenbibliothek FileSystemRights-Enumeration	http://msdn2.microsoft.com/de-de/library/system.security.accesscontrol.filesystemrights (VS.80).aspx
[MSDN52]	How to Write Cmdlet Help	http://msdn2.microsoft.com/en-us/library/aa965353.aspx
[MSDN53]	PowerShell Software Development Kit (SDK)	http://msdn2.microsoft.com/en-us/library/aa139691.aspx
[MSDN54]	Windows PowerShell Extended Type System (ETS)	http://msdn2.microsoft.com/en-us/library/ms714419.aspx
[MSDN55]	WMI Schema Class Reference	http://msdn2.microsoft.com/en-us/library/Aa394554.aspx
[MSDN56]	Dokumentation zum .NET-Namensraum System.Management	http://msdn2.microsoft.com/en-us/library/system.management.aspx
[MSDN57]	Cmdlet Development Guidelines	http://msdn2.microsoft.com/en-us/library/ms714657.aspx
[MSDN58]	.NET Framework Regular Expressions	http://msdn2.microsoft.com/en-us/library/hs600312(VS.80).aspx
[MSDN59]	Active Directory-Schema	http://msdn.microsoft.com/library/en-us/adschema/adschema/active_directory_schema.asp
[MSDN60]	User Object User Interface Mapping	http://msdn.microsoft.com/library/default.asp?url=/library/en-us/ad/ad/user_object_user_interface_mapping.asp
[MSSec01]	Malicious Software Encyclopedia: Worm:MSH/Cibyz.A	http://www.microsoft.com/security/encyclopedia/details.aspx?name=Worm: MSH/Cibyz.A
[RFC1960]	A String Representation of LDAP Search Filters	http://www.ietf.org/rfc/rfc1960.txt
[RFC2254]	The String Representation of LDAP Search Filters	http://www.rfc-editor.org/rfc/rfc2254.txt
[SCH01]	H. Schwichtenberg, F. Eller: Programmierung mit der .NET-Klassenbibliothek, Addison-Wesley, 2003	http://www.it-visions.de/books/fc2.aspx
[SCH02]	Schwichtenberg, H: .NET 3.5 Crashkurs, Microsoft Press, 2008.	http://www.it-visions.de/books/n35.aspx
[SCH07]	H. Schwichtenberg: .NET 4.0 Crashkurs, Microsoft Press, 2011	

[STA93]	Stallings, W.: SNMP, SNMPv2 und CMIP. The Practical Guide to Network-Management Standards. Bonn: Addison Wesley Longman, 1993.	
[TNET01]	Dokumentation der Exchange Management Shell	*http://technet.microsoft.com/en-us/library/ bb124413.aspx*
[TNET02]	Exchange Server-Scripte für die PowerShell	*http://www.microsoft.com/technet/ scriptcenter/scripts/message/exch2007/ default.mspx?mfr=true*
[TNET03]	Converting VBScript Commands to Windows PowerShell Commands	*http://www.microsoft.com/technet/script-center/topics/winpsh/convert/default.mspx*
[Truher01]	J. Truher: Background „jobs" and PowerShell	*http://jtruher.spaces.live.com/blog/ cns!7143DA6E51A2628D!130.entry?_c11_ blogpart_blogpart=blogview&_c=blog-part#permalink*
[W3C01]	XML Path Language (XPath) Version 1.0 W3C Recommendation 16 November 1999	*http://www.w3.org/TR/xpath*
[WPE01]	Versuch und Irrtum (englisch trial and error) ist	*http://de.wikipedia.org/wiki/Versuch_und_ Irrtum*

D Weitere Informationen im Internet

Diese Liste enthält Websites, auf denen Sie weitere Informationen über die PowerShell erhalten können.

Websites zur PowerShell

- PowerShell-Community-Website des Buchautors:
  http://www.PowerShell-doctor.de
- Sammlung von PowerShell-Skripten:
  http://www.microsoft.com/technet/scriptcenter/scripts/msh/default.mspx
- PowerShell-Website:
  http://www.microsoft.com/technet/scriptcenter/hubs/msh.mspx
- Website mit Skripten:
  http://www.reskit.net/Monad/samplescripts.htm
- Link-Liste von PowerShell-Ressourcen:
  http://del.icio.us/PowerShell

Weblogs zur PowerShell

- Weblog des Autors: *http://www.dotnet-doktor.de*
- Offizielles Weblog des PowerShell-Teams:
  http://blogs.msdn.com/PowerShell/
- James Truher (Microsoft): *http://jtruher.spaces.live.com/blog/*
- Aruk Kumaravel (Microsoft): *http://blogs.msdn.com/arulk*
- Lee Holmes: *http://www.leeholmes.com/blog/*
- Keith Hill: *http://keithhill.spaces.live.com/*
- Marc van Orsouw: *http://thePowerShellguy.com/blogs/posh/*
- Karl Prosser: *http://www.karlprosser.com/coder/?cat=8*

Stichwortverzeichnis

& 74, 158
> 197
$_ 88, 96, 138, 328
32-Bit 44, 214
64-Bit 214

A

Ablaufverfolgung 37, 337
About 131
AbsoluteTimerInstruction 294
abstract 873
Accelerator 135
Access Control Entry 640
Access Control List 640, 651
Access Control Type 640
Access Mask 640
AccessControl 639, 644
AccessMask 482
Account Manager 445
AccountDisabled 678
AceFlags 640
ACL 643, 656
Active Directory 37, 203, 279, 427–428, 441, 667, 674, 679, 693, 711, 713, 786
    PowerShell 693
    Struktur 713
    Suche 683, 703
Active Directory Application Mode 713
Active Directory Domain Services 710
Active Directory Management Objects 713
ActiveScriptEventConsumer 296
Active-Scripting 126
ActiveX Data Objects 511, 522, 663
ADAccount 698
ADComputer 698
Add-ADGroupMember 709
AddCommand() 851
Add-Computer 575
Add-Content 497–498
Add-DirectoryEntry 441
Add-DistributionGroupMember 760
Add-Feature 493
Add-JobTrigger 354
Add-LDAPObject 691, 788
Add-Member 109, 325, 328
Add-ODBCDSN 562
Add-PSSnapin 802, 808
AddScript 848, 851
ADDSDeployment 710, 712

Add-Type 329, 541
Add-VirtualHardDisk 444
Add-VMDisk 748
Add-VMDrive 748
Add-VMHardDiskDrive 726, 739
Add-VMNIC 748
Add-VMSwitch 726
Add-WindowsFeature 589, 593–595, 710–711
ADO.NET 511, 519, 663, 684
ADODB.Connection 664
ADPowerShell 693, 698
ADRMS 428
ADSI 660, 664–665, 668, 671
    .NET 657, 659, 664
    Bindung 666–667
    COM 664, 671
    Container 672
    Pfad 666
AdsPath 683
ADUser 698
ADWS 695
AgentPC 659
Aktivierung 446
Aktivität 369, 374
Alias 59, 65, 201, 463
Aliaseigenschaft 103, 109
AliasInfo 66
AllowEmptyCollection 792
AllowEmptyString 792
AllowNull 792
AllSigned 127
-and 112
Änderungshistorie 516
Animation 779
Ankerelement 148
Anwendungspool 756, 758
Anzeigesprache 408
AppDomain 542
AppendChild() 505
AppLockerPolicy 601–602
appSettings 222
Architektur 55
$Args 124, 138
Array 154, 156–157, 883
Aruk Kumaravel 665
AsJob 344, 367
ASP.NET 279
Assembly 268, 413, 419, 808, 836
    verbreiten 881

Stichwortverzeichnis

AssocClass 610
ASSOCIATORS OF 297
Assoziation 288
    WMI 284, 288
Attribut 867, 872, 882
    indiziert 883
Audio 265
Aufgabe
    geplant 350
Aufzählung 271
Ausdruck
    Regulär 146
Ausdruckauflösung 140
Ausdrucksmodus 73
Ausführungsrichtlinie 126
Ausgabeobjekt 811
Auslagerungsdatei 446
Authentifizierung 678
AuthorizationRuleCollection 645–646

B

Background Intelligent Transfer Service 433
BackgroundColor 138, 218, 224
Backup 434
Backup-GPO 718
Base 684, 703
Basisauthentifizierung 238
Basisklasse 515
Batterie 579
Bedingung 165
Beep() 267
Befehl
    Extern 59, 74
Befehls-Add-On 81
Befehlsgeschichte 449
Befehlsmodus 73
Befehlsobjekt 520
Begin 471
BeginProcessing() 801, 806
Benutzer 279, 688, 868, 871
    anlegen 677
    löschen 679
    umbenennen 679
    verschieben 680
Benutzerdaten lesen 706
Benutzer-DSN 563
Benutzergruppe 709
Benutzerkennwort 678
Benutzerkontensteuerung 124, 212
Benutzerkonto 706, 886
Benutzername 200
Benutzerschnittstelle 278
Berechnung 116
Best Practice 428, 764

Bezeichner 881
Beziehung 871
Bibliothek 878
Big Endian 683
Bild 439
Bildschirmschoner 331, 659
Binärdatei 498
Binärmodul 853
Bindung
    ADSI 666
    serverlos 667
    WMI 304
Bing 773
BIOS 279
-Bit 44
BitLocker
    Überblick 493
Bitlocker 493
BITS 60
Blatt 664
BMC 277
Boot-Konfiguration 279
break 159, 161, 175
Bypass 127
ByPropertyName 92
Byte 142
ByValue 92
BZIP2 479

C

C# 131, 329, 331, 781, 783, 799–800, 806, 875
C++ 878–879
C++/CLI 799
CAB 83
Canvas 776
CATID 298
CD 268
ChangeAccess 488
Checkpoint-Computer 576
Checkpoint-VM 725, 742
Children 663
ChildSession 251
CHKDSK 279
Chkdsk() 320
CIM 278, 280
    Repository 288
CIM Query Language *siehe* CQL
CimClass 306, 312
CimClassProperties 312
CimInstance 306, 312–313
CimInstanceProperties 312
CimProperty 312
Cisco 277
City 700

ClassCreationEvent 398
ClassDeletionEvent 398
ClassModificationEvent 398
Clear-BitLockerAutoUnlock-Funktion 494
Clear-Content 497
Clear-DnsClientCache 627
Clear-EventLog 238
Clear-Eventlog 635
Clear-History 449
Clear-Host 174, 451
Clear-Item 463
Click 777
CLIXML 505
Close() 775
-cmatch 147
cmd.exe 88
Cmdlet 833
Cmdlet Help Editor 836
cn 674
-cnotmatch 147
Codeausschnitt 216
Codeeigenschaft 103, 108
Color 580
COM 273, 879
    Kategorie 298
    Komponente 279
    Moniker 666
    Sicherheit 294
Command Line Event Consumer 296
Command Mode 73
Commandlet 37, 59, 74, 77, 88, 206, 783
    erstellen 783, 792, 799
    Erweiterung 235
    funktionsbasiert 783, 788
    Klasse 801
    Konvention 824, 841
    Provider 202
    Verkettung 821
CommandNotFoundException 178
Comma-Separated Values 500
CommitChanges() 265, 661, 671, 678
Common Information Model *siehe* CIM
Common Intermediate Language 877
Common Language Runtime 877
Common Language Specification 877
Common Management Information Protocol 278
Common Type System 713, 877
Compare-Object 119
Compare-VM 725, 744
Complete-Transaction 339, 342
Computer 286, 688, 871
Computergruppe 222
ComputerName 124, 580
Computername 575
Computerverwaltung 573

ConfigurationNamingContext 696
Confirm 63–64, 581, 617, 833–834
Connection 518
Connect-VMNetworkAdapter 726
Console.WriteLine() 829, 842
ConsolePaneBackgroundColor 218
Container 672, 719
Container-Klasse 664
Continue 159, 161, 175, 177
ConvertFrom-StringData 407
Convert-Html 509
Convert-Path 206
ConvertTo-CSV 500
ConvertTo-DataTemplate 779
ConvertTo-WebApplication 757
ConvertTo-XML 507
Convert-VHD 726, 737, 741
Convert-Xml 507
copy 470
Copy-GPO 717
Copy-Item 175, 463, 470, 568
Copy-NetFirewallRule-Funktion 619
CORBA 879
Count 94, 155, 171
Country 700
CPU 119
CQL 297, 310
Create() 320, 483
CreateCommand() 520
CreateElement() 505
CreateInstance() 580
CreationTime 873
CSV 71, 120, 498
CultureInfo 811
Cursor 515–516
CustomerID 794

D

Data Source Name *siehe* DSN
DataReader 514–515, 520, 522–523, 525
DataRow 109
DataSet 514–515, 522, 525–527
DataTable 525
Datei 279, 868
    Eigenschaft 470, 474
    kopieren 470
    löschen 61
    Rechte 279
    verschieben 470
Dateiname 59
Dateinamenerweiterung 120–121
Dateisystem 37, 643, 871, 882
Datenabfrage 297
Datenbank 288, 441, 511

Stichwortverzeichnis

Datenbankmanagementsystem 518
Datenbankverbindung 518
Datenbankzeile 109
Datenbankzugriff 511
Datenbereich 407
Datenbindung 779
Datendatei 407
Datenmenge 201
Datenquelle 561–562
Datenquellen 561
Datenquellensteuerelement 514
Datentyp 134, 138, 156, 668, 822, 883
    .NET 89
    PowerShell 134
    WMI 283
Datenzugriff 519
DateTime 96, 98, 100, 266
Datum 153
Day 96
DB2 513, 561
dBase 561
DbCommand 520
DbDataReader 522
DbProviderFactories 513
DCOM 289, 306, 817, 829
    Konfiguration 279
dcpromo 710
DDL 297
debug 335, 829
Debugger 217
Debugging 37, 378
DebugPreference 829
Decimal 141–142
Deep Throat 658
Default Domain Policy 722
DefaultNamingContext 696
Deinstallation 587
Delete() 873
Deleting 581
Delimiter 498
Deployment 881
Description 675, 700, 795
Deserialisierung 245
Desktop 279
Desktop-Anwendungen 877
Destruktor 868, 883
Developer Edition 535
Dezimalzahl 141
DHCP 613–614, 616
Dialogfenster 200
Digest 238
Directory 643
Directory Management Objects 713
DirectoryEntry 109, 261–262, 661–665, 668–673, 677, 680

DirectoryInfo 100, 112, 325, 474, 643, 873
DirectorySearcher 684
DirectorySecurity 644
DirectoryString 675
Disable-ComputerRestore 576
Disable-JobTrigger 354
Disable-Mailbox 760
Disable-NetFirewallRule-Funktion 619
Disable-PSRemoting 242
Disable-PSSessionConfiguration 250
Disable-VMIntegrationService 729
Disk Quotas 279
Dismount-VHD 737
DisplayName 700
Distinguished Name 666, 672, 675, 697, 700
Distributed COM 237
Distributed File System 279
Distributed Managements Objects *siehe* DMO
DML 297
DMO 541
DMTF 277
DNS 710
DNSClient 616
DnsClient 614, 627
DNS-Server 279, 616
do 159
DockPanel 776
Doggett, John 658
Dokument 497
Dokumentation
    .NET 85
    Active Directory 677
Dollarzeichen 117
Domain 618
Domain Controller 711
Domäne 575, 667, 713, 868, 871
    hinzufügen 575
Dot Sourcing 71, 126, 413, 458, 784, 788
DotNetTypes.Format.ps1xml 181, 184–185
Double 141
DownloadString() 263, 629
DriveInfo 266
Driver 564
DriveType 270
Druckauftrag 579
    löschen 579
Drucker 196, 279, 581
    verwalten 579–580
Druckerport 580
Druckerverwaltung 579–580, 613
DSN 561, 563–565
DuplexingMode 580
Durch 60
DVD 268, 744, 747

E

echo 73
Eigenschaft 103–104
Eigenschaftenzwischenspeicher 661
Eigenschaftssatz 103, 106
Eingabe 199
Eingabeaufforderung 451–452
Eingabemaske 767
Eingabeobjekt 820
Eingabesteuerelement 778
Einzelschrittmodus 336
Else 166
E-Mail 628, 632
    EmailEvent 300
EmailAddress 700
EmailEvent 300
Enable-BitLocker 495
Enable-ComputerRestore 576
Enable-JobTrigger 354
Enable-NetFirewallRule-Funktion 619
Enable-ODBCPerfCounter 562
Enable-PSRemoting 215, 240–241, 580, 624
Enable-PSSessionConfiguration 250, 253
Enable-PSTrace 435
Enable-VMIntegrationService 729
Encoding 498
End 471
EndProcessing() 801, 806
Enter-PSSession 243, 250, 254
Enum 270
EnumerateCollection 813
Enumeration 271
Enumerationsklasse 270
Ereignis 867, 883
    .NET 405
    PowerShell 397, 406
    WMI 294, 397
Ereignisabfrage 298
Ereigniskonsument 295–296
    permanent 295
    temporär 295
Ereignisprotokoll 120, 279, 290, 296, 633
    Überwachung 300, 399
Ereignisprovider 294
Ereignissystem 397
$Error 138, 178
Error 581
ErrorAction 64, 177–178
$ErrorActionPreference 178
ErrorRecord 174, 180
Ethernet 615
Event 281
EventConsumer 281
EventViewerConsumer 296
Example 795
Exception 174, 178, 180, 825, 830
Exchange Management Shell 442, 759
Exchange Server 279, 290, 759
    Version 2007 85
ExecuteNonQuery() 520
ExecuteReader() 520, 522
ExecuteRow() 520
ExecuteScalar() 520
Exists() 670
exit 159
Exit-PSSession 244, 250
Export-Alias 71
Export-CliXml 505
Export-Console 415, 809
Export-Counter 639
Export-CSV 500
Export-Csv 113, 498
Export-ModuleMember 419
Export-VM 725, 743
Export-VMSnapshot 742
Express 535, 799
Express Edition 535
Expression 189
-expression 458
Expression Mode 73
Extended Reflection 89
Extended Type System 89, 103, 109, 313, 664
Extensible Application Markup Language *siehe*
    XAML
Extrinsic Event 294

F

facsimileTelephoneNumber 700
Failover Cluster 428
$false 62, 64, 138
Fax 700
FBI 658, 680
Feature 590
FeatureOperationResult 595
Fehlerbehandlung 174, 878
Fehlerklasse 159, 180
Fehlermeldung 61
Fehlersuche 335, 826
Fehlertext 159
Fernaufruf 238
Fernausführung 124, 237
    Hintergrundauftrag 347
Fernverwaltung 237
Fernzugriff 237
Festplatte
    virtuell 737
Festplattenverschlüsselung 493
Fibre-Channel 724

Stichwortverzeichnis

Field 104
File 643, 870
FileInfo 100, 112, 325, 474, 643, 873
FileInformation 603
FileSecurity 643–644
FileSystem 439, 463
FileSystemAccessRule 646
FileSystemInfo 873
FileSystemObject 870
FileSystemRights 271
FileSystemWatcher 405
FileVersionInfo 588
Find() 663
Firewall 446
Firewall-Regel 622
For 161, 163
Force 63
-force 64
force 64
ForEach 97, 119–120, 159, 163, 375, 663, 815
Foreach-Object 96–97, 106, 117, 155, 164, 170, 337, 374, 497, 814
Forest 713
Format 189
Formatkennzeichner 189
Format-List 87, 181, 645
Format-Table 95, 106, 120, 181, 186–187, 189, 645
Format-Wide 181
Format-Xml 502–503
FoxPro 561
FullAccess 488
FullArmor 427
FullName 873
function 59, 159, 168, 174, 201
Function Prompt 451
Funktion 59, 167–168, 201
    eingebaut 174

G

Gast 723
Gateway 616
GeneralizedTime 675
Geplante Aufgabe 350
Gesamtstruktur 713–714
Geschäftsanwendung 840
GetAccessRules() 645–646
Get-Acl 639, 643–645, 655
Get-ADDomain 714
Get-ADDomainController 714
Get-ADForest 714
Get-ADGroup 709
Get-ADGroupMember 709
Get-ADObject 62, 657, 690, 702–703
Get-ADOptionalFeature 714

Get-ADOrganizationalUnit 705
Get-ADPrincipalGroupMembership 709–710
Get-ADRootDSE 714
Get-ADUser 706
Get-Alias 66
Get-AppLockerFileInformation 601
Get-AppLockerPolicy 601–602
Get-BitLockerVolume 494–496
Get-BPAModel 765
Get-BPAResult 765
Get-Bparesult 766
Get-CDRomDrive 441
Get-CDRomdrive 577
Get-ChildItem 59–62, 87, 112, 115–116, 120, 201, 204, 468–469, 567, 585
    BitLocker 496
Get-ChildItem, 567
Get-CimAssociatedInstance 305
Get-CimClass 277, 305, 311
Get-CimInstance 277, 300, 305–308, 320, 580
Get-Clipboard 770
Get-Command 65, 77–78, 423
Get-ComputerInfo 811
Get-Computername 804
Get-ComputerRestorePoint 576
Get-Content 204, 463, 497–498, 584
Get-Counter 238, 637–638
Get-Credential 80, 257, 606, 628
Get-Cwd 204
Get-DataRow 441, 530
Get-DataTable 441, 530
Get-Date 98, 153–154
Get-DHCPServer 614
Get-DhcpServer 50
Get-DirectoryChildren 441
Get-DirectoryEntry 139, 441, 824
Get-DirSize 783
Get-Disk 464, 466, 577, 813–814, 817, 819–820, 822, 829
Get-DisplaySetting 578
Get-DnsClientCache 627
Get-DomainController 50–51, 667
GetDrives() 265
Get-DVDDrive 444
Get-Event 401
Get-EventLog 47, 120, 238, 633–634
Get-ExCommand 759
Get-ExecutionPolicy 49
Get-ExportedType 475
GetFactoryClasses() 513
Get-FileVersionInfo 475, 588
Get-FirewallRule-Funktion
    Windows-Firewall 620
Get-FloppyDrive 444
Get-Flug 840

Stichwortverzeichnis

Get-Flugziele 840
Get-Font 574
Get-FreeDiskSpace 466–467
Get-GPInheritance 721
Get-GPO 717–718
Get-GPOReport 720
Get-GPPermissions 722
Get-GPPrefRegistryValue 722
Get-GPRegistryValue 722
Get-GPResultantSetOfPolicy 721
Get-GPStarterGPO 718
Get-Help 79–80, 83–84, 131, 783, 797, 836
Get-History 449
Get-Host 450
Get-HotFix 238
Get-HttpResource 630
Get-Item 470, 567, 753, 756
Get-ItemProperty 471, 567
Get-Job 343, 345
Get-JobTrigger 354
Get-Keyboard 577
Get-LDAPChildren 691, 787–788
Get-LDAPObject 691, 788
Get-Location 65, 204, 463
Get-LogicalDiskInventory 464
GetLongDateString() 98
GetLongTimeString() 98
Get-Mailbox 759–760
Get-Mailboxdatabase 759
Get-Member 99, 102, 104, 113, 269, 313, 665, 814
Get-Members 680
Get-MemoryDevice 441, 577
Get-Methode 104
Get-Module 419, 421, 853
Get-MountPoint 50
Get-MultiTouchMaximum 578
GetNames() 270
Get-NetAdapter 615
Get-NetAdapterBinding 615
Get-NetFirewallAddressFilter 619
Get-NetFirewallAddressFilter-Funktion 621
Get-NetFirewallApplicationFilter 619
Get-NetFirewallInterfaceFilter 619
Get-NetFirewallInterfaceTypeFilter 619
Get-NetFirewallPortFilter 619
Get-NetFirewallProfile 619
Get-NetfirewallProfile 618
Get-NetFirewallRule 620
Get-NetIPInterface 616
Get-NetworkAdapter 441, 577
GetObject() 275
Get-ODBCDriver 562
Get-ODBCDSN 562
Get-OSVersion 573
Get-Passagier 840
Get-PipelineInfo 99–100, 113, 823
Get-PointingDevice 577
Get-PowerShellDataSource 779
Get-Printer 580–581
Get-PrintJob 581
Get-Process 59–60, 62–63, 65, 71, 87, 92, 97–98, 102, 104, 112–113, 117, 119, 187, 196, 238, 337, 605, 822–823
Get-Processor 441, 577–578
Get-PSDrive 464
Get-PSProvider 203
Get-PSSession 250
Get-PSSessionConfiguration 250, 252
Get-pssessionconfiguration 252
Get-PSSnapIn 416
Get-PswaAuthorizationRule 222
Get-Random 143
GetRelated() 610
Get-ReparsePoint 479
Get-Service 92–93, 99, 112, 118, 125, 196, 238, 536, 609
Get-SHA1 471
GetShortDateString() 98
Get-ShortPath 469
GetShortTimeString() 98
Get-SmbShare 483, 488
Get-SmbShareAccess 489
Get-SoundDevice 577
Get-Sql 536
Get-SqlData 548
Get-Storagegroup 759
Get-Tapedrive 577
GetTempName() 274
Getter 104–105, 883
Get-TerminalSession 50
Get-TraceSource 337
Get-Transaction 339, 342
GetType() 99, 138, 190–191
Get-USBController 441, 577
Get-Variable 134, 139
Get-VHD 737
Get-Videocontroller 441, 577
Get-VirtualHardDisk 444
Get-VM 725, 727, 737
Get-VMBIOS-VM 728
Get-VMBuildScript 747–748
Get-VMHost 444, 726
Get-VMMemory 728
Get-VMProcessor 728
Get-VMSnapshot 742
Get-VMSummary 748
Get-VMThumbNail 747
Get-VMThumbnail 748
Get-WebApplication 752
Get-WebitemState 757–758

Stichwortverzeichnis

Get-Website 752–753, 756
Get-WebvirtualDirectory 752
Get-WindowsEdition 574
Get-WindowsFeature 589–593
Get-WinEvent 238
Get-WmiObject 56, 238, 268, 277, 305–308, 310, 468, 577–578, 583, 610–611, 613, 637, 659
Get-Wmiobject Win32_Processor 578
Gigabyte 142
Gitternetz 776
GivenName 700
Gleichheitszeichen 158
Global 775
$global 775
Global Assembly Cache 268
Global Unique Identifier 672, 879
Google 773
GPMC 717
Grafikkarte 279, 307
Grant-SmbShareAccess 489
Grid 776–777
GridView 183
Group 115, 664
GROUP BY 297, 398
Group-Object 115, 120, 634
Gruppe 688
    anlegen 681
    auflisten 680
    Mitglied aufnehmen 682
Gruppenmitgliedschaft 682
Gruppenrichtlinie 427–428, 717–718, 721
    Vererbung 721
Gruppierung 115
GZIP 479

H

Hardlink 477–478
Hardware 279, 441
Hardwareverwaltung 577
Hash-Tabelle 156–157, 262, 320
Hashtable 156–157, 262
HAVING 297, 398
Heimatordner 138
Help-Info 83
HelpMessage 792
Herausgeber 129
Here-String 143
Herunterfahren 575
Hexadezimalzahl 141
Hilfe 77
Hintergrundauftrag 343
Hintergrundprozess 608
Hintergrundübertragungsdienst 60
History 449

HKCU 201
HKEY_CURRENT_USER 568
HKEY_LOCAL_MACHINE 568
HKLM 201
$Home 138
HomeDirectory 700
HomeDrive 700
$Host 138, 218, 224, 450
Host 723
Hosting 845
Hotfix 279
HTML 509, 767
HTTP 238
HTTPS 238
HTTP-Server 629
Hyper-V 444, 723
    Überblick 723
Hyper-V-Integrationsdienste 729
Hypervisor 723
Hyper-V-Modul
    Überblick 725

I

IADs 661, 664
IADsComputer 664
IADsContainer 661, 664
IADsGroup 664
IADsUser 664, 678
Identität 756
Identity 640
IdentityReference 648
IDL 290
IEnumerable 663
if 159, 165
IIS 203, 220, 667
    8.0 749
    Internet Information Server 749
IIS-Anwendung 757
-imatch 147
Impersonifizierung 669
    WMI 293
Import-Alias 71
Import-CliXml 449, 506
Import-Counter 639
Import-Csv 120, 469
Import-GPO 718
Import-INIFile 500
Import-LocalizedData 410
Import-Module 378, 419, 423, 859–860
Import-VM 725, 743–744
Index 155
Indexer 883
Informix 513, 561
Ingres 513

Stichwortverzeichnis

Inheritance Flags 640
INI-Datei 500
inlinescript 371–372
Innertext 505
-inotmacht 147
$Input 138
InputBox() 199
-InputObject 92
InputObject 269, 824, 826
Inquire 177
Install-ADDSDomainController 712
Install-ADDSForest 712
Installation 586
Installationsordner 44, 108, 138
Installationstechnologie 586
Install-PswaWebApplication 221
installutil.exe 802, 808
Install-WindowsFeature 221
InstanceCreationEvent 398–399, 401
InstanceDeletionEvent 281, 294, 398
InstanceModificationEvent 294, 398
Instanz 262, 868
Instanziierung 869
Instanzmitglied 884
int 134
Int32 134
Int64 141
INTEGER 674
Integrated Scripting Environment 214, 845
Intellisence 52
IntelliSense 60
Interface 870
Interface Definition Language 290
InternalHost 450
International .NET Association 33
Internet Control Message Protocol 625
Internet Information Server 749
Internet Information Server 279
Internet Information Services 280, 667, 749
Interpretermodus 211
IntervallTimerInstruction 294
Intrinsic Event 294
InvalidOperationException 663
Invoke-BPAModel 765
Invoke-CimMethod 305, 320
Invoke-Command 243–244, 246–248, 250, 256, 344
Invoke-DbCommand 530
Invoke-DBMaint 546
Invoke-Expression 158
Invoke-History 449
InvokeMethod() 304
Invoke-Query 548
Invoke-SqlBackup 557–558
Invoke-SqlCmd 538–539, 543, 555, 558
Invoke-SqlCommand 441
Invoke-WmiMethod 305, 320
IP
    Adresse 298, 613
    Konfiguration 298
IP Routing 279
IPAddress 616
IP-Adresse 613, 616
ipconfig 74
IPHostEntry 626
IRQ 279
ISA 297
ISE
    Integrated Scripting Environment 214
IsePack 439
ISO 723, 731, 735, 744
Item() 662
-ItemsSource 779
iX 33

J

Java 879
Jeffrey Snover 122
Job
    zeitgesteuert 353
Job-Trigger 354
    Zeitgesteuerte Jobs 354
Join 159
-join 159
Join() 146
Join-String 146
JScript .NET 329
JSON 631
Junction Point 478
Just-In-Time-Compiler 877

K

Kennwort 200, 660, 678
Kerberos 238, 294
Kersh, Alvin 658
Kill() 97
Kilobyte 142
Klammer 62
    rund 148
Klammeraffe 73
Klasse 134, 265, 282, 287, 868, 870, 872, 882
    .NET 801, 879, 881
    CIM 280
    COM 260, 273
    Commandlet 801, 821, 843
    statisch 266
    WMI 280
Klassendiagramm 873–874
Klassenhierarchie 873
Klassenmitglied 265, 884

Stichwortverzeichnis

Klassenname 261
Kommandomodus 211
Kommandozeilenbefehl 74
Kommentar 132
Komponentenorientierung 876, 878
Komposition 779
Komprimierung 479
Konstruktor 868, 883
Kontakt 688
Konvention 841
Kreuzzuweisung 158

L

Label 189
LastAccessTime 873
$LastExitCode 138
Laufwerk 201–202, 207, 464, 568
   virtuell 737
LDAP 665, 667, 683
   Suchanfrage 661, 663, 683
   Suche 689
LDAP-Query 684
Leaf 672
Leistung 637
Leistungsdaten 637
Leistungsindikator 637
Length 94, 325
Limit-EventLog 238, 633, 635
LinearGradientBrush 776
Linie 872
Literal 188
Little Endian 683
Lizensierung 446
Log File Event Consumer 296
Lokalisierung 286, 408
Loopback 240

M

m 792
Machine.config 513
MachineName 239, 806
MailMessage 627
MAML 83, 836
Manage-Bde 493–494
Managed Code 660
Managed Object 278
Managed Object Format 290
Managed Provider 511, 684
ManagementBaseObject 303
ManagementClass 109, 303, 306, 308, 312, 813
ManagementEventWatcher 399
ManagementObject 109, 303–304, 306, 308, 312–314, 319, 610, 813–814
ManagementObjectCollection 312, 813–814

ManagementObjectSearcher 308, 813
ManagementScope 399
Mandatory 792, 817
Manifest 420
Manifestmodul 853
Maschinencode 877
Match 110
-match 147
MaximumDriveCount 208
$MaximumErrorCount 138
maxSessionsAllowedPerUser 222
measure 116
Measure-Command 337
Measure-Object 116–117, 119, 497
Measure-VM 725
Megabyte 142
Mehrsprachigkeit 408
Merge-VHD 737
Message 175
MessageBox 200
Metamodell 288
Metaobjekt 672
Methode 103–104, 867, 872, 883
   Getter 883
   Setter 883
Microsoft Access 527
   Treiber 517
Microsoft Access Driver 564
Microsoft Certified Solution Developer 33
Microsoft Developer Network 85, 259
Microsoft Exchange 711
Microsoft Exchange Server 442, 759
Microsoft Office 280
Microsoft Outlook 608
Microsoft Print Ticket XML 581
Microsoft SQL Server 512
Microsoft SQL Server *siehe* SQL Server
Microsoft Word 275
Microsoft.ACE.OLEDB 517
Microsoft.GroupPolicy 718
Microsoft.Jet.OLEDB 517
Microsoft.Vhd.PowerShell 737
Microsoft.VisualBasic.Interaction 199
Microsoft.Win32 585
Microsoft.Win32.RegistryKey 567
Microsoft-Access 44
Minute 96
Mitglied 867
   .NET 882
   statisch 884
   WMI 316
MMC 293
Modul 419, 421
Modulo 157
MOF 290

Stichwortverzeichnis

Monad 38
Moniker 666
Mono 879
Month 96
more 174, 188
Most Valuable Professional 33
Mount-SpecialFolder 465
Mount-VHD 737
move 470
Move-ADObject 702
Move-Item 463, 470
Move-Mailbox 760
Move-VM 725
MSCL 55
mscorlib.dll 881
MSDN 771
MSDN Library 85, 259
MSFT_Printer 580
MSFT_PrintJob 581
MSFT_SmbShare 488
MSFT_SmbShareAccessControlEntry 489
MSI 586–587, 802
MTA 770
Mulder, Fox 658
Multithreading 878
MySQL 513, 523, 533, 545
MySql 523
MySqlConnection 524
MySqlLib 533

N

Name 92, 700
Namensauflösung 626
Namenskonvention 841
Namensraum 282, 285, 287–288, 643, 713, 879
    .NET 879, 881
    ADSI 666
    WMI 285, 288
Namensraumhierarchie 880
NamespaceCreationEvent 398
NamespaceDeletionEvent 398
Namespace-ID 666
NamespaceModificationEvent 398
NativeObject 662, 665
Navigation 201
Navigation Provider 202
Navigationsbefehl 204
Navigationsmodell 463
Navigationsparadigma 201
Navigationsprovider 657, 696, 751
.NET 37, 88, 101, 138, 154, 200, 261, 767, 799, 826, 840, 875
    Klasse 259, 879
    Runtime Host 55

.NET Data Provider 511–512
.NET Framework 55, 239, 361, 413, 590, 875–876, 880
    4.0 43
    4.5 43
NetAdapter 614–616
NetSecurity 618
NetSecurity-Modul
    Überblick 618
netstat 74
NetTCPIP 614, 616
Network Load Balancing 279
NetworkInterface 811
Netzlaufwerk 279
Netzlaufwerksverbindung 279
Netzwerkadapter 723
Netzwerkcenter 241
Netzwerkkarte 279, 298, 613, 868
Netzwerkkartenprofil 624
Netzwerkkonfiguration 446, 613
Netzwerkmanagement 277, 427
Netzwerkprofil 624
Netzwerkverbindung 279, 615–616
Neustart 595
Neustarten 575
New-ADGroup 709
New-ADObject 702
New-ADOrganizationalUnit 705
New-ADUser 706–707
New-AppLockerPolicy 601, 603
New-Buchung 840–841
New-Button 80, 774, 776
New-CheckBox 778
New-CimInstance 305, 320
New-CimSession 307
New-CimSessionOption 307
New-ComboBox 778
New-Elippse 779
New-Event 406
New-EventLog 238, 633, 635
NewFirewallRule 622
New-GPLink 719
New-GPO 717
New-GPStarterGPO 718
New-Grid 776
New-Hardlink 477–478
New-HardwareProfile 444
New-Image 779
New-Int64Animation 779
New-Item 201, 204, 463, 498, 567
New-Itemproperty 568
New-JobTrigger 354–356
New-Junction 478
New-Label 771, 776
New-Line 779

Stichwortverzeichnis

New-ListBox 778
New-Mailbox 759
New-Mailboxdatabase 759
New-MediaElement 779
New-Menu 778
New-Module 419
New-NetFirewallRule-Funktion 620
    Windows-Firewall 622
New-NetIPAddress 616–617
New-Object 259–261, 267–268, 273, 884
New-PasswordBox 776
New-ProgressBar 778
New-PSDrive 207–208, 568, 585, 697
New-PSSession 241, 243, 247, 250, 253, 256
New-RadioButton 778
New-Rectangle 779
NewRichTextBox 778
New-ScheduledJobOption 358
New-ScrollBar 778
New-Service 609
New-Shortcut 476
New-Slider 778
New-SmbShare 488
New-StatusBar 778
New-Storagegroup 759
New-Storyboard 779
New-Symlink 479
New-TextBlock 778
New-TextBox 776
New-TimeSpan 154
New-TreeView 778
New-UrlShortcut 477
New-VHD 733, 737–738
New-ViewBox 779
New-VirtualDVDDrive 444
New-VirtualNetworkAdapter 444
New-VM 444, 725, 731, 735, 748
New-VMSwitch 726
New-WebApplication 757
New-WebAppPool 756
New-WebServiceProxy 630–631
New-WebserviceProxy 632
New-Website 753
New-WebVirtualDirectory 757
New-Window 776
NoAccess 488
Node 505
Non-Terminating Error 174, 829, 831
Northwind 535, 559
Notation 872
    umgekehrt polnische 683
NoteProperty 325, 500
Notes 795
Notizeigenschaft 103, 107, 113
-notmatch 147

Novell 667
Now 265
NT Event Log Event Consumer 296
NTAccount 644, 646, 648
NtAccount 648
NTFS 290
NTLM 238
NTSecurityDescriptor 674
NuGet Package Manager 232
$null 118, 125, 165, 168, 195

O

Object 873
Object Linking and Embedding Database 522
ObjectCategory 674, 688, 704
ObjectClass 674, 688, 700, 704
ObjectGUID 675, 700
ObjectSecurity 643
ObjectSecurityDescriptor 674
ObjectSid 674
ObjectVersion 675
Objekt 842, 867–868, 870–872
    .NET 769
    Dynamisch 325
    WMI 280
Objektadapter 109, 312–313, 514
Objektassoziation
    WMI 288
Objektbaum 871
Objektidentifikation
    ADSI 666–667
Objektmenge 469
Objektorientierung 88, 876, 878
Objekt-Pipeline 469
Objekttyp 868
ODBC 511–512, 561, 564
Office 700
$OFS 138
OLEDB 511–512, 522, 663
    Provider 663, 684
OleDbCommand 520, 527
OleDbConnection 518, 522, 527
OleDbDataAdapter 527
OLEDB-Provider 527
On_Click 777
ONELEVEL 684
OneLevel 703
Open Database Connectivity
    Einstellung 279
Open() 518
Operator 111, 155, 157
Optimize-VHD 738
-or 112
Oracle 512, 523

Stichwortverzeichnis

OracleCommand 520
OracleConnection 518
Ordner 60, 75, 205, 468–470
    Dateisystem 279
Organisationseinheit 688
    anlegen 682
Out-Default 181, 184, 848, 850
Out-File 196
Out-GridView 80, 181, 183–184
Out-Host 181, 187–188
Outlook 115, 445
Out-Null 181, 195
Out-Printer 196, 579
Out-SqlScript 546

P

Page File 446
Panel 776
PaperSize 580
parallel 374
-Parameter 80
Parameter 60, 91, 172, 795, 817, 826
    Funktion 172
    Skript 124
Parameterliste 125
ParentSession 251
PascalCasing 881
Pause 581
Performance Counter Provider 637
Performance Monitor 279, 290
PERL 131
Persistenz 376
Pfad 286
    ADSI 666
    Verzeichnisdienst 666
    WMI 283, 285–286
Pfadangabe 205
Pfeilspitze 872
Pflichtparameter 47
PHP 131
PhysicalDeliveryOfficeName 675, 700
PIN 494
Ping 74, 279, 625–626, 829
Ping-Host 50–51, 625
Ping-VM 748
Pipeline 37, 55, 87–88, 100, 116, 195, 316
    Ausgabe 811
    Eingabe 819
Pipeline Processor 89, 802
Pipelining 87, 201
Plattform Invoke 331
Plattformunabhängigkeit 877
Platzhalter 189
Polymorphismus 874

PoshConsole 227
Position 792, 817
Postfach 759
Postfix-Notation 683
Power Management 290
PowerGadget 427
PowerGUI 214
PowerShell 37, 65, 87
    Extension 441
    Hosting 37, 781
    Konsole 209
    Laufwerk 201, 207, 568
    Protokollierung 336
    Remoting 232
    Sicherheit 126
    Skriptsprache 131
PowerShell Analyzer 228
PowerShell Community Extensions 435, 657
PowerShell Management Library for Hyper-V 724, 745
PowerShell Plus 225, 824
PowerShell Remoting 580
PowerShell Web Access *siehe* PSWA
PowerShell.exe 424
PowerShellPlus 214, 225, 233
PowerShell-Remoting 220
PowerTab 231
PrimalScript 229, 233
Principal 644
Print Ticket XML 581
Printing 581
PrintManagement 580
Private 618
Privileg 294
Process 92, 113, 471, 823
ProcessRecord() 801, 806, 817
Professional Developer Conference 38
profile.ps1 268, 784, 826
ProfilePath 700
Profilskript 212
Programmgruppe 279
Programmiersprache 165
Programmiersprachenunabhängigkeit 877
Projektvorlage 800
Prompt 451
Propagation Flags 640
Property 104, 867, 883
Property Cache 671
PropertyCollection 662
PropertyDataCollection 304, 312–313
PropertyGrid 769
PropertyNames 662
PropertyValueCollection 662, 670
ProtectedFromAccidentalDeletion 700, 703
Protokolldatei 296

903

Stichwortverzeichnis

Provider 203, 539
    ADO.NET 511
    Dateisystem 463
    PowerShell 202
    Verzeichnisdienst 657
    WMI 280
Proxy 631
Prozedur 168
Prozess 59–60, 119, 279, 288
    auflisten 196, 605
    beenden 607
Prozessor 724
.ps1 71
PSBase 665, 671, 673
PSCmdlet 801
PSCodeGen 439
PSComputerName 248
PSCredential 200, 606
PSCustomObject 113, 327, 500
PSCX 51
psd1 408–409
PSDiagnostics 428, 435
PSDriveInfo 464
$PSHome 138
$PSHost 138
PSHost 846
PSHostRawUserInterface 846, 848
PSHostUserInterface 846, 848
PSImageTools 439
$psISE 218
$PSItem 88, 328
PSModulePath 420, 854
PSObject 109, 850–851
PSRemotingJob 344
PSRSS 439
PSScheduledJob 349
PSSession 249
PSSnapIn 804
PSSystemTools 439, 464, 578
PSUserTools 439
PSVariable 134
PSWA 220–221
Public 618, 817
Public Network 242
Punktnotation 95, 263, 316, 320
Put() 317–318
Python 131

Q

Quantifizierer 148
Quantor 148
QueryDialect 310
Quest 427, 441

R

RawUI 218
ReadAccess 488
Read-Host 199, 368, 370
Receive-Job 343, 345, 367
Rechenleistung 119
recurse 62
Redirection *siehe* Umleitung
REFERENCES OF 297
Refresh() 873
RefreshCache() 671
Regel 600, 622
Register-CimIndicationEvent 305, 404
Register-Event 403
Register-ObjectEvent 490
Register-PSSessionConfiguration 250, 253
Register-ScheduledJob 356
Register-WMIEvent 400
Register-WmiEvent 404
Registrierungsdatenbank 37, 201, 206, 208,
    279, 567
    Schlüssel 567
Registry 288, 290, 567
RegistryKey 585, 643
RegistrySecurity 644
RegistryValueChangeEvent 294, 398
Regulärer Ausdruck 146
Relative Distinguished Name 672–673
Remote Desktop Service 428
Remote Procedure Call 238
Remote Server Administration Tools 428, 657, 695
Remoting 124
Remove_DirectoryEntry 833
Remove-ADGroup 709
Remove-ADGroupMember 709
Remove-ADObject 702–703
Remove-ADOrganizationalUnit 705
Remove-ADUser 64, 706
Remove-Buchung 840
Remove-CimInstance 305, 321
Remove-Computer 575
Remove-DirectoryEntry 441, 824
Remove-Event 402
Remove-EventLog 238, 633
Remove-GPLink 719
Remove-GPO 717
Remove-GPPrefRegistryValue 722
Remove-GPRegistryValue 722
Remove-Item 61, 64, 463, 470, 568
Remove-ItemProperty 569
Remove-Job 343, 346
Remove-JobTrigger 354
Remove-LDAPObject 691, 788
Remove-Module 419, 425

Remove-NetFirewallRule-Funktion 620, 623
Remove-NetIPAddress 616
Remove-NetRoute 616
Remove-ODBCDsn 562
Remove-PrintJob 581
Remove-PSSession 248, 250–251
Remove-PswaAuthorizationRule 222
Remove-SmbShare 64, 488
Remove-Variable 137
Remove-VM 725, 737
Remove-VMSnapshot 742
Remove-WebApplication 758
Remove-WebAppPool 758
Remove-Website 758
Remove-WebVirtualDirectory 758
Remove-WindowsFeature 589, 595
Remove-WmiObject 305, 321
Rename-ADObject 702
Rename-Computer 575
Rename-Drive 468
Rename-GPO 717
Rename-Item 470
Rename-NetFirewallRule-Funktion 620
Rename-VM 725
Rename-VMSnapshot 742
Repair-VM 725
Replikation 279
Repository 288
Resize-VHD 726, 738
Resolve-Assembly 269
Resolve-DnsName 627
Resolve-Host 626
Resolve-Path 205
ResponseHeaders 263
REST 631
Restart-Computer 238, 575–576, 595
Restart-PrintJob 581
Restart-Service 256, 258, 609, 611
Restart-VM 725
Restore-ADObject 702
Restore-Computer 576
Restore-GPO 718
Restore-VMSnapshot 742–743
Restricted 127
Resume-PrintJob 581
Resume-Service 609, 611
Resume-VM 725
return 159, 206, 802
Revoke-SmbShareAccess 489
Reyes, Monica 658
Richtlinienergebnisbericht 721
Rolle 590
Rollendienst 590
rootcimv2 287
RSS 439, 629–630
Rückgabeobjekt 811
RuleCollection 602
Runspace 228
RuntimeException 178

S

sa 543
SAM 667
SAMAccountName 674, 678, 683, 700
Sapien 229, 231, 446–447
Save-Help 84
Save-VM 726
Schablone 868–869
Schalter 62, 843
Scheduled Task 349
ScheduledJob 355
Schema 672, 698
    Active Directory 677
    WMI 288
Schemaabfrage 298
SchemaNameCollection 663
SchemaNamingContext 696
Schleife 163
Schlüssel 201
Schlüsselattribut
    WMI 282
Schnittstelle 515, 870, 874
    .NET 884
Schtasks.exe 350
Scripting.FileSystemObject 274
ScriptMethod 325
ScriptPaneBackgroundColor 218
Scully, Dana 658
SCVVM 745
SDDL 482, 656
sealed 873
SearchScope 703
Secure String 493–494
Security Descriptor 640
Security Descriptor Definition Language 252
Security Identifier 639, 644, 646, 648
Security Service Provider 294
SELECT 297, 397
    WQL 297–298, 300
Select
    PowerShell 113
SelectNodes() 503
Select-Object 47, 87, 106, 110, 113, 116, 120, 187, 315, 503, 826
SelectSingleNode() 503
Select-String 74, 93, 498
Select-Xml 503
Semaphore 643
Semikolon 120
Send-MailMessage 627–628

Stichwortverzeichnis

Send-SmtpMail 627–628
sequence 370–371
Serialisierung 101, 245
Seriennummer 573
Server Management Objects *siehe* SMO
Server Manager 710
ServerRemoteHost 224
ServiceController 245
Serviceorientierung 876, 878
sessionState 223
Set-Acl 639, 652, 655
Set-ADGroup 709
Set-ADObject 702–703
Set-ADOrganizationalUnit 705
Set-ADUser 706
Set-Alias 70, 124
Set-AppLockerPolicy 601
Set-AuthenticodeSignature 128
Set-BPAResult 765
Set-CimInstance 305, 318–319
Set-Clipboard 770
Set-Content 463, 497–498, 629
Set-DataRow 530
Set-DataTable 441, 530
Set-Date 154
Set-DistributionGroup 760
Set-DnsClientServerAddress 616–617
Set-ExecutionPolicy 123, 127
Set-Executionpolicy 127
Set-FileTime 474
Set-FirewallProfile 618
Set-GPInheritance 722
Set-GPLink 719
Set-GPPermissions 722
Set-GPPrefRegistryValue 722
Set-GPRegistryValue 722
SetInfo() 661, 671
Set-Item 256, 463
Set-ItemProperty 474, 569
Set-JobTrigger 354
Set-Location 65, 201, 204, 463, 567
Set-Mailbox 760
Set-Methode 104
Set-NetFirewallPortFilter-Funktion 620
Set-NetFirewallProfile-Funktion 620
Set-NetFirewallRule-Funktion 620
Set-NetIPInterface 616
Set-ODBCDriver 562
Set-ODBCDsn 562
Set-PrintConfiguration 580
Set-PSDebug 137, 335–336
Set-PSSessionConfiguration 250
Set-Service 609, 612
Set-StrictMode 137
Setter 104–105, 883

Set-TraceSource 337
Set-Variable 134, 139, 775
Set-VHD 738
Set-VM 726, 728
Set-VMMemory 748
Set-VolumeLabel 468
Set-WmiInstance 305, 318
Set-WSManQuickConfig 241
Shell 37, 87
Shell.Application 480
ShouldProcess() 833–834
Show-Command 81, 216
Show-EventLog 238, 634
Show-HyperVMenu 747
Show-NetFirewallRule-Funktion 620
Show-Service 238
Show-VMMenu 747
Sicherheit
  COM 293
  Dateisystem 279, 290
  PowerShell 126
  WMI 293
Sicherheitsabfrage 833
Sicherheitsbeschreibung 640
Sicherheitseinstellung 639
Sicherheitsmodell 37
Sicherheitsrichtlinie 128
SID 639
Side-by-Side Executing 878
SilentlyContinue 177
Simple Network Management 278–279, 290
Simple Object Access Protocol 237
Sitzung 249–251
Skinner, Walter 658
SkipNetworkProfileCheck 242, 624
Skript 121–122
  PowerShell 121
  SQL 543
Skriptblock 774
Skriptdatei 121
Skripteigenschaft 103, 107
Skriptmodul 853
SMO 535, 540–543, 555, 557, 559
Smoking Man 658
SMTP 627–628
SmtpClient 627
SNA Server 290
Snap-In 235, 419, 424, 799, 801–804, 826, 836
Snapshot
  Hyper-V 742
Snippet 216
SOAP 289, 630
Software 279, 446
  deinstallieren 587
  installieren 586

inventarisieren 583
verwalten 583
Software Restriction Policy 600
Softwareentwickler 259
Softwareentwicklungsplattform 877
Softwarekomponente 268
Sortieren 114
Sort-Object 87–88, 110, 114–115, 120, 171, 802
Speicher 94
Speicherbereinigung 878
Speicherverbrauch 516
Speicherverwaltung 878
Spitzname 869
Split 159
-split 159
Split-String 146
Spoolerdienst 580
Spooling 581
Sprache 408
Sprachkürzel 408
SQL 297, 565
SQL Server 535
    2012 535, 538
    Agent *siehe* SMO
    Laufwerk 539
SQL Server Management Studio 537, 555
SQLASCMDLETS 539
SQLASCOMMANDLETS 538
SQLCMD 545
Sqlcmd.exe 543, 545
SqlCommand 520, 543
SqlConnection 262, 518, 522, 524
SqlDataSourceEnumerator 514
SQLPS 535, 537–539, 542
Sqlps.exe 537, 539
SQLPSX 533–535, 545–546, 555
SqlServerCe 512
SqlServerCmdletSnapin100 539
SqlServerProviderSnapin100 539
SSL 221–222
STA 770
StackPanel 776
$StackTrace 138
Stammzertifizierungsstelle 129
Standarddrucker 196
Standardkonsole 209
Start-Job 343–345
Startmenü 279
Start-Process 349, 605–606
Start-PSSession 347
Start-Service 246, 609, 611
Start-Sleep 130
Start-Trace 435
Start-Transaction 339, 341
Start-Transcript 368

Start-VM 726, 735, 748
Start-Webitem 758
Start-Website 758
Status 581
Stop 177
Stop-Computer 238, 575
Stop-Job 343, 346
Stop-Process 97, 368, 605, 607, 823
StopProcessing() 801
Stop-Service 60, 609, 611
Stop-Trace 435
Stop-VM 726
Stop-Webitem 758
Stop-Website 758
Stored Procedure 526
Streaming 90
StreetAddress 700
Subnetzmaske 616
SUBTREE 684
SubTree 703
Suche
    Active Directory 683
    Assembly 475
    LDAP 663
    Textdatei 498
    Verzeichniseintrag 673
    XML 503
SupportsShouldProcess 833
Surname 700
Suspend 63
Suspend-PrintJob 581
Suspend-Service 609, 611
Suspend-VM 726
Switch 62, 723
switch 159, 165
SwitchParameter 843
Sybase 513
Symbolic Link 477, 479
Synopsis 795
System 880–881
System ACL 644
System Center 745
System Center Virtual Machine Manager 443, 745
System Management Server 290
System.ApplicationException 178
System.Boolean 205
System.Collections.Hashtable 156
System.Console 267
System.Data 261
System.Data.Odbc 512, 564
System.Data.OLEDB 512
System.Data.OleDb 512, 519
System.Data.OracleClient 512, 519
System.Data.SqlClient 512, 519, 543
System.Data.SqlClient.SqlConnection 262

Stichwortverzeichnis

System.Data.SqlServerCe 512
System.DateTime 134, 153, 262, 264–265
System.Diagnostics.EventLog 633
System.Diagnostics.Process 89, 97, 101, 184, 605, 822
System.DirectoryServices 261, 657–659, 661, 664, 668, 674, 677, 684, 713
System.DirectoryServices.ActiveDirectory 713
System.Directoryservices.DirectoryEntry 262, 264
System.dll 881
System.Enum 270
System.Environment 243, 573, 806, 811
System.Globalization.CultureInfo 451
System.Int32 134, 141
System.IO.Directory 643
System.IO.DirectoryInfo 325, 468
System.IO.DriveInfo 265, 268, 270, 464, 466
System.IO.DriveType 270
System.IO.File 643
System.IO.FileInfo 325, 468, 470
System.Management 261, 813
System.Management.Automation 85, 801, 803, 813, 846, 850
System.Management.Automation.Cmdlet 802
System.Management.Automation.PathInfo 205–206
System.Management.Automation.PSCustomObject 500
System.Management.Automation.PSDriveInfo 464
System.Management.ManagementObject 154
System.Media.SoundPlayer 265
System.Net.WebClient 263, 629, 631
System.Object 101, 327, 753, 822, 826
System.Random 262
System.Reflection 268
System.Security 644
System.Security.AccessControl 643
System.ServiceProcess.ServiceController 101, 609–610, 822
System.String 143–144, 806
System.TimeSpan 154
System.Type 99, 138, 190
System.Windows 771
System.Windows.FontStyle 773
System.Windows.Forms 268–269, 767
System.Xml.Node 505
System32 120
Systemattribut
  WMI 282
Systemdienst 91, 279, 609
  auflisten 298
  überwachen 300
System-DSN 563
SystemEvent 398

Systemklassen
  WMI 281
Systemmanagement 277
SystemParametersInfo 331
Systemwiederherstellung 576

T

Tab Completion 211
Tabellenform 189
TabPanel 776
Tabulatorvervollständigung 211
TAR 479
TaskScheduler 439
TCP/IP 616
Tee-Object 118
Telnet 243
Terminal Services 279
Terminating Error 174, 829
Test-32Bit 578
Test-64Bit 578
Test-AppLockerPolicy 601, 603
Test-Assembly 475
Test-Connection 51, 625–626
Test-DbConnection 530
Test-ModuleManifest 420
Test-Path 205
Test-PswaAuthorizationRule 222
Test-ServiceHealth 759
Test-SqlScript 546
Test-UserGroupMembership 682
Test-VHD 726, 738
Test-Xml 501–502
Textanzeige 778
Textdatei 120, 497
$this 328, 775
Thread 374
Thread-Modell 770
throw 159–160, 178
ThrowTerminatingError() 829
TimeSpan 337
Ton 267
ToString() 101, 822, 873
TotalProcessorTime 191
TPM 493
Trace-Command 458
Transaktion 339
Transformation 779
Translate() 648
Trap 174, 179
trap 159, 174, 178
Treiber 446
  ODBC 562
Trigger 354
Troubleshooting Pack 428, 761

Stichwortverzeichnis

$true 138
true 578
Trusted Host 256
Trusted Platform Module *siehe* TPM
Trustee 640
Try-Catch-Finally 174, 179
T-SQL 543
Typ 881
    Namensgebung 881
Typbezeichner 134
types.ps1xml 71–72, 108–109, 315
Typisierung 134

U

Überladung 173
Uhrzeit 153
Umgebungsvariable 279
Umlaut 498
Umleitung 197
Undefined 127
Undo-Transaction 339, 341–342
UniformGrid 776
Universal Coordinated Time 283, 319
Unix 37, 87–88, 131, 463, 477
Unlock-BitLocker 496
Unregister-PSSessionConfiguration 250, 253
Unrestricted 127
Unternamensraum 879
Unterordner 100, 469
Unterroutine 167
Unterschlüssel 201
until 159
Update 279, 446
Update-Help 83–84
UsePropertyCache 671
User 664, 674, 688
user32.dll 331
UseTestCertificate 221
UseTransaction 340
using 371
USV 579
UTF8 498

V

ValidateCount 792
Validate-CustomerID 792
ValidateLength 140, 792, 843
ValidateNotNull 792, 843
ValidatePattern 140, 792, 843
ValidateRange 140, 792
ValidateScript 140, 792
ValueFromPipeline 792, 820–821, 826

ValueFromPipelineByPropertyName 792, 821
ValuesCollection 662
Variable 99, 117–118, 133, 138, 188, 201
    Auflösung 139
    Workflow 372
Variablenauflösung 139–140, 188
Variablenkennzeichner 118, 133
VB 329, 331
Verbindungszeichenfolge 262, 518, 526
Verbose 63, 335, 829
VerbosePreference 829
VerbsCommon 842
VerbsCommunications 842
VerbsData 842
VerbsDiagnostic 842
VerbsLifeCycle 842
VerbsSecurity 842
Vererbung 288, 872, 884
Vererbungsdiagramm 873
Vererbungshierarchie 302, 698, 873
    WMI 288
Vergleich 119
Vergleichsoperator 110
Verifikation 878
Verknüpfung 476
Verzeichnisattribut 670
Verzeichnisdienst 109, 290, 441, 672, 684
Verzeichnisdienstklasse 672
Verzeichnisobjekt 668, 673
Verzweigung 118
VHD 737, 747
VHDX 733, 737, 747
Video 779
View 185
VirtualHardDisk 737
Virtualisierung 723
VirtualizingStackPanel 776
Virtuelle Maschine 444, 723, 731
Virtuelles System 723
Virus 128
Visual Basic 329, 875
Visual Basic .NET 799–800
Visual Basic 6.0 878
Visual Studio 378, 781, 799–800, 826
Visual Studio 2005 799
Visual Studio 2008 799
Visual Studio 2010 232, 799
Visual Studio 2012 232
Visual Web Developer Express 800
VM *siehe* Virtuelle Maschine
void 195
VolumeLabel 264

Stichwortverzeichnis

W

Wait-Job 343, 346
Wait-Process 608
WarningAction 64, 177
WBEM 277
WDAC *siehe* Windows Data Access Components
Web Administration 428
Web Based Enterprise Management 277–278
Web Service Description Language 631
WebAdministration 749, 751
Webanwendung 877
Webdienst 630
Weblog 629, 889
Webserver 203, 754
Webservices 630
Website 754, 758
Well-Known GUID 668
Well-Known Object 668
Well-Known Security Principal 648
WellKnownSidType 649
Werkzeug 209
Wertemenge 154
WhatIf 63, 470, 581, 833–834
WHERE 297
Where-Object 65–66, 87–89, 98, 110–111, 117–118, 120, 196, 609, 802, 814, 826
while 159
Whistler 285
Width 189
Wiederherstellungspunkt 576
Win32 280
Win32_Account 659
Win32_ACE 485
Win32_Battery 579
Win32_Bios 574
Win32_BootConfiguration 574
Win32_CDRomDrive 315
Win32_CDRomdrive 577
Win32_CodecFile 585
Win32_ComponentCategory 298
Win32_ComputerShutdownEvent 294, 398
Win32_Computersystem 573
Win32_Currenttime 154
Win32_Desktop 659
Win32_Diskdrive 577
Win32_Group 659
Win32_Keyboard 577
Win32_LocalTime 154
Win32_LocigalDisk 467
Win32_LogicalDisk 287, 298, 320, 464, 466, 813
Win32_MappedLogicalDisk 468
Win32_MemoryDevice 577
Win32_NetworkAdapter 577
Win32_NetworkAdapterConfiguration 298, 613
Win32_NTLogEvent 298, 300, 399
Win32_OperatingSystem 573
Win32_OSRecoveryConfiguration 574
Win32_PerfRawData 637
Win32_PerfRawData_PerfOS_Processor 637
Win32_PerfRawData_PerfProc_Process 637
Win32_PingStatus 625–626
Win32_PointingDevice 577
Win32_PowerManagementEvent 398
Win32_Printer 579–580, 613
Win32_Printjob 579
Win32_Process 399
Win32_Processor 577
Win32_ProcessStartTrace 398
Win32_Product 583, 586–587
Win32_Quickfixengineering 585
Win32_SecurityDescriptor 485
Win32_Service 298, 300, 399
Win32_Share 482–483
Win32_SoundDevice 577
Win32_SystemConfigurationChangeEvent 294, 398
Win32_Tapedrive 577
Win32_TCPIPPrinterPort 579–580, 613
Win32_Trustee 485
Win32_USBController 577
Win32_UserAccount 287, 659
Win32_VideoController 307, 577
Win32_Videocontroller 315
Win32_WindowsProductActivation 574
Win32-API 331
$window 775
Windows 2000 285
Windows 7 212, 427, 429
Windows 8 310, 429, 749
Windows 9x 289
Windows Communication Foundation 279
Windows Data Access Components 561
Windows Driver Model 290
Windows Firewall 446, 618, 623
    Per PowerShell konfigurieren 618
Windows Forms 767, 769
Windows Installer 290, 600
Windows Management Framework 43, 278, 429, 580
Windows Management Instrumentation 55
Windows ME 289
Windows PowerShell 37
Windows PowerShell Community Extensions 435
Windows Pre Installation Environment *siehe* WinPE
Windows Remote Management 237, 239–241, 289, 344

Windows Script Host 56, 124, 126
Windows Server 2003 38, 285, 289, 684
Windows Server 2008 44, 212
Windows Server 2008 R2 212, 427
Windows Server 2012 310, 429, 710, 749
Windows Server Backup 434
Windows Server Core 214
Windows Troubleshooting Platform 761
Windows Vista 212, 479, 875
Windows XP 55, 285, 296
Windows-Authentifizierung 543
Windows-Firewall 624
WinMgmt.exe 289
WinPE 493
WinRM 289, 576
WITHIN 297, 398
WKGUID 668
WMI 37, 55, 154, 237, 277, 280, 287, 308, 813, 817, 829
   Class Explorer 302
   Command Shell 55
   Data Query 297
   Ereignis 294
   Event Query 296, 298
   Klasse 302
   Namespace 285
   Object Browser 301–302
   Query Language 296–297, 310
   Repository 288, 295, 311
   Schema 288, 298
   Schema-Query 298
   Steuerung 288
WMI Object Browser 301
WMI Query Language 397
WMI Query Language siehe WQL
WMICLASS 277
WMIClass 308, 310
WMISEARCHER 277, 308, 310
Word 115
Workflow 361, 368–370, 378
   Designer 379
   Einschränkungen 368
   Persistenz 376
   Verschachtelt 373
WorkflowInfo 378
WorkingSet 109
WorkingSet64 89
World Wide Wings 840
Wörterbuch 115
WPF 214, 366, 767, 770
WPF PowerShell Kit 439, 770–771
WPK 439, 770–771
WQL 297, 310, 813

WrapPanel 776
Write-BZip2 479
Write-Clipboard 770
WriteDebug() 829
Write-Error 188
WriteError() 829, 831
Write-EventLog 238, 633, 635
Write-GZip 50, 479
Write-Host 188, 224, 370
WriteObject 802, 806, 813, 815
Write-Tar 479
WriteVerbose() 829, 831
Write-Warn 188
WriteWarning() 829, 831
Write-Zip 479–480
WScript.Shell 477
WSDL 630
WSH 665
WSMan 202, 258
WS-Management 237–238, 240, 257, 289, 303, 306–307
Wurzelnamensraum 879
www.IT-Visions.de 33, 427, 441, 464, 530

X

x64 723
x86 723
XAML 366, 378, 779
XCopy-Deployment 879, 882
XFilesServer 658
XML 83, 415, 500, 505, 507, 631, 836
Xml 501
XmlAttribute 503
XmlDocument 507
XmlElement 503
XML-Schema 502
XML-Webservice 879
XPathDocumentNavigator 503
XslCompiledTransform 507

Y

Year 96

Z

Zahl 141
Zahlenliteral 141
Zeichenkette 139, 143–144, 146, 189, 823, 842
   Operation 145
   trennen 145
   verbinden 146
Zeichensatz 498
Zeitmessung 337

Stichwortverzeichnis

Zeitplandienst 279
Zertifikat 128, 221
Zertifikatsspeicher 37, 201
Zertifikatsverwaltung 129
ZIP 479
Zufallszahl 143
Zugriff verweigert 319
Zugriffsrechteliste 639, 644
Zuweisungsoperator 158
Zwischenablage 770
Zwischencode 877
Zwischenschritt 117
Zwischenspeicher 516